Die Bonus-Seite

Ihr Vorteil als Käufer dieses Buches

Auf der Bonus-Webseite zu diesem Buch finden Sie zusätzliche Informationen und Services. Dazu gehört auch ein kostenloser **Testzugang** zur Online-Fassung Ihres Buches. Und der besondere Vorteil: Wenn Sie Ihr **Online-Buch** auch weiterhin nutzen wollen, erhalten Sie den vollen Zugang zum **Vorzugspreis**.

So nutzen Sie Ihren Vorteil

Halten Sie den unten abgedruckten Zugangscode bereit und gehen Sie auf **www.galileocomputing.de**. Dort finden Sie den Kasten **Die Bonus-Seite für Buchkäufer**. Klicken Sie auf **Zur Bonus-Seite/Buch registrieren**, und geben Sie Ihren **Zugangscode** ein. Schon stehen Ihnen die Bonus-Angebote zur Verfügung.

Ihr persönlicher **Zugangscode**

2h8m-vb43-yr67-duef

Schrödinger
programmiert
ABAP
Das etwas andere Fachbuch

Liebe(r) Leser(in),

Sie oder Ihr Arbeitgeber **haben gewählt:**

ABAP

Wir gratulieren – und bedienen Sie gern. Wo soll's denn hin?
Ins Hirn? – Gerne doch.
Die Windungen sehen gut aus, da lässt sich Fachwissen unterbringen.

JA, BITTE. AM LIEBSTEM IM SCHLAF. ODER EINFACH MIT'NEM TRICHTER...

Apropos unterbringen:
Haben Sie schon mal versucht, eine Vorratskammer mit ganz glatten Wänden zu füllen? – Geht nicht. Nicht ohne Regale jedenfalls. Bretter, Nischen, Vorratsdosen – damit geht's.

Was diesen **Trichter** angeht, da müssen wir leider **passen**. Aber seien Sie nicht allzu enttäuscht, denn Sie halten mehr als einen Ersatz in den Händen:

Das etwas andere Fachbuch.

Mit Nischen, Behältern in allen Größen und belastbaren Fachböden. Wir haben keine Mühe gescheut. Wir haben einen hervorragenden Ausbilder engagiert. Ein Experten-Team hat die Wände behauen, den Code eingefärbt und die nötigen Umwege eingebaut, so dass Sie bequem goutieren können. Wobei **bequem** nicht „passiv" bedeutet, und **goutieren** nicht „schlafen", aber das wäre ja ohnehin viel zu schade.

Falls Sie
bei „goutieren"
jetzt an lange, dünne
Nudeln denken –
vergessen Sie's.
Spaghetti-Coding
und Copy & Paste-
Programmieren ist
hier nicht drin.
Gestatten:
Schrödinger,
Ihr Lesepartner.

Bitte sehr. **Es ist angerichtet.**

Viel Spaß!

Ihr Verlag

Schrödingers Büro

Die nötige Theorie, viele Hinweise und Tipps

Schrödingers Werkstatt

Unmengen von Code, der ergänzt, verbessert und repariert werden will

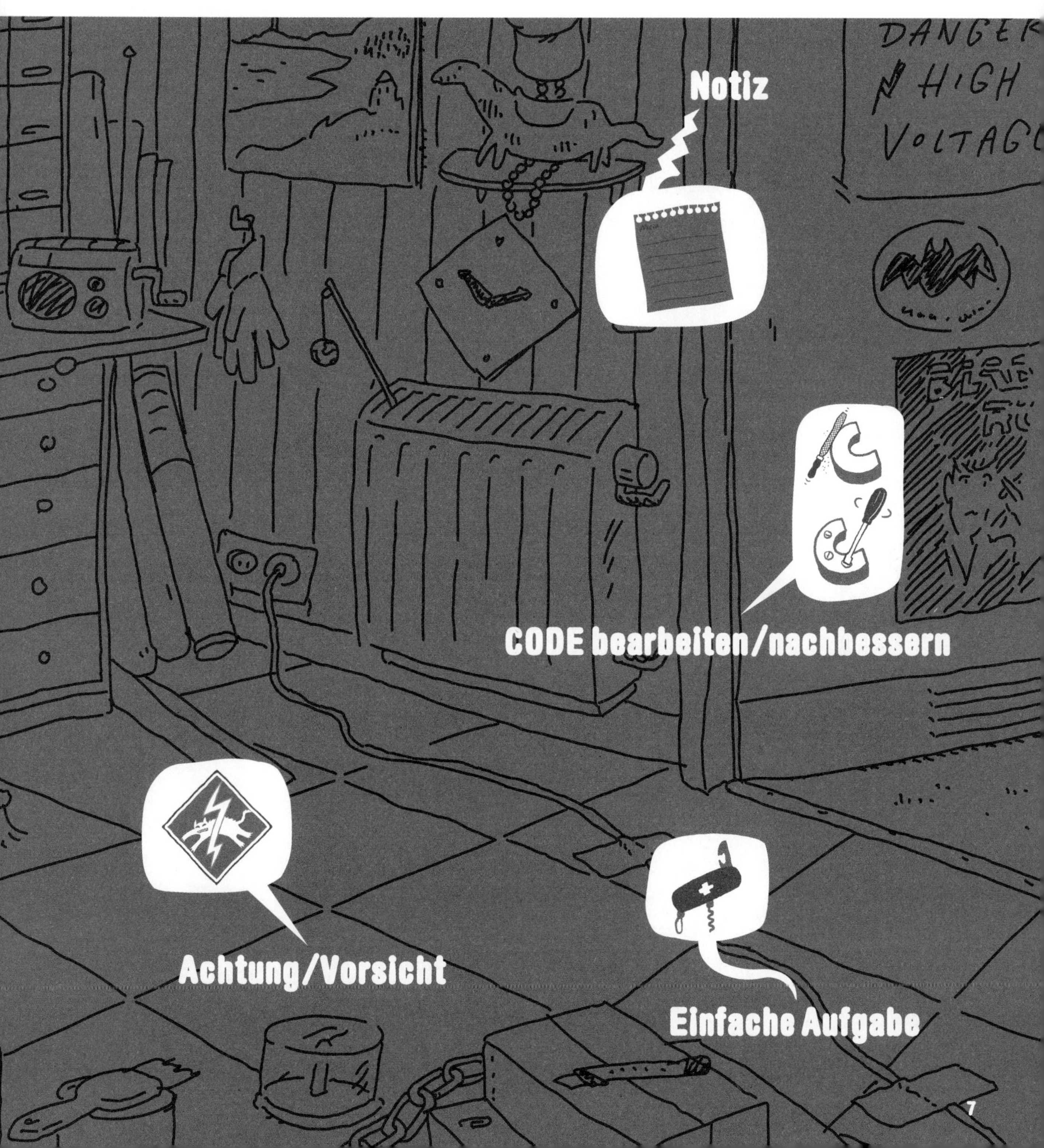

Schrödingers Wohnzimmer

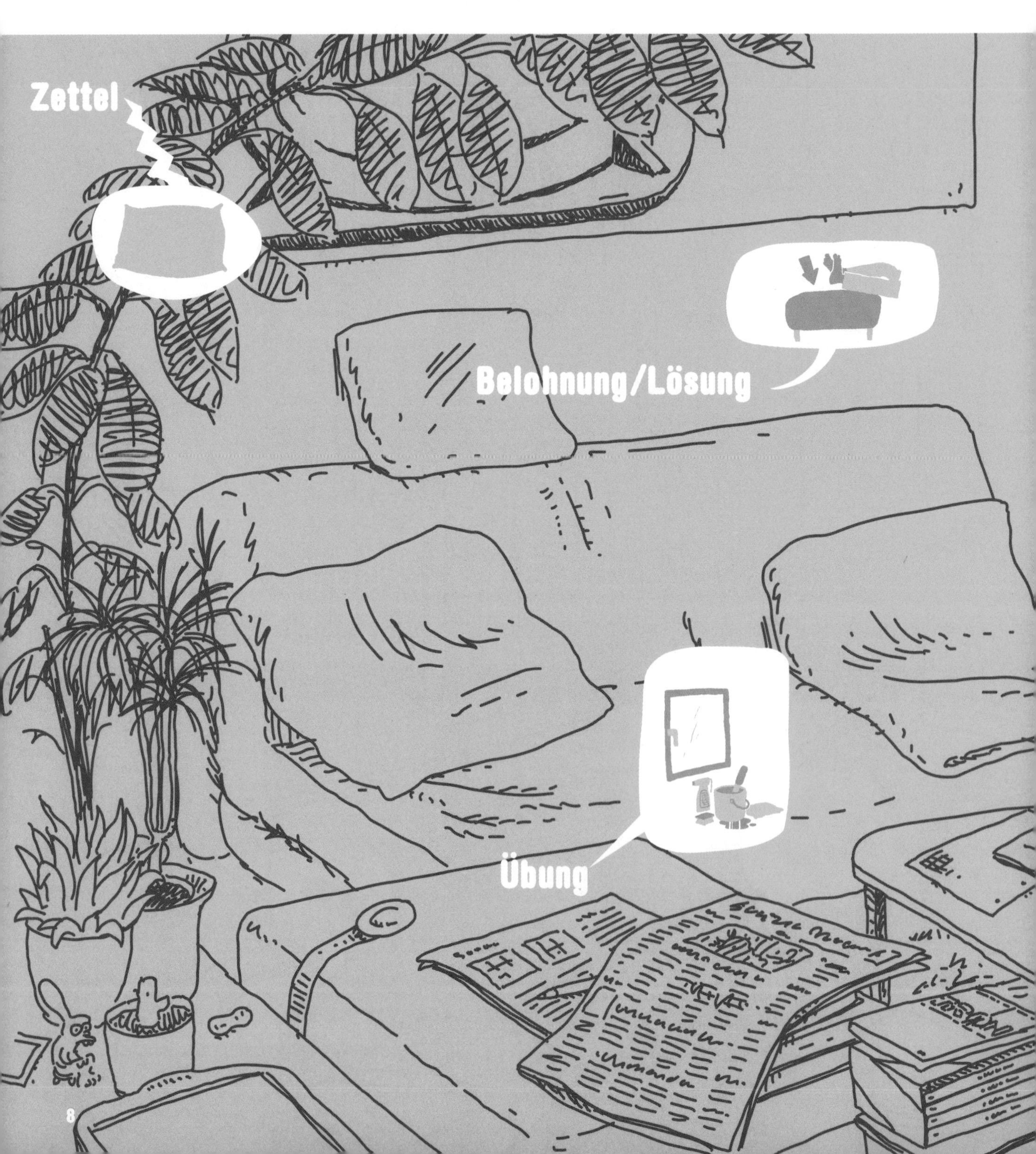

Mit viel Kaffee, Übungen und den verdienten Pausen

IMPRESSUM Schrödinger programmiert ABAP

Zu Stefans zahlreichen Interessen zählt neuerdings auch die Ornithologie. Als Spezialist untersucht er vornehmlich den amüsant-enervierenden Gesang einer erst jüngst entdeckten Art und kann sogar ein Lied davon singen.

Als Kanutin umschifft Almut Stromschnellen mit notfalls nur einem Paddel. Eine Fähigkeit, die sie zur Fachbuchlektorin prädestiniert.

Stefan Proksch und *Almut Poll*, LEKTORAT

Gutes Timing ist in der Buchproduktion unerlässlich. Die Hoffnung auf Bestzeiten hat Norbert allerdings aufgegeben: Schrödinger legt offenbar mehr Wert darauf, als Lustigster ins Ziel zu kommen.

Janina "Sherlock" Brönner. Bei der Buchherstellung sind detektivische Kombinationsgabe und Finesse gefragt. Die Kollegen haben sich allerdings das Pfeiferauchen verbeten.

Janina Brönner und *Norbert Englert*, HERSTELLUNG

Schon zu Schulzeiten zeichnete Leo am liebsten die Bücher voll, von denen er am wenigsten kapierte.

Seit er weiß, daß man das auch gegen Bezahlung machen kann, kapiert er gar nichts mehr.

Leo Leowald lebt und arbeitet in Köln als freiberuflicher Illustrator. Er veröffentlicht unter anderem in *titanic*, *jungle world* und bei *reprodukt* und zeichnet seit 2004 den Webcomic *www.zwarwald.de*.

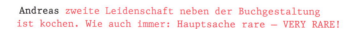

Andreas zweite Leidenschaft neben der Buchgestaltung ist kochen. Wie auch immer: Hauptsache rare – VERY RARE!

Andreas Tetzlaff ist selbstständiger Buchgestalter in Köln. Er arbeitet normalerweise für Kunstbuchverlage – dass ausgerechnet ein IT-Fachbuch ihn vor künstlerische Herausforderungen stellt, hätte er sich vorher nicht träumen lassen …

Mit Blick auf Schrödingers Katze wünschte sich der Verlag zunächst einen Autoren, der ausschließlich verkatert schreibt. Roland konnte uns aber davon überzeugen, dass die Fähigkeit, Bier zu brauen, bei einem Buchprojekt schnöder Trunksucht deutlich überlegen ist. Zudem lernt er Karate und macht ganz gerne eine Kata, was ja immerhin so ähnlich klingt wie Kater – zumindest in Österreich ;)

GESCHRIEBEN VON: *Dr. Roland Schwaiger*

Einbandgestaltung:
Leo und Andreas (s.o.)
(u.a. unter Verwendung des Fonts WIMBY von Evert Ypma, Danke Evert!)

Korrektorat:
Osseline Fenner, Troisdorf

Druck und Bindung:
Himmer AG, Augsburg

FÜR DIE, DIE ES GENAU WISSEN WOLLEN

Dieses Buch wurde gesetzt aus unzähligen Schriften, Illustrationen und anderen komischen Zeichen, die den Setzer in den Wahnsinn trieben (s. Andreas Tetzlaff).

Bibliografische Information der Deutschen Nationalbibliothek Die Deutsche Nationalbibliothek verzeichnet diese Publikation in der Deutschen Nationalbibliografie; detaillierte bibliografische Daten sind im Internet über http://dnb.d-nb.de abrufbar.

ISBN 978-3-8362-1858-0

1. Auflage 2013

INHALTSVERZEICHNIS

Kapitel 1: Eine Nudelmaschine für zu Hause

Die SAP, das SAP-System und ABAP

Seite 27

Den Schrödinger hat es mal wieder erwischt: Ein österreichischer Nudelhersteller hat seine alte Firma, Spaghetti Infinito, übernommen. Dabei war das doch bis jetzt so gemütlich in der Spaghetti-Informatik. Man konnte programmieren, wie und womit man wollte – Hauptsache, es lief. Wenn er zukünftig keinen Spaghetticode mehr programmieren darf, kann er sich gleich etwas Neues suchen: Zum Beispiel bei der ABAP-Fabrik, von der er schon so viel gehört hat. Klingt lustig, ABAP. Und wenn die auch Code produzieren ..., vielleicht kann er dann ja doch wieder ein bisschen Spaghetticode programmieren! An seinem ersten Tag lernt er den Schwaiger Roland kennen, seinen ABAP-Ausbilder. Der seine Vorliebe für Spaghetticode sofort entdeckt und sich zunutze macht. Aber anders, als Schrödinger denkt.

Kapitel 2: Rein in die Küche – raus aus der Küche

Starten mit dem SAP-System

Seite 51

Ein spannender Tag für den Schrödinger: Das erste Mal! Der Schwaiger Roland meint, das tut gar nicht so weh, wie alle sagen, der hat leicht reden. Und fängt gleich mit der Anmeldung am SAP-System an. Äh, wo eigentlich? Ach ja, SAP Logon. Geschafft, und jetzt das Anmeldebild. Wie? Ach ja, SAP GUI. Aber was soll das mit diesen Mandanten? Wir sind doch keine Anwälte, wir sind Entwickler!

Kapitel 3: Ciao a tutti! (Hallo Welt!)

Der 20-Minuten-Einstieg in die ABAP-Programmierung

Endlich, das erste ABAP-Programm! Schrödinger war sich bislang gar nicht sicher, ob der Schwaiger Roland überhaupt programmieren kann. Und dann legt er auf einmal richtig los: Pakete anlegen, Datenbankzugriffe, Ausnahmebehandlung, Schlüsselwortdokumentation. Dieses ABAP fängt an, Spaß zu machen, weil es so viel zu entdecken gibt.

Kapitel 4: AAA – Alles außer ABAP

ABAP-Infrastruktur und -Werkzeuge

Seite 121

Der Schrödinger hat es schon gemerkt: Zum ABAPen reicht es nicht aus, sich die Sprache ABAP selbst reinzuziehen. Denn wo liegen die Programme, welche Programme gibt es eigentlich, womit werden sie bearbeitet? Welche Speicherbereiche werden genutzt? Wie kommen die Programme zu den Anwendern? Und ungefähr weitere 1.000 Fragen. Aber der Schwaiger Roland ist ja (noch) geduldig.

Kapitel 5: Schräge Typen*
*also jetzt nicht der Schwaiger Roland

Datentypen und -objekte

Seite 157

Definieren und deklarieren: das tägliche Geschäft des ABAP-Programmierers. Das ist ja wie mit den unterschiedlichen Nudeltypen. Die eine Sorte ist lang und dünn, andere sehen aus wie Röhren oder wie Schmetterlinge. Jedoch, und das weiß der Schrödinger natürlich, wird für ein bestimmtes Gericht oder eine besondere Pastasoße ein bestimmter Nudeltyp benötigt. Und so ist es bei der Programmierung eben auch: Für bestimmte Aufgaben werden bestimmte Typen benötigt.

Kapitel 6: Si parla ABAP? Echtes Küchenlatein

ABAP-Syntax I

Seite 197

Jetzt geht's ans Eingemachte, Schrödinger, oder sollten wir besser sagen ans Eingekochte? Hier lernst du mal das Basisvokabular, so wie damals, als nur Spaghetti gemacht wurden und nicht auch dieses andere Zeugs.

Kapitel 7: Kleine Häppchen sind leichter wiederverdaut („Schluss mit Spaghetti!“)

ABAP-Syntax II

Seite 227

Schwaiger wirkt wild und entschlossen. Er hat endgültig genug vom Spaghetti-Coding, das Schrödinger fabriziert. „Heute mache ich aus dir einen Wiederverwender“, hallt die letzte Schwaiger-Drohung durch die Hallen, und Schrödinger versucht, sich mit Wehmut von seiner letzten Spaghetti zu trennen …

Kapitel 8: Schrödinger zeigt Klasse

ABAP Objects I

Seite 267

Schrödinger ist heute nicht gut aufgelegt, weil der Schwaiger Roland mit der Objektorientierung daherkommt. Es funktioniert doch alles bestens mit dem „prozeduralen ABAP“ (so nennt das der Schwaiger Roland). Was hat der bloß? Na okay, ein paar Mal haben sich schon Fehler eingeschlichen, die schwer zu finden waren. Mit der Objektorientierung soll ja alles besser werden mit der Ordnung. Und wo mehr Ordnung ist, ist alles leichter zu finden – sogar die Fehler. Und außerdem kann man mit ABAP Objects anscheinend tolle GUIs realisieren. Nach dem ersten Schock-erlebnis ist Schrödinger also gleich überzeugt.

Kapitel 9: Erben oder nicht, das ist hier die Frage: Pasta di Erbe

Vererbung

Seite 337

Hoffentlich ist der Schrödinger heute in der passenden Stimmung. Eine Vertiefung der Objektorientierung, puh, da wird er schwitzen. „Was, da geht noch mehr? Jetzt hab ich mich gerade erst vom ersten OO-Schock erholt!" Schrödinger wird wohl erkennen, dass Spaghetti, Ravioli, Tortiglioni etc. alles Nudeln sind, oder?

Kapitel 10: Keine Details bitte

Der Blick durch Interfaces

Seite 377

„Man kann auch noch einen Schritt weiter gehen und die Implementierung von Methoden von deren Schnittstellendefinition trennen", verkündet Roland und legt eine Kommunikationspause ein. Schrödinger steht da, der Mund ist offen, und er ist sich noch nicht der Tragweite der Aussage bewusst.

Kapitel 11: Das Kapitel für Feiglinge

Ausnahmen

Seite 401

„Fehlerbehandlung ist für Feiglinge! Das ist ja so, als ob ich beim Nudelkochen die Nudeln koste, ob sie al dente sind oder nicht!" Schrödinger hält nichts von Ausnahmebehandlungen. Bis zum ersten Zwischenfall: als seine Freundin sich über klebrige und zerkochte Nudeln beschwerte.

Kapitel 12: Spaghetti-Programmierung

Selektionsbilder, Listen und Nachrichten (GUI I)

Seite 431

Es ist so einfach, eine SAP-Oberfläche zu programmieren: Ein Selektionsbild erstellen, eine Liste ausgeben, vielleicht noch ein paar Nachrichten an den Anwender verschicken – und fertig ist das berühmt-berüchtigte SAP GUI! Das klingt nach Spaghetticode und ist damit ganz nach dem Geschmack von Schrödinger. Zum Einstieg in die GUI-Programmierung ist es der beste Weg, einfach mal ein paar Elemente auf dem Bildschirm auszugeben. Für das richtige Ambiente sollen dabei Klettererdbeeren und Vogerlsalat sorgen ..., sagt der Schwaiger Roland.

Kapitel 13: Lasagne aufs Auge

Dynpro-Programmierung (GUI II)

Seite 487

„Wow, ein dynamisches Programm!" Das gefällt Schrödinger sofort, dieses Dynpro. Dynamik ist einfach klasse, außer natürlich, es geht um Sport. Mit der Ablauflogik, Elementen zur Gestaltung der Dar-stellung und Eigenschaften, die man selbst programmieren kann: Super! Das ist schon richtig modular. (Ja, so langsam gewöhnt sich Schrödinger an die Feinheiten im ABAP-Vokabular.) Und es sind auch schon Schichten erkennbar, die Bausteine zur Dynpro-Programmierung sehen fast schon aus wie eine geschichtete MVC-Architektur. Und Schrödinger liebt Schichten, vor allem in Form von Lasagne!

Kapitel 14: Ravioli

Web-Dynpro-ABAP-Programmierung (GUI III)

Bonusseite:
http://www.sap-press.de/3024

Seite 543

Heute wartet ein besonderer Leckerbissen auf Schrödinger: Web Dynpro ABAP. Webanwendungen erstellen ohne HTML-Kenntnisse. Das klingt gut, findet Schrödinger. Ist aber gerade nicht so wichtig, findet der Chef. Kann man gut online lesen, finden alle. Also: Schau auf der Bonus-Seite unter http://www.sap-press.de/3024

Kapitel 15: Raus aus meiner Küche!

Berechtigungen

Seite 547

„Hör mal, Schwaiger Roland, zu viele Köche verderben doch bekanntlich die Nudelsoße. Gibt es Möglichkeiten in ABAP, dass nicht jeder alles darf? Also dass ich bestimmten Anwendern manche Aktionen verbieten oder erlauben darf? Wenigstens einschränken?" Der Schwaiger Roland lächelt nur weise.

Kapitel 16: Vorratskammer einrichten mit ziemlich viel Schnickschnack

DB-Tabellen erstellen

Seite 561

Was geschieht, wenn Anwender alle Daten im GUI eingegeben haben? Wohin gehen die Daten dann? Die müssen doch gespeichert werden? Denn die Anwender werden wahrscheinlich nicht immer wieder die gleichen Daten eingeben wollen – außer wenn sie an einem schwachen Kurzzeitgedächtnis leiden. Das würde sich Schrödinger öfter wünschen, das mit dem Kurzzeitgedächtnis, denn dann könnten sich die Anwender nicht an seine Programmierfehler erinnern ..., aber der Schwaiger Roland erklärt ihm dann doch lieber, wie er eine SAP-Datenbanktabelle erstellt.

Kapitel 17: Vorratskammer plündern

DB-Tabellen auslesen

Seite 595

Daten rein, Daten raus, und das möglichst einfach: So wünscht sich das der Schrödinger. Da kann ihm der Schwaiger Roland helfen. Und alleine die Begriffe „Open SQL" und „ANSI SQL" klingen wie Musik in seinen Ohren. Und er kann dann Daten aus einer oder sogar mehreren Datenbanktabellen lesen. Manchmal wünscht sich Schrödinger, er könnte den Schwaiger Roland in der Vorratskammer einsperren. Nur über Nacht.

Kapitel 18: Vorratskammer in Schuss halten

DB-Daten pflegen

Daten pflegen – den Ausdruck mag Schrödinger. Und denkt an die Kräutersammlung auf seinem Fensterbrett. Da müssen manchmal auch neue Kräuter eingefügt werden, mal muss er das eine durch das andere austauschen. Und für das Löschen hat er auch schon eine leckere Soßenidee. Datenpflegeservice Schrödinger!

Kapitel 19: Mit Schirm, Charme – und vielleicht noch einem Melonensorbet

Daten in Dateien, Datenablage ohne DB

„Warst du schon einmal bei einem richtig guten Italiener?“ Schrödinger ahnt nichts Gutes. „Also so einem, wo du bereits am Eingang dem Kellner deine Garderobe abgeben kannst.“ – „Ja, das Prinzip der Garderobe ist mir bekannt, wieso?“ – „Na ja, wäre es nicht klasse, wenn die Anwender in ABAP auch Dateien einlesen oder herunterladen könnten – also an der Garderobe abgeben könnten?" Au backe, das ist ja mal eine miese Metapher. Aber es ist vielleicht trotzdem wichtig zu wissen, wie man mit Daten umgeht, wenn man kein Datenbanksystem hat.

Kapitel 20: Täglich wechselnde Speisekarten

Dynamische Programmierung

Seite 687

Morgens frische Lebensmittel auf dem Markt einkaufen, mittags daraus eine Speisekarte zaubern. Jeden Tag neu. Schrödinger bekommt Hunger, aber darum kann es dem Schwaiger Roland jetzt ja nicht gehen. „Was genau ..." – „Wenn du erst während der Laufzeit eines Programms die Informationen erhältst, die für die Ausführung des Programms nötig sind, zum Beispiel den Namen einer Datenbanktabelle, dann ..." – „Okay, okay, ein neues Konzept. Sag mir, wie es heißt, aber dann geht es in die Kantine."

Vorwort

Der Schrödinger ist bei mir eingezogen und lebt nun seit geraumer Zeit – seit Anfang 2011 – als achtes Familienmitglied bei uns. Nicht nur im Haus, sondern auch in unseren Köpfen. Die tägliche Frage: „Was wird Schrödinger heute wieder anstellen?“ beschäftigt uns schon beim Frühstück.

Dabei hat alles so harmlos angefangen. Stefan Proksch, mein geschätzter Lektor der Web-Dynpro-Bücher, fragte mich, ob ich denn nicht Lust auf eine Bekanntschaft mit Schrödinger hätte. Ein umgängliches Kerlchen, mit Ecken und Kanten, der bereits die C++-Schule bei Dieter Bär besuchen durfte. Das konnte ich mir natürlich nicht entgehen lassen. Naiv und enthusiastisch, wie ich bin.

Am Anfang war der Sturm und Drang, so wie in jeder frischen Beziehung, und der Schrödinger und ich hatten eine intensive Phase des „Aneinander Gewöhnens".

Ja, ja, da waren wir noch jung. Mittlerweile ist daraus eine solide Beziehung entstanden, die darauf ruht, sich aufeinander verlassen zu können. Dazu hat sicher auch unsere Lektorin Almut Poll beigetragen. Sie hat unsere Beziehung gestärkt, geglättet, gehegt und gepflegt.

Aber es geht ja nicht um mich, sondern um dich – oh, du geschätzter Wegbegleiter. Schrödinger und ich werden dich mit in die ABAP-Fabrik nehmen, und du bekommst eine ausführliche Werkstour. Apropos Werkstour, diese beginnt mit einem Hinweisschild am Empfang. Der Text darauf lautet so:

Was darfst du nicht erwarten: eine verstaubte Betriebsführung. Also, wenn du bereits auf die „üblichen" Betriebsführungen konditioniert bist, dann darfst du leider nicht eintreten.
Keine Chance. Der Sicherheitsdienst wird dich sofort enttarnen. Also **bitte umdrehen, sofort.**
Du bist noch da. Das freut uns aber sehr. Du hast die erste Hürde elegant genommen.

Was darfst du also erwarten: eine Einführung in die essenziellen Handgriffe im SAP-System, einen ABAP-Schnelldurchlauf, mit dem sogar ein Formel-1-Pilot überfordert wäre, dann alles außer ABAP und alles mit ABAP. Also Typen, Variablen, Syntax, Abzweigungen, äh, Verzeihung, Verzweigungen, (Schuld-)Zuweisungen nach Operationen, gepflegte Ausdrücke und Lichterketten. Routinierte Ereignisse vor klasse Objekten. Einige Bilder für den User, und das sogar im Web. Datenbank und Tabellen, schreiben und lesen, und nicht die Dynamik zu vergessen, die ABAP wandlungsfähig machen. Dazu noch einiges an Betriebssport und -küche und ein gelegentlicher Besuch im Kreativzentrum.

Viel Spaß!

Ups, da hätte ich ja fast etwas vergessen. Mein Dankeschön, und das betrifft dieses Mal nicht nur die üblichen Verdächtigen. Und wie immer weiß ich nicht, wie ich anfangen soll ... vielleicht eine kleine Geschichte zuerst: Stefan Proksch, mein Web-Dynpro-Lektor und Schreiblehrer, hat ihn mir persönlich vorgestellt und war sehr geheimnisvoll dabei. Offiziell durfte ich ihn – den Schrödinger – gar nicht kennen und musste sogar unter Folter seine Existenz leugnen. Das hab ich dem Stefan sogar unterschreiben müssen. Aber leugnen und foltern hin oder her, der Schrödinger hat sich bei mir immer mehr eingenistet. Und damit das so richtig nachhaltig war, hat Stefan mir auch unermüdlich immer wieder neue Facetten vom Schrödinger vorgestellt. Gott sei Dank war er geduldig genug mit mir. Der Schrödinger war mir am Anfang nicht geheuer. Und dann hat Stefan auch noch unsere Männer-WG verlassen, und da schauten der Schrödinger und ich mal kurz etwas dumm.
Doch welch Glück: Innerhalb kürzester Zeit ist ein neues WG-Mitglied eingezogen: die Almut Poll. Und da waren wir wieder drei: die Almut, der Schrö und der Roland. Von da an ging's aber hurtig dahin, und die Almut hat den Schrödinger und mich so richtig nach vorne gebracht. Danke Almut, dass du dem ganzen Projekt nochmal richtig Schwung gegeben hast. Deine Einfälle und Anmerkungen haben mir so manches Mal aus der Patsche geholfen. Danke!

Es gibt noch mehr, die mich begleitet haben:
Dr. Gerhard Rodé möchte ich für die informative Mail-Kommunikation zu der Entwicklung von ABAP danken. Einiges ist ins Buch eingeflossen, und im Download-Bereich wird dazu noch mehr zu finden sein.
Meinem geschätzten Referentenkollegen Dr. Stefan Ehret gebührt Dank für seine hoch qualitativen Schulungsunterlagen und die Erlaubnis zur Verwendung seiner dynamischen SE16.
Martin Schwaiger, mein Bruderherz, hat mir schönen Input für die Kaffeegeschichten geliefert. Danke dafür, und hoffentlich wird unser **Espresso Stout** ein Wintertraum.
Meinem Sohn Nico für die Schrödinger-Zeichnungen und Schrödinger-Ideen („Papa, was macht der Schrödinger heute wieder ...?") und dafür, dass er Teile des Buches geschrieben hat ;-)
Meiner Tochter Marie für den Schrödinger-Gugelhupf, der wie immer auch dem Schrödinger schmeckte (der hat ihn alleine verputzt).
Meiner Tocher Elisa für die schicken Schrödinger-Kekse.
Dir, Ursula, weiß ich nicht, wie ich danken soll, denn zu viel wäre es, was ich schreiben dürfte. Danke für meine Freiräume und für den ganzen Rest. Und ich verspreche, dieses Jahr kein Buch mehr zu schreiben. ☺

Widmen möchte ich dieses Büchlein meinem Vater, von dem ich lernte, durchzuhalten.

— EINS —

Die SAP,
das SAP-System
und ABAP

Eine Nudelmaschine für zu Hause

Den Schrödinger hat es mal wieder erwischt: Ein österreichischer Nudelhersteller hat seine alte Firma, Spaghetti Infinito, übernommen. Dabei war das doch bis jetzt so gemütlich in der Spaghetti-Informatik. Man konnte programmieren, wie und womit man wollte – Hauptsache, es lief. Wenn er zukünftig keinen Spaghetticode mehr programmieren darf, kann er sich gleich etwas Neues suchen: Zum Beispiel bei der ABAP-Fabrik, von der er schon so viel gehört hat. Klingt lustig, ABAP. Und wenn die auch Code produzieren ..., ... vielleicht kann er dann ja doch wieder ein bisschen Spaghetticode programmieren! An seinem ersten Tag lernt er den Schwaiger Roland kennen, seinen ABAP-Ausbilder. Der seine Vorliebe für Spaghetticode sofort entdeckt und sich zunutze macht. Aber anders, als Schrödinger denkt.

Servus Schrödinger!!!

Gestern hat Schrödingers Freundin den Kaffee über die Tastatur seines neuen Laptops geschüttet. Unglaublich! Und dann auch noch die Übernahme „seiner" Firma Spaghetti Infinito durch einen österreichischen Nudelhersteller. Noch unglaublicher! Das Leben kann so nicht weitergehen.
Veränderungen müssen her.

Zeit, sich etwas Neues zu suchen – *„Eine neue Herausforderung"*, dachte sich Schrödinger und – gedacht, getan – startete seinen neuen Lebensabschnitt bei DER ABAP-Fabrik als ABAP-Entwickler.

Schrödingers erster Tag in der ABAP-Fabrik.

Servus Schrödinger!
Morsche Roland!

Eines ist klar, Schrödinger, wir haben SAP im Einsatz, das wird etwas komplett anderes als deine bisherigen Spaghetti-Orgien.
Sicher, da hab ich ja schon einiges von gehört ...
Super. Aktuelle Programmierung.
Sandrich Anzeige Programm

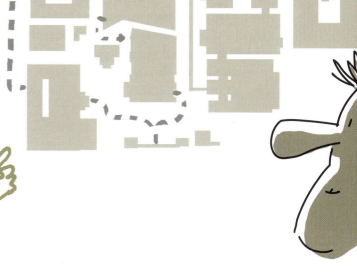

Stimmt! Ich auch, und genau aus diesem Grund werde ich dir mal zeigen, wie das Ding so wirklich funktioniert. Zuerst erklär ich dir mal das Gelände unserer ABAP-Fabrik, damit du dich zurechtfindest, wenn ich mal nicht an deiner Seite bin. Komm mit, wir gehen zum Empfang.

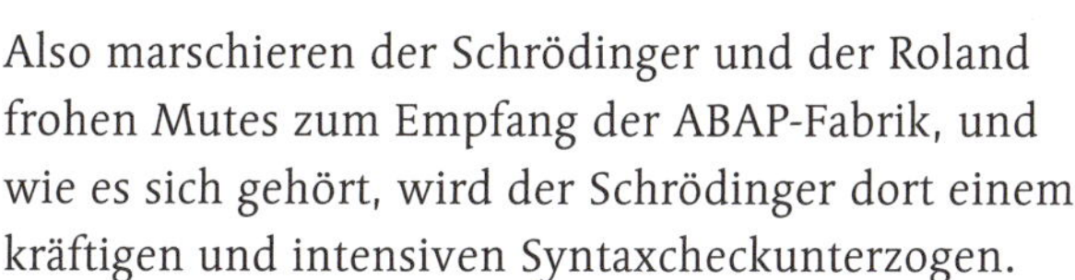

Also marschieren der Schrödinger und der Roland frohen Mutes zum Empfang der ABAP-Fabrik, und wie es sich gehört, wird der Schrödinger dort einem kräftigen und intensiven Syntaxcheckunterzogen.

Und dein Gehirn-Scan sieht auch gut aus. Ich erklär dir mal, wie ich mit dir das Firmengelände bereisen werde.

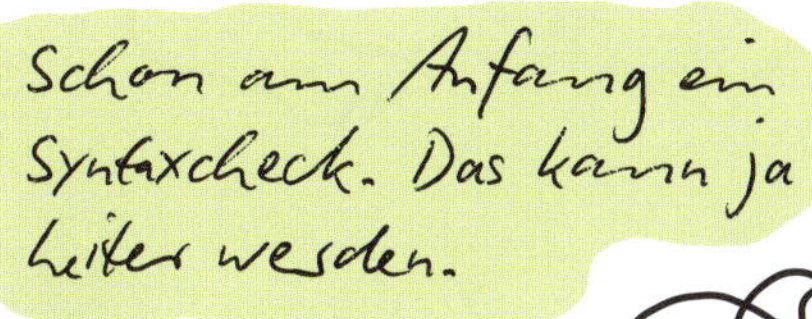

Zuerst marschieren wir zum **Besucherzentrum**, wo du eine schonende Einführung in SAP und ABAP bekommst. Da werde ich dein Gehirn noch nicht durchwaschen. Total motiviert, schreiten wir dann in das **Ausstellungszentrum**, wo du dich mit dem SAP GUI und SAP-Transaktionen anfreunden darfst. Zwischenzeitlich sehen wir natürlich in der **Küche**, im **Sportzentrum** und im **Kreativzentrum** vorbei. Da kannst du dich so richtig austoben mit Spaß, Sport und Spiel – und das **Basteln** kommt auch nicht zu kurz.

Im **Erlebnispark** kannst du mal alle Abteilungen der ABAP-Fabrik durchspielen. Da bist du praktisch als Trainee unterwegs. Mit der soliden Grundausbildung werde ich dich dann durch alle Fachabteilungen lotsen. Von der **Infrastruktur** (Applikationsserver, Transportwesen) zur **Produktion** (Typen, Schleifen, Verzweigungen, Verarbeitunsblöcke, ABAP OO, SAP GUI und Web), weiter durch die **Sicherheitsabteilung** (Berechtigungen) und dann zur **Lagerhalle** (Datenbank und Daten). Mit der Qualitätssicherung (QS) haben wir nicht gesprochen. Deren Gebäude war zu furchterregend (da sitzt das Lektorat).

Gott sei Dank habe ich meine Wanderschuhe mitgebracht. Das klingt nach einer spannenden und/oder langen Reise, quasi ABAP- statt Jakobsweg.
Bevor es richtig losgehen kann, solltest du aber noch eines erledigen, lieber Schrödinger. Da bei uns in der ABAP-Fabrik nicht jeder Neuling sofort an das SAP-System darf, solltest du dir DEIN SAP-System installieren. Und dann geht es richtig los.
Okay, kein Problem. Äh, wie mach ich das?

Schrödingers SAP-System – Eigenes SAP-System runterladen

Also du fragst dich, wie du zu einem SAP-System kommst? Ja, ja, früher war das nicht so einfach, aber heutzutage ist das total einfach.

[Hintergrundinfo]

Dein Test SAP-System kannst du nicht nur lokal auf deinem Rechner isntallieren, sondern auch in einer Cloud. Die Erklärungen dazu lasse ich aber hier weg, die findest du im SAP Community Network (SCN).

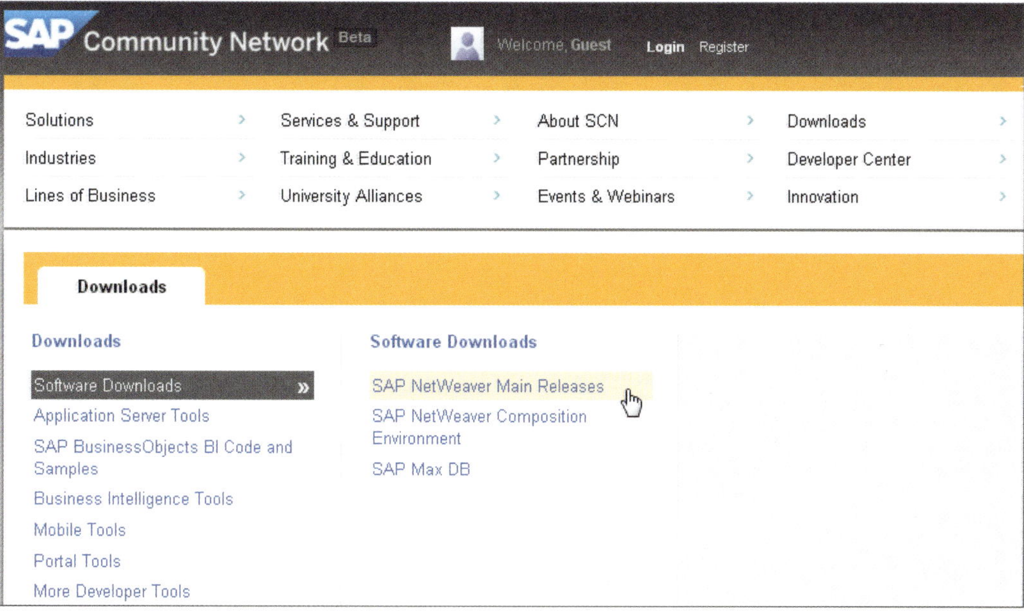

Download your SAP system and the rest.

1. Registriere dich im **SAP Community Network** **`scn.sap.com`** (gratis und hoch qualitativ).
2. Ruf die Seite **`scn.sap.com/welcome`** auf.
3. Wähle den Link **`Downloads`**
4. Klicke in der Rubrik **`Downloads`** den Link **`Software Downloads • SAP NetWeaver Main Releases`** an. Daraufhin erscheint eine ordentliche Auswahl an SAP-Systemen.

SAP NETWEAVER MAIN RELEASE DOWNLOADS

Listed by Software Packages:

All | SAP NetWeaver Main Releases | SAP NetWeaver Composition Environment | MaxDB

Get an early peek at some of the technologies that have been developed for the next generation SAP NetWeaver platform. Sneak Previews and Trials are offered in various configurations, allowing you to choose the option most suited to your interests and needs. The configurations below are not available for commercial use and have restrictions regarding stability, support, and features.

SAP provides developers with software based on a 90-day Trial and Evaluation agreement and also based on the new SAP Community Developer Edition.
The trial and evaluation agreement allows individuals and companies to test and evaluate SAP NetWeaver software.
The SAP Community Developer Edition allows individuals to test and evaluate the SAP NetWeaver software and to prototype and share add-ons on code exchange.
Please read the license text carefully for more information and visit the wiki page explaining the different license types.

Sort by: **Date** | Rating

SAP NetWeaver Application Server ABAP 7.03 64-bit Trial
SAP Evaluation Software
Download SAP NetWeaver 7.03 64-bit Trial. The Developer Edition allows individuals free of charge to test, evaluate, prototype and share add-on software code on code exchange This package comes with SAP's robust ABAP server. It also includes Web Dynpro for ABAP. (SAP NetWeaver Application Server ABAP 7.03 64-bit Trial) 26 Jun 2012

SAP NetWeaver Application Server ABAP 7.02 SP6 64-bit Developer Edition
SAP Evaluation Software
Download SAP NetWeaver AS ABAP 7.02 SP6 64 bit - Developer Edition. The Developer Edition allows individuals free of charge to test, evaluate, prototype and share add-on software code on code exchange This package comes with SAP's robust ABAP server. It also includes Web Dynpro for ABAP. (SAP NetWeaver 7.02 SP6 ABAP 64 bit Trial Version) 30 May 2011

SAP NetWeaver Application Server ABAP 7.02 SP6 64-bit Trial
SAP Evaluation Software
Enhancement Package 2 (EhP2) of SAP NetWeaver 7.0 puts a rich set of new features and improvements in ABAP at your disposal. Find out about the new features in the following areas: - ABAP Application Development - Switching, Enhancing, and Adapting Standard Programs - ABAP Testing and Troubleshooting - ABAP Connectivity 31 Mar 2011

SAP NetWeaver Application Server ABAP 7.02 SP6 32-bit Trial Version
SAP Evaluation Software
Enhancement Package 2 (EhP2) of SAP NetWeaver 7.0 puts a rich set of new features and improvements in ABAP at your disposal. Find out about the new features in the following areas: - ABAP Application Development - Switching, Enhancing, and Adapting Standard Programs - ABAP Testing and Troubleshooting - ABAP Connectivity 13 Dec 2010

Credentials and Password for SAP Interactive Forms by Adobe
SAP Evaluation Software
(May 2008, 5 KB) 07 Mar 2008

SAP NetWeaver 7.0 (2004s) - Trial Version on Linux
SAP Evaluation Software
Download SAP NetWeaver 7.0 (2004s) - Trial Version for Linux Platform. This package includes both ABAP and Java stacks running on SAP's own database Max DB version 7.5 or IBM DB2 Universal Database for Linux version 8.2. SAP NetWeaver Developer Studio (Windows Version) is included in the package. It also provides Web Dynpro for ABAP, Web Dynpro for Java and SAP Interactive Forms by Adobe. (SAP NetWeaver 7.0, 4.5 GB) 27 Jan 2007

Was für eine Auswahl – SAP-Systeme bis zum Abwinken.

5. Hol dir auf der Folgeseite zum Beispiel das **`SAP NetWeaver Application Server ABAP 7.03 64-bit Trial`**.

Schrödinger grübelt:

Das mit dem NetWeaver hab ich schon mal gehört, was war das nochmal?

Das ist DEIN Einstieg in die große weite SAP-Welt: dein eigenes SAP-System für zu Hause. Sogar mit **Web Dynpro ABAP**, einer super einfachen Möglichkeit, Webanwendungen auf Basis der Sprache ABAP zu entwickeln, ohne Kenntnisse der ganzen Internettechnologien haben zu müssen.

Okay, okay, super, super, super, was brauch ich dafür?

Schrödingers SAP-System – Das brauchst du dafür

- Etwas Zeit und Geduld. Der Download von ungefähr 3,6 GB dauert dann doch ein bisschen, und die Installation muss ja auch noch laufen.
- Dann sollte es das Betriebssystem **Windows 7 Professional** oder **Windows Server 2008 R2** in der englischen Version sein. Einen Ausweg habe ich für dich: Es gibt auch Linux-Downloads.
- Der **Hostname** darf nicht länger als 13 Zeichen sein. Also SCHROEDINGERSUPERSAPHOST als Name für deinen Rechner ist mit an Sicherheit grenzender Wahrscheinlichkeit zu lang ;-) Den Namen findest du unter **Systemsteuerung • System** und kannst ihn dort auch ändern.
- Ein **NTFS-Dateisystem**. Das ist die Art der Formatierung der Festplatte, auf der das SAP-System installiert wird. Diese Info findest du per Kontextmenü (rechte Maustaste bei Rechtshändern) auf dem Knoten für die Installationspartition – einem Datenbereich der Platte – im Allgemeinen C. In den Eigenschaften sollte dann „NTFS“ stehen.
- Den Internet Explorer 8.0 oder höher oder Firefox 1.0 oder höher, wobei immer das letzte Release natürlich vermeintlich das beste ist ;-)
- Dann wenigstens 4 GB RAM, wobei 8-16 GB empfohlen werden.
- Der **Prozessor** sollte wenigstens ein Intel Pentium III/1.1 GHz oder ein dazu kompatibler sein. Mehr-Kern statt Apfelkern bevorzugt!
- Jetzt kommt eine coole Zahl: 50 GB **Festplattenplatz** während der Installation und 36 GB permanent. Du kannst dir jetzt ruhig denken: Da passt ja mein ganzes Leben hinein – stimmt!
- Noch einen netten **Bildschirm** dazu – wenigstens 1024 x 768 oder mehr, mit zumindest 256 Farben.
- Des Weiteren musst du natürlich **Administratorenrechte** haben, um unter anderem die Datei %WINDIR%\system32\drivers\etc\services bezüglich der Services zu bearbeiten, wobei die Ports 3200, 3600 und 8000 nicht belegt sein dürfen.

Das kann ich alles, und das hab ich alles, und wie geht es weiter?

Schrödingers SAP-System – Installieren

Okay, da du alle Voraussetzungen erfüllst – eigentlich dein Rechner –, geht die Installation folgendermaßen vor sich:

1. Zuerst lädst du die Datei vom SAP Community Network (SCN) herunter – du musst dich vorher registrieren bzw. deinen Benutzer angeben. Die Registrierung zahlt sich für dich aus, da das SCN super zum Schmökern und eine wirklich hoch qualitative Informationsquelle ist. Check it out!
2. Einige Zeit später kannst du die Dateien entpacken, am besten mit dem **WinRAR** (www.winrar.de), der hat keine Probleme mit den Pfaden.
3. Nachdem du alles entpackt hast, wechselst du in den Entpackungsordner ...

Ist das ein gültiges Wort?

4. Sicher, ich hab's ja gerade gesagt und dann geschrieben, oder war es umgekehrt, grübel, grübel, egal.
5. ... und startest dort die HTML-Seite **start.htm**. Dein Browser zeigt dir die Instruktionen zur Installation des SAP-Systems an.

[Achtung]
Falls du nicht am Netzwerk hängst, musst du unter Umständen den Microsoft-Loopback-Adapter installieren. Entweder du folgst dem Erklärungslink, oder du lässt dir von Microsoft auf deren Homepage erzählen, wie das geht.

[Achtung]
Also das ist ein wirklich wichtiger Punkt, falls das mit dem Netzwerk oder Adapter nicht passt, dann „ist es nix mit dem SAP-System".

6. Auf der nächsten Seite wird es spannend: den Installer starten! Ausführen anklicken im Pop-up.
7. Voilà: Das Willkommensfenster erscheint, mit Next nun endgültig einsteigen.
8. Lizenzbestimmung zustimmen, **„sicher, sicher, ich schwöre"**, ...
9. Das Installationsverzeichnis der Java Runtime angeben.
10. **Master-Passwort** festlegen. Nicht vergessen! Aufgeschrieben? Also eines für die Datenbank. Dann kommt die Konfiguration der DB. Das kann schon mal zwei Stunden dauern, in denen das System vor sich hin rödelt.
11. Das System präsentiert im nächsten Schritt eine Zusammenfassung der bereits eingegebenen Daten.

12. Nachdem du mit der Drucktaste „Next“ zum nächsten Bild gewechselt bist, startet die Installation.

13. Das kann nun einige Stunden dauert. Sobald du das Pop-up mit dem Text „... **has finished successfully**“ siehst, bist du erlöst, und alle Komponenten des SAP-Systems sind installiert.

[Belohnung]

Weil du so tapfer bis jetzt installiert hast, bekommst du von mir eine Belohnung: die sechs Schrödingers.

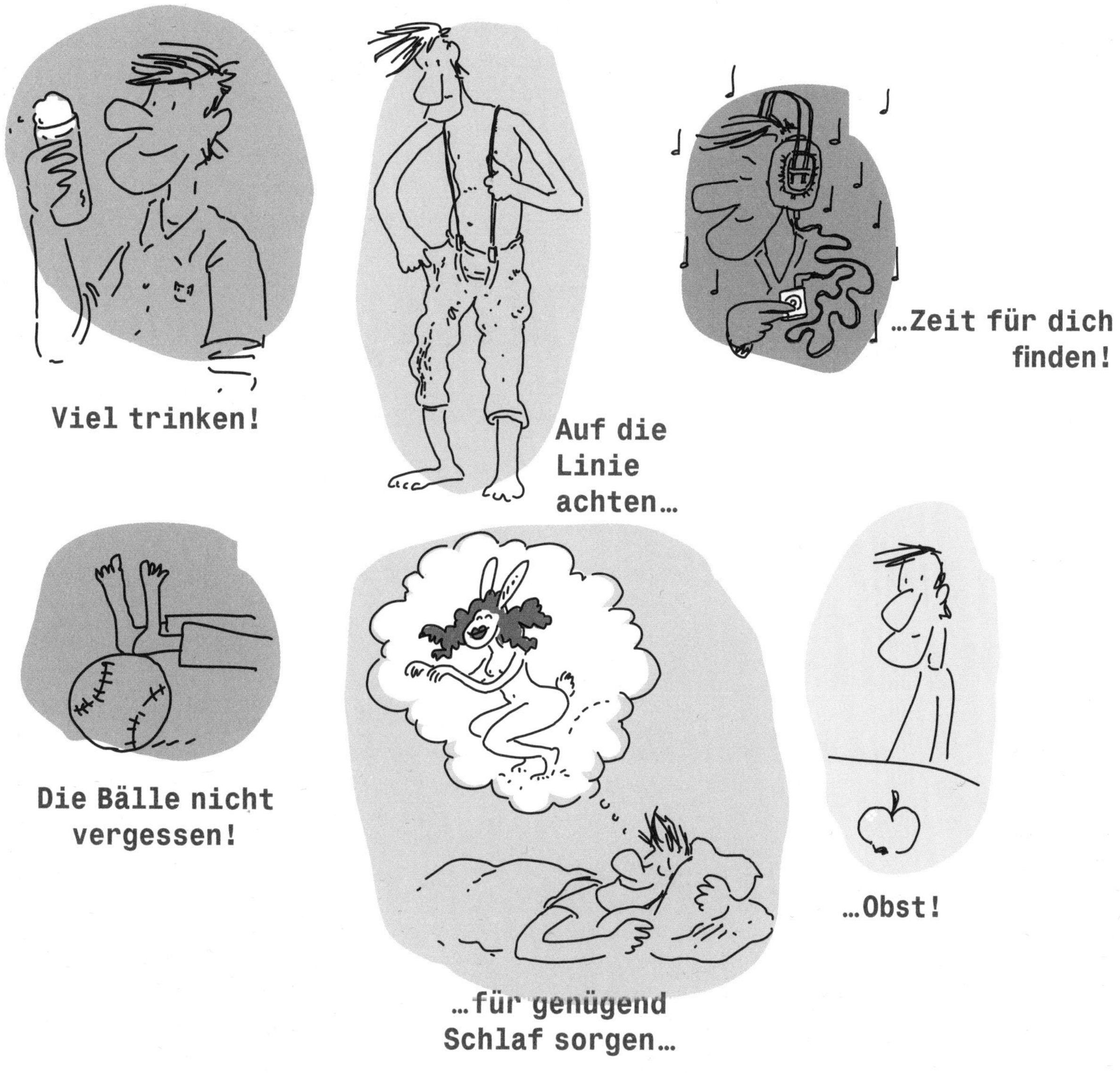

Viel trinken!

Auf die Linie achten...

...Zeit für dich finden!

Die Bälle nicht vergessen!

...für genügend Schlaf sorgen...

...Obst!

Beherzige die Regeln, und du wirst das Buch bis zum Ende durchhalten.

Fertisch. Willkommen im Club der stolzen SAP-Besitzer.

Auf dem Desktop findest du nun die Symbole für die **SAP Management Console** und das **SAP Logon**.
Mithilfe der SAP-Management-Konsole kannst du die Datenbank, den Applikationsserver und die sonstigen Komponenten starten und stoppen.
Das SAP GUI kannst du mithilfe des Icons SAP Logon auf deinem Desktop aufrufe. Im SAP Logon gibt es genau einen Eintrag für dein System. Entweder klickst du doppelt auf den Eintrag oder einfach auf den Button „Anmelden", rechts oben im SAP Logon.
Voilà: Dein SAP-System, du bist drin! Und so einfach, das hast du dir bestimmt nicht gedacht.

Gott sei Dank, wurde auch Zeit. Mein Kühlschrank ist schon ganz leer gegessen.

[Erledigt!]
Dann hol dir doch einen Blätterteig und Topfen, und mach dir ein Topfendatscherln.

Die SAP – Das Unternehmen

ABAP kannst du nicht ohne SAP verstehen. Beide sind zu stark miteinander verzahnt. Und wenn ich so von SAP schreibe, höre ich immer „Im SAP oder das SAP oder die SAP“. Was jetzt? Wovon spricht der Mann von der Straße, die Frau vorm Computer, wenn sie von SAP sprechen?

Ja, wovon denn eigentlich. SAP ist doch ein Unternehmen, und SAP ist doch ein System?

Genau, das ist das Bedeutungswirrwarr, das ich entwirren möchte. Das Unternehmen **SAP Systemanalyse und Programmentwicklung** wurde 1972 von fünf ehemaligen IBM-Mitarbeitern in Weinheim (Deutschland) gegründet: Claus Wellenreuther, Hans-Werner Hector, Klaus Tschira, Dietmar Hopp und Hasso Plattner.
1976 wurde daraus die SAP GmbH, die dann 1977 in Walldorf (Deutschland) ihr Zuhause fand. 1988 erfolgte die Gründung der SAP Aktiengesellschaft Systeme, Anwendungen und Produkte in der Datenverarbeitung und wurde an der Frankfurter und Stuttgarter Börse gelistet.
Einen besonderen Knick und unglaublichen Wertzuwachs erlebte sie zwischen 1993 und 1999. Dieser Anstieg lag an einer Idee, die 1992 entwickelt wurde. Welche Idee das war, wirst du bald lesen.

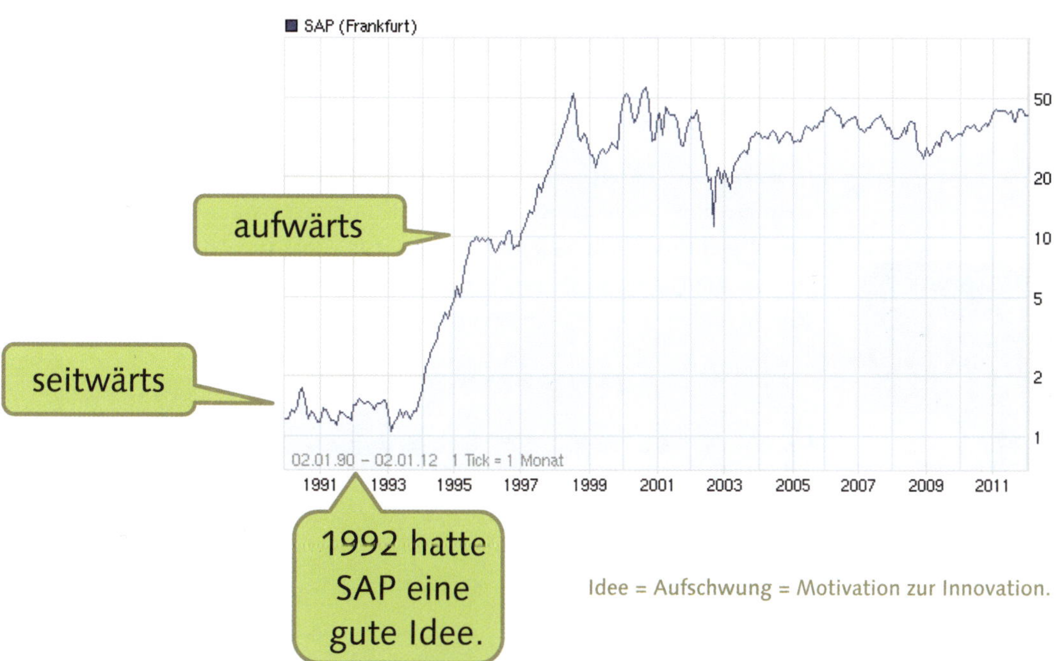

Idee = Aufschwung = Motivation zur Innovation.

Die SAP ist mittlerweile der größte europäische und weltweit viertgrößte Softwareproduzent. Sie hat mehr als 54.000 Mitarbeiter an Standorten in weltweit über 75 Ländern (Stand Januar 2012). Diese arbeiten verteilt über den ganzen Globus und erwirtschaften in 120 Subunternehmen mehr als 12 Mrd. € Umsatz. SAP betreut mehr als 190.000 Kunden, wobei über 12 Mio. Menschen in mehr als 120 Ländern SAP-Produkte verwenden.

Sehr schöne Zahlen. Hilft mir das beim ABAPen?

Nicht direkt, jedoch ist besonders erwähnenswert, dass

- ABAP so aussieht, wie es aussieht, weil die SAP eine gute Idee hatte,
- ABAP permanent an aktuelle technische Entwicklungen angepasst wird,
- die ABAP-Gemeinschaft riesengroß ist und du mit ihr über dein ABAP sprechen kannst,
- ABAP international ist.

Hmm, okay, und was ist jetzt mit der „guten Idee"? Die habe ich auch jeden Tag. Zum Beispiel habe ich gerade die gute Idee, einen Espresso und ein Croissant zu genießen.

Lies weiter, munter und heiter...

SAP – SAP-System

Etwas Softwarearchäologie zur Entwicklung des SAP-Systems. Die erste Version des SAP-Flaggschiffs „Enterprise Software" war das **System RF** zum Einsatz in der Finanzbuchhaltung (1973).

Wow, gab es damals schon Computer?

Klar, kam direkt nach den programmierbaren Webstühlen. Das System RF ist auch unter dem Namen R/1 bekannt, wobei der Name erst nach der Entwicklung ersonnen wurde. Das R steht nicht für Release, sondern für „Real-time data processing" und meint, dass, anstatt die Daten mechanisch auf Lochkarten zu speichern, die Eingabe per Bildschirm durchgeführt wird, also in real-time. Ohne Lochkarte.

80 Bytes Speicher, wow!

Das sind Lochkarten.

Hole in one.

Man kann Löcher in Karten stanzen und so mit einem Computer sprechen. Was war da mit dem papierlosen Büro?

Da wurden Daten draufgespeichert und mit Lochkartenlesemaschinen in den Speicher des Computers eingelesen. Nur damit du eine Idee der Kartenmenge bekommst: Wird pro Karte eine Bestellung erfasst und pro Tag gehen 35.000 Bestellungen ein, umfasst der Stapel der Tagesbestellungen 35.000 Lochkarten – ziemlich viel Papier. Übrigens wird ein Stapel im Englischen als **Batch** bezeichnet, klingelt da was? Was könnte Batch-Job bedeuten?

Als Lochkartenverantwortlicher hat man vor lauter Löchern das Papier nicht mehr gesehen.

[Hintergrundinfo]

Am Anfang der SAP-Entwicklung waren die SAP-Programme auf Lochkarten gespeichert. 1973 trug es sich zu, dass Hasso Plattner stolperte. Na und? Tja, er trug einen Metallkasten mit 2.000 Lochkarten mit Programmen, und der ging leider auf. Zwei Tage sortieren war das Resultat.

Das **R/1** bestand aus einer Menge von „Systemen", diese wurden für IBM-Rechner mit dem DOS-Betriebssystem entwickelt.

MS-DOS?

Nö, IBM DOS.

1979 wurde R/1 durch **R/2** abgelöst. SAP R/2 ist eine mainframebasierte Business Suite, die sehr erfolgreich in den 1980ern und 1990ern war und immer noch vereinzelt – wie du vielleicht gehört hast – eingesetzt wird. Das Besondere an R/2 war, dass es mehrwährungs- und mehrsprachenfähig ist. Also wurden Beträge nicht automatisch (implizit) einer Währung zugeordnet, sondern explizit (das werde ich dir zeigen, wie das geht). Des Weiteren werden in Abhängigkeit von der **Anmeldesprache** des Anwenders Oberfläche und Texte dargestellt.

Also wenn jemand sagt, dass er das R/2 kennt, mit einem leichten Schimmern in den Augen, dann macht der anscheinend schon ziemlich lange mit SAP herum.

Das kannst du laut sagen. Diese Leute können auch meistens noch **Assembler** programmieren. Na ja, und dann hatte SAP eine Idee, die SAP zum globalen Durchbruch verhalf. Am 6. Juli 1992 wurde das SAP R/3 offiziell für den Markt freigegeben. Das R/3 wurde auf Basis einer sogenannten Client-Server-Architektur umgesetzt. Das 3 im R/3 steht nun nicht für die dritte Version, sondern für die Drei-Schichten-Architektur: Präsentationsschicht – Applikationsschicht – Datenbankschicht.

Der Anwender konnte mit einem Desktop-Client-UI arbeiten. Gleichzeitig wurde eine sogenannte **Basis** eingeführt, die die technische Basis des R/3 darstellte. Die Entwicklung wurde in **Modulen** organisiert, wie zum Beispiel in Modulen für **Finanzen** (FI), **Controlling** (CO), **Materialwirtschaft** (MM), **Vertrieb** (SD), **Produktion** (PP) oder **Personal** (HR). Durch eine einheitliche Benutzeroberfläche wurde die Effizienz beim Arbeiten mit dem System gesteigert. Eine Verteilung auf unterschiedliche Rechner wurde möglich.

Client-Server-Architektur ist ja nun ziemlich bekannt. Und wegen DER Idee ging es so aufwärts?

Die richtige Idee zum richtigen Zeitpunkt und ein Quäntchen Glück = **Erfolg**. Mit der Client-Server-Architektur hast du zum Beispiel den Vorteil, dass du besser skalieren, also auf Änderungen in den Anforderungen, reagieren kannst.

[Hintergrundinfo]

Ursprünglich war das R/3 als Ergänzung zum R/2 gedacht und für die IBM AS/400 entwickelt worden. Diese Hardware war jedoch mit dem neuen System überfordert. SAP musste auf UNIX-Workstations mit Oracle-Datenbank umstellen, die nach dem Client-Server-Prinzip arbeiteten.
R/3 begann, R/2 abzulösen ...

R/3 machte den Weg frei für SAP. Eine unglaubliche Erfolgsgeschichte begann, und Umsätze und Mitarbeiterzahlen schnellten in die Höhe. Das lieben Anleger, und damit explodierte förmlich der Aktienkurs.

Ah, darum der Knick im Aktienkurs. Damals reflektierte der Kurs noch den Erfolg, oder war das nie der Fall, hmmmm?

1996 wurde mit Microsoft gemeinsam die **SAP-Internetstrategie** vorgestellt, die offene Schnittstellen zur Kopplung von Internetanwendungen mit dem System R/3 präsentierte. Dieser Ansatz wurde **Internet Transaction Server** (ITS) genannt (R/3-Version 3.1 G und H).

Und ich dachte, das Internet und World Wide Web (WWW) haben sich schon früher verbreitet.

Wenn man bedenkt, dass am 6. August 1991 Tim Berners-Lee seine Grundlagen zum **WWW** veröffentlichte, war die Initiative doch etwas zeitversetzt ;-)

Mit **SAP R/3 Enterprise** veränderte sich einiges an der Architektur des Applikationsservers. Aus der Basis wurde der **SAP Web Application Server (WAS)**. Das immer stärker werdende Internet erforderte eine neue Basisarchitektur. Das SAP-System war ab dem Zeitpunkt offen für Internetprotokolle. Die **SAP NetWeaver-Technologie** wurde **2003** präsentiert, ganz dem Zeitgeist entsprechend volle Ausrichtung auf **Prozesse**.

SAP Enterprise Ressource Planning (ERP) wurde den Kunden zur Verfügung gestellt mit einem Blick in Richtung **serviceorientierter Architektur** (SOA). **SAP All-in-One** und **SAP Business One** wurden als Lösungen für mittelgroße und kleine Unternehmen eingeführt.

2007 wird **Business ByDesign** (Projektname **A1S**) – da ist auch ABAP drin – präsentiert. Eine gehostete Lösung, die für Kunden mit 100 bis 500 Mitarbeiter gedacht ist.

Basierend auf der Grundlage **R/3**, hat sich eine Vielzahl von SAP-Produkten entwickelt, die zur sogenannten **SAP Business Suite** zusammengefasst wurden.
2009 wurde die SAP **Business Suite 7** vorgestellt.

Und was hat das jetzt alles mit meinem ABAP zu tun?

Na, alles. Erstens ist das SAP-System die Heimat deines ABAP. Ohne SAP-System kein ABAP. Zweitens steckt in den ganzen Produkten ganz viel **ABAP** drin!

Die Erfolgsgeschichte: Vom ABAP zum ABAP

Ich hätte den Abschnitt auch so anfangen können: vom **Allgemeinen-Berichts-Aufbereitungs-Prozessor** zum **Advanced Business Application Programming**.

Das zweite klingt teurer.

Beides gleich teuer. ABAP ist DIE **Programmiersprache**, wenn es um die Entwicklung von **Geschäftsfunktionalität** (Business Functionality, yeah) im SAP-System geht. **Java** steht auch zur Verfügung, aber das ist eine andere Geschichte.

ABAP gibt es schon seit Anbeginn der Zeit

und hat sich kontinuierlich weiterentwickelt. SAP leistet sich ein eigenes Sprachenteam, das für die Weiterentwicklung von ABAP zuständig ist.
Begonnen hat ABAP als **Makro-Assembler** im R/2 (Allgemeiner-Berichts-Aufbereitungs-Prozessor) mit Spezialisierung auf die **Erstellung von Reports**. Aus dieser Zeit kommt auch die Bezeichnung **Report** für Programm in ABAP. Für Softwarehistoriker und die nächste Geek-Party interessant: Da es um Reports geht, ist **WRITE** der mächtigste Befehl in ABAP.

[Hintergrundinfo]

SAP R/1 und SAP R/2 waren in Assembler programmiert. Auswertungen waren eine Folge von Assembler-Makros und -Anweisungen.
Das Erzeugen der Auswertungen war sehr aufwendig, und sie waren online nicht lauffähig.
ABAP/3 besaß Befehle, die von ihrer Bezeichnung her bereits eine gewisse Ähnlichkeit mit ABAP/4-Anweisungen hatten, wie zum Beispiel MOVE, COMPUTE, WRITE und weitere.
Die ABAP/3-Programme wurden durch einen Präprozessor in Assembler-Makros und -Anweisungen konvertiert. Auch diese Programme waren nur im Batch lauffähig („zweiphasiges" ABAP).
Später wurden Programme in ABAP/4 entwickelt („einphasiges" ABAP). Diese Programme waren online und im Batch lauffähig, besaßen jedoch einen eingeschränkten Funktionsumfang.
Es konnten nur Listen und Extrakte erzeugt werden.
Erst ab Release 4.3 konnten in ABAP/4 Transaktionen mit Dynpros und Modul-Pools entwickelt werden.
Wenn dich das interessiert, schau doch auf der Bonus-Seite vorbei. Vielleicht ist ja da noch mehr zum Thema:

www.sap-press.de/3024

Mitte der 1980er-Jahre wurde **ABAP** als **interpretierende Sprache** ausgeprägt, die der Entwicklung von betriebswirtschaftlichen Anwendungen genügte und die Entwicklung von **Dialogprogrammen** zuließ. Für ABAP gilt dasselbe wie zum Beispiel auch für Java: **Der Quelltext wird in ein Metaformat, das sogenannte Load, übersetzt und von einem plattformabhängigen Interpreter ausgeführt.**

R/2 5.0E

Audit Guidelines	Release 5.0E	Date 04/01/95	Author AK REV	Page I-2

4.3 SAP facts

ABAP (Advanced Business Application Programming Language) is a fourth generation programming language developed by SAP. It is intended for use in an SAP environment, but can also be used in other constellations.

ABAP is an **Interpreter** programming language with language elements that contains all capabilities for:

- data selection
- sorting
- print editing
- data modification (INSERT, UPDATE, MODIFY, DELETE)
- data protection (AUTHORITY-CHECK)
- uploading/downloading (PC).

However, ABAP programs can also be compiled and then executed as a load phase from a load library.

The calling up and executing of ABAP programs is not logged. The user, however, has the option to write the corresponding instructions for logging into each ABAP.

ABAP programs which make changes to tables are not logged in all cases, unless this feature was written into the program itself.

The range of functionality for ABAP transactions **ABAP** and **TM38** can be restricted via the following authorization objects: PROGRAM, EDITOR, and SAP-SQL.

Given the authorizations for ABAP transactions (TM38, ABAP) or given rights of access to the datasets, programs can be generated and executed immediately online in the productive environment!

SAP systems are delivered with a great number of

R/2 ABAP.
Bitte diese Grafik ausschneiden, einrahmen und ins Museum stellen.

Anfang der 1990er wurde R/3 erschaffen und damit auch eine neue Variante von ABAP, genannt: ABAP/4. Das 4 kommt von 4. Generation, was das auch immer bedeuten möge. Wikipedia trifft es ganz gut: „… Der Begriff 4GL ist nicht exakt definierbar und wird vor allem für Marketingzwecke eingesetzt …"
Die Wenigsten sagen zu ABAP/4 „Advanced Business Application Programming", klingt aber trotzdem gut. ABAP wurde zur Basis des gesamten R/3. Einzig der **Systemkern** ist in **C** geschrieben, alle anderen Komponenten, so zum Beispiel auch die Entwicklungsumgebung, sind in ABAP entwickelt. Das bedeutet für dich: Du kannst alle Programme ansehen und durchlesen!

Apfelkern?

Ganz ähnlich. Der Systemkern ist ein zentrales Modul des SAP-Systems, das auszuführende Aufgaben, zum Beispiel die Ausführung eines ABAP-Programms, auf freie Ressourcen verteilt, Speicher verwaltet und andere Basisdienste leistet. Also ist es die Schnittstelle zwischen dem Betriebssystem und den SAP-Anwendungen. In der SAP Management Console siehst du den Kern als eigenen Prozess mit der Bezeichnung disp+work (sieh nochmal nach).

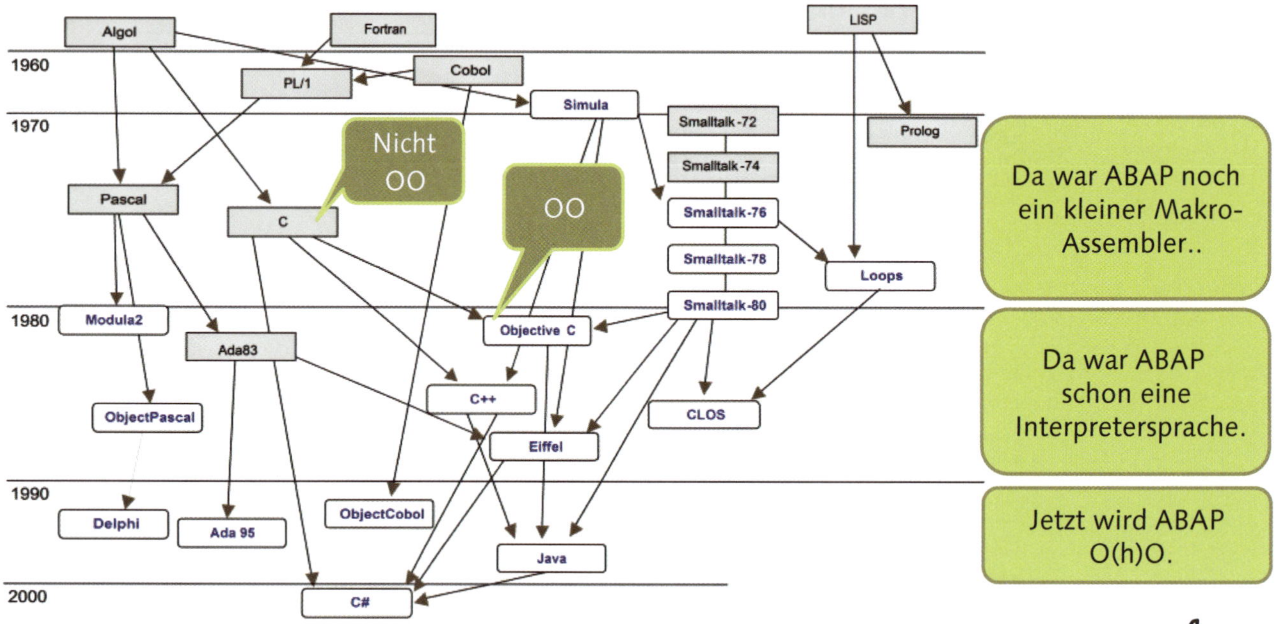

1960
1970
1980
1990
2000

Algol, Fortran, LISP, Cobol, PL/1, Simula, Smalltalk-72, Prolog, Smalltalk-74, Pascal, C, Smalltalk-76, Smalltalk-78, Loops, Modula2, Smalltalk-80, Objective C, Ada83, C++, CLOS, ObjectPascal, Eiffel, Delphi, Ada 95, ObjectCobol, Java, C#

Nicht OO

OO

Da war ABAP noch ein kleiner Makro-Assembler..

Da war ABAP schon eine Interpretersprache.

Jetzt wird ABAP O(h)O.

Entwicklung der Programmiersprachen aus Wikipedia mit ABAP-Spezialitäten garniert.

Ende der 1990er-Jahre wurde ABAP endlich die **Objektorientierung** beigebracht, darum hört man statt ABAP/4 auch ABAP oder **ABAP OO** oder **ABAP Objects**.

Pffffff.

Mit diesen Erweiterungen zogen Kapselung, Vererbung und Polymorphie als objektorientierte Techniken in das SAP-System ein.

[Hintergrundinfo]

UNICODE: ein internationaler Standard, der für Schriftzeichen einen digitalen Code festlegt. Check out ISO 10646.

Danach kam noch die Einführung von Unicode, die eine Erweiterung und Semantikänderung des ABAP-Sprachumfangs mit sich brachte.
Zu guter Letzt hat die SAP alles in den **SAP NetWeaver** verpackt und ABAP zur Programmierschnittstelle des **SAP NetWeaver Application Servers ABAP** (manche bevorzugen **AS ABAP** als Bezeichnung) erkoren und damit die **SAP Basis** – zwischenzeitlich auch **SAP Web Application Server** genannt – abgelöst.
Genug der Geschichte, was ist jetzt mit ABAP, wirst du dir denken. Here you go!

Ich denk mir nur: Geschichtsunterricht? Ich will programmieren, Mann!

„Wehret den Anfängen“, sag ich mit Ovid!

Kompilieren/Interpretieren

Wie du schon gelesen hast, wird **ABAP** (also das ABAP, das du lernen wirst, also das Neueste vom Neuen) von Quelltext in die Bytecode-Zwischenrepräsentation übersetzt. Das Ergebnis nennt SAP das **Load**. Dieses wird zusätzlich zum Quelltext in der Datenbank gespeichert.

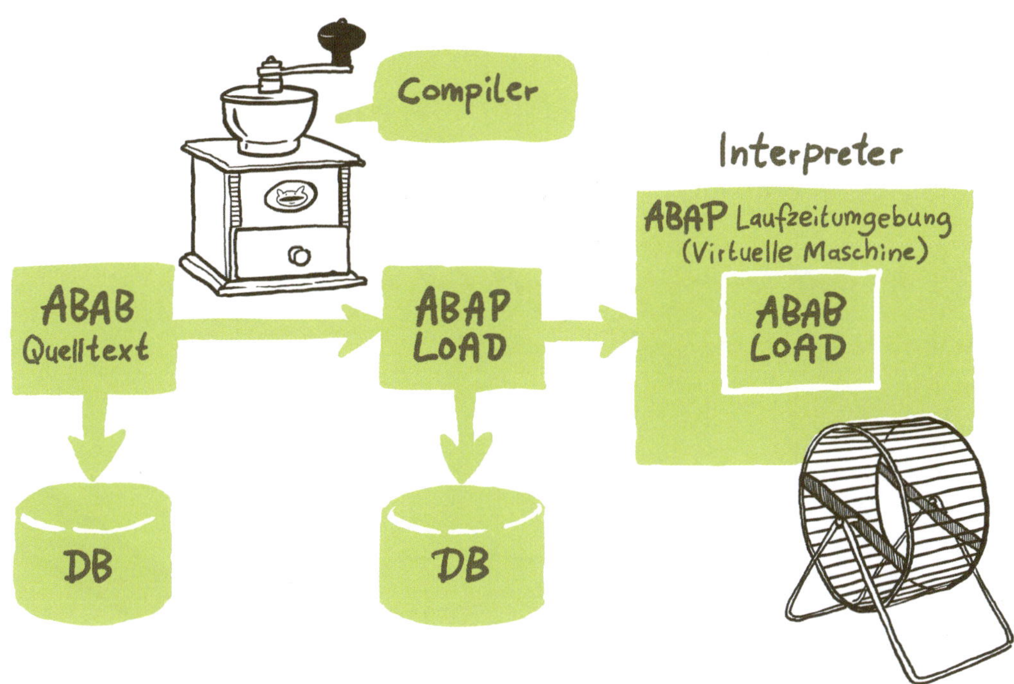

Das ABAP-Programm wird in Bytecode kompiliert, der dann von der Laufzeitumgebung interpretiert wird (Compiler/Interpreter).

Das ABAP **Load** wird dann durch die ABAP-**Laufzeitumgebung** ausgeführt.
Bei Bedarf wird das Load neu generiert.

Genug des Rumdrucksens. Was ist mit ABAP?

ABAP allgemein

Einige Schlüsseleigenschaften von ABAP, die du noch lieben lernen wirst.

- ABAP ist typisiert.
- ABAP ermöglicht mehrsprachige Anwendungen.
- ABAP ermöglicht SQL-Zugriffe auf die Datenbank, indem es dir ABAP-Befehle für Datenbankzugriffe zur Verfügung stellt.
- ABAP ist auch objektorientiert.
- ABAP ist plattformunabhängig (dafür ist der Interpreter plattformabhängig).
- ABAP ist aufwärtskompatibel (du kannst immer noch R/2-Sourcen in den neuesten Systemen finden).
- ABAP ist für die Entwicklung von betriebswirtschaftlichen Anwendungen konzipiert.
- Eine Zählung hat über 270 Schlüsselwörter in ABAP ergeben.
- Das Werkzeug zum Bearbeiten von ABAP-Quelltexten ist der **ABAP Editor**.

Sehr nett. Klingt schon mal gut für den Anfang. Und wie sieht so ein ABAP aus?

ABAP-Syntax

Die ABAP-Syntax ist nicht schwer zu erlernen. Es ist eher wie Geschichten zu schreiben – Programmgeschichten.

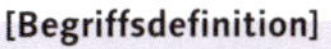

[Begriffsdefinition]

Der grundsätzliche Aufbau von ABAP ist:
ABAP-Schlüsselwort Zusätze und Operanden Punkt

Ich kann mir das noch nicht ganz vorstellen. Aber wie ich meinen Roland kenne, kommt da noch was nachgeliefert.

Obwohl wir uns noch nicht sehr lange kennen, kennst du mich schon ziemlich gut.

- Das erste Wort in einem Satz heißt **ABAP-Schlüsselwort**.
- Jede Anweisung in ABAP muss mit einem **Punkt** beendet werden, daher wird eine Anweisung auch als **Satz** bezeichnet.
- Wörter in einem Satz werden durch mindestens ein **Leerzeichen** getrennt!

[Achtung]

Ohren auf, Mund zu, Neuronen aktivieren: Die Leerzeichen sind für den ABAP-Parser total wichtig. Also nicht vergessen!

Wenn ein **Satz** aus mehreren **Teilen** besteht, dann muss jeder dieser Teile mit einem **Komma** abgetrennt werden.
Ein **Doppelpunkt** besagt, dass das Schlüsselwort vor dem Doppelpunkt auf alle Teile des Satzes anzuwenden ist. Das entspricht der Grundanforderung: Der Entwickler hat faul zu sein. Je weniger zu tippen ist, desto besser. Übrigens wird die Schlüsselwort-Doppelpunkt-Kombination als **Kettensatz** bezeichnet.
ABAP ist **nicht case sensitive**, das bedeutet, dass **Groß- und Kleinschreibung NICHT relevant** ist. Tipp vom Routinier: Ich stelle gerne den sogenannten **Pretty Printer** im ABAP Editor so ein, dass die Schlüsselwörter groß geschrieben werden. Das nennt man auch den **Poorman's Syntax Check**. Das lernst du dann beim **ABAP Editor**, wie man das einstellt.

Ein **Satz** kann über **mehrere Editorzeilen** gehen. Das führt dazu, dass das abschließende Pünktchen nicht in jeder Editorzeile zu finden ist. Das kannst du machen, solltest es aber nicht tun: mehrere Sätze in einer Editorzeile, igitt. Total verpönt in ABAP.
Kommentare sind entweder Sternchen in der ersten Spalte oder doppeltes Anführungszeichen in der Zeile.

Was mache ich, wenn ich mehrere Zeilen kommentieren möchte? Ist der Editor dann sternchenhagelvoll?

Dann markierst du die Zeilen mit der Maus und verwendest die Tastenkombination Strg + „<" zum **Kommentieren** und zum **Dekommentieren** Strg + „>" = Strg + Shift + „<".

Beispiel ABAP

Und schon kommt der erste Test. Sieh dir mal das folgende Beispiel an. Welche Elemente erkennst du bereits?

```
REPORT ZSCHROEDINGER01.
* Ein Stern in der ersten Spalte kommentiert die ganze Zeile
* Eine Einsprungsmarke für das Laufzeitsystem
START-OF-SELECTION. "Kommentar bis zum Ende der Zeile
* Ausgabe vom Text auf der Liste, in einer neuen Zeile
WRITE: / 'You can do it'.
```

Also, welche Teile erkennst du schon?

Ich erkenne Sternchenkommentar, Schlüsselwörter und einen Kettensatz. Und das Programm sieht aus wie der Sternenhimmel.

Gut gemacht!

Schrödingers ABAP

Wenn du bis jetzt durchgehalten hast – Hut ab –, wirst du sicher schon festgestellt haben, dass ABAP nicht wie eine Standalone- Programmiersprache zu betrachten ist. ABAP ist immer abhängig vom technischen Kontext, in den es eingebettet ist. Darum hat ABAP auch keine Versionen, sondern immer nur die technische Basis und die Komponenten, die drum herum sind oder darauf aufbauen.

Was ist aus meiner Sicht wichtig für dich als angehenden ABAP-Jedi-Ritter?

- Du sollst ABAP schätzen, insbesondere sei respektvoll, da das Alter von ABAP beachtlich ist.
- Lerne das Rundherum um ABAP, mach dich mit der Infrastruktur vertraut.
- Verinnerliche die Kernkonzepte von ABAP, und mach deine Übungen.
- Hör auf den Roland, und lies das Buch fertig.
- Zuerst denken und dann tun.
- Möge **SAP_ALL** mit dir sein.

—ZWEI—

Starten mit dem SAP-System

Rein in die Küche – raus aus der Küche

Ein spannender Tag für den Schrödinger: Das erste Mal! Der Schwaiger Roland meint, das tut gar nicht so weh, wie alle sagen, der hat leicht reden. Und fängt gleich mit der Anmeldung am SAP-System an. Äh, wo eigentlich? Ach ja, SAP Logon. Geschafft, und jetzt das Anmeldebild. Wie? Ach ja, SAP GUI. Aber was soll das mit diesen Mandanten? Wir sind doch keine Anwälte, wir sind Entwickler!

Anmelden zum Tauchkurs: Eintauchen in die SAP-Welt

Du hast das SAP-System bereits installiert? Sicher, also findest du auf dem **Desktop** und in der **Programmliste** (**Start • Alle Programme • SAP**) das **SAP Logon**-Symbol. Der trifft ja mitten ins Herz! Ein herzlicher Link.

[Hintergrundinfo]

Klugscheißer-Modus: **SAP Logon** ist ein Windows-Programm, das für die **Anmeldung** an SAP-Systemen auf Windows-PCs verwendet wird. Es dient als **Vermittler** zwischen dem SAP-System und der SAP GUI-Benutzeroberfläche.

Und du möchtest dich jetzt sicher **am SAP-System anmelden**. Dazu musst du das **SAP Logon starten**. Zwei Wege stehen dir zur Verfügung:

Du kannst das SAP Logon entweder

- mit einem Doppelklick auf das **Desktop-Symbol** oder
- durch die Auswahl aus der **Programmliste** starten.

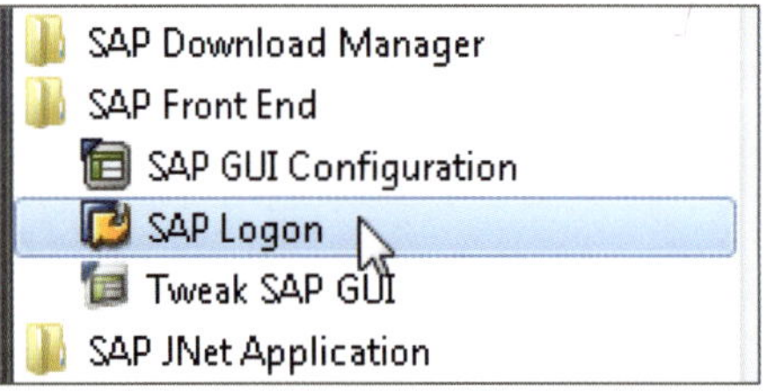

SAP Logon mal in der Programmliste ...

... und SAP Logon mal als Desktop-Icon.

Im SAP Logon – Knoten **Verbindungen** – findest du eine Liste mit **SAP-Systemen**, an denen du dich anmelden kannst – einfach doppelklicken.

Da muss ich natürlich vorher das SAP Logon starten, eh klar!

Das SAP Logon in voller Pracht und Herrlichkeit.

Die **Liste der SAP-Systeme** besteht aus **Anwendungsservern** und/oder **Gruppenservern** (Last- und Benutzerverteilung).

[Hintergrundinfo]

Die Last-/Benutzerverteilung dient dazu, die SAP-Anwender auf den Applikationsserverinstanzen dynamisch zu verteilen. Wenn sich Anwender am System anmelden, werden sie automatisch am Server mit der derzeit besten Performancestatistik und/oder den wenigsten Anwendern angemeldet.

Du kannst die Liste der Systeme natürlich verändern. Aber vorher solltest du dich noch bei einer **Gleichgewichtsübung** entspannen.

Balance: Probiere das mal!

Parallel zur Übung, während du so locker in der Kerze stehst, sprich bitte leise, mit Inbrunst, aber immer wiederkehrend die folgenden Sätze:

- Ich darf Einträge in der Systemliste hinzufügen.
- Ich darf Einträge löschen.
- Ich darf Einträge ändern.
- Ich liebe meinen Systemadministrator, der mir das alles erlaubt.

Alles ist Transaktion – Transaktionen als Shortcuts

Im Knoten **Verknüpfungen** kannst du SAP-Transaktionen starten, Reports ausführen oder Systembefehle direkt durchführen.

Transaktionen? Geldgeschäfte?

[Begriffsdefinition]
SAP-Transaktionen sind Shortcuts zu Funktionen.

Funktionen? f(x) = x Quadrat?

[Begriffsdefinition]
Funktionen sind Programme.

Und die Reports? Ist ein Report ein Bericht, oder wie?

[Begriffsdefinition]
Report ist eine SAP-Bezeichnung für ein Programm, um gaaaaanz genau zu sein, ein ausführbares Programm. Natürlich sind alle Programme ausführbar, aber dies ist eine spezielle Kategorie von Programm.

Und jetzt kommt's. Pass auf. Ich weihe dich in das große Geheimnis des SAP GUI ein. Nur noch wenige Sekunden, und du gehörst dazu:

[Begriffsdefinition]
In SAP sind Funktionen mit Shortcuts verbunden. SAP bezeichnet diese Abkürzungen als **Transaktionscodes**. Abkürzungen deswegen, weil du nicht über das Menü zu deiner Funktionalität navigieren musst, sondern in einem Schritt die Funktion starten kannst.

Egal, was du im GUI erreichen möchtest: Idealerweise kennst du den Transaktionscode. Eine Auswertung gefällig? Ein allumfassender Bericht? Her mit dem Code, und schon bist du da und dort.
Ich an deiner Stelle würde schon mal – ganz nach alter Sitte – Papier und Bleistift zurechtlegen, damit du die ganzen Transaktionscodes aufschreiben kannst, die dir noch bei der Lektüre begegnen werden.

Was sind Papier und Bleistift – hä?

Melde dich an! – SAP-Anmeldung

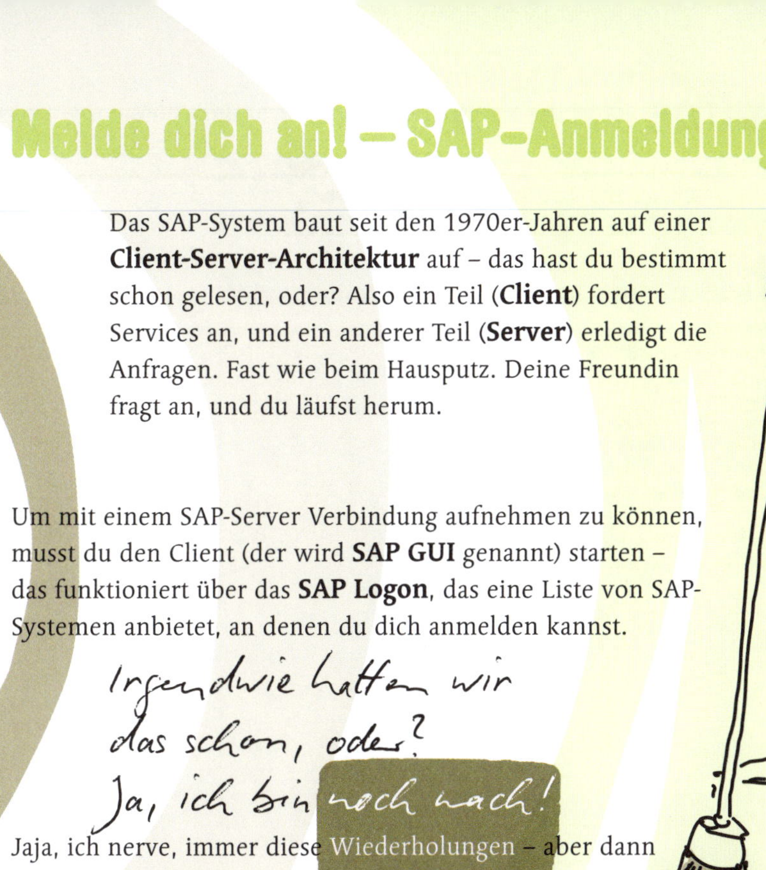

Das SAP-System baut seit den 1970er-Jahren auf einer **Client-Server-Architektur** auf – das hast du bestimmt schon gelesen, oder? Also ein Teil (**Client**) fordert Services an, und ein anderer Teil (**Server**) erledigt die Anfragen. Fast wie beim Hausputz. Deine Freundin fragt an, und du läufst herum.

Um mit einem SAP-Server Verbindung aufnehmen zu können, musst du den Client (der wird **SAP GUI** genannt) starten – das funktioniert über das **SAP Logon**, das eine Liste von SAP-Systemen anbietet, an denen du dich anmelden kannst.

Irgendwie hatten wir das schon, oder? Ja, ich bin noch nach!

Jaja, ich nerve, immer diese Wiederholungen – aber dann bleibt es besser hängen ;-)

Gähn! Jetzt hab ich eine Frage: Woher kommen die Systeme in der SAP-Logon-Liste?

Die muss man von Hand eintragen! Blätter mal zurück.

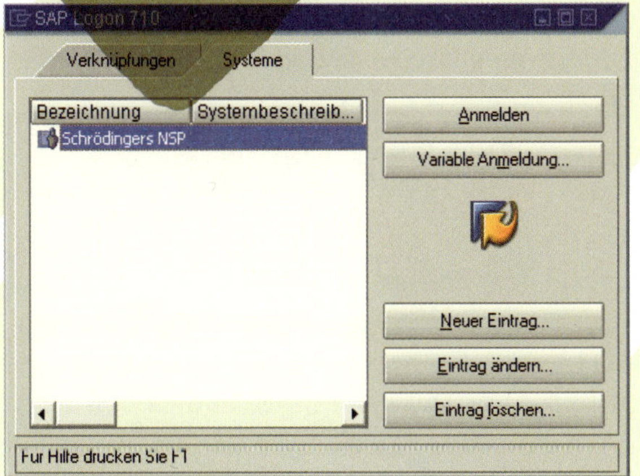

Da willst du hin.

Also **Doppelklick** und ... **Schwups**, da ist das SAP GUI in voller Pracht und Blüte.

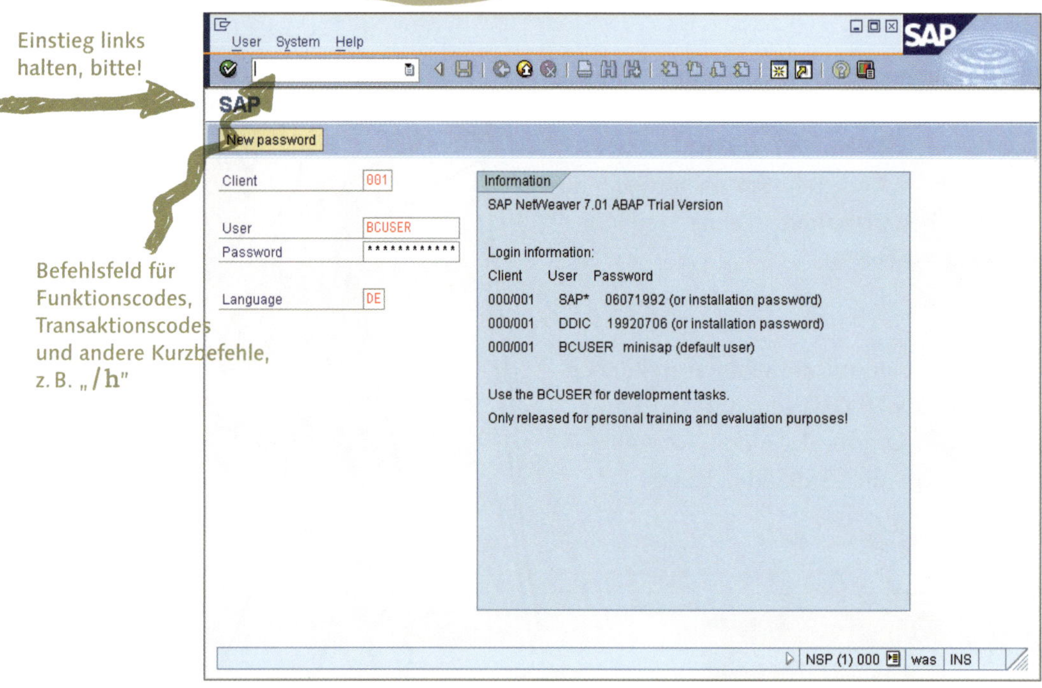

Zugegebenerweise schaut das jetzt nicht besonders überwältigend aus, das kommt noch.

Einige wichtige Aspekte von SAP kannst du bereits bei der **Anmeldemaske** erkennen. Das SAP-System kennt das **Mandantenkonzept** und sieht dafür ein Eingabefeld vor, damit sich der Anwender – also DU – an einem Mandanten in diesem SAP-System anmelden kann. *Hm, yuhu, und was ist ein Mandant?*

[Begriffsdefinition]

Ein **Mandant** in SAP-Terminologie ist eine Gruppierung von rechtlichen, organisatorischen, administrativen und/oder betriebswirtschaftlichen Einheiten mit einem gemeinsamen Zweck. *Wie bitte?*

Stell dir einfach einen **Konzern** als Beispiel vor.

Als Nächstes musst du deinen **Benutzer** und dein **Kennwort** angeben. Das erhältst du vom netten SAP-Administrator oder, da du **Meister deines eigenen Systems** bist, legst du dir einen Benutzer mit Kennwort an. (Versuche nicht, dir **SU01** zu merken, es ist zu früh, das bringt jetzt noch nichts.)

Übrig bleibt dann eigentlich nur mehr das **Sprachen**-Eingabefeld, in das du die Anmeldesprache eingibst. Damit wird bestimmt, in welcher Sprache die Texte im SAP GUI angezeigt werden.

Transaktion starten

Um eine Funktion zu **starten**, musst du den **Transaktionscode** im **Befehlsfeld** eingeben – und zwar so:

- /n<TA-Code>
  Dadurch wird die aktuelle Anwendung in diesem Modus beendet und der neue TA-Code gestartet.
- /o<TA-Code>
  Falls du die aktuelle Anwendung nicht beenden möchtest, verwende **/o**. Damit wird die Anwendung in einem neuen Modus gestartet.

Den Transaktionscode für die **aktuelle Anwendung findest** du rechts unten im Statusfeld, wenn du auf das **Dreieck** im ersten Statusfeld klickst.

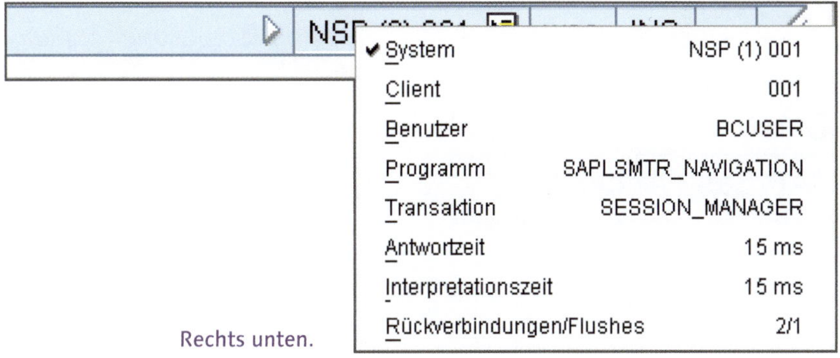

Rechts unten.

Mithilfe des Menüs **System • Status** erhältst du eine Menge von Informationen, unter anderem kannst du den Transaktionscode im Bereich der **Repository-Daten** auslesen.

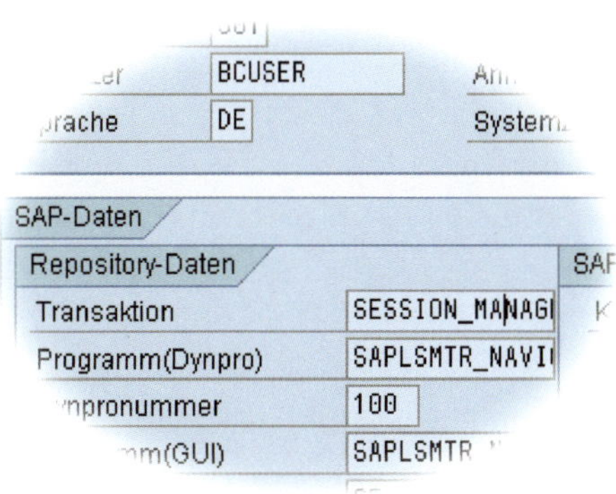

Statusinfo.

[Einfache Aufgabe]
Probiere doch mal den Aufruf der Transaktion SU01 im selben/neuen Modus aus. Du kannst im Benutzereingabefeld deinen Benutzernamen eingeben und dann „Anzeigen“ wählen.
Rufe zu einem beliebigen Zeitpunkt über das Menü die Statusanzeige auf (**System • Status**), und ermittle die Transaktion und die Dynpro-Nummer.

Willkommen Schrödinger! – SAP-Willkommenstext

Setz dich mal auf deinen gemütlichen Computerstuhl, und stell dir vor, dass du im Einstiegsbild persönlich begrüßt wirst. Dein eigener Willkommenstext im SAP GUI! Aber bitte nur, wenn du an dein Testsystem denkst.

Natürlich, was denkt der denn?

Also, wie kannst du dich begrüßen?

- Am SAP-System anmelden – Easy-Cheesy.
- Transaktionscode **SE61** aufrufen. Einfach **SE61** in das Eingabefeld links oben eingeben und mit der **Weiter/Enter/Return**-Taste bestätigen.

Transaktionscode-Eingabe mit Start im selben Modus.

Einstieg in die Dokumentenpflege.

- Beim Einstieg in die Pflege der Texte wählst du für die **Dokumentenklasse** **`Allgemeiner Text`**, und dann deine **Sprache**, zum Beispiel **`Englisch`**. Dann verwende für das Feld **Name** den Wert **`ZLOGIN_SCREEN_INFO`**, und klicke auf den **Ändern**-Button. Und, hat es funktioniert?

Sicher!

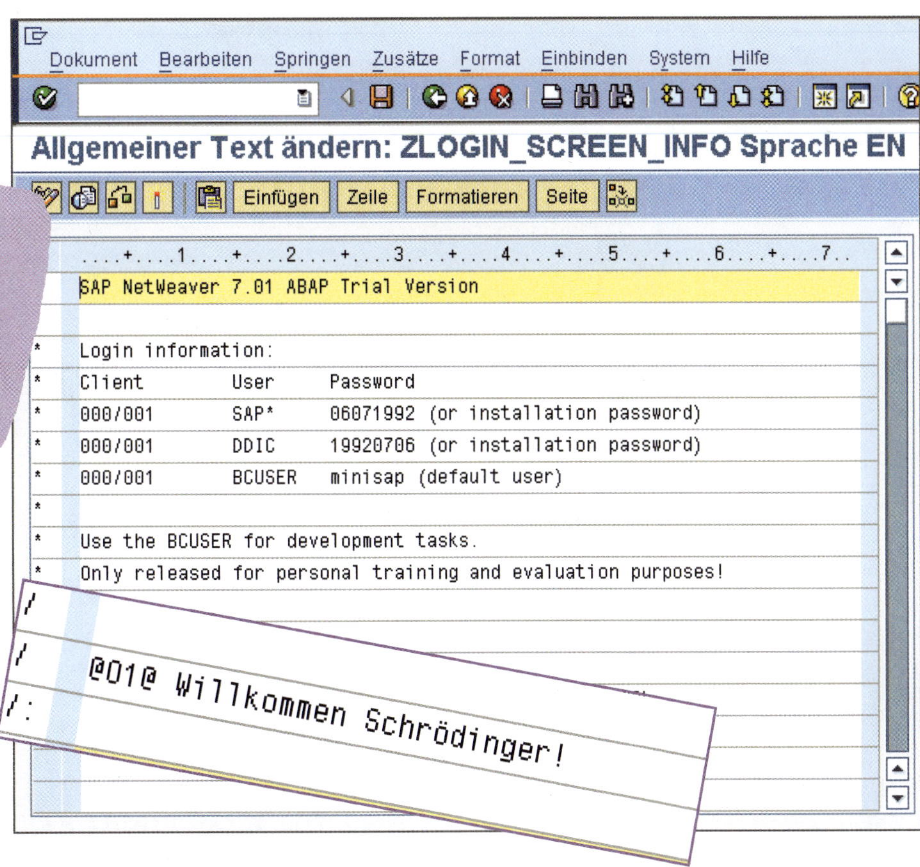

Dein Willkommenstext.

- Jetzt noch den Text im Editor mit einem **netten Icon** davor eintippen, also zum Beispiel
  @01@ Willkommen Schrödinger!

Mein Name ist @01@.

- Du bist fertig, also mit der Tastenkombination **CTRL + S Sichern** und **Aktivieren** (**CTRL + F12**). Deine Änderung ist durchgeführt.

Jetzt kommt der Test: Nochmal anmelden, und ...

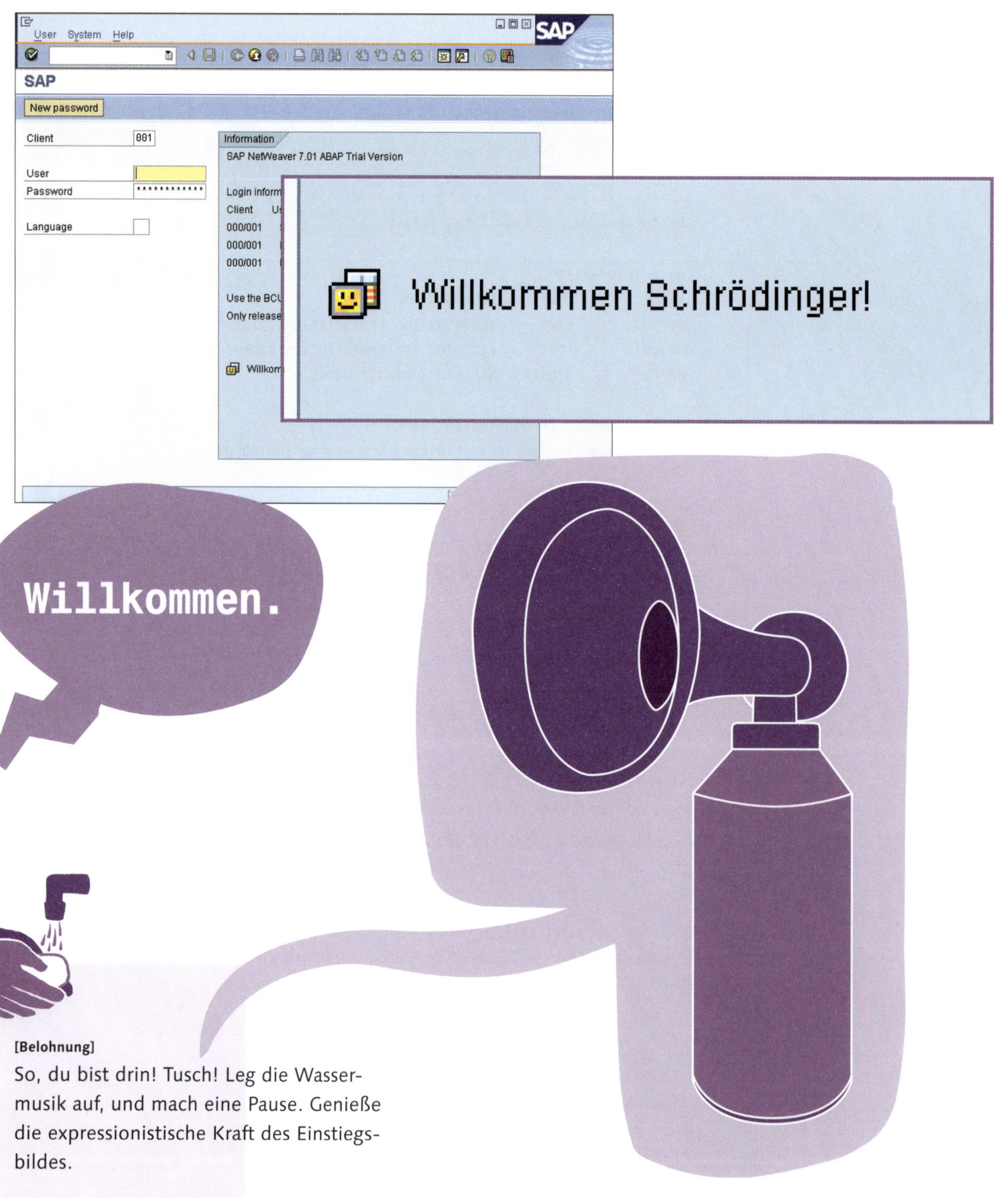

Trööt.

[Belohnung]
So, du bist drin! Tusch! Leg die Wassermusik auf, und mach eine Pause. Genieße die expressionistische Kraft des Einstiegsbildes.

Die Auslage des SAP-Systems – SAP GUI-Aufbau

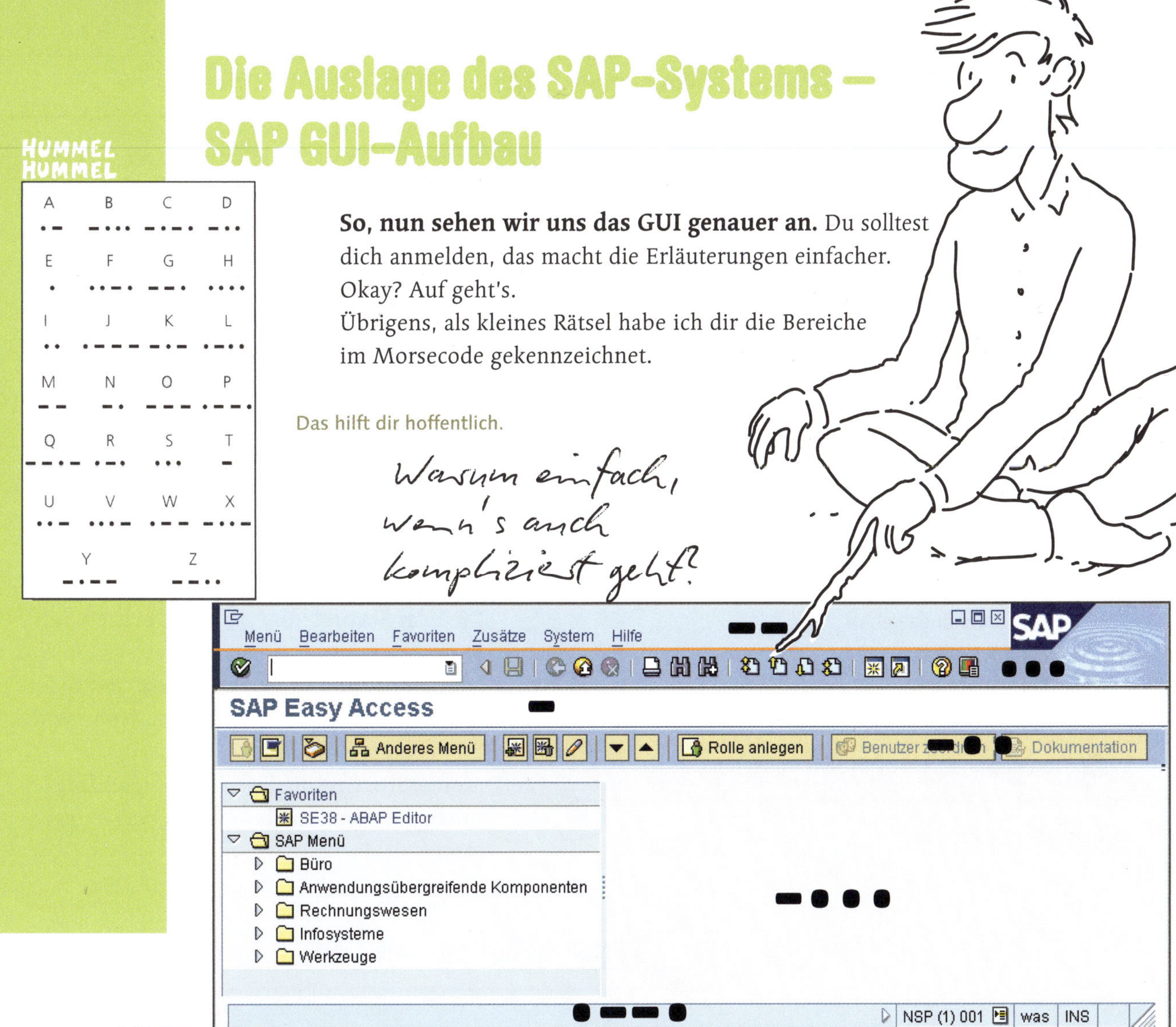

So, nun sehen wir uns das GUI genauer an. Du solltest dich anmelden, das macht die Erläuterungen einfacher. Okay? Auf geht's.
Übrigens, als kleines Rätsel habe ich dir die Bereiche im Morsecode gekennzeichnet.

Das hilft dir hoffentlich.

SAP GUI.

Die unterschiedlichen Bereiche des SAP GUI bieten unterschiedliche Funktionen an.

(M) Oben ist die **Menüleiste** mit den **Menüeinträgen**. Dabei sind die wichtigsten **Menüs die**, die immer vorhanden sind: **System** und **Hilfe**.

(S) Dann kommt die **Symbolleiste** (Systemfunktionsleiste). Die wichtigsten **Funktionen** und Funktionstasten in der Symbolleiste sind: **Enter**, **Befehlsfeld** (für die **Transaktionscodes**), **Sichern**, **Zurück**, **Verlassen**, **Abbrechen** … **Layout anpassen**.

(T) Gefolgt von der **Titelleiste** (aktuelle SAP-Anwendung).

(D) **Weiter geht's** mit der **Drucktastenleiste** (Anwendungsleiste), in der besonders wichtige oder oft verwendete Funktionen aus den Menüs hervorgehoben werden.

(F) Und dann gibt es noch die **Funktionstastenzuordnung**, mit der du Funktionen durch Tastenkombinationen aufrufen kannst.

[Hintergrundinfo]
Die Funktionstastenzuordnung kann man nicht sehen, außer man öffnet ein Menü oder fährt mit der Maus über eine Drucktaste. Dann erscheint die F-Tastenzuordnung in Klammern neben dem Funktionsnamen.

(B) Ein **Dynpro-Bereich**. Dieser ist der Platzhalter für die auszuführenden Programme. Genau hinsehen, dort spielt sich die Party ab.

Tüüüt - tüt - tüt - tüt.

(P) Die **Statusleiste** liefert allgemeine Informationen über das SAP-System und die Transaktion oder Anwendung, mit der du gerade arbeitest.

Die **Systemnachrichten** werden auf der linken Seite der Statusleiste angezeigt, wie zum Beispiel **Informationen**, **Fehler** oder **Warnungen**.

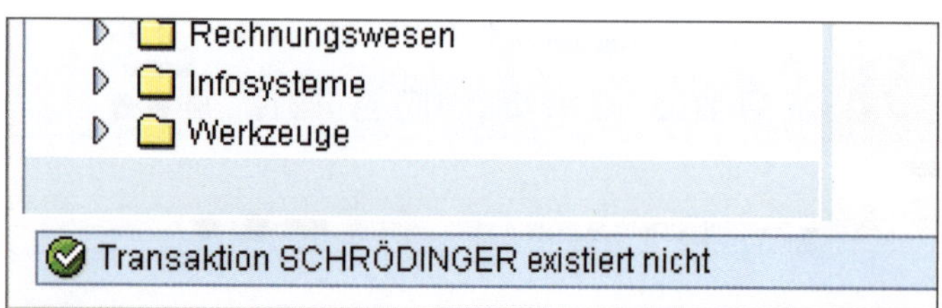

Statusmeldung, bitte schön.

Die **drei Statusfelder auf der rechten Seite** der Statusleiste enthalten einerseits die **Informationen über den Server** und andererseits Statusinformationen über Server und Dateneingabe-Modus. Den Dateneingabe-Modus erreichst du durch die Tasten **Einfg/Entf** oder durch Anklicken des Dateneingabe-Modus-Feldes.

Info, Info, Info.

Klick doch mal auf das Serverinfo-Feld. Was passiert?

Es poppt!

Korrekt, es erscheint ein Dropdown mit zusätzlichen Informationen über das System, den Mandanten, den aktuellen Anwender, die Transaktion und das Programm sowie die Kommunikationsstatistiken.

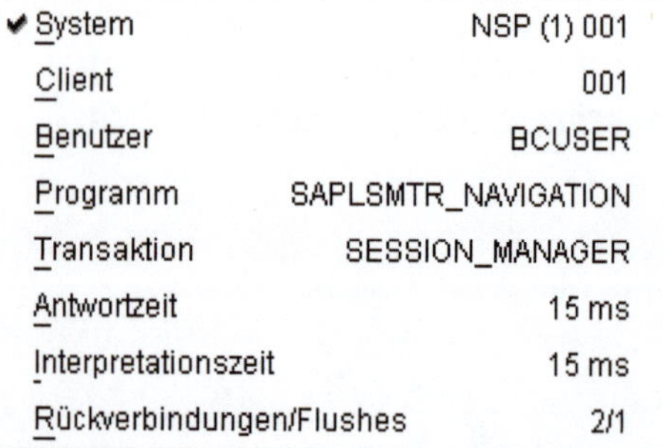

✔ System	NSP (1) 001
Client	001
Benutzer	BCUSER
Programm	SAPLSMTR_NAVIGATION
Transaktion	SESSION_MANAGER
Antwortzeit	15 ms
Interpretationszeit	15 ms
Rückverbindungen/Flushes	2/1

Serverinfos, und noch viel mehr.

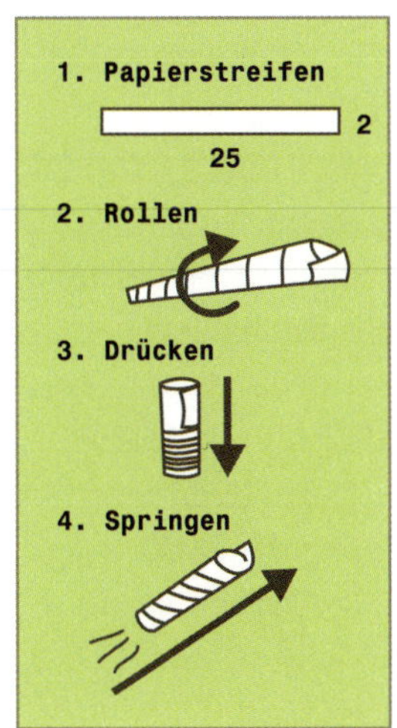

[Belohnung/Lösung]

Nun ist es Zeit für eine **Bastelpause**, probier mal das Springpapier.

Springpapier.

Alles auf einen Blick – SAP Easy Access

Nachdem du nun schon einiges in SAP ausprobiert hast, wird es wieder Zeit für etwas Theorie. Hast du im SAP GUI das SAP-Menü auf der linken Seite gesehen? Das nennt die SAP **SAP Easy Access** und ist dein **Benutzermenü**, das für dich automatisch erscheint. Schon aufgeklappt?

Das SAP-Menü bietet Zugriffe auf Funktionen, ich könnte jetzt auch **Transaktionen** sagen, die fein säuberlich in einem Baum nach Kategorien organisiert sind.

Herr Ober, das Menü, bitte!

Im **Navigationsbereich** kannst du die Menüs mit dem Drop-down-Pfeil **(1)** links neben den Menüeinträgen **expandieren** und **komprimieren**.

Menüs kannst du über den Pfad **Menü • Benutzermenü** bzw. **Menü • SAP-Menü** auswählen **(2)**. Falls du mehr Funktionen als die angezeigten benötigst, rede einfach mit dem Systemadministrator deines Vertrauens, und versuche, ihn durch eine Schachtel Pralinen zu bestechen.

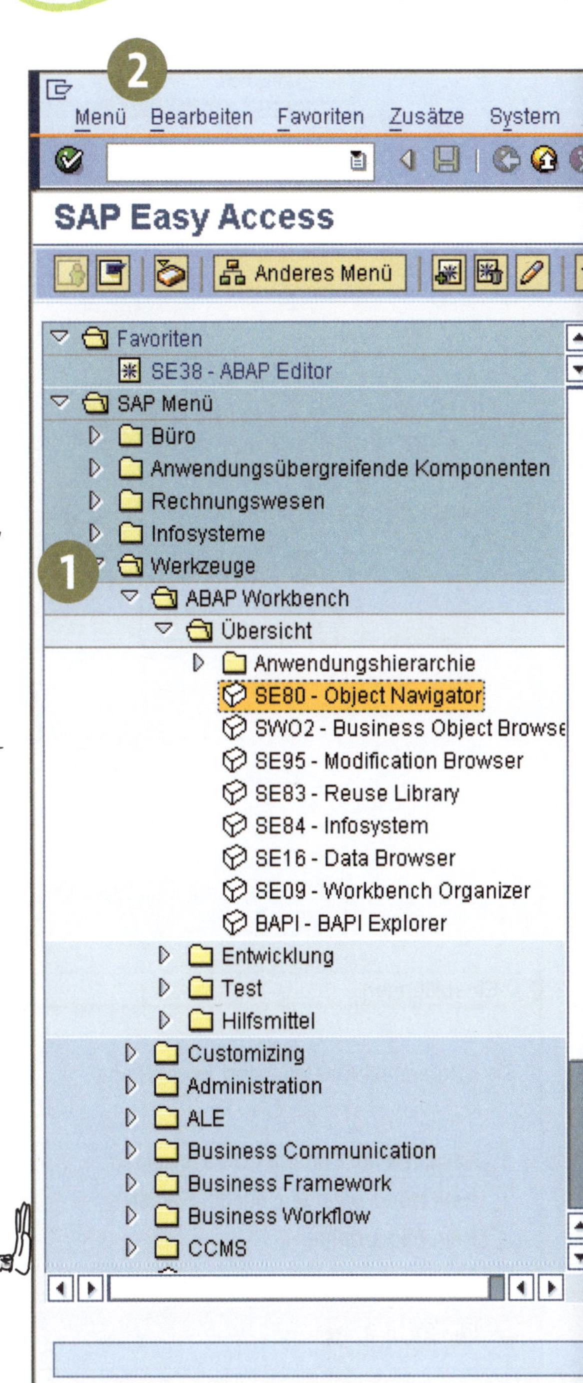

Welches Menü soll es sein?

Das **Ausführen** von Programmen funktioniert am besten per Doppelklick auf den Menüeintrag, denn damit startest du die zugehörige Transaktion.
Über das Kontextmenü der Menüleiste hast du Zugriff auf alle **wichtigen Funktionen**.
Hast du bemerkt, dass ich im SAP Easy Access eine spezielle Transaktion markiert habe? Ja? Stimmt, das ist die **SE80**, im Volksmund auch als **Object Navigator** bezeichnet. Ab heute deine **Lieblingstransaktion(scode)** zum Programmieren in SAP.

Ich liebe es!

Das Aussehen des SAP Easy Access kann verändert werden, um die Visualisierung deinen Bedürfnissen anzupassen. Mit dem Menüeintrag **Zusätze • Einstellungen** geht es in die Einstellungen.

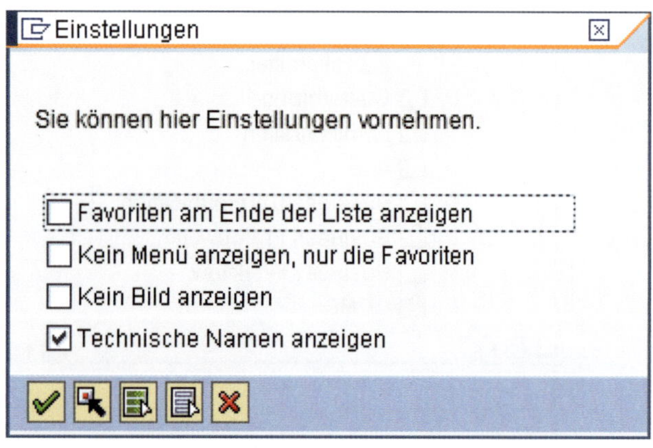

nessapna üneM

Mit dem Setzen der Checkbox **Technische Namen anzeigen** kannst du die technischen Namen der Funktionen vor den Funktionstexten ein- und ausblenden.

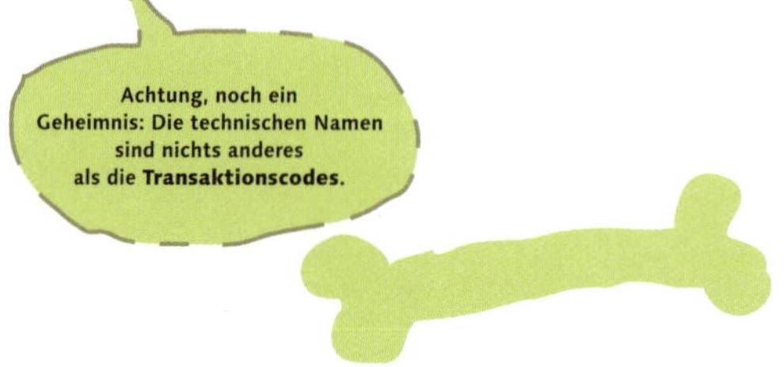

Achtung, noch ein Geheimnis: Die technischen Namen sind nichts anderes als die **Transaktionscodes**.

Da gibt es noch etwas Praktisches:

Der Knoten **Favoriten** ist deine persönliche Ablage für Transaktionen, Dateien, Webadressen.

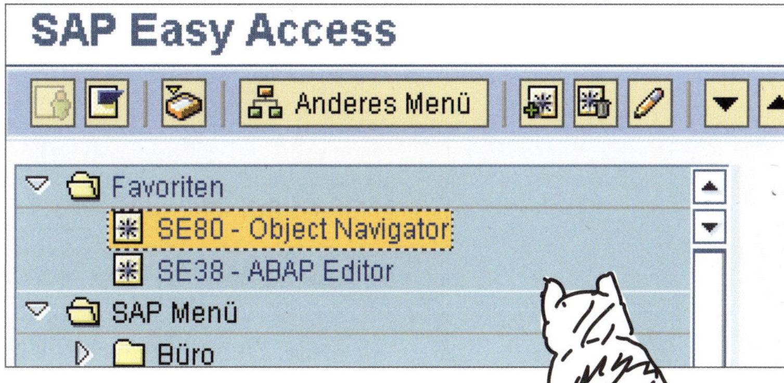

[Einfache Aufgabe]
Probiere mal, die **SE24** per Drag & Drop auf den Favoritenknoten zu ziehen.

Favorit.

Modus Operandi – Zusätzliche Fenster öffnen

Mach doch mal einen zweiten Modus auf!

Modus kenne ich nicht!

Wie – „Modus" kennst du nicht? Sorry, meine Schuld:

[Begriffsdefinition]
Ein **Modus** ist im Grunde genommen eine SAP GUI-Instanz auf deinem Bildschirm, also ein weiteres **SAP GUI-Fenster**.
Damit kann man parallel an Anwendungen arbeiten – zumindest Frauen;-)

Der mächtige Systemadministrator kann zwischen zwei und sechs Modi erlauben. Die Modi sind voneinander unabhängig, und auch wenn du einen schließt, beeinflusst das die anderen nicht.

Es gibt drei Möglichkeiten, einen neuen Modus zu ÖFFNEN.

- aus der Menüleiste heraus **System • Erzeugen Modus**
- mithilfe der Drucktaste **Neuer Modus** in der Symbolleiste
- **/o** + Transaktionscode im Befehlsfeld

Um einen Modus zu **SCHLIESSEN**, gehst du einen der folgenden Wege:

- Menü **System • Löschen Modus**
- das kleine „x“, rechts oben im Modusfenster
- **/i + <Nummer des Modus>**, den habe ich auch noch nicht gekannt ;-) Woher kommen die Nummern? Lies weiter.

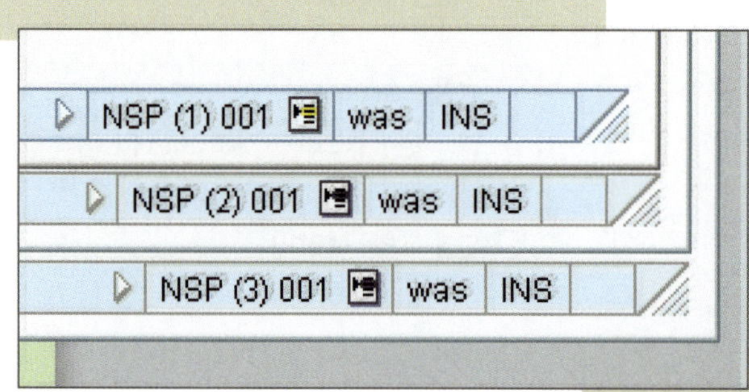

Nummer des Modus.

Jeder Modus erhält eine **eindeutige Nummer**, die als Teil der Systeminformation rechts neben dem Systemnamen dargestellt wird.
Eine **Liste aller Modi** erhältst du, wenn du **/o** im Befehlsfeld eingibst und mit der Drucktaste **Weiter** bestätigst.

Modi.

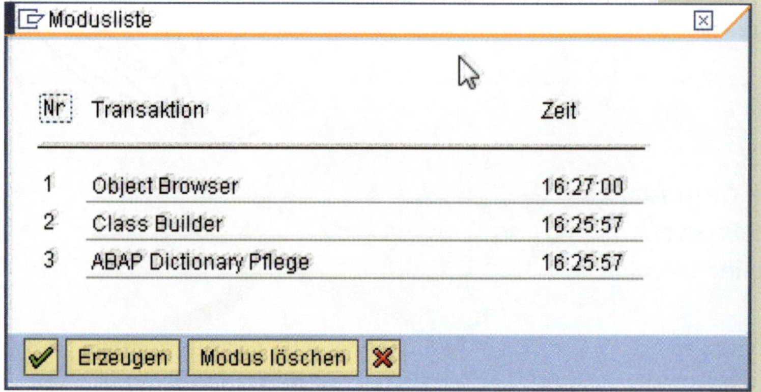

Um alle Modi auf einmal zu schließen und dich abzumelden, kannst du

- **/nend** in das Befehlsfeld eingeben oder
- **/nex** eintippen.
- **/nend** ist der **Freundliche** und fragt, ob du dir sicher bist, und **/nex** ist der **Bedingungslose**, der ohne nachzufragen alle Modi schließt.

Hüben und drüben, nichts als Üben – Rolands Folterkammer oder Übung macht den Meister

Frage mit möglicher Belohnung:

[Einfache Aufgabe]

Für welche **Anwendung** steht der Transaktionscode **SE11**?
Tipp: Nutze die Macht der Symbolleiste.
Zur Belohnung: Potato-Wedges vom Feinsten!

Deine Belohnung.

[Hintergrundinfo]

Tipp: Falls du schon Transaktionscodes im Befehlsfeld eingegeben hast, kannst du diese wieder aus dem Drop-down-Menü auswählen.

Menü Bearbeiten Favoriten
/nse80
/nse91
/nse16
/Nse93
/nse09
/nse37
/nse11
/nse24

Wiederverwendung.

Ach ja: Falls sich das Befehlsfeld versteckt, **klicke** auf das **Dreieck** links neben dem Symbol für Sichern. Falls du es **verstecken** möchtest, klicke ebenfalls auf das Dreieck – schwups, weg.

Einblenden.

Ausblenden.

Fragen ohne Belohnung:

- Woran erkennst du, ob in den Einstellungen zum SAP Easy Access-Menü die Anzeige der technischen Namen aktiviert wurde?
- Kennst du einen anderen Namen für den technischen Namen?

Also ohne Belohnung geht bei mir gar nichts! Aber die Fragen sind so babysch, dass ich das blind mache und in einem Satz beantworte. Wenn die Einstellung vorgenommen ist, erscheint der Transaktionscode links, vor dem Menüeintrag.

Frage zum Ende:

Heute scheint die Sonne, und die Vöglein zwitschern ihr fröhliches Lied. Die Blumen duften blumig und fühlen sich blumig an. Welch ein harmonischer Tag. Du möchtest dich ebenso harmonisch vom SAP-System abmelden. Wie?

/nend, der Freundliche.

Eine kleine Übung noch:

In der Symbolleiste gibt es eine Drucktaste zum Öffnen eines neuen externen Modus. Findest du sie? Wie könntest du stattdessen einen neuen externen Modus öffnen.

Das kleine Kästchen mit blauem Balken und gelbem Pfeil. Aber /o ist mir lieber.

[Belohnung/Lösung]

Jetzt müssten die Wedges die richtige Verzehrtemperatur haben.

Mahlzeit!

—DREI—

Der 20-Minuten-Einstieg in die ABAP-Programmierung

Ciao a tutti! (Hallo Welt!)

Endlich, das erste ABAP-Programm!
Schrödinger war sich bislang gar nicht sicher, ob der Schwaiger Roland überhaupt programmieren kann.
Und dann legt er auf einmal richtig los:
Pakete anlegen, Datenbankzugriffe, Ausnahmebehandlung, Schlüsselwortdokumentation. Dieses ABAP fängt an, Spaß zu machen, weil es so viel zu entdecken gibt.

Einsteigen und anschnallen!

Es ist wahrscheinlich ratsam, dass du dir eine Tasse **Kaffee** (Betonung auf dem letzten e) oder ein **Erfrischungsgetränk** deiner Wahl zubereitest und bereitstellst. Zur Auswahl steht alles mit Durchhaltefaktor > ein Tag:

- Kaffee, gemessen nicht in Tassen, sondern Kannen
- schwarzer Tee, direkt bezogen von der eigenen Teeplantage
- Energydrink, vorrätig in Paletten

Dieses Kapitel benötigt deine volle Konzentration und Energie. FOKUS!

Ich werde dich mit **unglaublicher Geschwindigkeit** durch das **ABAP-Universum** ohne Pause („We break for nobody!") navigieren, und wir werden alle Planeten des Inner Rims besuchen, wobei ich das Steuer unseres Raumschiffs übernehme.

Bereit für den Start? Noch schnell einen **Schluck**, und los geht's.

Wie ich sehe, bist du ja bereits am SAP-System angemeldet.

Mein Plan für dieses Kapitel ist eigentlich nicht umsetzbar. Aber durch einen genialen Trick habe ich die Verständlichkeit extrem erhöht: Ich habe einen **didaktischen roten Faden** eingefädelt!

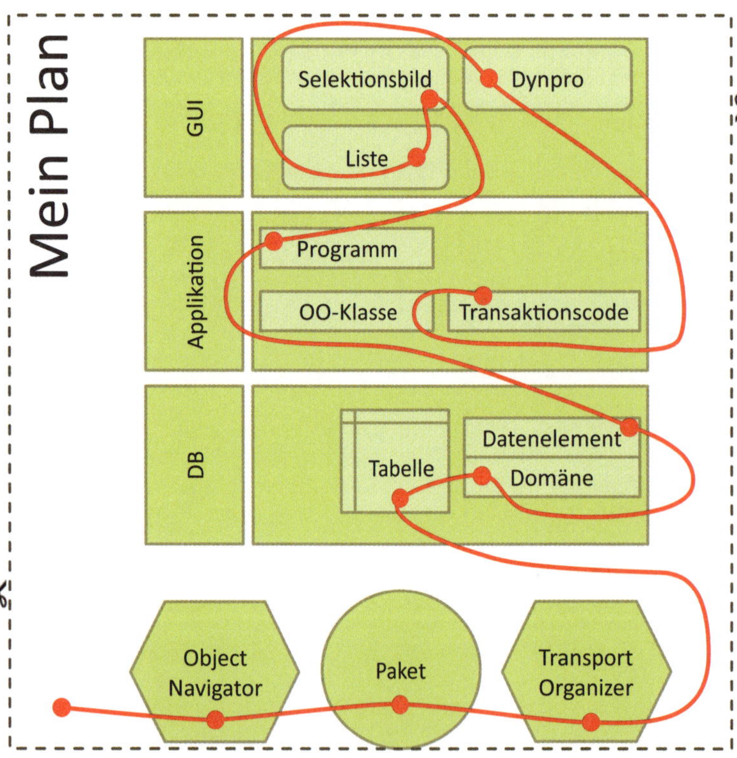

Cooler Plan, oder? Ich habe dir Markierungen zum Ausschneiden eingefügt. Schneide doch einfach den Plan aus, damit du nicht immer hin und her blättern musst.

Scherzkeks!

Na gut, dann einige Details dazu:
Um dir einen Einblick und Durchblick zu verschaffen, möchte ich dir gerne beschreiben, wie du so ein Kunstwerk schaffen und in Form eines Projektes umsetzen kannst.

Sehr beeindruckend für Fensterbrett, Balkon und Garten. Durchblick und Einblick in einem.

Die Beschreibung werde ich natürlich im SAP-System in einer **Datenbanktabelle** hinterlegen und dir auf einem **Dynpro** anzeigen. Da das Programm und die Datenablage sehr allgemein ausfallen werden, kannst du sie auch für deine eigenen Projekte als Beschreibungsbasis verwenden.

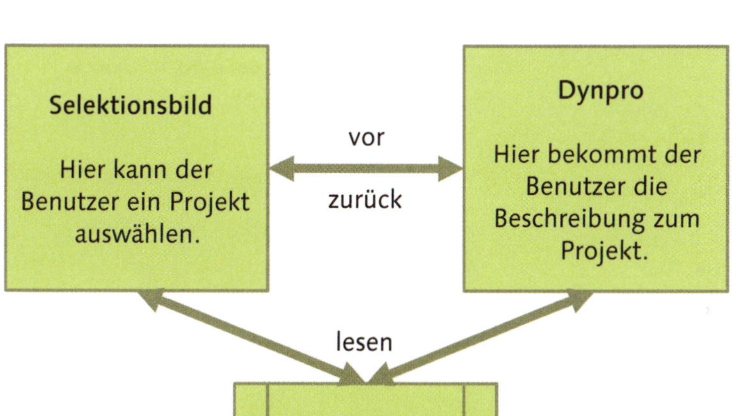

Wenn der Anwender das Programm startet, kann er ein Projekt auswählen und bekommt nach der Bestätigung die Details zum Projekt angezeigt.

Der Anwender kann in einem **Selektionsbild** ein Projekt auswählen und Details dazu anzeigen lassen. Dafür wird ein Dynpro verwendet. Die Daten kommen natürlich, wie es sich gehört, aus einer Datenbanktabelle.
Falls dein Motor schon warmgelaufen ist, legen wir einen Le-Mans-Start hin, sprinten von der Couch zum Schreibtisch und werfen die Transaktion zum Programmieren an.

Object Navigator – Die integrierte Entwicklungsumgebung

Das Werkzeug, von dem aus du alle deine **Entwicklungen** starten wirst, ist der **Object Navigator**, der die Transaktion **SE80** besitzt [Rührt sich da was im Kopf?]. Damit hast du auf alle weiteren Transaktionen Zugriff, die für die **Bearbeitung** von **Entwicklungsobjekten** benötigt werden. Der Object Navigator ist deine **Schaltzentrale**: Anlegen, Ändern, Löschen, Umbenennen, Aktivieren, Kopieren, und vieles mehr wird dir zur Verfügung gestellt.

1. Tippe im Transaktionscode-Feld **/nse80** ein, und bestätige deine Eingabe.

Starten der Motoren mit der SE80. 

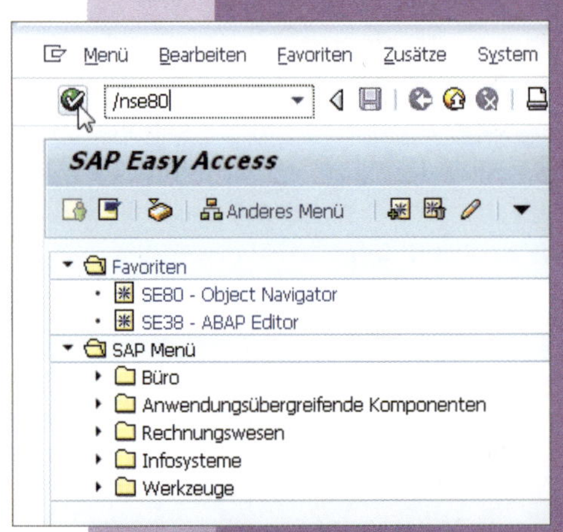

2. Schau dich etwas um in der SE80. Für uns sind derzeit nur einige Teile wichtig.

- Der **Navigationsbereich** dient dir zum Auswählen von Entwicklungsobjekten.
- Die **Objektliste** zeigt dir die ausgewählten Entwicklungsobjekte an.
- Der **Werkzeugbereich** dient zum ...? Wozu wohl?

[Einfache Aufgabe]

Sieh dich in der SE80 um, mach dich mit den Bereichen vertraut, versuche hier und dort einen Doppelklick. Falls du dich verläufst, rufe einfach wieder **/nse80** auf. Das ist wie bei Hänsel und Gretel mit den Brotkrümeln, wobei du nur einen hast, den du dafür aber auch sicher wiederfindest.

Im Navigationsbereich kannst du Objekte auswählen, in der Objektliste dann das Ergebnis der Auswahl bewundern und im Werkzeugbereich bearbeiten.

Entwicklung organisieren – Systemlandschaft, Änderungsauftrag

SAP empfiehlt dir und somit seinen Kunden eine **Drei-System-Landschaft**. Ein System für die **Entwicklung** – in dem werden wir uns bewegen –, ein System für die **Qualitätssicherung**, und eines für die **Produktion**, auch als **Produktivsystem** bezeichnet. Irgendwo müssen die Anwender deiner formidablen Programme ja auch arbeiten können.

Bauen – Testen – Verwenden.

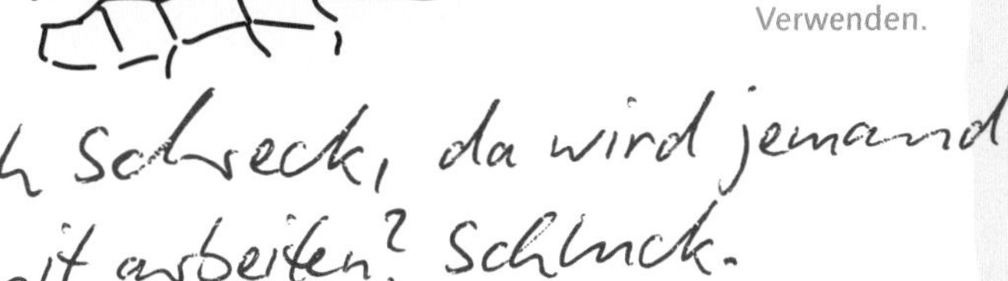

Oh Schreck, da wird jemand damit arbeiten? Schluck.

Die Entwicklungsobjekte werden im Rahmen eines **Entwicklungsprojektes** im **Entwicklungssystem** angelegt. Am Ende der Entwicklung müssen die Objekte in das Folgesystem transportiert werden. Zu diesem Zweck legt der **Projektleiter** mit der Transaktion **SE09** einen Änderungsauftrag an und ordnet die Mitarbeiter dem Auftrag zu. Dadurch wird **pro Mitarbeiter** eine **Aufgabe** im **Auftrag** angelegt. Falls du nun ein Entwicklungsobjekt änderst oder anlegst, wird dieses Objekt der Aufgabe zugeordnet. Während der Abarbeitung der Aufgaben im Projekt werden alle Objekte im Auftrag gesammelt. Mitarbeiter, die nicht Teil des Projektes sind, können die Entwicklungsobjekte leider nicht ändern.

Projektleiter
Ich habe einen Auftrag und ein Team!
Warum darf ich nicht mitmachen?
Objekte
Zuordnung
Ich habe eine Aufgabe.
Team

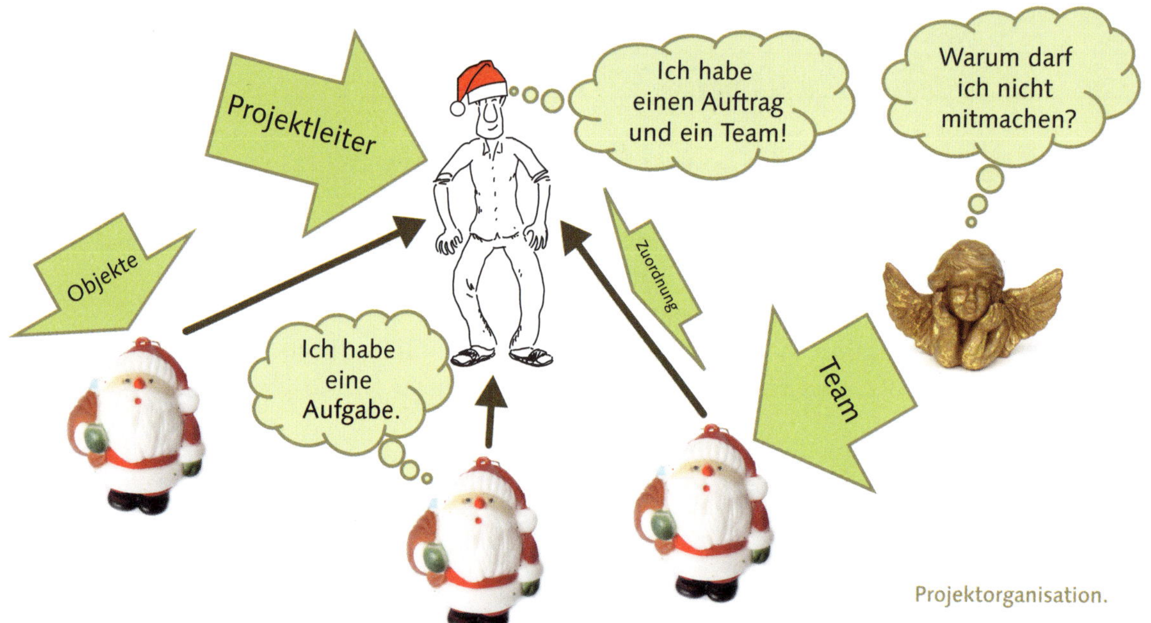

Projektorganisation.

Falls dir das mit dem Engerl zu kitschig ist, kann ich dir auch eine eher formale, nüchterne Darstellung eines Änderungsauftrags (auch bekannt als **Workbench-Auftrag**) anbieten.

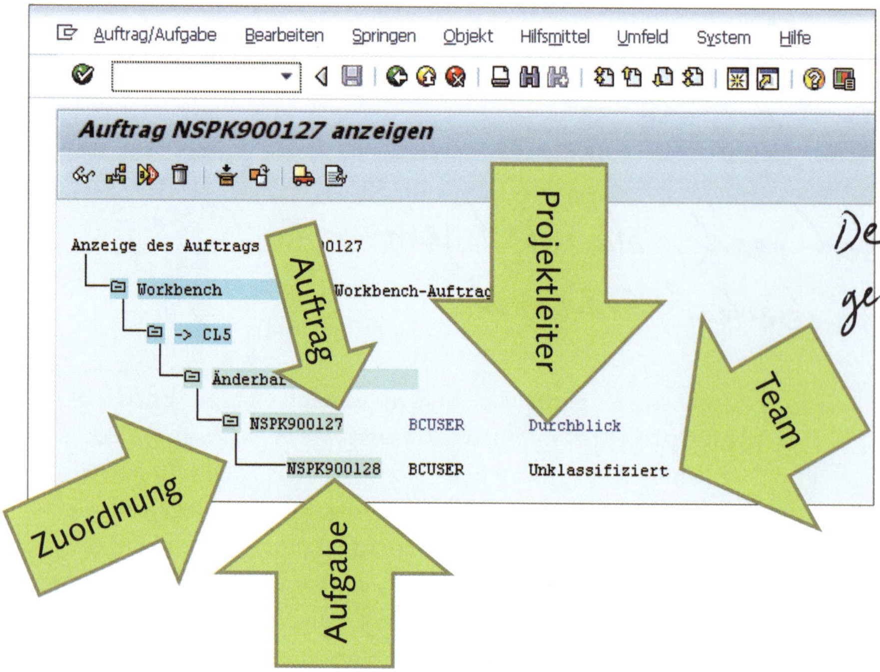

Auftrag/Aufgabe Bearbeiten Springen Objekt Hilfsmittel Umfeld System Hilfe
Auftrag NSPK900127 anzeigen
Anzeige des Auftrags 0127
Workbench
Workbench-Auftrag
-> CL5
Änderbar
NSPK900127 BCUSER Durchblick
NSPK900128 BCUSER Unklassifiziert
Auftrag
Projektleiter
Team
Zuordnung
Aufgabe

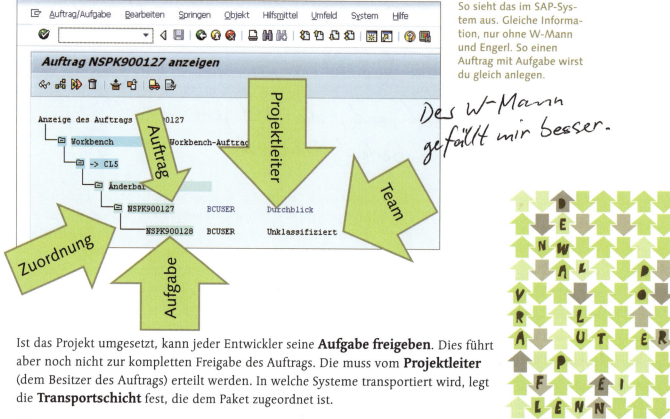

So sieht das im SAP-System aus. Gleiche Information, nur ohne W-Mann und Engerl. So einen Auftrag mit Aufgabe wirst du gleich anlegen.

Der W-Mann gefällt mir besser.

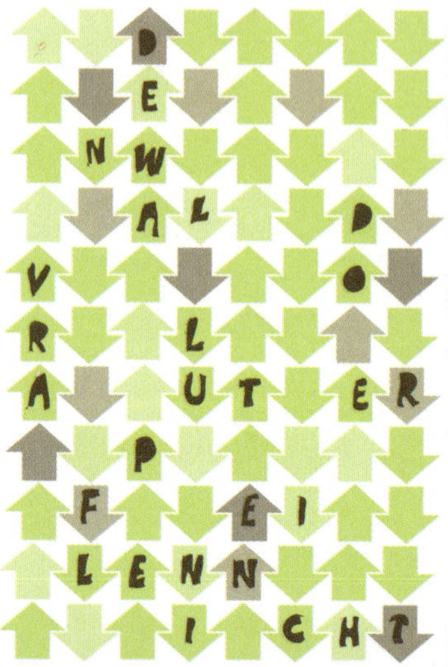

Ist das Projekt umgesetzt, kann jeder Entwickler seine **Aufgabe freigeben**. Dies führt aber noch nicht zur kompletten Freigabe des Auftrags. Die muss vom **Projektleiter** (dem Besitzer des Auftrags) erteilt werden. In welche Systeme transportiert wird, legt die **Transportschicht** fest, die dem Paket zugeordnet ist.

Ihr neuer Auftrag lautet: Auftragsanlage

Jetzt legen wir uns einen Änderungsauftrag für unser Projekt **Durchblick** an.

1. Ruf die Transaktion SE09 auf, am besten mit /ose09. Was geschieht beim /o nochmal?

Natürlich öffnet sich ein neuer Modus. Zumindest solange noch Fenster geöffnet werden können.

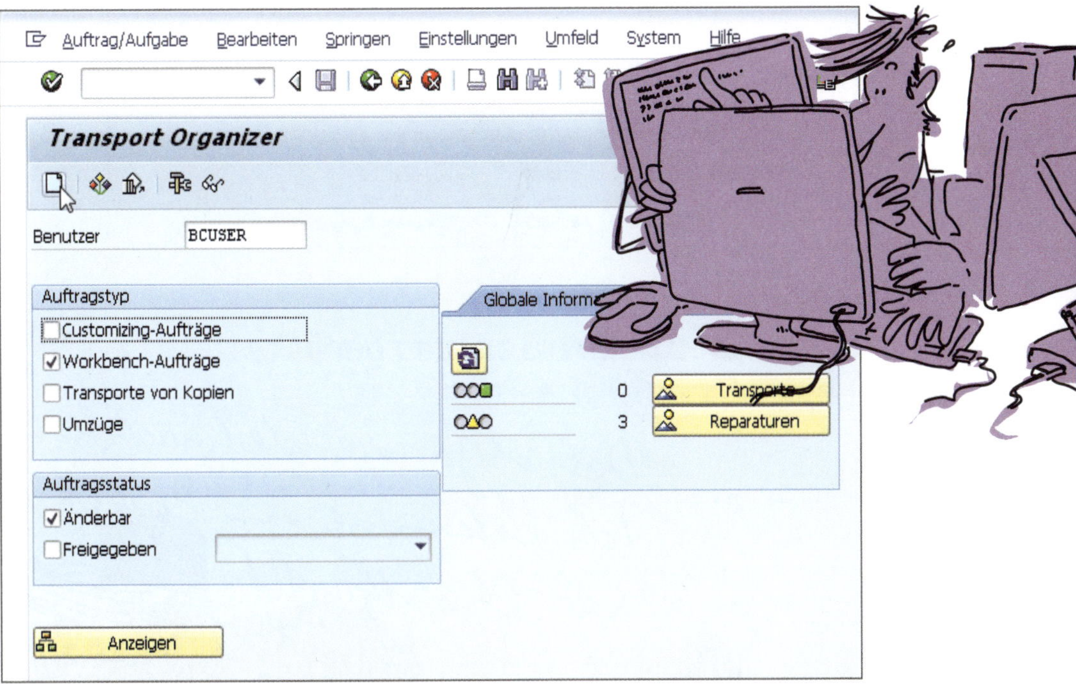

Dein erster Auftrag, den du als Projektleiter anlegst.
Die Anlegen-Drucktaste (F6) macht den Job.

2. Im folgenden Pop-up wählst du **Workbench-Auftrag**, da wir Entwicklungsobjekte anlegen werden. Bestätige dies mit dem grünen Häkchen.

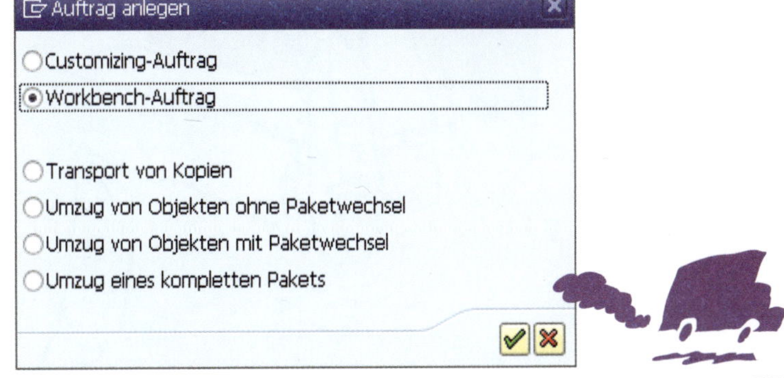

Der Workbench-Auftrag ist dein Sammel-Container für alle Entwicklungsobjekte zu einem Projekt.

3. Wir kommen schon zum Ende. Im erscheinenden Pop-up gibst du noch die Bezeichnung des Auftrags ein – ich finde „Durchblick" sehr passend –, und, da du schon automatisch als Bearbeiter zugeordnet bist, bestätigst das mit der **Sichern**-Drucktaste (Enter).

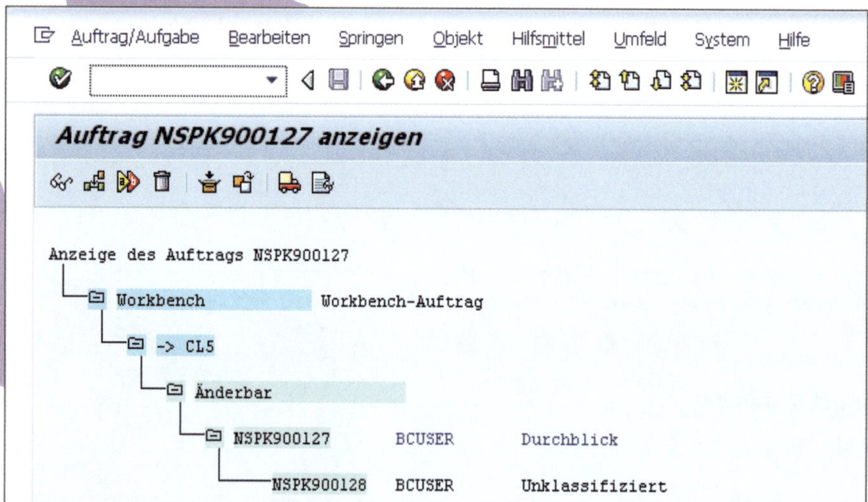

Dein Auftrag und deine Mission: Durchblick zu schaffen. Du bist Projektleiter und Mitarbeiter zugleich. Kannst du mit dieser Schizophrenie umgehen? Sei nicht zu hart zu dir, falls du den Termin nicht halten kannst.

Damit bist du für die Entwicklung gerüstet.

Auf in Windeseile zum nächsten Schritt. Das **Paket**!

Das ist ja wie Weihnachten.
Ich bekomme ein Paket vom
SAP-Christkindl!

Organisationskapsel Paket

Ein **Entwicklungsobjekt** kann einem **Auftrag** zugeordnet werden. Das währt aber nur kurze Zeit, nämlich so lange, bis der **Auftrag freigegeben** wird. Dann kommt schon der nächste Auftrag ... Man könnte auch sagen, dass das **Objekt einem Auftrag temporär zugeordnet** ist.

Sind wir noch im Plan?
Beim Kästchen Paket, ist das richtig?

Ja, alles noch im Plan. Es gibt noch eine andere Art der Zuordnung, nämlich eine **permanente Zuordnung zu einem Paket**. Wenn du Java kennst, wird dir der Begriff **Paket** bereits etwas sagen. Falls du Java nicht kennst, macht das auch nichts, und du darfst weiterlesen.

[Begriffsdefinition]

Ein **Paket ist ein Container**, in dem unter anderem Entwicklungsobjekte gesammelt werden. Dabei können Pakete **Schnittstellen** und **Verwendungserklärungen** besitzen. Darüber hinaus können **Pakete geschachtelt** werden.

Für die unterschiedlichen Granularitätsebenen gibt es unterschiedliche **Arten von Paketen**.

- **Standardpakete** („kein Hauptpaket") nehmen die Entwicklungsobjekte auf.
- Standardpakete können in **Hauptpakete** geschachtelt und somit gruppiert werden.
- Hauptpakete wiederum können **Strukturpaketen** zugeordnet werden.
- **Strukturpakete** werden bei der Strukturierung großer Softwareprojekte eingesetzt. Die sind für dich als Einsteiger derzeit nicht wichtig. Ich würde vorschlagen, wir reden in einem Jahr wieder über das Thema.

Früher hat es andere Container gegeben, die als **Entwicklungsklassen** bezeichnet werden. Diese sind mit den Standardpaketen vergleichbar.

[Hintergrundinfo]

Im SAP-System gibt es reservierte **Namensräume** für Kundenobjekte und SAP-Objekte. Wenn du den Kundennamensbereich verwendest (die Namen der Entwicklungsobjekte beginnen mit Z oder Y bzw. mit einem bei SAP reservierten Namensraum, zum Beispiel /SCHROED/), werden deine Objekte während des Einspielens neuer SAP-Entwicklungsobjekte nicht überschrieben.

Safety first!

Die **EIGENSCHAFTEN**, die zu einem Paket festgelegt werden, sind:

- **Paketname**, natürlich im Kundennamensraum!
- **Kurzbeschreibung**: Hilft zu beschreiben, um was es thematisch in dem Paket geht.
- **Anwendungskomponente**: Dient der Einordnung des Pakets in die Gesamtmenge der Anwendungen – die auch als Anwendungshierarchie bezeichnet wird –, kann jedoch initial, das heißt leer bleiben.
- **Softwarekomponente**: Die Softwarekomponente beschreibt eine Menge von Paketen, die nur gemeinsam auslieferbar sind. Für Kundenprojekte wird **immer** die Softwarekomponente **HOME** verwendet.
- **Transportschicht** (ah, da ist sie): Für Kundenentwicklungen wird eine Transportschicht eingerichtet, die darüber entscheidet, ob und wenn ja, in welches Folgesystem die Objekte transportiert werden. Hier hilft dir eine Zeichnung von oben. Welche wohl? Nochmal zurückblättern?

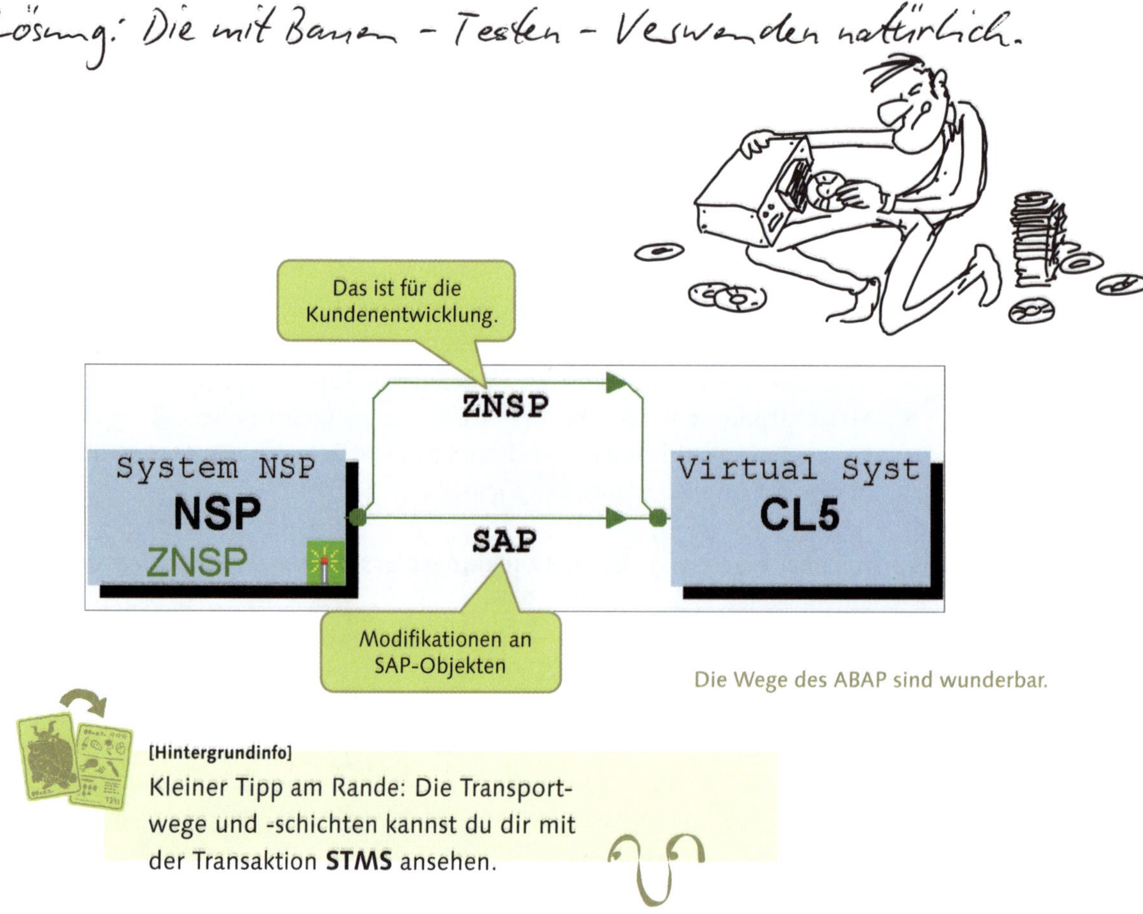

Die Wege des ABAP sind wunderbar.

[Hintergrundinfo]

Kleiner Tipp am Rande: Die Transportwege und -schichten kannst du dir mit der Transaktion **STMS** ansehen.

- **Pakettyp**: Es stehen drei unterschiedliche Pakettypen zur Verfügung: **Standardpaket**, **Hauptpaket** und **Strukturpaket**. Wie die Namen schon andeuten, sind die Typen für unterschiedliche Einsatzgebiete gedacht. Wir werden **Standardpakete** für die Entwicklung verwenden.

Vom Entwickler zum Pakettier – Paket anlegen

Also legen wir ein Paket an.

1. Wechsle in den Object Navigator. Das sollte ziemlich einfach sein, da der Modus mit dem Object Navigator immer noch vorhanden sein sollte. Wenn nicht: auch egal, einfach nochmal **SE80** aufrufen.

2. Im Navigationsbereich wählst du als Typ **`Paket`**, und ich schlage dir den Namen **`ZSCH03`** für dein Paket vor. Das ist aber nur ein Vorschlag. Was ist der einzige Aspekt, den du bei der Vergabe des Namens beachten musst?

An der ersten Stelle muss ich ein Z oder Y verwenden oder mir einen Namensraum bei der SAP reservieren. Den wünsche ich mir zu meinem Geburtstag.

Du willst also ein Paket anlegen. Bravo, und auch noch so ein schöner Name.

3. Nachdem du die Eingaben erledigt hast, hämmerst du einfach auf die **Enter**-Taste. Und das schlaue System stellt fest, dass es das Paket noch nicht gibt. Bestätige die Neuanlage mit der Drucktaste **Ja**.

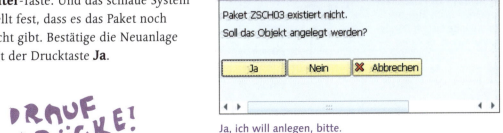

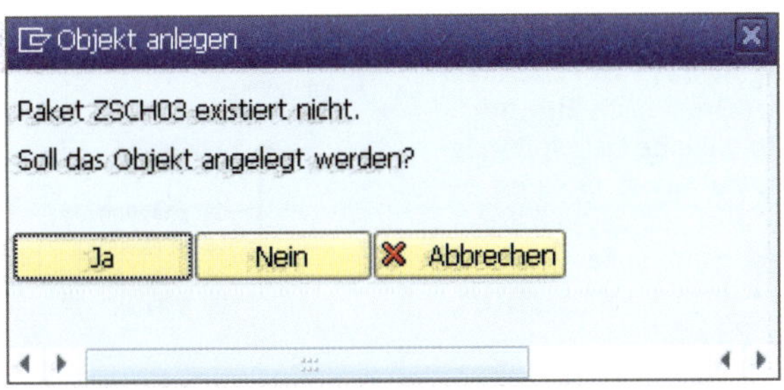

Ja, ich will anlegen, bitte.

4. Dann kommt der Kern des Paket-Anlegeprozesses: die Pflege der Details zum Paket. Die Daten sollten aufgrund der obigen Erläuterungen klar sein. Nach den Eingaben wählst du das **Sichern**-Druckknöpfli (Enter).

Package Builder: Paket anlegen
Paket
ZSCH03
Kurzbeschreibung
Schrödinger mit Ein- und Durchblick
Anwendungskomponente
Softwarekomponente
HOME
Transportschicht
ZNSP
Pakettyp
Kein Hauptpaket

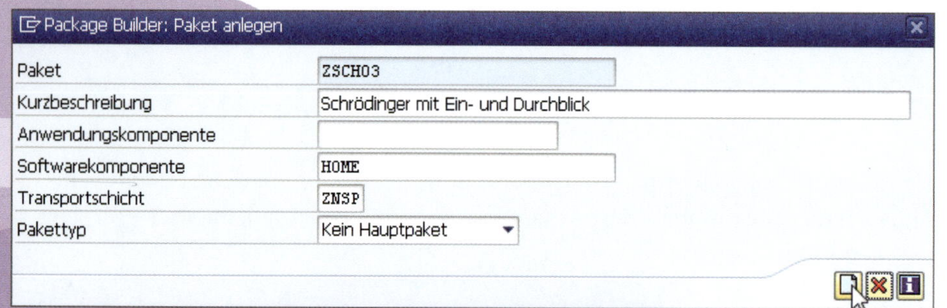

Ein neues Standardpaket (kein Hauptpaket), das keiner Anwendungskomponente und der Softwarekomponente HOME zugeordnet wird.

5. Und jetzt kommt ein Schritt, den du dir gleich für später merken kannst. Wenn du ein Entwicklungsobjekt neu anlegst oder das erste Mal änderst, wirst du immer gefragt, welchem Änderungsauftrag, also welchem Entwicklungsprojekt, dieses Objekt zugeordnet werden soll. Und dein Vorgehen wird auch immer gleich sein. Mit der Drucktaste **Meine Aufträge** rufst du die Liste derjenigen Aufträge auf, denen du als Mitarbeiter zugeordnet bist, wählst einen per Doppelklick aus und bestätigst deine Auswahl. Als besondere Serviceleistung des SAP-Systems wird dir von nun an immer der von dir ausgewählte Änderungsauftrag vorgeschlagen.

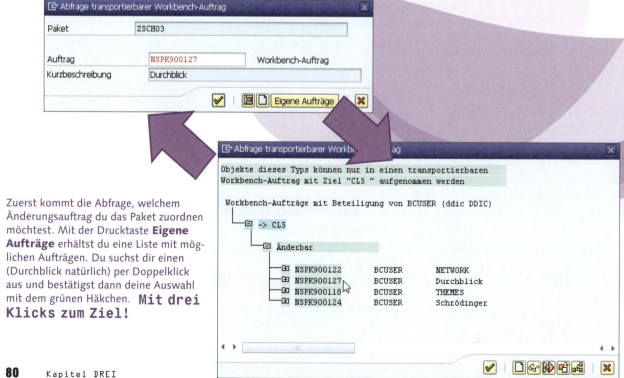

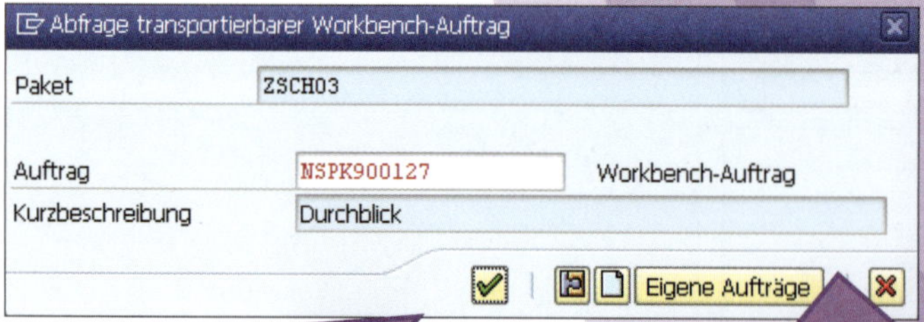

Abfrage transportierbarer Workbench-Auftrag
Paket
ZSCH03
Auftrag
NSPK900127
Workbench-Auftrag
Kurzbeschreibung
Durchblick
Eigene Aufträge

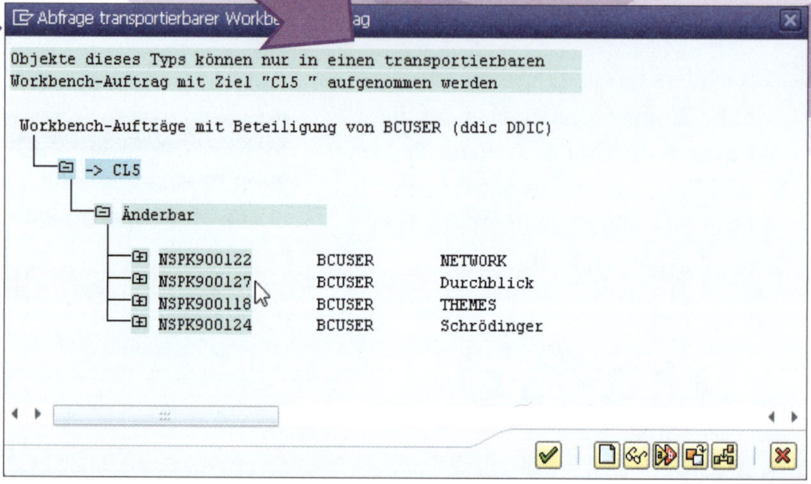

Abfrage transportierbarer Workbe ag
Objekte dieses Typs können nur in einen transportierbaren
Workbench-Auftrag mit Ziel "CL5 " aufgenommen werden
Workbench-Aufträge mit Beteiligung von BCUSER (ddic DDIC)
-> CL5
Änderbar
NSPK900122 BCUSER NETWORK
NSPK900127 BCUSER Durchblick
NSPK900118 BCUSER THEMES
NSPK900124 BCUSER Schrödinger

Zuerst kommt die Abfrage, welchem Änderungsauftrag du das Paket zuordnen möchtest. Mit der Drucktaste **Eigene Aufträge** erhältst du eine Liste mit möglichen Aufträgen. Du suchst dir einen (Durchblick natürlich) per Doppelklick aus und bestätigst dann deine Auswahl mit dem grünen Häkchen. **Mit drei Klicks zum Ziel!**

[Erledigt!]
Du bist am Ziel angekommen. In der Objektliste im Object Navigator wird dein neues Paket angezeigt. Du hast die erste Hürde bravourös gemeistert!

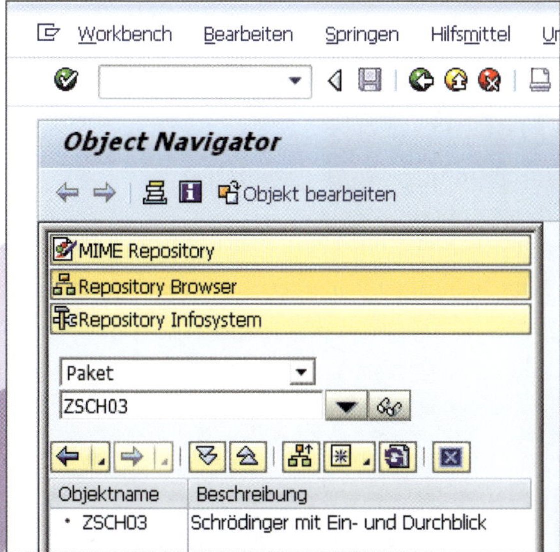

Das Ergebnis von ein paar Klicks. Ein neues Paket.

Und gleich weiter, keine Pause. Wir beginnen, uns von unten nach oben hochzuarbeiten. Vom Tellerwäscher zum Millionär oder von der Datenbank zum GUI.

Paaaauuse, biiitte.
Okay, setz dich mal gaaaaanz locker hin.

Einen Schritt zurück und bald zwei nach vorne

Einmal losschnallen, Bleistift holen, entspannen, aber nicht einschlafen.
Überlege dir Folgendes: Können Weihnachtsmann und Christkind im selben Team spielen?
Wenn du dafür eine Antwort gefunden hast, sollten die weiteren Fragen sehr einfach für dich zu lösen sein.

Die Transaktion SE09

- ☐ dient als Folterinstrument für abtrünnige ABAP-Entwickler.
- ☐ ermöglicht dir, die Entwicklung zu organisieren.
- ☐ hilft dir bei der Anlage eines Programms.
- ☐ erzeugt Zuordnungen von Mitarbeitern zu Projekten.

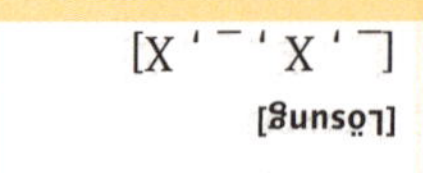

Die unterschiedlichen Pakettypen sind:

- ☐ Vor-, Mitte-, Hinterpaket
- ☐ Eins-, Zwei-, Dreipaket
- ☐ Wichtig-, Mittelwichtig-, Vollwichtigpaket
- ☐ Standard-, Haupt- Strukturpaket
- ☐ Fein- Mittel-, Grobgranularpaket

[Lösung]
[Vorletztes]

Und jetzt wieder anschnallen, die Reise geht weiter.

Die Infos zum Aufbau einer Datenbanktabelle

Zur Erinnerung, nachdem wir nun die nötige Infrastruktur für die Entwicklung unseres Programms haben: **Wir bauen ein Programm zur Anzeige von Beschreibungen und ein Bild zu einem ausgewählten Projekt.** Die Daten möchte ich natürlich in einer Datenbanktabelle speichern. Ich bin bescheiden, eine reicht mir. Welche Informationen sollten dort abgelegt sein? Sicher mal das Projekt, um das es geht, dann die Beschreibung und vielleicht noch Bilder dazu. Wie bekommen wir das in eine Tabelle?

Naja, das ist wie mit der Frage, wie bekomme ich einen Elefanten in einen Kühlschrank? Kühlschranktüre auf, Elefant rein, Kühlschranktüre zu.

Wunderbar, du hast das Prinzip des Arbeitens mit einer **Datenbanktabelle** verstanden. Ich möchte mit dir aber den Kühlschrank bauen.

Also ganz kurz:

Eine **Datenbanktabelle** dient zum persistenten Speichern von Daten. Die Tabellen, die ich hier bespreche, sind Teil einer relationalen Datenbank.
Eine Datenbanktabelle besteht aus Spalten, die namentlich benannt werden und einen Typ besitzen. Die Typen sind vor- oder von dir im **ABAP Dictionary** definiert, wo auch die Beschreibungen der Tabellen (sogenannte transparente Tabellen) angelegt werden. Manche der Spalten werden als Schlüssel definiert, um einen Eintrag der Tabelle eindeutig identifizieren zu können.
Zu einer Datenbanktabelle gehören gewisse technische Einstellungen, wie die Auslieferungsklasse, Pufferung etc.
Hast du die Beschreibung fertig angelegt, kannst du diese aktivieren, was zur Erzeugung der Datenbanktabelle im Datenbanksystem führt.
Du sollst dir merken: Eine Datenbanktabelle besteht aus **Spalten** und **Zeilen**. Die Spalten sind die Daten und die Zeilen die Datensätze.

	Spalten			
	MANDT	PROJEKT	BESCHREIBUNG	BILD
Zeilen	001	001	Das Projekt Durchblick durchbohrt einen Baumstamm ...	baum.png
	...	...	...	...

Eine Datenbanktabelle hat Zeilen und Spalten. Manche nennen diese Anordnung auch zweidimensional.

Für jede Spalte musst du beschreiben, welche Informationen dort gespeichert werden können. Ist das eine Zahl, oder ist das ein Text etc.? Du musst die Spalte typisieren und damit festlegen, welche Inhalte abgespeichert werden können.
Ich zeige dir sofort die Variante für die erwachsenen Entwickler, ohne in die Tiefe einzusteigen, weil die sowieso in Kapitel 5 kommt:

Das zweischichtige Domänenkonzept

Unser Plan: Zuerst sogenannte **Datenelemente** und **Domänen** und dann die Datenbanktabelle anlegen. Unter einer Domäne stellst du dir bitte einen technischen Typ vor, und unter einem Datenelement die Texte zu dem technischen Typ. **Alle, die jetzt schreien, bitte Mund halten**! Die Erklärung wird später verfeinert und ins rechte Licht gerückt.

Voll interessant Roland. Ich muss noch schnell eine Pause einlegen, bin gleich zurück.

Warte! Ein Wort noch: Das Zusammenspiel zwischen dem Datenelement und der Domäne wird, wie bereits erwähnt, als **zweischichtiges Domänenkonzept** bezeichnet.

[Hintergrundinfo]

Bei der Spalten-Typisierung in transparenten Tabellen oder Komponenten-Typisierungen in Strukturen werden Typen benötigt. Eine Art von Typ ist das sogenannte **Datenelement**. Das Datenelement stellt die semantische Ebene des zweischichtigen Domänenmodells dar, in dem unter anderem der Bezug zu einem technischen Typ definiert wird.

[Hintergrundinfo]

Zu der Domäne werden der **technische Typ** und mögliche Zusatzangaben zum Typ festgelegt, wie zum Beispiel **Länge**, **Nachkommastellen** etc. Natürlich noch 1.000 andere Aspekte, die jedoch erst später in Kapitel 5 verraten werden.

Du solltest dir merken: Das **Datenelement** dient zur Abbildung der **semantischen Information** und die **Domäne** für die **technische Information**. Genug gelabert, weiter im ICE-Tempo.

Sicher nicht. Jetzt ist endgültig Pause.

Okay, dann wirf ein paar Bälle.
Ich bereite in der Zwischenzeit deine nächste Gehirnnahrung vor.

Technisches Fundament eines Typs – Domäne anlegen

Wir werden uns jetzt eine Domäne für die Tabellenspalte zum **Bildnamen** anlegen.

1. Du startest von deinem Paket aus und verwendest den Kontextmenüpfad **Anlegen • Dictionary-Objekt • Domäne**. Damit rufst du die Transaktion SE11 im Werkzeugbereich auf. Das ist das Werkzeug **ABAP Dictionary**. Wie der Name andeutet, werden dort globale Typen wie in einem Wörterbuch hinterlegt.

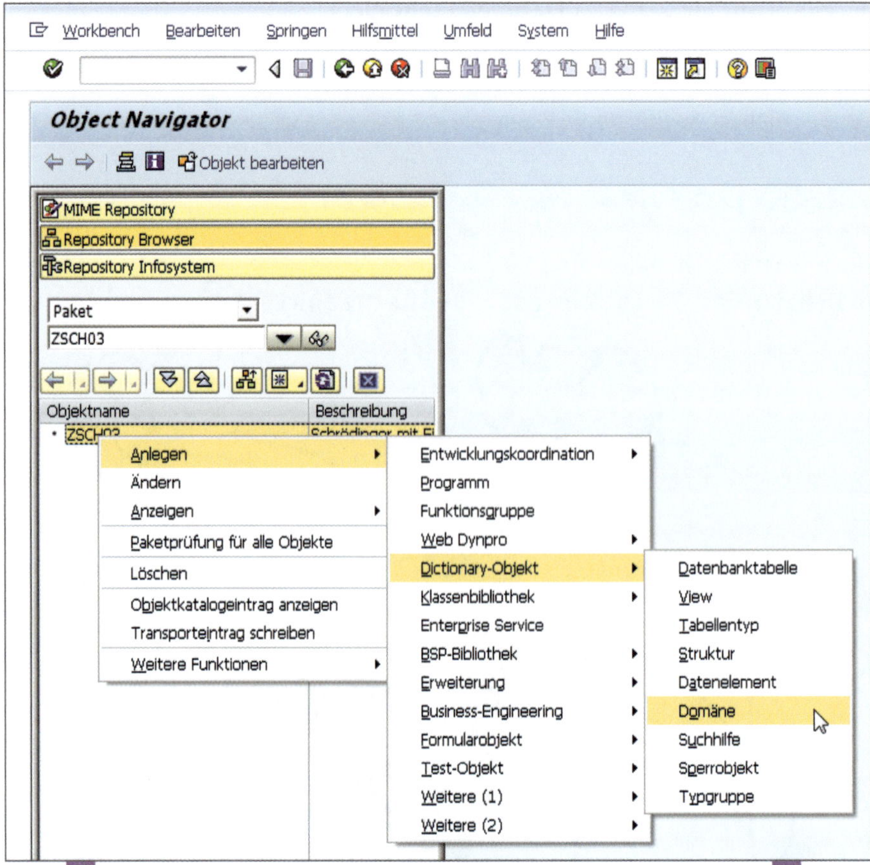

Das Anlegen einer Domäne mithilfe des Kontextmenüs des Pakets.

2. Im erscheinenden Pop-up gibst du den Namen der Domäne an, **ZSCH_03_DO_IMAGE_NAME**, und bestätigst ihn mit dem grünen Häkchen.

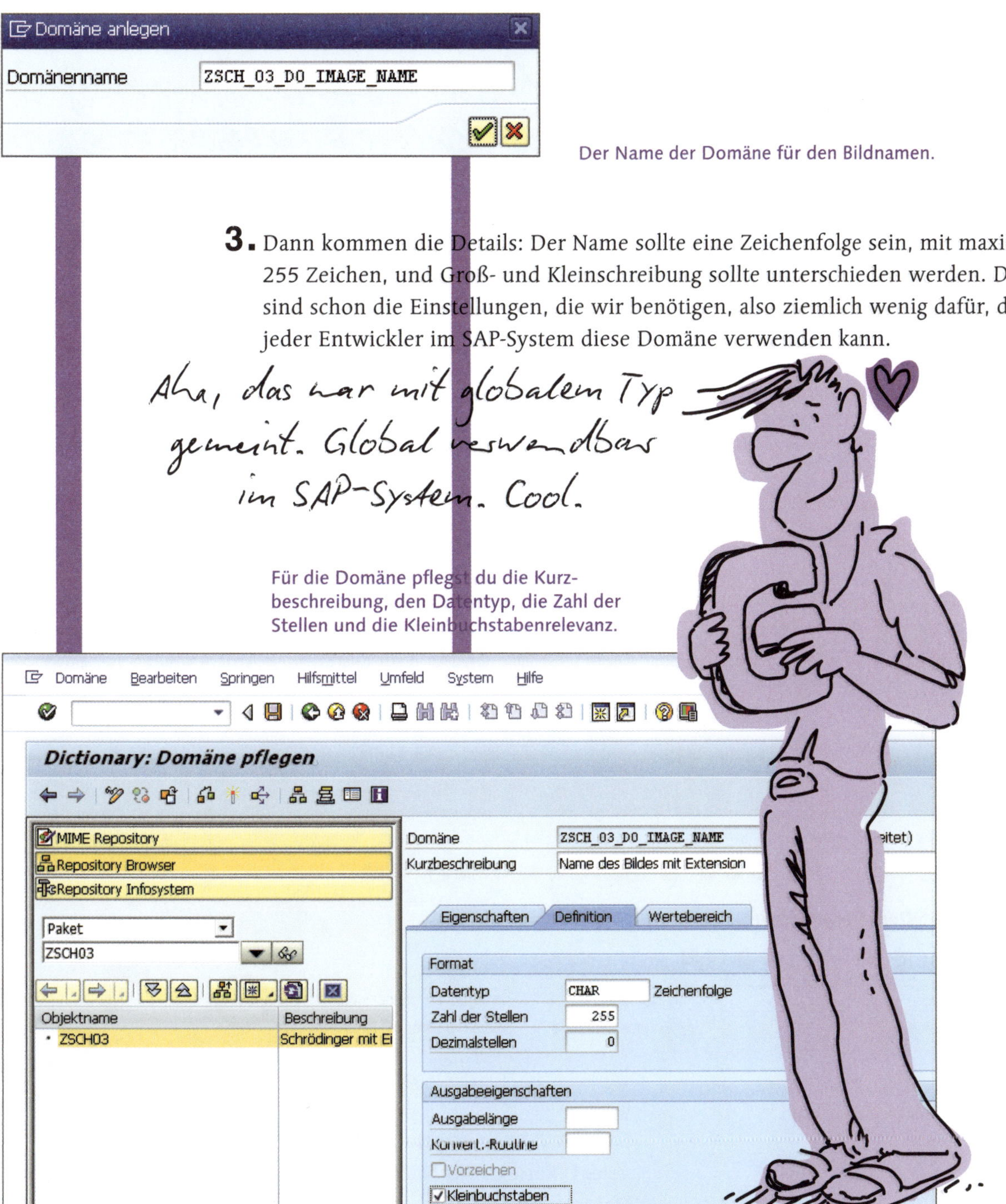

Der Name der Domäne für den Bildnamen.

3. Dann kommen die Details: Der Name sollte eine Zeichenfolge sein, mit maximal 255 Zeichen, und Groß- und Kleinschreibung sollte unterschieden werden. Das sind schon die Einstellungen, die wir benötigen, also ziemlich wenig dafür, dass jeder Entwickler im SAP-System diese Domäne verwenden kann.

Für die Domäne pflegst du die Kurzbeschreibung, den Datentyp, die Zahl der Stellen und die Kleinbuchstabenrelevanz.

Achtung, jetzt kommt eine Sequenz von Aktionen, die dir noch ins Blut übergehen wird: Sichern mit der **Sichern**-Drucktaste (Strg + S) in der Symbolleiste und Aktivieren mit der **Aktivieren**-Drucktaste (Strg + F3) in der Drucktastenleiste. Los, mach es!

Beim Sichern erscheint ein Dialog mit dem Titel ***Objektkatalogeintrag anlegen****, und da wird das Paket ZSCH03 vorgeschlagen. Ist das okay, dass ich den Sichern-Button angeklickt habe?*

Gut, dass du fragst, nachdem du etwas getan hast. Möglicherweise sollten wir noch etwas an der Frage-Aktion-Sequenz arbeiten. Du hast aber goldrichtig gehandelt. Damit wird die Domäne dem Paket zugeordnet.

Na super, dann war es sicher auch okay, dass ich im nächsten Pop-up ***Abfrage transportierbarer Workbench-Auftrag*** *mit dem grünen Häkchen bestätigt habe. Puh, Glück gehabt.*

Du solltest das mit dem ICE-Tempo möglicherweise nicht zu wörtlich nehmen. Aber du hast Recht, die Zuordnung zum Durchblick-Auftrag war auch okay.

Das Aktivieren hast du sicher auch schon gemacht, wenn nicht, dann AKTIVIEREN.

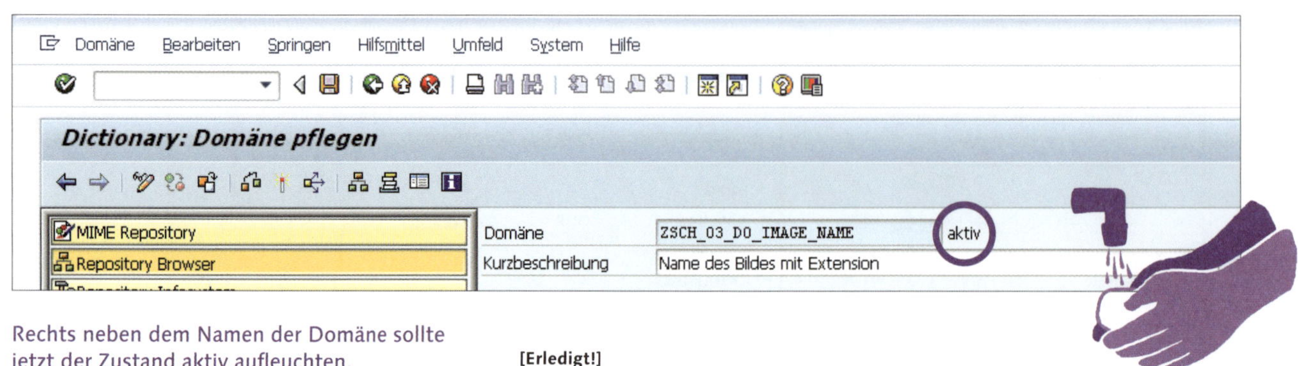

Rechts neben dem Namen der Domäne sollte jetzt der Zustand aktiv aufleuchten.

[Erledigt!]

So schnell kann es gehen. Du hast deine erste Domäne angelegt. Perfekt. Als Nächstes kommt die Verwendung in einem Datenelement. SAP sagt dazu auch die ...ntische Ebene.

Romantische? Scherzerl: Natürlich semantische!

Lege die Bedeutung an – Datenelement anlegen

Wir benötigen ein Datenelement für die Typisierung der Tabellenspalte **Bildnamen**. Also produzieren wir es:

1. Starte wieder mit dem Kontextmenü des Pakets, und wähle den Menüeintrag **Anlegen • Dictionary-Objekt • Datenelement anlegen**. Vergib wie bei der Domäne den Namen für dein Datenelement, nur dieses Mal **ZSCH_03_TD_FILE_NAME**.

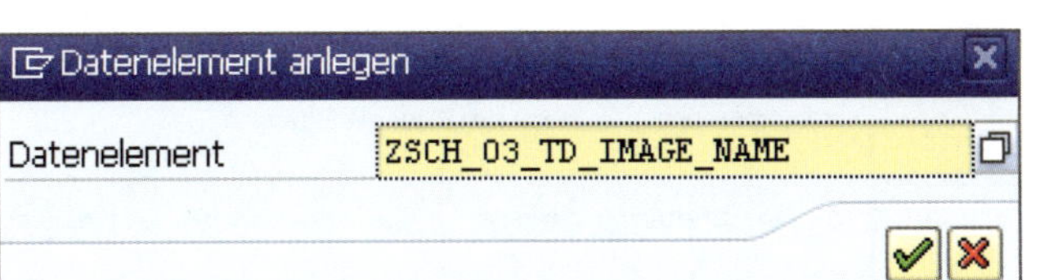

Das Datenelement. Worin besteht der Namensunterschied zwischen Domäne und Datenelement?

2. Im Folgebild pflegst du auf dem Karteireiter **Datentyp** die Kurzbeschreibung und das Eingabefeld **Domäne**. Dreimal darfst du raten, was da reinkommt? **NA; NA; NA?** Ja, genau, der Name der Domäne: **ZSCH_03_DO_IMAGE_NAME**.

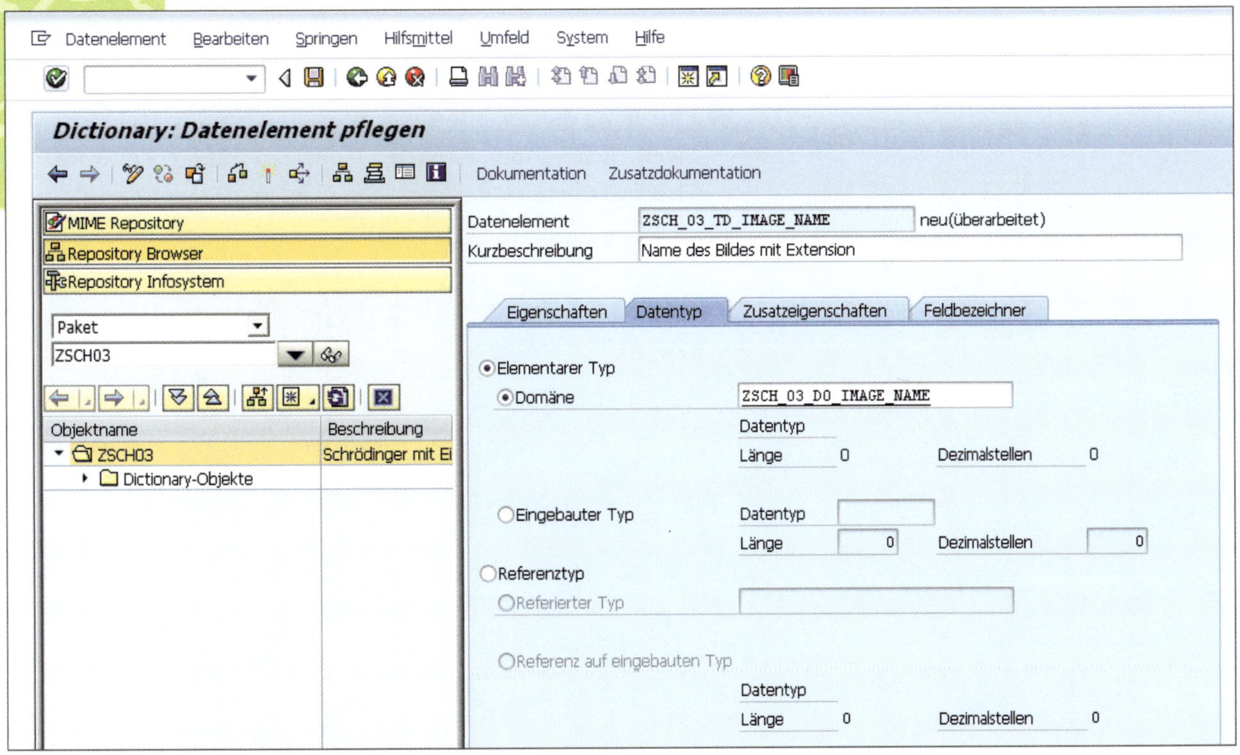

Hier wird der Bezug vom Datenelement zur Domäne hergestellt. Eben zweischichtiges Domänenkonzept.

3. Wechsle auf den Karteireiter **Feldbezeichner**. Dort kannst du noch **Bezeichner** mit unterschiedlichen Längen hinterlegen, die vom System verwendet werden, zum Beispiel auf Dynpros (das sind GUIs).

Noch schnell die Texte in unterschiedlichen Längen zum Datenelement gepflegt, damit wir diese später automatisch im GUI nutzen können.

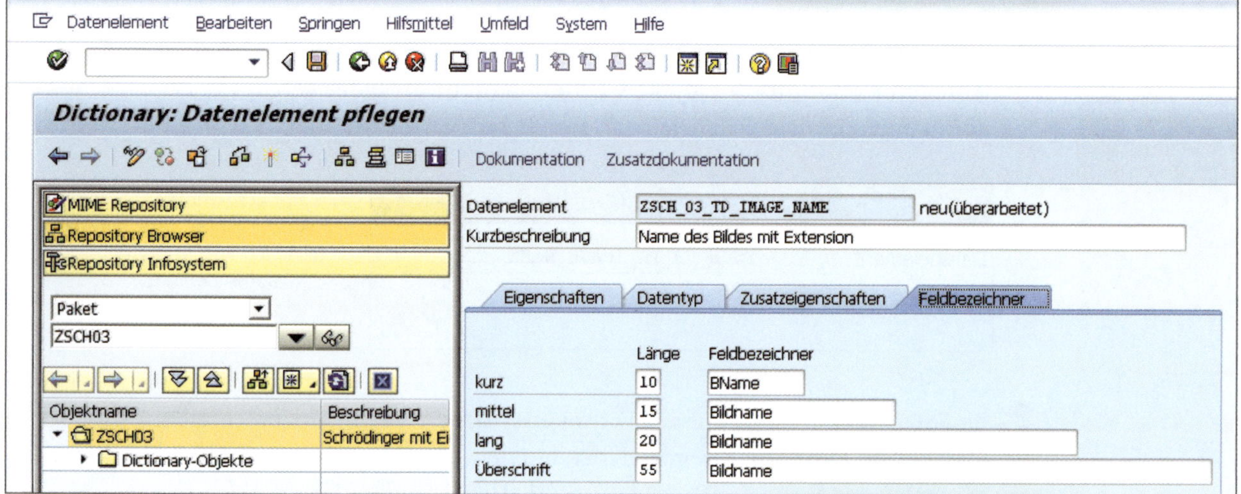

4. Wenn du die Texte fertig gepflegt hast, sind wir wieder so weit. Sichern und aktivieren, so wie vorhin bei der Domäne. Ich sagte bereits, dass das deine Lieblingssequenz wird.

Kühlschrankdesign – DB-Tabelle anlegen

Alles ist bereit und vorbereitet. Lasst uns froho uhund munter die Tabelle **ZSCH03PROJECT** anlegen. Mittlerweile muss ich dir den ersten Schritt nicht mehr ansagen, oder?

Kontextmenü des Pakets?

Genau!

1. Alternativ könntest du das Kontextmenü des Unterordners **Dictionary-Objekte** verwenden, um die Datenbanktabelle anzulegen. (Der Eintrag gefällt mir nicht. Müsste eigentlich **Beschreibung der Datenbanktabelle** lauten.)

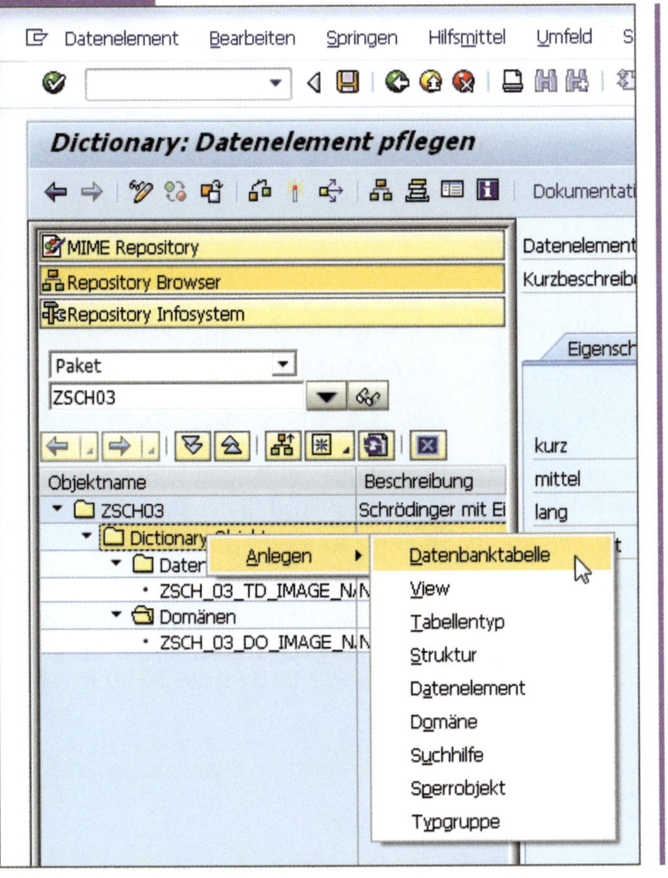

Ein alternativer Pfad zur Anlage eines Dictionary-Objektes. Jetzt geht es um Datenbanktabellen.

2. Im folgenden Pop-up vergibst du den Namen der Datenbanktabelle **ZSCH03PROJECT** und bestätigst deine Eingabe.

Der Name der Datenbanktabelle, in der die Projekte persistiert werden.

3. Auf dem Karteireiter **Auslieferung und Pflege** setzt du das Eingabefeld **Auslieferungsklasse** auf den Wert „A“, da wir kontinuierlich Daten einpflegen wollen, und **Data Browser/Tabellensicht-Pflege** auf „Anzeige/Pflege erlaubt“, damit wir Werte auch von Hand eingeben können.

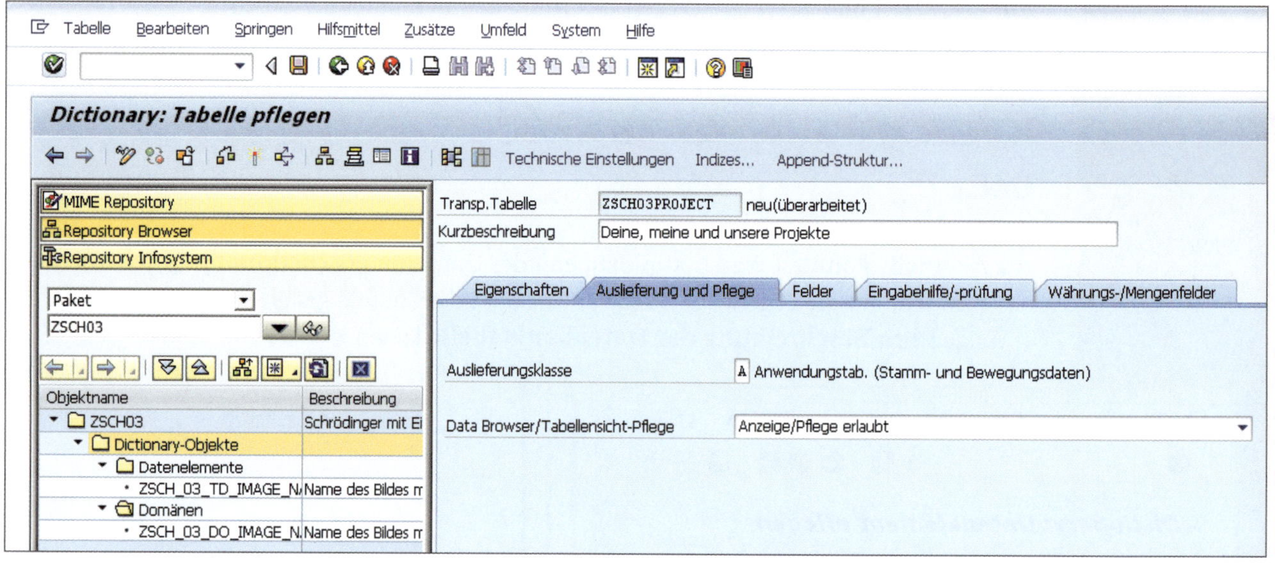

Welche Art von Daten und manueller Pflege, das sind die Fragen!

4. Wechsle auf den Karteireiter **Felder**, dort kannst du die Spalten definieren. Diese werden untereinander aufgelistet. Ich weiß, das ist komisch, du kannst sie dir ja gegen den Uhrzeigersinn um 90° gedreht vorstellen, dann sieht es wie Spalten aus. *Also bitte. Ich stelle nicht mal die Landkarte auf den Kopf, wenn ich nach Süden laufe.*

Beim Pflegen gibst du den **Namen des Feldes** ein – das ist der Spaltenname –, und dann in der Spalte **Datenelement** eben das Datenelement für den Typ der Spalte. Falls das Feld ein Teil des **Primärschlüssels** ist, um Einträge eindeutig zu finden, musst du das Häkchen für **Key** setzen. Ich habe die zwei Spalten **MANDT** und **PROJEKT** als Primärschlüssel definiert.

Die Spalten und ihre Typen. Siehst du das Datenelement **ZSCH_03_TD_IMAGE_NAME**, das du definiert hast? Es wird für die Spalte **BILD** verwendet.

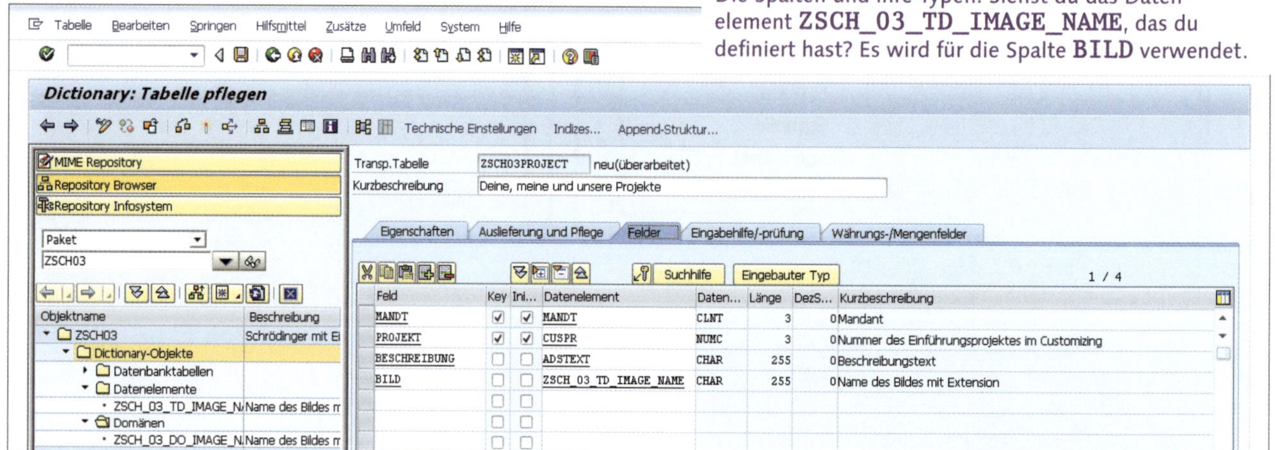

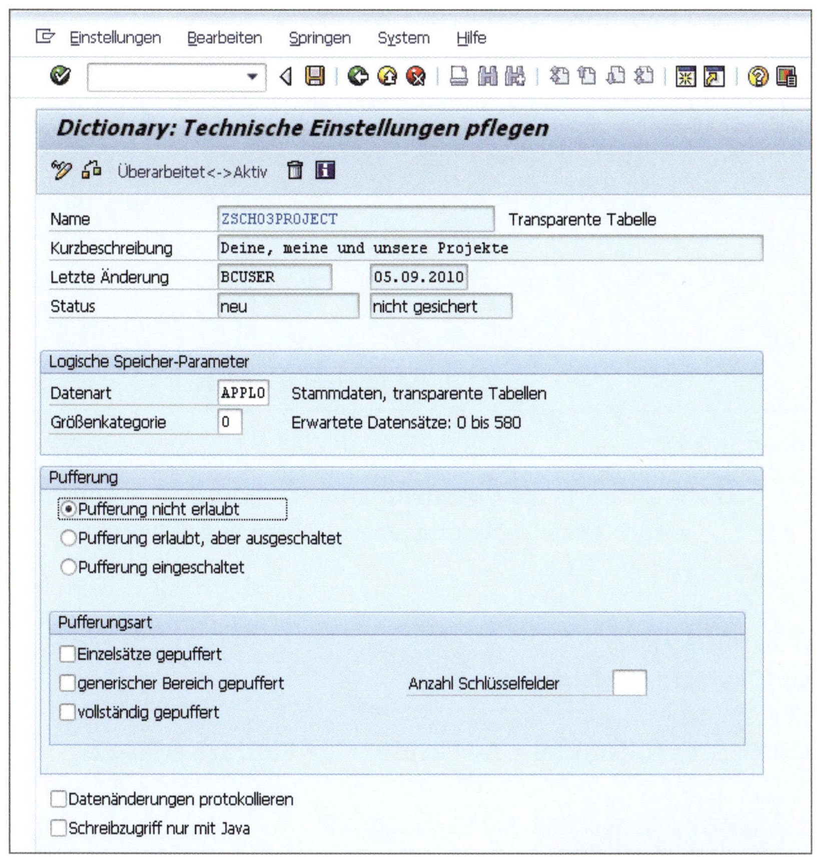

Wo werden die Daten gespeichert, und wie viele Einträge werden es wohl werden? Das sind deine Leitfragen in den technischen Einstellungen.

5. Jetzt folgen noch einige administrative Einstellungen. Beginnen wir mit dem Menüeintrag **Springen • Technische Einstellungen**. Dort wird unter anderem festgelegt, wo die Daten in der Datenbank physisch zu speichern und wie viele Einträge zu erwarten sind. Trage bitte im Eingabefeld **Datenart** den Wert **APPL0** und in der **Größenkategorie** den Wert **0** ein.

6. Noch schnell **Sichern** (Strg + S), und dann wieder zurück mit dem **grünen Pfeil** (F3) in die Pflegesicht der Tabelle.

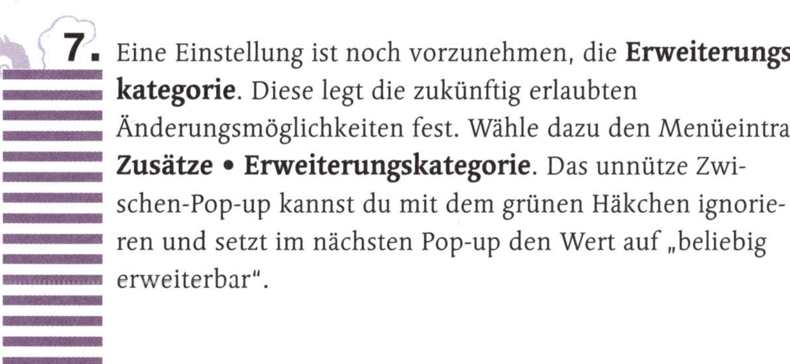

7. Eine Einstellung ist noch vorzunehmen, die **Erweiterungskategorie**. Diese legt die zukünftig erlaubten Änderungsmöglichkeiten fest. Wähle dazu den Menüeintrag **Zusätze • Erweiterungskategorie**. Das unnütze Zwischen-Pop-up kannst du mit dem grünen Häkchen ignorieren und setzt im nächsten Pop-up den Wert auf „beliebig erweiterbar".

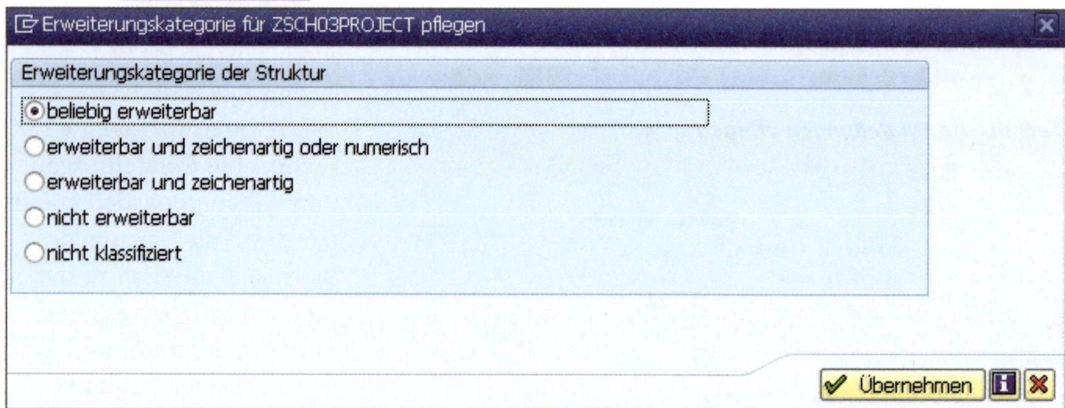

Jaja, alles erweiterbar. Danke und übernehmen.

8. Nachdem du die **Übernehmen**-Taste gedrückt hast kommt wieder deine Lieblingssequenz: Sichern und aktivieren. Fertig!

Bravo, du hast deine erste Datenbanktabelle angelegt.
Möchtest du gerne einen Eintrag anlegen? Okay, ganz einfach.

9. Wähle den Menüeintrag **Hilfsmittel • Tabelleninhalt • Einträge erfassen**.

10. Erfasse deine gewünschten Werte, und sichere (Strg + S) deine Eingaben.

Fertig ist der erste Eintrag.

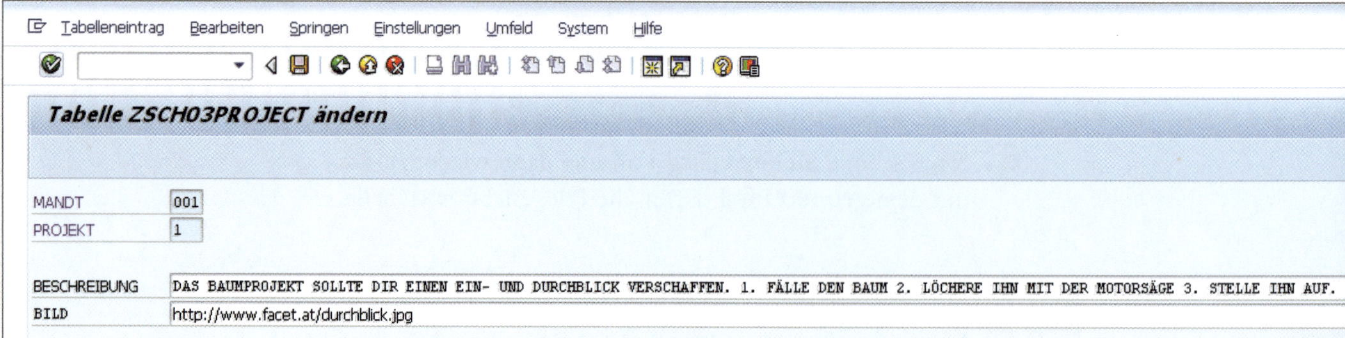

Ein Eintrag in deiner Tabelle. Das Lochbaumprojekt.

Also das mit den Daten haben wir mal erledigt. Damit haben wir die DB-Schicht in meinem Plan „Mein Plan" abgeschlossen. Als Nächstes wechseln wir auf die Applikationsebene und sehen uns dort ein paar Sachen an.

[Belohnung]

Vorher musst du dich aber noch stärken. Entweder bei einer Schweinshaxe mit einem kleinen isotonischen Malzgetränk oder bei einer Pilates-Übung auf der Matte.

Daten verarbeiten – Programm anlegen

Ich habe dir ja schon erklärt, wie man ein Entwicklungsobjekt anlegt; beim **Programm** Anlegen kommen noch einige Spezialitäten dazu. Du bist schon an der richtigen Stelle in der **SE80**, um zu starten.
Los geht es mit dem Kontextmenü auf dem Paket **ZSCH03** „"und du wählst dort den Menüpunkt **Anlegen • Programm**.

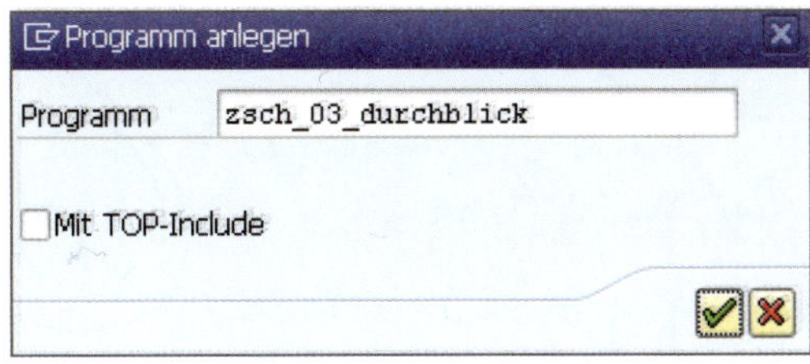

Ein Programm in seiner reinsten Form – ohne alles.

Du wirst vom System im nächsten Schritt gefragt, ob du ein Programm mit oder ohne sogenanntem **TOP-Include** anlegen möchtest. Bevor du das entscheidest, solltest du vielleicht erfahren, was ein **Include** ist.

Das heißt, ein Include ist eine **Textkonserve**. Nicht mehr und nicht weniger. Im Include stehen Programmtexte, die beim Übersetzen des Programms eingebunden werden. Das TOP-Include ist ein Spezialfall eines Includes. Dort sollten die **Typ Definitionen** und **Daten Deklarationen** angelegt werden. TOP deswegen, weil diese Defs/Deks am Anfang/Kopf eines Programms gebündelt stehen sollten. Du willst **kein TOP-Include anlegen**, also **deselektiere die Checkbox**! Bestätige mit dem grünen Häkchen.

ABAP: Programmeigenschaften ZSCH_03_DURCHBLICK ändern

Titel: Programm ZSCH_03_DURCHBLICK
Originalsprache: DE Deutsch
Erstellt: 05.09.2010 BCUSER
Letzte Änderung:
Status: neu(überarbeitet)

Attribute
Typ: Ausführbares Programm
Status:
Anwendung:
Berechtigungsgruppe:
Logische Datenbank:
Selektionsbildversion:
☐ Editorsperre ☑ Festpunktarithmetik
☑ Unicodeprüfungen aktiv ☐ Start über Variante

Sichern

Was kann man denn da alles einstellen? Wichtig für jetzt ist nur, dass du ein **Ausführbares Programm** anlegst.

Nach deiner Bestätigung erscheint ein Dialog mit den Eigenschaften, den wir derzeit getrost mit der Drucktaste **Sichern** (Enter) bestätigen können, und den darauffolgenden Dialogen zur Zuordnung zum Paket und Änderungsauftrag können wir ebenfalls unser Vertrauen schenken und auf das **Sichern**-Symbol klicken.
Endlich erscheint der **Programmkopf** auf der rechten Seite im **Werkzeugbereich**. Die Transaktion, die geöffnet wurde, heißt **ABAP Editor**, die du auch mit dem Transaktionscode **SE38** öffnen kannst.

You are ready to rumble!

Das ABAP-Einmaleins – Grundlegende Syntax

Ein Schnellstart in die Syntax, möglicherweise eine Wiederholung für dich?
Um ABAP zu verstehen, solltest du nicht vergessen, was ABAP ursprünglich bedeutete: **Allgemeiner-Berichts-Aufbereitungs-Prozessor**! Lass es beim Lesen der folgenden Zeilen immer mitschwingen.

Schawing Prozesser, Schwawing großes grünes Aufbereitungs-Prozessor, Schawing großes grünes brummender Berichts-Aufbereitungs-Prozessor, Schaschawing großes grünes herzlich brummender **Allgemeiner-Berichts-Aufbereitungs-Prozessor!**

- ABAP ist typisiert.
- ABAP stellt SQL zur Verfügung.
- ABAP ist objektorientiert.
- ABAP ist aufwärtskompatibel.
- ABAP is Written Once and Truly Run Everywhere; man könnte auch sagen: ABAP ist WORA (Write Once Run Anywhere).

Der **mächtigste Befehl** in ABAP ist – **Schawing** – das **WRITE**-Statement. Die Entwicklung von mehrsprachigen Anwendungen ist ein Klacks, und die Zugriffe auf die Datenbank sind easy-cheesy. Die prozeduralen Betonköpfe müssen sich sputen, da die OO-Gazellen ihnen davon galoppieren.
Ein weiterer beeindruckender Punkt ist die **Aufwärtskompatibilität**, die sich unter anderem darin äußert, dass Programmteile aus R/2 immer noch im aktuellsten Release laufen. **Nix deprecated**!
Die Syntax sieht mal prinzipiell so aus:

```
Schlüsselwort  Zusatz    . (Punkt)
```

Der **Punkt** kommt immer am Ende einer **Programmzeile**, nicht unbedingt Editorzeile, aber sicher Programmzeile. Da werden dir am Anfang ganz komische und eigenartige Meldungen vom Syntaxchecker begegnen, falls du den Punkt vergisst. Also falls das passiert, einfach durch visuelle Inspektion (**Poorman's Syntax Check**) prüfen, ob immer ein Punkt gesetzt wurde. Punktlandung, punktgenau auf den Punkt gebracht.

Einige Beispiele zum Flexibilisieren der Synapsen:

```
DATA gd_you_can_do_it TYPE abap_bool.
```

Die Deklaration einer Variablen mit dem Namen **gd_you_can_do_it** und mit dem Typ **abap_bool**

```
PARAMETERS pa_car TYPE s_carr_id.
```

Ah, **PARAMETERS**, noch ein **deklaratives Schlüsselwort** (übrigens **immer im Plural**), dann die Bezeichnung eines Eingabefeldes mit dem Typ **s_carr_id**

```
gd_you_can_do_it = 'X'.
```

Der Variablen wird ein Wert in Form eines **Textliterals** zugewiesen.
Sicher ist dir schon aufgefallen, dass die Teile der Anweisung durch zumindest ein **Leerzeichen** voneinander **getrennt** sind. Auch in diesem Fall ist der Syntaxchecker unbarmherzig und liefert ebenso schräge Meldungen.
Komplett egal ist die Groß- und Kleinschreibung, = iRrElEvAnT, man könnte auch sagen, dass ABAP **nicht case sensitive** ist.

```
WRITE 'Warum nicht öfter etwas Nettes schreiben?'.
```

Da ist die **Königin der ABAP-Anweisungen**: Das **WRITE**-Statement befüllt den **Listpuffer** und stellt dem Anwender etwas in der **Liste** dar. Das **Etwas** ist das zwischen den **einfachen Anführungszeichen** (**Literalbegrenzern**).
Du sollst deinen Sourcecode **kommentieren**, das sage ich immer zu meinen Kindern. Ja, nur WIE stellt sich die Frage? ABAP hat **zwei Möglichkeiten**:

```
* Das ist ein Kommentar, aber nur wenn der
* (Stern) in der ersten Spalte steht
WRITE / 'zum Beispiel: ABAP ich träum, von dir!' "in Zeile
```

Was manchmal langweilig sein kann, ist, dass man **Coding-Zeilen** mit identischem Beginn schreiben muss, und das mehrfach hintereinander. Da gibt es eine **Variante**, die sich **Kettensatz** nennt, das heißt, schreibe das **Schlüsselwort** einmal gefolgt von einem **Doppelpunkt**, und trenne die Zusätze durch **Kommata**:

```
WRITE: 'Und nun', 'ein weiteres', 'pädagogisch wertvolles', 'Beispiel'.
```

Aber so etwas geht auch mit einem Kettensatz:

```
DATA: gd_count TYPE i, gd_first_snack TYPE string value 'Buchteln'.
```

Einstieg in die **Modularisierung** the easy way: In ABAP kannst du ein ausführbares Programm (den Programmtyp verwenden wir für unser Beispiel) mithilfe von **Ereignisschlüsselwörtern** untergliedern. Zu bestimmten **Zeitpunkten** werden die so markierten Blöcke automatisch vom **Laufzeitsystem** ausgeführt, man könnte sogar von angesprungen sprechen. Ein Ereignisschlüsselwort markiert die Sprungmarke, und von dort weg wird der Programmcode ausgeführt. Das Standardereignis ist **START-OF-SELECTION**.

Und nun bist du dran.
Ich lasse dich einfach mal probieren.

Der Durchblicker – Programm entwickeln

Du darfst ein Programm in Raten schreiben, das alle Daten von der Datenbanktabelle **ZSCH03PROJECT** liest und in einer Liste ausgibt. Hier ist die Anleitung dazu:

1. Du bist noch im ABAP Editor und musst darauf achten, dass du im **Änderungsmodus** bist, also nicht im **Anzeigemodus**. Das kannst du ganz einfach feststellen, indem du den **Titel der Seite** liest.

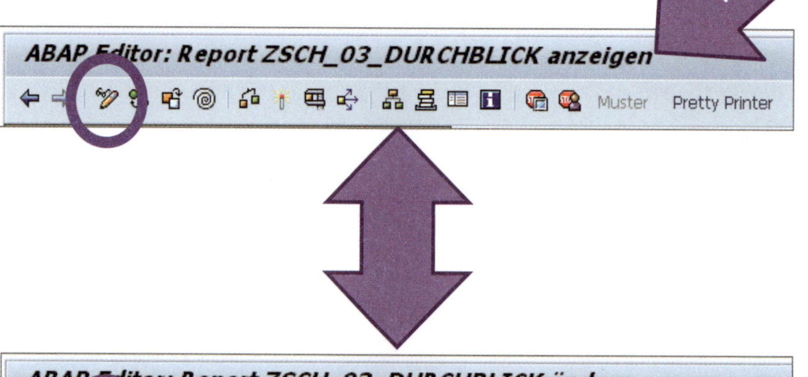

Anzeigemodus, Änderungsmodus. Mit dem Bleistiftsymbol (Str + F1) kannst du zwischen den Modi hin- und herspringen.

2. Nun platzierst du den Cursor im ABAP-Texteditor, und schon beginnt deine Programmiererkarriere.

3. Deklariere die Variable **gs_project** vom Typ **zsch03project**.

4. Platziere darunter das Ereignis **START-OF-SELECTION**.

5. Schreibe nach dem **START-OF-SELECTION** mithilfe des **WRITE**-Statements den Text **'Durchblick 2.0'**.

Das ist alles?

Ja, das ist alles! Und wenn du das geschafft hast, kannst du dir wieder die folgende Sequenz an Aktionen verinnerlichen.

1. Sichern des Quelltextes mit der **Sichern**-Drucktaste (Strg + S) in der Symbolleiste.

2. Syntaxchecker anwerfen mit der **Prüfen**-Drucktaste (Strg + F2) (die mit dem Waagesymbol) in der Drucktastenleiste.

3. Aktivieren mit der **Aktivieren**-Drucktaste (Strg +F 3) (die mit dem Zündholz) in der Drucktastenleiste.

4. Testen mit der **Direkt**-Drucktaste (F8) (die mit dem Schublehresymbol, könnte aber auch eine Schraubzwinge sein).

Also leg los, ich warte mal ... dumdideldum ... heiapopeia ... lalala ...

Fertig!

Und, was siehst du? Hast du den Durchblick? Ich habe die Aufgabenstellung so umgesetzt:

```
REPORT  zsch_03_durchblick.
* Die Variable zum Befüllen
DATA: gs_project TYPE zsch03project.
* Hier springt die Laufzeitumgebung rein
START-OF-SELECTION.
* Das mächtige WRITE zaubert eine Zeile in die Liste
  WRITE: / 'Durchblick 2.0'.
```

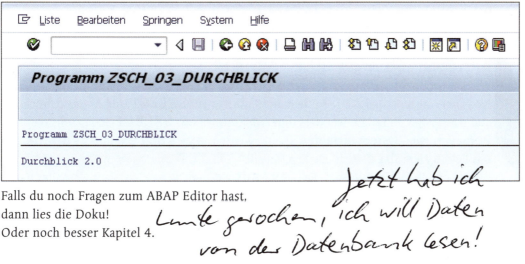

Wunderschöne Liste mit deiner Ausgabe. Willkommen im Club.

Falls du noch Fragen zum ABAP Editor hast, dann lies die Doku! Oder noch besser Kapitel 4.

Jetzt hab ich Lunte gerochen, ich will Daten von der Datenbank lesen!

Her mit den Daten – DB-Zugriff

TATENFERARPEIDUNK ist das, was wir wollen!
In ABAP ist es sehr einfach, mit der Datenbank ins Gespräch zu kommen.
In die Sprache ABAP ist die **Open-SQL-Variante von Standard-ANSI-SQL** eingebaut, die unter anderem das für dich wichtigste Schlüsselwort zur Verfügung stellt:

Keyword	Function
SELECT	Reads data from database tables.

Open SQL arbeitet mit **Tabellen**, die über das Dictionary definiert werden.
Das kennst du schon.
Falls du nun einen Eintrag aus einer Tabelle lesen möchtest, verwendest du die SELECT-Anweisungen. Dies könnte für unser Beispiel so aussehen.

```
SELECT SINGLE * *1 FROM zsch03project *2 INTO gs_project *3 WHERE projekt = '001' *4.
```

*1 Zuerst gibst du die **Ergebnismenge** an, wobei * bedeutet, dass du alle Spalten der Tabelle lesen möchtest. Falls du nur an einer Zeile der Datenbanktabelle interessiert bist, verwende ein **SINGLE** nach dem **SELECT**.

*2 Hier legst du fest, woher die Daten kommen. Das kann zum Beispiel deine **Projekttabelle** sein.

*3 Irgendwo im Programm müssen die Daten gespeichert werden. Wo, das gibst du hier an. Wir verwenden natürlich die Variable, die wir vorher angelegt haben. Übrigens wird die Variable auch als **Struktur** bezeichnet, da **mehrere Felder** in ihr stecken.

*4 Die Treffermenge kann mithilfe der **WHERE**-Bedingung eingeschränkt werden, also weniger Zeilen im Ergebnis bewirken. Wir lesen nur den Eintrag zum Projekt **001**.

Weil es einfach hierher passt, noch ein paar Zusatzinformationen.

Die brauchen wir dann gleich.
Wie kannst du feststellen, ob die **Leseoperation erfolgreich** war oder nicht?
Also zuerst liest du mal die Dokumentation (Cursor auf **SELECT** und F1-Taste drücken), und dann wirst du feststellen, dass durch den Aufruf des **SELECT**-Statements die Werte von zwei **Systemvariablen** gesetzt werden: **sy-subrc** und **sy-dbcnt**.
Das Feld **sy-subrc** stellt das Ergebnis der **SELECT**-Operation in Form eines Wertes dar. Vereinfacht gesagt: Falls **sy-subrc** den Wert 0 hat, dann war alles in Ordnung, und ein Ergebnis liegt vor. Falls der Wert ungleich 0 ist, ist etwas schiefgelaufen, oder du hast keine Daten gefunden. Falls Daten im DB-System gefunden wurden, wird die Anzahl der gefundenen Datensätze in das Feld **sy-dbcnt** gestellt.

Jetzt lese ich

Du bist an der Reihe mit dem Lesen von der Datenbank.

[Einfache Aufgabe]
Lies den Eintrag für das Projekt **`001`** von der Datenbanktabelle **`zsch03project`** in die Zielstruktur **`gs_project`**. Gib direkt danach die Struktur mit einem **`WRITE: / gs_project`** aus. Was macht dieses komische **/** hier?

Also: Es gibt schwere Aufgaben, es gibt einfache Aufgaben, und es gibt ... Aufgaben. Das war ja total einfach! Und das / bedeutet Zeilenumbruch!

Das liegt natürlich an meinem ausgefeilten pädagogischen Konzept, an deiner zwölften Kanne Kaffee und daran, dass du so ein cleveres Kerlchen bist. Zeig mal deine Lösung.

```
REPORT zsch_03_durchblick.

DATA: gs_project TYPE zsch03project.

START-OF-SELECTION.
  WRITE: / 'Durchblick 2.0'.
* Einzelsatz lesen
  SELECT SINGLE * FROM zsch03project INTO gs_project
    WHERE projekt = '001'.
* und in der Liste ausgeben
  WRITE: / gs_project.
```

Und die Ausgabe sieht so aus:

Liste Bearbeiten Springen System Hilfe

Programm ZSCH_03_DURCHBLICK

```
Programm ZSCH_03_DURCHBLICK

Durchblick 2.0
001001DAS BAUMPROJEKT SOLLTE DIR EINEN EIN- UND DURCHBLICK VERSCHAFFEN. 1. FÄLLE DEN BAUM 2. LÖCHERE
```

Ein Eintrag aus der Datenbanktabelle in deiner Liste. Damit kommunizierst du vom Programm aus mit der Datenbank.

Hast du dir möglicherweise schon überlegt, wie wir darauf reagieren können, dass keine Daten in der Datenbanktabelle gefunden werden können? Das könntest du in deiner Pause machen.

```
* Einzelsatz lesen
  SELECT SINGLE * FROM zsch03project INTO gs_project
    WHERE projekt = '001'.
  IF sy-subrc = 0.
* und in der Liste ausgeben
    WRITE: / gs_project.
  ELSE.
    WRITE: / 'Nix da, leider!'.
  ENDIF.
```

Ohne Struktur läuft nichts – Grundlegende Programmstruktur

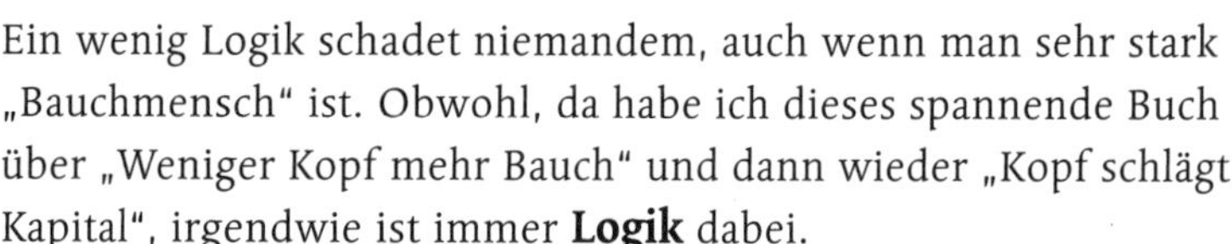

Ein wenig Logik schadet niemandem, auch wenn man sehr stark „Bauchmensch" ist. Obwohl, da habe ich dieses spannende Buch über „Weniger Kopf mehr Bauch" und dann wieder „Kopf schlägt Kapital", irgendwie ist immer **Logik** dabei.

Also, was brauchen wir für den logischen Beginn? Möglicherweise eine **Möglichkeit**, mithilfe des **IF**-Statements zu entscheiden.

```
IF <irgendwas>. "ja, das ist ein Punkt
* Dann mach etwas
ELSE. "Alternative
* Dann mach etwas Anderes
ENDIF. "Ende mit der Logik
```

Das **<irgendwas>** im **IF** ist interessant. Ich werde dazu **logische Bedingung** sagen. Du kannst zum Beispiel Vergleiche anstellen, wie **IF gs_project-projekt = '001'**.

Halt, Roland. Was ist denn mit dem Bindestrich? Das **gs_project** *ist die Struktur von vorhin.*

Okay, zu schnell. Die Struktur ist ja aufgebaut wie die transparente Tabelle **zsch03project**, und die hat unterschiedliche Spalten. Stell dir einfach die Struktur wie eine Zeile aus der Tabelle vor. Damit du auf die einzelnen Spalten, ich meine Felder, zugreifen kannst, musst du das dem System irgendwie sagen. Darum der **Bindestrich**, weil du damit sagen kannst, dass du am Feld **projekt** in der Struktur **gs_project** interessiert bist.

Als Alternative zum **IF**-Statement kannst du auch das **CASE**-Statement verwenden, das in seiner Grundform folgendermaßen aufgebaut ist:

```
CASE <variable>.
WHEN <Wert>.
* Mach was für den ersten Wert
WHEN OTHERS.
* Mach was sonst
ENDCASE.
```

Kurzer Fokus: Prüfe nach dem **SELECT SINGLE**, ob ein Wert in der Datenbanktabelle gefunden wurde. Verwende dazu **IF, ELSE, ENDIF**, **=**, **sy-subrc**, den Wert **0**. Dieses Mal habe ich einen Lückentext für dich.

```
REPORT  zsch_03_durchblick.
* Die Variable zum Befüllen
DATA: gs_project TYPE zsch03project.
* Hier springt die Laufzeitumgebung rein
START-OF-SELECTION.
* Das mächtige WRITE zaubert eine Zeile in die Liste
  WRITE: / 'Durchblick 2.0'.
* Einzelsatz lesen
  SELECT SINGLE * FROM zsch03project INTO gs_project
    WHERE projekt = '001'.
* Jetzt auch mit logischer Kontrolle
  _ _ _ _-_ _ _ _ _ = _.
* und in der Liste ausgeben
    WRITE: / gs_project.
  _ _ _ _.
* der arme Anwender
    WRITE: / 'Och schade, nichts gefunden für Projekt = ',
             '001'.
  _ _ _ _ _.
```

Natürlich wieder sichern, syntaxchecken und testen!
Lösung gibt es keine, da musst du schon weiterlesen.

Alles muss es auch nicht sein – Einfaches Selektionsbild

Wir lieben unsere User! Darum werden wir auch keine Mühe scheuen, ihnen das Beste vom Besten anzubieten, also zum Beispiel eine Möglichkeit, um zu bestimmen, welche Daten für sie interessant sind. SAP nennt diese Möglichkeit **Selektionsbild**. Die einfachste Möglichkeit, ein Selektionsbild zu definieren, ist das **Standardselektionsbild**.

[Achtung/Vorsicht]
Ab jetzt gilt: Wenn ich dich frage: „Welche Nummer hat das Standardselektionsbild?", dann musst du immer mit „1000" antworten.

[Zettel]
Mit dieser Nummer wird ein Dynpro in einem Programm eindeutig identifiziert. Du kannst die Nummer für deine Dynpros frei vergeben, AUSSER der Nummer 1000, weil die für das Standardselektionsbild reserviert ist.

Das ist deshalb so einfach, da die Definition durch Deklaration geschieht. Das einfachste Beispiel eines **Eingabeelementes** im **Selektionsbild** ist ein **Eingabefeld** mit einem **Label**. Dieses wird als **Parameter** bezeichnet und zum Beispiel folgendermaßen deklariert:

*4 **Der Typ**. Dadurch wird zum Beispiel die Anzahl der Zeichen bestimmt, die dem Anwender für die Eingabe zur Verfügung gestellt werden.

```
PARAMETERS*1 pa_proj*2 TYPE*3 zsch03project-projekt*4.
```

*1 Mit dem deklarativen Schlüsselwort PARAMETERS wird ein Parameter deklariert,

*2 und dieser sollte auch einen **Namen** besitzen. Achtung, Softwarearchäologen: Aus historischen Gründen darf der **Name nicht länger als acht Zeichen** sein.

*3 Mit dem Schlüsselwort **TYPE** wird ein Bezug zu einem Typ hergestellt. Dieser muss **nicht nur technisch** sein, sondern kann auch **semantische Informationen** (so wie in meinem Beispiel) beinhalten, wie zum Beispiel eine **Wertehilfe**. Das kommt dann alles ausführlich in Kapitel 12.

[Einfache Aufgabe]
It's exercise time!

Implementiere im Programm, direkt unter der REPORT-Zeile, den Parameter für die Eingabe des Projekts, und verwende den Zusatz OBLIGATORY am Ende.

Schon getestet? Wie sieht es aus? Steht da kein vernünftiger Text für das Label zum Eingabefeld?

Nö. Eher abschreckend.

Das habe ich mir gedacht.

Das **Label** zum **Eingabefeld** kann über das Menü **Springen • Textelemente • Selektionstexte** definiert werden. Bevor du zu springen anfängst, musst du unbedingt „**Aktivieren**" (Zündholz in der Drucktastenleiste). Übrigens ist der Parameter im Programm wie eine Variable verwendbar.

[Einfache Aufgabe]
Springe zu den Selektionstexten, tippe direkt neben dem Parameter PA_PROJ, dort, wo das Fragezeichen steht, den Text „Das Projekt" ein, und aktiviere den Text mit dem Aktivieren-Button.
Wechsle danach wieder zurück (F3), und starte das Programm.

Bei mir sieht das folgendermaßen aus:

```
REPORT  zsch_03_durchblick.
* Parameter für das Projekt
PARAMETERS: pa_proj TYPE zsch03project-projekt OBLIGATORY.*1
* Die Variable zum Befüllen
DATA: gs_project TYPE zsch03project.
```

*1 Da ist der Parameter aber schön zwischen **REPORT** und **DATA** eingeklemmt. Der neue Teil ist der Zusatz **OBLIGATORY**. Der bewirkt, dass der Anwender einen Wert eingeben **MUSS**. Falls der Anwender trotzdem das Programm ohne starten möchte, wird er mit Fehlermeldungen überflutet.

Dann ist noch der Selektionstext zu definieren:

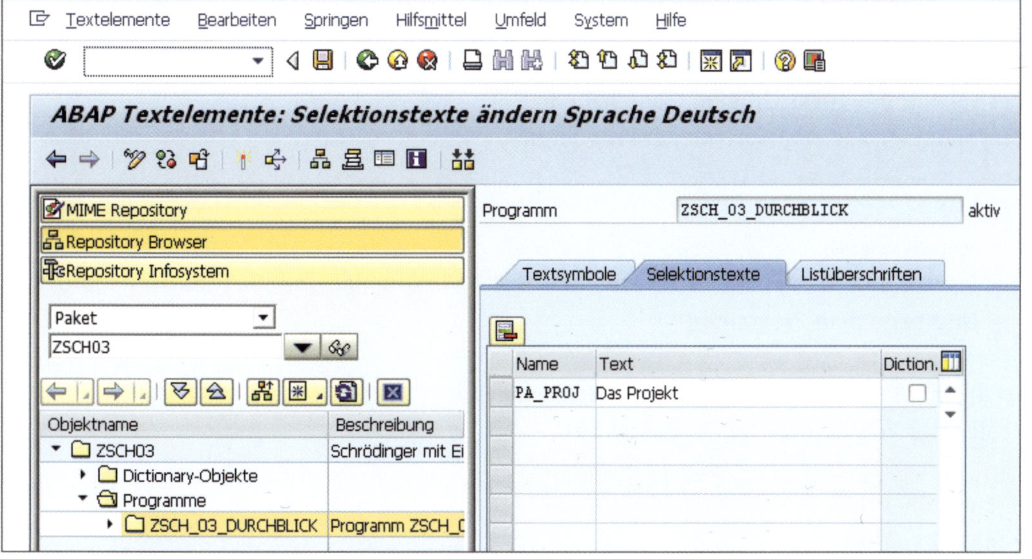

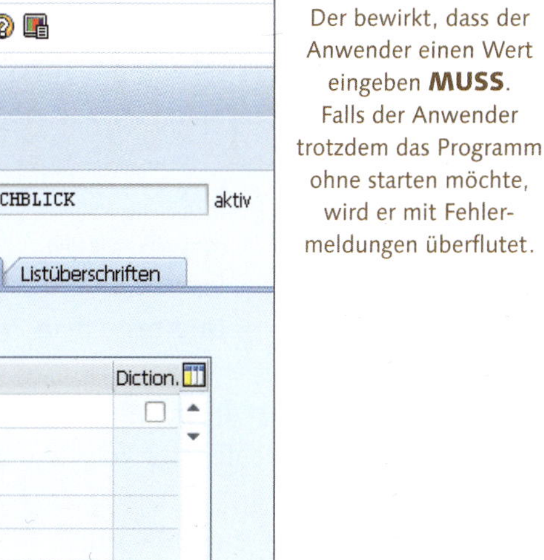

Selektionstextpflege. Sieht doch viel besser aus als PA_PROJ im Selektionsbild.

Und das wunderschöne Ergebnis:

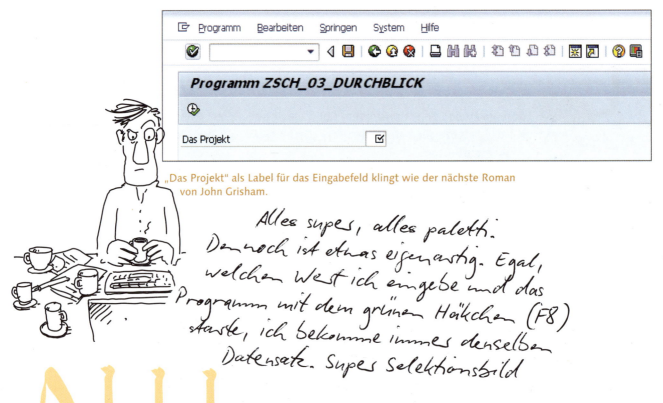

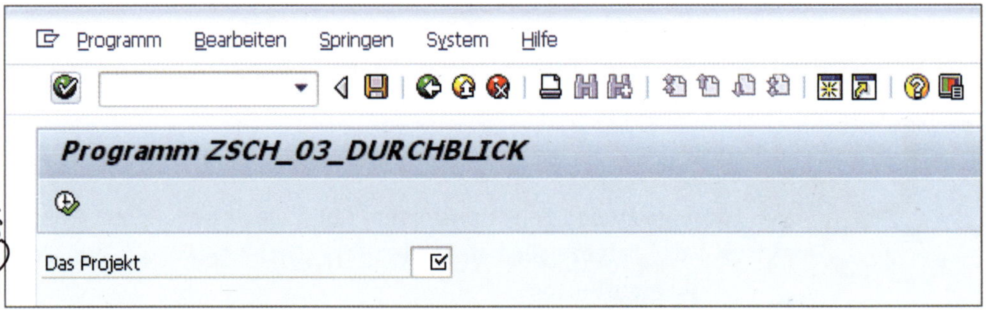

Programm Bearbeiten Springen System Hilfe

Programm ZSCH_03_DURCHBLICK

Das Projekt ☑

„Das Projekt" als Label für das Eingabefeld klingt wie der nächste Roman von John Grisham.

Alles super, alles paletti. Dennoch ist etwas eigenartig. Egal, welchen Wert ich eingebe und das Programm mit dem grünen Häkchen (F8) starte, ich bekomme immer denselben Datensatz. Super Selektionsbild

Ahhh, da fehlt noch was. Du hast Recht. Natürlich müssen wir den Parameter bei der Selektion berücksichtigen. Oben habe ich erwähnt, dass du den Parameter wie eine Variable im Programm verwenden kannst.

[Einfache Aufgabe]
Ersetze im Programm zsch_03_durchblick alle Vorkommen von ‚001' durch pa_proj. Und teste dein Programm!

Das Entsetzen kannst du am einfachsten mit Strg + F bewerkstelligen. Nach der Ersetzung sollte der vollständige Text so aussehen:

```
REPORT  zsch_03_durchblick.
* Parameter für das Projekt
PARAMETERS: pa_proj TYPE zsch03project-projekt OBLIGATORY.
* Die Variable zum Befüllen
DATA: gs_project TYPE zsch03project.
* Hier springt die Laufzeitumgebung rein
START-OF-SELECTION.
* Das mächtige WRITE zaubert eine Zeile in die Liste
```

```
  WRITE: / 'Durchblick 2.0'.
* Einzelsatz lesen
  SELECT SINGLE * FROM zsch03project INTO gs_project
    WHERE projekt = pa_proj.
* Jetzt auch mit logischer Kontrolle
  IF sy-subrc = 0.
* und in der Liste ausgeben
    WRITE: / gs_project.
  ELSE.
* der arme Anwender
    WRITE: / 'Och schade, nichts gefunden für Projekt = ', pa_proj.
  ENDIF.
```

Was geschieht beim Testen? Bei mir passiert Folgendes:

1. Ich gebe im Selektionsbild keinen Wert ein, und starte das Programm. Eeeeeeeh. Fehlermeldung: „Füllen Sie alle Mussfelder aus."
2. Ich gebe die Nummer 001 ein. Ahhhh, wunderschöne Liste mit Werten.
3. Ich gebe die Nummer 002 ein. Eeeeeh, die Liste wird angezeigt, aber mit einer Meldung, dass für den Datensatz 002 kein Projekt gefunden wurde.

Eine etwas komplexere Form der Eingabe wird mit **SELECT-OPTIONS** definiert. Dabei werden Intervalle von Werten für die Eingabe angeboten. Das ist aber für den Augenblick zu kompliziert und wird daher auf Kapitel 12 verschoben.

[Belohnung/Lösung]

Apropos kompliziert und verschoben. Hast du schon mal versucht, bei dir in der Wohnung den Kasten dort hinzuschieben, wo der Stuhl war, und diesen im Vorraum direkt neben dem Kleiderhaken aufzuhängen? Dann könntest du nämlich endlich Platz schaffen für das Sofa, das eigentlich auf den Platz gehört, wo jetzt der Tisch steht.
Bitte ein Vorher-/Nachher-Foto an die Redaktion. Danke!

Layouten und Daten transportieren – Ein einfaches Dynpro

Wenn ein Abschnitt die Bezeichnung „Werkstatt" verdient, dann ist es dieser. Du wirst schrauben und hämmern, sägen und kleben. Nur eben digital. Ein **Dynpro (dynamisches Programm)** ist ein Bild mit einer sogenannten Ablauflogik, also mit einem Programm, und wenn du willst, kannst du es mit dem Selektionsbild vergleichen. Halt, da muss ich etwas präziser sein. **Ein Selektionsbild ist ein Spezialfall eines Dynpros**. Wir werden ein Dynpro verwenden, um die von der Datenbank selektierten Daten darzustellen, sogar mit Bild! Schauen wir uns das mal Schritt für Schritt an. **Am Ende kommt das raus:**

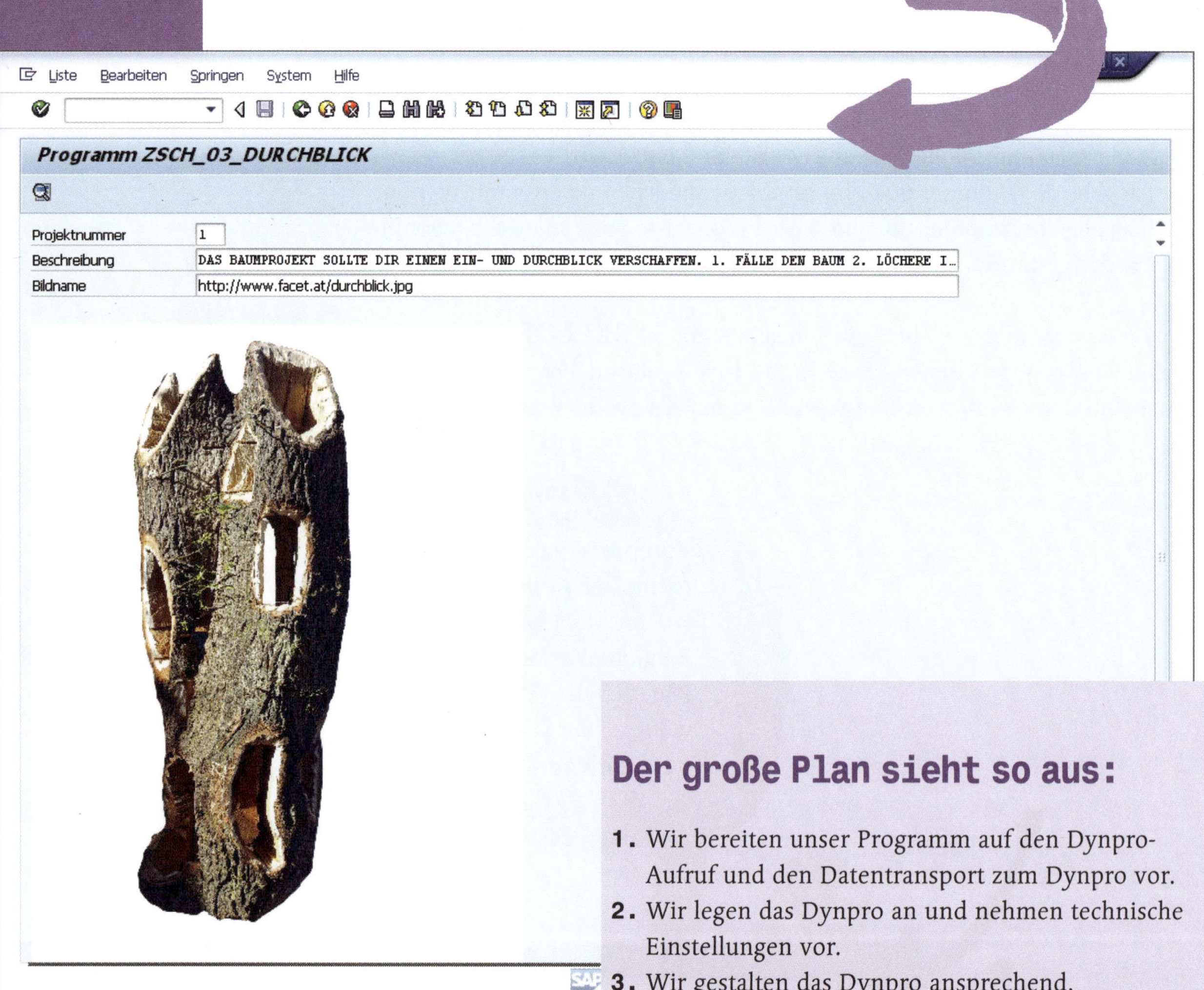

Wow, damit hat man ja richtig den Durchblick in SAP.

Der große Plan sieht so aus:

1. Wir bereiten unser Programm auf den Dynpro-Aufruf und den Datentransport zum Dynpro vor.
2. Wir legen das Dynpro an und nehmen technische Einstellungen vor.
3. Wir gestalten das Dynpro ansprechend.
4. Wir programmieren die Darstellung des Bildes mithilfe der Objektorientierung.

Und nun Schritt für Schritt, im Sinn von Adam Ries: Mach so, und es ist richtig:

Im Programm haben wir die folgenden Vorbereitungen zu treffen:

```
REPORT  zsch_03_durchblick.
* TABLES-Struktur für Dynpro-Daten
TABLES: zsch03project.*1
* Parameter für das Projekt
PARAMETERS: pa_proj TYPE zsch03project-projekt OBLIGATORY.
* Die Variable zum Befüllen
DATA: gs_project TYPE zsch03project.

* Controls *2
DATA: gr_container TYPE REF TO cl_gui_custom_container,
      gr_picture TYPE REF TO cl_gui_picture.

* Hier springt die Laufzeitumgebung rein
START-OF-SELECTION.
* Das mächtige WRITE zaubert eine Zeile in die Liste
  WRITE: / 'Durchblick 2.0'.
* Einzelsatz lesen
  SELECT SINGLE * FROM zsch03project INTO gs_project
    WHERE projekt = pa_proj.
* Jetzt auch mit logischer Kontrolle
  IF sy-subrc = 0.
* und in der Liste ausgeben
    WRITE: / gs_project.
  ELSE.
* der arme Anwender
    WRITE: / 'Och schade, nichts gefunden für Projekt = ', pa_proj.
  ENDIF.

* Hier springt die Laufzeitumgebung rein
AT LINE-SELECTION.*3
* Daten in die TABLES-Struktur
  zsch03project = gs_project.*4
* Dynpro aufrufen
  CALL SCREEN 9100.*5
```

*1 Füge direkt unterhalb von **REPORT** die Anweisung **TABLES: zsch03project** ein. Der Effekt der **TABLES**-Anweisung ist vergleichbar mit der **DATA**-Anweisung, somit legst du damit eine Variable mit dem Namen **zsch03project** an. Ich nenne sie **Kommunikationsstruktur**, weil sie zur Datenkommunikation zwischen Programm und Dynpro dient.

Wofür?

Diese Variable dient uns zum Datenaustausch mit dem Dynpro. Sonst sehen wir ja nix.

*2 Der Controls-Abschnitt, so wie ich ihn genannt habe, enthält zwei Variablen. Die zwei Objektreferenzen für die Bildprogrammierung.

Ich frage jetzt mal sicherheitshalber nicht nach, was eine Objektreferenz ist, ich lasse es einfach über mich ergehen.

Auch besser so! Das erfährst du noch bis zum Abwinken in den Kapiteln 8 bis 11.

*3 Das Ereignis AT LINE-SELECTION wird von der Laufzeitumgebung angesprungen, falls ein Anwender doppelt in der Liste klickt. Meine Idee dahinter ist, dass der Anwender auf die Listenzeile klickt, in der der Datensatz der Datenbanktabelle steht, und sich dann das Dynpro öffnet.

*4 Damit die Daten dem Dynpro tatsächlich zur Verfügung stehen, müssen sie in die Kommunikationsstruktur kopiert werden. Das geschieht ganz einfach durch die Zuweisung **zsch03project = gs_project**.

*5 Und endlich kommt der bombastische Aufruf CALL SCREEN. Damit wird ein Dynpro aufgerufen. Die Nummer ist die vierstellige Nummer des Dynpros. Ich habe 9100 gewählt, aber auf alle Fälle nicht die Nummer ...?

1000, weil das die Nummer des Standardselektionsbildes ist. Jetzt bin ich aber selber etwas baff. Also diese modernen Energydrinks ..., ob das noch legal ist?

[Einfache Aufgabe]

Implementiere die besprochenen Änderungen im Programm. Sobald du den Befehl **CALL SCREEN 9100.** eingefügt hast, sicherst du und klickst doppelt auf **CALL SCREEN**. Und dann wartest du auf mich!

Dekorieren der Auslage – Dynpro-Layout

Huhu, wo bist du?
Ich habe alles so gemacht, wie du gesagt hast, und jetzt fragt mich das System per Pop-up, ob es irgendetwas anlegen soll.
Hinlegen statt anlegen!

Was, schon wieder fertig? Dann können wir uns jetzt dem Dynpro zuwenden.

Dynpro anlegen und technische Einstellungen vornehmen

1. Du bist also schon beim Pop-up zum Anlegen des Dynpros. Das kannst du einfach mit **Ja** bestätigen, weil du ja willst, dass das Dynpro angelegt wird.

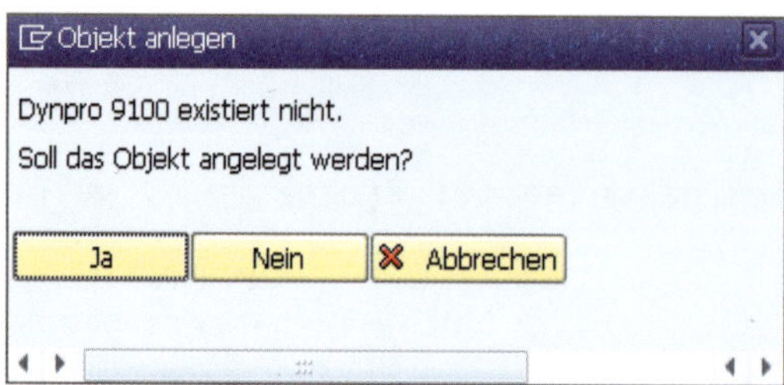

Sicher anlegen, bitte.

2. Nach deiner Bestätigung erscheint beinahe unbemerkt der sogenannte **Screen Painter** (SE51) im Werkzeugbereich. Damit werden wir ab jetzt arbeiten und Dynpros layouten und programmieren.

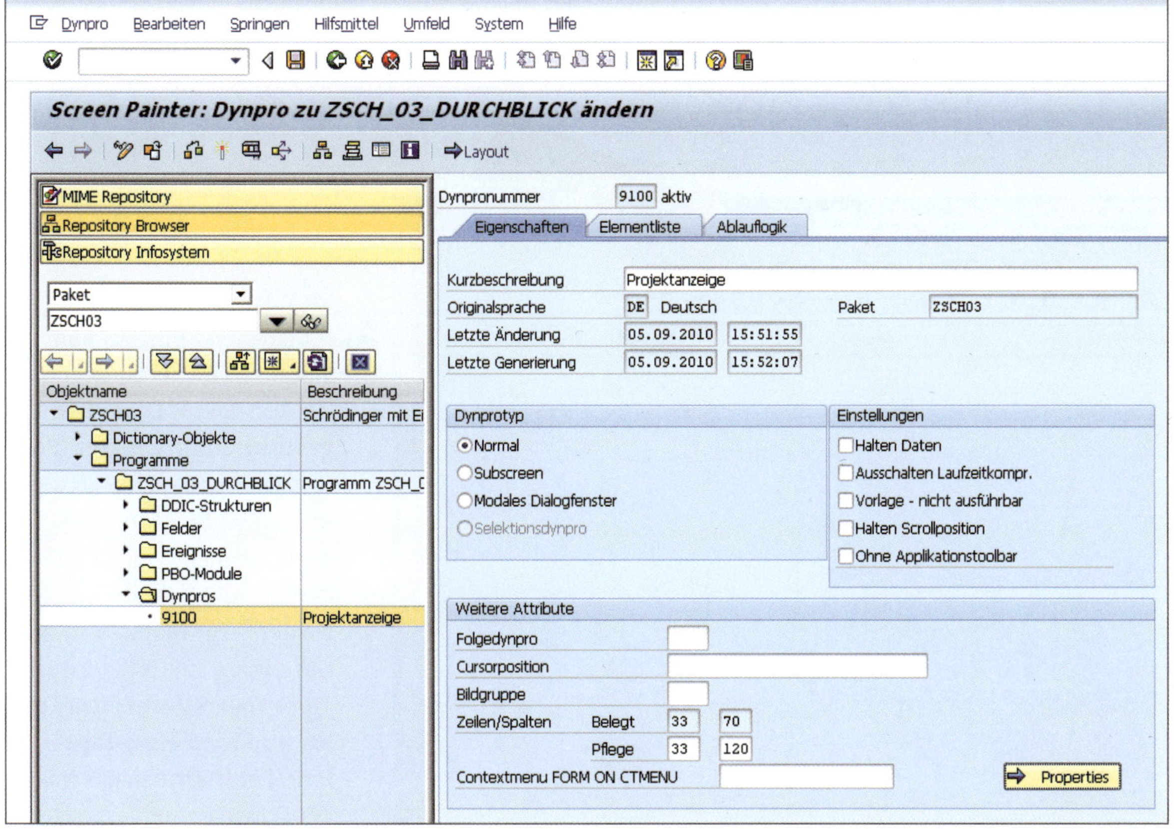

Der Screen Painter bietet alles, was zum Dynpro-Programmieren benötigt wird.

Auf dem Karteireiter **Eigenschaften** pflegst du für unser Beispiel die **Kurzbeschreibung**, die du dann in der Objektliste wiederfindest, und das **Folgedynpro**. Das steuert, wohin nach der Abarbeitung der Ablauflogik, das ist das Programm zum Dynpro, gesprungen wird. Wenn du die Nummer **9100** stehen lässt, das heißt die Nummer vom Dynpro selbst, dann kommst du dir vor wie am Kettenbrater, du bleibst auf diesem Dynpro bis zum Sankt Nimmerleinstag. Trage bitte die Nummer 0 ein, das führt dich dann automatisch zur Aufrufstelle des Dynpros zurück. Das System macht daraus ein leeres Eingabefeld. 0 = leer.

Jetzt gestalten wir das Dynpro ansprechend.

3. Unsere nächste Station ist die Gestaltung des Dynpros, das Layout. **Das Gesicht deines Programms nach außen.** Drücke bitte die Drucktaste **Layout** (Strg + F7), um in den Graphical Screen Painter zu wechseln.

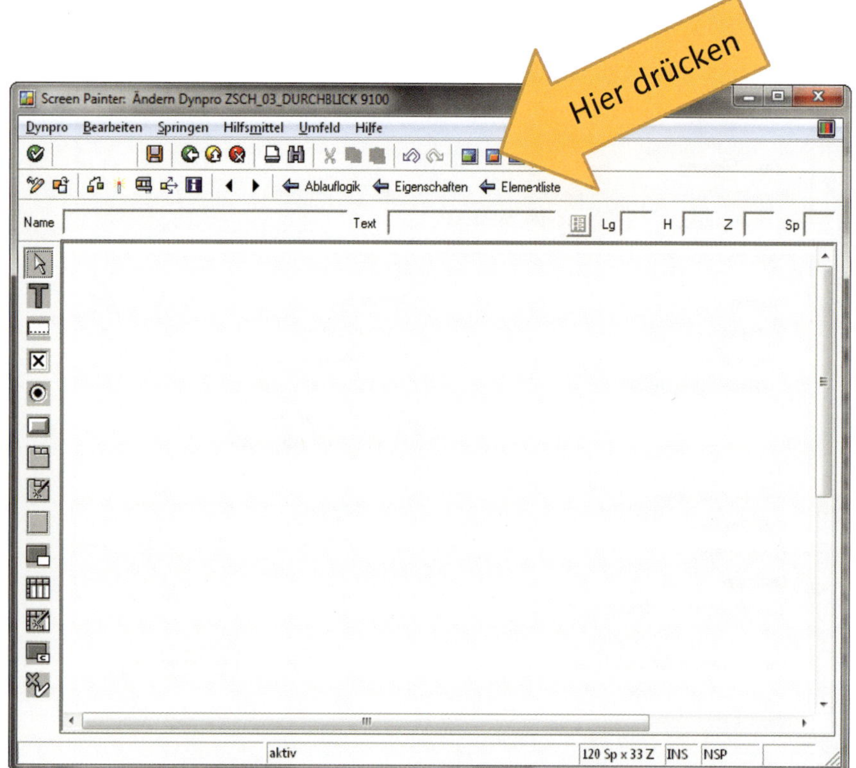

So sieht ein leeres Dynpro aus, ziemlich nackt.

4. Im Layout kannst du nun gestalten. Dazu drückst du die Drucktaste **Dict-/Programmfelder-Fenster** (F6) (das ist die rote Drucktaste in der Symbolleiste), die es dir ermöglicht, auf Definitionen im ABAP Dictionary zuzugreifen. Damit wird die Gestaltung zum Kinderspiel. Tippe im erscheinenden Dialog im Eingabefeld **Tabellen-/Feldname** den Namen der transparenten Tabelle `zsch03project` ein.

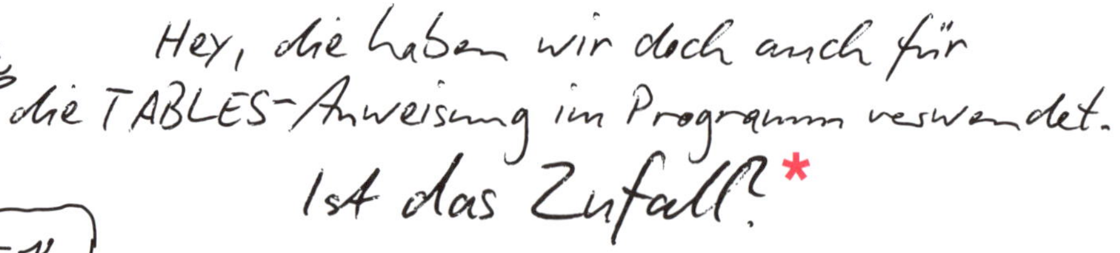

Hey, die haben wir doch auch für die TABLES-Anweisung im Programm verwendet. Ist das Zufall?*

Natürlich nicht. Wenn wir hier dieselbe Struktur verwenden, dann transportiert das System für uns automatisch die Daten vom Dynpro in das Programm und vice versa. Namensgleichheit von Feldern im Dynpro und im Programm bedeutet, dass uns Arbeit abgenommen wird. Danke, SAP!

* [Anmerkung des Autors: Da hab ich dem Schrödinger aber eine blöde Frage in den Mund gelegt!]

Tabelle **zsch03project** eingeben, die Drucktaste **Holen aus Dictionary** drücken und die gewünschten **Felder markieren**, die im Layout erscheinen sollen. Bestätigen mit dem grünen Häkchen. Fertig.

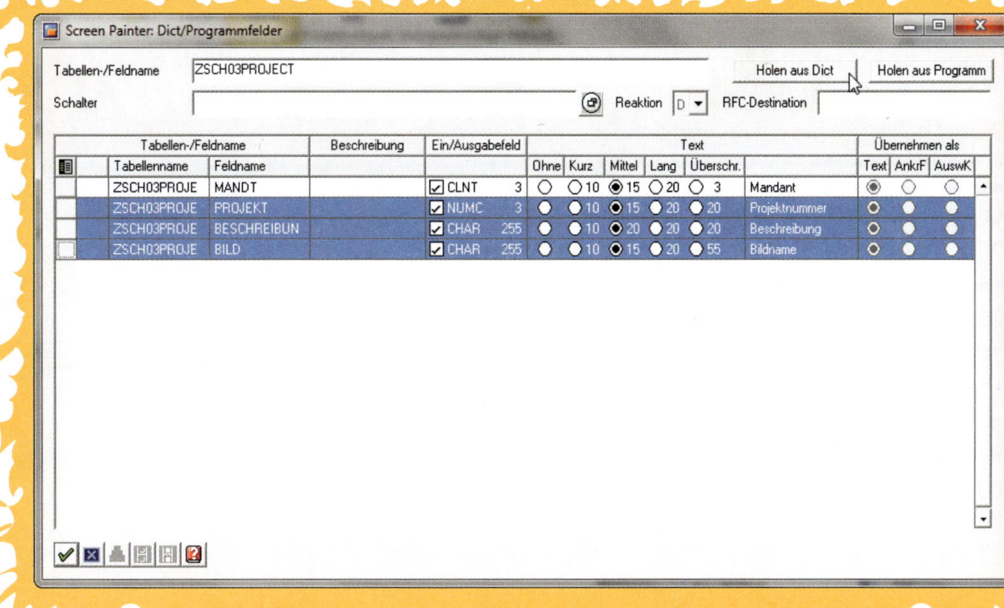

Dann die Drucktaste **Holen aus Dictionary** drücken und aus der erscheinenden Liste von Feldern die für das Layout gewünschten auswählen. Wie wirst du wohl deine Auswahl bestätigen können?

- ☐ A grüner Haken
- ☐ B blaues X
- ☐ C rotes Fragezeichen

Sobald du bestätigt hast und mit dem Cursor wieder in das Layout fährst, siehst du schon das Geisterbild der drei Felder – **Huahhhh.**

[Achtung/Vorsicht]

Es hat sich beim Buchdruck herausgestellt, dass Geisterbilder nur von Mitternacht bis 01:00 Uhr im Buch sichtbar sind, darum hat man von einem Abdruck der Geisterbilder abgesehen.

Platziere die drei Felder ganz links oben auf dem Dynpro, indem du dorthin klickst. Plumps, die Felder sind platziert, und du erhältst noch eine Warnung, die dich nicht stören sollte. Drück sie einfach weg, und denke dir: Mir egal!

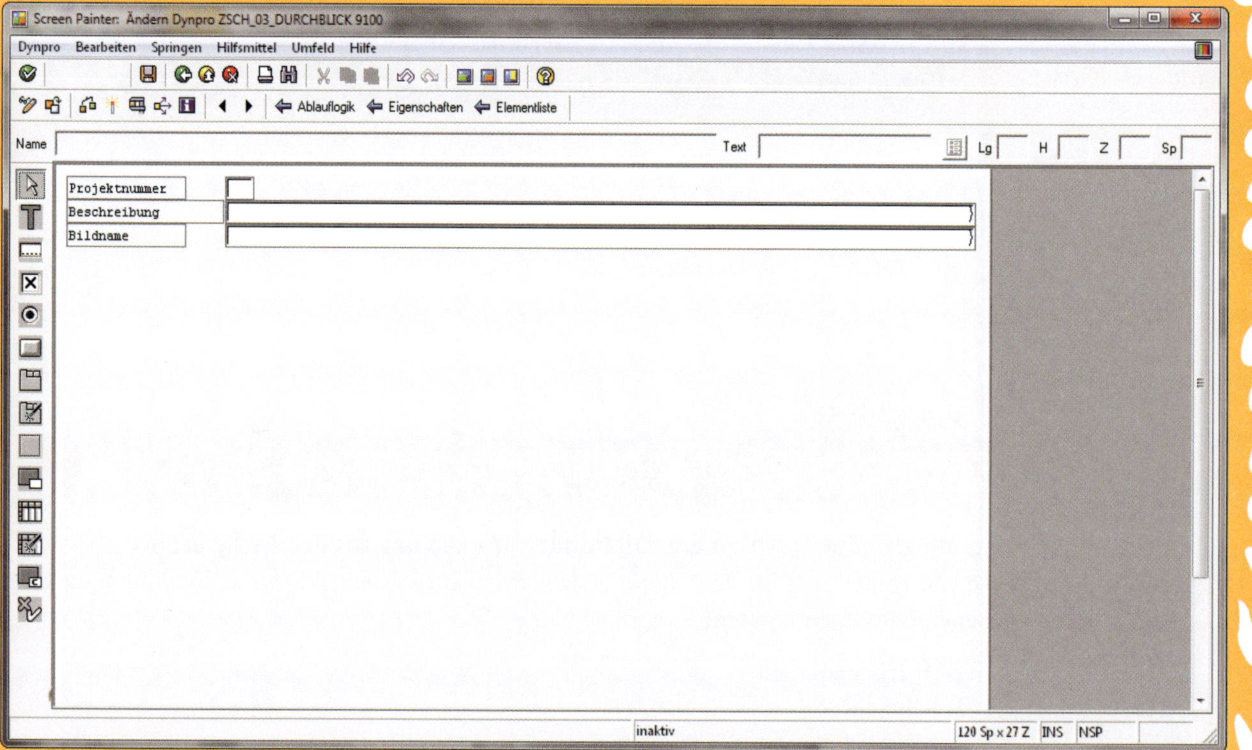

Drei Föda a gführiger Schnee juchee, des is doch mein gresde Gaude. (Übersetzung entweder bekannt aus dem Winterurlaub oder anforderbar beim Verlag.)

Spitze, da sind ja unsere Felder. Wenn du willst, kannst du noch die Länge verändern, indem du an den rechten Rand klickst und ihn links rüberziehst. Das ist aber eine **Fleißübung**.

5. Letzter Schritt in der Gestaltung: Du reservierst einen Bereich für die Darstellung des Bildes. Dazu klickst du aus der Werkzeugliste das Symbol mit dem **C** (das vorletzte) an. Das C steht jetzt nicht für Chaos, Vitamin C oder Creuzworträtsel, sondern für **Custom Control**. Also werden in diesem Bereich visuelle Controls eingeblendet. Um den Bereich nun im Layout festzulegen, markierst du die gewünschte linke obere Ecke durch einen Klick, hältst weiter die Maustaste gedrückt und ziehst zur gewünschten rechten unteren Ecke. Kann man verstehen, was ich gerade geschrieben habe?

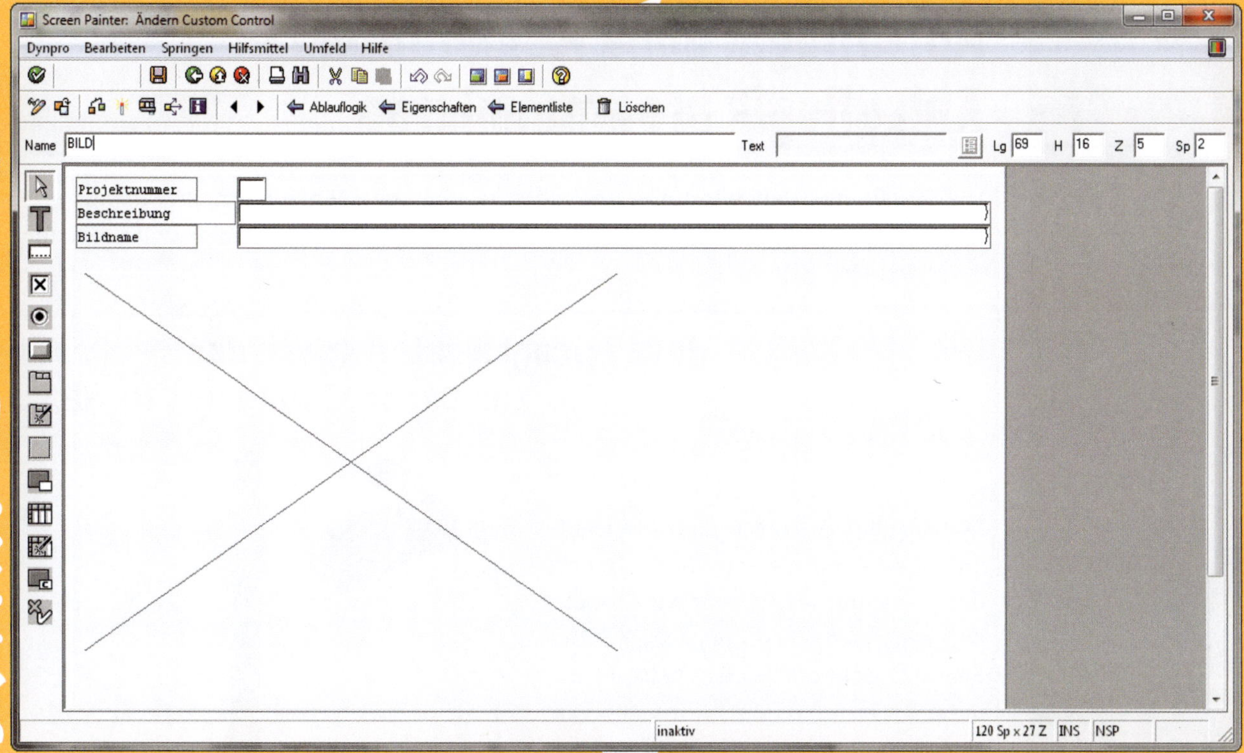

Das große X markiert den reservierten Bereich, und einen **Namen** hat der Bereich auch schon bekommen, nämlich BILD.

Du gibst dem Bereich noch den Namen **BILD** im Eingabefeld **Name** und sicherst deine Eingabe.

6. Wieder zurück mit der Zurück-Taste (grüner Pfeil) oder F3.

Ablauflogik ohne Ablaufdatum – Ablauflogik programmieren

Die Gestaltung haben wir hinter uns gebracht, und uns trennen nur mehr ein paar Schritte vom erfolgreichen Abschluss des Meisterwerks. Die Ablauflogik will programmiert werden.

Jetzt programmieren wir das Programm zur Darstellung des Bildes.

[Notiz]

Die Ablauflogik eines Dynpros besteht im Allgemeinen aus zwei Teilen. Dem Teil, der ausgeführt wird, bevor das Layout angezeigt wird. Dieser nennt sich Process Before Output oder besser bekannt unter PBO.
Nachdem der Anwender etwas im Layout getan hat, wird der zweite Block ausgeführt – Process After Input oder auch PAI. Beide Blöcke können mithilfe von Modulen programmiert werden.

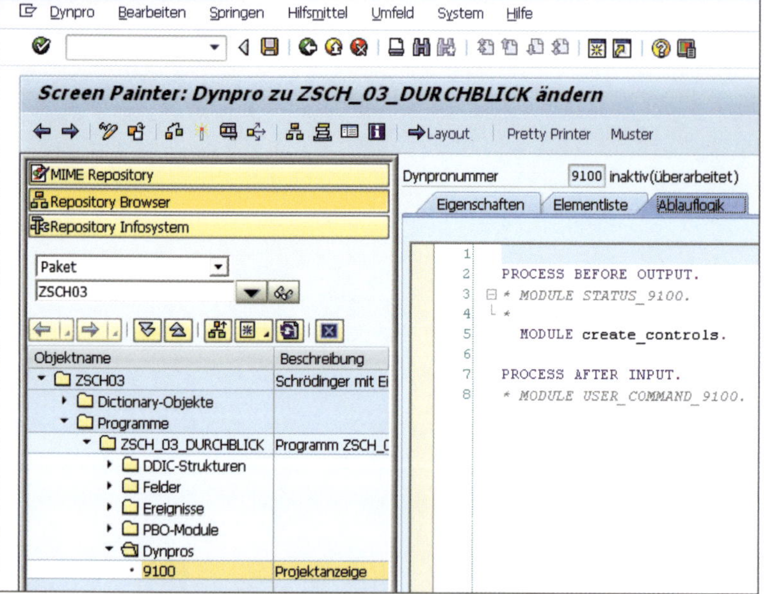

1. Wechsle bitte auf den Karteireiter **Ablauflogik** im Screen Painter.

Dein Beitrag zur Ablauflogik.

Dort siehst du zwei aktive Ereignisse, **PROCESS BEFORE OUTPUT** (PBO) und **PROCESS AFTER INPUT** (PAI). Füge die Anweisung **MODULE create_controls** zwischen PBO und PAI ein, somit wird dieses Modul zum Zeitpunkt PBO aufgerufen. Und nein, du musst mich nicht fragen, ich verrate dir sicher nicht, dass **MODULE** ein Befehl aus dem **Dynpro-ABAP-**Wortschatz ist. Das verrate ich dir erst in Kapitel 13.

Jetzt steht es drin, und nun?

2. Doppelklick auf den Modulnamen **create_controls**. Dadurch wird das Modul angelegt. Du musst im folgenden Pop-up nur **Ja** sagen.

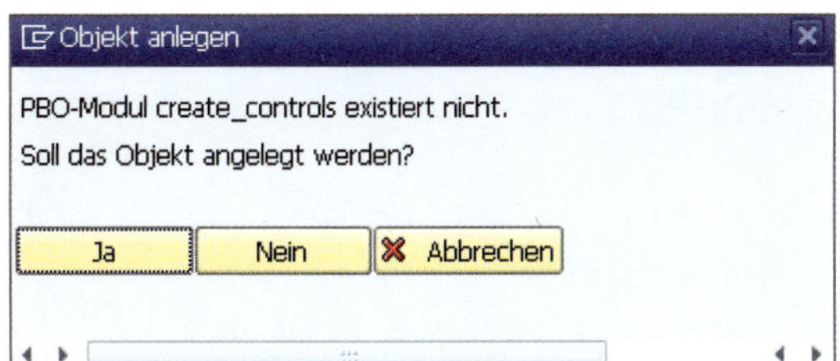

Sicher anlegen. Her damit.

3. Der nächste Dialog fragt dich, wohin das Modul gestellt werden soll.

Entschuldigung, wir hätten da so ein Modul abzuliefern. Wo sollen wir es denn hinstellen?

Wir nehmen die einfachste Möglichkeit, im **Rahmenprogramm** anlegen. Du musst nur die Zeile mit dem Rahmenprogramm auswählen und bestätigen, und schon wird dein Modul **create_controls** im Rahmenprogramm erzeugt.

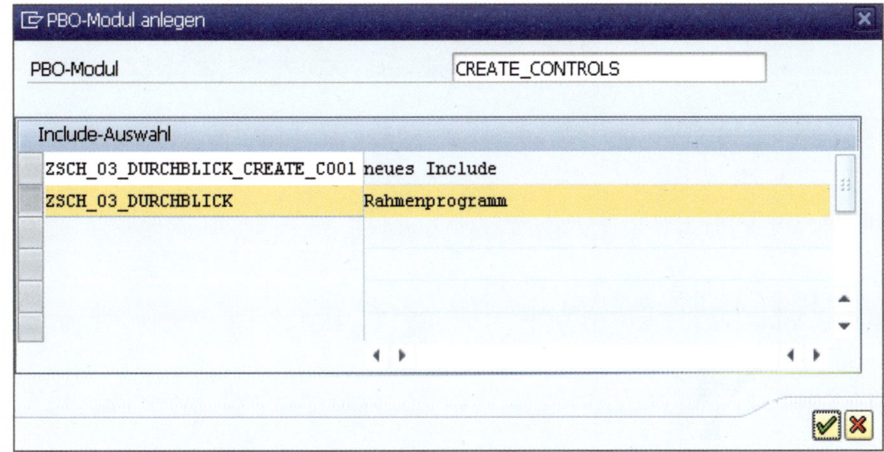

Wir nehmen das Rahmenprogramm, sonst ist so viel zu tun und zu erklären. Es ist schon ziemlich spät.

4. Im Modul baust du bitte folgende Anweisungen ein, die ich dir kurz erklären werde:

```
MODULE create_controls OUTPUT.
* Control instanziieren
  IF gr_container IS NOT BOUND.*1
* Container
    CREATE OBJECT gr_container*2
      EXPORTING
        container_name = 'BILD'.
* Bild
    CREATE OBJECT gr_picture*3
      EXPORTING
        parent = gr_container.
* Bild laden
    CALL METHOD gr_picture->load_picture_from_url*4
      EXPORTING
        url = gs_project-bild.
  ENDIF.
ENDMODULE.
```

*1 Die Darstellung des Bildes baut auf dem sogenannten **Control Framework** auf. Das ist eine Sammlung von objektorientierten Klassen, die für die GUI-Programmierung gedacht sind. Die Klassen bieten dir Funktionen an. Damit du diese nutzen kannst, musst du Objekte von den Klassen erzeugen. Ein Objekt ist wie eine Variable, nur eben mehr. (Kapitel zur OO lesen, dann lichtet sich der Schleier.) Wir verwenden zwei Objekte: eines für das **Bild** (**gr_picture**) und eines, das sich um den Rest kümmert, wie die **Verwaltung** der Darstellungsfläche (**gr_container**). Um festzustellen, ob das Container-Objekt schon erzeugt wurde, verwende ich **IF gr_container IS NOT BOUND.**, das frei übersetzt bedeutet: Gibt es den Container schon?

*2 Falls nicht, dann erzeuge ich ihn mit einer speziellen Funktion, **CREATE OBJECT**, und gebe den Namen **BILD** der **Custom Control Area** aus dem Layout mit. Damit weiß der Container, wofür er zuständig ist.

*3 Das Bildobjekt muss auch noch angelegt werden. Und es benötigt den Container für die Zusammenarbeit.

*4 Letzter Schritt: Wir sagen dem Bildobjekt (CALL METHOD), dass es ein Bild laden soll, das wir ihm mittels URL mitteilen. Die Info kommt aus der Datenbank.

Falls du es bis hierher geschafft hast, dann Hut ab. Du bist belastbar. Deine Belastbarkeit können wir gut für die nächsten Kapitel gebrauchen.

5. Sichern und aktivieren! Beim Aktivieren achte bitte darauf, dass du das Programm und das Dynpro aktivierst!

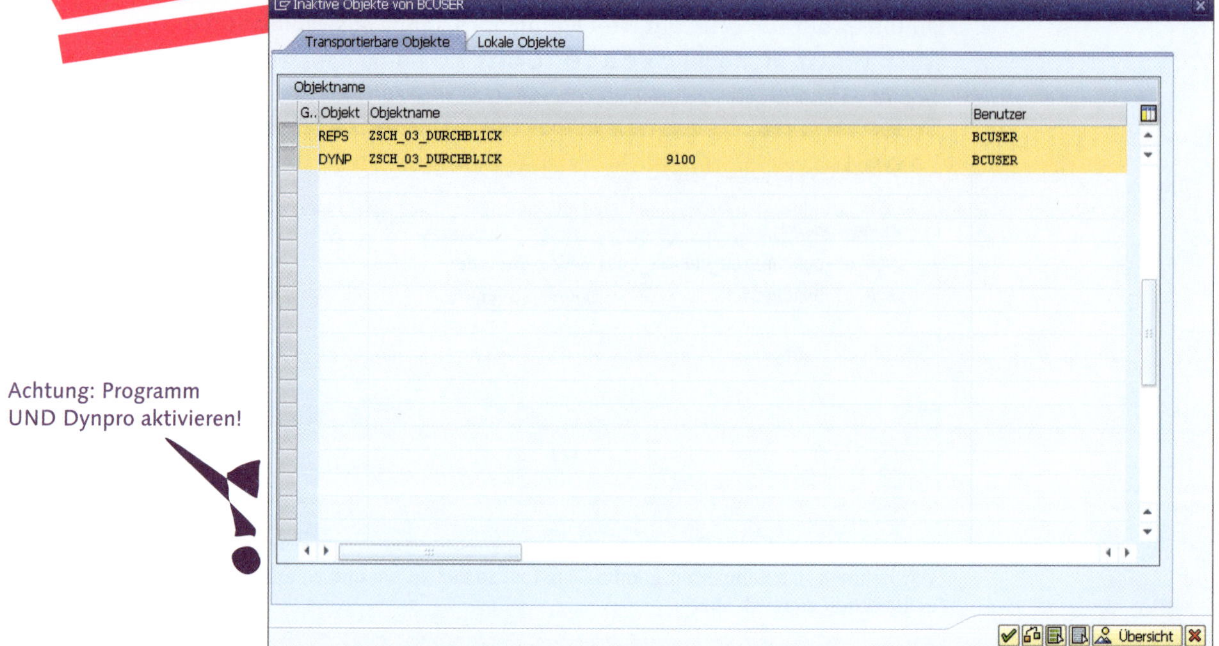

Achtung: Programm UND Dynpro aktivieren!

Tschinderassa-Tschniderassa-Tsching-Tsching-Tsching.

Trommelwirbel

Hallo du – die Taste **Direkt** (F8) – los – drücken!

Das Selektionsbild, da gebe ich mal 001 ein.

Hallo du – die Taste **Ausführen** (F8) – los – drücken!

Die Liste mit dem Tabelleneintrag.

Hallo du – **Doppelklick** – auf die Tabellenzeile – los – jetzt!

WOW, what a beauty. So ein schönes Bild. Unglaublich, was man in einer Woche so alles schafft.

Liste Bearbeiten Springen System Hilfe

Programm ZSCH_03_DURCHBLICK

Projektnummer	1
Beschreibung	DAS BAUMPROJEKT SOLLTE DIR EINEN EIN- UND DURCHBLICK VERSCHAFFEN. 1. FÄLLE DEN BAUM 2. LÖCHERE I...
Bildname	http://www.facet.at/durchblick.jpg

NSP (1) 001 was INS

[Erledigt!]

Bravo, bravo, bravo. Du hast super gut durchgehalten und wurdest auch entsprechend belohnt. Bevor du nun vor lauter Erschöpfung in Ohnmacht fällst, würde ich mit dir noch gerne eine Transaktion für dein Programm anlegen. Dann ist es rund.

Na gut, dann komme ich nochmal aus dem Sarg.

Das hast du dir verdient – nochmals das Bild zu sehen. Jetzt verbindest du wohl etwas anderes damit als am Anfang.

Ein Shortcut für den User – Transaktionscode anlegen/ausführen

Die **Transaktion** (das ist eine ziemlich verwirrende Bezeichnung für einen Shortcut) ist der wohlverdiente Abschluss der Entwicklung. Damit denken wir, so wie natürlich immer, an den **Komfort des Anwenders**, da dieser die Transaktion aufrufen wird, um in den Genuss der von uns entwickelten Funktionalität zu kommen.
Das Anlegen einer Transaktion ist wie so vieles andere auch am einfachsten über das Kontextmenü des Programms in der Objektliste zu erledigen. Der Menüpunkt **Anlegen • Transaktion** öffnet den Pflegedialog.

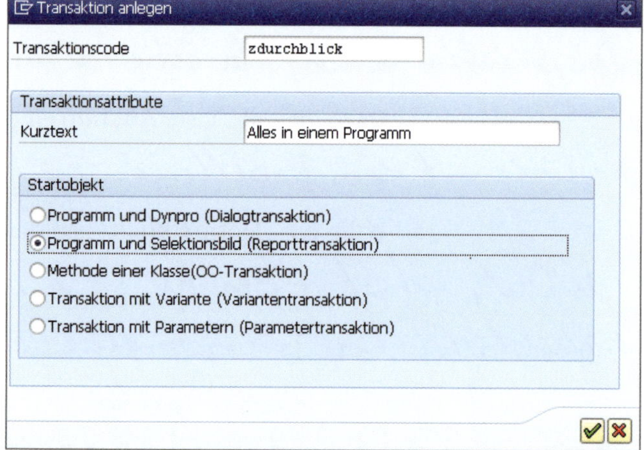

Im Feld **Transaktionscode** legst du den Namen fest, mit dem der Anwender das Programm starten kann. Als Startobjekt haben wir ein Programm mit Selektionsbild. Bitte bestätige.

Ein heikler Punkt ist sicher die Klassifikation der GUI-Fähigkeit, in unserem Fall ist **„SAP GUI für Windows"** angebracht – noch ist das Web nicht dran ;-)

Sichern, Zuordnungen zu Paket und Änderungsauftrag vornehmen, und jetzt kommt die Nagelprobe. Tippe **`/ozdurchblick`** im Transaktionscode-Feld ein. Was geschieht?

Yippieh, meine erste Transaktion. Ich bin glücklich.

[Erledigt!]

Und wieder geht ein Tag glücklich zu Ende. Gute Nacht John Boy, gute Nacht SAP.

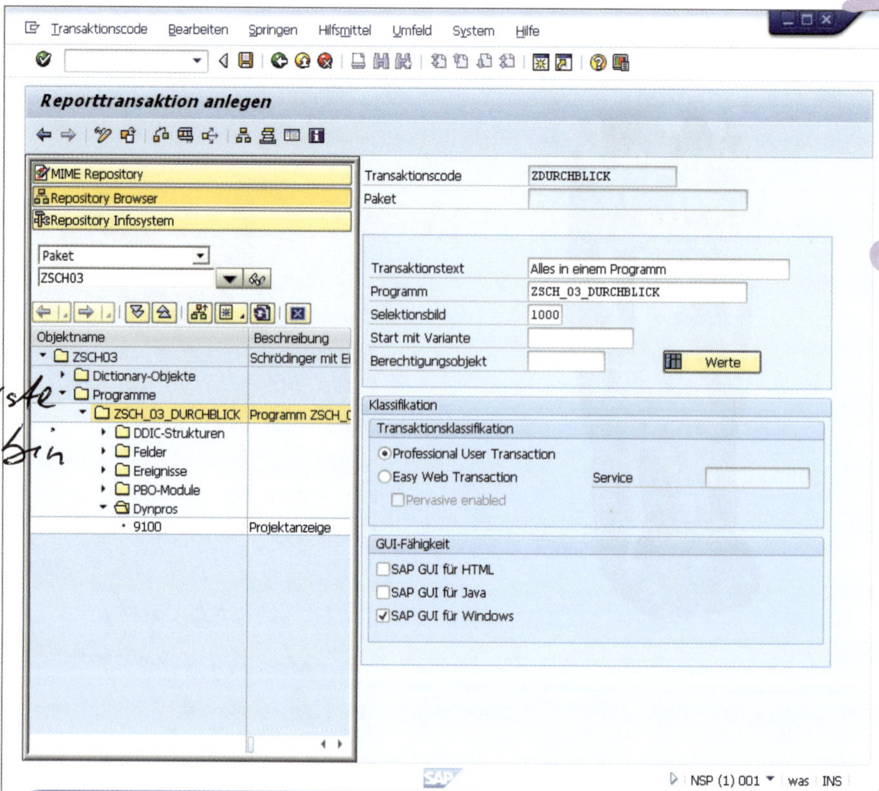

Die Details zur Transaktion. Alles selbsterklärend und abkopierend.

—VIER—

ABAP-Infrastruktur und -Werkzeuge

AAA – Alles außer ABAP

Der Schrödinger hat es schon gemerkt: Zum ABAPen reicht es nicht aus, sich die Sprache ABAP selbst reinzuziehen. Denn wo liegen die Programme, welche Programme gibt es eigentlich, womit werden sie bearbeitet? Welche Speicherbereiche werden genutzt? Wie kommen die Programme zu den Anwendern? Und ungefähr weitere 1.000 Fragen. Aber der Schwaiger Roland ist ja (noch) geduldig.

Warum?

musst du dir dieses Kapitel antun? Ganz einfach, weil ich denke, dass es gut für dich ist. Ich will nur dein Bestes!

Das Besondere an ABAP ist, dass es in einen **technischen Kontext** eingebunden ist, der mindestens **genauso wichtig** ist **wie ABAP selbst**. Da geht es um die **Werkzeuge** zur Entwicklung, um die **Organisation** der Entwicklung, um das **Drumherum** eben. Darum dauert es auch so lange, bis du zum Profi wirst, also unter einem Jahr ist mal nix zu machen.

Pfff, ein Jahr. Ich bin sicher schneller ein Profi.

Du bist natürlich schneller, das habe ich schon gesehen! Trotzdem: Um die Sprache ABAP zu können, benötigst du auch alle Infos zur Erstellung von Programmen. Du legst **Programme** in einem SAP-System an (**Object Navigator** und **Repository Browser**), die in einem speziellen Datenbankbereich (**Repository**) gespeichert werden. Und das nicht nur in Reintext (für Menschen interpretierbar), sondern auch in übersetzter Form (für Maschinen interpretierbar, auch als **Load** bezeichnet). Du bist ordentlich, und SAP ist da ganz auf deiner Seite. **Pakete** dienen dir zur Gruppierung von Programmen. Damit deine Programme auch produktiv einsetzbar sind, kannst du sie in Folgesysteme schicken, da hilft dir das **Transport- und Managementsystem**, wobei du lediglich **Änderungsaufträge** anlegen musst, um den **Transport** durchzuführen.

Das klingt aber nicht sehr spannend. Naja, wenn es sein muss ...

Die **Werkzeuge** zur Erstellung der Programme sind wiederum eine ganz andere Geschichte, da gibt es so viele, dass ich beim Nachdenken schon nicht mehr weiß, wie ich dir alles erklären soll. Auf alle Fälle ist die **Königin der Werkzeuge** die **SE80** (man könnte auch sagen der **Object Navigator**, natürlich wäre das dann der König). Von der SE80 aus kannst du alle schönen Werkzeuge aufrufen, auch zum Beispiel den **Debugger**. Den wirst du zwar nicht oft benötigen, da du keine Fehler machst, aber zur dynamischen Analyse deiner Programme ist er doch ziemlich praktisch.

Stimmt, der Debugger wird nicht wichtig für mich. Oder doch?

Wir werden sehen. Einen weiteren Faktor habe ich noch gar nicht erwähnt. Um so richtig erfolgreich im SAP-System entwickeln zu können, ist sicher auch noch das **Applikationswissen** von Vorteil. Unter **Applikationswissen** versteht man das **Fachwissen** und wie es **technisch abgebildet** wird. Also, welche **Geschäftsprozesse** gibt es, welche Funktionalitäten sind vorhanden, wo liegen die Daten, wie kann ich auf die Daten zugreifen, wer darf/darf nicht Prozesse ausführen ... Das werde ich hier **NICHT** besprechen. Dafür hat der nette Galileo Verlag Hunderte honorige Autoren, die ihr Wissen über die Applikationen darbieten. Ich konzentriere mich auf **ABAP**.

Fangen wir also mal an, uns langsam dem Rundherum zu nähern. Den Beginn macht meistens die Frage: **„Wo liegen die Programme, wo werden sie gespeichert?“**

Die Ablage der Entwicklungsobjekte – Repository

Entwicklungsobjekte, so wie Funktionsbausteine, Klassen, Tabellendefinitionen etc., müssen gespeichert werden. Du willst ja nicht immer wieder alles neu entwickeln. Dazu hat sich SAP das **Repository** einfallen lassen, das einen Teil der Datenbank in Anspruch nimmt und pro SAP-System die Daten zu den Entwicklungsobjekten aufnimmt.

Unabhängig!
Das ist die Datenbank.
mandantenabhängig
mandantenunabhängig
Das ist eine Datenbanktabelle.
Das ist auch eine Datenbanktabelle, ABER die Daten sind unabhängig vom Anmeldemandanten sichtbar.
Da liegen die Repository-Objekte.

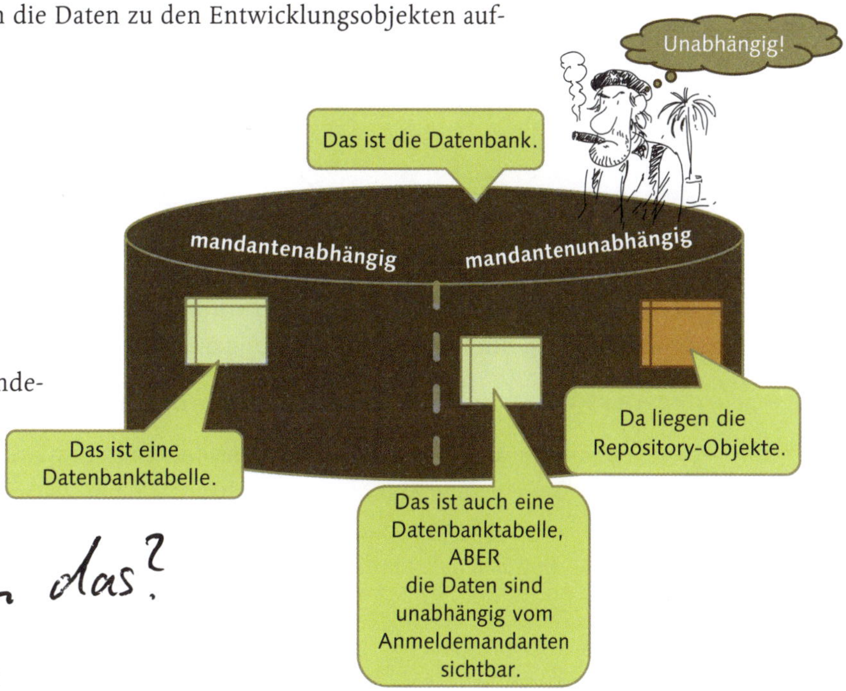

Das Repository zwickt dir einen Teil der Datenbank ab. Es liegt in einem speziellen Bereich der Datenbank, nämlich dem mandantenunabhängigen.

Das Besondere an den **Repository-Objekten** ist, dass sie in einem besonderen Bereich der Datenbank des SAP-Systems gespeichert werden, nämlich im **MANDANTEN-UNABHÄNGIGEN** Teil.

Was ist denn das?

SAP hat ein **Mandantenkonzept** im System abgebildet (Ein kleiner Blick in Kapitel 2 gefällig?). **Je nach Mandant**, an dem man sich anmeldet, sieht man **unterschiedliche Daten**, außer bei Daten, die aus Tabellen stammen, die **mandantenunabhängig** sind. Da sieht man in jedem Anmeldemandanten die gleichen Daten. **Die Repository-Objekte werden in mandantenunabhängigen Tabellen gespeichert**.

Komm her, du kleiner Mandant! Übrigens: Die englische Übersetzung für SAP-Mandant ist …?

Beispiel: Die Tabelle **REPOSRC**, in der die **Programmquelltexte** gespeichert werden, ist **mandantenunabhängig**. Hingegen ist die Tabelle **USR01** mandantenabhängig und hält die Daten der Anwender.

Sehr interessant. Und, kratzt mich das?

Das wirst du nach der folgenden Deutung erkennen: Die Repository-Objekte sind in allen Mandanten sichtbar, das heißt, du kannst keine Programme schreiben, die nur in bestimmten Mandanten sichtbar sind. Im Gegensatz zu den Anwendern, die für jeden Mandanten angelegt werden müssen.

[Aufgabe]

Folgende Frage: Ich habe ein Bild einer Datenbanktabellendefinition für dich erstellt. Sind die Inhalte mandantenabhängig oder mandantenunabhängig?

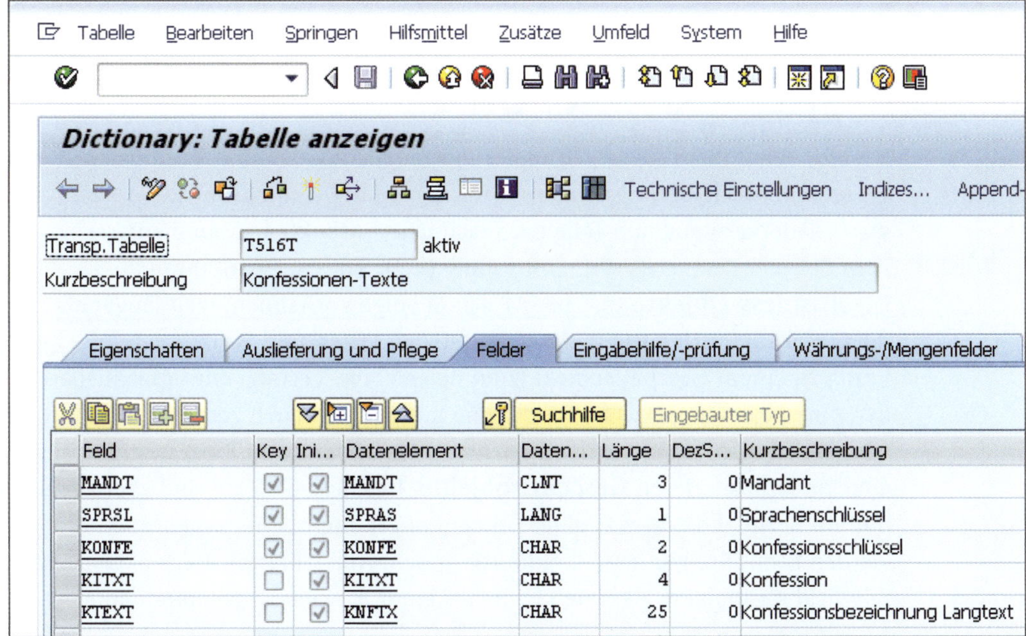

Feld	Key	Ini...	Datenelement	Daten...	Länge	DezS...	Kurzbeschreibung
MANDT	☑	☑	MANDT	CLNT	3	0	Mandant
SPRSL	☑	☑	SPRAS	LANG	1	0	Sprachenschlüssel
KONFE	☑	☑	KONFE	CHAR	2	0	Konfessionsschlüssel
KITXT	☐	☑	KITXT	CHAR	4	0	Konfession
KTEXT	☐	☑	KNFTX	CHAR	25	0	Konfessionsbezeichnung Langtext

To be dependent or not to be …

Ganz klar mandantenabhängig. Das MANDT-Feld haben wir schon in Kapitel 2 verwendet!

Wer Ordnung hält, hat kein Selbstvertrauen

Räum erst mal auf, und erklär's mir dann noch mal.

Im Repository stecken aber **nicht nur deine Objekte**, sondern auch die von **SAP**. Das Repository ist kein Wirrwarr, so wie er in meinem Büro herrscht, sondern hat eine **Ordnung**.

Im Gegensatz zum **Schwaiger-Büro** sieht es im Repository aufgeräumter aus. Das Repository ist nach **Anwendungskomponenten** in einer **Anwendungskomponentenhierarchie** (puh, langes Wort) geordnet.

[Begriffsdefinition]

Die Anwendungskomponenten, auch als Business-Komponenten bezeichnet, dienen zur Strukturierung der SAP-Funktionalität. Ihnen sind Business-Objekte zugeordnet, die betriebswirtschaftliche Daten und Funktionalitäten kapseln.

Okay, nochmal:
Die ANWENDUNGSKOMPONENTEN ...

... sind, vereinfacht gesagt, Gruppierungsmöglichkeiten, und kompliziert gesagt, ein Modellierungskonstrukt für deine Entwicklungsobjekte, so kann man wiederverwendbare Teile nach fachlichen Aspekten zusammenfassen. Zum Beispiel Financials (FI), Controlling (CO), Sales & Distribution (SD) ... Die **Business-Objekte** sind in SAP schon lange vorhanden, weit länger als die **Objektorientierung** in ABAP. Sie stellen Daten und Funktionen mit Bezug zu einem Geschäftsobjekt (zum Beispiel ein Vertrag, ein Geschäftspartner, eine Bestellung etc.) zur Verfügung und werden auch gerne im **Workflow** verwendet, also in der Schritt-für-Schritt-Abarbeitung von Prozessen. Business-Objekte repräsentieren **Geschäftsobjekte**. Business-Objekte sind aber auch nur ein Beispiel dafür, was einer Anwendungskomponente zugeordnet werden kann. Programme, Funktionsgruppen, ABAP-Klassen etc. – allgemeiner: Entwicklungsobjekte – können ebenfalls einer Anwendungskomponente zugeordnet sein.

Entwicklungsobjekte sind mandantenunabhängig und werden Paketen und diese den Anwendungskomponenten zugeordnet.

Das ist ordentlich, fein säuberlich nach Anwendungskomponenten einsortiert.

Dem **Paket** sind die **Entwicklungsobjekte** zugeordnet. Obwohl diese Zuordnung **zeitlich unbegrenzt** definiert ist, kannst du ein Entwicklungsobjekt während der Entwicklungszeit von einem Paket zu einem anderen umhängen. Das kommt aber nicht so oft vor, weil du dir ja vorher überlegt hast, in welches Paket du dein Entwicklungsobjekt legen möchtest.

Alles gut verpackt im Paket. Das Paket ist die letzte Kapselungsebene für Entwicklungsobjekte. Jedoch stehen dir drei Paket-Granularitätsebenen zur Verfügung: Das Strukturpaket (das grobgranulare) dient zur Zusammenstellung von Hauptpaketen. Ich vergleiche Strukturpakete gern mit Anwendungskomponenten. Die Hauptpakete sammeln Standardpakete. Die Standardpakete, auch als Nicht-Hauptpakete bezeichnet, sammeln die Entwicklungsobjekte. Totales Babuschka-Prinzip.

Die ANWENDUNGSKOMPONENTEN sind durch PAKETE weiter unterteilt.

Eine Anwendungskomponente mit Paketen, die aber nicht von der Post gebracht werden.

Wer suchet der findet – Suchen mit dem Repository Infosystem

Damit du im **Repository suchen** kannst, hat sich SAP das **Repository Infosystem** für dich überlegt. Mit der Transaktion **Repository Infosystem (SE84)** beginnt das Suchvergnügen.

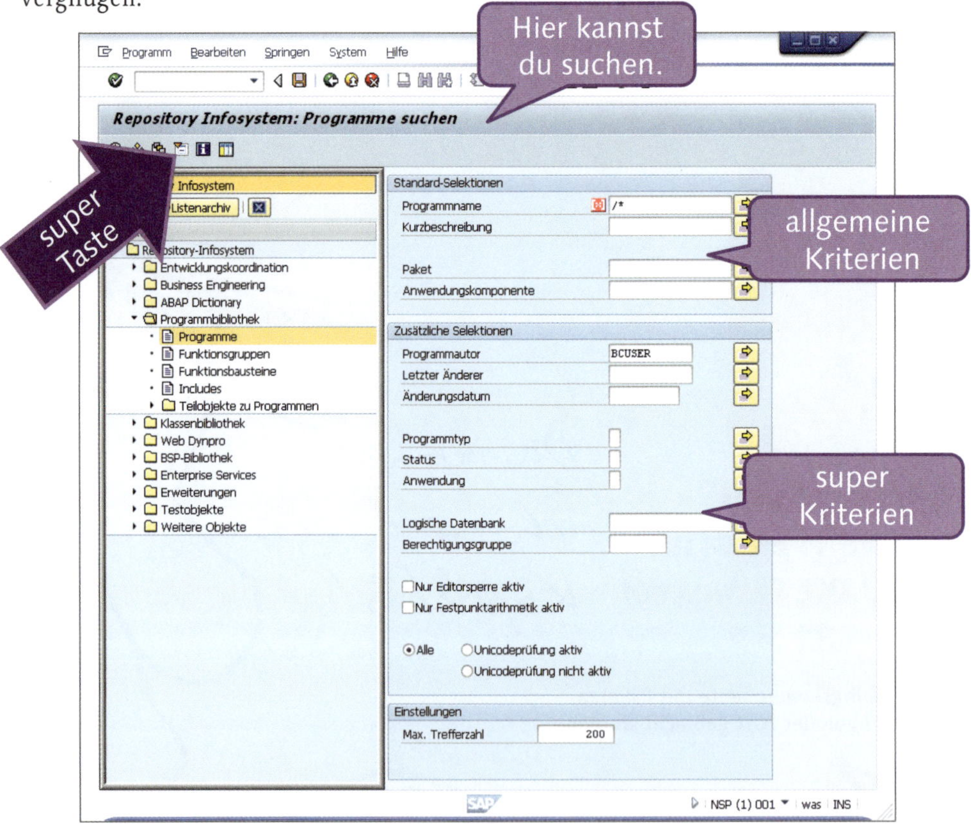

Ich sehe, ich sehe was, was du nicht siehst …

Das **Infosystem** ist schön **nach technischen Aspekten** aufgebaut. Wenn du zum Beispiel nach Programmen suchst, verwendest du die Kategorie **Programmbibliothek** und dort den Punkt **Programme**. Wenn du dann noch die **Super-Taste** (**Alle Selektionen** (Umsch + F9)) drückst, stehen dir sehr viele **feingranulare Suchmöglichkeiten** zur Verfügung, wie zum Beispiel der Programmautor oder der Zeitpunkt der letzten Änderung.

[Einfache Aufgabe]

Such doch mal nach deinen Programmen, die du entwickelt hast. Die beginnen alle mit ZSCH. Dazu trägst du deinen Benutzernamen (zum Beispiel BCUSER) im Feld **Programmautor** und die Zeichenkette ZSCH* im Feld **Programmnamen** ein. Starte die Suche mit der Drucktaste **Ausführen** (F8).Je länger die Liste, desto größer deine Spuren, die du in SAP hinterlassen hast.

Wo wir nun schon dabei sind, kann ich dir die Verwendung **einer Select-Option** zeigen. Das ist ein Wunderding. Mit der kannst du sooooo **komplexe Suchbedingungen** eingeben, dass sich dein Neocortex nochmals faltet. **Mein Wunsch ist, dass wir nur jene Programme suchen, die mit Z beginnen, aber kein _ an der zweiten Stelle haben.**

Dazu klickst du auf den Pfeil (**Mehrfachselektion**) rechts neben dem Feld **Programmnamen**. Die Karteireiter des erscheinenden Dialogs bieten dir die Möglichkeit, **Suchkriterien** (manche unter uns sagen auch **Selektionskriterien**) einzugeben. Mit **Platzhaltern** und dem ganzen Pipapo.

Ungewöhnlich ist, dass du **einschließende** (das soll im Ergebnis drinnen sein) und **ausschließende** (das soll sicher nicht dabei sein) **Bedingungen** pflegen kannst. Für meine Aufgabenstellung „**Z**" dabei, „_" nicht dabei würden wir also auf dem Karteireiter **Einzelwerte selektieren** in der ersten Zeile den Wert „**Z***" und auf dem Karteireiter **Einzelwerte ausschließen** den Wert „**Z_***" eingeben. Mit der Taste **Übernehmen** (F8) bestätigst du die Eingabe für die Suchverwendung.

[Notiz]

Die Liste der Platzhalter für die Textsuche lautet: * und +, wobei * für eine beliebige Zeichenkette und + für exakt ein Zeichen steht. Das #-Zeichen, auch als Escape- oder Fluchtsymbol bezeichnet, hat eine Sonderfunktion. Damit kannst du nach Sonderzeichen wie **!** (Ausrufezeichen), * (Stern) oder nach dem #-Zeichen selbst suchen, indem du dem gesuchten Zeichen ein # voranstellst. Beispiel: bei der Suche nach * also #*.

Rein damit und raus damit! Du kannst Einzelwerte und Intervalle in die Selektion mit aufnehmen oder von dieser ausschließen.

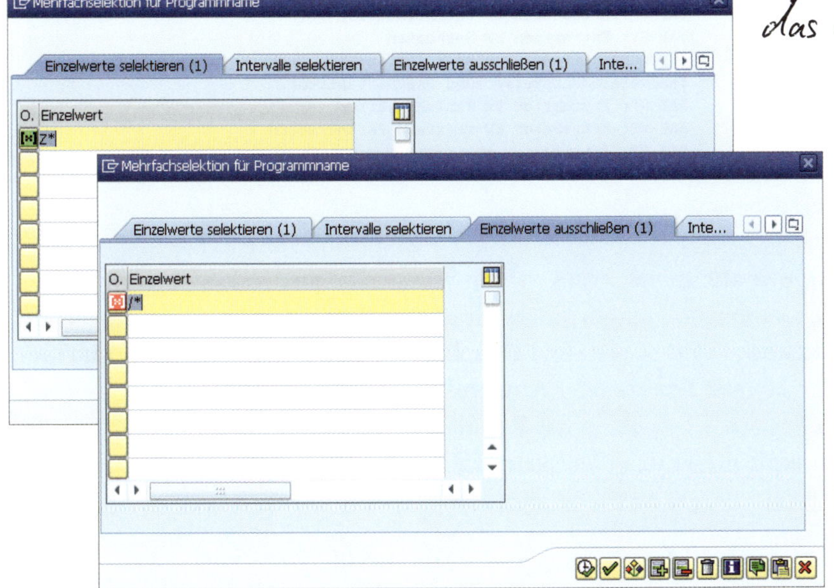

Ist SAP ein Zeichenprogramm? Jetzt ist das Kästchen beim Pfeil grün gefüllt?

Und das ist gut so, denn das System hat die Werte in die Selektionskriterien übernommen, und mit dem vollen Kästchen wird dir angezeigt, dass da mehr als ein Wert hinterlegt ist.

[Schwierige Aufgabe]

Such doch mal alle von dir erstellten Datenbanktabellen, die du im aktuellen Jahr angelegt hast.

Suche von oben – Suchen in der Anwendungshierarchie

Ein anderer Weg der Suche geht von der **Anwendungshierarchie** (**SE81**) aus. Diesen Weg wirst du gehen, wenn du innerhalb einer **Anwendungskomponente** suchen möchtest.

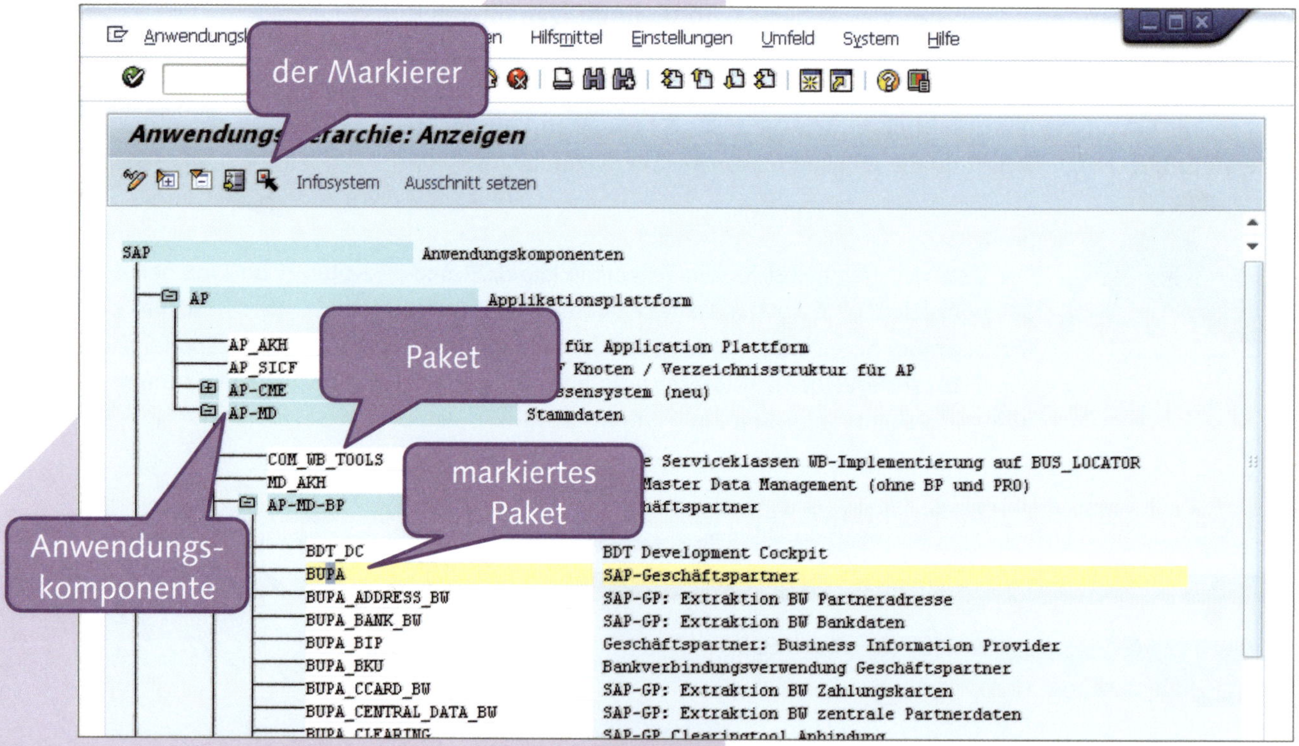

Anwendungskomponentenhierarchiesuchmöglichkeiten.

1. Suche dir deine **Anwendungskomponente**(-domäne) aus.
2. Öffne den Knoten zur Anwendungskomponente, und markiere die gewünschten Knoten, in denen gesucht werden soll, durch einfaches **Hinklicken** (Fokus setzen) und **Drücken** der Drucktaste **Teilbaum markieren +/-** (F9). Die selektierten Knoten können **Pakete** oder **Anwendungskomponenten** sein.
3. Drücke die Drucktaste **Infosystem** (Umsch + F4), um in das **Repository Infosystem** zu verzweigen. Das System mit seinem tollen Gedächtnis merkt sich die Pakete, die zur Selektion gehören, und du kannst in dieser Auswahl weitersuchen.

Ich will aber nicht suchen – ich will finden!

Suchen und Finden – Repository Infosystem

[Einfache Aufgabe]

Probiere das mal aus. Suche in der Anwendungskomponente BC, im Paket BASIS nach Datenbanktabellen, die mit SCARR beginnen.

Das war einfach: Zuerst die SE81, dann den Knoten BC öffnen und das Blatt BASIS mit F9 markieren. Dann Drucktaste Infosystem. Als Nächstes im Infosystem den Knoten ABAP Dictionary öffnen und auf Blatt Datenbanktabellen doppelklicken. Tabellenname SCARR* eingeben und – Schwups –, schon ist die Treffermenge mit einem Eintrag für SCARR da. Du Scherzkeks, da gibt es ja nur einen Treffer!

Ach so, das wusste ich nicht;-) Gut gemacht, dann noch eine Suche mit mehreren Treffern.

[Schwierige Aufgabe]

Suche nach „Professional User Transaction"-**Transkationen**, die irgendwo ABAP in der Bezeichnung haben.

Das ist schon gefinkelter. Ich fühl mich richtig gefordert. Zuerst hab ich die SE84 aufgerufen, den Knoten Weitere Objekte geöffnet (das war fies), Doppelklick auf das Blatt Transaktionen, die Super-Taste Alle Selektionen (Umsch + F9) gedrückt (das war noch fieser) und dann im Feld Transaktionscode *ABAP* eingegeben und im Block Zusätzliche Selektionen.Klassifikation. Professional User Transaction ausgewählt. Pffff.
Da kommen tatsächlich einige Ergebnisse. Spannend ist die Transaktion ABAPDOCU, die hab ich gleich ausprobiert. Lauter schöne Beispiele für die Programmierung, das gefällt mir!

Und mich freut, dass du glücklich bist. Das ist ein schöner Tag für mich.

Geschichtet, aber nicht gefaltet – ABAP-Infrastruktur

Jetzt komme ich noch zu der Frage: Wo läuft was ab?

Was ist der Unterschied zwischen dir vor einem SAP GUI und einem Anwender vor dem SAP GUI?

Ich sehe cooler aus!

Auf alle Fälle, UND du hast im Gegensatz zum Anwender den **Röntgenblick**. Dieser kann nur beurteilen, was er an der Oberfläche sieht, und weiß im Allgemeinen nicht, wie das da an der Oberfläche zustande kommt.

Mit Röntgenblick meine ich, dass du durch das GUI hindurchsiehst, das dahinterliegende Programm erkennst und bis zur Datenbank kommst. Das GUI, die Programme und die Datenbank sind wie die **Schichten** einer **Torte** organisiert.

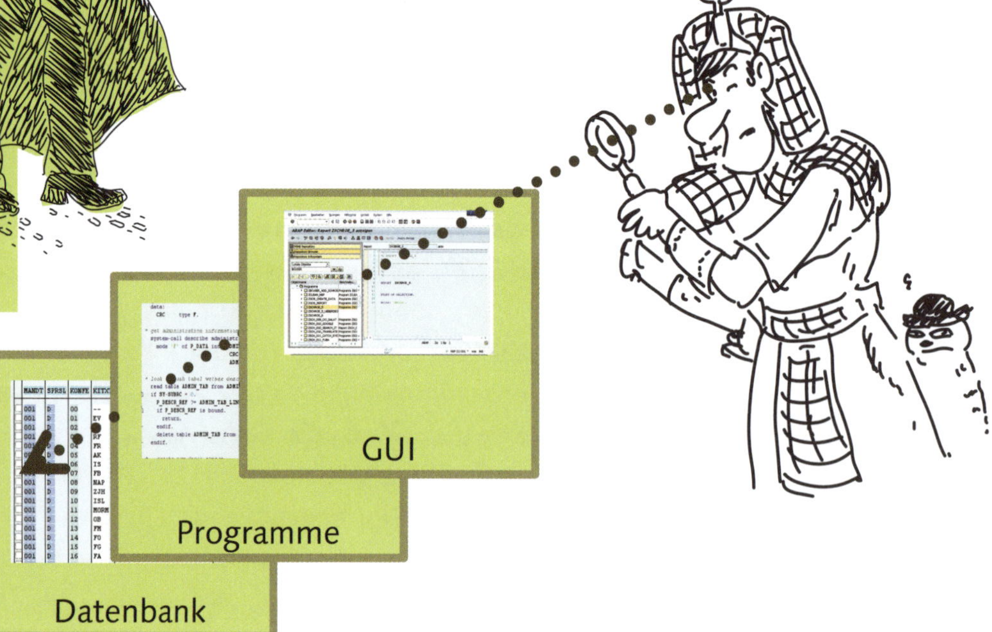

Der Röntgenblick durch die Systemschichten.

Jede Schicht trägt zur erfolgreichen Abarbeitung der Teile deines Programms bei. Ich könnte sogar so weit gehen, dass ich **Programmteile** den **Infrastrukturschichten** zuordne. Kannst du dich noch an das Programm `zsch_03_durchblick` aus Kapitel 3 erinnern? Das werde ich jetzt als Anschauungsstück verwenden.

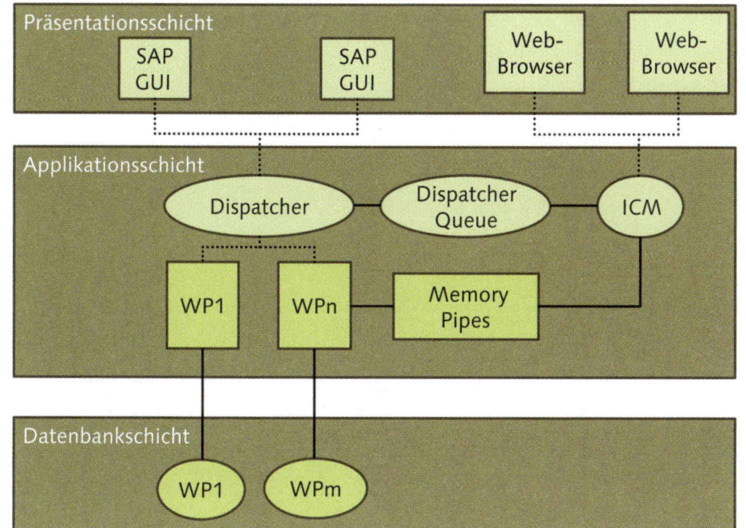

Schichten schlichten, Schichten sichten.

Auf der **Präsentationsschicht** – das ist da, wo die Anwender sitzen und in einen Bildschirm hineinschauen – können ein **SAP GUI** und/oder ein **Webbrowser** installiert sein. Dort kann der interessierte Betrachter die Eingabe und die Ausgabe der Programme beobachten.

Mhm, sehr interessantes GUI.

PARAMETERS, WRITE und CALL SCREEN beeinflussen die Darstellung auf der Präsentationsschicht.

Im Programm gibt es spezialisierte Anweisungen, die das GUI erzeugen, wie zum Beispiel **`WRITE`**, **`PARAMETERS`** oder auch **`CALL SCREEN`**.

Wo werden die Programme ausgeführt? Auf der nächsten Ebene, der **Applikationsschicht**, be-findet/n sich der/die **Applikationsserver**. Konzentrieren wir uns mal auf einen Applikationsserver. Der sogenannte **Dispatcher** (Verteiler) übernimmt die Anfrage aus der Präsentationsschicht in den Applikationsserver und reicht diese an einen

Arbeitsprozess (Work Process) oder, falls alle belegt sind, an die **Dispatcher Queue** weiter. Ab in die Warteschlange, aber bitte streng nach FIFO: First in First Out, oder frei übersetzt: **Wer zuerst kommt, mahlt zuerst**.

Der Dispatcher hat den Überblick. Eine Anfrage zum Arbeitsprozess oder in die Schlange, das sind die essenziellen Fragen in der Welt des …

```
*&---------------------------------------------------------------------*
*& Report  ZSCH_03_DURCHBLICK
*&
*&---------------------------------------------------------------------*
*&
*&
*&---------------------------------------------------------------------*

REPORT  zsch_03_durchblick.
* TABLES Struktur für Dynpro Daten
TABLES: zsch03project.
* Parameter für das Projekt
PARAMETERS: pa_proj TYPE zsch03project-projekt OBLIGATORY.
* Die Variable zum Befüllen
DATA: gs_project TYPE zsch03project.

* Controls
DATA: gr_container TYPE REF TO cl_gui_custom_container,
      gr_picture TYPE REF TO cl_gui_picture.
```

```
* Die Variable zum Befüllen
DATA: gs_project TYPE zsch03project.
```

```
* Hier springt die Laufzeitumgebung rein
```

```
* Controls
DATA: gr_container TYPE REF TO cl_gui_custom_container,
gr_picture TYPE REF TO cl_gui_picture.
```

```
* Jetzt auch mit logischer Kontrolle
  IF sy-subrc = 0.
* und auf der Liste ausgeben
    WRITE: / gs_project.
  ELSE.
* der arme Benutzer
    WRITE: / 'Och schade, nichts gefunden für Projekt = ', pa_proj.
  ENDIF.

* Hier springt die Laufzeitumgebung rein
AT LINE-SELECTION.
```

Die **Programme** laufen in den **Arbeitsprozessen**. Man könnte auch sagen, ein Arbeitsprozess ist die **Laufzeitumgebung** für das Programm. Programme erhalten Ressourcen, um zum Beispiel Daten in Variablen zu speichern.

Die Ressourcennutzung auf der Applikationsschicht.

```
*&---------------------------------------------------------------------*
*& Report  ZSCH_03_DURCHBLICK
*&
*&---------------------------------------------------------------------*
*&
*&
*&---------------------------------------------------------------------*

REPORT  zsch_03_durchblick.
* TABLES Struktur für Dynpro Daten
TABLES: zsch03project.
* Parameter für das Projekt
PARAMETERS: pa_proj TYPE zsch03project-projekt OBLIGATORY.
* Die Variable zum Befüllen
DATA: gs_project TYPE zsch03project.

* Controls
DATA: gr_container TYPE REF TO cl_gui_custom_container,
      gr_picture TYPE REF TO cl_gui_picture.
```

```
* Einzelsatz lesen
  SELECT SINGLE * FROM zsch03project INTO gs_project
   WHERE projekt = pa_proj.
```

```
START-OF-SELECTION.
* Das mächtige WRITE zaubert eine Zeile auf die Liste
  WRITE: / 'Durchblick 2.0'.
* Einzelsatz lesen
  SELECT SINGLE * FROM zsch03project INTO gs_project
    WHERE projekt = pa_proj.
* Jetzt auch mit logischer Kontrolle
  IF sy-subrc = 0.
* und auf der Liste ausgeben
    WRITE: / gs_project.
  ELSE.
* der arme Benutzer
    WRITE: / 'Och schade, nichts gefunden für Projekt = ', pa_proj.
  ENDIF.

* Hier springt die Laufzeitumgebung rein
AT LINE-SELECTION.
```

Kommunikation mit der Datenbank.

Mit der **DATA**-Anweisung nutzt du die Ressourcen, die dir durch den Arbeitsprozess zur Verfügung gestellt werden. Des Weiteren werden durch die Programmlogik natürlich die Arbeitsprozessressourcen kräftig beansprucht.

Falls Daten von der Datenbank benötigt werden, wird auf die Datenbank zugegriffen. Jedem **Arbeitsprozess** ist eine **Datenbankverbindung** fest zugeordnet. Eine feste Zuordnung von Anwendern zu Arbeitsprozessen gibt es nicht. Das hilft bei der Skalierung der Benutzeranfragen!

Eine längere Benutzersitzung kann der Reihe nach unterschiedliche Workprozesse nutzen. Diese Info wird noch bei der Besprechung der SAP-Transaktionen wichtig.

[Belohnung]

Damit du noch von Schichten träumst, könntest du dir eine ordentliche Portion Tiramisu gönnen, mit einem Espresso. Wohl bekomms!

Wohin mit dem Anwender – Speicherorganisation extern und intern

Alles wieder okay. Der Zuckerhaushalt wurde wieder optimiert. Bitte weiter im Programm.

Nachdem wir das Schichtenmodell durchhaben, kommen wir zur **Speicherorganisation** und der **Benutzersitzung**. Zu (d) einer **Benutzersitzung** wird ein sogenannter **externer Modus** (Hauptmodus) geöffnet, dem das **ABAP Memory** zugeordnet ist, in das du Daten ablegen kannst.

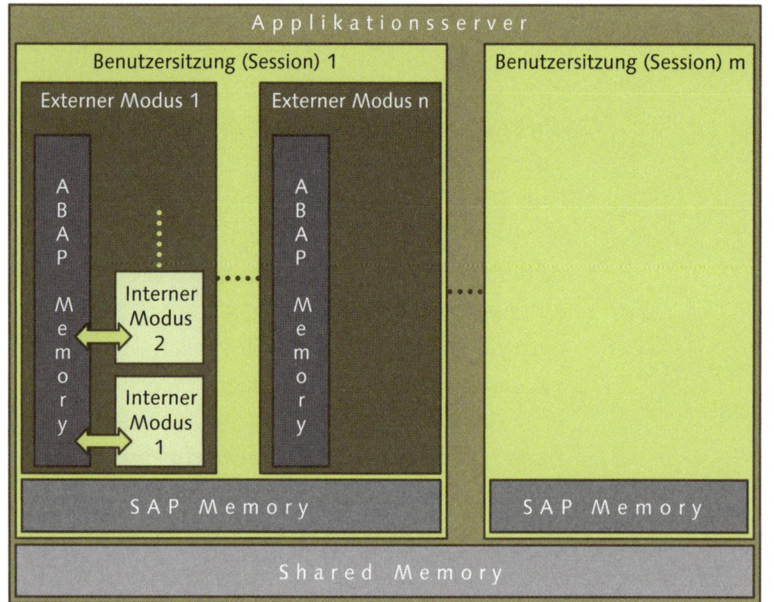

Speicherkammer. Für jeden Benutzer werden Daten zu seiner Sitzung (Session) verwaltet.

Externes Modus klingt ja, als wenn das außerhalb des SAP-Systems wäre.

[Hintergrundinfo]

Stell dir für einen externen Modus einfach ein Fenster des SAP GUI vor.

Möchtest du weitere Fenster (externe Modi) öffnen, verwendest du **/o+<Transaktionscode>** im **Transaktionscode-Feld** oder drückst die Drucktaste **Neuen Modus erzeugen** in der Drucktastenleiste. Du kannst seit Release 7.0 maximal 16 Fenster, das heißt externe Modi, öffnen. Vorher waren es maximal sechs Fenster. Aber wie immer hängt es vom **allmächtigen Systemadministrator** ab, wie viele Fenster du aufmachen kannst. Der stellt das nämlich in den sogenannten **Profilparametern** ein.

Was, 16 Fenster? Unglaublich.

Wenn du nun ein Programm aufrufst, wird im externen Modus ein **interner Modus** angelegt, in den das gerufene Programm geladen wird. Ein **interner Modus** besitzt einen **eigenen Speicherbereich**, in dem alle verwendeten **Objekte** des Programms leben.
In einem externen Modus können maximal neun interne Modi existieren. Also falls ein Programm ein anderes Programm aufruft, wird dafür ein neuer interner Modus im selben externen Modus erzeugt.
Die Programme können ihre Daten in das **ABAP Memory** ablegen und von dort Daten lesen. Auf 64-Bit-Plattformen kann ein interner Modus theoretisch bis zu 4 TB Speicher anfordern. Auf 32-Bit-Plattformen liegt die theoretische Obergrenze bei 4 GB. Wobei das System natürlich durch den physikalisch installierten Hauptspeicher beschränkt ist.

[Belohnung/Lösung]

Genug Vokabeln? Die brauchst du unbedingt, um als Großer durchzugehen. Verwende ein paar der Vokabeln bei der nächsten LAN-Party. Du wirst sofort deine Gleichgesinnten erkennen.

Werkzeugkiste – Entwicklungswerkzeuge

Du hast es gut!

Ich? Warum?

Das will ich dir sagen: Es reicht, dass du dir eine Transaktion merkst: SE80. Kein Suchen mehr, nichts, was du verlegen kannst. Die Frage: „Schatzi, hast du meinen Editor gesehen, ich kann ihn nicht finden“ kannst du aus deinem Sprachrepertoire streichen. Mit dieser wunderbaren, unglaublichen Transaktion kannst du jedes Werkzeug starten, das du für die Entwicklung benötigst! Dein Universalschlüssel zur allumfassenden Entwicklung.

Endlich selbstständig!

[Einfache Aufgabe]
Probiere es doch einfach aus. Ruf die SE80 auf, und mach dich mit ihr vertraut. Spiel einfach herum. Du kannst nichts zerstören.

Object Navigator – Der Regisseur

Der **Object Navigator** ist deine Schaltzentrale, dein Schweizermesser, für Repository-Objekte: **Anlegen**, **Ändern**, **Löschen**, **Umbenennen**, **Aktivieren**, **Kopieren**, und vieles mehr wird dir zur Verfügung gestellt.

SE80, das Füllhorn der Entwicklung.

[Achtung]

Es wird Zeit, über **Zustände** zu sprechen. Ein Entwicklungsobjekt im SAP-System hat prinzipiell drei Zustände: **neu**, **inaktiv** und **aktiv**. Das siehst du immer im Werkzeug, rechts neben dem technischen Namen des Objektes. **Neu** ist das Objekt, wenn es angelegt, aber noch nicht gespeichert ist. **Inaktiv** ist es, wenn es gespeichert ist, aber noch nicht aktiviert wurde. Und **aktiv** ist es, wenn es aktiviert wurde. Du kannst inaktive Objekte testen, andere Teilnehmer im System jedoch nicht. Die können nur aktive Objekte testen. Ein System kann somit eine inaktive und eine aktive Version besitzen. Wird die inaktive Version aktiviert, ist die inaktive futsch und nur mehr die aktive Version übrig.

Der SE80-Wunderwuzi.

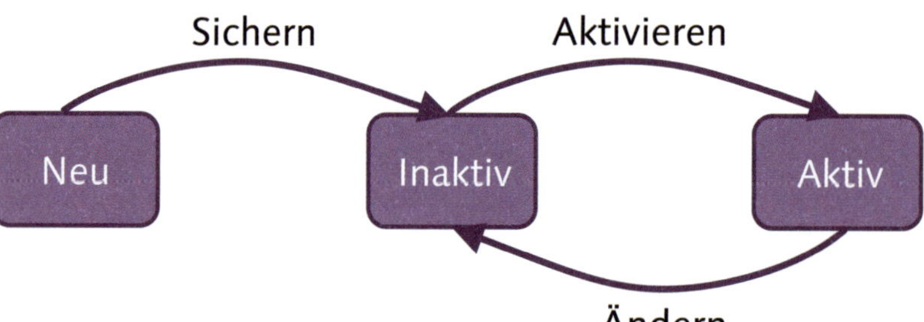

Aktiv – Inaktiv – Aktiv – Inaktiv. Klingt nach einem Double-Binding-Problem, sind aber die zwei Zustände, die ein Entwicklungsobjekt annehmen kann.

Wenn du die SE80 startest, erscheint die SE80 zunächst einmal sehr minimalistisch. Der Object Navigator ist in zwei Teile unterteilt, den **Navigationsbereich** mit der **Entwicklungsobjektliste** und den **Werkzeugbereich**.

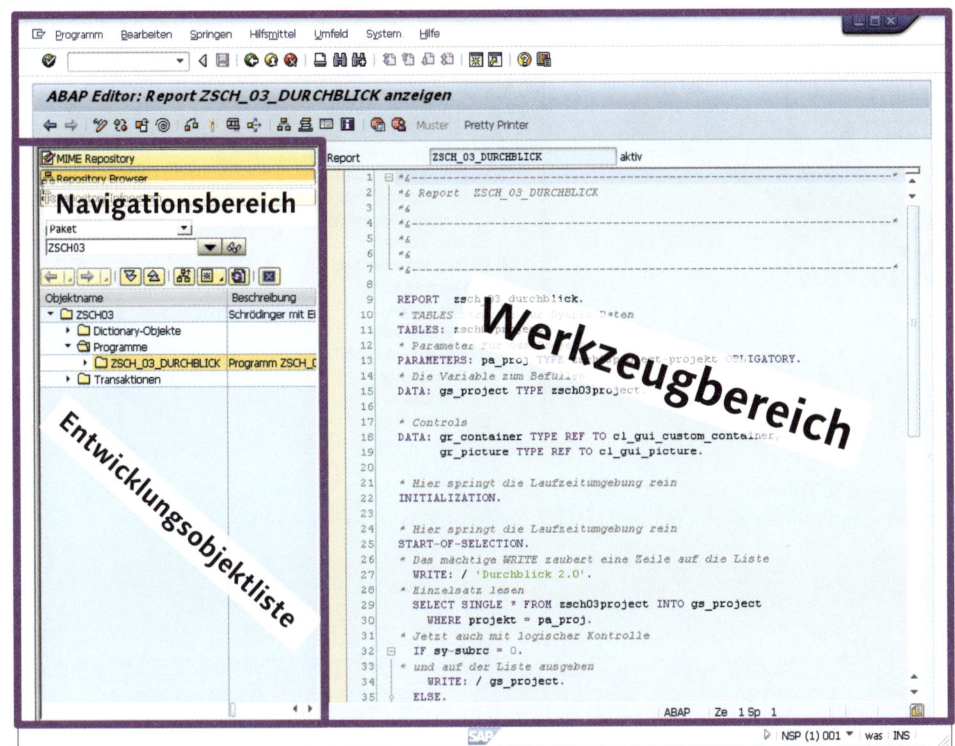

Der **Navigationsbereich** hat im oberen Bereich einige **Drucktasten** (zum Beispiel **MIME Repository**, **Repository Browser**, **Repository Infosystem**), mit denen du spezielle Browser einstellen kannst, die unterhalb der Drucktasten angezeigt werden.

Bereiche. Die Hauptregionen des Object Navigators.

Das Repository Infosystem erkenne ich wieder. Da hast du doch so fiese Aufgaben dazu gestellt.

Nur zu deinem Besten! Wenn du zum Beispiel die Repository-Objekte sehen willst (das wird in 99 % der Fälle so sein, darum ist das auch die Standardeinstellung), drückst du die Drucktaste **Repository Browser**, und schon erscheint unterhalb der Drucktasten der dir bereits bekannte Repository Browser.

Repository Browser verschwinden lassen

Da du ja auch so eine Nachteule bist wie ich, kann es schon mal vorkommen, dass du die Drucktaste **Browser schließen** (das blaue Kästchen mit dem x in der Kopfzeile des Browsers) drückst. Damit verschwindet aber auch die Drucktaste für den Browser.

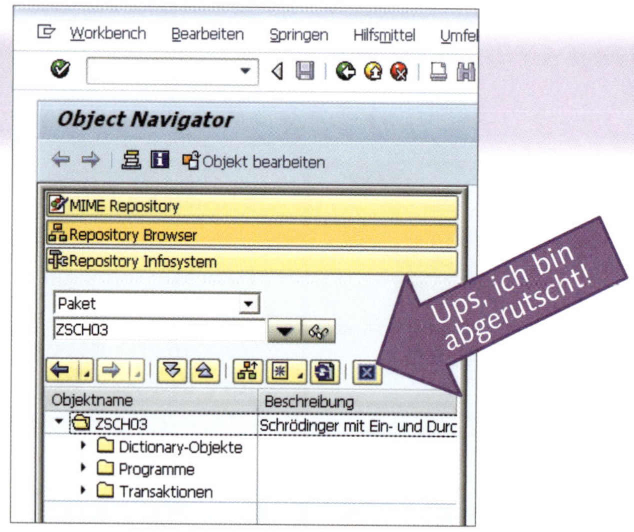

Zu lange gearbeitet? Das kann jedem mal passieren.
Den Browser zu schließen ist nur dann ein Problem, wenn man nicht weiß, wie man ihn wieder öffnen kann.

Roland, hast du meinen Repository Browser gesehen? Das ist mein wichtigstes.

Das ist mir schon öfter passiert, wenn der Kopf nach vorne überkippt und auf der Hand aufschlägt und damit den Finger nach unten auf die Maustaste drückt, und schon ist der Browser weg.

Natürlich kannst du den Browser wieder holen und zwar mithilfe des Menüeintrags **Hilfsmittel • Einstellungen**. Wenn du den Eintrag gewählt hast – probiere doch mal! –, erscheint das folgende mächtige Einstellungsfenster.

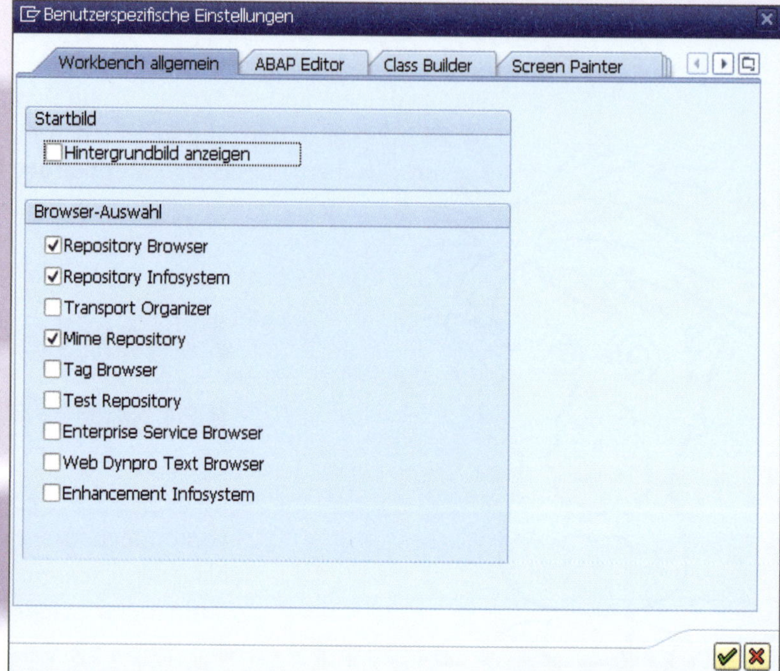

Damit holst du deine Browser wieder zurück oder schickst sie in die Dunkelheit – benutzerspezifische Einstellungen.

Auf dem Karteireiter **Workbench allgemein** kannst du deine gewünschten Browser durch Setzen der Checkbox für die Anzeige auswählen. Da ist ja der

Repository Browser!

Einfach anklicken, und schon ist er wieder im Navigationsbereich sichtbar!

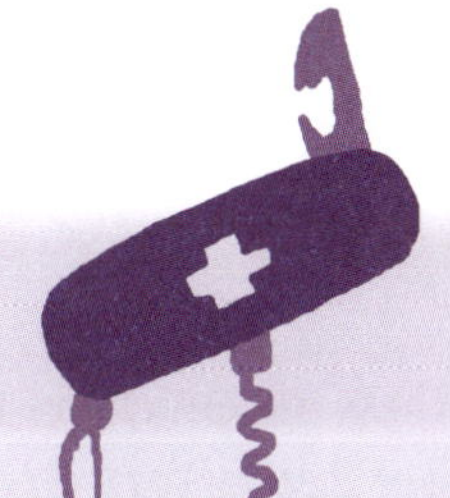

[Einfache Aufgabe]

Wir werden immer wieder mal auf die Einstellungen zu sprechen kommen. Sieh dir doch mal die ganzen Karteireiter an, und im Speziellen den Karteireiter **ABAP Editor**. Suche die Einstellung für **Groß-/Kleinkonvertierung**, und setze sie auf **Schlüsselwort groß**.

Repository Browser ausnutzen

Ich hab ihn wieder! Weiter geht's!

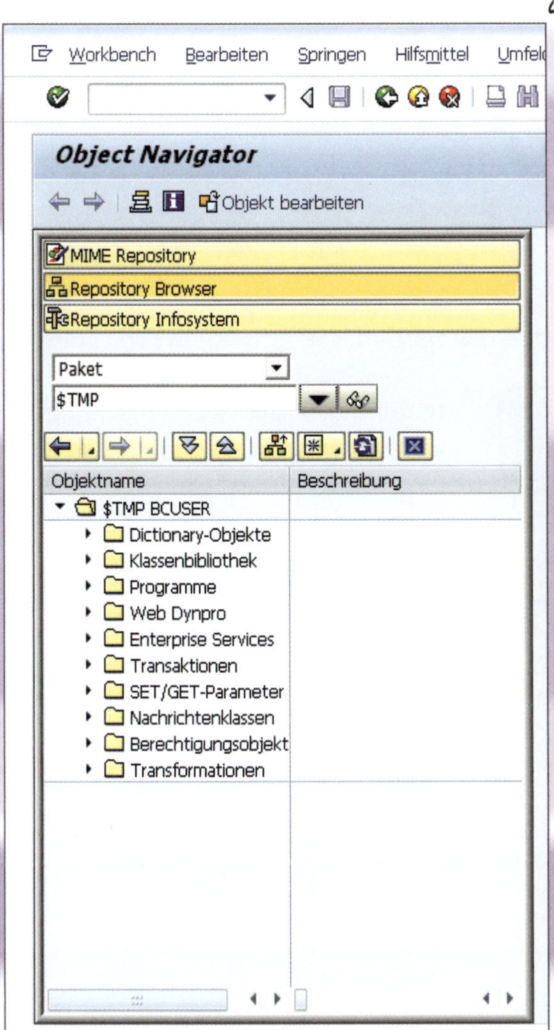

Der Repository Browser bietet dir Suchfehler und eine Liste mit Entwicklungsobjekten zu den Suchkriterien. Natürlich nur, wenn er etwas findet!

[Einfache Aufgabe]

Probier's mal aus! Suche deine lokalen Objekte im System.

*War nicht schwer, einfach in der Drop-down-Liste den Eintrag **Lokale Objekte** auswählen, dann wird schon mein Benutzername vorgeschlagen, und die Brille drücken. Hast du noch mehr Brause?*

Repository Browser browsen

Unterhalb der Druckerei befindet sich **die Browser-Sicht**. Wenn du in deinem Lieblings-Browser **Repository Browser** bist, kannst du dort den Einstieg der Suche im Repository auswählen (Objektlistenauswahl) – zum Beispiel **Paket** – und im Eingabefeld darunter den **Namen des Objektes** angeben – zum Beispiel **$TMP** – und die **Brille** (Anzeigen) oder die **Enter**-Taste drücken oder mit dem **Dreieckerl** suchen. Wenn ich dir alles verständlich erklärt habe und du gesucht hast, dann sollte dir das System eine Liste der zugehörigen Objekte anzeigen.

[Hintergrundinfo]

Das Paket **$TMP** ist dafür gedacht, sogenannte lokale Objekte zu sammeln. Das sind Objekte, die nicht in Folgesysteme zu transportieren sind. Ich verwende das Paket für Testprogramme, in denen ich etwas ausprobieren möchte.

Spielwiese

Die **Darstellung der Entwicklungsobjekte** ist hierarchisch und richtet sich einerseits nach der Zuordnung zu den Paketen und innerhalb eines Pakets nach **Entwicklungsobjektkategorien**. Die Auswahl, welche Entwicklungsobjekte darzustellen sind, wird durch die Objektlistenauswahl und die Angabe eines Namens passend zum selektierten Objekt durchgeführt.

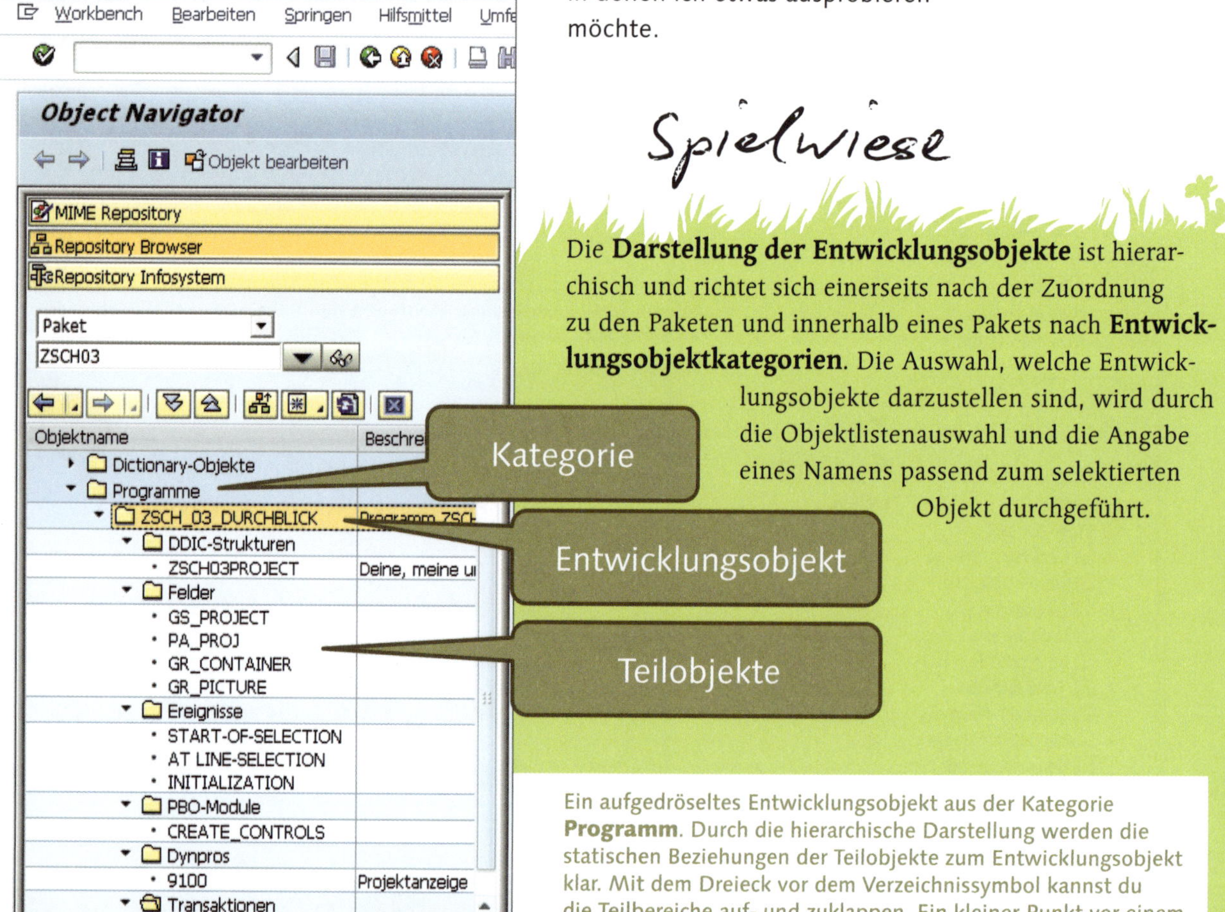

Ein aufgedröseltes Entwicklungsobjekt aus der Kategorie **Programm**. Durch die hierarchische Darstellung werden die statischen Beziehungen der Teilobjekte zum Entwicklungsobjekt klar. Mit dem Dreieck vor dem Verzeichnissymbol kannst du die Teilbereiche auf- und zuklappen. Ein kleiner Punkt vor einem Eintrag zeigt dir, dass dort nichts mehr auf- oder zuzuklappen ist.

Die Operationen, die für ein Entwicklungsobjekt und den Teilobjekten in der Objektliste zur Verfügung stehen, kannst du einfach über das **Kontextmenü** (rechte Maustaste) aufrufen.

[Einfache Aufgabe]

In der Drucktastenleiste gibt es auch einen Button, der Operationen anbietet, versuche mal, ihn zu finden.

Gefunden! Die Drucktaste Anderes Objekt (Umsch + F5).

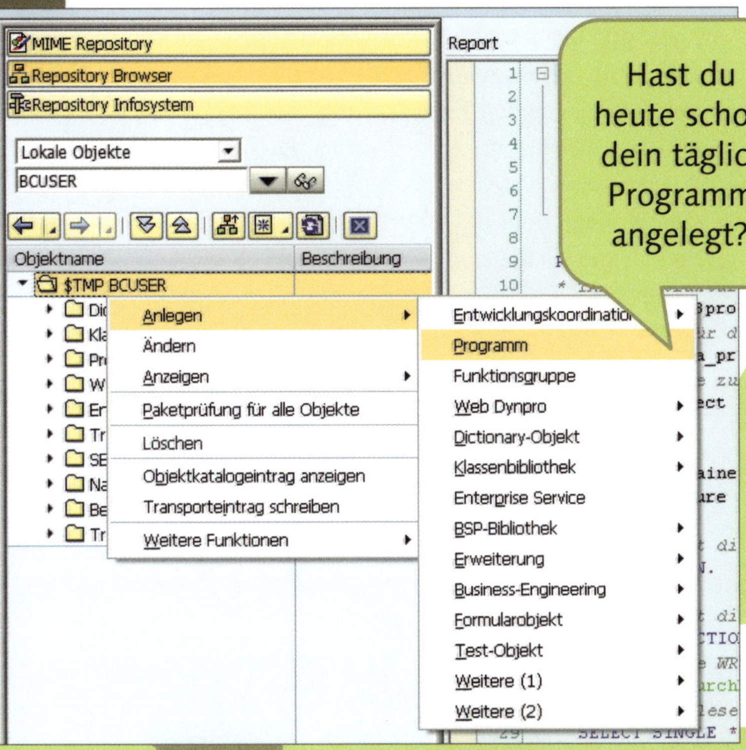

[Ablage]

Falls dir die **Breite der Anzeige** im **Navigationsbereich** nicht ausreichend oder zu groß ist, kannst du die Breite durch das **Verschieben** der **Grenze des Navigationsbereiches** verändern.

Leg! Jetzt! An!
(mit scharfem Unterton, wie aus der Werbung bekannt)

[Einfache Aufgabe]

Rahmen mit linker Maustaste anklicken, halten und nach links oder rechts verschieben.
Schieb zehnmal schnell hin und her.
Der Rekord liegt bei 5 Sekunden, 31 Hundertstel.

Die Spaltenbreiten in der Objektliste kannst du ebenfalls einfach verändern: am Spaltenrand **click – move – leave.** Übrigens kannst du den **Navigationsbereich** komplett **ausblenden**. Dafür gibt es wieder eine Drucktaste in der Drucktastenleiste (**Vollbild ein/aus** (Umsch + F12)).

Welche war das nur, hmmm? Und wie kann man den Navigationsbereich wieder einblenden?

Jetzt kommt der eigentlich wichtige, essenzielle und alles verändernde **höchst informative Kernabschnitt** dieses Kapitels. Willst du vorher noch eine theatralische Pause einlegen?

Niemals!

Also gut. Bitte jedes Wort einzeln lesen, und kein Speedreading.

Wenn du **doppelt auf ein Objekt** klickst, werden die Details zum Objekt rechts vom Navigationsbereich, im **Werkzeugbereich**, mit dem passenden **Entwicklungswerkzeug** dargestellt. Also zum Beispiel für ein Programm der Programmtext. Im Werkzeugbereich stehen die Funktionen für das Objekt über das Kontextmenü oder die **Oberfläche** (Menüleiste, Symbolleiste, Drucktastenleiste) zur Verfügung.

Das war's?

[Ablage]

Ja, das war's. Mit dem Doppelklick – du wirst auch **Vorwärtsnavigation** dafür hören – kannst du von jedem Objekt in der Objektliste zum passenden Werkzeug springen, ohne zu wissen, welches Objekt du tatsächlich benötigst. Einfach genial!

[Einfache Aufgabe]

Probiere den Doppelklick bitte aus. Für das Programm. Für ein Feld. Für eine DDIC-Struktur. Für ein Dynpro. Du wirst immer woanders landen.

Sowohl für den Navigationsbereich als auch für den Werkzeugbereich stehen **Navigationspfeile** (die blauen) zur Verfügung. Damit kannst du wie in einem Webbrowser in der **Navigationshistorie** vor- und zurückwandern.

[Achtung]

Aber Achtung: Die Pfeile in der Drucktastenleiste betreffen das Werkzeug, und die Pfeile im Repository Browser betreffen die Objektlisten. Das sind zwei unterschiedliche Dinge!

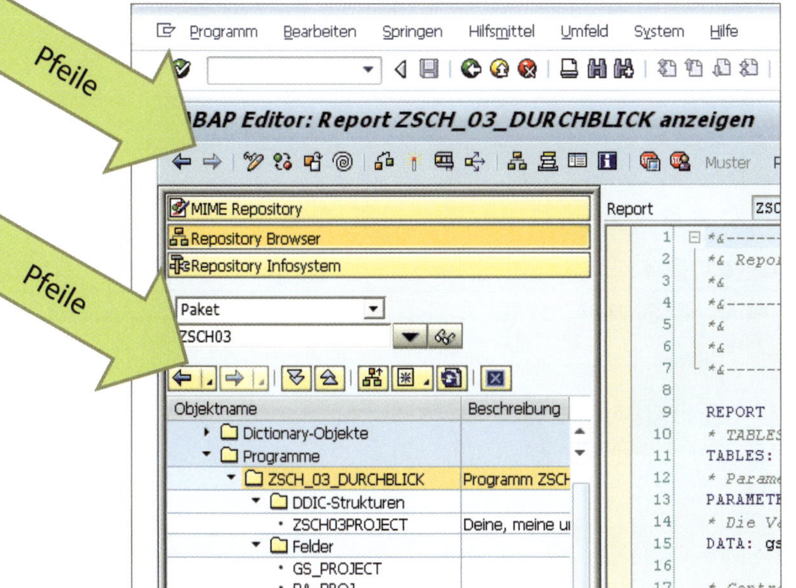

Historische Navigation für das Werkzeug und die Objektliste. Unabhängige Navigation inklusive!

Synchron oder aus dem Tritt – Objekt-Browser-Synchronisation

Durch diese unabhängige Navigation kann es natürlich vorkommen, dass der **Inhalt des Navigationsbereichs** und der **Inhalt des Werkzeugbereichs** nicht zusammenpassen.

RECHTS NAVIGATION TITEL OBJEKT DOPPEL KLICK LINKS

[Achtung]

Aufpassen. Hier kann es schon mal vorkommen, dass du nur in die Objektliste schaust, der Annahme bist, dass du ein bestimmtes Objekt bearbeitest und sich nach geraumer Zeit herausstellt – weil du den Titel im Werkzeugbereich nicht kontrolliert hast –, dass du ungewollt ein anderes Objekt bearbeitet hast!

Passiert mir nie. Ich kann doch lesen!

Offensichtlich, und wir werden sehen!

Glücklicherweise kannst du den Werkzeugbereich und die Objektliste synchronisieren.

Du hast zwei Richtungen, um eine **Synchronisation** durchzuführen, entweder du klickst auf ein Objekt aus der Objektliste (**Links-nach-rechts-Synchronisation**), oder du drückst die Drucktaste **Objektliste Anzeigen** (Strg + Umsch + F5) und machst darüber die **Rechts-nach-links-Synchronisation**. Schon sind die zwei Bereiche wieder in harmonischem Einklang.

Eines vorweg, bevor wir uns die üblichen Verdächtigen der Entwicklungswerkzeuge ansehen.

Die Gemeinschaft der vier Tasten.

Im Werkzeugbereich sind vier Tasten in der Drucktastenleiste von zentraler Bedeutung: die **Anzeigen ↔ Ändern**-Taste (Strg + F1), die **Prüfen**-Taste (Strg + F2), die **Aktivieren**-Taste (Strg + F3) und die **Testen/Ausführen**-Taste (F8).

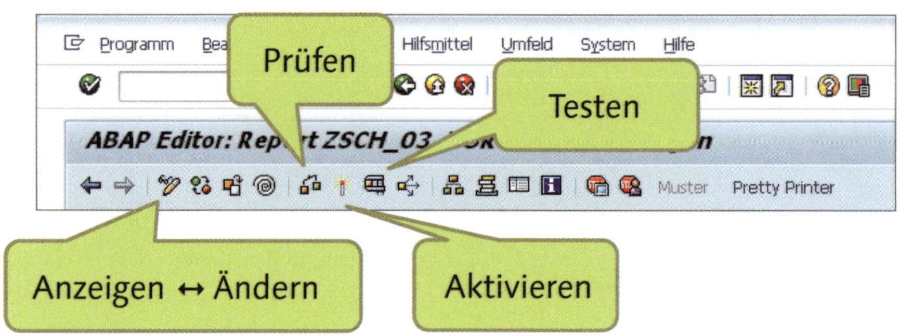

Mit der Anzeigen <-> Ändern-Taste kannst du den Bearbeitungsmodus ändern. Mit Prüfen wird die syntaktische Korrektheit geprüft. Mit Aktivieren änderst du den Zustand des Objektes von inaktiv auf aktiv. Und mit Testen kannst du das angezeigte Objekt ausführen und ausprobieren.

Und zum Schluss noch ein Anwendungsszenario: Die **Anlage eines neuen Objektes** erfolgt entweder über die **Vorwärtsnavigation** aus dem Navigationsbereich heraus (Namen eingeben und mit der **Enter**-Taste bestätigen, den Rest erledigt das System) oder über die Drucktaste **Anderes Objekt** (Umsch + F5) in der Drucktastenleiste, da musst du mehr nachdenken.

Für die unterschiedlichsten Entwicklungsobjektkategorien stehen Karteireiter zur Verfügung, die dir auch ermöglichen, Teilobjekte zu bearbeiten. Wenn du zum Beispiel ein Programm anlegen möchtest, gibst du den Namen des Programms im Feld (bitte ausfüllen) .... ein und drückst danach die Anlegen-Taste (F5). Das ist die Drucktaste mit dem weißen Blatt. Das Symbol kannst du dir auch merken, da es sehr oft vorkommt.

UND NUN MEINE DAMEN UND HERREN

einige wunderbare Entwicklungswerkzeug-Exemplare, die wir Ihnen vorstellen möchten!

WELCOME to the SAP Beauty Contest!

ABAP Editor – Die Schreibmaschine

Das wird wohl dein bester Freund werden, der **ABAP Editor**. Falls mal jemand **SE38** zu ihm sagt, hat der sich als jemand geoutet, der seit mindestens 100 Jahren mit dem SAP-System programmiert.

[Hintergrundinfo]
Wenn wir schon vom ABAP Editor sprechen, müssen wir auch erwähnen, dass SAP kürzlich das Entwicklungswerkzeug „ABAP in Eclipse“ vorgestellt hat (Wann schreibe ich diesen Text?). Damit kannst du in Eclipse ABAP-Programme entwickeln.

Der Editor kommt je nach SAP-Release in unterschiedlichen/mehreren Versionen daher. Du kannst ganz einfach feststellen, woran du bist: **Hilfsmittel • Einstellungen • ABAP Editor**.

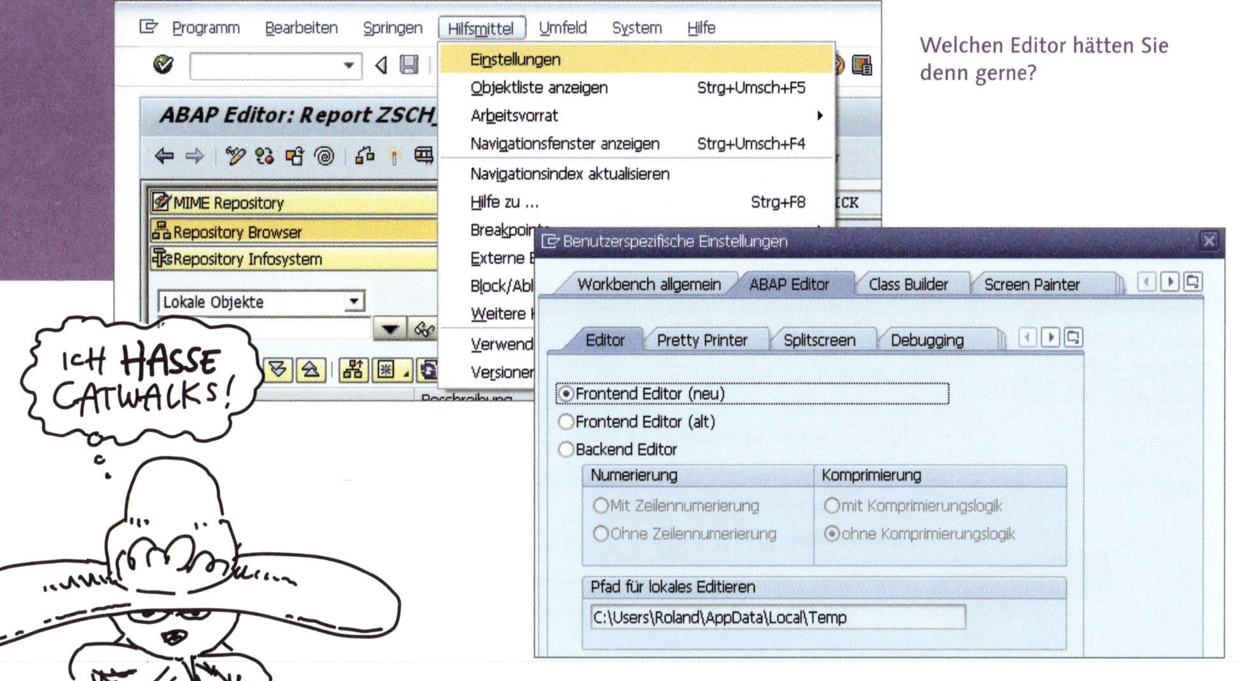

Welchen Editor hätten Sie denn gerne?

Natürlich verwenden wir den **Frontend Editor (neu)**, der kann naturgemäß am meisten, übrigens ab SAP NetWeaver 7.0. Außerdem ist er schön bunt.

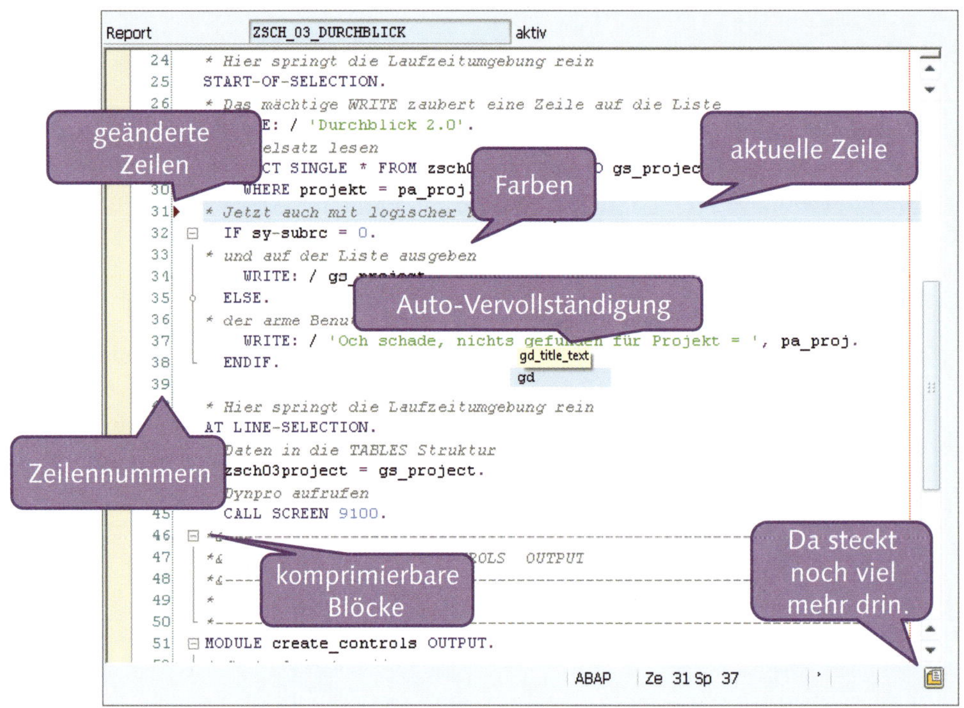

Eine Auswahl der schärfsten Features.

Du kannst Farben definieren, Schriftarten einstellen, Blöcke komprimieren/expandieren, die Zeilennummern ablesen, auf die Vervollständigung hoffen (wenn dir etwas vom System vorgeschlagen wird, drücke die **Tab**-Taste, um die Vervollständigung durchzuführen) und eigene Einstellungen vornehmen. Dazu musst du den Button rechts unten im Editor anklicken, dann erscheint das **Einstellungsfenster**.

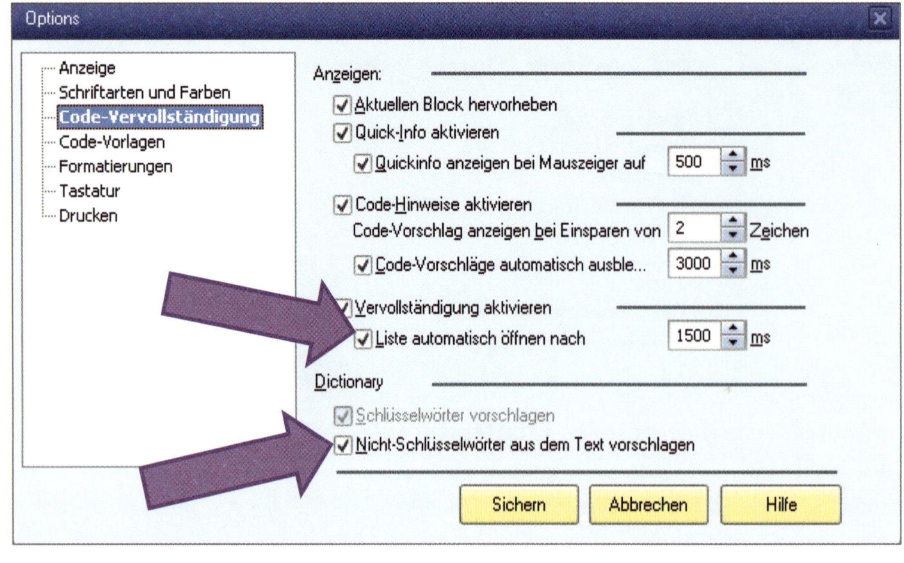

Vervollständige dich.

Das **Einstellungsfenster** bietet dir ziemlich viele Einstellungen, wie du sehen kannst. Für den Moment sind die beiden Checkboxen **Liste automatisch öffnen nach** und **Nicht-Schlüsselwörter aus dem Text vorschlagen** aus meiner Sicht die wichtigsten, um die Verwendung der Vervollständigung optimal nutzen zu können. Also setzen! Nicht dich, die Checkboxen!

Gesetzt! Im Einstellungsfenster sehe ich aber schon noch ein paar nette Features. Zum Beispiel Code-Vorlagen.

Das stimmt, die kannst du sogar selbst erstellen. Aber das ist eine andere Geschichte. Wichtiger für die Arbeit mit dem Editor sind die **Funktionen**, die dafür zur Verfügung stehen und auf der Oberfläche angeboten werden.

Aktivieren
Sichern
Testen
Editieren/ Anzeigen
Syntax-check

Funktionen über Funktionen.

Also kannst du dein Programm **editieren** und es **anzeigen**. Ja, da ist ein Unterschied. Falls du etwas programmierst, wirst du es **sichern**, meistens **syntaxchecken** und **testen**. Falls du es für gut befindest, kannst du es noch **aktivieren**, damit die anderen Anwender im System deine geniale Funktionalität ebenfalls verwenden können.

Die Tasten **Muster** und **Pretty Printer** wirst du auch oft verwenden, jetzt, wo ich es dir sage. Mit der Drucktaste **Muster** kannst du dir Coding-Teile produzieren lassen.

Hat das nicht die Code-Vervollständigung auch gemacht?

Du hast Recht. Ich würde sagen, Muster ist der Opa der Code-Vervollständigung. Aber sehr nützlich, da es doch einige Unterschiede gibt.

Die **Pretty Printer**-Taste ist zum Behübschen deiner Implementierung. **Einrückungen** und **Groß- und Kleinkonvertierung** sind ihre Stärken. Ich stelle gerne mit dem Menüeintrag **Hilfsmittel • Einstellungen • ABAP Editor • Pretty Printer** die **Schlüsselwort groß**-Schreibung ein, damit ich nach dem Drücken der **Pretty Printer**-Drucktaste sofort sehe, ob ich mich vertippt habe (das nennt sich **Poorman's Syntax Check**).

[Einfache Aufgabe]

Leg das neue lokale Programm **ZSCH_03_EDICHECK** an. Nutze dazu das Kontextmenü auf dem Paket **$TMP**. Lasse es im Werkzeugbereich anzeigen. Füge die Anweisung **WRITE "Hi Edi".** ein. Sichere das Programm. Prüfe das Programm. Korrigiere das Programm. Pretty Printe das Programm. Aktiviere das Programm. Teste das Programm.

[Belohnung]

Zeit für eine Kreativpause. Überlege dir einen Reim mit den folgenden Wörtern: Paket, Sichern, Programm, Korrigieren, Aktivieren, Testen, und irgendwo sollte „Ich bin ein Checker" vorkommen.

Viel Spaß.

Debugger – Der Kammerjäger

Der **Debugger** (Entwanzer) ist dein Freund für die **dynamische Analyse**. Seinen Bruder hast du ja bereits kennengelernt: den **Syntaxchecker**. Der ist aber ziemlich statisch.
Der Unterschied zwischen den ungleichen Brüdern aus der Familie Analyse ist der folgende: Die **statische Analyse** (Bruder Syntaxchecker) stellt sicher, dass keine Syntaxfehler vorhanden sind und das Programm ausführbar ist. Leider können dann aber logischerweise immer noch inhaltliche Fehler im Programm enthalten sein, wie zum Beispiel falsche Berechnungen etc. Dafür ist nur der Bruder Debugger (**dynamische Analyse**) zuständig. Mit ihm kannst du das Programm inhaltlich analysieren.
Und da das total wichtig ist, sehen wir uns das jetzt mal kurz an.

Das Vorgehen zur Analyse ist das folgende:

1. Debugger starten
2. Programm mit Debugger-Unterstützung analysieren

Eine Möglichkeit, den Debugger zu starten, ist die Eingabe von „**/h**" im Transaktionscode-Feld und die Bestätigung mit der **Enter**-Taste. Das **h** kommt von **hoppeln**, also wie ein Hase durch das Programm springen.

[Hintergrundinfo]

Der Start mit **/h** ist besonders dann geeignet, wenn du ab einem gewissen Zeitpunkt während der Programmausführung in das Debugging wechseln möchtest.

Für dich als Debugging-Neuling ist die folgende Startvariante **die Einstiegsdroge:**
Der Debugger-Start wird durch das **Setzen eines Breakpoints im Programm** ausgelöst. Setze dazu einen Breakpoint, der auch als **unbedingter Haltepunkt** bezeichnet wird, im Programm, und starte es. Der Debugger wird beim Erreichen des Breakpoints automatisch gestartet.

Nochmal schön langsam, bitte schön.

Debugger entschleunigt

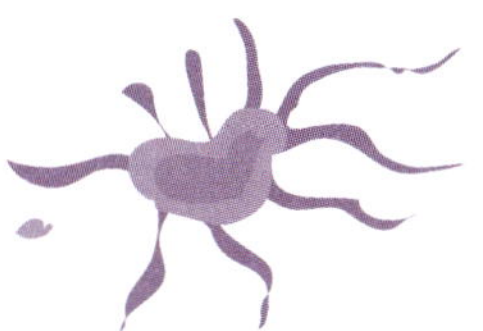

Ich habe da mal ein kleines Programm vorbereitet, das uns die Zeit in zwei Stunden berechnet. Aufgrund deiner Erfahrung aus Kapitel 3 sollte das Programm einfach zu verstehen sein, dennoch werde ich meinen Senf dazugeben.

```
REPORT  zsch_03_inzweistundenistes.
* In zwei Stunden ist es ...
DATA: gd_inzweistunden TYPE sy-uzeit.*1
* Party on
START-OF-SELECTION.*2
* Jetzt
  WRITE: 'Jetzt ist es: ', sy-uzeit.*3
* Zeitarithmetik
  gd_inzweistunden = sy-uzeit + 2.*4
* und in zwei Stunden
  WRITE: / 'Und in zwei Stunden ist es: ',
           gd_inzweistunden.*5
```

*1 Mit der Data-Anweisung deklarierst du die Variable **gd_inzweistunden**, die mit einem „Zeittyp" deklariert ist, **sy-uzeit**. Gleichzeitig ist **sy-uzeit** ein wichtiges Systemfeld, das dir die Zeit am Applikationsserver liefert. Es hat das Format Stunden:Minuten:Sekunden, jeweils zweistellig.

*2 Der Standard-Ereignisblock, der vom Laufzeitsystem angesprungen wird. Hier startet die Abarbeitung in unserem Programm.

*3 Mit **WRITE** geben wir eine Zeile aus, und zwar einen Text und den Inhalt des Feldes **sy-uzeit**, also die aktuelle Zeit.

*4 Jetzt kommt eine richtig komplexe Berechnung. Ich zähle zur aktuellen Systemzeit zwei Stunden dazu und speichere das Ergebnis in der Variablen **gd_inzweistunden**.

*5 <Füge bitte hier die Erläuterung ein> ....

Wunderbares Programm

Sichern, prüfen, aktivieren, testen. Wie sieht dein Ergebnis aus?

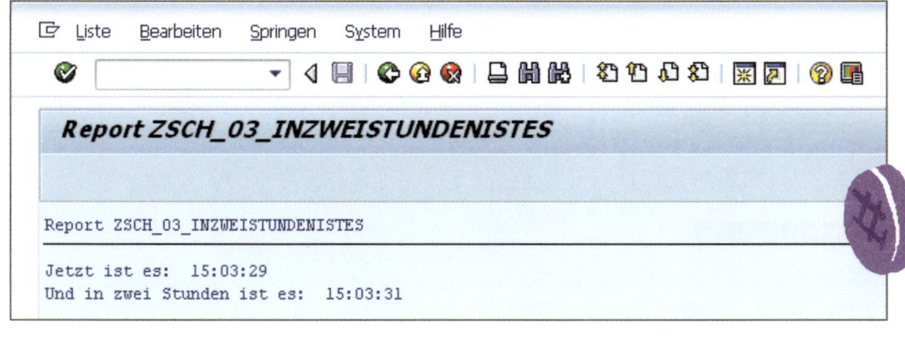

Da stimmt doch etwas nicht? Zwei Stunden nach 15:03:29 sollte doch 17:03:29 sein und nicht 15:03:31? Was ist hier falsch?

[Fehler/Müll]

Nachdem du das Programm sicher 1.000 Mal getestet hast, stellst du fest, dass die 2 nicht zu den Stunden, sondern zu den Sekunden hinzugezählt werden. Glauben oder nicht, oder doch lieber analysieren?

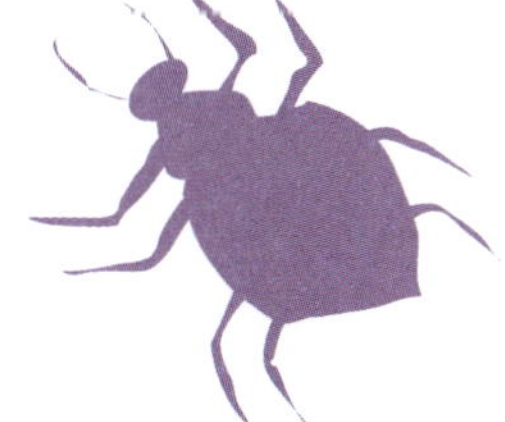

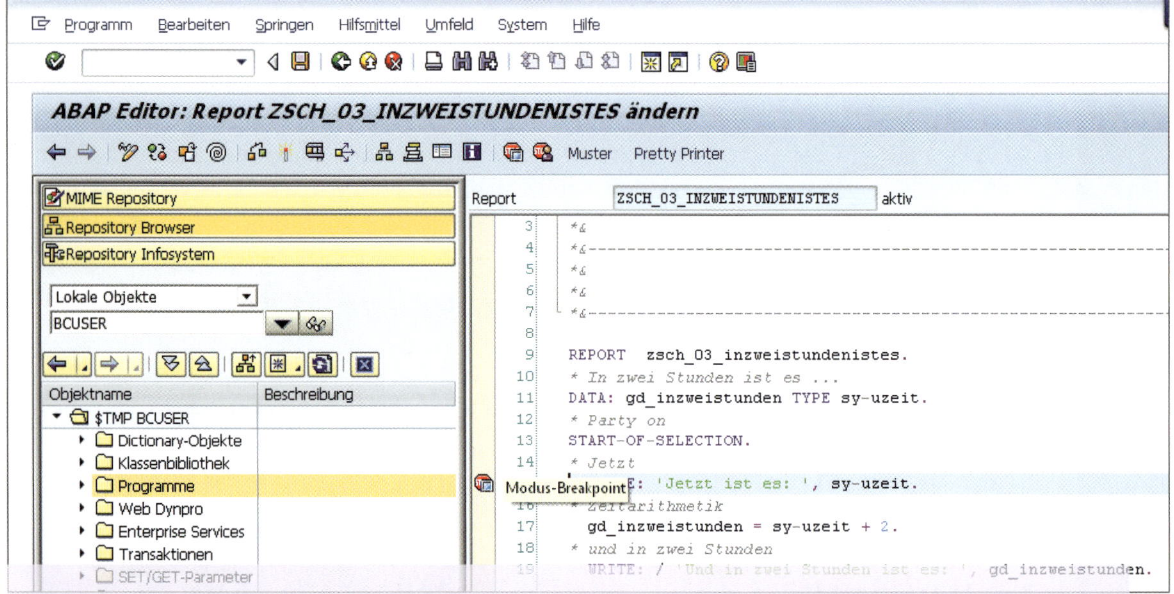

Im ABAP Editor klickst du ganz einfach in die braune Spalte, in die Zeile, ab der du gerne analysieren möchtest. Durch den Klick wird ein Symbol eingefügt. Das Breakpoint-Symbol, das dir anzeigt: Hier ist mal ein Zwischenhalt.

Jetzt wird es ernst. Teste das Programm!

Der Debugger sieht komplizierter aus, als er ist. Für den Moment reichen uns einige wenige Funktionen: Einzelschrittnavigation und die Inhaltsanzeige von Variablen.

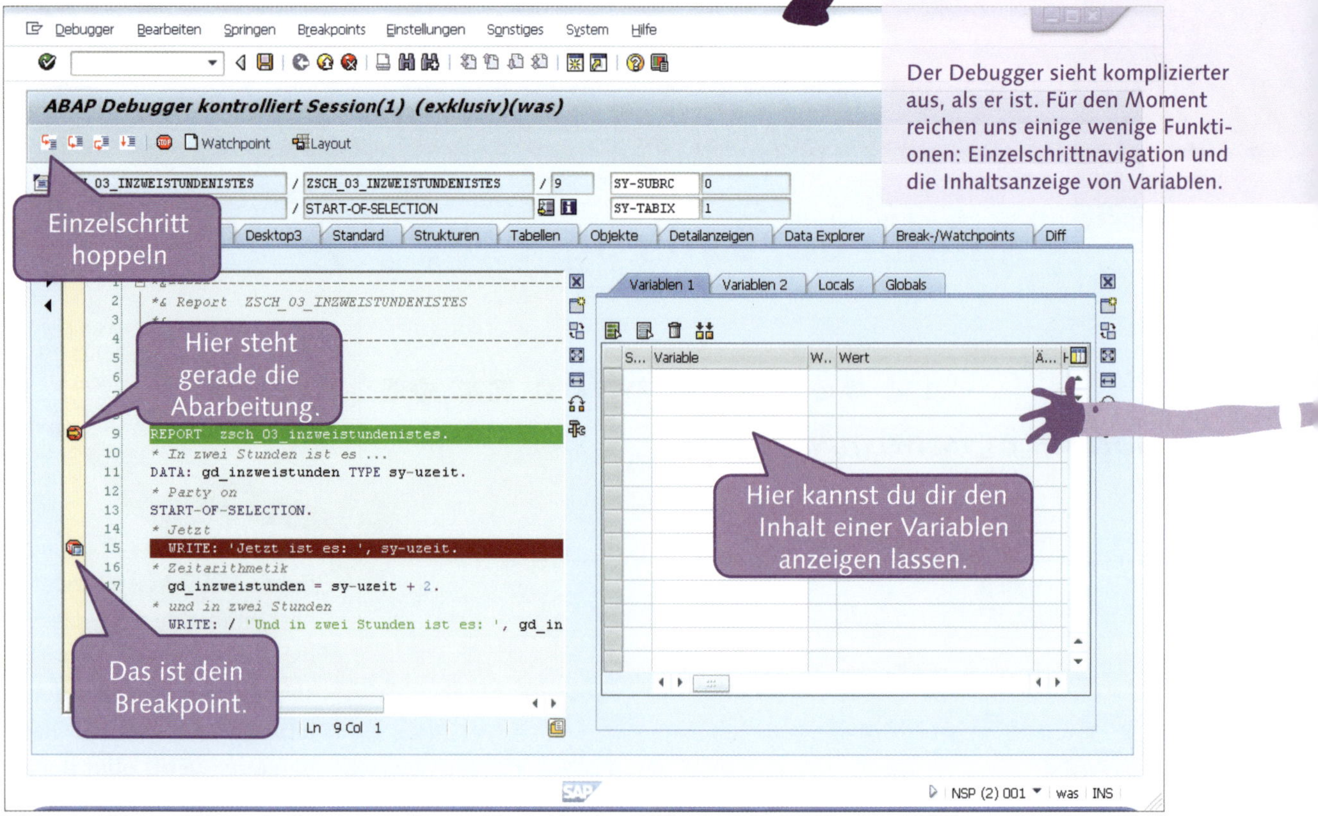

Debugger Bearbeiten Springen Breakpoints Einstellungen Sonstiges System Hilfe

ABAP Debugger kontrolliert Session(1) (exklusiv)(was)

Watchpoint Layout

Einzelschritt hoppeln

Hier steht gerade die Abarbeitung.

```
*& Report  ZSCH_03_INZWEISTUNDENISTES
REPORT  zsch_03_inzweistundenistes.
* In zwei Stunden ist es ...
DATA: gd_inzweistunden TYPE sy-uzeit.
* Party on
START-OF-SELECTION.
* Jetzt
  WRITE: 'Jetzt ist es: ', sy-uzeit.
* Zeitarithmetik
  gd_inzweistunden = sy-uzeit + 2.
* und in zwei Stunden
  WRITE: / 'Und in zwei Stunden ist es: ', gd_in
```

Desktop3 Standard Strukturen Tabellen Objekte Detailanzeigen Data Explorer Break-/Watchpoints Diff

Variablen 1 Variablen 2 Locals Globals

S... Variable W.. Wert Ä...

Hier kannst du dir den Inhalt einer Variablen anzeigen lassen.

Das ist dein Breakpoint.

Ln 9 Col 1

NSP (2) 001 was INS

Pow, was ist denn das? Uiiiii, mächtiges GUI, heiligs Blechle.

Mit dem **gelben Pfeil** in der braunen Spalte wird dir angezeigt, wo die Abarbeitung des Programms gerade steht. Wenn du die Taste **Einzelschritt** (F5) drückst, führt das System die aktuelle Zeile aus und springt zur nächsten auszuführenden Zeile.

[Einfache Aufgabe]
Einen Sprung, bitte!

Jetzt bin ich beim **WRITE** in Zeile 15 angekommen.

Sehr gut, klick doch mal doppelt auf das Feld **sy-uzeit**.

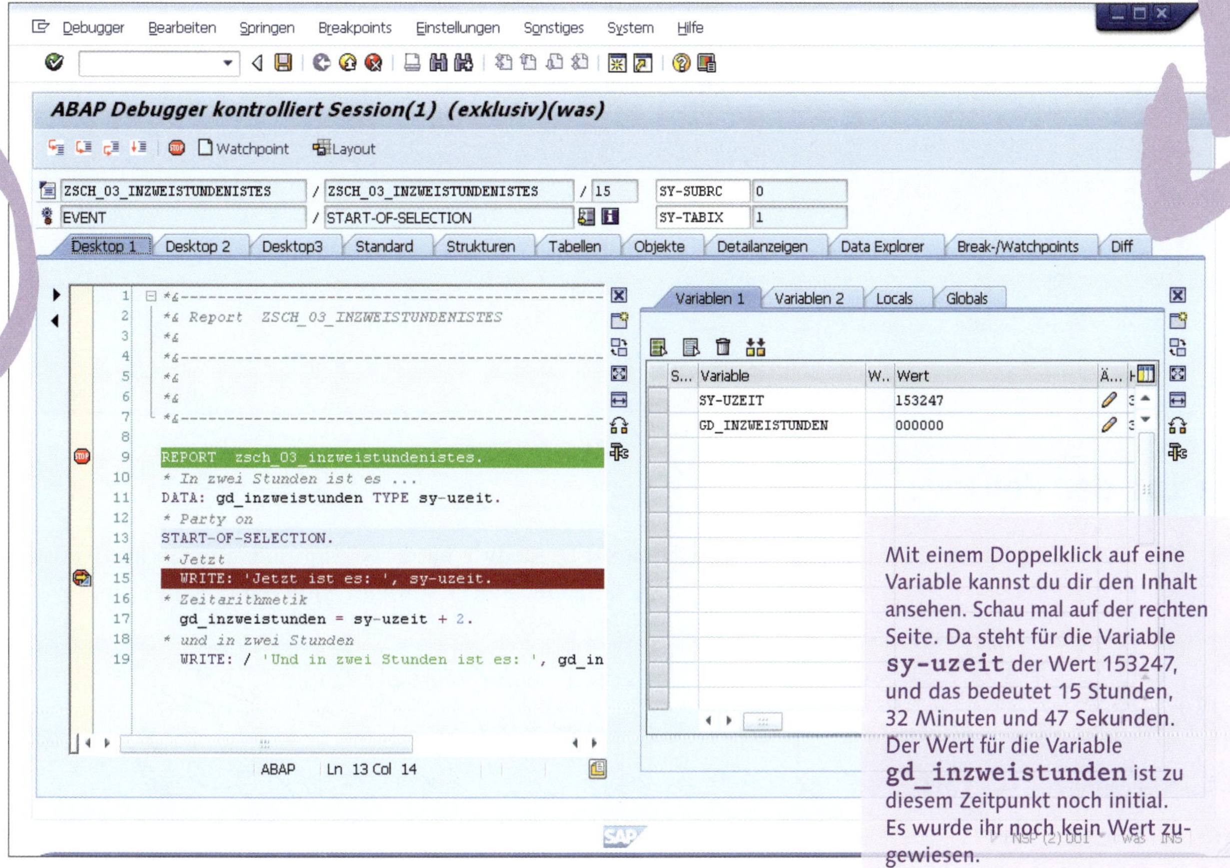

Mit einem Doppelklick auf eine Variable kannst du dir den Inhalt ansehen. Schau mal auf der rechten Seite. Da steht für die Variable **sy-uzeit** der Wert 153247, und das bedeutet 15 Stunden, 32 Minuten und 47 Sekunden. Der Wert für die Variable **gd_inzweistunden** ist zu diesem Zeitpunkt noch initial. Es wurde ihr noch kein Wert zugewiesen.

Hey, das ist ja cool. Da kann ich mir im Zeitraffer die Programmausführung ansehen. Ich bin gleich zweimal weitergesprungen. Dadurch ist die hochwissenschaftliche Berechnung ausgeführt worden.

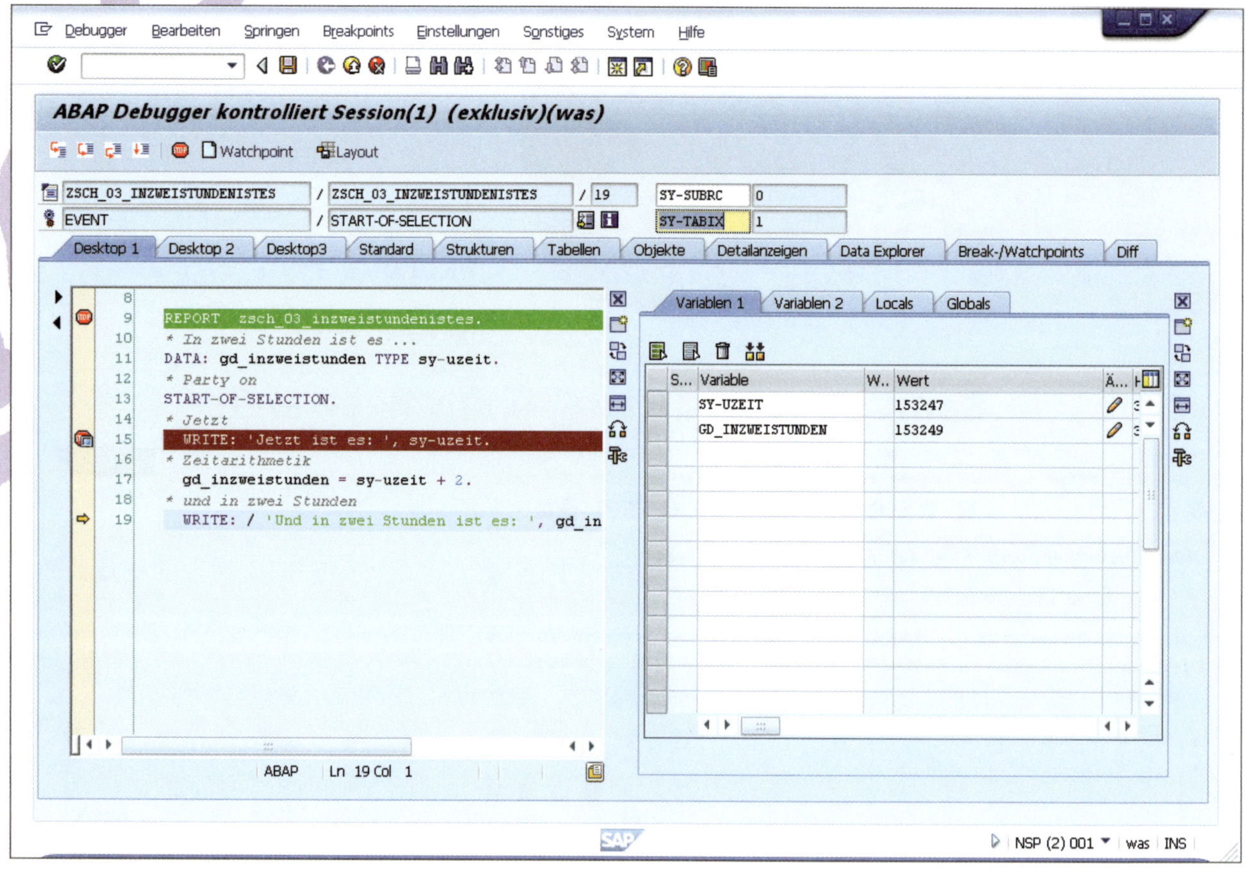

Da ist er, der Übeltäter. Es werden tatsächlich nur zwei Sekunden dazugerechnet.

Da ist der Fehler.

Die dynamische Analyse hat es gezeigt und aufgedeckt. Wenn du tatsächlich zwei Stunden addieren möchtest, musst du was tun?

Der Roland Schwaiger hat uns wieder mal reingelegt. Mithilfe des Debuggers wurde es entlarvt. Berechnungen mit Zeit geschehen auf Basis von Sekunden. Ha!

Wenn ich zwei Stunden addieren möchte, muss ich die zwei Stunden in Sekunden umrechnen. Das mache ich aber nicht, ist langweilig.

War natürlich unabsichtlich. Eine kurze Zusammenfassung:

- Das **Hoppeln** durch den Quelltext im Debugger kannst du unter anderem in **Einzelschritten** durchführen.
- Einzelne Objekte kannst du durch einen Doppelklick in die **Detailanzeige** übernehmen und dort die **Inhalte analysieren und ändern**.

[Hintergrundinfo]

Vor SAP Web Application Server 6.40 hat es nur den **klassischen** (klassisch, hihihi, cooles Wort für ALT) **Debugger** gegeben, der im **selben externen Modus** abläuft wie das zu analysierende Programm. Nach 6.40 steht dir auch „DER Neue" Debugger zur Verfügung, der in einem **eigenen externen Modus** abläuft.

Das gewonnene Wissen wird dir für die nächsten Kapitel sicher hilfreich sein. Du wirst schon sehen.

[Belohnung]

Pause? Turnübung? Liegestütz, oder doch unter den Tisch reinhängen und hochziehen?

Verwendungsnachweis – Der Rückwärtssucher

Auf ein besonders praktisches Feature möchte ich dich noch zusätzlich hinweisen: den **Verwendungsnachweis** (Strg + Umsch + F3), Kästchen mit drei Pfeilen. Bis jetzt habe ich dir mehrfach geschildert, dass du per Doppelklick auf ein bestimmtes Entwicklungsobjekt zu dessen Definition springen kannst. Das ist einfach und eindeutig.

Jetzt drehen wir mal den Spieß um und gehen von der Definition aus. **Praktisch rückwärts**. Wir könnten also fragen: Wo wird dieses Entwicklungsobjekt überall verwendet? Welche anderen Entwicklungsobjekte verwenden dieses Entwicklungsobjekt? Den Suchbereich kannst du zusätzlich einschränken.

Ist das nicht toll? Super mächtiges, total oft verwendetes Feature! **VERWENDUNGSNACHWEIS**!

Gleich mal praktisch. Wo wird die Tabelle `zsch03project` verwendet?

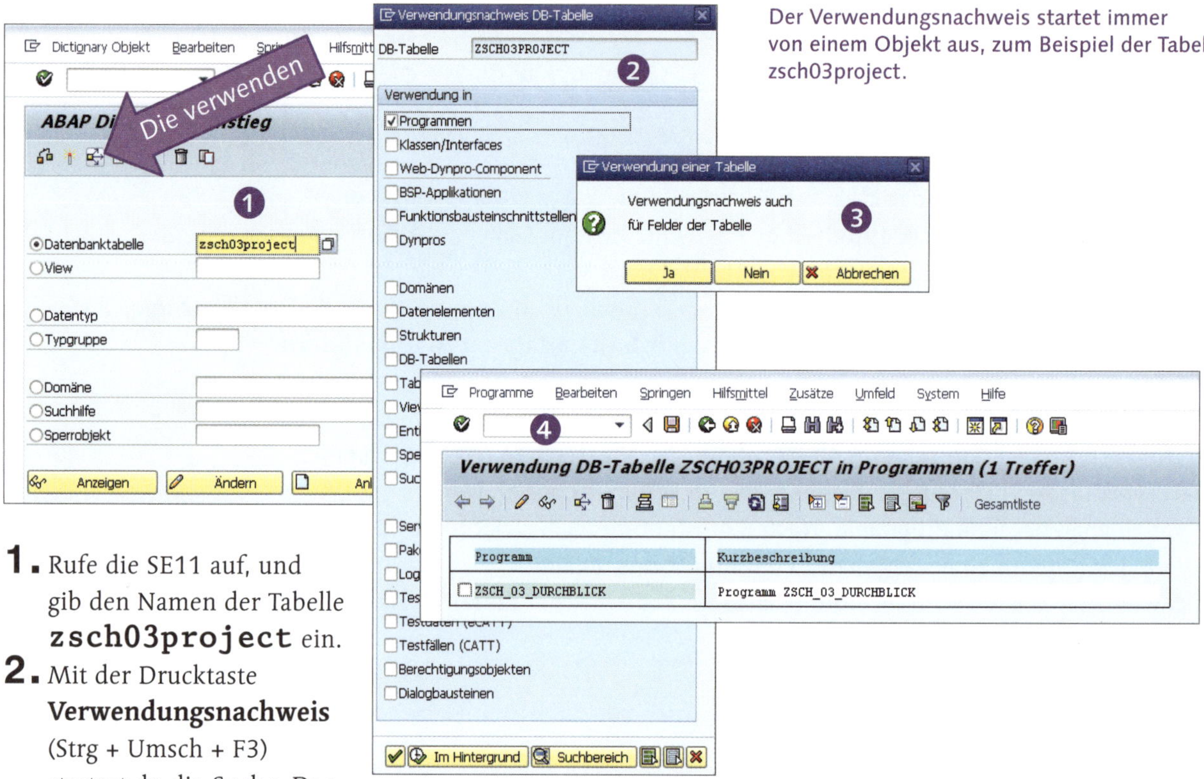

Der Verwendungsnachweis startet immer von einem Objekt aus, zum Beispiel der Tabelle zsch03project.

1. Rufe die SE11 auf, und gib den Namen der Tabelle **zsch03project** ein.
2. Mit der Drucktaste **Verwendungsnachweis** (Strg + Umsch + F3) startest du die Suche. Das System hätte ganz gerne von dir ein wenig mehr Infos, wo es suchen soll. Zum Beispiel nur in den Programmen. Mit **Ausführen** (Enter) kannst du die Suche starten.
3. Spezialfall Tabelle: Das neugierige System möchte auch noch wissen, ob neben der Tabelle selbst auch die Verwendung der Felder gesucht werden soll. Probiere jetzt mal **Ja**, und dann später die **Nein**-Variante.
4. Tataaaa, da ist das Ergebnis. In genau einem Programm wird die Tabelle **zsch03project** verwendet.

[Einfache Aufgabe]

Versuche die **Nein**-Variante, also nur für die Tabelle selbst, aber nicht für die Felder. Ist die Treffermenge unterschiedlich?

Ende der Vorstellungsrunde. Die anderen üblichen Verdächtigen wirst du in späteren Kapiteln noch kennenlernen: den **Class Builder** für die Objektorientierung, den **Function Builder** für Funktionsbausteine, das **ABAP Dictionary** für globale Typen, den **Screen-Painter** für Fensterprogrammierung.

Dein Job ist nun, die Augen zu schließen, nochmals die Bilder unserer Ausstellung vor deinem inneren Auge von links nach rechts oder rechts nach links vorbeigleiten zu lassen und dann ein Stück meines Apfelkuchens zu genießen.

Apfel, gedeckt! Ich sehe, du hattest schon.

—FÜNF—

Datentypen und -objekte

Schräge Typen*

*also jetzt nicht der Schwaiger Roland

Definieren und deklarieren: das tägliche Geschäft des ABAP-Programmierers. Das ist ja wie mit den unterschiedlichen Nudeltypen. Die eine Sorte ist lang und dünn, andere sehen aus wie Röhren oder wie Schmetterlinge. Jedoch, und das weiß der Schrödinger natürlich, wird für ein bestimmtes Gericht oder eine besondere Pastasoße ein bestimmter Nudeltyp benötigt. Und so ist es bei der Programmierung eben auch: Für bestimmte Aufgaben werden bestimmte Typen benötigt.

Vorspann

Jetzt hab ich zum dritten Mal das Kapitel umgeschrieben und meine Gedanken kreisen um **Variablen** und **Typen**. Totales Henne-Ei-Problem. Wenn ich mit Variablen anfange, dann brauche ich die Typen, und wenn ich mit Typen anfange, dann brauche ich Variablen. Was für ein Dilemma. Letztendlich geht es doch nur darum: Wie kann ich Daten in Variablen im Programm speichern?

Stimmt, ist doch gar kein Problem. Wo ist das Problem?

Möglicherweise denke ich zu kompliziert. Na egal, ich versuch es mal. Der Einstieg mit Hardcoretechnik hat sich immer bewährt.

Von 0 auf 100 in wenigen Seiten – Technik der Datenspeicherung im Hauptspeicher

Nur zur Erinnerung: Unsere Programme sind dazu da, **Daten** zu **verarbeiten**. Egal, ob man nun prozedural, objektorientiert, funktional oder seinen **Videorekorder** (Gibt es so etwas noch?) programmiert. Also **Eingabe-Verarbeitung-Ausgabe** (EVA).

[Hintergrundinfo]

EVA-Prinzip: Ein Programm erhält **E**ingangsdaten, diese werden **V**erarbeitet und in entsprechender Form **A**usgegeben.

Daten werden zur Verarbeitung in den **Hauptspeicher** geladen. Ein Abschnitt des Hauptspeichers, dessen Inhalt von ABAP-Anweisungen adressiert und interpretiert/manipuliert werden kann, wird als **Datenobjekt** – oder auch als **Feld** oder **Variable** – bezeichnet.

Wie ist das nochmal mit dem Hauptspeicher?

H	i	!
01001000	01101001	00100001

„Hi!" im Hauptspeicher. Was für ein Glück, dass wir uns damit nicht beschäftigen müssen.

Schau dir mal das Bild an: Die Werte 01001000 01101001 00100001 werden ab einer bestimmten Adresse in den Hauptspeicher geschrieben.

Was hat das mit ABAP zu tun?

Also die **Startadresse** ist etwas kompliziert zu verwenden, besser ist es doch, **eigene Namen** dafür vergeben zu können. Darum gibt es die **Variablen (Datenobjekte)**, die du über Namen ansprechen kannst, die einfacher zu merken sind.

[Begriffsdefinition]

Byte: Ein **Byte** ist ein Mengenbegriff in der Informatik, der für eine Zusammenstellung von im Allgemeinen 8 **Bits** steht (in diesem Fall wird auch von einem **Oktett** gesprochen). Die Hälfte eines Oktetts wird als **Nibble** bezeichnet.

Hast du schon herausgefunden, wofür der obige Binärstring steht?

Nach reichlichen ASCII-Übersetzungen habe ich es entschlüsselt: „Hi!"
Danke, Roland, für den kleinen Ausflug nach Oktettistan. Bitte wieder nach Sapistan.

Variables Standgas – Datenobjekte

Nach dem fundamentalen Auftakt möchte ich dir noch einige **weitere Begriffe** näherbringen, um runter in den ersten Gang zu schalten. Hast du dich schon einmal gefragt, welche Fragen sich eine selbstbewusste Variable stellen kann?

- Was kann man mit mir tun?
- Was biete ich an?
- Wie werde ich verwendet?
- Welche Daten kann man mit mir speichern?
- Wozu bin ich hier?
- Wohin will ich gehen?
- Bin ich ein Datenobjekt oder doch eine Variable?

Eine Variable mit Sinnkrise?

Datenobjekte sind die Variablen in deinem ABAP-Programm und werden dazu verwendet, Daten während der Laufzeit deines Programms abzulegen und zu verarbeiten. Im Wort **EDV** (cooles „Old-school"-Wort) steckt doch die **elektronische DATEN-Verarbeitung** drinnen, oder? Datenobjekte sind „greifbar", konkret, manipulierbar, änderbar und mit neuen Werten ergänzungsfähig.

Was hat der Roland nochmal gesagt? Wie lange hat eine Variable einen Wert? Die lebt doch im Hauptspeicher.

Die Inhalte der Datenobjekte sind natürlich nur während der Laufzeit des Programms gültig. Sonst wären die Variablen ja Datenbankfelder geworden ;-)

Variablen sind zum Angreifen

Damit das Ganze griffiger wird: Die einfachste ABAP-Anweisung für die Deklaration eines Datenobjektes ist:

```
DATA*1 <Name>*2 TYPE*3 <Typ>*4.
```

*1 **DATA** ist das **deklarative Schlüsselwort**, das man zum Definieren eines Datenobjekts benötigt.

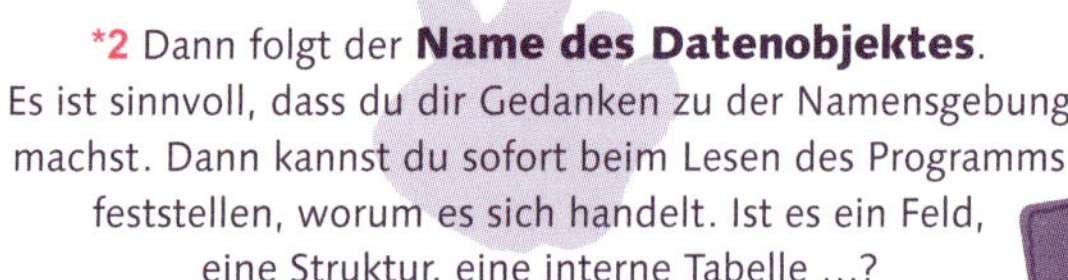

*2 Dann folgt der **Name des Datenobjektes**. Es ist sinnvoll, dass du dir Gedanken zu der Namensgebung machst. Dann kannst du sofort beim Lesen des Programms feststellen, worum es sich handelt. Ist es ein Feld, eine Struktur, eine interne Tabelle …?

*3 Das Schlüsselwort **TYPE** teilt dem Übersetzer mit, dass jetzt der Typ folgt, der unter anderem für die Reservierung des Speicherplatzes relevant ist.

*4 Der Name des Typs, der zur technischen Beschreibung des Datenobjektes dient. Woher der Name des Typs kommt, werden wir gleich sehen.

[Hintergrundinfo]

Die **Namenskonventionen** sind ein ganz eigenes Thema. Manche sagen, das sei nicht wichtig, und andere sagen, es ist existenziell.

Ich verwende folgende Konvention:

1) Wenn eine Variable oder ein Typ global deklariert ist, verwende ich ein g an der ersten Stelle des Namens.
2) Falls es ein Feld ist, kommt ein d an die zweite Stelle, bei Strukturen ein s, bei Tabellen ein t und bei Referenzen ein r.

Beispiel: gd_ steht für ein global deklariertes Feld.

Wenn bei dir nun lauter Fragezeichen im Kopf sind, habe ich mein Ziel erreicht. Du wirst unbedingt weiterlesen, um mehr zu erfahren und die Fragezeichen durch Rufzeichen zu ersetzen.

[Code bearbeiten]

Was ist richtig, was ist falsch?

```
R | F
☐ | ☐  DATAS gd_one TYPE i.
☐ | ☐  DATA gd_hello TYPE string.
☐ | ☐  DATA gd_helper TYPES f.
```

Zuerst mal F, weil du DATAS geschrieben hast und nicht **DATA**. Dann R, weil die Schlüsselwörter alle richtig geschrieben sind und **string** wohl ein gültiger Typ ist. Dann wieder F, weil das TYPES wieder ein S zu viel hat.

Ein typischer Blickwinkel – Datentypen

In den Alltagsbegriff „**Typ**" kann man ziemlich viele Bedeutungen hineinpacken. In der Programmierung verstehen wir unter einem Typ einen **Plan** (Blaupause, Kopiervorlage, Schablone, Beschreibung). **Der Plan umfasst die Anzahl der verwendeten Bytes, die Art der Datencodierung, die Ansprache und die gültigen Operationen.** Basierend auf dem Plan, kann eine **Konkretisierung** (Instanz, Exemplar, Beispiel, „Ding") erzeugt werden, und das beliebig oft! Also zum Beispiel der Bauplan eines Stuhls, der dann konkret umgesetzt wird – mit sägen, leimen, stecken, hobeln, freuen etc.

Im Computer wäre das Hobeln natürlich etwas problematisch ;-)
Wir können prinzipiell drei Arten von Typen unterscheiden:

- eingebaute ABAP-Typen
- programmlokale Typen
- globale Typen im ABAP Dictionary

Ein ausgefeilter Plan und die Konkretisierung.

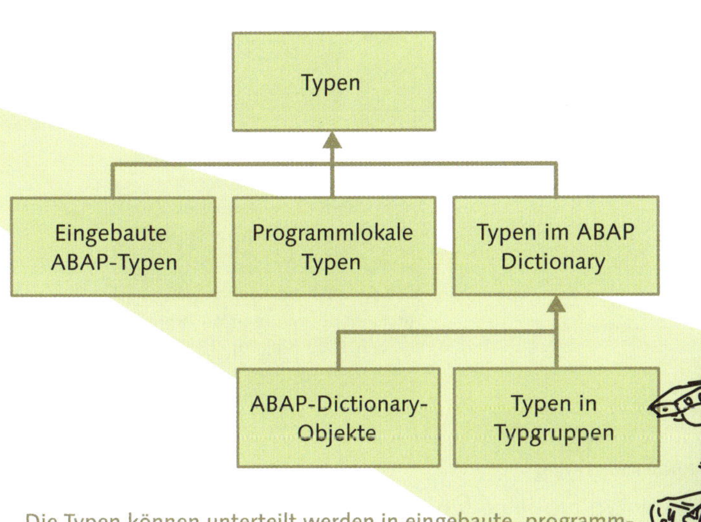

Die Typen können unterteilt werden in eingebaute, programmlokale und globale Typen im ABAP Dictionary.

Die **eingebauten ABAP-Typen** werden als eingebaut bezeichnet, da sie ein Teil des Sprachschatzes von ABAP sind – eingebaut im Kernel des SAP NetWeaver AS ABAP – und die Verwendung dieser Typen keine weiteren Schritte erfordert.

Alles eingebaut, was nötig ist! Bereit zum Losfahren.

Programmlokale Typen werden, wie der Name schon andeutet, programmlokal durch den Entwickler definiert. Dabei spielt das deklarative Schlüsselwort **TYPES** eine große Rolle, da mit diesem Schlüsselwort die Typdefinition eingeleitet wird. **Ein kleines Beispiel:**

Wenn wir das alles in Variablen speichern wollen, benötigen wir dafür einen Typ. Den Hersteller-Typ!

```
TYPES*1: gdt_hersteller*2 TYPE*3 c*4 length 60*5.
```

*1 **TYPES** ist das deklarative Schlüsselwort, das man zum Definieren eines Typs benötigt.

*2 Der Name des Typs. Es ist sinnvoll, dass du dir Gedanken zu den Namenskonventionen machst. Dann kannst du sofort beim Lesen des Programms feststellen, worum es sich handelt. **gdt_hersteller** aufgeschlüsselt bedeutet: Ein im Programm **G**lobal sichtbarer elementarer **D**aten**T**yp für den Hersteller.

*3 Das Schlüsselwort **TYPE** teilt dem Übersetzer mit, dass jetzt die technischen Details zum Typ kommen.

*4 Der Typ, auf den sich die Typdefinition bezieht. **C** steht für einen zeichenartigen Wert.

*5 Optionale Angaben, die **unvollständige Typen** vervollständigen. Unvollständig sind Typen dann, wenn nicht alle Angaben vorhanden sind. Im Fall von **C** ist noch die Länge anzugeben.

[Belohnung/Lösung]

Jetzt hast du einen Datentyp für deine fünf Variablen: Hersteller der Schuhe, der Perücke etc.

Und dann sind da noch die **globalen** Typen, die im Dictionary definiert werden. Beispiele sind **Datenelemente**, **Strukturen**, **Tabellentypen** und vieles mehr. **Letztendlich dreht sich alles um Typen, egal, ob eingebaut, lokal oder global.** Nimm zum Beispiel den eingebauten ABAP-Typ `i`: Das `i` steht für **Integer**, und das wiederum steht für einen ganzzahligen Wert. 4 **Bytes** werden für die Ablage im Hauptspeicher verwendet. Mit dem Typ `i` kannst du rechnen.
Andererseits werden für den eingebauten Typ `f` (**Float** = Fließkommazahl) 8 Bytes für die Ablage zur Verfügung gestellt. Mit dem kannst du auch rechnen, aber mit Vor- und Nachkommastellen, im Gegensatz zum `i`.

Anders betrachtet – Datentypen

Eine andere **Einteilung** hätte ich auch noch zu bieten. Jetzt aber nicht nach dem **Ort** (lokal, global etc.), an dem der Typ definiert ist, sondern nach dem **Aufbau**.

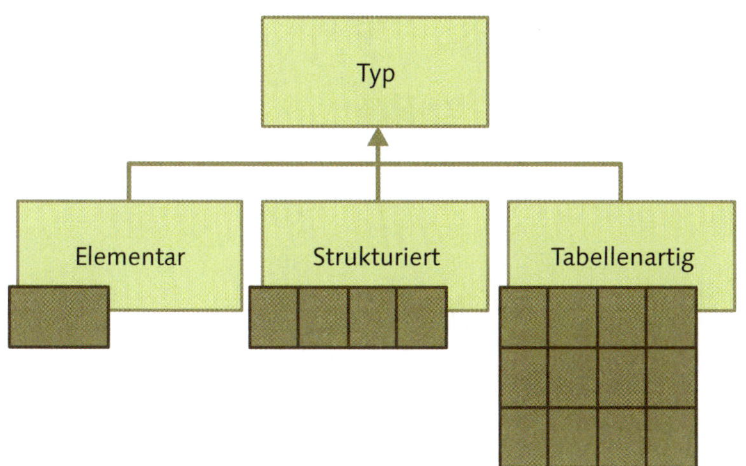

Auch so lassen sich Typen einteilen. Elementare Typen stehen für einen Wert, strukturierte Typen für Sammlungen und tabellenartige Typen für Mengen.

Ein **elementarer Typ** ist ja nicht besonders schwer vorzustellen. Unter einem **strukturierten Typ** stelle ich mir eine Zeile aus einer Datenbanktabelle vor und für den **tabellenartigen die Datenbanktabelle** als Ganzes. Aber Achtung: Der Vergleich ist gefährlich, weil wir uns ja im Hauptspeicher befinden!
Ich möchte mich nun allen Kategorien von Typen schön langsam annähern. Versuche bitte, die Grafik mit der **Übersicht der Typen** im Kopf zu behalten, und ordne die folgenden Abschnitte einem Kästchen zu. Lass die Erklärungen und Beispiele in das jeweilige Kästchen plumpsen.

Die Vermessung

Du bist gleich dran. Wir haben schon genug Informationen gesammelt, um zu **messen**. Jetzt nicht die ganze Welt, aber zumindest einen kleinen Ausschnitt. Wir werden uns ein Beispiel aus der Realität zunutze machen. Verkleidest du dich am Wochenende auch so gerne?

Den sollst du abmessen.

[Einfache Aufgabe]

Lege das lokale Programm **`zsch_05_ichmessealles`** an. In diesem definierst du zwei Variablen. Eine Variable für die Perückengröße vom Typ i und eine Variable für die Schritthöhe vom Typ f. Typ i und f habe ich oben schon besprochen. Findest du die Stelle noch?

Das Anlegen des Programms war sicher ein Klacks für dich. Beim Deklarieren zeige ich dir kurz, wie ich es gemacht habe.

```
REPORT  zsch_05_ichmessealles.

DATA: gd_peruecken_groesse TYPE i,
      gd_schritt_hoehe TYPE f.

START-OF-SELECTION.
```

Genau so hab ich das auch gemacht!

Dein Programm ist korrekt! Übrigens habe ich die Typen **i** *und* **f** *in das Kästchen elementar reinplumpsen lassen.*

Ansprache – Datenobjekte verwenden

Variablen wollen **angesprochen** werden. Die Art der Ansprache wird ebenfalls vom Typ festgelegt. Einerseits sind **statische** (Zeichenkette mit fixer Länge) und **dynamische** Typen (`string`, `xstring`, interne Tabellen) und andererseits **direkte** und **indirekte** (Objekt-, Interface-, Datenreferenzen) Adressierung zu unterscheiden.

Falls ein **Datenobjekt** (DO) **statisch** typisiert ist, bedeutet dies, dass die **Länge** des DOs **fix vorgegeben** ist und sich während der Laufzeit nicht verändern kann. Das wiederum bedeutet, dass immer genau der Speicherplatz reserviert wird, der in der Länge des Typs angegeben wurde.

Ziemliche Platzverschwendung. Wenn ich die Variable nicht voll mit Bits und Bytes auffülle, ist der Rest nicht genutzt.

Genau, darum – im Unterschied dazu – ist bei einem **dynamischen** Typ die Länge während der Laufzeit änderbar. Zum Beispiel können einem DO vom Typ `string` unterschiedlich lange Zeichenketten zugewiesen werden, und es werden tatsächlich nur die benötigten Speicherbereiche im Hauptspeicher reserviert.

You get what you need! Sehr solidarisch!

Dynamik pur oder Statik nur? – Statisch und dynamisch typisierte Variablen

Welche Perückenform bevorzugst du? Allonge, Bourse …? Kombiniert mit einem Rollmopslöckchen?

So vielfältig ist der kahle Kopf.

So oder so. Wenn du in deinem Programm den Namen deiner Perückenform in eine Variable stellen möchtest, stellt sich die Frage: Wie viele Zeichen soll ich dafür reservieren? Nur sechs Zeichen für **Bourse** oder doch 16 für den **Preußischen Zopf**. Und was geschieht, wenn ein noch längerer Name aufkreuzt?
All das sind wichtige Fragen, die es sich zu stellen gilt. Aus statischer und dynamischer Sicht kann ich dir die folgenden zwei Lösungen anbieten:

```
DATA: gd_peruecken_form TYPE c LENGTH 16,*1
      gd_peruecken_form TYPE string.*2
```

*1 Die statische Variante der Perückenform. Ich habe eine fixe Länge vorgegeben und den Typ auf Character (**C**) gesetzt. Es werden immer 16 Zeichen reserviert.

*2 Die dynamische Variante vom Typ **string** kommt ohne Längenbeschränkung aus. Es werden nur so viele Zeichen reserviert, wie nötig sind.

[Einfache Aufgabe]

Implementiere die Vorschläge zu den Perückenform-Variablen im Programm **zsch_05_ichmessealles**. Rufe den Syntaxchecker auf, was passiert?

Bumm, Fehlermeldung: „GD_PERUECKEN_FORM" ist bereits deklariert. Eh klar, wenn der Name einer Variablen für die Adresse im Hauptspeicher steht, kann ich an derselben Stelle doch nicht zwei unterschiedliche Werte ablegen.

Genau. Bitte Namen einer der Variablen ändern oder auskommentieren, danke!

[Belohnung]
Du hast dich wacker geschlagen und den ersten Teil ohne Murren absolviert. Bastle dir doch ein Stäbchen, um dich unter deiner Perücke zu kratzen.

Mein lokaler Typ

So ein **Gehstock** ist schon eine praktische Sache. Er stützt dich, sieht elegant aus und verleiht dir Würde. Damit wir die Daten, zumindest die **Stocklänge**, im Programm speichern können, benötigen wir einen passenden Typ.

Natürlich sollte das eine Zahl sein, aber ich hätte ganz gerne nur zwei Nachkommastellen.

Das mach ich doch gerne für dich. **Hier kommt der Längentyp:**

```
TYPES: gdt_laenge TYPE p*1 LENGTH 3*2 DECIMALS 2*3.
```

*1 Der Typ **p** wird für gepackte Zahlen verwendet. Gepackt bedeutet optimale Speicherung. Eine weitere günstige Eigenschaft einer gepackten Zahl ist, dass implizit **Rundungen** durchgeführt werden, und das ist bei Berechnungen mit **Währungen** und **Einheiten** oftmals praktisch.

*2 Die Länge wird im Fall von **p** in Byte angegeben. 3 Bytes entsprechen 3*2 = 6 Halbbytes, die für die Ablage von Vorzeichen, Vor- und Nachkommastellen von Zahlen verwendet werden können.

Das Vorzeichen nimmt auch was weg?

Ja, eine Stelle, also bleiben fünf für Vor- und Nachkomma.

*3 Der Zusatz **DECIMALS** legt die Anzahl der Nachkommastellen fest, also bei uns die von dir gewünschten zwei.

[Einfache Aufgabe]
Lege dir zum Längentyp eine Variable an, die die Stocklänge als Wert beinhaltet, und gib ihr den Anfangswert '120.37'.

Für dich als Herrenausstatter war das jetzt natürlich keine Challenge.

```
DATA: gd_stock_laenge TYPE gdt_laenge VALUE '120.37'.
```

Frage: Ist es ein Unterschied im Programm, ob du dies schreibst

```
TYPES: gdt_laenge TYPE p LENGTH 3 DECIMALS 2.
DATA: gd_stock_laenge TYPE gdt_laenge VALUE '120.37'.
```

oder dies?

```
DATA: gd_stock_laenge TYPE gdt_laenge VALUE '120.37'.
TYPES: gdt_laenge TYPE p LENGTH 3 DECIMALS 2.
```

Ich kenne dich mittlerweile zu gut und sage: Natürlich ist ein Unterschied. Allein die Fragestellung ist verräterisch. Aber neben der Reihenfolge bin ich mir nicht ganz sicher welcher.

Der Unterschied ist, dass der Parser die zweite Variante nicht übersetzen kann. Er meldet sich mit **GDT_LAENGE nicht bekannt**! Einfach deswegen, weil der Parser nur einmal durch den Quelltext liest und nur das kennt, was er vorher gelesen hat.

Zuerst mal elementar lokal – Lokale elementare Typen

Elementare programmlokale Typen können mit Bezug zu existierenden Typen definiert werden. Sie werden deswegen als elementar oder auch **primitiv** bezeichnet, weil damit ein Datenfeld typisiert werden kann.

Könnte man auch vulgär sagen?

Nö! Ich stelle mir eine Schachtel vor, in die die Daten gekippt werden. Voll ist die Schachtel. Als Beispiel für einen **lokalen elementaren Typ** könnte man folgende Definition verwenden:

```
TYPES: ldt_stuhl_hoehe TYPE p*1 LENGTH 6*2 DECIMALS 2*3.
```

*0 Jetzt bist du gefordert. Du kannst mir das schon alles erklären.

*1 Ein schönes Beispiel für einen unvollständigen Typ: eine _ _ _ _ _ _ _ _ _ **Zahl**.

*2 Mit der _ _ _ _ _ _ Angabe wird die Anzahl der Bytes für den Typ definiert.

*3 Die _ _ _ _ _ _ _ _ _ Angabe legt die Anzahl der Nachkommastellen fest.

[Hintergrundinfo]

Gepackte Zahl: Diese Zahl kommt aus der Zeit, als man den Aufwand der Wandlung zwischen interner Repräsentation und externer Darstellung gering halten wollte.

Für die Typisierung können alle **eingebauten ABAP-Typen** (statisch und dynamisch: **`i`**, **`f`**, **`p`**, **`x`**, **`n`**, **`c`**, **`d`**, **`t`**, **`string`**, **`xstring`** ...) und **benutzerdefinierte lokale** und **globale elementare Typen** verwendet werden. In der Tabelle habe ich mal alle essenziellen Informationen zu den wichtigsten **eingebauten ABAP-Typen** zusammengetragen.

Datentyp	Initiale Feldlänge	Gültige Feldlänge	Initialwert	Bedeutung
Numerische Typen				
I	4	4	0	ganze Zahl
F	8	8	0	Gleitpunktzahl
P	8	1-16	0	gepackte Zahl
Zeichenartige Typen				
C	1	1 - 65535	BLANK	Textfeld (alphanumerische Zeichen)
D	8	8	'00000000'	Datumsfeld (Format: JJJJMMTT)
N	1	1 - 65535	'0 ... 0'	numerisches Textfeld (numerische Zeichen)
T	6	6	'000000'	Zeitfeld (Format: HHMMSS)
Hexadezimaler Typ				
X	1	1 - 65535	X'0 ... 0'	Hexadezimalfeld
Variable Länge				
STRING				Zeichenfolge
XSTRING				Bytefolge

Die Tabelle ist am Anfang möglicherweise etwas schwer zu greifen, jedoch werden dir die Informationen sicher bald ins Blut übergehen.

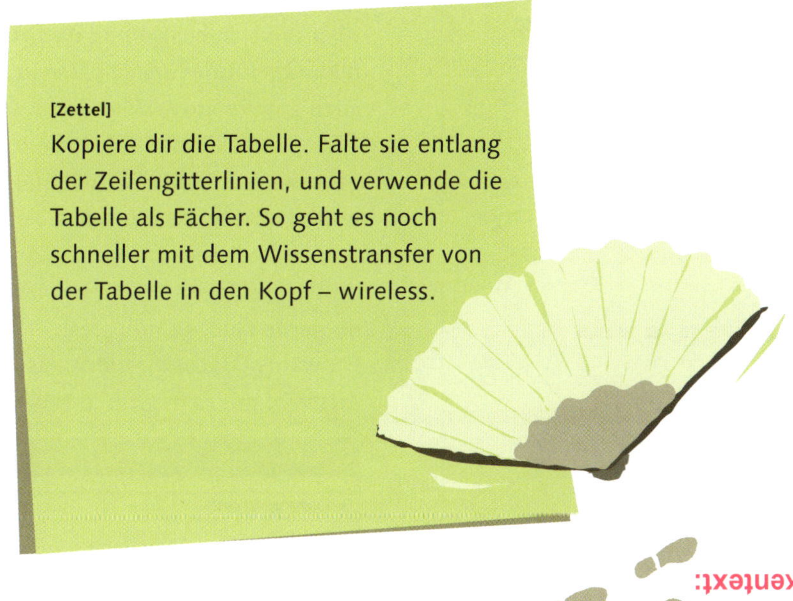

[Zettel]

Kopiere dir die Tabelle. Falte sie entlang der Zeilengitterlinien, und verwende die Tabelle als Fächer. So geht es noch schneller mit dem Wissenstransfer von der Tabelle in den Kopf – wireless.

Lösung zum Lückentext:

*1 gepackte

*2 LENGTH

*3 DECIMALS

Dann elementar global – Globale elementare Typen

Das lokale Anlegen eines Typs ist nun bereits ein alter Hut für dich. Es wird Zeit, globale elementare Typen anzulegen.
Wenn du in das ABAP Dictionary siehst, stellst du fest, dass du dort sehr einfach **globale elementare Typen** anlegen kannst. Diese werden als **Datenelemente** bezeichnet. Mithilfe der **Transaktion SE11** beginnst du, einen Typ namentlich festzulegen – Achte auf den Kundennamensraum, wobei ich immer die Z-Variante verwende! – und diesen per Drucktaste **Anlegen** zu erzeugen.
Nachdem ich permanent Seiten zähle und mich nur mehr wundere, wie viele Seiten man produzieren kann, würde mir helfen, wenn du einen Typ für die Seitenanzahl definieren würdest. Den könnte ich dann in meinem Zählprogramm verwenden.

Kein Problem, mach ich gerne!
Äh, Moment, wie eigentlich?

Okay, das war mein Auftrag. Das zeige ich dir natürlich.

1. Bitte rufe die Transaktion SE11 auf, und wechsle damit in das **ABAP Dictionary**. Hier beginnt unsere Arbeit.
2. Zuerst wählst du den Radiobutton **Datentyp** aus.

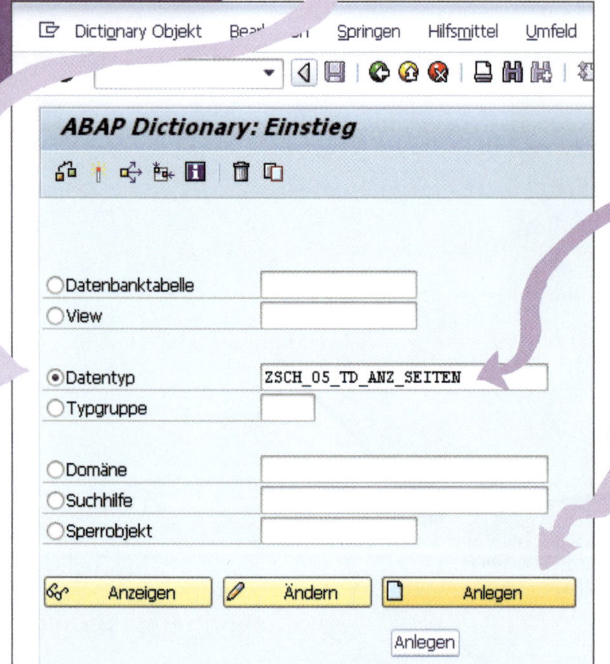

3. Dann tippst du den **Namen** des Datenelementes in das Eingabefeld ein. Hier lohnt es sich, wieder über die Namensgebung nachzudenken. Noch mehr als für die lokalen Namensgebungen, da auch andere Entwickler deine Datenelemente verwenden können. Und wenn ihr euch auf eine gemeinsame Namenskonvention geeinigt habt, wird das Arbeiten einfacher.
4. Am Ende drückst du auf die **Anlegen**-Drucktaste, und es erscheint ein Pop-up mit der Frage, was du gerne anlegen möchtest.
5. Du wählst **Datenelement** aus und bestätigst deine Auswahl mit dem grünen Häkchen.

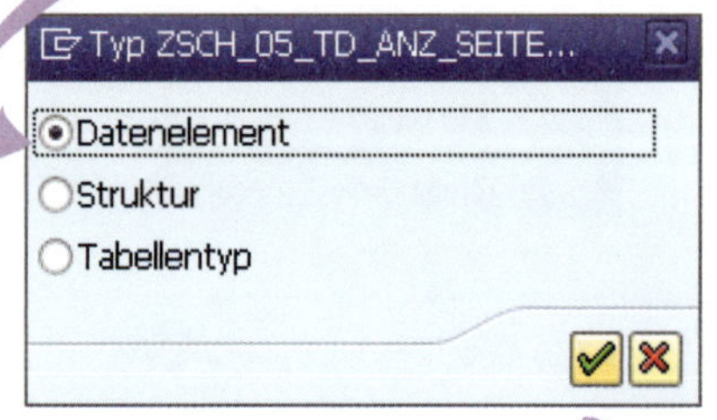

Wenn alles bis hierher gut gegangen ist, bist du nun in der **Detailpflege** des Datenelementes. Die Definition eines Datenelementes gestaltet sich etwas umfangreicher als die Definition eines lokalen Typs.

Warum?

Bei der lokalen Typdefinition spielen nur technische Aspekte eine Rolle. Diese werden im Fall des Datenelementes um **semantische** Aspekte ergänzt, wie zum Beispiel **Hilfen**, **Feldbezeichner** , **Dokumentation** etc.

[Hintergrundinfo]

Wenn zum Datenelement eine Dokumentation erfasst wird, kann der Anwender diese auch lesen. Einfach mit **Taste F1** auf einem Eingabefeld, das mit dem Datenelement typisiert ist.

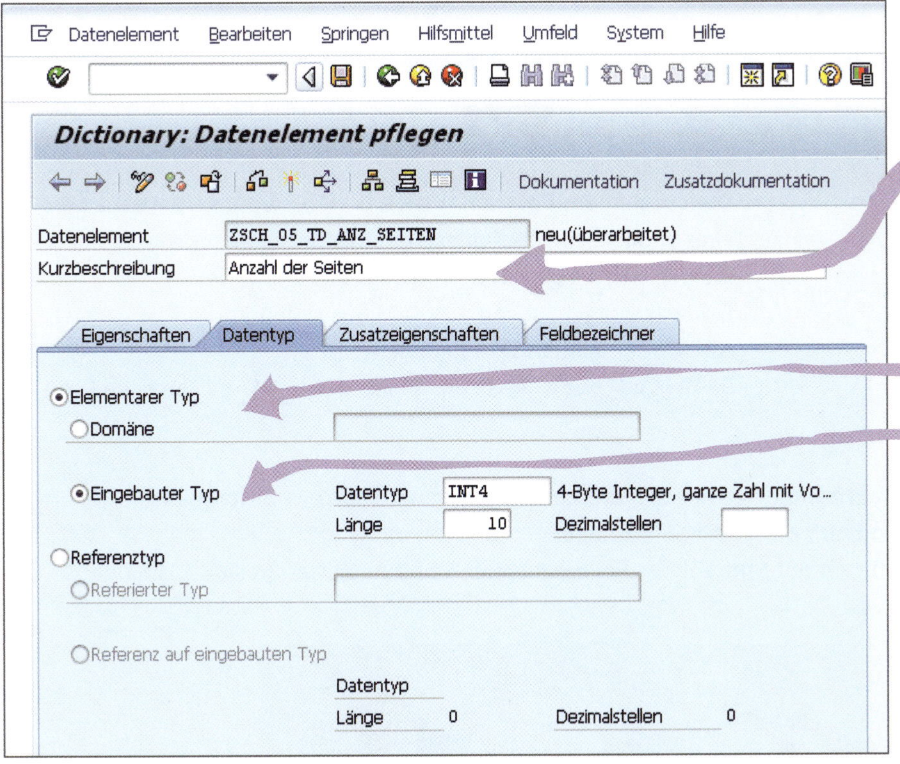

6. Um die Details zum Datenelement zu definieren, beginnst du am besten mit der **Kurzbeschreibung**. Hier hinterlegst du einen aussagekräftigen Text, da nach diesem auch gesucht werden kann.

7. Dann kommt die technische Spezifikation dran. Wir nehmen mal die Kategorie **eingebauter Typ**, da diese für den Moment die einfachste Variante darstellt. Im Feld **Datentyp** wählst du den für dich passenden Typ aus. Von **`Buchungsperiode`** bis **`Einheitenschlüssel`** ist die Auswahl recht groß.

Du willst einen Zähler definieren, daher schlage ich vor, du verwendest den **`INT4`**-Typ, da der mit dem Typ **`i`** von ABAP kompatibel ist. Die Länge mit 10 ist vorgegeben und wird automatisch gesetzt, genauso wie die Anzahl der Dezimalstellen gleich 0 gesetzt wird – eh klar, ganze Zahl!

8. Nachdem du fertig bist mit dem Definieren, musst du das Datenelement **aktivieren**. Drücke dazu die Drucktaste **Aktivieren** aus der Drucktastenleiste – das Zündholz – oder die Tastenkombination Strg + F3. Lege das Datenelement als lokales Objekt an (Paket **$TMP**).

Beim Aktivieren meckert das System, dass die **Feldbezeichner** noch nicht gepflegt sind. Ich bin einfach auf den Karteireiter **Feldbezeichner** gegangen und habe dort die Texte gepflegt. War das okay?

Ich liebe proaktives Mitarbeiten. Das war sogar sehr gut!

Nun bist du so weit, DEIN Datenelement zu verwenden. Und nicht vergessen: Dein Datenelement, mein Datenelement: Datenelemente sind für uns alle da!

[Einfache Aufgabe]

Lege in deinem Programm **`zsch_05_ichmessealles`** eine Variable für die Buchseiten mit Bezug zum Datenelement **`ZSCH_05_TD_ANZ_SEITEN`** an.

Das war einfach, schon 1.000 Mal gesehen und selbst gemacht. ABER mit eigenem Datenelement!

```
DATA: gd_buch_seiten TYPE zsch_05_td_anz_seiten.
```

[Belohnung]

Hast du schon den **Hinterglas-Schrödinger** gemacht? Noch nicht? Dann wird es Zeit: Besorge dir eine Klarsichtfolie, Folienstifte und einen DIN A4-Schrödinger.
Schrödinger in die Folie, die Konturen mit Stift auf der Folie nachmalen und nach Geschmack ausmalen.

Young artists!

Elementar global con domäne – Domäne

Datenelement, Datenelement, Datenelement, Domäne, hmmmm ...

Das mit dem **eingebauten Typ** beim Datenelement hast du verstanden, aber da war doch noch was. Stimmt, diese **Domäne**. Ich habe gesagt, dass die Domäne wichtig ist, um das zweischichtige Domänenkonzept abzubilden.

[Hintergrundinfo: Wiederholung]

Die Datenelement-Domänen-Typisierung im DDIC wird als **zweischichtiges Domänenkonzept** der SAP bezeichnet. Ein Vorteil dieser Zweischichtigkeit besteht darin, dass die Domänen von beliebig vielen Datenelementen wiederverwendet werden können. (Achtung bei Änderungen an zentralen Domänen: Da hat's mal jemanden gegeben, der versucht hat, die Domäne des Mandanten von Länge 3 auf Länge 1 zu verkürzen. Schlechte Idee! Dadurch wurden die Daten in den mandantenabhängigen Datenbanktabellen (ungefähr 75.000) unbrauchbar. Arbeitsplatzgefährdend!)

1. Das sehen wir uns am lebenden Objekt an. Wechsle schnell in die Definition des Datenelementes **ZSCH_05_TD_ANZ_SEITEN**.

Datenelement Bearbeiten Springen Hilfsmittel Umfeld System Hilfe

Dictionary: Datenelement pflegen

Dokumentation Zusatzdokumentation

Datenelement ZSCH_05_TD_ANZ_SEITEN inaktiv(überarbeitet)
Kurzbeschreibung Anzahl der Seiten

Eigenschaften | Datentyp | Zusatzeigenschaften | Feldbezeichner

Elementarer Typ
Domäne ZSCH_05_DO_ANZ
Datentyp
Länge 0 Dezimalstellen 0
Eingebauter Typ Datentyp
Länge 0 Dezimalstellen 0
Referenztyp
Referierter Typ
Referenz auf eingebauten Typ
Datentyp
Länge 0 Dezimalstellen 0

Eine Domäne für die Anzahl soll es werden, bitte schön.

2. Setze am Reiter **Datentyp** den Radiobutton **Domäne** und gib im zugehörigen Eingabefeld den Namen der Domäne ein. Hast du dir schon einen Namen überlegt?

Tja, dann analog zum Datenelement Z für den Kundennamensraum, SCH für das Schrödinger-Projekt, DO für Domäne und ANZ, um zu zeigen, dass es sich um den technischen Typ für eine Anzahl handelt.

Ob das nun Seiten sind oder sonst was, ist, zumindest aus technischer Sicht, egal, und die anderen Entwickler haben eine Chance, die Domäne für ihre eigenen Datenelemente zu verwenden.

3. Nun der **Doppelklick auf den Namen der Domäne** – ich liebe diese **Vorwärtsnavigation**, um etwas anzulegen und …

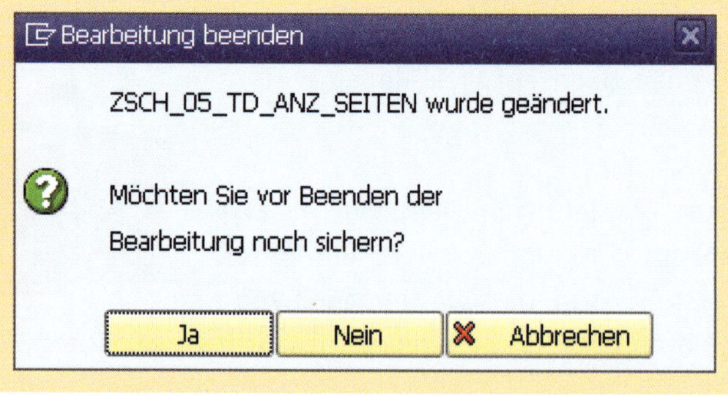

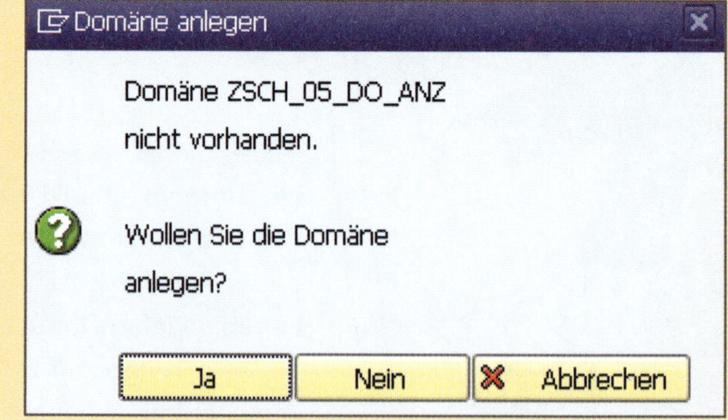

4. … dann – ja, natürlich möchte ich sichern – im Folge-Pop-up mit der Drucktaste **Ja** bestätigen und …

5. … mit der Drucktaste **Ja** betätigen, dass ich eine Domäne anlegen möchte.

Na super, jetzt bin ich in der **Detailpflege** der Domäne und kann dort die **Kurzbeschreibung** und die Definition mit dem **Datentyp** festlegen. Natürlich verwende ich **INT4**, so wie beim Datenelement.

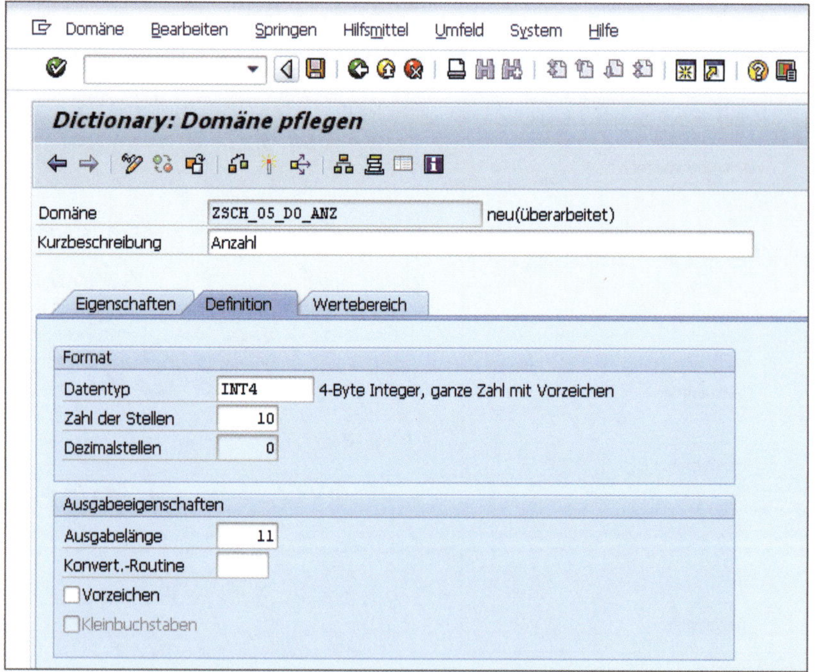

Auf dem Karteireiter **Definition** legst du die technischen Eigenschaften der Domäne fest.

Die Definition ist erledigt, und du kannst die **Domäne aktivieren**. Schrödinger wird immer nervöser, ob das geklappt hat mit der Domäne und dem Eintragen im Datenelement.
Einmal noch zurückspringen zur Definition des **Datenelementes** (den „grünen Pfeil" drücken, obwohl der doch gar nicht grün ist), und siehe da:

Die Detailinformationen zur Domäne sind alle befüllt.

[Belohnung/Lösung]

Einmal noch das Datenelement aktivieren, und ich bin stolzer Anleger meiner ersten ABAP-Dictionary-Domäne.

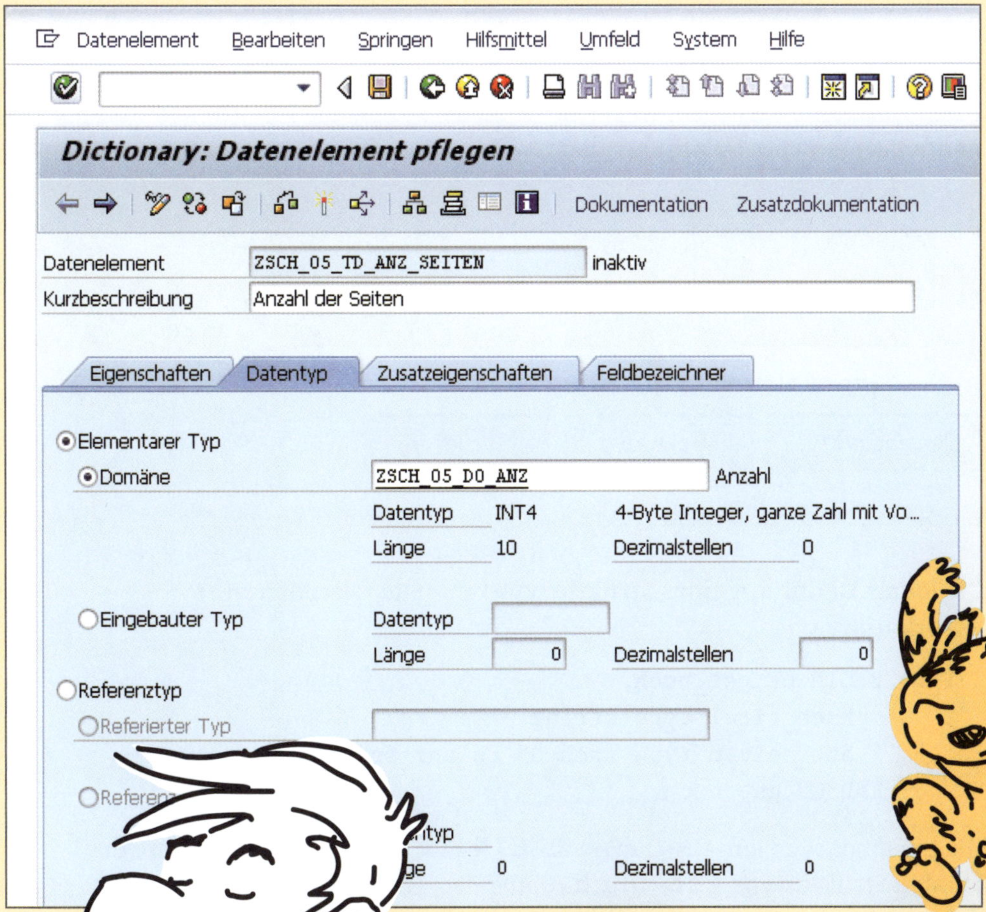

Datenelement Bearbeiten Springen Hilfsmittel Umfeld System Hilfe

Dictionary: Datenelement pflegen

Dokumentation Zusatzdokumentation

Datenelement ZSCH_05_TD_ANZ_SEITEN inaktiv

Kurzbeschreibung Anzahl der Seiten

Eigenschaften | Datentyp | Zusatzeigenschaften | Feldbezeichner

Elementarer Typ

Domäne ZSCH_05_DO_ANZ Anzahl

Datentyp INT4 4-Byte Integer, ganze Zahl mit Vo...

Länge 10 Dezimalstellen 0

Eingebauter Typ Datentyp

Länge 0 Dezimalstellen 0

Referenztyp

Referierter Typ

Dezimalstellen 0

Domäne aktiv und verwendet. Perfekt.

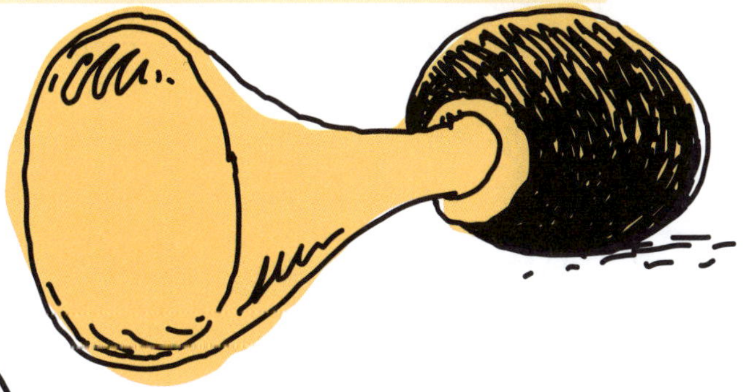

Der strahlende Besitzer.

Strukturell lokal – Lokale strukturierte Typen

Während durch elementare Typen nur einzelne Felder beschrieben werden, legen **Strukturtypen** Mengen von elementaren, strukturierten und tabellenartigen Feldern fest. Prinzipiell kannst du dir eine strukturierte Variable wie eine Zeile aus einer Datenbanktabelle vorstellen, wobei die einzelnen Spalten die sogenannten **Komponenten** der Struktur definieren.

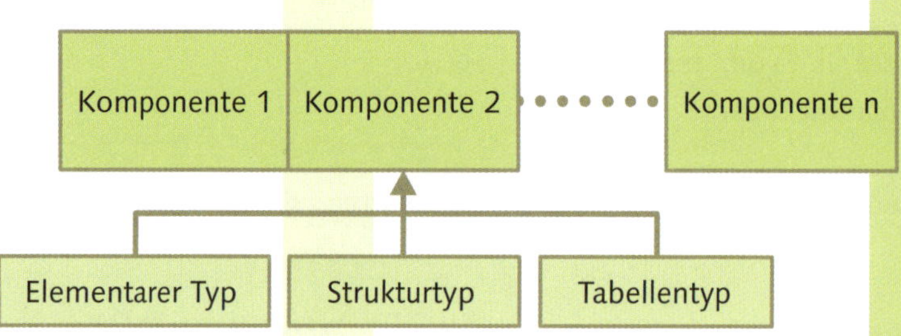

Eine Struktur besitzt Komponenten, und diese können unterschiedlich typisiert sein.

Die **lokale Definition eines Strukturtyps** kannst du folgendermaßen bewerkstelligen:

```
TYPES: BEGIN OF gst_buch,
         buch_titel type string,
         anz_seiten type zsch_05_td_anz_seiten,
       END OF gst_buch.
```

Die Definition wird eingeleitet durch **`BEGIN OF`**, dann kommt der **Name des lokalen Strukturtyps `gst_buch`**. Hinter dem Namen des Strukturtyps wird die Liste der Komponenten mit deren Typen angezeigt. Wie du sicher bemerkt hast, werden die Komponenten durch Kommata voneinander getrennt, da die Typdefinition mit **`TYPES:`**, also einem **Kettensatz**, eingeleitet wird. Das Ende des Strukturtyps wird durch **`END OF gst_buch`** markiert.

*Ich weiß, warum der Roland den Typ **gst_buch** genannt hat: Das ist zwar ein lokaler Strukturtyp, weil es im Programm definiert, aber global sichtbar im Programm ist. Das verrate ich ihm aber nicht, der soll uns schön erklären.*

Eine Variable mit Bezug zu einem lokalen Strukturtyp kannst du so wie im Fall des elementaren Typs definieren:

```
DATA: gs_buch TYPE gst_buch.
```

Wie kann ich auf die Komponenten der Struktur zugreifen? In der Datendeklaration steht ja nur der Name der Struktur.

Gute Frage, dafür gibt es dann eine Belohnung: Die allgemeine Form des Zugriffs lautet **`<Struktur>-<Komponente>`**, also in unserem Beispiel **`gs_buch-buch_titel`**.

```
gs_buch-buch_titel = 'Schrödinger programmiert ABAP'.*1
```

*1 Mit einer Komponente einer Struktur kannst du genauso arbeiten wie mit einem elementaren Datenobjekt. Die **Zuweisung** ist wohl die häufigste Operation.

Siehst du den **Zugriffsoperator**, der ist so klein und kurz. Das ist der **Bindestrich**. Hast du ihn gesehen?

Schon gut, ich bin ja nicht blind. Und wenn eine Struktur in der Struktur definiert ist, kann ich kaskadiert auf die Inhalte zugreifen, zum Beispiel **`ls_stuhl-hersteller-vorname`**.

Beeindruckend, beeindruckend. Welch ein Verallgemeinerungsvermögen!

Struktur global – Globale strukturierte Typen

Mal sehen, ob die Gehirnwäsche schon gegriffen hat. Wo definieren wir eine globale Struktur?

Im Dictionary, im Dictionary!

Geht doch. Also, gehen wir die **Strukturen** im ABAP Dictionary an. Du wirst sehen, das ist ganz ähnlich wie bei den Datenelementen.

1. Starte bitte die Transaktion SE11, und gib im Eingabefeld für den Datentyp den Namen der Struktur ein. Eine Struktur zu den Informationen eines Buches wäre ein nettes Beispiel.

Dictionary Objekt Bearbeiten Springen Hilfsmittel Umfeld

ABAP Dictionary: Einstieg

○ Datenbanktabelle
○ View
◉ Datentyp ZSCH_05_TS_BUCH
○ Typgruppe
○ Domäne
○ Suchhilfe
○ Sperrobjekt

Anzeigen | Ändern | Anlegen

Anlegen

Datentyp auswählen, Name eingeben, anlegen!

2. Danach drückst du die Drucktaste **Anlegen** und klickst im Folgebild auf den Button mit der Bezeichnung **Struktur**. Das System zeigt dir nun die Detailpflege der Struktur an, wobei es vehement nach einer **Kurzbeschreibung** der Struktur verlangt.

Okay, soweit alles klar, das kenne ich schon vom Datenelement.

3. Als Nächstes kannst du die **Komponenten** definieren, also die Elemente der Struktur. Diese Definitionen können entweder mit Bezug zu im Dictionary definierten Typen durchgeführt werden (Datenelemente, Struktur-

typen, Tabellentypen) oder durch eingebaute Dictionary-Typen realisiert werden. Wichtig ist: Pro Zeile wird ein Element der Struktur definiert, das sieht fast wie bei der Definition einer Variablen aus: Zuerst der **Name** der Variablen – das ist nun die Komponente – und dann den **Typ** – das ist nun der Komponententyp.

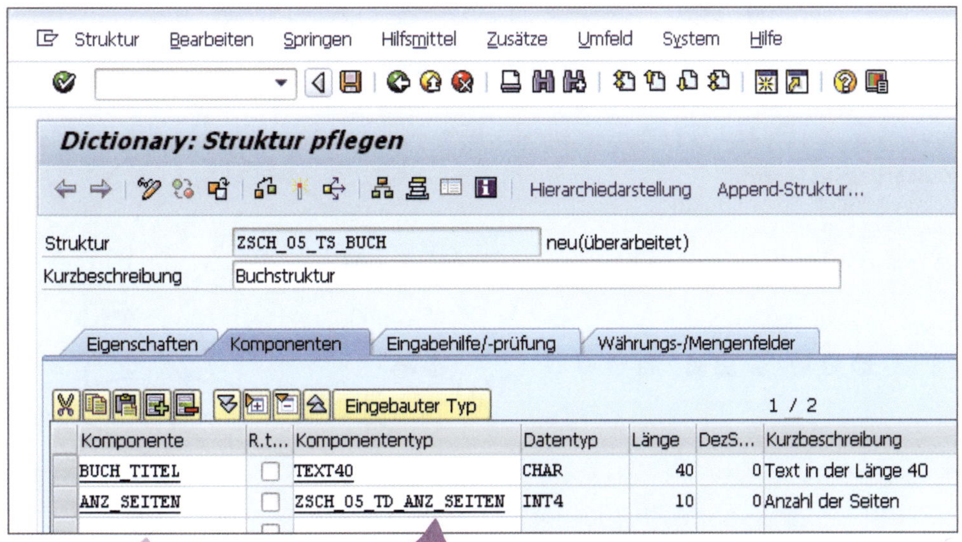

4. Wenn du die Komponente **BUCH_TITEL** anlegen möchtest, schreib einfach ihren Namen in das Eingabefeld in der Spalte **Komponente**.

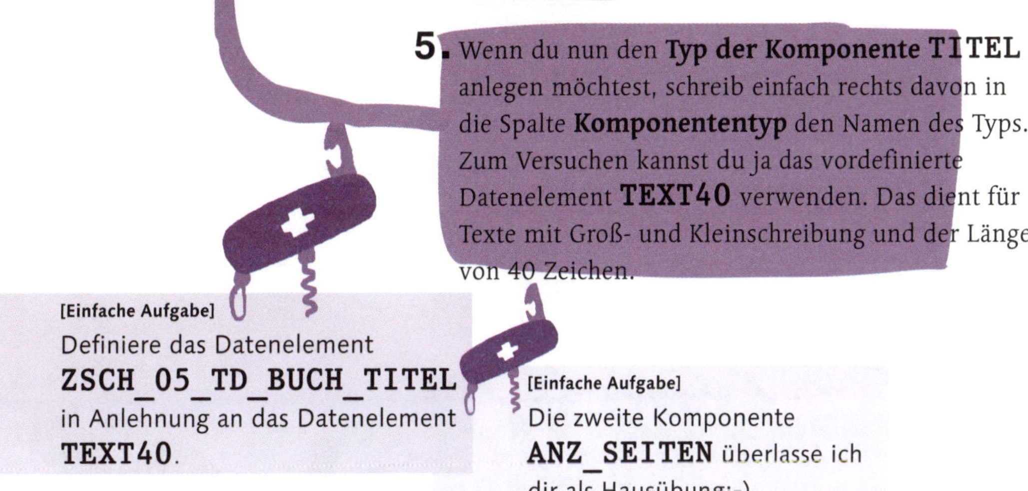

5. Wenn du nun den **Typ der Komponente TITEL** anlegen möchtest, schreib einfach rechts davon in die Spalte **Komponententyp** den Namen des Typs. Zum Versuchen kannst du ja das vordefinierte Datenelement **TEXT40** verwenden. Das dient für Texte mit Groß- und Kleinschreibung und der Länge von 40 Zeichen.

[Einfache Aufgabe]

Definiere das Datenelement **ZSCH_05_TD_BUCH_TITEL** in Anlehnung an das Datenelement **TEXT40**.

[Einfache Aufgabe]

Die zweite Komponente **ANZ_SEITEN** überlasse ich dir als Hausübung;-)

6. Nun aktivieren, und natürlich wird dir eine Warnung angezeigt.

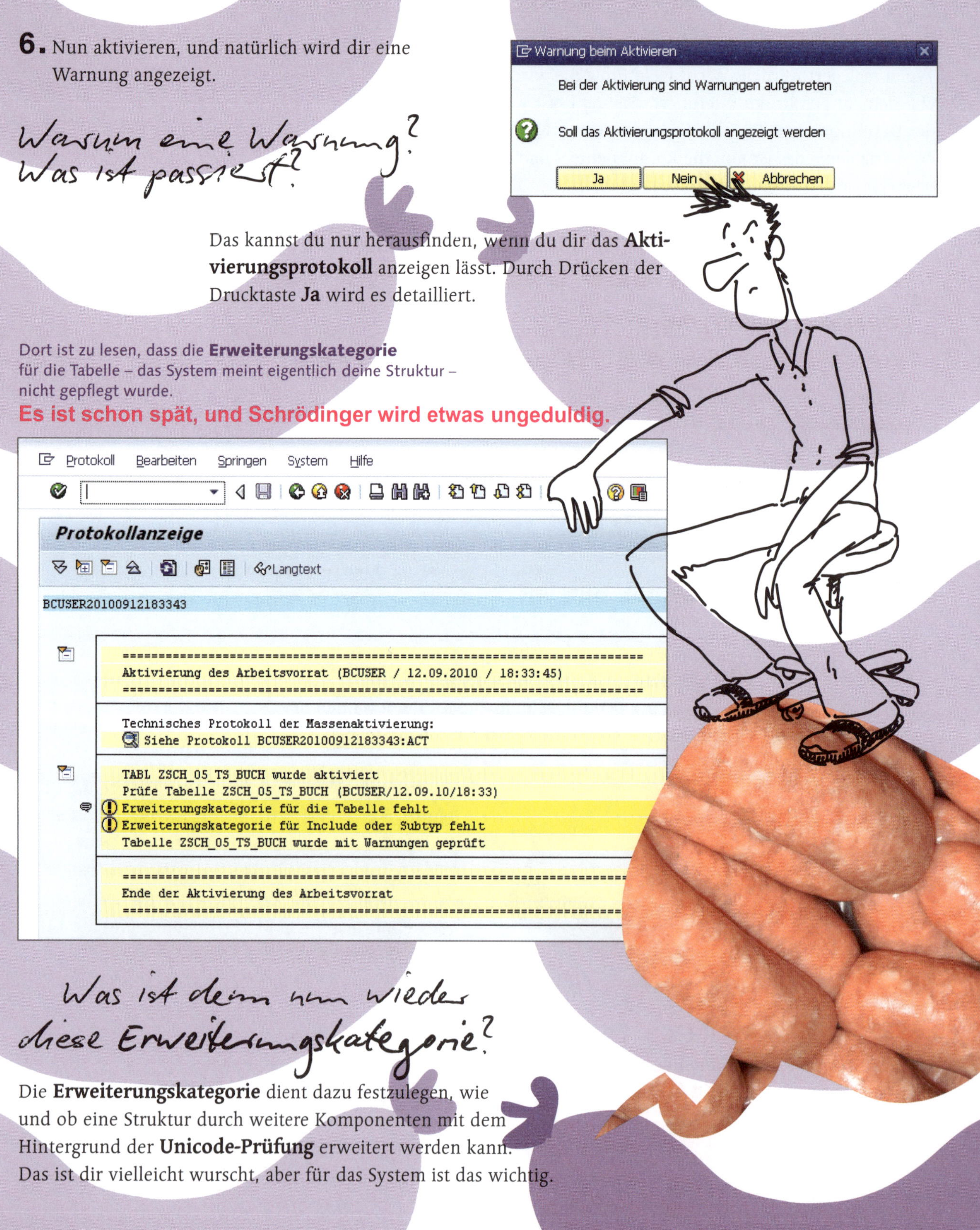

Warum eine Warnung? Was ist passiert?

Das kannst du nur herausfinden, wenn du dir das **Aktivierungsprotokoll** anzeigen lässt. Durch Drücken der Drucktaste **Ja** wird es detailliert.

Dort ist zu lesen, dass die **Erweiterungskategorie** für die Tabelle – das System meint eigentlich deine Struktur – nicht gepflegt wurde.

Es ist schon spät, und Schrödinger wird etwas ungeduldig.

Was ist denn nun wieder diese Erweiterungskategorie?

Die **Erweiterungskategorie** dient dazu festzulegen, wie und ob eine Struktur durch weitere Komponenten mit dem Hintergrund der **Unicode-Prüfung** erweitert werden kann. Das ist dir vielleicht wurscht, aber für das System ist das wichtig.

7. Geh mit dem grünen Pfeil aus dem Protokoll heraus, und wechsle mithilfe des Menüeintrags **Zusätze • Erweiterungskategorie**... in die Pflege der Erweiterungskategorie. Bevor du zur Pflege der Werte kommst, erklärt dir das System, dass du noch nichts gepflegt hast (Hallo! Ist da jemand?).

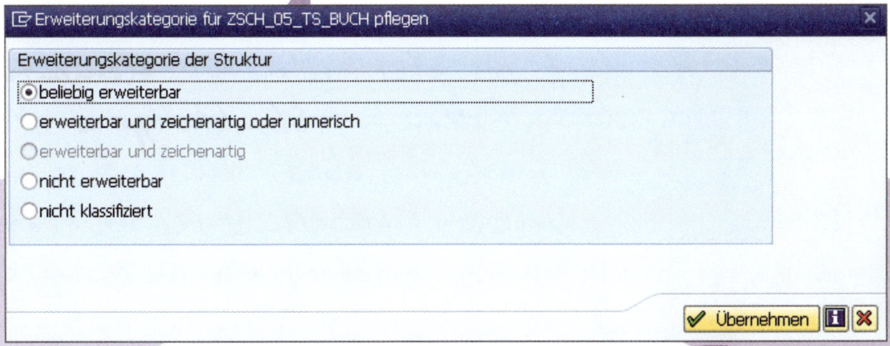

Erweiterungskategorie für ZSCH_05_TS_BUCH pflegen

Erweiterungskategorie der Struktur

- (•) beliebig erweiterbar
- ( ) erweiterbar und zeichenartig oder numerisch
- ( ) erweiterbar und zeichenartig
- ( ) nicht erweiterbar
- ( ) nicht klassifiziert

Übernehmen

Die folgenden Pflegemöglichkeiten haben folgende Bedeutungen:

- **beliebig erweiterbar**: Die Struktur und deren Erweiterung dürfen Komponenten enthalten, deren Datentyp beliebig ist.
- **erweiterbar und zeichenartig oder numerisch**: Die Struktur und deren Erweiterung dürfen keine tiefen Datentypen (Tabellen, Referenzen, Strings) enthalten.
- **nicht erweiterbar**: (Überraschung) Die Struktur darf nicht erweitert werden.
- **nicht klassifiziert**: Diese Kategorie kann zum Beispiel für einen Übergangszustand gewählt werden, allerdings nicht beim Anlegen von Strukturen, also nichts für uns, okay?

Also setze die Erweiterungskategorie auf **beliebig erweiterbar**, das ist für den Moment passend, da nur wir in der Kontrolle der Struktur sind. Bestätige das danach mit der Drucktaste **Übernehmen**, und aktiviere die Struktur. Die Warnung sollte nun nicht mehr erscheinen, und deine erste Dictionary-Struktur ist fertig für den Einsatz.

MEINE ERSTE STRUKTUR

Deine erste Struktur.

[Notiz]

Noch einige Begriffe, die dir öfter begegnen werden. Eine **flache** Struktur, im Gegensatz zu einer **tiefen** Struktur, ist jene, die nur flache Datenobjekte beinhaltet. Eine **geschachtelte** Struktur enthält mindestens eine Unterstruktur, das heißt eine Komponente, die wiederum eine Struktur ist.

[Belohnung]

Beweglich bleiben! Setze dich mit gestreckten Beinen auf den Boden. Rolle einen Ball unter deine Fersen. Versuche, die Fersen am Ball zu halten, stütze deine Arme neben deinem Becken auf, und hebe dein Becken. Ungefähr drei Minuten halten. Danach bist du ein Jahr jünger und musst auch keinen Rotbäckchen-Saft trinken.

Tabellarisch – typisch/intern – Lokaler Tabellentyp

Also wenn ich kurz mal zusammenfassen darf: Bis jetzt hatten wir **elementare Typen**, *und dann hatten wir* **Strukturtypen**. *Alles super. Was mache ich aber, wenn ich so ähnlich wie bei einer Datenbanktabelle Daten im Programm verarbeiten möchte, also im Hauptspeicher?*

Das ist jetzt aber eine sehr gute Frage, weil

1. sie genau zu meinem Konzept passt und
2. sehr oft, wenn nicht sogar immer, in einem Programm die Pufferung einer Menge von gleich strukturierten Daten benötigt wird.

Dafür gibt es in ABAP das Konzept der **internen Tabelle**, die man sich wie eine DB-Tabelle vorstellen kann, jedoch mit dieser nicht verwechselt werden sollte (darf).

[Ablage]
Interne Tabellen halten **transiente** Daten (flüchtig), und DB-Tabellen halten **persistente** Daten (beständig – glücklicherweise).

Apropos flüchtig: Ich muss flüchten. Lasst mich hier raus!

Um den Typ einer internen Tabelle beschreiben zu können, muss ein sogenannter **Tabellentyp** definiert werden, also der Typ einer internen Tabelle.
Nochmal auf der Zunge zergehen lassen: **Der Tabellentyp ist der Typ einer internen Tabelle.** Wiederhole!

Jawoll! Der Tabellentyp ist der Typ einer internen Tabelle.

Und den Tabellentyp kannst du natürlich **lokal** oder **global** definieren.

Her mit der internen Tabelle

Du willst also eine interne Tabelle anlegen, möglicherweise ein ganzes **Bücherregal**. Ist das so? *Trink nicht so viel Kaffee, du bist unausstehlich!*

Aha, widerspenstig. Na gut, dann legen wir eben einen Zahn zu: Hier ist die einfachste Form einer internen Tabelle in deinem Programm zu deklarieren:

```
DATA: gt_buchregal TYPE TABLE OF gst_buch.
```

Das ist ja total einfach zu lesen. Die Variable ist vom Typ einer Tabelle ... Aber was bedeutet das **OF gst_buch***?*

Alles richtig erkannt, und das **OF gst_buch** heißt, dass die Spalten laut den Komponenten in der Struktur **gst_buch** zu definieren sind. Das sind dann zwei Spalten **buch_titel** und **anz_seiten**. Übrigens nennt sich diese Art von Definition eine implizite Typdefinition, weil wir sie mit dem **DATA** mit erledigt haben. Und noch ein Übrigens: Das ist die Kurzform. Die Langform zeige ich dir mithilfe der expliziten Typisierung:

```
TYPES: gtt_buchregal TYPE STANDARD TABLE OF gst_buch
       WITH NON-UNIQUE DEFAULT KEY.
DATA: gt_buchregal TYPE gtt_buchregal.
```

Okay, okay, da haben wir ja noch einiges vor ... Brauchst du auch etwas Flüssiges vom Kühlschrank?

Halb so schlimm. **Die folgenden Elemente sind für uns interessant:**

- Die **Tabellenart**, im Beispiel oben steht STANDARD, legt die Art der Ablage und das Suchverhalten fest.
- Der **Zeilentyp**, im Beispiel **gst_buch**, legt den Spaltenaufbau fest.
- Die **Schlüsseldefinition**, im Beispiel WITH NON_UNIQUE DEFAULT KEY, legt die Eindeutigkeit der Einträge und bei sortierten Tabellen die Sortierung fest.

Und diese Punkte sehen wir uns jetzt im Folgenden an!

[Einfache Aufgabe]

Lege dir eine Bibliothek an, sodass du im Programm alle deine Bücher in einer internen Standardtabelle puffern kannst. Verwende die Kurzform für die Deklaration!

Dazu verrate ich dir auch die Lösung!
Zuerst mit **implizitem Typ**:

```
DATA: gt_bibliothek TYPE TABLE OF gst_buch.
```

Und dann mit **explizitem Typ**:

```
TYPES: gtt_bibliothek TYPE TABLE OF gst_buch.
DATA: gt_bibliothek TYPE gtt_bibliothek.
```

Wie viel Spalten hätten Sie denn gerne – Zeilentyp

Der **Zeilentyp**, also der Typ der Zeile einer internen Tabelle, beschreibt, welche Spalten die interne Tabelle besitzt. Das kann eine sein, aber das können auch mehrere sein. Ich möchte mich mal auf den Fall konzentrieren, bei dem mehrere Spalten definiert werden. Die lokale Möglichkeit mithilfe der lokalen Struktur hast du ja schon gesehen. Wie sieht es aber global aus?

Weiß ich nicht, sag du es mir! Ich kann doch nicht zaubern.

Ich möchte fast sagen: Natürlich steht nicht nur eine Möglichkeit zur Verfügung, um den **Zeilentyp** einer internen Tabelle zu definieren. Nein! Global gesehen, stehen dir drei Möglichkeiten zur Verfügung, und diese werden als **Strukturtypen** bezeichnet.

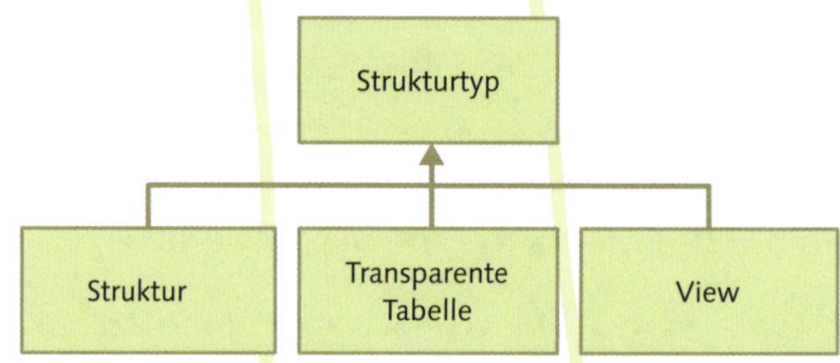

Für einen Strukturtyp im Dictionary gibt es drei Möglichkeiten: Struktur, transparente Tabelle und View. Transparente Tabelle und View kommen in Kapitel 16 und 17 und sehen von der Definition her wie Strukturen aus – na fast.

Nur um kurz lästig zu sein: Bitte liste im Folgenden die drei unterschiedlichen Arten von **Strukturtypen** auf:

1) ....

2) ....

3) ....

Die einzelnen Komponenten des Zeilentyps definieren die Spalten des Tabellentyps.

Also so wie die Spalten einer Datenbanktabelle?

[Achtung]

Ja, aber Achtung: **Eine interne Tabelle ist keine Datenbanktabelle**! Sie lebt im Hauptspeicher.

Normal, sortiert oder doch gehasht – Tabellenart

Du kannst verschiedene **Arten von internen Tabellen** definieren. Ich hab dir die Arten in der folgenden Abbildung zusammengestellt.

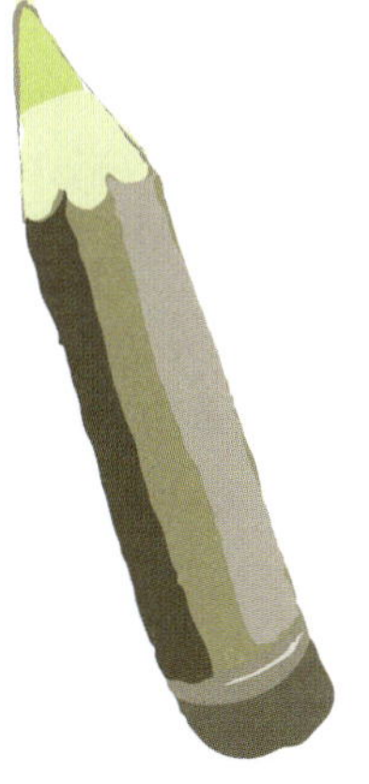

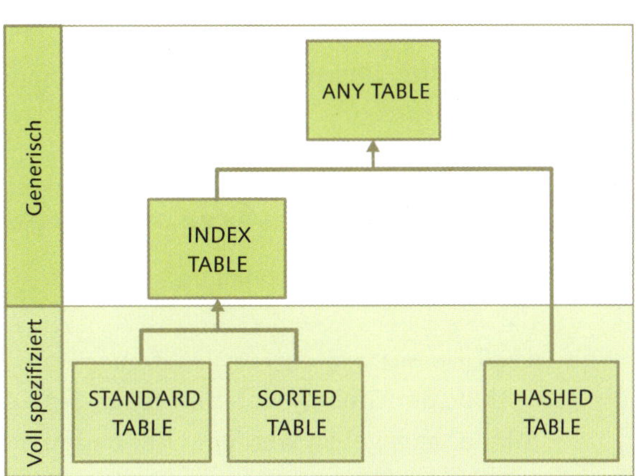

Auf der tiefsten Ebene gibt es **Standard**-, **sortierte** und **Hash**-Tabellen. Diese **Tabellenarten** können für direkte Typisierungen verwendet werden. Die Standard- und Sorted-Tabellen werden auch als **Index**tabellen bezeichnet.

In einer **Indextabelle** (**STANDARD** und **SORTED**) kann auf den Tabelleninhalt per **Index** zugegriffen werden, zum Beispiel „Liefere den dritten Eintrag". Wo es **Indexzugriffe** gibt, gibt es auch **Schlüsselzugriffe**, zum Beispiel „Liefere den Eintrag für die Stuhl-ID 15" oder „Liefere alle Stühle mit einer Höhe größer als 200 cm".

Also kann ich nach der Position oder nach dem Inhalt suchen, oder?

Genau. Die Inhalte der **Hash**-Tabelle können leider nicht per Index ausgelesen werden, sondern nur per Schlüssel (kommt im nächsten Abschnitt). Dies hat den einfachen Grund, dass aus dem Schlüsselwert der **Hash-Key** berechnet wird, und dieser repräsentiert die Startadresse des Tabelleneintrags im Hauptspeicher.

Und wenn ich nicht alle Schlüsselfelder zum Auslesen kenne?

Dann kannst du die Hash-Tabelle leider nicht verwenden!

Die allgemeinste Art einer Tabelle ist der **ANY**-Typ. Genauso wie der Indextyp kann dieser Typ nicht verwendet werden, um eine interne Tabelle als direkt verwendbare Variable definieren zu können, jedoch können diese Typen für die Typisierung der Schnittstellen von Methoden, Funktionsbausteinen etc. verwendet werden. Damit wird es möglich – bei der Verwendung der Tabellenart **INDEX** –, sowohl **STANDARD**- als auch **SORTED**-Tabellen zu übergeben. Bei der Verwendung des Typs **ANY** kann jede beliebige Tabelle verwendet werden.

Also ich würde dazu generische Schnittstelle sagen, aber ich verstehe es auch mit deiner Erklärung.

Danke! Der Unterschied in der Verwendung der einzelnen Tabellenarten liegt in der **Komplexität** der **Datenermittlung**. Im Fall einer unsortierten Standardtabelle muss das System im schlechtesten Fall alle Daten durchsuchen, um einen passenden Eintrag zu finden. In diesem Fall spricht man von einer Suchkomplexität von **O(n)**.

Das klingt aber nicht gut! Alles durchsuchen. Wie zu Hause ...

Je mehr Einträge, desto läääääänger die Suchdauer!

[Hintergrundinfo]

Mithilfe der Groß-O-Notation (engl. Big-Oh-Notation) kann die Laufzeit eines Algorithmus angegeben werden. O(n) bedeutet, dass das Verhalten des Algorithmus linear von der Anzahl der Elemente abhängig ist.

Besser wird es bei der Verwendung von **SORTED**-Tabellen, da diese die Einträge sortiert nach Schlüsselwerten ablegen. Somit kann das System bei der Suche nach Werten bei jedem Suchschritt jeweils die Hälfte der Werte aus der zu untersuchenden Menge rauskicken, und das ergibt eine Suchkomplexität von **O(ld n)**, also logarithmisch, und das ist schon viel besser. In der **SORTED**-Tabelle kann teiloptimiert gesucht werden, sofern die Schlüsselwerte lückenlos angegeben werden.

[Hintergrundinfo]

Logarithmisch: Die Suche dauert immer noch umso länger, je mehr Einträge es gibt, aber die Dauer wächst nur noch etwa so schnell wie ein Logarithmus von der Anzahl der Einträge n.

Die beste Suchkomplexität erreicht die **HASHED** -Tabelle, da in ihrem Fall aus den Schlüsselwerten der Hash-Key berechnet wird und dieser Wert die Startadresse des Eintrags darstellt. Damit ist keine Suche nötig und die Suchkomplexität **O(1)**.

Wow, das nenne ich eine Suche, die gar nicht suchen muss. Super!

> **[Zettel]**
> Lege eine sortierte Bibliothek und eine gehashte Bibliothek an. Achtung: Du kannst nicht die Kurzform verwenden!

Das war jetzt sicher nicht einfach. Darum meine Lösung:

```
TYPES: gtt_buchregal_sortiert TYPE SORTED TABLE OF gst_buch
       WITH NON-UNIQUE DEFAULT KEY.

TYPES: gtt_buchregal_gehasht TYPE HASHED TABLE OF gst_buch
       WITH UNIQUE DEFAULT KEY.
```

Ich denke mir, dass du jetzt schon verstehen kannst, warum bei der **HASHED TABLE**der Zusatz **WITH UNIQUE DEFAULT KEY** verwendet wird.

Na, weil die Einträge eindeutig sein müssen, sonst kann ja der Hash-Wert nicht berechnet werden.

Okay, ich meinte ja nur …

Open the door please – Schlüssel

Für den Tabellentyp kann ein **Schlüssel** definiert werden. Dieser kann entweder aus der **ganzen Zeile** (das wäre eine Tabelle mit einer Spalte mit Text), aus allen nicht numerischen Feldern des Strukturtyps (**Standardschlüssel**) oder aus **einzelnen Komponenten** bestehen. Falls Komponenten definiert werden, ist die **Reihenfolge** der **Schlüsselkomponenten** relevant, da nach diesen im Fall der **SORTED**-Tabelle sortiert wird. Falls ich die Spalte **anz_seiten** zum Schlüsselfeld machen möchte, würde ich das so schreiben:

```
TYPES: gtt_buchregal_sortiert TYPE SORTED TABLE OF gst_buch
       WITH NON-UNIQUE KEY anz_seiten.
```

*Was wohl passiert, wenn man **anz_seiten** zum Schlüssel der HASHED-Tabelle macht?*

Dann kann deine Bibliothek nur Bücher mit unterschiedlichen Seitenanzahlen führen. Das wäre sicher ein **Alleinstellungsmerkmal**.
Ein weiterer Aspekt ist die **Eindeutigkeit** der Einträge. Für die **STANDARD**-Tabelle ist vordefiniert, dass die Einträge identische Schlüsselwerte besitzen können, also **NON-UNIQUE**. Eine **SORTED**-Tabelle kann sowohl eindeutige **UNIQUE**- als auch nicht eindeutige **NON-UNIQUE**-Einträge hinsichtlich der Schlüssel besitzen. Für eine **HASHED**-Tabelle sind nur eindeutige **UNIQUE**-Einträge erlaubt.

Natürlich wegen des Hash-Werts! Ganz klar!

Heute mal kopflos – Kopfzeile

Ein kleines Spezialthema habe ich noch für dich: Früher wurden alle Tabellen mit **Kopfzeilen** angelegt (Stichwort ABAP-Anweisung **OCCURS**), das heißt, die Kopfzeile ist die Arbeitsstruktur, in die die Daten der Tabelle geschrieben werden. Diese Arbeitsstruktur ist namensgleich mit dem **Tabellenkorpus**, und damit kann eine verkürzte Notation verwendet werden. Zum Beispiel **`LOOP AT <Interne Tabelle>`** statt **`LOOP AT <Interne Tabelle> INTO <Struktur>`.** Dennoch lautet die **Empfehlung, die internen Tabellen ohne Kopfzeilen anzulegen**, da damit der Weg zum optimierten Zugriff auf die Tabelleninhalte frei ist.

Zur Belohnung eine kleine Zusammenstellung zu den internen Tabellen:

	INDEX TABLE		HASHED TABLE
Tabellenart	STANDARD TABLE	SORTED TABLE	HASHED TABLE
Indexzugriff	X	X	
Schlüsselzugriff	X	X	X
Schlüsseleindeutigkeit	NON-UNIQUE	UNIQUE oder NON-UNIQUE	UNIQUE

Tabellen für alle – Globaler Tabellentyp

Natürlich kannst du den Tabellentyp auch global anlegen.

1. Wechsle in die Transaktion SE11, und wähle dort den Radiobutton **Datentyp** aus.

2. Wähle einen wunderschönen Namen für den Tabellentyp, wie zum Beispiel `ZSCH_05_TT_BIBLIO`, ach, wie einfallsreich.

3. Die Drucktaste **Anlegen** ist die wahre, was sonst, und im Folgebild natürlich den **Tabellentyp** auswählen.

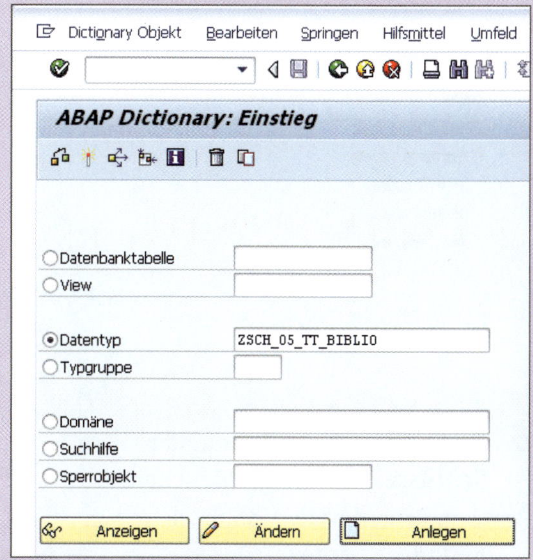

Name rein und anlegen!

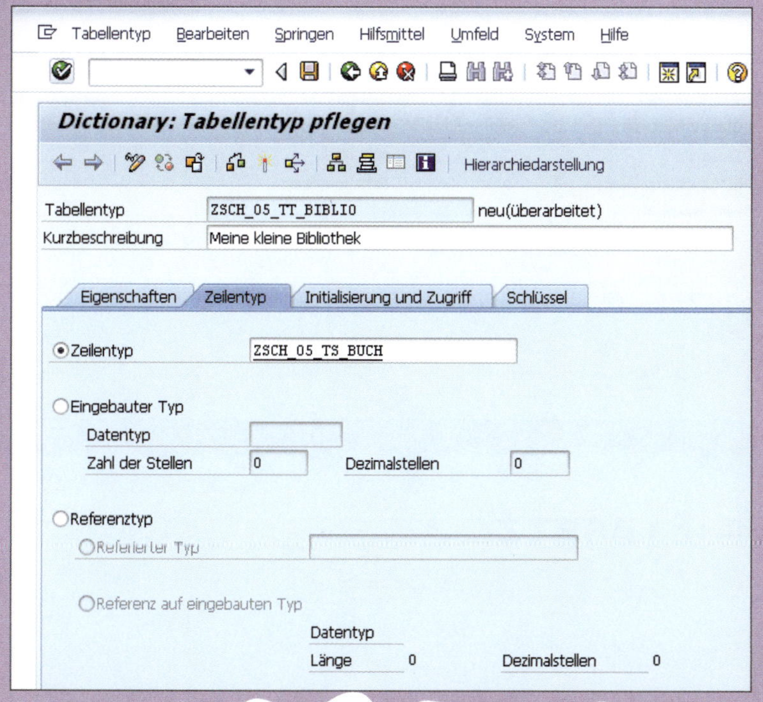

4. Da ist schon die **Detailpflege**. Auf dem Karteireiter **Zeilentyp** geht es los. Ich habe den Zeilentyp `ZSCH_05_TS_BUCH` verwendet. Du kannst gerne einen eigenen nehmen.

Ah, Überraschung. Du kannst den Tabellentyp nicht nur mit einem Strukturtyp, sondern auch mit eingebauten Typen oder Referenzen typisieren.

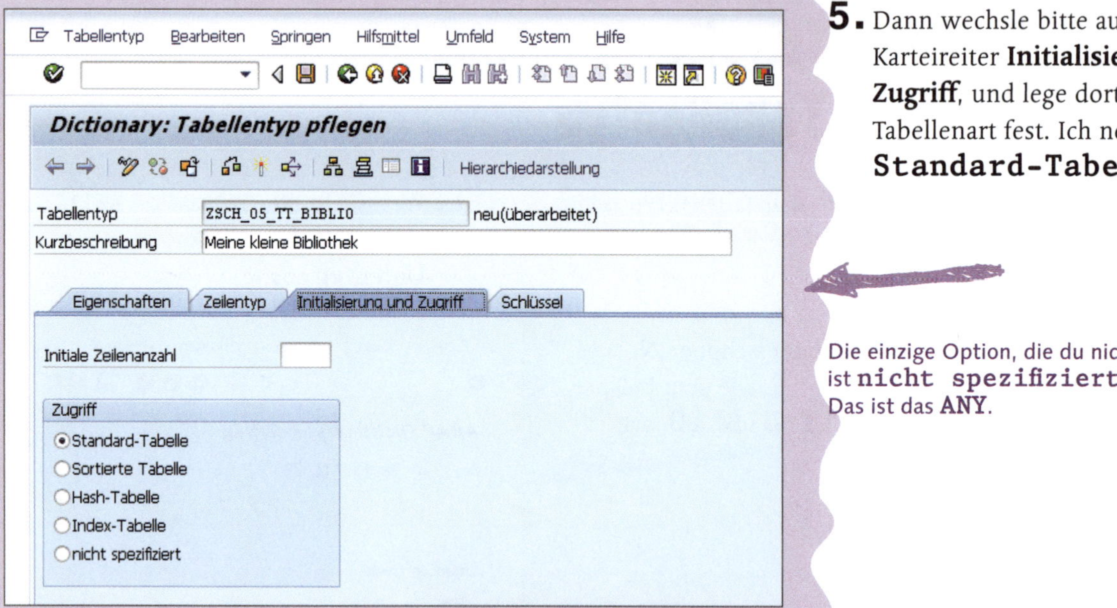

5. Dann wechsle bitte auf den Karteireiter **Initialisierung und Zugriff**, und lege dort die Tabellenart fest. Ich nehme mal **`Standard-Tabelle`**.

Die einzige Option, die du nicht kennst, ist **`nicht spezifiziert`**. Das ist das **ANY**.

6. Und zum nächsten Karteireiter **Schlüssel**. Wie der Name schon sagt, kann dort der Schlüssel hinterlegt werden.

Schlüsselarten, Schlüsselkomponenten und Eindeutigkeiten, was willst du mehr?

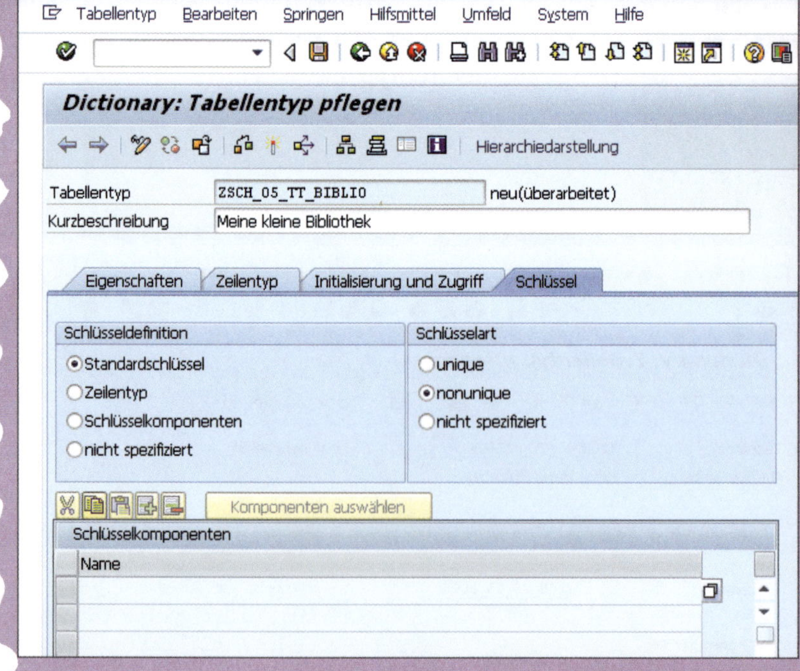

7. Sichern, aktivieren, **`fertig zum Einsatz.`**

Operation: Table – Tabellenoperationen

Was nützt das schönste Auto, wenn es nur in der Garage steht? Es muss gefahren werden. Mit den internen Tabellen verhält es sich genauso, sie müssen gefahren werden, sonst verstellen sie nur Platz in deinem Programm. Dazu benötigst du die passenden Anweisungen.
Die Voraussetzung für das Arbeiten mit den Inhalten ist der passende Treibstoff, also eine **Arbeitsstruktur** und die **interne Tabelle** selbst. Erzeugen wir uns doch eine kleine Bibliothek im Hauptspeicher.

[Zettel]
Bitte lege dazu das ausführbare Programm **zsch_05_meinebiblio** an.

```
DATA: gt_biblio TYPE zsch_05_tt_biblio,*1
      gs_biblio LIKE LINE OF gt_biblio.*2
```

*1 Deine Bibliothek **gt_biblio** deklarierst du mit Bezug zu einem Tabellentyp. Ich habe den globalen Tabellentyp **zsch_05_tt_biblio** verwendet, weil er einfach so schön ist.

*2 Damit die Inhalte in die Tabelle rein- und rauskommen, benötigst du für den Anfang eine Struktur, die genauso aufgebaut ist wie eine Zeile der internen Tabelle. Die Anweisung **LIKE LINE OF**, also „wie eine Zeile von", lässt sich sehr einfach verstehen und ist der eleganteste Weg, eine solche Struktur zu definieren. Übrigens wirst du für **Struktur** auch öfter **Arbeitsstruktur** oder **Workarea** als Begriffe hören.

Für das Einfügen von neuen Einträgen stehen die Befehle **INSERT** und **APPEND** zur Verfügung, wobei **APPEND** nur für **STANDARD**-Tabellen verwendet werden kann, nach meiner Erfahrung jedoch die am häufigsten eingesetzte Operation ist. Ich würde mal sagen, so zwischen 10 und 90 %.

```
* Zuerst die Arbeitsstruktur befüllen
  gs_biblio-buch_titel = 'Schrödinger programmiert ABAP'.*1
  gs_biblio-anz_seiten = 5432.
* Anhängen
  APPEND gs_biblio TO gt_biblio.*2
```

*1 Zuerst befüllst du die Arbeitsstruktur mit den Daten, die du gerne in der internen Tabelle hättest. Der Schrödinger bietet sich an, weil du ihn gerade liest und ich mal annehme, dass er in deinem Privatbesitz ist, oder?

*2 Dann hängst du mit dem **APPEND** die Daten am Ende in die interne Tabelle ein

buch_titel	anz_seiten

Das Bild zum Text. Ein Eintrag in die interne Tabelle.

Wenn du **INSERT** verwenden möchtest, weil du möglicherweise **SORTED-** oder **HASHED**-Tabellen einsetzt, müsstest du folgende Syntax verwenden:

```
INSERT gs_biblio INTO TABLE gt_bliblio.
```

Probiere das mal statt der **APPEND**-Anweisung aus. Das hat je nach verwendeter **Tabellenart** unterschiedliche Auswirkungen.

- Bei STANDARD wird der Datensatz einfach angehängt, so wie beim **APPEND**.
- Bei SORTED wird der Datensatz laut Schlüsselfeldern eingefügt, sogar sortiert.
- Bei HASHED wird der Datensatz auch laut Schlüsselfeldern eingefügt, jedoch nicht sortiert.

Wenn du nun so am Einfügen bist ...

Wo hab ich jetzt nochmal die Leinenschuhe hingestellt?

Es würde sich natürlich anbieten, dass du auch mal **sortierst**. Entweder nach dem Titel oder der Anzahl der Seiten oder eine andere Spalte, die du vielleicht schon eingebaut hast. Sortieren ist ziemlich einfach:

```
SORT <itab> BY <spalte> [ASCENDING|DESCENDING]*1
```

*1 Du willst die interne Tabelle mit dem Befehl **SORT** nach einer oder mehreren Spalten sortieren, und das aufsteigend (**ASCENDING**) oder absteigend (**DESCENDING**).

Bevor du dazu ein Beispiel machen darfst, noch ein anderes wichtiges Konstrukt, das auch in jedem Programm vorkommt. Das Abarbeiten der Daten in der internen Tabelle.

LOOP

Schrödinger programmiert ABAP	5432

INTO

buch_titel	anz_seiten
Schrödinger programmiert ABAP	5432
Web Dynpro ABAP	1200
...	...

Zeile für Zeile verrichtet der **LOOP** seine Schwerstarbeit.

```
LOOP AT <itab> INTO <struktur>.*1
* Hier machst du etwas mit der Struktur
ENDLOOP.*2
```

*1 Mit der **LOOP AT**-Anweisung teilst du dem System mit, dass du den gesamten Datenbestand einer internen Tabelle Zeile für Zeile abarbeiten willst. Im Gegensatz zum Einfügen werden nun die Daten, Zeile für Zeile, aus der Tabelle in die Struktur kopiert.

*2 Der Schleifenkörper wird durch **ENDLOOP** beendet. Solange Daten vorhanden sind, dreht sich das Ringelspiel.

Bibliothek einräumen

Endlich bist du an der Reihe. Bau dir deine Bibliothek auf. Wenn du willst, kannst du natürlich noch mehr Spalten in den Tabellentyp **zsch_05_tt_biblio** aufnehmen. Erzeuge für den Anfang zumindest drei Bucheinträge in der Bibliothek, und sortiere sie danach aufsteigend nach dem Titel. Zu Kontrollzwecken gibst du die Einträge in der Liste aus.

Mit **WRITE** *und Einzelfelder und pro Zeile ein Buch?*

Genau so! Lass es krachen! Hau rein! Lass die Tasten scheppern! Tick tack tick tack tick tack, und aus. Das war sicher eine kleine Fingerübung für dich. Hast du auch kräftig kopiert? Hoffentlich. Die Teile zum Einfügen sehen doch immer gleich aus. Das wäre wohl ein Kandidat für ein **Unterprogramm**, hmmm. Wo war ich? Ach ja, das Programm:

KN-AACK

```
DATA: gt_biblio TYPE zsch_05_tt_biblio,
      gs_biblio LIKE LINE OF gt_biblio.

START-OF-SELECTION.
* Zuerst die Arbeitsstruktur befüllen*1
  gs_biblio-buch_titel = 'Schrödinger programmiert ABAP'.
  gs_biblio-anz_seiten = 5432.
* Anhängen geht auch bei STANDARD-Tabelle
*  APPEND gs_biblio TO gt_biblio.
  INSERT gs_biblio INTO TABLE gt_biblio.
* noch eins
  gs_biblio-buch_titel = 'Einsteig in Web Dynpro ABAP '.
  gs_biblio-anz_seiten = 350.
  INSERT gs_biblio INTO TABLE gt_biblio.
* und noch eins
  gs_biblio-buch_titel = 'Web Dynpro ABAP Kompendium'.
  gs_biblio-anz_seiten = 1200.
  INSERT gs_biblio INTO TABLE gt_biblio.
* und ein Letztes noch
  gs_biblio-buch_titel = 'ROSA-TOM: Agile Prozesserfassung'.
```

*1 Das **Befüllen** ist immer das Anstrengendste. So viele Bücher. Die sollten wohl eher in die Datenbank.

```
  gs_biblio-anz_seiten = 50.
  INSERT gs_biblio INTO TABLE gt_biblio.

* Sortieren
  SORT gt_biblio BY buch_titel ASCENDING.*2

* Bibliothek ausgeben
  LOOP AT gt_biblio INTO gs_biblio.*3
    WRITE: / gs_biblio-buch_titel,
             gs_biblio-anz_seiten.
  ENDLOOP.
```

*2 Die **Sortierung** geschieht, wie gewünscht, nach dem Titel, und das auch noch aufsteigend.

*3 Von Bibliothekaren geliebt. Listen ihrer Schätze. Alle Bücher in der Liste werden ausgegeben, und das pro Komponente und pro Zeile.

Bravo! Gut geloopt!

Natürlich muss ich erwähnen, dass die **LOOP**-Anweisung noch viele viele viele weitere Möglichkeiten bietet, wie **logische Bedingungen**, **performantes Lesen** etc.

[Belohnung/Lösung]

Eine Linzertorte oder ein Punschkrapferl?

Einzeln geht es auch – Einzelverarbeitung von Tabelleneinträgen

Der **LOOP** hat dir gefallen, soso. Der ist aber nicht immer nötig. Ab und zu reicht es auch, einen **Einzelsatz** zu lesen. Da wäre es ja ziemliche Zeitverschwendung, den ganzen Datenbestand abzuloopen. Darum her mit der Einzelsatzoperation in meiner Lieblingsvariante. Zuerst für das Schlüssellesen.

```
READ TABLE <itab> INTO <struktur> WITH [TABLE] KEY <s1> = <f1>...
<sn> = <fn>*1
```

*1 Mit **READ TABLE** liest du einen Satz und egal, wie viele Sätze du finden würdest, du bekommst nur einen Satz. Nämlich den ersten passenden, den das System findet. Das Ergebnis kommt wieder in die Zielstruktur. Was tatsächlich gefunden wird, hängt von den Bedingungen ab, die du mit dem **WITH** angibst. Du kannst **Schüsselspalten** (s1 bis sn), **Vergleichswerte** (f1 bis fn) und Pärchen angeben. Der Grund, warum ich das **TABLE** in eckige Klammern gestellt habe, ist, dass du diese Angabe nicht unbedingt benötigst. Falls du sie angibst, wird vom System geprüft, ob du tatsächlich alle Schlüsselfelder angegeben hast, sodass ein Datensatz garantiert eindeutig gefunden werden kann.

Wer findet das Buch mit den 1.200 Seiten?

Ich:

```
READ TABLE gt_biblio INTO gs_biblio WITH KEY
anz_seiten = 1200.
```

Prächtig! Und für **Indextabellen** habe ich auch die Indexvariante in Aktion. Damit kannst du zum Beispiel Top-Listen erstellen. Die Anweisung sieht so aus – ohne Erläuterung:

```
READ TABLE <itab> INTO <struktur> INDEX <index>.
```

*Sieht genauso wie die erste **READ**-Variante aus, nur mit **INDEX**, und dahinter kommt wohl eine Zahl.*

[Einfache Aufgabe]

Sortiere die Bibliothek nach den Seiten absteigend, und gib das Buch mit den meisten Seiten aus.

```
* Top Pager
* Sortieren
  SORT gt_biblio BY anz_seiten DESCENDING.*1
  READ TABLE gt_biblio INTO gs_biblio INDEX 1.*2
  WRITE: / gs_biblio-buch_titel,
           gs_biblio-anz_seiten.
```

*1 Die Sortierung nach der Spalte sollte kein Problem sein.

*2 Das Lesen mithilfe des Indexes auch nicht. Also, wer hat gewonnen?

Der Schrödinger, der Schrödinger! Das bin ja ich!

Sieger an allen Fronten! Gratulation.

Ändern und Löschen zum Abrunden – Noch mehr Tabellenoperationen

Ich, als begnadeter Sammler, bin eigentlich nicht so für das Wegwerfen, aber ab und zu muss man sich einfach von den Dingen lösen, um wieder frei zu sein. Die Freiheit in internen Tabellen verschaffst du dir mit dem **DELETE**-Befehl.

```
DELETE TABLE <itab> WITH [TABLE] KEY <s1> = <f1>... <sn> = <fn>.
```

Der sieht eigentlich ziemlich ähnlich aus wie das **READ** mit **Schlüsselangabe**. Auch hier gilt wieder, dass, wenn du das **TABLE** nicht angibst, mehrere Datensätze betroffen sein können. Aufpassen, sonst sind deine Daten futsch.
Die **Indexvariante** sieht so aus:

```
DELETE <itab> INDEX <index>.
```

Große Erkenntnis: Ohne die TABLE-Angabe! Mit der Indexvariante landest du einen perfekten Treffer. Frage: Kannst du die Indexvariante auch für eine **HASHED**-Tabelle verwenden?

Nö, HASHED ist ja keine Indextabelle!

Genau!

So, einen hab ich noch, dann ist es genug. Das Ändern in der internen Tabelle erledigst du mit **MODIFY**. Auch hier wieder die Schlüssel- und Indexvariante.

```
MODIFY <itab> FROM <wa> TRANSPORTING <s1> <s2> ...
WHERE <s1> = <f1> ... <sn> = <fn>.
```

Kleines Beispiel zur Schlüsselvariante:

```
gs_biblio-anz_seiten = 120.
MODIFY gt_biblio FROM gs_biblio TRANSPORTING anz_seiten
WHERE anz_seiten = 1200.
```

Und noch die **Indexvariante** ohne Worte:

```
MODIFY <itab> INDEX <index> FROM <wa> TRANSPORTING <s1> <s2> ....
```

So, das war's mit den Tabellenoperationen. Falls du das Gefühl hast, dass ich dir das eine oder andere vorenthalten habe, kann ich nur sagen: Ja, ABER natürlich nur aus didaktischen Gründen.
Ich werde dir aber verraten, wie du zu mehr Informationen kommst: **F1-Taste!**

Willst du noch viel mehr wissen, und drückt's dich ach und weh, dann setz dich auf ein Kissen, und lies' die Online-Hilfeh.

Schrecklich! Zeit für Feierabend.

—SECHS—

ABAP-Syntax I

Si parla ABAP? Echtes Küchenlatein

**Jetzt geht's ans Eingemachte,
Schrödinger,
oder sollten wir besser sagen ans Eingekochte?
Hier lernst du mal das Basisvokabular,
so wie damals, als nur Spaghetti gemacht wurden
und nicht auch dieses andere Zeugs.**

Von Kontrollen und Schleifen

Keine Angst, wir werden jetzt keinen Sprachwissenschaftler aus dir machen. Dennoch lohnt sich ein Blick in den Satzaufbau und die Konstruktion von ABAP-Anweisungen. Wie können die Folgen von Zeichen in bedeutungsvolle Konstrukte verwandelt werden, sodass am Ende ein Programm herauskommt, das das Laufzeitsystem ausführen kann. Den ultimativen Kontrollator hast du ja bereits kennengelernt: den Syntaxchecker.

Zuweisungen, Operationen, Funktionen

Von vorne und mit System. Am besten mit einem **Koch-Rezept-System**. Ich habe ja immer einige Rezepte für dich auf Lager, die du möglicherweise verwalten möchtest. Die 1.000 und eins besten Schrödinger-Rezepte: **ZSCH_06_1001_RECIPES**, dein Programm als Gegenwehr zu **Hollywood-Diäten**.

Da muss ich ja noch mehr radeln. Na gut. Sicher ein ausführbares Programm? So weit hast du mich schon gebracht.

Und ich muss dir schon nichts mehr erklären. Eine **Ingredienz** benötige ich doch noch: eine **Datenbanktabelle**, in der wir die Rezepte ablegen können: **ZSCH06RECIPE**.

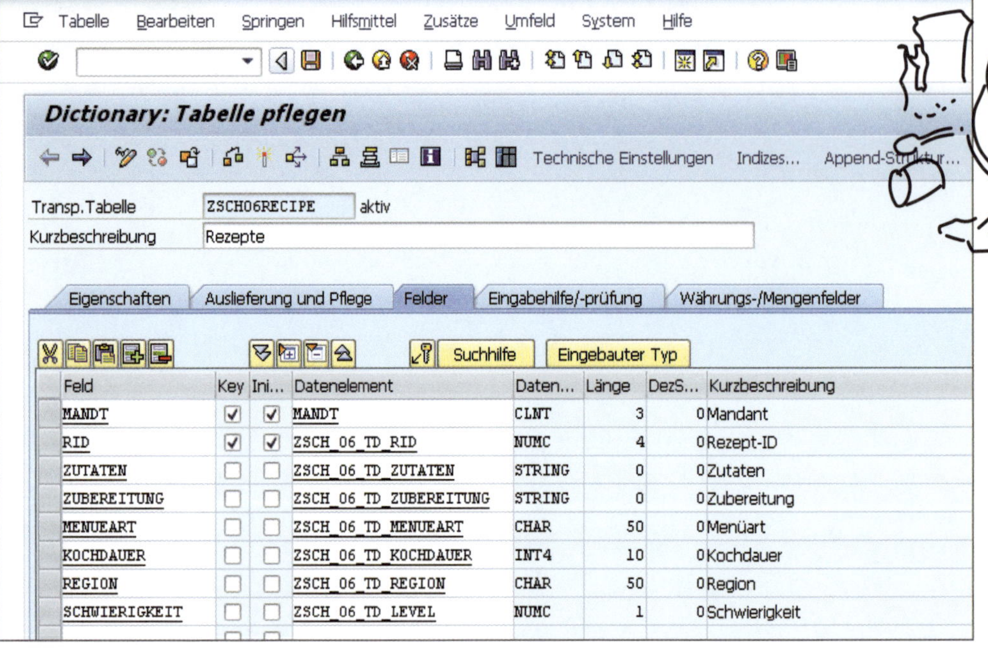

Feld	Key	Ini...	Datenelement	Daten...	Länge	DezS...	Kurzbeschreibung
MANDT	✓	✓	MANDT	CLNT	3	0	Mandant
RID	✓	✓	ZSCH_06_TD_RID	NUMC	4	0	Rezept-ID
ZUTATEN	☐	☐	ZSCH_06_TD_ZUTATEN	STRING	0	0	Zutaten
ZUBEREITUNG	☐	☐	ZSCH_06_TD_ZUBEREITUNG	STRING	0	0	Zubereitung
MENUEART	☐	☐	ZSCH_06_TD_MENUEART	CHAR	50	0	Menüart
KOCHDAUER	☐	☐	ZSCH_06_TD_KOCHDAUER	INT4	10	0	Kochdauer
REGION	☐	☐	ZSCH_06_TD_REGION	CHAR	50	0	Region
SCHWIERIGKEIT	☐	☐	ZSCH_06_TD_LEVEL	NUMC	1	0	Schwierigkeit

Das ist die Rezepttabelle. Ziemlich einfach und für dich ganz locker, wie gewohnt umsetzbar. Die Kapitel 3 und 5 haben dich nicht vergessen.

Jetzt geht es aber wirklich los. Wir werden die Tabelle nach Strich und Faden auswerten, dass es nur so dampft und köchelt. Ich gehe davon aus, dass schon Rezepte in der Datenbank sind.

[Zettel]
Kurze Erinnerung: Um Einträge in der Tabelle zu erfassen, wechselst du zuerst in die Definition der Tabelle und wählst dort den Menüeintrag **Hilfsmittel • Tabelleninhalt • Einträge erfassen**.

Das Basisskelett des Programms **ZSCH_06_1001_RECIPES** sieht so aus.

```
REPORT  zsch_06_1001_recipes.

DATA: ls_recipe TYPE zsch06recipe.

START-OF-SELECTION.

  SELECT SINGLE * FROM zsch06recipe INTO ls_recipe
    WHERE rid = '001'.

    WRITE: / 'Nicht so schöne Ausgabe:',
             ls_recipe.
```

Du hast das sicher schon im Editor eingetippt. Hast du auch schon probiert, es laufen zu lassen?

Natürlich, ich bekomme aber die Meldung: „"LS_RECIPE" lässt sich nicht in ein zeichenartiges Feld konvertieren." Was ist denn da wieder los?

Ups, da habe ich doch tatsächlich übersehen, dass es ein Feld vom Typ **INT4** ist. Damit hat das **WRITE** bei der Ausgabe einer Struktur ein Problem. Dann bauen wir eben den Rahmen schnell um.

```
REPORT  zsch_06_1001_recipes.
* Die Daten von der Datenbanktabelle werden in der
* Struktur gepuffert
DATA: gs_recipe TYPE zsch06recipe.*1

START-OF-SELECTION.
* Einstweilen mal nur Rezept Nummer 1
  SELECT SINGLE * FROM zsch06recipe INTO gs_recipe
```

*1 Wir holen uns **Daten** von der Datenbank und müssen die ja irgendwo speichern. Dazu deklariere ich eine Variable, die genauso aufgebaut ist wie die Datenbanktabelle. Das erreiche ich, indem ich die Definition der Datenbanktabelle als Typ verwende.

Und dieser Typ nennt sich Strukturtyp. Deine Quälereien aus Kapitel 5 machen sich bezahlt.

„No pain, no gain", wie schon Jane Fonda sagte, oder war es Arni Schwarzenegger?

```
    WHERE rid = '001'.*2
* Falls einen Satz gefunden, dann Ausgabe.
    WRITE: / 'Nicht so schöne Ausgabe:'.
* Feldweise Ausgabe*3
    WRITE: / gs_recipe-rid,
             gs_recipe-zutaten,
             gs_recipe-zubereitung,
             gs_recipe-menueart,
             gs_recipe-kochdauer,
             gs_recipe-region,
             gs_recipe-schwierigkeit.
```

*2 Das **Einzelsatz-Lesen** von der Datenbank hatten wir schon mal in Kapitel 3. Auf alle Fälle wird das Rezept 001 (so hab ich das angelegt in der Datenbanktabelle) in die Struktur `ls_recipe` gestellt.

*3 Nachdem in der Version 0.5 unseres Programms die Ausgabe der gesamten Struktur nicht funktionierte, habe ich auf die Ausgabe von Einzelfeldern umgestellt: Mit **<Struktur>-<Feld>** greifst du auf die Einzelfelder zu. Findest du in der **WRITE**-Zeile das Symbol für den Kettensatz und Zeilenumbruch?

Ist das eine Fangfrage? Das ist nicht schwer zu finden. Direkt hinter dem **WRITE** *der Doppelpunkt (:) und der Slash (/).*

Und die **Ausgabe** dazu sieht vorerst mal so aus:

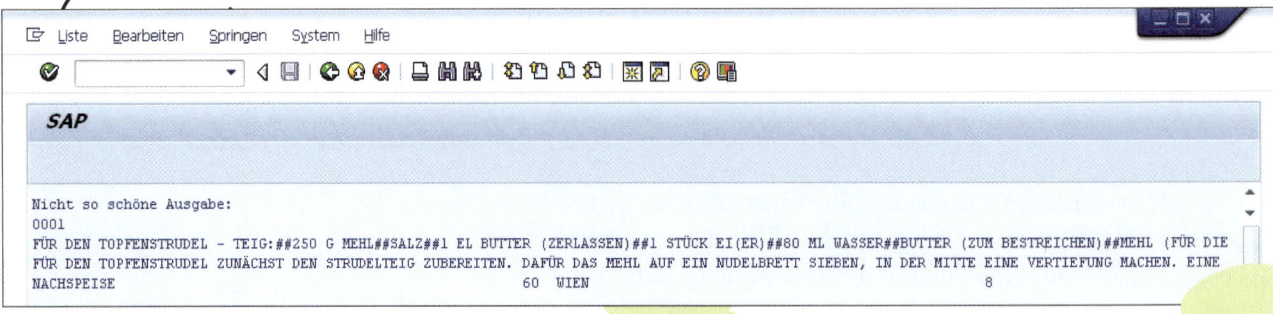

Na ja, bis zur Produktreife sind noch ein paar Kleinigkeiten zu erledigen.

Bitte nicht abweisen – Zuweisungen

Nehmen wir mal an, du hast eine Variable definiert, wie zum Beispiel

```
DATA: gd_aber_bitte_mit_sahne TYPE abap_bool.
```

Schlafe ich noch? Was ist das **abap_bool**-*Dingens da am Ende?*

[Notiz]
ABAP selbst hat ja keinen eingebauten **Booleschen Typ** für Wahr- und Falsch-Werte. Jedoch gibt es den Typ **abap_bool**, der in der Typgruppe **abap** im Dictionary definiert ist. Er ist als Character mit Länge 1 typisiert. Und für die Wahr/Falsch-Werte kannst du die Konstanten **abap_true** und **abap_false** verwenden. **abap_true** hat den Wert 'X' und **abap_false** den Wert ' ' (Blank).

Wie wird dieser Variablen ein Wert zugewiesen? Also der einfachste und allgemeinste Weg ist, zuerst die Variable zu schreiben, dann den Zuweisungsoperator (das ist das =-Zeichen) und dann den Wert, der zugewiesen werden soll, also zum Beispiel:

```
gd_aber_bitte_mit_sahne = 'X'. "oder
gd_aber_bitte_mit_sahne = abap_true. "oder
MOVE 'X' TO gd_aber_bitte_mit_sahne.
```

[Achtung]
„MOVE" ist total old school, besser du verwendest den Zuweisungsoperator =.

[Notiz]
Mir persönlich würde es natürlich besser gefallen, wenn du statt 'X' die Konstante **abap_true** verwenden würdest. **Literale vermeiden, Konstanten hinschreiben**.

Das bedeutet, dass der Variablen **gd_aber_bitte_mit_sahne** der Wert **X** zugewiesen wird.

Woher weißt du, welchen Wert du der Variablen zuweisen kannst?

Gute Frage! Die Info kommt von der Typisierung (der technischen Definition) der Variablen, und aufgrund dieser Typisierung kann der Syntaxchecker prüfen, ob der zugewiesene Wert technisch zur Variablen passt.

In die Kiste kommt nur, was ich sage!

Das ist umso spannender, je mehr ich darüber nachdenke. Ab ins Zuweisungslabor. Probiere doch mal das Folgende aus:

```
DATA gd_po_id TYPE n LENGTH 10.
DATA gd_po_id_as_int TYPE i.
gd_po_id = '2147483647'.
gd_po_id_as_int = gd_po_id.
```

Wird der Syntaxchecker meckern?

Der ist doch keine Ziege! Was ich bis jetzt verstehe, ist, dass du zwei Variablen angelegt hast, eine numerische und eine ganzzahlige. Und dass du dann der numerischen Variablen einen Wert zuweist (da hat der Checker nix zu meckern) und dann ...

Ja, dann kommt der spannende Teil, weil wir einer ganzzahligen Variablen den Wert der numerischen zuweisen. Im Grunde genommen kannst du die Frage nur beantworten, wenn du die sogenannten **Konvertierungsregeln** kennst.

Das Buch der Konvertierungsregeln. Steht im Regal gleich neben dem Buch mit den sieben Siegeln.

Was du darfst und was du sollst – Konvertierungsregeln

Also zuerst **Konvertierungsregeln kennenlernen**, und dann sehen wir uns das Beispiel nochmal an. Fangen wir mal mit einigen Begriffen an.

[Begriffsdefinition]

Datentypen bzw. Datenobjekte werden als **kompatibel** bezeichnet, wenn sie in allen technischen Eigenschaften, also Feldlänge, Anzahl der Dezimalstellen und Typ, vollständig übereinstimmen.

Kompatible Datenobjekte können **immer** und **ohne Probleme** einander **zugewiesen werden**, kein Problem. Also weiter im Programm.
Was ist, wenn die Datenobjekte **nicht kompatibel** sind, besteht dann die Möglichkeit der Zuweisung? (Klingt wie bei einem Paartherapeuten.) Die Antwort lautet: **„Es kommt drauf an …"** Dazu brauchen wir einen neuen Begriff: **konvertibel**. Wow, etwas für die nächste Party.

[Begriffsdefinition]

Datentypen sind **konvertibel**, wenn entsprechende **Konvertierungsregeln** vorhanden sind.

Ein Beispiel aus einer unendlich langen Liste von Konvertierungsregeln – ich zitiere wörtlich aus der Online-Hilfe. Vorab noch eine kleine Info: **n** steht für numerisches Textfeld und **i** für ganzzahlige Variablen.

[Begriffsdefinition]

Quelltyp n, Zieltyp i: „Das numerische Feld wird als Zahl interpretiert und rechtsbündig mit positivem Vorzeichen übertragen. Ist das Zielfeld zu kurz, kann es zu einem Abbruch kommen."

Aha, danke liebe Online-Hilfe.

Sehen wir uns das Beispiel von oben nochmal an. Welchen Wert hat **gd_po_id_as_int**?

Der Wert ist 2147483647 nach der Zuweisung.

Nun ändere mal den Wert von **gd_po_id** auf **2147483648**. Was passiert jetzt?

Wie immer, wenn du so eine Frage stellst, passiert ein FEHLER!

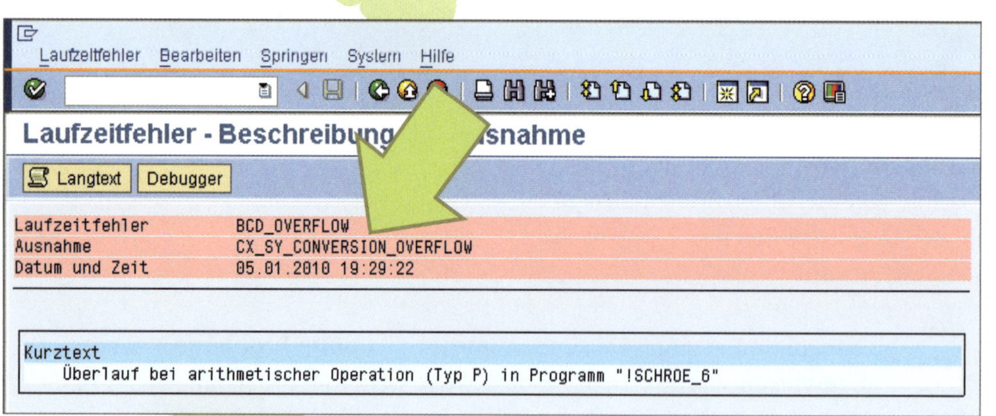

Fehler! Irgendetwas ist übergelaufen.

Aha, das war gemeint mit: „Ist das Zielfeld zu kurz, kann es zu einem Abbruch kommen."

Genau. Das sollte für den Moment mal reichen mit den Konvertierungsregeln.
Wo du gerade da bist. Ich hätte da noch einen kleinen Spezialfall einer Zuweisung. Die ABAP-Anweisung **CLEAR** ist eine **Megaoperation** und unheimlich praktisch. Mit **CLEAR** und der Angabe eines beliebigen Datenobjektes kannst du dieses auf den typgerechten Initialwert zurücksetzen, zum Beispiel setzt die Anweisung

```
CLEAR gd_po_id_as_int.
```

die Variable auf den Wert **0**.

*Ja, genau, die Variable ist ja als **i** typisiert. Sehr gut, merke ich mir. Und das kann ich für Strukturen und interne Tabellen auch verwenden?*

Sicher. Das ist dein **Tabula-Razor für alle Variablen**.

Ketten ohne Perlen – Zeichenketten-Funktionen

Wenn es darum geht, mit Zeichenketten zu arbeiten, wirst du nicht um die **Zeichenketten-Funktionen** herumkommen. Der Aufruf einer **Funktion**, mit Zuweisung zu einer Variablen, sieht prinzipiell so aus:

```
<Variable> = <Funktion>( <Argument> ).
```

Die Funktion **STRLEN** ermittelt die Länge der Zeichenkette in Zeichen und **XSTRLEN** die Länge in Byte. Das probieren wir doch gleich mal aus. Mal sehen, wie du dich schlägst.

[Einfache Aufgabe]

Ermittle bitte die Länge der Zeichenfolge der Zutaten aus dem Programm **ZSCH_06_1001_RECIPES** in Zeichen.

Ich habe die Ermittlung **direkt nach dem WRITE** eingebaut und das gleich mit einer Ausgabe kombiniert.

```
* Die Länge der Zutaten
   DATA: gd_len_zutaten TYPE i.*1
* Längenermittlung
   gd_len_zutaten = STRLEN( gs_recipe-zutaten ).*2
* mit Ausgabe
   WRITE: / 'Die Zutatenliste hat', gd_len_zutaten,
            'Zeichen'.
```

*1 Die Zielvariable muss vom Typ her zum Ergebnis der Funktion passen. Im Fall der Länge ist der Typ **i** passend.

*2 Mit der Funktion **STRLEN** ermittelst du die Länge. Bitte beachte das folgende kleine Detail: Immer Leerzeichen zwischen den Klammern der Funktion und der Variablen!

Den Text für **das WRITE-Statement** könnte ich noch mit einer anderen Möglichkeit erstellen. **Mit der Anweisung CONCATENATE** kannst du Zeichenketten verknüpfen.

```
* Text zusammenhängen
   DATA: gd_len_ausgabe TYPE string,
         gd_len_zutaten_str TYPE string.
* Konvertieren der Werte
   gd_len_zutaten_str = gd_len_zutaten.*1
* Verknüpfen der Zeichenketten
   CONCATENATE
   'Die Zutatenliste hat'    gd_len_zutaten_str
```

*1 Das ist eine interessante Zuweisung, man könnte sogar Konvertierung dazu sagen. Der einzige Grund, warum ich das mache, ist, weil der **CONCATENATE**-Befehl nur zeichenartige Objekte verarbeiten kann.

```
    'Zeichen'
    INTO gd_len_ausgabe SEPARATED BY space.*2
* und Ausgabe
    WRITE: / gd_len_ausgabe.
```

*2 Hinter dem **CONCATENATE**-Befehl listest du die Zeichenketten auf, die du gerne zu einer verbinden möchtest. Ohne Komma, einfach durch zumindest ein Leerzeichen getrennt. Mit dem **INTO**-Zusatz teilst du mit, wohin das Ergebnis gestellt wird. Ich habe noch den Zusatz **SEPARATED BY space** ergänzt, damit die Teile durch ein Leerzeichen getrennt werden.

Ich habe dir den Output mal in der Liste untereinander dargestellt.

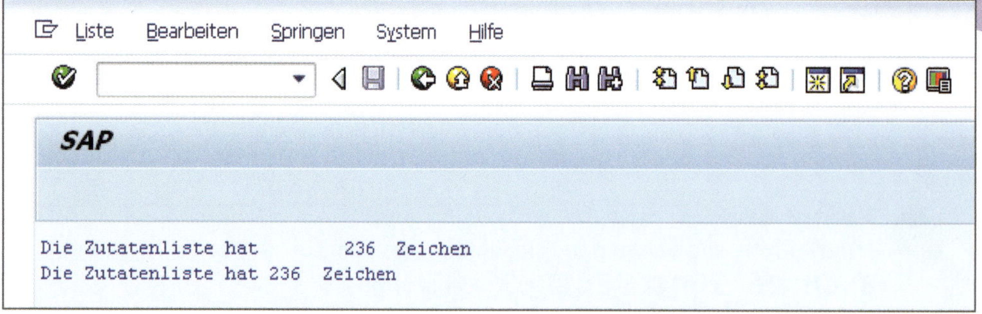

In der ersten Zeile werden die Teile einzeln aufbereitet – was für eine Platzverschwendung. In der zweiten Zeile sieht es schon besser durch das **CONCATENATE** aus, jedoch ist zwischen „236“ und „Zeichen“ ein Leerzeichen zu viel. Das muss weg!

Das Ergebnis ist schon sehr ansprechend, jedoch macht mich dieser kleine Schönheitsfehler mit dem Leerzeichen nervös. Da sage ich nur eines:
CONDENSE. Verdampf dich!
Mit **CONDENSE** kannst du führende und schließende Leerzeichen vollständig entfernen. Bei einem Feld, das vom Typ **string** ist, wird auch noch die Länge angepasst.

[Einfache Aufgabe]
Verdichte das passende Objekt, sodass kein Leerzeichen mehr zu viel ist.

Jetzt wollte ich dir fast **SEARCH** erklären, das wurde ja durch **FIND** ersetzt. Das **FIND** durchsucht eine Zeichenkette nach einem bestimmten Muster. Ich würde ganz gerne wissen, ob Eier in den Zutaten vorkommen. Wie können wir das am schnellsten herausfinden?

Einfach nach dem Textmuster „Eier“ suchen?

GENAU. Das **FIND** hat ziemlich viele Zusätze. Ich möchte nur einige davon verwenden:

- Nur nach dem ersten Vorkommen suchen. Mir reicht es, wenn ich weiß, dass ein Ei drinnen ist.
- keine Unterscheidung zwischen Groß- und Kleinschreibung machen

```
* Suche nach Eiern
    FIND FIRST OCCURRENCE OF 'Ei'
      IN gs_recipe-zutaten
      IGNORING CASE.
    IF sy-subrc = 0.
      WRITE: / 'Da ist ein Ei dabei'.
    ENDIF.
```

Und jetzt kommt die größte Aufgabe. Du hast ja festgestellt, dass die Beschreibungen der Zutaten und der Bauanleitung von ##-Zeichen durchsetzt sind. Die ## dienen als Trennung zwischen Zeilen. So konnte ich den kompletten Text in eine Zeile packen. Jetzt will ich ihn aber wieder zerhacken.

```
* Schön zerteilen
    DATA: gt_zutaten TYPE stringtab,
          gs_zutaten LIKE LINE OF gt_zutaten.*1
* Zerhacken
    SPLIT gs_recipe-zutaten AT '##' INTO TABLE gt_zutaten.*2
* und ausgeben
    LOOP AT gt_zutaten INTO gs_zutaten.*3
      WRITE: / gs_zutaten.
    ENDLOOP.
```

*1 Der **SPLIT**-Befehl zerhackt einen Text in seine Einzelteile an angegebenen Positionen. Die Einzelteile speichert er auf Wunsch in eine interne Tabelle vom Typ **stringtab**. Die Arbeitsstruktur dazu benötige ich dann für die Ausgabe.

Und das **LIKE LINE OF** *übersetze ich mit: genau so aufgebaut wie eine Zeile von.*

Du könntest das Buch gerne in Englisch übersetzen.

*2 Ich teile die Zutaten immer dann in Teile, wenn die Zeichenfolge ## auftritt. Die habe ich natürlich beim Pflegen zusätzlich eingefügt. Die Einzelteile werden in die interne Tabelle verschoben.

*3 Mit dem **LOOP** kann man Zeile für Zeile aus der internen Tabelle auslesen und ausgeben. Dazu habe ich später noch mehr!

Programm ausführen und ... die Ausgabe sieht doch schon sehr manierlich aus.

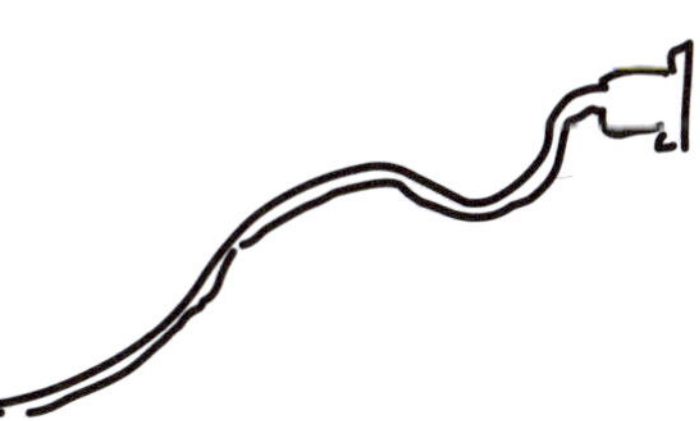

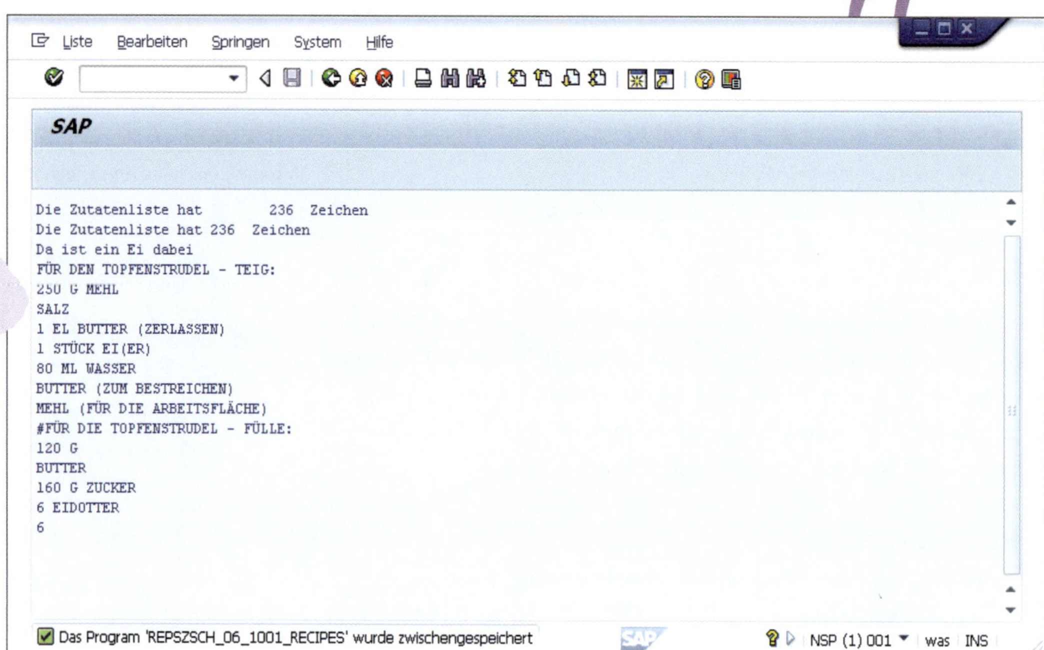

Zeile für Zeile.

[Belohnung]

Spickzettel für den Bildschirm.

Funktion	Leistung
CONDENSE	Eliminiert Leerzeichen in Zeichenketten.
CONCATENATE	Verbindet Zeichenketten.
FIND	Sucht in einer Zeichenkette nach Mustern.
SPLIT	Zerlegt eine Zeichenkette in zwei oder mehrere Zeichenketten.
SHIFT	Verschiebt eine Zeichenkette um eine bestimmte Anzahl an Stellen.
REPLACE	Ersetzt Teile einer Zeichenkette durch einen anderen Teil.
TRANSLATE	Setzt die Groß-/Kleinschreibung in einer Zeichenkette um.
DESCRIBE	Beschreibt ein Textfeld.

[Einfache Aufgabe]

Hole dir die Zutaten, und zerlege sie in die Einzelteile beim Trenndoppelzeichen ##. Bei der Umsetzung kannst du dich am vorhergehenden Beispiel orientieren und wirst dabei die Orientierung nicht verlieren.

Von Segmenten und Offsetten – Zeichenketten-Operationen

Offset? Was'n dat?

Eine spannende Operation, die du oft in SAP-Programmen finden wirst, sind Zugriffe auf Zeichenketten mit **Offset** und **Länge**.

Die Startposition in der Zeichenkette, von der weg ausgeschnitten wird. In alle **Textfeldern** kann auf Teile folgendermaßen zugegriffen werden: `<feld>[+<offset>][(<länge>)].`

Das bedeutet, dass ab der Stelle <offset>+1 mit der Länge <länge> ein Teil aus der Zeichenkette ausgeschnitten wird. Mein kleines Beispiel für dich zum Warmwerden.

```
DATA: gd_today TYPE sy-datum VALUE sy-datum.
WRITE: gd_today+4(2).
```

[Einfache Aufgabe]
Was wird mit dem WRITE ausgegeben?

Also, die Variable **gd_today** hat als Wert das Tages-datum, und das ist achtstellig mit der Kodierung JJJJMMTT. Wenn ich also ab der 4+1=5ten Stelle zwei Zeichen ausschneide, dann ist das der Monat im aktuellen Jahr.

Ich sehe schon, das war **zu einfach**. Jetzt wird es etwas **schwerer**. Hole aus der Zutatenliste den Abschnitt mit dem Ei. Erinnerst du dich noch, du hast bereits danach gesucht. Ich hätte folgenden Plan für dich:

1. Position des Eis suchen.
2. Alle Positionen der ## ermitteln.
3. Das Intervall ermitteln, in dem sich das Ei befindet.
4. Den Teilstring ausschneiden und ausgeben.

Endlich mal eine **herausfordernde** Aufgabe für dich!

Das könnte jetzt aber etwas dauern, ich hoffe, du hast Zeit. Okay,
1. Mach ich mit FIND;
2. Auch mit FIND;
3. Da muss ich in einer internen Tabelle suchen;
4. Da verwende ich Offset und Länge.
Ist doch nicht so schlimm wie gedacht, aber es klingt wie ein Rezept.

```
ULINE.
DATA: gd_butter_offset TYPE i,
      gt_result TYPE match_result_tab,
      gs_result LIKE LINE OF gt_result,
      gs_result_look_ahead LIKE gs_result,
      sy_tabix_l TYPE i,
      gd_butter_length TYPE i.
```

```
* 1. Suche nach Eiern
    FIND FIRST OCCURRENCE OF 'Butter'
      IN gs_recipe-zutaten
      IGNORING CASE
      MATCH OFFSET gd_butter_offset.
* Nur weitermachen, falls etwas gefunden wurde
    IF sy-subrc = 0.
      WRITE: / 'Da ist Butter dabei'.
* 2. Alle Positionen von ## finden
      FIND ALL OCCURRENCES OF '##'
        IN gs_recipe-zutaten
        RESULTS gt_result.
* 3. Intervall finden
      LOOP AT gt_result INTO gs_result.
        IF sy-tabix < LINES( gt_result ).
          sy_tabix_1 = sy-tabix + 1.
          READ TABLE gt_result INTO gs_result_look_ahead
          INDEX sy_tabix_1.
        ENDIF.
        IF gs_result-offset < gd_butter_offset
          AND gd_butter_offset < gs_result_look_ahead-offset.
          gd_butter_length =
            gs_result_look_ahead-offset - gs_result-offset + 1.
          EXIT.
        ENDIF.
      ENDLOOP.
      WRITE: / gs_recipe-zutaten+gs_result-offset(gd_butter_length).

* Oder so, etwas einfacher
        DATA: ld_butter_line TYPE i.

        SPLIT gs_recipe-zutaten AT '##'
        INTO TABLE gt_zutaten.

        FIND FIRST OCCURRENCE OF 'Butter'
        IN TABLE gt_zutaten
        IGNORING CASE
        MATCH LINE ld_butter_line.

        READ TABLE gt_zutaten INTO gs_zutaten
             INDEX ld_butter_line.
        WRITE: / gs_zutaten.
```

Ohne Rechnung, ohne mich – Arithmetische Operationen

Eines kann ich aus meiner Erfahrung bereits jetzt behaupten: Du musst für die ABAP-Programmierung kein großer **Rechenkünstler** sein, aber die Grundrechenarten solltest du im Griff haben.
ABAP unterstützt die **vier Grundrechenarten** sowie die **Potenzrechnung**, also +, -, *, /, DIV, MOD und **.

Moment mal, was ist denn MOD und DIV – Motiv?

Das sind Operatoren für ganzzahlige Divisionen, wobei du auch noch den Rest herausbekommst. Pass mal auf: Ich habe 17 Pizzastücke und fünf Katzen. Wie viele Pizzastücke bekommt jede Katze, und wie viele bleiben übrig?

```
DATA: gd_pizza_pro_katze TYPE i,
      gd_uebrig_bleibt TYPE i.

gd_pizza_pro_katze = 17 DIV 5.
gd_uebrig_bleibt = 17 MOD 5.

WRITE: gd_pizza_pro_katze. "Pro Katze
WRITE: gd_uebrig_bleibt. "Bleiben übrig, gehören mir
```

Das Ergebnis ist: Drei pro Katze, das ermittelt die **DIV**-Operation und zwei für mich, das ermittelt die **MOD**-Operation (nicht zu verwechseln mit der NOToperation).
Es gibt auch noch **ADD**, **SUBTRACT**, **MULTIPLY** und **DIVIDE**, aber das verwendet keiner mehr (old school ;-)). Und in welcher Reihenfolge werden die Operationen ausgewertet?

1. Klammerausdrücke
2. Funktionen
3. ** (Potenzieren)
4. *, /, **MOD**, **DIV** (Multiplikation, Division)
5. +, - (Addition, Subtraktion)

Die essenzielle Erkenntnis, basierend auf den Vorrangregeln, ist: Wenn du dir über die Auswertungsreihenfolge nicht sicher bist, setze einfach Klammern. Testen wir mal die Vorrangregeln. **gd_sum** = 264 und **sy-dbcnt** = 2.

Was ist das Ergebnis von **gd_average** nach der Berechnung:

```
gd_average = ( gd_sum * '1.2' ) / sy-dbcnt +
             gd_sum / sy-dbcnt * '0.1'.
```

- ☐ 171,60
- ☐ 213,25
- ☐ 170,65
- ☐ alle drei

Lass mich mal raten, warum 1,2 nicht als 1,2 geschrieben werden kann: wegen des Punktes, der die Vorkomma- und Nachkommastellen trennt. Das ist vielleicht komisch, sogar gewöhnungsbedürftig.

Ja, Zahlen als Literale, das ist wirklich gewöhnungsbedürftig, darum habe ich sie auch im Beispiel eingefügt, eben wegen der Gewöhnung. Die Lösung ist übrigens 171,60, wie du sicher herausgefunden hast. Zuerst die Klammern, dann * und / und dann +.

Notandor – Logische Ausdrücke

Falls es mal logisch sein soll, stehen dir die Operatoren **NOT**, **AND** und **OR** zur Verfügung, um logische Ausdrücke zu verknüpfen. Zur Übung könntest du doch mal die folgenden Logiktafeln ausfüllen. Kennst du die noch aus dem Kindergarten?

AND	0	1
0		
1		

OR	0	1
0		
1		

NOT	
0	
1	

Hast du die Tafeln ausgefüllt?

Logisch!

AND-Tabelle, zeilenweise: 0, 0, 0, 1
OR-Tabelle, zeilenweise: 0, 1, 1, 1
NOT-Tabelle, Spalte: 1, 0

Dann kommt jetzt der **Praxistext**. Übersetze bitte das folgende Konstrukt in natürliche Sprache:

```
IF  gs_recipe-region = 'Salzburg'
    OR ( gs_recipe-region = 'München'
         AND gs_recipe-zutaten CP '*BIER*' ).
* Rezept probieren
ENDIF.
```

Lösung:
Falls ein Rezept aus Salzburg kommt oder aus München und Bier drinnen hat, werden wir das Rezept probieren.

Für Vergleiche stehen Operatoren wie = (**EQ**), <> (**NE**), < (**LT**) etc. zur Verfügung. Das ist lustig, ist es nicht? Du kannst entweder schreiben = oder **EQ**. Ich finde das putzig.
Für Vergleiche von Zeichenketten stehen zum Beispiel die Operatoren **CO** (enthält nur), **CP** (enthält **Muster**) etc. zur Verfügung.

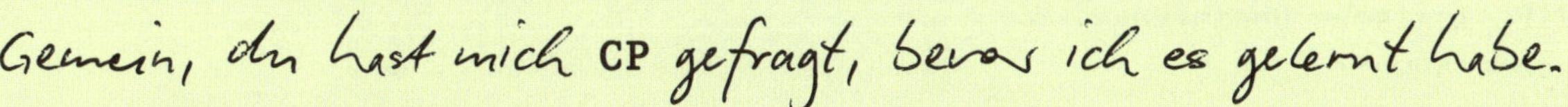

Gemein, du hast mich CP gefragt, bevor ich es gelernt habe.

[Aufgabe]
Suche dir die Butter heraus.

Falls du überprüfen möchtest, ob eine Variable initial ist, also befüllt, oder nicht, kannst du den Operator **INITIAL** verwenden. Sehr beliebt und oft genutzt:

```
IF gs_recipe-schwierigkeit IS INITIAL.
* Dann wird's wohl nicht so schwierig sein.
ENDIF.
```

Verzweige, falls ... – IF ... THEN ... ELSE

Hoffentlich erwischst du nicht den **ELSE**-Zweig, da geht's ja voll gegen den Baum.

Welche **Abzweigungen** in deinem Programm zu nehmen sind, und damit welche Anweisungen auszuführen sind, kannst du durch die passende Anweisung festlegen. Da steht dir zum Beispiel die **IF**-Anweisung mit der folgenden Grundstruktur zur Verfügung:

```
IF <logische Bedingung>.*1
* Dann kommen Anweisungen
ELSEIF <logische Bedingung>.*2
* Andere Anweisungen
ELSE.*3
* und wieder Anweisungen
ENDIF.*4
```

*1 Mit **IF** leitest du das Konstrukt ein und platzierst die erste logische Bedingung. Hier sollte die Bedingung kommen, die am wahrscheinlichsten ist, damit wird die Auswertung schneller.

*2 Mit **ELSEIF** kannst du alternative Zweige einbauen. Von denen kannst du beliebig viele haben. Die kosten nicht extra.

*3 Falls alle Stricke reißen, kannst du durch **ELSE** garantieren, dass zumindest durch einen Zweig der **IF**-Anweisung gearbeitet wird.

*4 ....
(Bitte Erläuterung einfügen.)

Das hab ich schon oft bei dir gesehen. Du hast das meistens mit dem **sy-subrc** *verwendet. Wann war das schnell nochmal? Ah ja, bei* **READ TABLE.**

Ja, das ist wirklich ziemlich populär. Nach einem Befehl kannst du das Systemfeld **sy-subrc** auswerten. Das wird vom System gesetzt. Wenn es 0 ist, dann wurde der Befehl erfolgreich ausgeführt, und wenn es ungleich 0 ist, dann eben nicht. Mit der **IF**-Anweisung kann eine logische Bedingung angegeben werden. Falls diese erfüllt ist, wird der dazu passsende Anweisungsblock ausgeführt und zum **ENDIF** verzweigt, sonst wird der nächste optionale **ELSEIF**-Block oder der nächste oder der nächste … überprüft. Falls keine der logischen Bedingungen erfüllt ist, wird der optionale **ELSE**-Zweig durchlaufen, sofern er vorhanden ist.

[Einfache Aufgabe]

Bau dir eine **IF**-Anweisung, in der du überprüfst, ob die Kochdauer eines Rezeptes kleiner als 30 Minuten, kleiner als 60 Minuten oder eine sonstige Länge besitzt.

```
* Variante 1
    IF gs_recipe-kochdauer LT 30.*1
* Kurzes Rezept (Jamie Oliver)
    ELSEIF gs_recipe-kochdauer >= 30
      AND gs_recipe-kochdauer < 60.*2
* Normales Rezept
    ELSEIF gs_recipe-kochdauer GE 60.*3
* Langes Rezept
    ENDIF.
```

*1 Statt des <-Zeichens habe ich mal die putzigen textuellen **Vergleichsoperatoren** verwendet.

*2 Mit dieser Anweisung wird verglichen, ob der Wert im abgeschlossenen Intervall [30,…,59] liegt, das heißt, die Randwerte gehören auch dazu. Ein alternativer Operator, den du für Intervalle auch einsetzen könntest, ist **BETWEEN <wert1> AND <wert2>**.

*3 Und alles, was größer oder gleich 60 Minuten dauert, wird in diesem Zweig behandelt.

Und nun noch eine Variante des **IF**, wo **DU** mir den Unterschied zu **Variante 1** erklären kannst.

```
* Variante 2
    IF gs_recipe-kochdauer < 30.
* Kurzes Rezept (Jamie Oliver)
    ELSEIF gs_recipe-kochdauer BETWEEN 30 AND 59.
* Normales Rezept
    ELSE.
* Langes Rezept
    ENDIF.
```

Das putzige **LT** hast du gegen < ausgetauscht, den **BETWEEN**-Operator eingesetzt, und alle anderen Fälle werden durch **ELSE** behandelt. Und nur für dich stehe ich schon seit Stunden in der Küche!

Cassis – CASE … WHEN … ENDCASE

Die **CASE**-Verzweigung wird für einfachere Fallunterscheidungen verwendet. Das beim **CASE** angegebene Datenobjekt wird ausgewertet und mit den Werten in den **WHEN**-Abschnitten verglichen. Sofern einer der Werte gleich ist, wird der zugehörige Anweisungsblock ausgeführt und zum **ENDCASE** verzweigt. Falls keiner der **WHEN**-Zweige durchlaufen wird, wird der optionale **WHEN OTHERS**-Zweig durchlaufen, sofern er vorhanden ist.

```
CASE <Datenobjekt>.
WHEN <Wert1>.
* Dann kommen Anweisungen
WHEN <Wert2>.
* etc.
WHEN OTHERS.
* Fallback
ENDCASE.
```

Für **IF** und **CASE** gilt, dass, sobald einer der Zweige durchlaufen wird, das System zum **ENDIF** bzw. **ENDCASE** verzweigt.

[Einfache Aufgabe]

Unterscheide in deinem Programm nach den kulinarischen Regionen.

```
    CASE gs_recipe-region.
      WHEN 'Salzburg'.
* Verspielt
      WHEN 'München'.
* Schmackhaft
      WHEN 'Flensburg'.
* Gepunktet
      WHEN OTHERS.
* Schmeckt auch gut
    ENDCASE.
```

[Belohnung/Lösung]

Kurze Entspannung mit Puzzle.

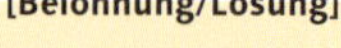

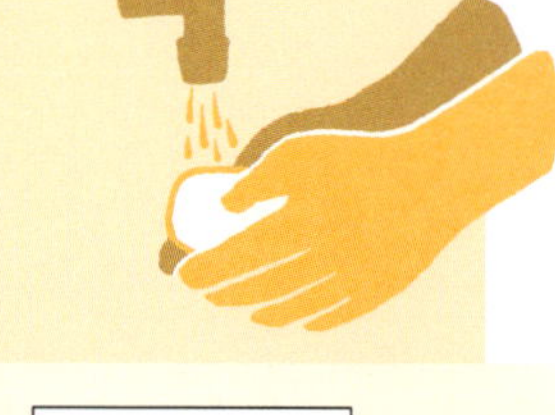

Aus welchem Bild kommt dieser Ausschnitt?

[Zettel]

Wann verwendest du **IF** und wann **CASE**? Wenn du auf Gleichheit hin prüfst und sich die Bedingungen durch OR verknüpfen lassen, ist das **CASE**-Statement das Mittel der Wahl.

Schleifen

Was kannst du in ABAP anstellen, damit du Anweisungen wiederholen kannst, also mehrfach durchlaufen? Dazu werden dir in ABAP vier **Schleifenkonstrukte** zur Verfügung gestellt.

Eine Schleife besteht aus einem **Schleifenkopf**, -**körper** und -**fuß**. Im Gegensatz zur menschlichen Anatomie kann auch Logik im Fuß stecken.

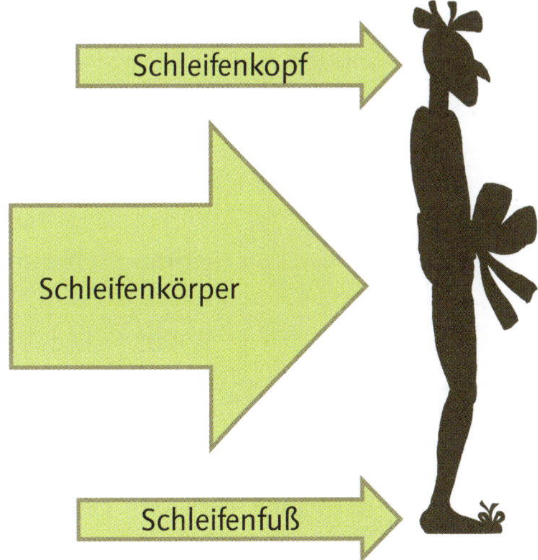

Schleifenanatomie. Manchmal ist der Schleifenkörper schlank und manchmal ausgeprägter.

Bedingungslose Schleifen – DO ... ENDDO

Bedingungslose oder besser gesagt **nicht bedingte Schleifen** sind stupide Arbeitstiere. Sie spulen ihr Programm ab, genau so oft, wie du es ihnen vorgibst. Die Schleifengrundkonstruktion sieht so aus:

```
DO n TIMES.
<Anweisungen>
ENDDO.
```

n ist eine Variable oder eine konkrete Zahl, die festlegt, wie oft die Schleife durchlaufen wird. Während der Abarbeitung der Schleife kann mit der **EXIT**-Anweisung aus der Schleife gesprungen werden. Des Weiteren existiert das Systemfeld **sy-index**, das bei jedem Durchlauf vom System um 1 hochgezählt wird und in der Schleife ausgewertet werden kann. Übrigens beginnt die Zählung bei 1 und nicht bei 0 wie in anderen Programmiersprachen.

Jetzt hab ich kurz überlegen müssen, welches Beispiel ich dir anbieten kann, und da ist mir die Idee der **Hänsel-und-Gretel-Sanduhr** gekommen. Du verwendest sicher auch eine Sanduhr in der Küche. Nur im Computer ist das ein bisschen ein Problem mit dem Sand, also machen wir es wie Hänsel und Gretel und legen Krümel für jede Sekunde.

Also los, stellen wir die Sanduhr auf 30 Sekunden:

```
DO 30 TIMES.
  WRITE: '.'.
  WAIT UP TO 1 SECONDS.
ENDDO.
WRITE: / 'Fertig!'.
```

Das hab ich mir gedacht, dass das jetzt kommt. Und obwohl mich meine Lektorin dafür schlagen wird, zeige ich dir jetzt schon ein weit fortgeschrittenes Thema. Nicht erschrecken, einfach mal abpinseln und probieren. Das macht Laune auf die Objektorientierung.

Hmm, wenn ich das Programm laufen lasse, dann warte ich 30 Sekunden, bis die Liste erscheint, und dann sind alle Krümel schon da. Kann ich da nicht zusehen beim Krümeln?

Krasses Projekt für Hardcore-ABAPer

Letzte Warnung: Bitte nur weiterlesen, sofern du sehr belastbar und leidensfähig bist.

Okay, jetzt hast du den **Point of no Return** überschritten. Also lege bitte das Programm **zsch_06_sand_uhr an, und implementiere den unten stehenden Code.**

```
REPORT zsch_06_sand_uhr.
* Der Taktgeber
DATA: gr_gui_timer TYPE REF TO cl_gui_timer.*1
* Klasse für die Timer-Reaktion
CLASS lcl_event_handler DEFINITION. *2
  PUBLIC SECTION.
* Falls der Timer sich meldet, reagieren wir darauf
    CLASS-METHODS: on_finished FOR EVENT finished
                               OF cl_gui_timer
                               IMPORTING sender.
ENDCLASS.
* Da kommt die Implementierung
CLASS lcl_event_handler IMPLEMENTATION.*3
  METHOD on_finished.
    STATICS: ld_kruemel TYPE i.*4
    ADD 1 TO ld_kruemel.*5
* Lauf Pferdchen, lauf weiter
    IF ld_kruemel < 10.*6
      WRITE: '.'.
      sender->run( ).*7
* Brrrr, es ist vorbei
    ELSE.
      sender->cancel( ).*8
      WRITE: 'Fertig!'.
    ENDIF.
  ENDMETHOD.
ENDCLASS.
```

*3 Das ist der Teil der Klasse, in dem die Implementierung der Methoden steckt. Die **on_finished**-Methode kennst du ja noch.

*4 Mit **STATICS** wird eine Variable definiert, die ihren Wert behält, obwohl die Methode vollständig abgearbeitet ist. Beim nächsten Aufruf der Methode hat sie noch den alten Wert.

*5 Mit **ADD** 1 zählst du einfach eins zu der Variablen dazu. Wie könnte das noch aussehen?

*6 Das kannst du mir erklären.

*8 An der Stelle stoppen wir den Timer, er hat genug für uns getan.

*7 Der **sender**, das ist der Timer, und an dieser Stelle wollen wir, dass er weiterläuft. Also sagen wir das dem Timer, indem wir die Methode **run( )** aufrufen.

```
START-OF-SELECTION.
* Den Timer erzeugen
  CREATE OBJECT gr_gui_timer.*9
* Wer reagiert womit auf den Timer?
  SET HANDLER lcl_event_handler=>on_finished
              FOR gr_gui_timer.*10
* Setze das Intervall auf eine Sekunde
  gr_gui_timer->interval = 1.*11
* Lauf Pferdchen, lauf
  gr_gui_timer->run( ).*12
* Sanduhr starten
  WRITE / 'Sanduhr läuft: '.
```

*1 Das ist eine Variable, aber eine, die auf ein Objekt zeigen wird. In dem Objekt sind Variablen und Funktionen versteckt. Damit klar ist, welche Variablen und Funktionen, muss bei der Deklaration eine Schablone (Klasse) angegeben werden: **cl_gui_timer**. Diese spezielle Klasse meldet sich regelmäßig in Abständen, die wir noch festlegen müssen.

*2 Das ist eine Klasse, die in unserem Programm definiert ist. Die hat natürlich auch Variablen und Funktionen. Die Funktionen heißen in der Objektorientierung Methoden, und **on_finished** ist so eine Methode. Die wird immer aufgerufen, wenn sich der Timer meldet. Übrigens ist das der Definitionsteil der Klasse.

*9 Hier erzeugen wir den Timer.

*10 Hier beantworten wir die Frage, wer auf das Schreien des Timers reagieren soll. Das ist die Klasse, die wir oben definiert haben.

*11 Wir hätten gerne, dass der Timer jede Sekunde schreit.

*12 Los Timer, mach deine Arbeit.

Und für uns heißt es: Programm starten und zusehen, wie die Krümel gelegt werden.

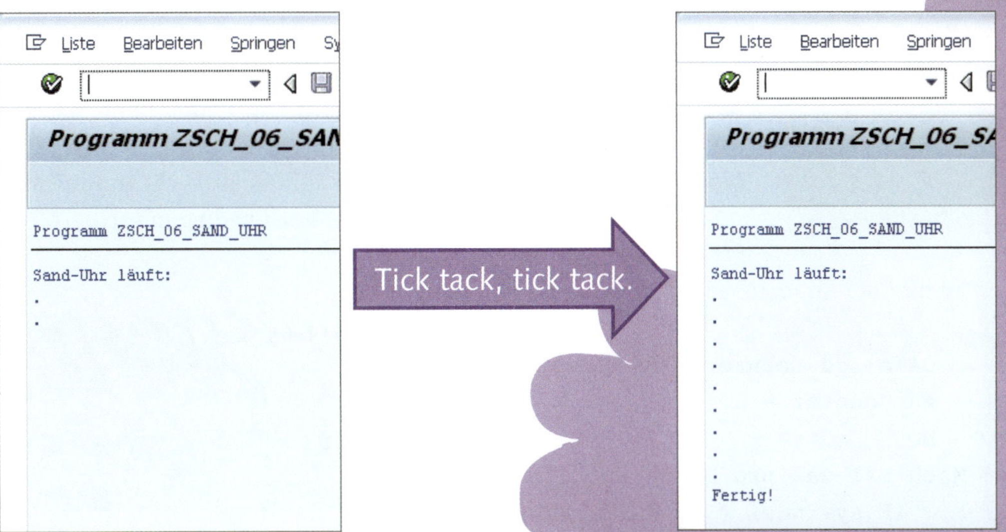

Wie die Zeit vergeht ...

Falls du ungefähr 10 % verstanden hast, ist das genau richtig. Das ist das, was ich von dir erwarte. **Nur durch Überforderung entsteht Fortschritt.**

Ich werde dich dann später in noch mehr Details zur Objektorientierung einweihen, fest versprochen.

Bedingte Schleife – Fußgesteuert

Vorbei mit bedingungslos. Wir verlegen das Hirn in den Fuß. Eine sogenannte **fußgesteuerte Schleife** überprüft die logische Bedingung am Ende der zumindest einmaligen Ausführung des Schleifenkörpers. Die Logik dazu sieht folgendermaßen aus:

```
DO.*1
<Anweisungen>
IF <Bedingung>. EXIT. ENDIF.*2
ENDDO.
```

*1 Keine Bedingung mehr.

*2 Das ist der kritische Teil. Falls die **Abbruchbedingung** erfüllt ist, schnell raus aus der Schleife mit **EXIT**.

Wie der Parser sich da wohl fühlt … „Wenn du jetzt nicht kommst. Dann. Ist. Wirklich. Schluss jetzt. Aus. Und. Raus."

Der Schleifenzähler **sy-index** wird in diesem Fall auch hochgezählt und kann im Schleifenkörper verwendet werden.

Wie ist das mit Schleifen, die ineinander geschachtelt sind? Habe ich für jede Schleife einen **sy-index**?

Leider nein. Der **sy-index** ist immer nur für den aktuellen Schleifenkörper gültig.

Noch was: Die fußgesteuerte Schleife führt sehr leicht zu **Endlosschleifen**, wenn du nicht auf die Erreichbarkeit der Abbruchbedingung achtest. Glaub mir, ist mir selbst schon oft passiert;-)

Wird hier die Abbruchbedingung erreicht?

```
    DATA: gd_counter TYPE i.
    gd_counter = 5.
    DO.
* Mach mal was pro Durchlauf
      IF sy-index = 5. EXIT. ENDIF.
    ENDDO.
```

Sicher, der **sy-index** wird pro Schleifendurchlauf hochgezählt und erreicht irgendwann mal 5. Mit **EXIT** springst du aus der Schleife.

Ich bin stolz auf dich. Ach ja, einen hab ich noch:

[Ablage]

Wenn du bei der Abarbeitung des Schleifenkörpers mit dem nächsten Schleifendurchlauf starten möchtest, ohne dass der aktuelle Durchlauf zu Ende geführt wurde, dann verwende das Zauberwort **CONTINUE**.

Bedingte Schleife – Kopfgesteuert

Jetzt kommt die Intelligenz dorthin, wo man sie auch vermutet, in den Kopf. Die kopflastige Schleife prüft vorher, bevor sie etwas tut. Während ich schlief …

```
WHILE i_was_sleeping = abap_true. "Bedingung
<Anweisungen>
ENDWHILE.
```

Mit **WHILE ... ENDWHILE.** kannst du eine **kopfgesteuerte Schleife** programmieren, die – bevor der Schleifenkörper durchlaufen wird – überprüft, ob die **logische Bedingung** erfüllt ist.

Preisfrage: Wie oft wird der Schleifenkörper mindestens durchlaufen?

Antwort: 0 mal

Nicht schummeln!

Nimm mal an, ich habe **gd_anz_van_schot** Vanilleschoten zu Hause und du kannst ein Rezept nur dann realisieren, wenn du 2 (zwei) hast. Wie würdest du das überprüfen?

Ich würde in deine **gd_speisekammer** gehen und nach den Vanilleschoten suchen oder, falls du deine Speisekammer-Inventur korrekt gemacht hast, folgendes Programm dafür verwenden.

```
WHILE gd_anz_van_schot >= 2.
* Rezept umsetzen
ENDWHILE.
```

Damit könntest du sogar mehr Rezepte umsetzen, du müsstest nur pro Rezeptdurchlauf prüfen, ob genug Schoten da sind. Vergiss bitte nicht: Pro Rezeptumsetzung werden natürlich zwei Schoten verbraucht.

Jetzt aber mal systematisch – Systemfelder

Ich habe dir vorher schon einige sogenannte **Systemfelder** vorgestellt.

Nun ist es Zeit für ein paar Details.

Das Laufzeitsystem stellt dir während der Laufzeit Daten zur Verfügung. Diese Daten stecken in der Struktur **SY**, die mit der ABAP-Dictionary-Struktur **SYST** typisiert ist. Eine Struktur mit **171 Feldern**! Die sind natürlich alle wichtig, und die musst du alle auswendig wissen;-), aber manche der Felder sind noch wichtiger (Orwell lässt grüßen) – von denen musst du träumen. Darum kommt nun die supermächtige Tabelle der Systemfelder zum Aufhängen auf der Toilette oder an einem anderen Ort, an dem du entspannt bist. Den Zugriff auf die Felder gestaltest du immer so: **sy-<Feldname>.**

Systemfeld	Beschreibung
sy-mandt	der aktuelle Anmeldemandant
[Zettel] sy-uname	der Name des aktuellen Anwenders
sy-datum	das Tagesdatum des Servers
sy-langu	die Anmeldesprache des aktuellen Anwenders
sy-uzeit	die aktuelle Zeit des Servers
sy-index	Schleifenindex
sy-tabix	Schleifenindex beim LOOP
sy-subrc	Returncode der Anweisungen

Das ist natürlich nur eine Auswahl. Weitere Felder werden dir im Lauf deiner Lektüre ohne Vorwarnung begegnen.

[Ablage]

Noch ein Wort zu **sy-subrc**. Der Wert des Feldes wird vom Laufzeitsystem in Abhängigkeit des Ergebnisses eines Anweisungsaufrufs gesetzt. Falls das Feld den Wert 0 hat, ist alles okay, anderenfalls ist etwas schiefgelaufen.

[Achtung]

Achte beim Auslesen des **sy-subrc** darauf, dass es direkt nach dem Aufruf der Anweisung stattfindet, sonst kann der Wert nicht mehr gültig sein.

```
SELECT ... FROM <Tabelle> ... .
IF sy-subrc = 0.
* Alles okay
ELSE.
* Houston, wir haben ein Problem gehabt
ENDIF.
```

Schön erklärt, aber das hatten wir schon.

Macht nichts. Doppelt hält besser.

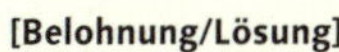

[Belohnung/Lösung]

Falls es zu dir passt, dann könntest du jetzt genüsslich ein Gläschen Lemonenlimonade genießen, passt super zu der Farbe dieses Abschnitts.

Großbaustelle Rezeptprogramm

[Schwierige Aufgabe]

Noch ist es nicht vorbei. Nun ist es an dir, alle Teile zusammenzufügen. Ich benötige dringendst von dir – nachdem ich es bereits verkauft habe – das **Rezeptprogramm**. In der ersten Version sollte es sehr einfach funktionieren und den zweiten Eintrag aus der Rezeptdatenbanktabelle lesen und die Zutaten und die Zubereitung Zeile für Zeile ausgeben.

[Schwierige Aufgabe]

Eine kleine Verschärfung hab ich noch für dich. Die Zubereitung solltest du 100 Zeichen breit ausgeben. Also nach 100 Zeichen eine neue Zeile.

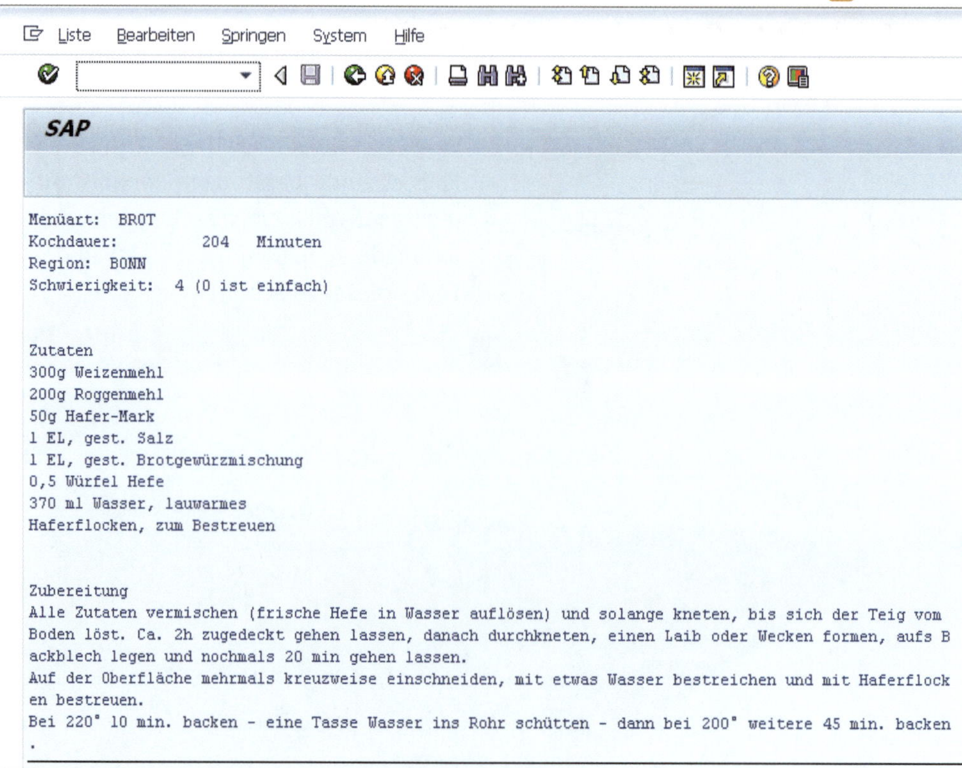

So etwas in der Art wäre schön.

Ich war schon so knapp an der Limonade, verdammt! Nun gut, das Programm sollte kein Problem sein.

```
REPORT  zsch_06_1001_recipes_list.
* Die Daten von der Datenbanktabelle werden in der
* Struktur gepuffert
DATA: gs_recipe TYPE zsch06recipe.

START-OF-SELECTION.
* Einstweilen mal nur Rezept Nummer 1
  SELECT SINGLE * FROM zsch06recipe INTO gs_recipe
    WHERE rid = '002'.
* Falls ein Satz gefunden, dann Ausgabe.
  IF sy-subrc = 0.
* Kopfzeile
    WRITE: / 'Menüart: ', gs_recipe-menueart.
    WRITE: / 'Kochdauer: ', gs_recipe-kochdauer, ' Minuten'.
    WRITE: / 'Region: ', gs_recipe-region.
    WRITE: / 'Schwierigkeit: ', gs_recipe-schwierigkeit,
             '(0 ist einfach)'.

    SKIP 2.*1

* Schön zerteilen
    DATA: gt_zutaten TYPE stringtab,*2
          gs_zutaten LIKE LINE OF gt_zutaten.
* Zerhacken
    SPLIT gs_recipe-zutaten AT '##' INTO TABLE gt_zutaten.
* und ausgeben
    LOOP AT gt_zutaten INTO gs_zutaten.
      WRITE: / gs_zutaten.
    ENDLOOP.

    SKIP 2.

* Schön zerteilen
    DATA: gt_zubereitung TYPE stringtab,
          gs_zubereitung LIKE LINE OF gt_zubereitung,
          gd_mod TYPE i,
          gd_len TYPE i,
          gd_index TYPE i.
* Zerhacken
    SPLIT gs_recipe-zubereitung AT '##'
    INTO TABLE gt_zubereitung.
* und ausgeben
    LOOP AT gt_zubereitung INTO gs_zubereitung.
```

*1 Mit **SKIP** kannst du Leerzeilen einfügen.

*2 Die Variablendeklarationen schreibe ich jetzt nur wegen dir in den Code, damit du nicht so weit blättern musst. Du sollst diese am Anfang des Programms bündeln.

```
    IF sy-tabix = 1.*3
      WRITE: / gs_zubereitung.
      NEW-LINE.
      CONTINUE.*4
    ELSE.
      NEW-LINE.
    ENDIF.
    gd_len = STRLEN( gs_zubereitung ).
    DO gd_len TIMES.*5
      gd_index = sy-index - 1.
      WRITE: gs_zubereitung+gd_index(1) NO-GAP.
      gd_mod = sy-index MOD 100.*6
      IF gd_mod = 0.
        NEW-LINE.
      ENDIF.
    ENDDO.
  ENDLOOP.

************************************************************
  ULINE.
ELSE.
  WRITE: / 'Leider kein Rezept 002 gefunden!'.
ENDIF.
```

*3 Die Überschrift sollte eine eigene Zeile bekommen.

*4 Die Überschrift ist ausgegeben, also nächster Schleifendurchlauf.

*5 Pro Zubereitungszeile gebe ich Zeichen für Zeichen aus.

*6 Und nach 100 Zeichen kommt der Zeilenwechsel.

[Belohnung/Lösung]

Feierabend!
Genug gekocht – wir gehen essen.
Aber keinen Chilieintopf.

—SIEBEN—

ABAP-Syntax II

Kleine Häppchen sind leichter wiederverdaut

(„Schluss mit Spaghetti!“)

Schwaiger wirkt wild und entschlossen. Er hat endgültig genug vom Spaghetti-Coding, das Schrödinger fabriziert. „Heute mache ich aus dir einen Wiederverwender“, hallt die letzte Schwaiger-Drohung durch die Hallen, und Schrödinger versucht, sich mit Wehmut von seiner letzten Spaghetti zu trennen …

Motivation durch Demotivieren

Jetzt ist es genug mit dem Dahinprogrammieren. Ab nun werden wir der **Kapselung** und **Wiederverwendung** huldigen. ABAP bietet uns eine Menge von Möglichkeiten, um Funktionen wiederverwendbar zu gestalten, **programmlokal** und **systemglobal**. Oder willst du etwa ewig Programme entwickeln, die aus einer Aneinanderreihung von Anweisungen bestehen? Hunderte Seiten lang, mit vielen **Redundanzen**, ewigen **Wiederholungen** und **keiner Struktur**. Und erst die **Fehlersuche**. Da sitzt du ja ewig, bis du etwas findest, und dann kannst du dir nicht mal sicher sein, ob du nicht an einer anderen Stelle den gleichen Fehler (diplomatische Bezeichnung: **Defect**) produziert hast. Wahrscheinlich schon, weil du das Coding ja einfach kopiert und an einer anderen Stelle wieder eingefügt hast (böse Zungen behaupten, das sei realer **Code Reuse, ich nenne es Copy-&-Paste-Programmierung, und das ist kein Kompliment.**).

Recht hast du Roland. Schluss mit Copy & Paste. Ab jetzt nur mehr faul sein und wiederverwenden.

Programm

```
* Die Daten von der Datenbanktabelle werden in der St
ruktur gepuffert
DATA: gs_recipe TYPE zsch06recipe.


START-OF-SELECTION.
* Einsweilen mal nur Rezept Nummer 1
  SELECT SINGLE * FROM zsch06recipe INTO gs_recipe
    WHERE rid = '002'.
* Falls einen Satz gefunden, dann Ausgabe.
  IF sy-subrc = 0.
* Kopfzeile
    WRITE: / 'Menüart: ', gs_recipe-menueart.
    WRITE: / 'Kochdauer: ', gs_recipe-
kochdauer, ' Minuten'.
    WRITE: / 'Region: ', gs_recipe-region.
    WRITE: / 'Schwierigkeit: ', gs_recipe-
schwierigkeit,
             '(0 ist einfach)'.

    SKIP 2.

* Schön zerteilen
    DATA: gt_zutaten TYPE stringtab,
          gs_zutaten LIKE LINE OF gt_zutaten.
* Zerhacken
    SPLIT gs_recipe-
zutaten AT '##' INTO TABLE gt_zutaten.
* und ausgeben
    LOOP AT gt_zutaten INTO gs_zutaten.
      WRITE: / gs_zutaten.
    ENDLOOP.

    SKIP 2.

* Schön zerteilen
    DATA: gt_zubereitung TYPE stringtab,
          gs_zubereitung LIKE LINE OF gt_zubereitung,
          gd_mod TYPE i,
          gd_len TYPE i,
          gd_index TYPE i.
* Zerhacken
    SPLIT gs_recipe-
zubereitung AT '##' INTO TABLE gt_zubereitung.
* und ausgeben
    LOOP AT gt_zubereitung INTO gs_zubereitung.
      IF sy-tabix = 1.
        WRITE: / gs_zubereitung.
        NEW-LINE.
        CONTINUE.
      ELSE.
        NEW-LINE.
      ENDIF.
      gd_len = STRLEN( gs_zubereitung ).
      DO gd_len TIMES.
        gd_index = sy-index - 1.
        WRITE: gs_zubereitung+gd_index(1) NO-GAP.
        gd_mod = sy-index MOD 100.
        IF gd_mod = 0.
          NEW-LINE.
        ENDIF.
      ENDDO.
    ENDLOOP.

*****************************************************
****************
    ULINE.
  ELSE.
    WRITE: / 'Leider kein Rezept 002 gefunden!'.
  ENDIF.
```

Kopieren

Kopieren

Fehler

Der gleiche Fehler

Und nochmal

Noch 20 weitere Seiten

Eine super Spaghetti, ohne Struktur und mit maximaler Anzahl an Kopien von immer gleichen Codepassagen. Das Patentrezept für nicht wartbaren Code.

Das will ich dir alles ersparen. Mit dem positiven Nebeneffekt, dass auch andere Entwickler von deiner Arbeit profitieren können. Wir denken ja immer an die anderen und niemals an uns. Lass uns in die Hände spucken, du in deine und ich in meine, und unser Tagewerk beginnen. Ich fange mal ganz schonend an und zeige dir, wie du Spezialisten für **Zeitpunkte** in einem ausführbaren Programm definieren kannst.

[Einfache Aufgabe]
Suche dir einen ruhigen Ort. Schließe die Augen, atme dreimal ein und aus, und sage dir langsam vor: „Mein Code ist dein Code, mein Code ist dein Code." So lange, bis du es selbst glaubst.

Den richtigen Zeitpunkt finden – Ereignisblöcke

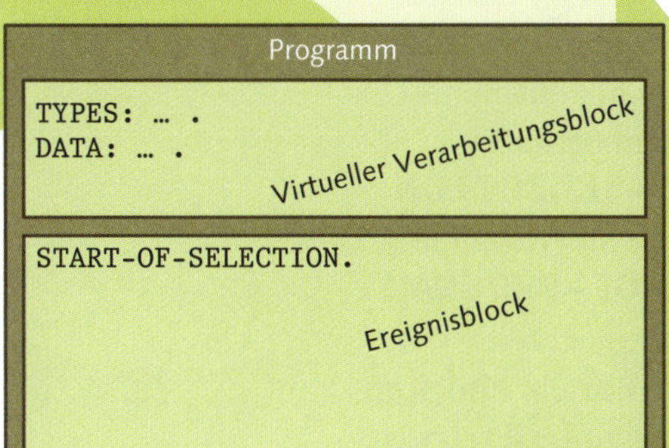

Ereignisblock und Deklarationen.

Bis jetzt hatte ich dich immer gebeten, das Ereignis **START-OF-SELECTION** in dein Programm einzufügen. Aus einem einfachen Grund: Damit ist dem Laufzeitsystem klar, wo das Programm startet, das heißt, wo es mit der Programmausführung beginnen soll. Des Weiteren habe ich dich gebeten, dass du die Variablen, Typen, Konstanten etc. immer am Anfang des Programms sammelst. Damit ist garantiert, dass auch alle Variablen bekannt und für den Übersetzer erreichbar sind. Den Variablenblock am Anfang des Programms könnte man auch als **virtuellen Verarbeitungsblock** bezeichnen.

Aber um den geht es ja gar nicht, oder?

Stimmt. Es geht um was Konkretes. Es geht um die Ereignisblöcke:

[Begriffsdefinition]
Ereignisblöcke stellen die einfachste Möglichkeit dar, **Anweisungsfolgen** zu **bündeln** und als Block ausführbar zu machen. Leider kann man hier **nicht** von **Wiederverwendung** und **Kapselung** sprechen, jedoch ist es zumindest eine Möglichkeit, **logisch zusammengehörige Anweisungen zusammenzuhalten**. Ereignisblöcke findest du **in Programmen** und in der **Ablauflogik von Dynpros**.

KANN MAN oder MUSS MAN ein Programm durch Ereignisblöcke strukturieren?

Müssen musst du gar nichts, können sollst du schon.

Ereignisreiche Programme – Ereignisschlüsselwörter

Ein **Ereignisblock** wird in deinem Programm mit einem **Ereignis (Schlüsselwort)** eingeleitet, wie zum Beispiel **LOAD-OF-PROGRAM** oder **START-OF-SELECTION**.
Die **Reihenfolge**, in der du die Ereignisblöcke im Programm platzierst, ist **irrelevant**. Also zuerst **LOAD-OF-PROGRAM** und dann **START-OF-SELECTION** oder umgekehrt spielt keine Rolle. Auch hat ein Ereignisblock **nur** ein **einleitendes Ereignisschlüsselwort**, aber **kein beendendes Ereignisschlüsselwort**. Das Ende ergibt sich aus dem nächsten Ereignisschlüsselwort, aus dem Programmende oder aus Definitionen von Unterprogrammen oder Modulen. **Ereignisblöcke können nicht geschachtelt werden**.
Ein so im Programm implementiertes Ereignis wird zu einem **bestimmten Zeitpunkt** in der Programmausführung aufgerufen, zum Beispiel **LOAD-OF-PROGRAMM**, wenn das Programm geladen wird.

Ereignisse: Rekapitulation mit Selbstreflexion

Nur für mich:
1) Ereignisblöcke werden explizit eingeleitet, aber nicht explizit beendet.
2) Reihenfolge der Ereignisblöcke ist wurscht,
3) und schachteln geht sowieso nicht.

Treffende Zusammenfassung.

[Einfache Aufgabe]

Nur zur Sicherheit eine kleine Frage: Wo ist das Ende von **START-OF-SELECTION**? Ist da alles richtig in dem Beispiel?

```
* Programmstart

LOAD-OF-PROGRAM.
<Anweisungsblock>
INITIALIZATION.
<Anweisungsblock>
START-OF-SELECTION.
<Anweisungsblock>
END-OF-SELECTION.
<Anweisungsblock>
START-OF-SELECTION.
<Anweisungsblock>
AT SELECTION-SCREEN.
<Anweisungsblock>
* Programmende
```

Also: Da sind zwar viele Ereignisblöcke dabei, die ich nicht kenne, aber jeder beginnt bei einem Schlüsselwort und endet beim nächsten. Nur der **AT SELECTION-SCREEN**, der endet mit dem Programm. Falsch ist, dass **START-OF-SELECTION** zweimal vorkommt. Das sollte ja nur einmal da sein, und schachteln geht sowieso nicht.

Bravissimo!

[Zettel]

Das **Laufzeitsystem** durchläuft bei der Ausführung eines Programms eine **fix vorgegebene Sequenz von Ereignissen**, deren **Existenz** es im Programm **überprüft**. Sofern ein Ereignis vorhanden ist, wird der zugehörige **Anweisungsblock ausgeführt**. Also bestimmt das Laufzeitsystem, **welche** Teile des Programms ausgeführt werden, und nicht das Programm selbst.

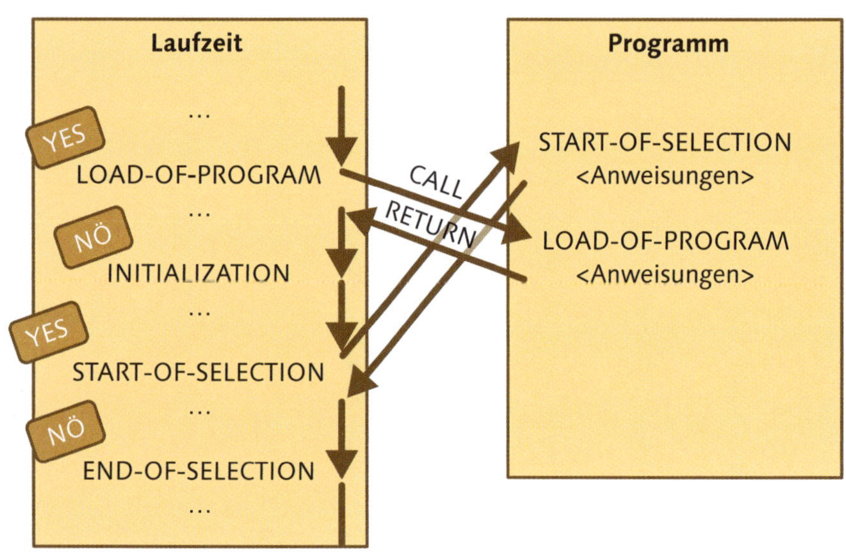

Run, Baby, run!

Für die Ereignisse ergeben sich unterschiedliche Einsatzgebiete. Zum Beispiel eignet sich das Ereignis **LOAD-OF-PROGRAM** wunderbar für **Berechtigungsprüfungen** und Vorbelegungen, da es als erstes Ereignis gerufen wird. **START-OF-SELECTION** kannst du zum Ermitteln von Daten verwenden, da es nach der Verarbeitung des Selektionsbildes aufgerufen wird.

Nur für mich:

1) Ereignisse sind Spezialisten für bestimmte Aufgaben im Programm.

2) Das Laufzeitsystem ruft die Ereignisblöcke, quasi wie eine Fernsteuerung.

Nur für dich: Stimmt alles.

[Belohnung]

Als Belohnung gibt's eine Tabelle mit Ereignissen, für dich handverlesen.

Zur richtigen Zeit an irgendeinem Fleck?

Es gibt so viele Ereignisse, dass man sich nicht alle merken will. Die folgenden solltest du auf alle Fälle parat haben, wenn es an die Programmierung eines ausführbaren Programms geht. Die anderen Ereignisse kannst du in der Online-Hilfe, unter help.sap.com, nachlesen.

Ereignis	Erläuterung
LOAD-OF-PROGRAM	Wird beim Laden des Programms in den internen Modus ausgeführt.
INITIALIZATION	Initialisieren des Programms und der Variablen
AT SELECTION-SCREEN OUTPUT	bei der Ausgabe im Selektionsbild
AT SELECTION-SCREEN	Reaktion auf Ereignisse im Selektionsbild
START-OF-SELECTION	Beginn der Datenermittlung
END-OF-SELECTION	Nach der Datenermittlung, kann zur Datenausgabe in der Liste verwendet werden.
TOP-OF-PAGE	bei Listenausgabe – Seitenkopf
END-OF-PAGE	bei Listenausgabe – Seitenfuß
AT LINE-SELECTION	bei Interaktion des Anwenders mit der Liste
AT USER-COMMAND	Reaktion auf Benutzerkommando

Ereignisblöcke arbeiten immer mit **globalen Daten**, igitt. Leider gibt es keine Möglichkeit, **Daten** über Schnittstellenparameter an den Ereignisblock **zu übergeben**.
Wenn wir schon bei außergewöhnlichen Dingen im Universum sind, möchte ich gerne deine geschätzte Aufmerksamkeit auf folgendes Coding lenken.

Globale Variable

Global im Programm, lokal im Ereignisblock oder auch nicht.

```
DATA: gd_car LIKE pa_car.

AT SELECTION-SCREEN.
  DATA: gd_car LIKE pa_car.

START-OF-SELECTION.
  DATA: gd_car LIKE pa_car.
```

Lokale Variable OK

Lokale Variable NICHT OK Syntaxfehler

[Achtung]
Empfehlung des Tages: Wenn du ein ausführbares Programm entwickelst, dann definiere zumindest den Ereignisblock **START-OF-SELECTION**.

Schau genau!

Tatsächlich außergewöhnlich. Der Ereignisblock **AT SELECTION-SCREEN** scheint einen lokalen Datenbereich zu besitzen.

Genau, der Ereignisblock **AT SELECTION-SCREEN** hat einen lokalen Datenbereich, aber alle anderen Ereignisblöcke nicht. Du denkst dir jetzt wahrscheinlich: „Auweia, die Armen …", oder auch nicht.

Meine schönsten Ereignisse – Rahmenprogramm

Die folgende kleine Vorbereitung für unsere Modularisierungen kannst du dir vornehmen. Ich würde gerne das Programm **zsch_06_1001_recipes** Schritt für Schritt in ein modularisiertes umbauen. Kopiere dir dieses doch ganz einfach mit dem Kontextmenü, und nenne die Kopie **zsch_07_recipes_list**. Danach kannst du gleich mit dem Umbauen beginnen. Lege jeweils einen Ereignisblock an für:

- die Initialisierung von Variablen
- das Datensammeln
- die Datenausgaben
- den Seitenkopf

Wenn ich so recht nachdenke, dann gibt es nichts Unklares in deinen unklaren Angaben. Ich gehe einfach die Tabelle mit den Ereignissen von oben durch und schau, was zu deinen Wünschen passt.

Sehr schlau! Ich will dir ja maximalen Freiraum zur persönlichen Entwicklung lassen. In der Zwischenzeit hab ich auch schon mal mein Programm vorbereitet.

```
* Programmstart
INITIALIZATION.
* Anweisungsblock für Initialisierungen von Variablen

START-OF-SELECTION.
* Anweisungsblock zum Datensammeln
* Hier steht das bisherige Coding

END-OF-SELECTION.
* Anweisungsblock zum Datenausgeben

TOP-OF-PAGE.
* Anweisungsblock zum Überschriften

* Programmende
```

Da ist noch nicht viel passiert, und darum gibt es auch nichts zu erklären.

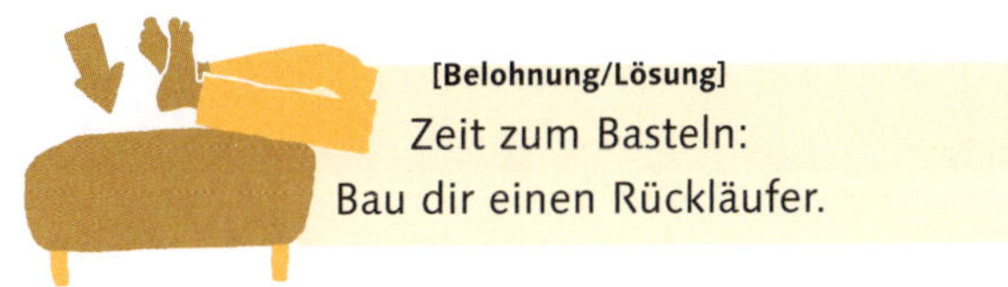

[Belohnung/Lösung]

Zeit zum Basteln:
Bau dir einen Rückläufer.

Mutter

Steckerl

Loch

Gummiringerl

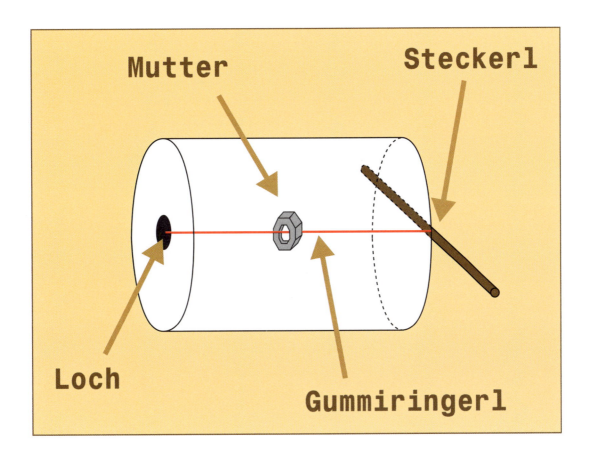

Einfach anschubsen,
und schon rollt er zurück.
Klassischer Rückläufer.

LUKE,
ICH BIN
DEIN
MUTTERL!

Dynpros mit Modul – PBO, PAI, HOV

Für die Programmierung von **Dynpros**, also **dynamischen Programmen**, also **SAP GUI-Masken**, sind vier Ereignisse bekannt: **Process Before Output (PBO)**, **Process After Input (PAI)**, **Process On Value Request (POV)** und **Process On Help Request (POH)**. Die beiden Letzten sind nicht sehr populär, da alternative Techniken zur Werte- und Eingabehilfe zur Verfügung stehen.

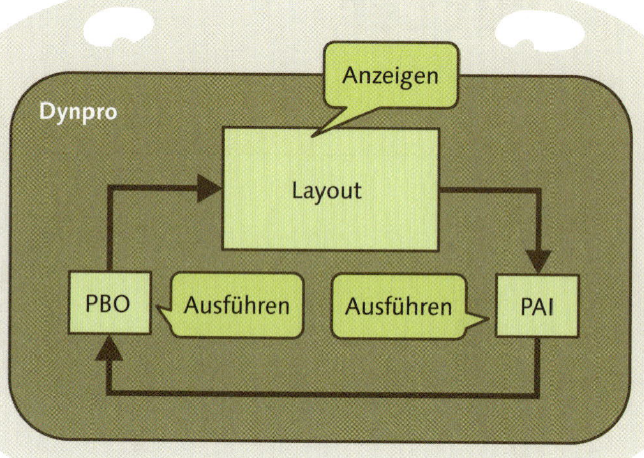

Dynamisches Programm = Dynpro ist eine Kombination aus Visualisierung und Ablauflogik. Die Implementierung der Ablauflogik steckt in den PBO- und PAI-Modulen.

Beim erstmaligen Aufruf eines Dynpros wird das Ereignis **Process Before Output (PBO)** aufgerufen. Die Anweisungen – übrigens in **Dynpro-ABAP** programmiert und hauptsächlich aus **Modulen** bestehend – zu PBO werden ausgeführt und die Ereignisse mit dem Layout an den Präsentationsserver geschickt.
Jetzt wartet das System auf den Anwender, wahrscheinlich ist er wieder in Pause, tick tack, tick tack. Ah, es rührt sich etwas. Eine Anfrage wird wieder zurück an den Server gesendet, und dies führt zum Aufruf des Ereignisses **Process After Input (PAI)**, analog zum Ereignis PBO.

Das war ein kurzer Ausflug in die Dynpro-Programmierung, die wir in Kapitel 13 vertiefen werden. Stay tuned!

Halt, was ist das mit den Modulen nochmal. Das klingt ja schon so, als wenn in den Modulen Anweisungen stecken.

Das wollte ich zwar vermeiden, weil es aus didaktischer Sicht zu früh ist, aber was soll's. Folge den Buchstaben zum nächsten Abschnitt.

Module, ganz kurz – Dynpro-Programmierung

Wie wir vorher besprochen haben, werden in PBO und PAI Module für die Implementierung verwendet. Mit der Dynpro-ABAP-Anweisung **MODULE <Name Modul>** wird ein Modul aufgerufen.

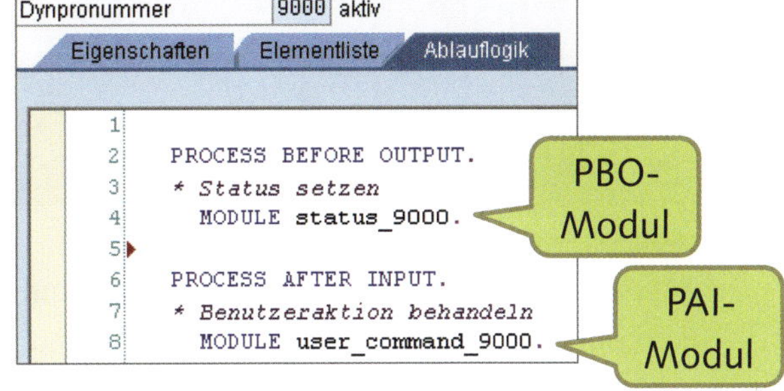

Modular statt linear.

*1 Die Definition des Moduls besteht aus dem einleitenden Schlüsselwort **MODULE**, dem Namen und dem Zusatz **OUTPUT** oder **INPUT**. Das Modul **status_9000** wird zum Zeitpunkt **PBO** gerufen, das erkenne ich aufgrund des Zusatzes **OUTPUT**.

Dabei wird zwischen **PBO-Modulen** und **PAI-Modulen** unterschieden. Den Unterschied erkennt man aufgrund des Zusatzes **OUTPUT** bzw. **INPUT** **bei der Definition des Moduls**.

```
MODULE status_9000 OUTPUT.*1
* Hier kommt die ABAP-Implementierung *2
ENDMODULE.*3
```

*2 Im Modul kannst du wieder deine ABAP-Anweisungen verwenden, da die Module im Programm oder in Includes (du weißt: Textkonserven) implementiert werden.

*3 Die Definition des Moduls wird durch **ENDMODULE**. beendet.

[Begriffsdefinition]

Ein Modul ist eine **Modularisierungseinheit**, die aber mit **globalen Daten** arbeitet und **KEINE Schnittstelle** besitzt.

Leider kannst du **keine lokalen Variablen** in einem Modul definieren. Dazu müsste das Modul schon ein **Unterprogramm** sein, was es ja nicht ist, sonst würde es ja so heißen.

Was bleibt von der ganzen Misere: Ein Dynpro-Modul ist eine funktionale Kapsel, die keine Schnittstelle besitzt und mit globalen Daten arbeitet. Sehr ernüchternd und erschreckend! Wieder kein Schutz der Daten vor globalen Zugriffen.

Darum schnell zum nächsten Thema, bevor die **Depression** umgeht.

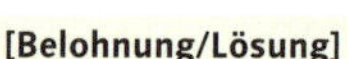

[Belohnung/Lösung]
Gönn dir doch eine Tasse Anti-Depressions-Tee. Mit Ingwer wird dir sogar noch warm dabei.

Aber nun mit Schnittstelle – Unterprogramme

[Begriffsdefinition]
Zuerst mal die Key-Facts: Ein **Unterprogramm kapselt** Funktionalität, besitzt eine **Schnittstelle** und ermöglicht die Definition von lokalen Variablen, also Kapselung und **Information-Hiding**. Genau das, was wir wollen.

Ja, endlich, das will ich. Schön verpackt und versteckt.

Bei Unterprogrammen kannst du zwei Aspekte unterscheiden:

- **Definition**: Du legst den Namen, die Schnittstelle und die Implementierung des Unterprogramms fest.
- **Aufruf**: Du verwendest deine Definition und übergibst Daten an das Unterprogramm und empfängst Daten von diesem. Ein Geben und Nehmen zum Wohle des Programms.

Was kommt zuerst: die Verwendung oder die Definition?

Gute Frage. Da antworte ich mit:

- **Top-down-Ansatz**: Du schreibst den Aufruf des Unterprogramms mit seinen Parametern und legst dann die Definition des Unterprogramms an. Das geht sehr einfach durch einen Doppelklick auf den Namen des Unterprogramms.
- **Bottom-up-Ansatz**: Du definierst zuerst das Unterprogramm und kannst dann per **Drag&Drop** das Unterprogramm aus der Objektliste in dein Programm ziehen und an der Stelle platzieren, an der der Aufruf auszuführen ist.

1.000 Wege führen nach Rom, mit oder ohne Beulen.

Ich zeige dir mal das **Bottom-up-Verfahren**.

Definiere zuerst! Unterprogramm-Definition

Zuerst ist mal die Definition eines Unterprogramms dran. Übrigens: Als **ABAP-Crack** sagst du zu einem Unterprogramm auch ab und zu **Form-Routine**. Ganz locker ins Gespräch einmischen, das wirkt!

```
FORM welcome_user USING value(id_uname) TYPE sy-uname
                        value(id_zeit) TYPE sy-uzeit
                  CHANGING ed_message TYPE string.*1
  DATA: ld_zeit TYPE c LENGTH 8.
  WRITE id_zeit TO ld_zeit USING EDIT MASK '__:__:__'.*2
  CONCATENATE*3
    `Hallo `
    id_uname
    ` um `
    ld_zeit
    INTO ed_message.
ENDFORM.
```

*1 Die Definition eines Unterprogramms wird eingeleitet durch das Schlüsselwort **FORM**, dann kommt der **Name des Unterprogramms** und dann die **Schnittstellendefinition**. Danach folgt die **Implementierung** des Unterprogramms – in dem kleinen Beispiel die Erzeugung einer Willkommensnachricht mit formatiertem Datum. Abgeschlossen wird die Definition durch das Schlüsselwort **ENDFORM**.

*2 Das WRITE bietet dir die Möglichkeit, formatierte Daten in Zielfelder zu schreiben. Ich habe die Möglichkeit genutzt, um die Systemzeit-Bestandteile (Stunden, Minuten, Sekunden) durch Doppelpunkt getrennt aufzubereiten.

*3 Wenn du dich fragst, warum auf einmal andere Anführungszeichen verwendet werden, muss ich dir gratulieren. Erstens super scharfe Augen, und zweitens dienen diese **Backticks** (nach hinten geneigte Anführungszeichen) dazu, die Leerzeichen beim CONCATENATE zu berücksichtigen. Wenn du „normale" einfache Anführungszeichen verwendest, werden die Leerzeichen zwischen den Textbestandteilen optimiert.

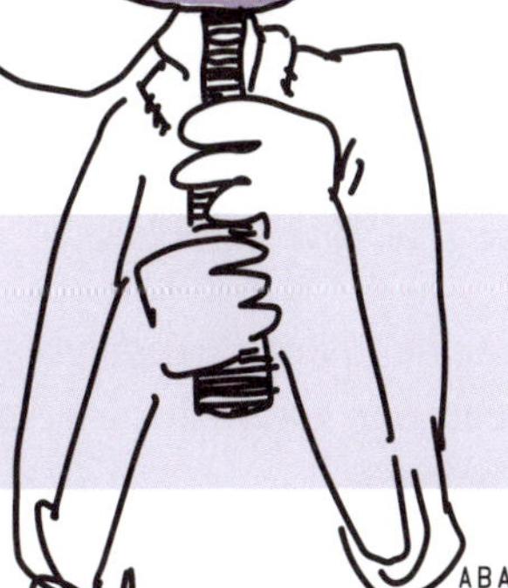

Das hätte ich gar nicht gesehen, wenn du es nicht gesagt hättest.

[Einfache Aufgabe]
Übernimm die Definition für dein Programm, und möglicherweise möchtest du den spröden Text verändern.

Übergeben und Übernehmen – Schnittstellenparameter für das Unterprogramm

Eine spezielle Betrachtung verdient die Schnittstelle des Unterprogramms. Die Schnittstelle besteht aus **PARAMETERN**, genauer aus **FORMALparametern**. Prinzipiell gibt es zwei Arten von **SchnittstellenPARAMETERN**, **`USING`** und **`CHANGING`**. Der Name **`USING`** deutet an, dass Parameter dieser Gruppe **verwendet** werden, also dem Unterprogramm für die interne Verwendung übergeben werden. Im Fall des **`CHANGING`** werden anscheinend Daten im Unterprogramm geändert und vom Unterprogramm zurückgeliefert. Bei **Funktionsbausteinen** und **Methoden** werden wir dann unter anderem von **`IMPORTING`**-, **`EXPORTING`**- und **`CHANGING`**-Parametern sprechen.

USING ist zum Importieren der Daten und CHANGING zum Ändern. Klingt gerecht.

Wieder zurück zum Unterprogramm. Pro Parameter kannst du festlegen, wie die Daten an das Unterprogramm übergeben werden. Durch **`USING value(id_uname) TYPE sy-uname`** bestimmst du, dass der Wert durch eine sogenannte **Wertübergabe,** oder cool in Englisch **Call-By-Value**, übergeben wird. Das bedeutet, dass der Wert beim Aufruf, den nennen wir jetzt **AKTUALparameter**, in den Parameter **`id_uname`** kopiert wird.

Also so wie eine Wertzuweisung bei Variablen. Verstanden! FORMAL ist förmlich, und AKTUAL ist aktuell – die Eselsbrücke für Unterprogrammer.

Werteübergabe
=
Wert kopieren

```
FORM welcome_user USING value(id_uname) TYPE sy-uname
...
ENDFORM.
```

Übergabe durch Wertekopie = Call-By-Value.

Sehen wir uns die Definition des Parameters **`CHANGING ed_message TYPE string`** genauer an. Diese Art der Übergabe, also ohne den **`value`**-Zusatz, wird als **Referenzübergabe,** oder wieder cooler als **Call-By-Reference,** bezeichnet. In diesem Fall wird nicht der Wert beim Aufruf kopiert, sondern die **Hauptspeicheradresse** des Aktualparameters beim Aufruf an den Formalparameter übergeben. Das bedeutet, dass Änderungen im Unterprogramm an diesem Formalparameter natürlich auch Änderungen am Aktualparameter bewirken, da beide denselben Speicherbereich ansprechen.

Und das sofort ab dem Zeitpunkt der Ände-rung. Ultimativ!

Eine Variante der Definition der Schnittstelle gibt es noch. Was wäre bei einer Definition der folgenden Art: **`CHANGING value(ed_message) TYPE string`**?

Referenzübergabe
=
Adresse kopieren

```
FORM welcome_user CHANGING ed_message TYPE string
...
ENDFORM.
```

Übergabe durch Adressenkopie – Call-By-Reference.

Ich-weiß-nicht-was-ich-will-Parameter?

Da spricht man von einem **Call-By-Value-And-Result**-Parameter. In diesem Fall wird zuerst der Wert des Aktualparameters in den Formalparameter **kopiert**. Dann kommt die Abarbeitung des Unterprogramms, und am Ende wird der möglicherweise geänderte Wert des Formalparameters zurück in den Aktualparameter kopiert.

Die Kopie stößt das Original vom Thron in den Mülleimer. Nur wozu?

Falls das Unterprogramm nicht an sein Ende kommt, wird kein Wert zurückkopiert! Ein Schutzmechanismus.

Werte-Resultatübergabe
=
Werte hin und her kopieren

```
FORM welcome_user CHANGING value(ed_message) TYPE string
...
ENDFORM.
```

Übergabe durch Werte- und Resultatkopie – Call-By-Value-And-Result.

Also Auswahl gibt es ja genug. Fast wie bei einem kalten Buffet. Da muss man aufpassen, dass man sich nicht über(fr)isst.

Daumenregel gegen Überfressen: **`USING`** für Übergabe von Daten an das Unterprogramm und **`CHANGING`** für zu ändernde Daten im Unterprogramm.

Lesen von DB mit Kapsel – DB-Zugriff in Unterprogramm

Wenn du dir das Programm **zsch_07_recipes_list** ansiehst, würde ich gerne deine Aufmerksamkeit auf das Lesen der Datenbank lenken. Habe ich es geschafft? Weißt du, was ich meine?

Die Zeile mit dem **SELECT** *eben, oder?*

Ja, genau.

[Schwierige Aufgabe]

Definiere bitte das Unterprogramm **read_recipe**, in dem die Daten von der Datenbank gelesen werden. Überlege dir dazu die Schnittstelle. **USING**, **CHANGING**, Referenz oder Werteübergabe? Du hast drei Minuten Zeit.

Nicht weiterlesen, nachdenken, noch immer nicht lesen, DENKEN, noch ein wenig denken … jetzt kannst du weiterlesen. Hier ist mein **Lösungsvorschlag**:

```
FORM read_recipe USING value(id_rid)*1
                 CHANGING es_recipe.*2

* Das Rezept id_rid von der DB lesen
  SELECT SINGLE * FROM zsch06recipe INTO es_recipe
    WHERE rid = id_rid.*3

ENDFORM.
```

*1 Als Schnittstelle kann ich mir vorstellen, dass an das Unterprogramm die **Rezeptnummer** übergeben wird. Diese möchte ich nur verwenden und nicht ändern, darum **USING**.

*2 Als Ergebnis sollte das Unterprogramm ein **Rezept** liefern, und der Wert wird im Unterprogramm gesetzt, also **CHANGING** mit Referenzübergabe.

*3 In der Implementierung steckt das Lesen aus der Datenbank, wobei zum Vergleich der Rezeptnummer der Formalparameter **id_rid** verwendet wird. Du siehst, dass du den Parameter ganz einfach wie eine Variable verwenden kannst. Das Ergebnis des **SELECT** stelle ich direkt in den **CHANGING**-Parameter **es_recipe**.

[Belohnung/Lösung]

Du benötigst Kraftnahrung (ein dunkles Bier mit einem Eidotter und Zucker) und danach eine Runde dösen auf der Couch. Oder etwas am Zitronengras lutschen und zehn Minuten Kopfstand – hilft auch.

Urrgh! Spuck!

Ein Typ muss es sein – Schnittstelle typisieren

Nachdem wir das mit den Parametern geklärt haben, sollten wir uns nun über die **Typisierung der Formalparameter** unterhalten.

[Achtung]
Schwaiger-Regel: Du **musst** die Parameter typisieren.

Jeder, der etwas anderes behauptet, wird …

Falls du für die Formalparameter keinen Typ festlegst, wird der **Typ des Aktualparameters** an den **Formalparameter vererbt,** und das kann ziemlich **in die Hose gehen**, wie folgendes Beispiel veranschaulicht.

```
PERFORM in_die_hose USING 'hello'.*1
*... da sind viele Coding-Zeilen dazwischen
FORM in_die_hose USING value(id_wert).*2
  DATA: ld_ergebnis TYPE i.
  ld_ergebnis = id_wert.
ENDFORM.
```

*1 Das ist ein Kunstgriff des Autors. Ich habe dir zwar noch nicht den **Aufruf** eines Unterprogramms erklärt, aber das ist ein Beispiel dafür. Mit **PERFORM** und der Übergabe der Daten an das Unterprogramm. Hier wird der Text **'hello'** übergeben.

Dürfte ich **'hello'** auch als Aktualparameter bezeichnen? Ja, bitte, mach das nur. Absolut richtig. Brav aufgepasst.

*2 Diese Stelle wird uns möglicherweise zum Verhängnis. Kein Typ weit und breit. Nachdem du einen Text übergeben hast und der Formalparameter den Typ des Aktualparameters erbt, welchen Typ hat nun **id_wert**?

Text! **Ja.** Und das Ergebnis des Aufrufs ist erschütternd.

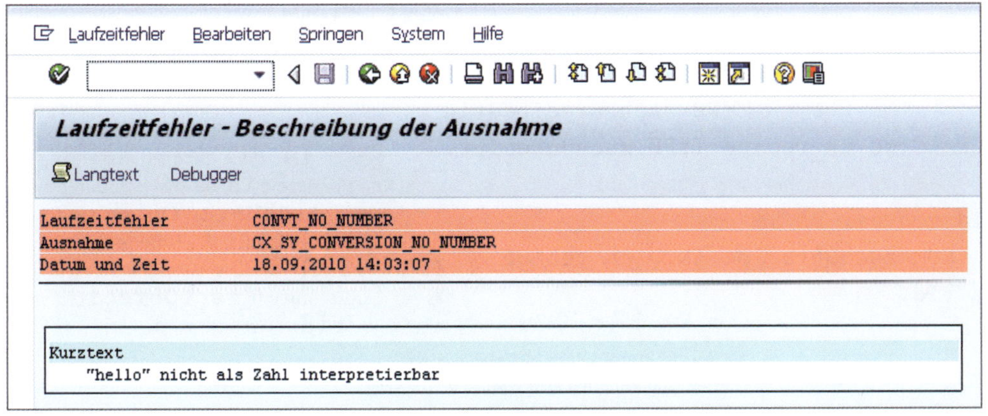

Der arme User, mitten unter der Programmausführung stirbt es ab.

Besser wäre es, wenn du den Parameter typisierst:

```
PERFORM nicht_in_die_hose USING 'hello'.
FORM nicht_in_die_hose USING value(id_wert) TYPE i.*1
  DATA: ld_ergebnis TYPE i.
  ld_ergebnis = id_wert.
ENDFORM.
```

*1 So stellt sich der Schwaiger das vor.

Das Ergebnis sieht jetzt anders aus. Wenn du den Syntaxcheck für dein Programm durchführst, erscheint die folgende Meldung.

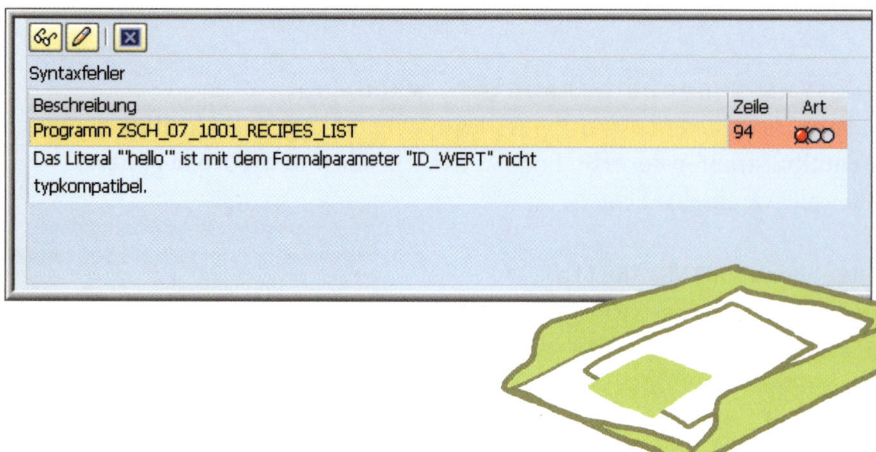

Jetzt muss es der Entwickler ausbaden und nicht der User.

[Ablage]
Also haben wir durch die Typisierung des Parameters erreicht, dass **kein Laufzeitfehler** entsteht – der User wird es uns danken –, sondern ein **Syntaxfehler** gemeldet wird und durch dich ausgebessert werden kann. **Viel besser!**

Bitte mit Typ – Typisieren

Ich hoffe, dass ich dich restlos von der **Notwendigkeit der Typisierung** überzeugt habe. Dabei habe ich mich ja ziemlich fusselig geschrieben. Die Typisierung der Formalparameter des Unterprogramms **`read_recipe`** steht an. Bitte übernehmen Sie!

Viel ist ja nicht zu tun.

Sei froh!

```
FORM read_recipe USING value(id_rid)
                 TYPE zsch06recipe-rid*1
         CHANGING es_recipe TYPE zsch06recipe.*2

* Das Rezept id_rid von der DB lesen
  SELECT SINGLE * FROM zsch06recipe INTO es_recipe
    WHERE rid = id_rid.

ENDFORM.
```

*1 Für den Aktualparameter **`id_rid`** habe ich die Komponente **`rid`** aus der transparenten Tabelle **`zsch06recipe`** verwendet. Natürlich hätte ich auch das Datenelement **`ZSCH_06_TD_RID`** verwenden können, das zur Typisierung von **`zsch06recipe-rid`** verwendet wird.

*2 Hier kommt eine Struktur zurück, die genauso aufgebaut ist wie die Tabelle selbst.

Warum in die Ferne schweifen? – Lokale Variablen

Was dir sicher in dem Beispiel eigenartig vorgekommen ist, war diese **DATA**-Anweisung im Unterprogramm. In diesem Fall spricht man von einer **lokalen Variablen**. Warum lokal? Weil diese Variable nur innerhalb des Unterprogramms „sichtbar" ist. Von außerhalb des Unterprogramms kann auf diese Variable **nicht zugegriffen** werden. Falls das Unterprogramm mehrfach aufgerufen wird, startet es jedes Mal mit dem **Initial**- oder, sofern vorhanden, mit dem **Anfangswert**.

[Begriffsdefinition]
Der **Initialwert**, oder besser der **typgerechte Initialwert**, ist der Wert, den die Variable implizit bei der Deklaration erhält. Der **Anfangswert** ist der Wert, den du explizit bei der Deklaration setzen kannst. Quasi als Startwert.

Sichtbarkeit und Unsichtbarkeit.

Programm
Globale Variable
Im ganzen Programm sichtbar
Unterprogramm
Lokale Variable
Nur im Unterprogramm sichtbar

Frage: Wir wollen eine interne Tabelle mit 1.000.000 Einträgen an ein Unterprogramm übergeben. Wie sollte die Schnittstelle typisiert sein?

Das kann ich dir beantworten: Weil bei der **Werteübergabe** die Werte **kopiert** werden, würde das ziemlich lange dauern. Da ist es besser, wenn die Tabelle mit **Referenzübergabe** an das Unterprogramm übergeben wird. Kein Kopieren und trotzdem Zugriff auf die Daten.

Sehr korrekt!

Sichtbar oder nicht – Lokale Überdeckung

Eine weitere erwähnenswerte Eigenschaft ist die der **lokalen Überdeckung**.

Was is'n dat?

Well, stell dir mal vor, dass eine **globale Variable** auf Programmebene und namensgleich eine **lokale Variable** im Unterprogramm definiert ist.
Frage: Was passiert, wenn du im Unterprogramm auf die Variable zugreifst und den Wert veränderst? Welche Auswirkungen hat das auf die globale Variable?

Hmmm, keine Ahnung.

*1 Die globale Variable mit dem Namen **gd_title_text**. Wie der Name schon andeutet, ist die Variable **global sichtbar** im Programm und somit jederzeit auslesbar und änderbar – von jedem und überall.

Falls ein Fehler passiert, woher kommt der dann? Die Fehlerquelle findet man ja gar nicht mehr!

Das ist ja gerade das Fatale an den globalen Variablen.

```
* Der Anredetext als globale Variable
DATA: gd_title_text TYPE ad_titletx.*1
* Einsprungspunkt
START-OF-SELECTION.
* Aufrufen
  PERFORM ich_bin_ein_unterprogramm.
*&---------------------------------------------------------*
*   Das ist ein ziemlich einfaches Unterprogramm
*----------------------------------------------------------*
FORM ich_bin_ein_unterprogramm.
* Der Anredetext als lokale Variable
  DATA: gd_title_text TYPE ad_titletx.*2

  gd_title_text = 'Herr und Frau'.

ENDFORM.
```

*2 Nun hast du aber auch ein Unterprogramm in deinem Programm, und in diesem definierst du die namensgleiche unterprogrammlokale Variable **gd_title_text**.

Welche Variable fühlt sich nun angesprochen, wenn du im Unterprogramm schreibst:

gd_title_text = 'Herr und Frau'.?

Natürlich die lokale Variable. Glaube ich.

Korrekt, natürlich die lokale Variable. Lokal zieht stärker. Die globale Variable merkt nix, kriegt nix mit und bleibt, wie sie ist.

Aufruf bitte – Unterprogramm-Aufruf

Der **Aufruf des Unterprogramms** sieht ziemlich ähnlich aus wie die Definition der Schnittstelle des Unterprogramms. Du lässt dir den Aufruf am besten per **Drag & Drop** aus der Objektliste produzieren.

[Begriffsdefinition]

Die **Signatur** des Unterprogramms besteht aus dem Namen des Unterprogramms, der Anzahl und der Reihenfolge der Parameter.

```
* Aufruf Unterprogramm
  DATA: gd_message TYPE string.
  PERFORM welcome_user
              USING
                  sy-uname
                  sy-uzeit
              CHANGING
                 gd_message.
  WRITE: / gd_message.
```

Der Aufruf des Unterprogramms wird mit **PERFORM** und dem **Namen des Unterprogramms** eingeleitet.

Das ist dann die Live-Performance des Unterprogramms.

Danach folgen die **USING**- und **CHANGING**-Schlüsselwörter, wobei die Namen der **Formalparameter nicht** nochmals angeführt werden müssen. Dafür musst du die **Namen der Aktualparameter** angeben, und zwar genau in der Reihenfolge, die durch die Definition vorgegeben ist.

Und was ist, falls die Reihenfolge doch nicht stimmt?

Dann werden die Aktualparameter den falschen Formalparametern zugeordnet, und von Syntaxfehler bis logischen Fehler ist alles möglich.
In meinem Beispiel werden der Benutzername (**sy-uname**) und die Uhrzeit (**sy-uzeit**) an das Unterprogramm übergeben, und zurückkommt die erzeugte Nachricht (**ld_message**), die dann über das **WRITE**-Statement ausgegeben wird und folgenden wunderschönen Output in der Liste (siehe Kapitel 3) erzeugt.

```
Hallo BCUSER um 20:02:26
```

Totalumbau

Genug des Vorgeplänkels.

Jetzt wird es ernst für dich.

[Schwierige Aufgabe]

Versuche, **Anweisungsblöcke** in dem **Rezeptprogramm** zu finden, die du in Unterprogramme verpacken kannst. Ich wäre sehr glücklich, wenn du zumindest drei Unterprogramme zur Ausgabe der Rezeptinformation, der Zutaten und der Zubereitung erstellen würdest.

Das kann ich für dich machen.

Ich schreib mal meine Lösung, derweilen du mit Unterprogrammen beschäftigt bist. Die Teile kennst du eh schon alle, da muss ich gar nichts mehr dazu erklären.

```
REPORT  zsch_07_1001_recipes_list.
* Die Daten von der Datenbanktabelle werden in der Struktur * gepuffert
DATA: gs_recipe TYPE zsch06recipe.
* Seitenüberschrift
DATA: gd_message TYPE string.

* Programmstart
INITIALIZATION.
* Anweisungsblock
  gs_recipe-rid = '002'.

START-OF-SELECTION.
* Einstweilen mal nur Rezept Nummer 2
  PERFORM read_recipe
            USING
               gs_recipe-rid
            CHANGING
              gs_recipe.

END-OF-SELECTION.
```

```
* Anweisungsblock
* Falls ein Satz gefunden wurde, dann Ausgabe.
  IF gs_recipe IS NOT INITIAL.
* Kopfinformation
    PERFORM write_kopf USING gs_recipe.
* Leerzeilen
    SKIP 2.
* Zutaten
    PERFORM write_zutaten USING gs_recipe.
*Leerzeile
    SKIP 2.
* Zutaten
    PERFORM write_zubereitung USING gs_recipe.
    ULINE.
  ELSE.
    WRITE: / 'Leider kein Rezept 002 gefunden!'.
  ENDIF.

TOP-OF-PAGE.
* Seid willkommen alle User
  PERFORM welcome_user
              USING
                  sy-uname
                  sy-uzeit
              CHANGING
                 gd_message.
  WRITE: / gd_message.
* Unterstrich
  ULINE.
*** Hier beginnen die Definitionen ***
FORM welcome_user USING value(id_uname) TYPE sy-uname
                        value(id_zeit) TYPE sy-uzeit
                  CHANGING ed_message TYPE string.
  DATA: ld_zeit TYPE c LENGTH 8.
  WRITE id_zeit TO ld_zeit USING EDIT MASK '__:__:__'.
  CONCATENATE
    `Herzlich willkommen `
    id_uname
    ` um `
    ld_zeit
    ` zu unserer großen Küchensause`
    INTO ed_message.
ENDFORM.                    "welcome_user
```

```
FORM read_recipe USING value(id_rid) TYPE zsch06recipe-rid
                 CHANGING es_recipe TYPE zsch06recipe.
* Das Rezept id_rid von der DB lesen
  SELECT SINGLE * FROM zsch06recipe INTO es_recipe
    WHERE rid = id_rid.
ENDFORM.                        "read_recipe

FORM write_kopf USING is_recipe TYPE zsch06recipe.
* Kopfzeile
  WRITE: / 'Menüart: ', is_recipe-menueart.
  WRITE: / 'Kochdauer: ', is_recipe-kochdauer, ' Minuten'.
  WRITE: / 'Region: ', is_recipe-region.
  WRITE: / 'Schwierigkeit: ', is_recipe-schwierigkeit,
           '(0 ist einfach)'.
ENDFORM.                        "write_kopf

FORM write_zutaten USING is_recipe TYPE zsch06recipe.
* Schön zerteilen
  DATA: lt_zutaten TYPE stringtab,
        ls_zutaten LIKE LINE OF lt_zutaten.
* Zerhacken
  SPLIT is_recipe-zutaten AT '##' INTO TABLE lt_zutaten.
* und ausgeben
  LOOP AT lt_zutaten INTO ls_zutaten.
    WRITE: / ls_zutaten.
  ENDLOOP.
ENDFORM.                        "write_zutaten

FORM write_zubereitung USING is_recipe TYPE zsch06recipe.
* Schön zerteilen
  DATA: lt_zubereitung TYPE stringtab,
        ls_zubereitung LIKE LINE OF lt_zubereitung,
        ld_mod TYPE i,
        ld_len TYPE i,
        ld_index TYPE i.
* Zerhacken
  SPLIT is_recipe-zubereitung AT '##' INTO TABLE lt_zubereitung.
* und ausgeben
  LOOP AT lt_zubereitung INTO ls_zubereitung.
    IF sy-tabix = 1.
      WRITE: / ls_zubereitung.
      NEW-LINE.
```

```
      CONTINUE.
    ELSE.
      NEW-LINE.
    ENDIF.
    ld_len = STRLEN( ls_zubereitung ).
    DO ld_len TIMES.
      ld_index = sy-index - 1.
      WRITE: ls_zubereitung+ld_index(1) NO-GAP.
      ld_mod = sy-index MOD 100.
      IF ld_mod = 0.
        NEW-LINE.
      ENDIF.
    ENDDO.
  ENDLOOP.
ENDFORM.
```

[Belohnung/Lösung]

Programm erfolgreich zerlegt! Ab in die Pause und schnell einen Rote-Beete-Saft genossen.

Globale Wiederverwendung – Funktionsbausteine

Willkommen in der großen, weiten, globalen Welt!
Wir haben genug **Lokale** besucht und widmen uns dem **kooperativen Programmieren**, indem wir Funktionalitäten schaffen, die du deinen Kollegen zur Verfügung stellen kannst.

Die Lokale waren aber nicht so schlecht, schade!

Ich meine **Programm-Lokale**, du Pechvogel. Stell dir nur vor, dass du Funktionen entwickeln kannst, die auch andere Entwickler verwenden können bzw. du Funktionalität von anderen Entwicklern verwenden kannst. Das wäre doch super!
Dazu benötigst du aber eine andere Technik als Unterprogramme. Zwei Möglichkeiten stehen dir im SAP-System zur Verfügung: **Funktionsbausteine** und **OO-Klassen**. Hier und jetzt ist es Zeit für die **Funktionsbausteine**, und OO kommt später und bekommt ausreichend Platz.
Funktionsbausteine sind wie Unterprogramme. Sie haben eine Schnittstelle, mögliche lokale Daten, können jedoch nicht nur in dem Programm gerufen werden, in dem sie definiert wurden, sondern von beliebigen Programmen aus.

Das klingt ja wirklich super. Jetzt bin ich aber gespannt.

Ich habe sogar ein Beispiel für dich, das dich motivieren könnte, falls du gerade keinen **Motivationscoach** zur Seite hast. Ruf die Transaktion **Function Builder** (SE37) in einem neuen Modus auf, also mit **/ose37**.

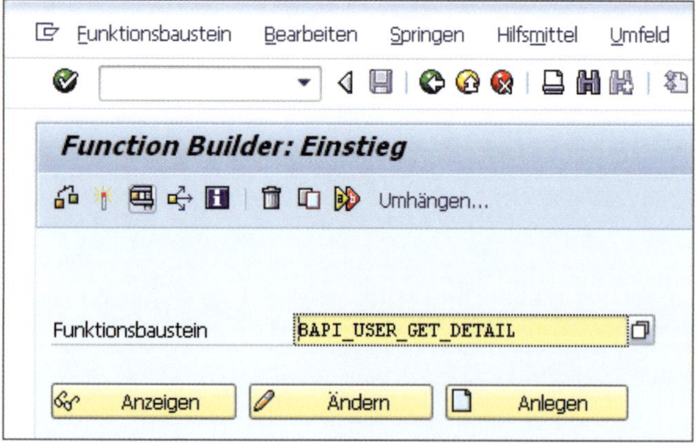

Das Einstiegsbild zur SE37. Zum Ausprobieren des Funktionsbausteins drückst du die Drucktaste Testen/Ausführen (F8).

Im Eingabefeld **Funktionsbaustein** gibst du bitte den Namen **BAPI_USER_GET_DETAIL** ein. Wie der Name schon sagt, liefert er **Details zum Anwender**. Danach die **Ausführen/Testen**-Taste (F8) drücken, und schon bist du im **Testmodus**.

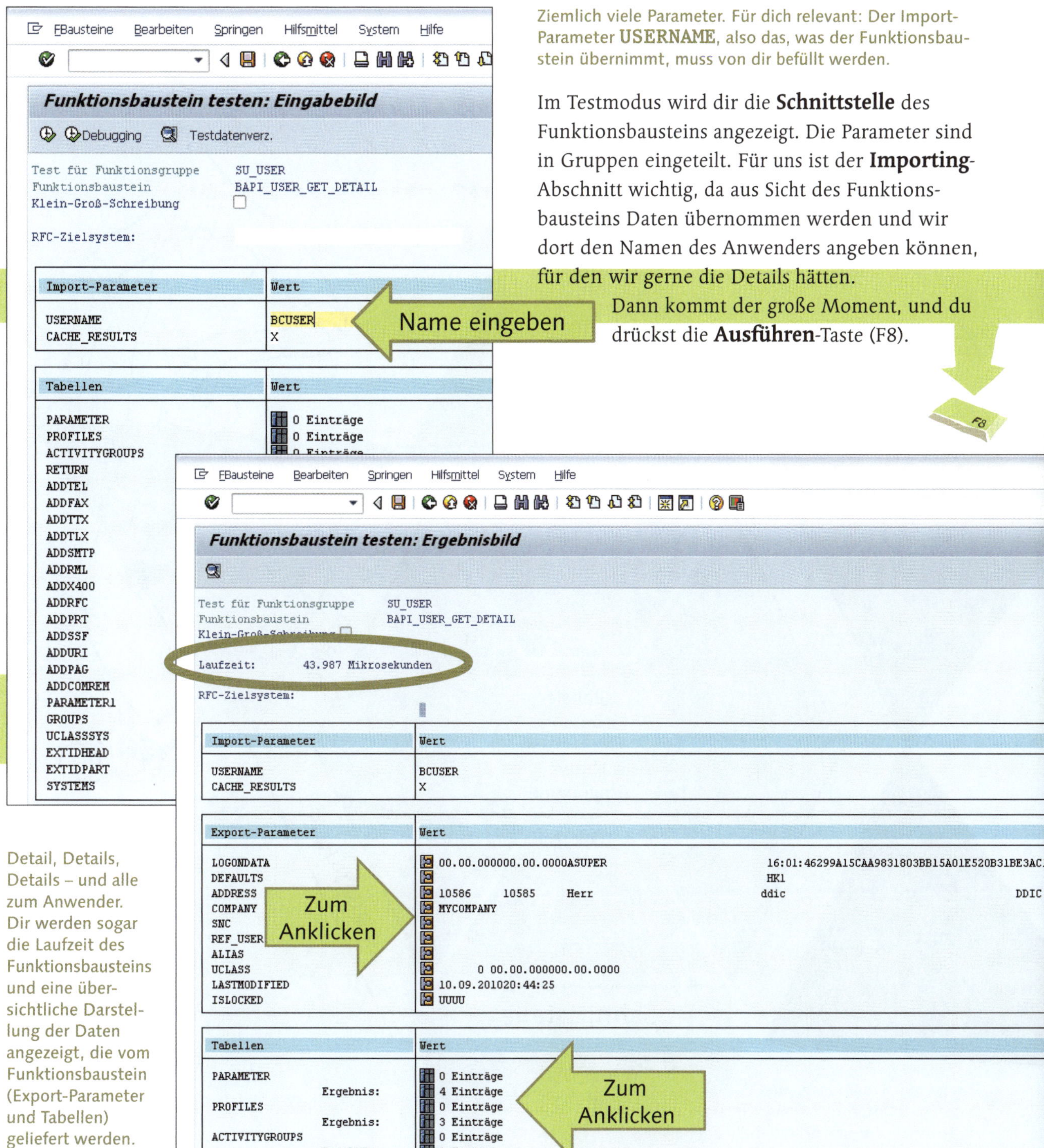

Ziemlich viele Parameter. Für dich relevant: Der Import-Parameter **USERNAME**, also das, was der Funktionsbaustein übernimmt, muss von dir befüllt werden.

Im Testmodus wird dir die **Schnittstelle** des Funktionsbausteins angezeigt. Die Parameter sind in Gruppen eingeteilt. Für uns ist der **Importing**-Abschnitt wichtig, da aus Sicht des Funktionsbausteins Daten übernommen werden und wir dort den Namen des Anwenders angeben können, für den wir gerne die Details hätten.

Dann kommt der große Moment, und du drückst die **Ausführen**-Taste (F8).

Detail, Details, Details – und alle zum Anwender. Dir werden sogar die Laufzeit des Funktionsbausteins und eine übersichtliche Darstellung der Daten angezeigt, die vom Funktionsbaustein (Export-Parameter und Tabellen) geliefert werden.

Siehst du,

was ich meinte mit: Du kannst die Funktionalität anderer Entwickler selbst nutzen. Das müsstest du sonst alles selbst programmieren!

Okay, ich bin total motiviert. Jetzt muss ich nur mehr wissen, wie ich einen Funktionsbaustein definieren und dann in meinem Programm aufrufen kann. Dann weiß ich auch, wie ich Funktionsbausteine von anderen Entwicklern aufrufen kann. **Go, go, go!**

Funktionsgruppe

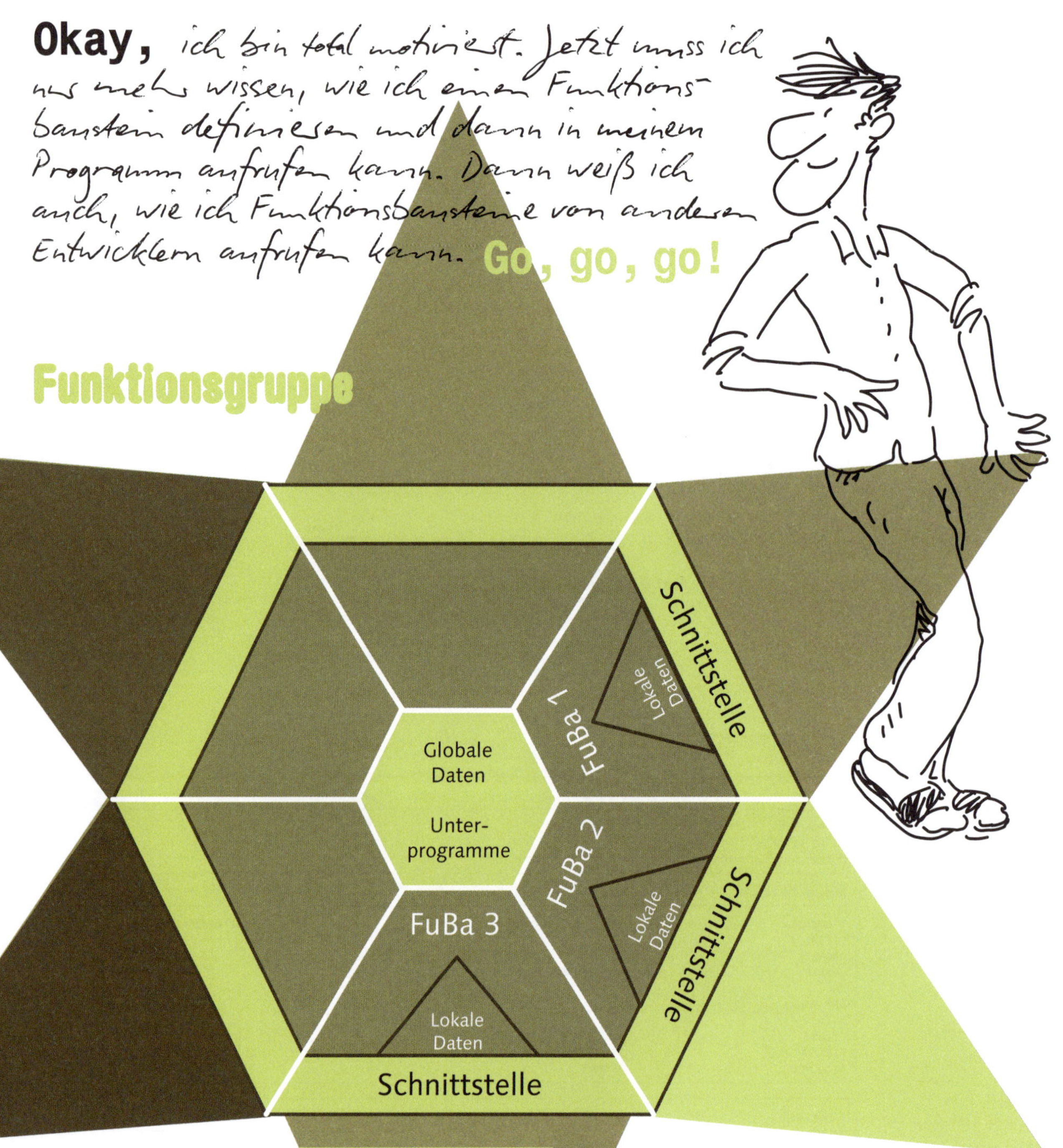

Das ist eine Funktionsgruppe. Sie besitzt zum Beispiel globale Daten und Unterprogramme. Ihr sind Funktionsbausteine zugeordnet, die eine Schnittstelle und lokale Daten besitzen können.

Schu-ba-Fu-ba-du-ba-du ...

Beginnen wir bei der **Funktionsgruppe**.

[Begriffsdefinition]

Funktionsgruppen sind Behälter bzw. Rahmenprogramme für Funktionsbausteine.

Diese dient als **Container für Funktionsbausteine**. In einer Funktionsgruppe können **globale Daten** für die Funktionsbausteine, **Unterprogramme**, **Ereignisse** und **Dynpros** definiert werden. Funktionsgruppen sind als Programme realisiert, die **Includes** einbinden. Includes für die Datendeklarationen, Includes für Unterprogramme, Includes für Module und pro Funktionsbaustein ein Include.

Includes?

Ja, genau, diese Textkonserven, die in Programme mithilfe der Anweisung **INCLUDE** eingebunden werden können. Ich zeige dir mal die Funktionsgruppe für den Funktionsbaustein **BAPI_USER_GET_DETAIL**. Dazu gibst du im Repository Browser den Typ **Funktionsgruppe** und als **Namen SU_USER** ein und bestätigst das mit der **Enter**-Taste.

[Ablage]

Den Namen der Funktionsgruppe zu einem Funktionsbaustein findest du in den Eigenschaften des Funktionsbausteins oder in der Detailsicht des Funktionsbausteins mit der Drucktaste **Objektliste anzeigen.**

Im erscheinenden Pop-up drückst du die Drucktaste **Rahmenprogramm** (F5), um das Programm mit seinen Includes zu sehen.

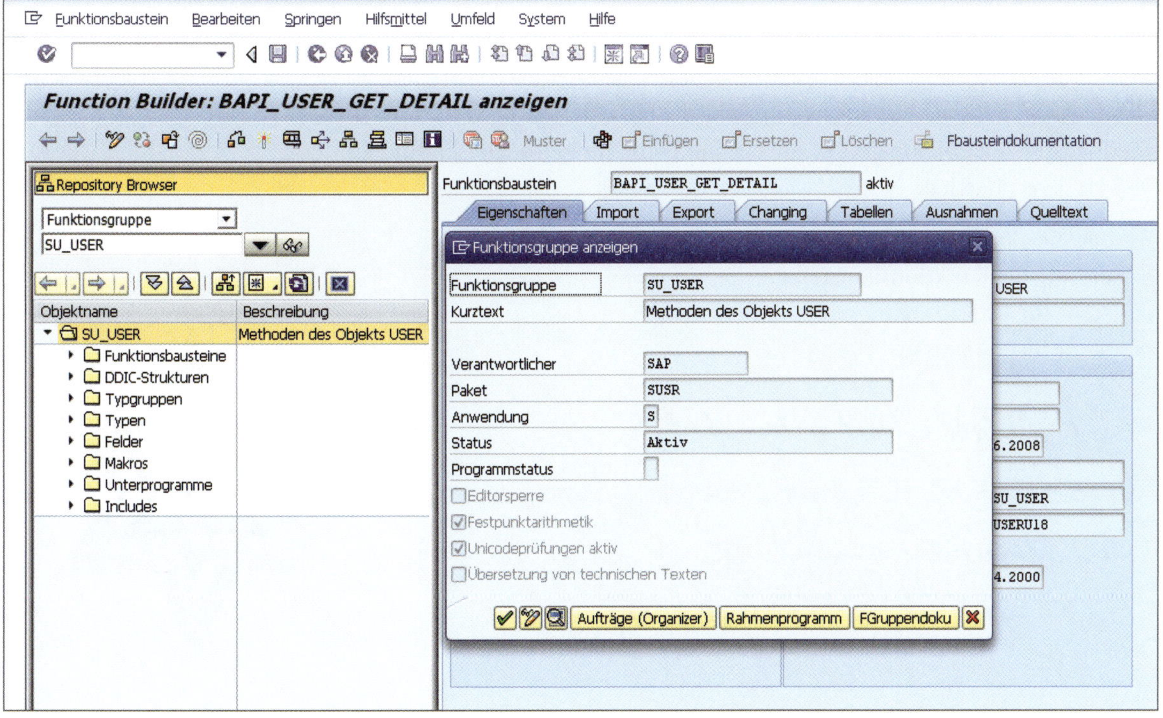

Du hast die **Rahmenprogramm**-Taste gedrückt, und schon bist du im verwirrenden Detail. Na ja, so schlimm ist es nicht.

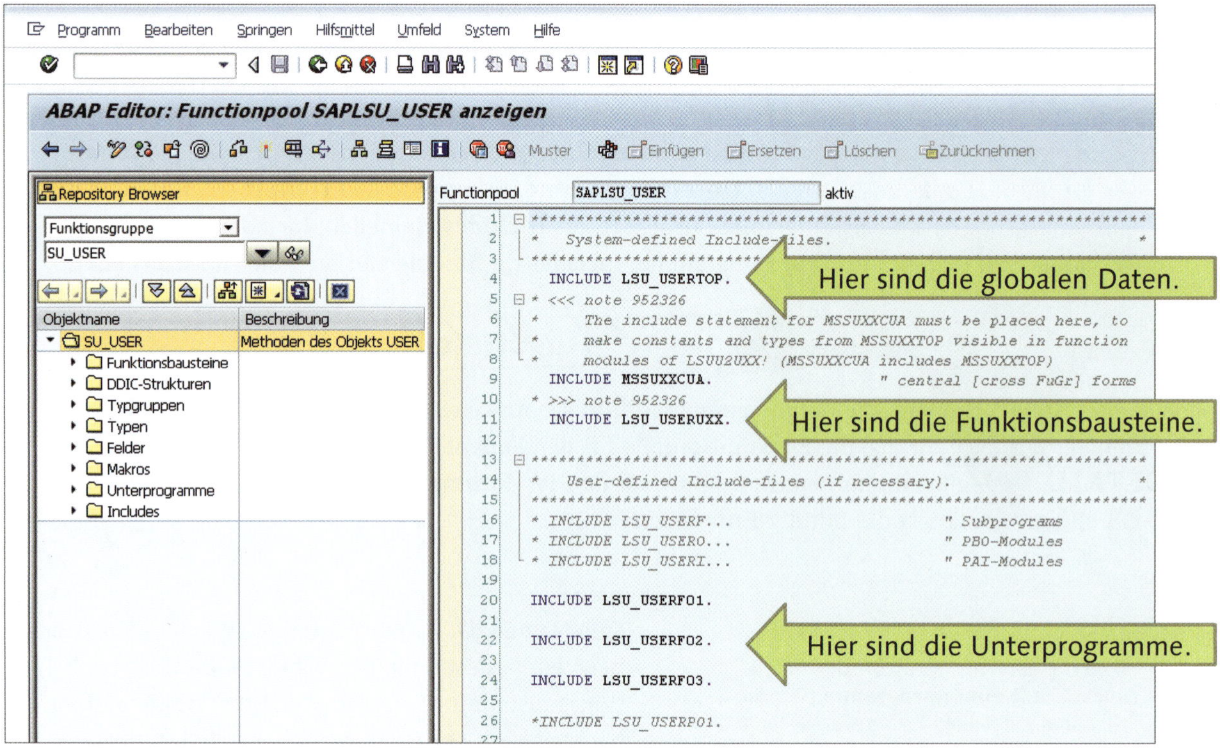

Programm Bearbeiten Springen Hilfsmittel Umfeld System Hilfe

ABAP Editor: Functionpool SAPLSU_USER anzeigen

Muster | Einfügen | Ersetzen | Löschen | Zurücknehmen

Repository Browser

Funktionsgruppe
SU_USER

Objektname	Beschreibung
SU_USER	Methoden des Objekts USER
Funktionsbausteine	
DDIC-Strukturen	
Typgruppen	
Typen	
Felder	
Makros	
Unterprogramme	
Includes	

Functionpool SAPLSU_USER aktiv

```
*******************************************************************
*   System-defined Include-files.                                 *
*******************************************************************
  INCLUDE LSU_USERTOP.
* <<< note 952326
*     The include statement for MSSUXXCUA must be placed here, to
*     make constants and types from MSSUXXTOP visible in function
*     modules of LSUU2UXX! (MSSUXXCUA includes MSSUXXTOP)
  INCLUDE MSSUXXCUA.                    " central [cross FuGr] forms
* >>> note 952326
  INCLUDE LSU_USERUXX.

*******************************************************************
*   User-defined Include-files (if necessary).                    *
*******************************************************************
* INCLUDE LSU_USERF...                          " Subprograms
* INCLUDE LSU_USERO...                          " PBO-Modules
* INCLUDE LSU_USERI...                          " PAI-Modules

INCLUDE LSU_USERF01.

INCLUDE LSU_USERF02.

INCLUDE LSU_USERF03.

*INCLUDE LSU_USERP01.
```

Hier sind die globalen Daten.
Hier sind die Funktionsbausteine.
Hier sind die Unterprogramme.

Das Rahmenprogramm SAPLSU_USER der Funktionsgruppe SU_USER besteht aus einer Sammlung von Includes. Solche für die globalen Daten, für die Funktionsbausteine und für die Unterprogramme.

Im Detail siehst du, dass die Funktionsgruppe aus **INCLUDES** besteht. Für die unterschiedlichsten Teilobjekte gibt es unterschiedliche Includes. Die Endungen der INCLUDES sind verräterisch:

- TOP steht für globale Daten, Typen und Konstanten.
- UXX steht für die Funktionsbausteine.
- F<xx> steht für Unterprogramme.
- E<xx> steht für Ereignisse.

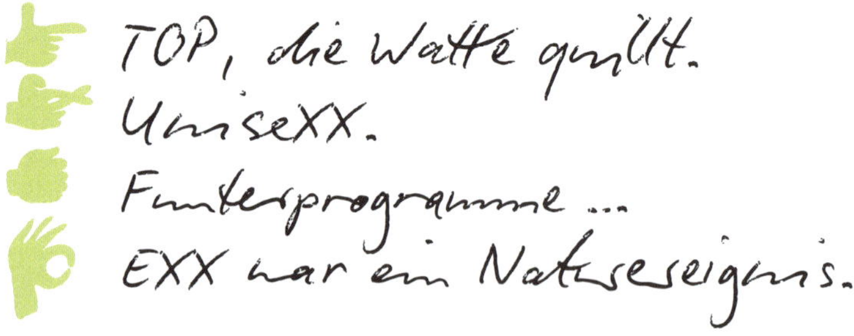

Leg dir eine Funktionsgruppe an

Es wird Zeit, dass wir mit den Rezepten weiterkommen. Ich hätte gerne eine Funktionsgruppe, in der wir einen **Funktionsbaustein zum Lesen der Rezepte** anlegen können. Der Name der Funktionsgruppe lautet: **ZSCH07RECIPE**.

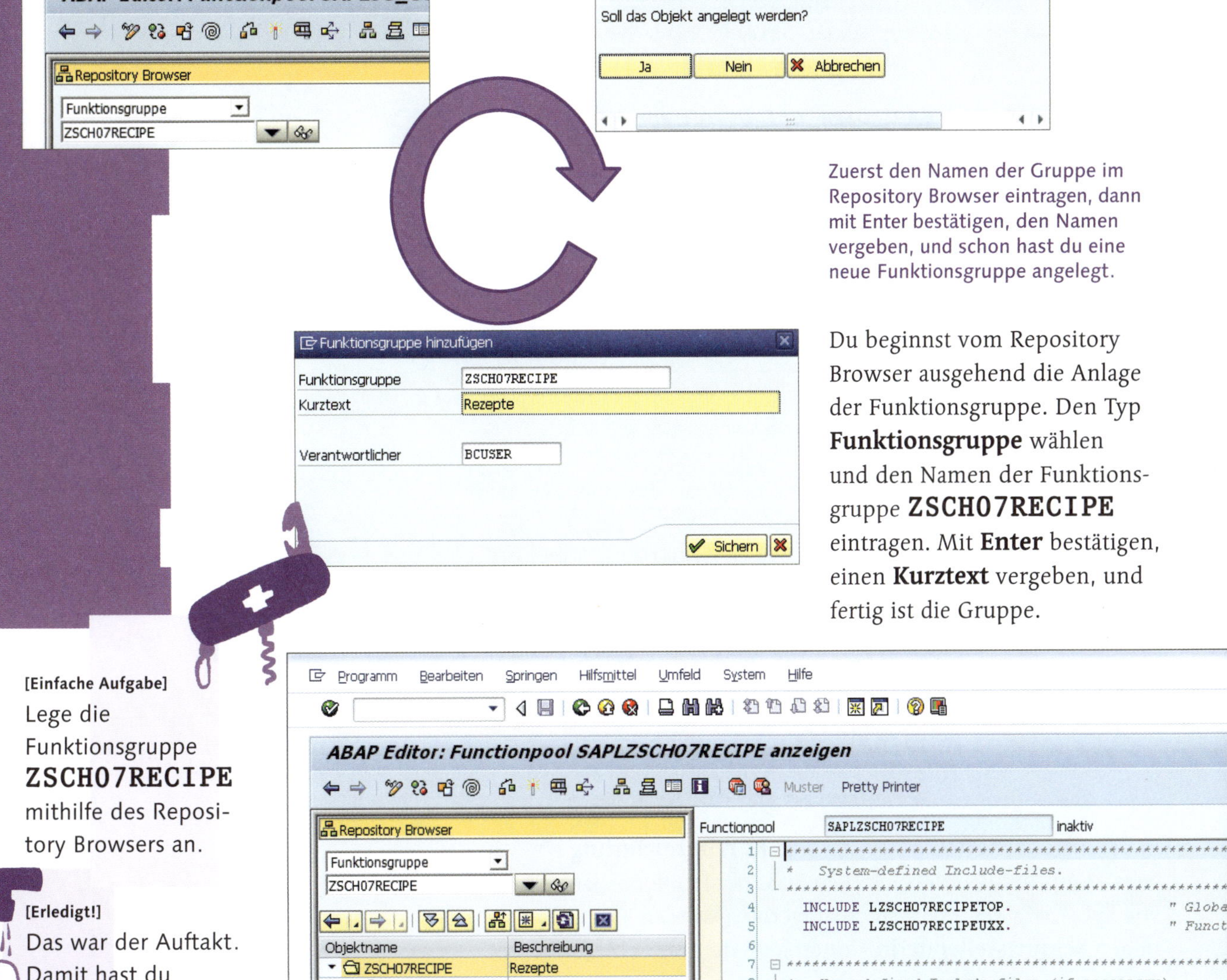

Zuerst den Namen der Gruppe im Repository Browser eintragen, dann mit Enter bestätigen, den Namen vergeben, und schon hast du eine neue Funktionsgruppe angelegt.

Du beginnst vom Repository Browser ausgehend die Anlage der Funktionsgruppe. Den Typ **Funktionsgruppe** wählen und den Namen der Funktionsgruppe **ZSCH07RECIPE** eintragen. Mit **Enter** bestätigen, einen **Kurztext** vergeben, und fertig ist die Gruppe.

[Einfache Aufgabe]

Lege die Funktionsgruppe **ZSCH07RECIPE** mithilfe des Repository Browsers an.

[Erledigt!]

Das war der Auftakt. Damit hast du den **Container** für die **Funktionsbausteine** geschaffen.

Links die Funktionsgruppe und rechts die Details dazu.

Ich bin's: der Super-Gruppenerzeuger!

Es ist so weit, global bereit – Funktionsbaustein

Ein Funktionsbaustein (die SAPler sagen auch Fuba dazu) besitzt **Eigenschaften** und **Schnittstellendefinitionen**. Sieh dir mal den Funktionsbaustein **BAPI_USER_GET_DETAIL** in der SE37 an.

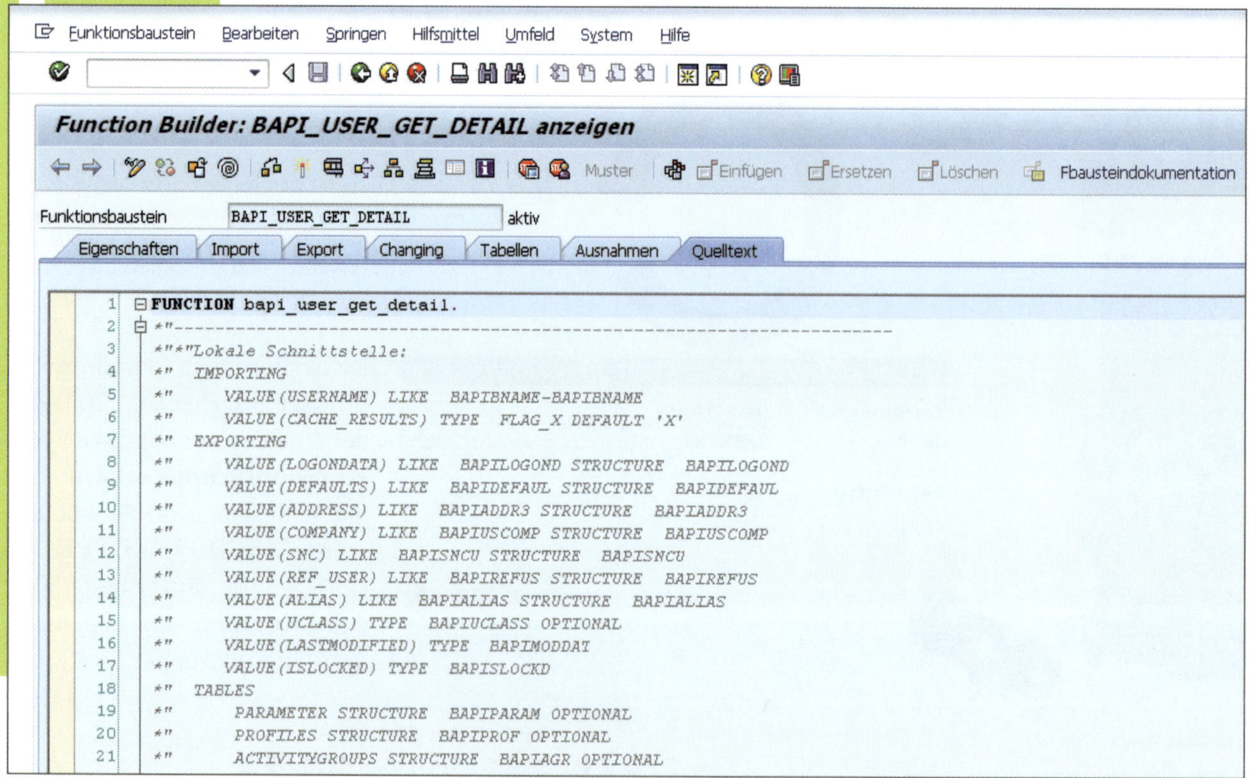

Der Funktionsbaustein aus der Nähe. Einerseits kannst du mithilfe des Karteireiters **Eigenschaften** zu den Definitionen erhaschen, aber auch – das ist sehr praktisch – durch die automatisch erzeugten Kommentare am Kopf des Quelltextes.

In den **Eigenschaften** kannst du eine **Kurzbezeichnung** eingeben und zum Beispiel einstellen, dass der Funktionsbaustein von außerhalb des SAP-Systems aufgerufen werden kann.
In den **Schnittstellendefinitionen** legst du unterschiedliche Arten von Formalparametern an.

Kommt jetzt wieder das **USING**- *und* **CHANGING**-*Dilemma von den Unterprogrammen?*

Nö, viel detaillierter!

- **Import**: Parameter dieser Art übernehmen Werte in den Funktionsbaustein. Du kannst den Parameter auch als **optional** kennzeichnen, dann musst du nicht, aber kannst, wenn du willst, beim Aufruf Werte übergeben.

Zuerst den Parameternamen eingeben, dann TYPE für die Typisierung (LIKE verwenden wir nicht, das ist alter Kram) angeben, mögliche Vorschlagswerte und die Optionalität festlegen, sowie Werte- oder Referenzübergabe. Das kennen wir ja schon alles, da ist nichts Neues dabei!

- **Export**: Damit kannst du aus dem Funktionsbaustein Ergebnisse nach außen liefern. Der Empfänger kann, aber muss nicht, die Daten übernehmen.
- **Changing**: Eine Mischung aus Import und Export. Also kann der Funktionsbaustein den Wert eines solchen Parameters ändern und an das rufende Programm zurückgeben.
- **Tabellen** sollten nicht mehr verwendet werden, seit es Tabellentypen im Dictionary gibt. Verwende stattdessen die anderen Parameter.
- **Ausnahmen**: Falls im Funktionsbaustein **Ausnahmen** – hmm, nicht unbedingt Fehler, aber auf alle Fälle eine Situation, die so nicht geplant war – auftreten, kann eine Ausnahme ausgelöst werden (klassisch, das gibt es auch in OO), und diese wird über die Schnittstelle nach außen gereicht. Die Behandlung der Ausnahme findet nicht im Funktionsbaustein statt, sondern sollte beim Aufrufer erfolgen. (Kapitel 11 ist voll mit Ausnahmen.)

[Ablage]
Merke: Was bei der Funktionsbaustein-Parameterdefinition ein Import ist, ist beim Aufruf ein Export und vice versa.

Die Typisierung der Parameter erfolgt durch Typen aus dem ABAP Dictionary – globale Type für globale Funktionen.

Ist der Funktionsbaustein definiert, es sich ungeniert programmiert.

Her mit dem Rezept

Nimmst du meine Herausforderung an? *Welche?*

Na, deine Aufgabe: die Entwicklung des Funktionsbausteins **Z_SCH07RECIPE_GET_DETAIL** zum Lesen des Rezeptes?

[Schwierige Aufgabe]
Entwickle den Funktionsbaustein **Z_SCH07RECIPE_GET_DETAIL** zum Lesen des Rezeptes.

Ich kann dir verraten, dass die Implementierung des Unterprogramms dazu schwerer war.

Na gut, du musst mir nur mehr sagen, WIE ich einen Funktionsbaustein anlegen kann. Halt, stopp, das weiß ich doch. Natürlich mit dem Kontextmenü der Funktionsgruppe, eh klar.

Siehst du, ich werde nicht benötigt und kann endlich Pause machen. Oder ich hinterlege schnell meine Lösung, für dich zum Spicken.

1. Zuerst habe ich den **Funktionsbaustein angelegt**, mit dem **Kontextmenü**.

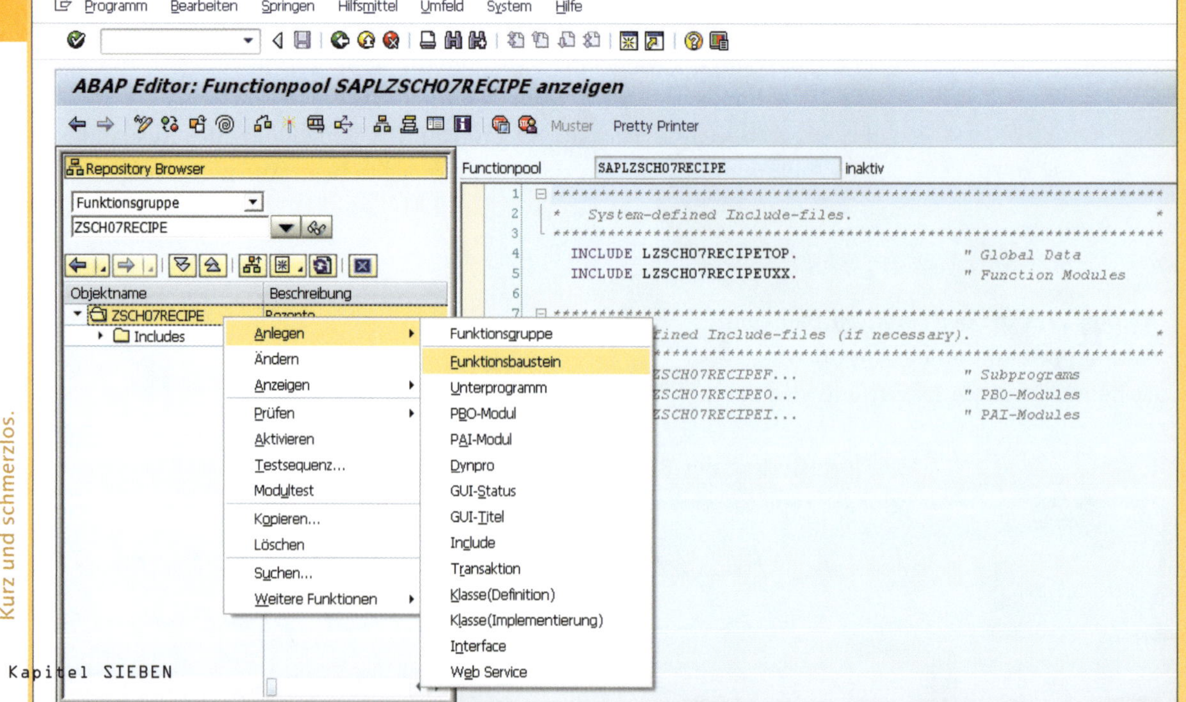

Funktionsbaustein anlegen per Kontextmenü. Kurz und schmerzlos.

2. Dann den **Namen vergeben**.

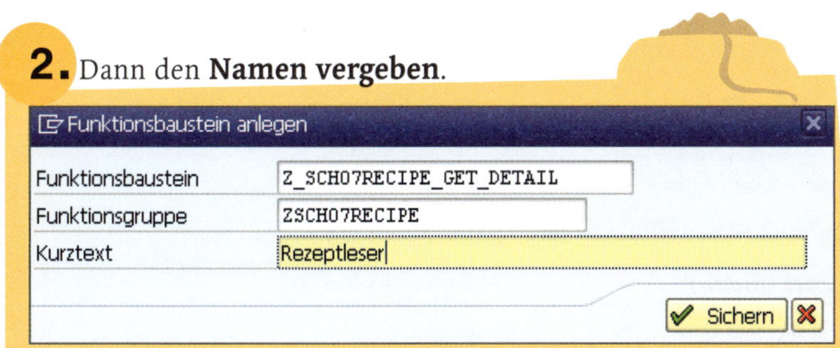

Der Rezeptleser.

3. Importparameter festlegen. Ich habe ihn genauso genannt wie beim Unterprogramm.

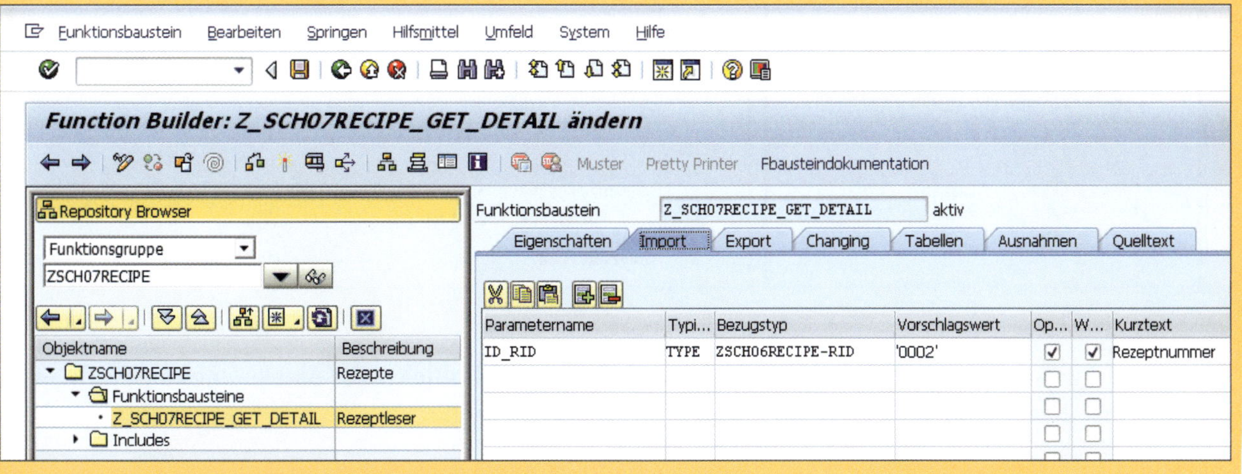

ID_RID vom Typ ZSCH06RECIPE mit dem Vorschlagswert 0002, sogar noch optional mit Werteübergabe.

4. Und irgendwas sollte auch zurückkommen vom Funktionsbaustein, also den **Exportparameter** `es_recipe` definieren.

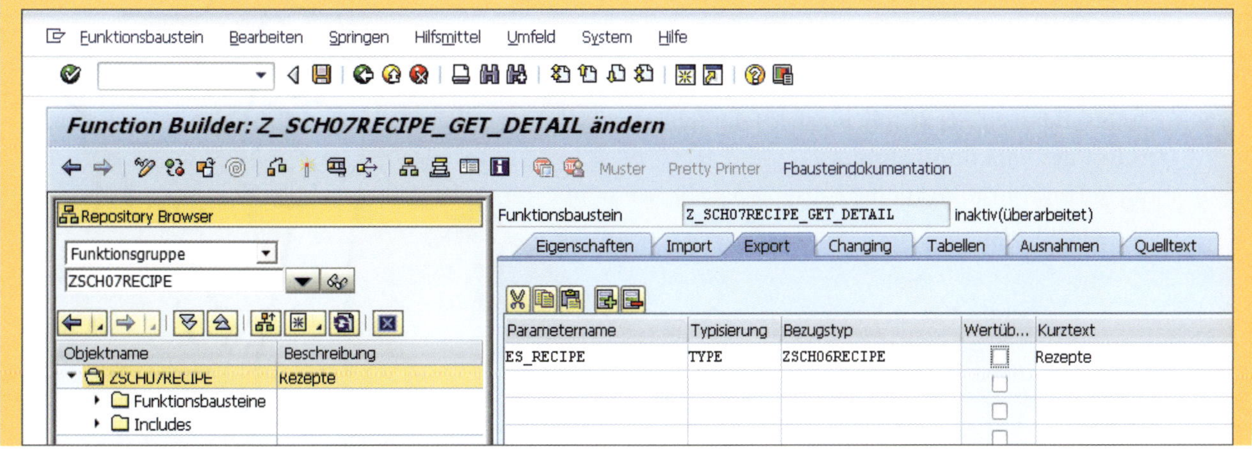

Zurück kommt die Struktur ES_RECIPE vom Typ ZSCH06RECIPE.

5. Und natürlich der **Quelltext**. Den kannst du direkt aus dem Unterprogramm übernehmen, ohne Änderungen.

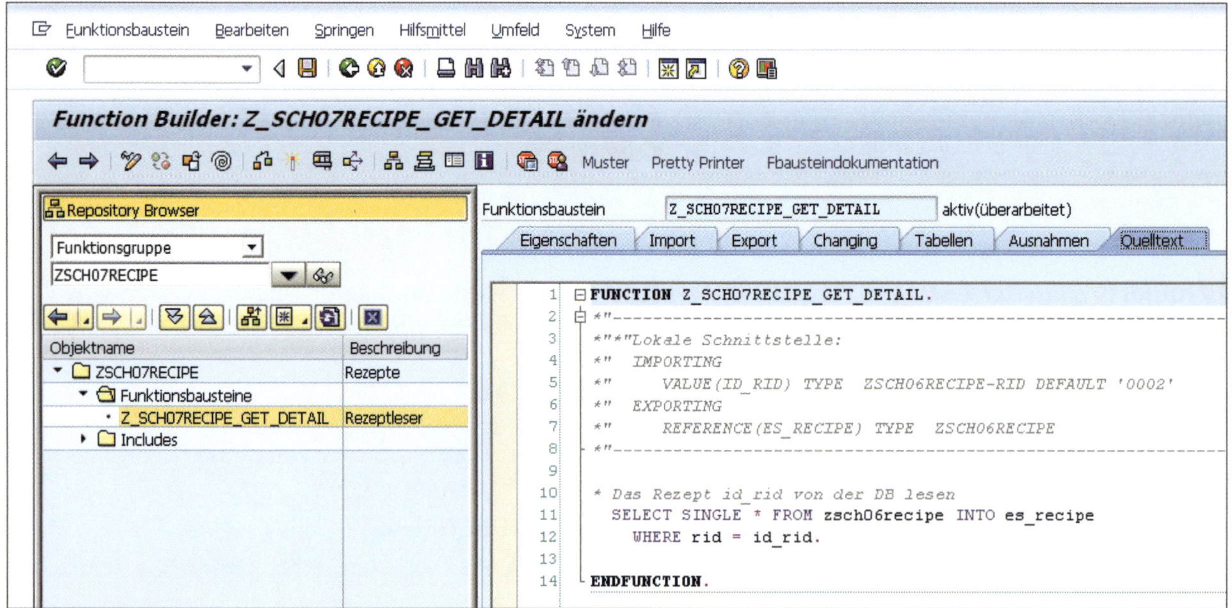

Den kennst du schon.

6. Sichern, syntaxchecken, aktivieren! Achtung, da werden drei **Teilobjekte** zur Aktivierung vorgeschlagen, die musst du alle mitnehmen!

Nachdem du das alles sicher so wie ich gemacht hast, kannst du den Baustein natürlich testen. So wie vorher mit der **Testen/Ausführen**-Drucktaste (F8).

Ich habe fertig! Flasche total voll!

Du bist deinem Ziel ziemlich nahe. Jetzt fehlt nur mehr der Aufruf des Funktionsbausteins!
Nach dem Aufruf lockt eine Pause, möglicherweise mit Sahnehäubchen.

Haaallooooo – Funktionsbaustein-Aufruf

Der Aufruf eines Funktionsbausteins kann auf **drei Arten** implementiert werden.

Haaallllooooo, Fuuuuuubaaaaaa. Ich ruuuufeee diiiich!

- **Manuell**. Der Weg der Masochisten! Alles tippen, na bravo.
- **Drag & Drop aus der Objektliste**, so wie der Aufruf eines Unterprogramms. Das ist schon ziemlich elegant.
- **Muster (Strg + F6)**: Die mächtige Drucktaste aus der **Drucktastenleiste**. Hast du sie gedrückt, erscheint ein Pop-up, in das du den Namen des Funktionsbausteins eingeben und dir den Aufruf produzieren lassen kannst. Sehr ratsam bei einer ausführlichen Parameterliste.

Nachdem du die Muster-Drucktaste (Strg + F6) gedrückt hast, kannst du den Namen des Funktionsbausteins angeben, und schon wird der Code für den Aufruf für dich produziert. Vorher solltest du natürlich den Fokus auf die Einfügestelle in deinem Programm gesetzt haben. Nur so, als kleiner Tipp.

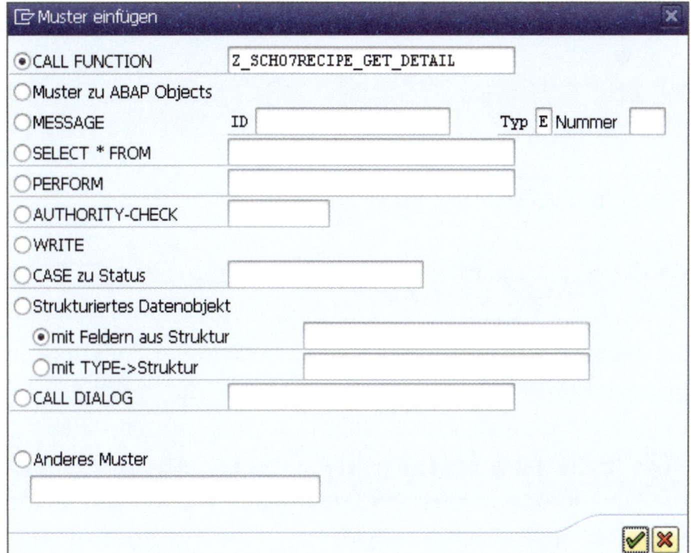

Hast du den Aufruf implementiert, sieht er im Prinzip so aus:

```
CALL FUNCTION <Name>
EXPORTING
<Formalparameter> = <Aktualparameter>
IMPORTING
<Formalparameter> = <Aktualparameter>
CHANGING
<Formalparameter> = <Aktualparameter>
EXCEPTION
<Ausnahme1> = <Wert1>
<Ausnahme2> = <Wert2>
OTHERS = <Wertn>
```

Es sieht so aus, als ob der Formalparameter immer links steht?

Korrekt!

Noch was. Wenn du einen Funktionsbaustein aus einem Programm heraus aufrufst, wird die gesamte **Funktionsgruppe** in den **internen Modus** geladen.

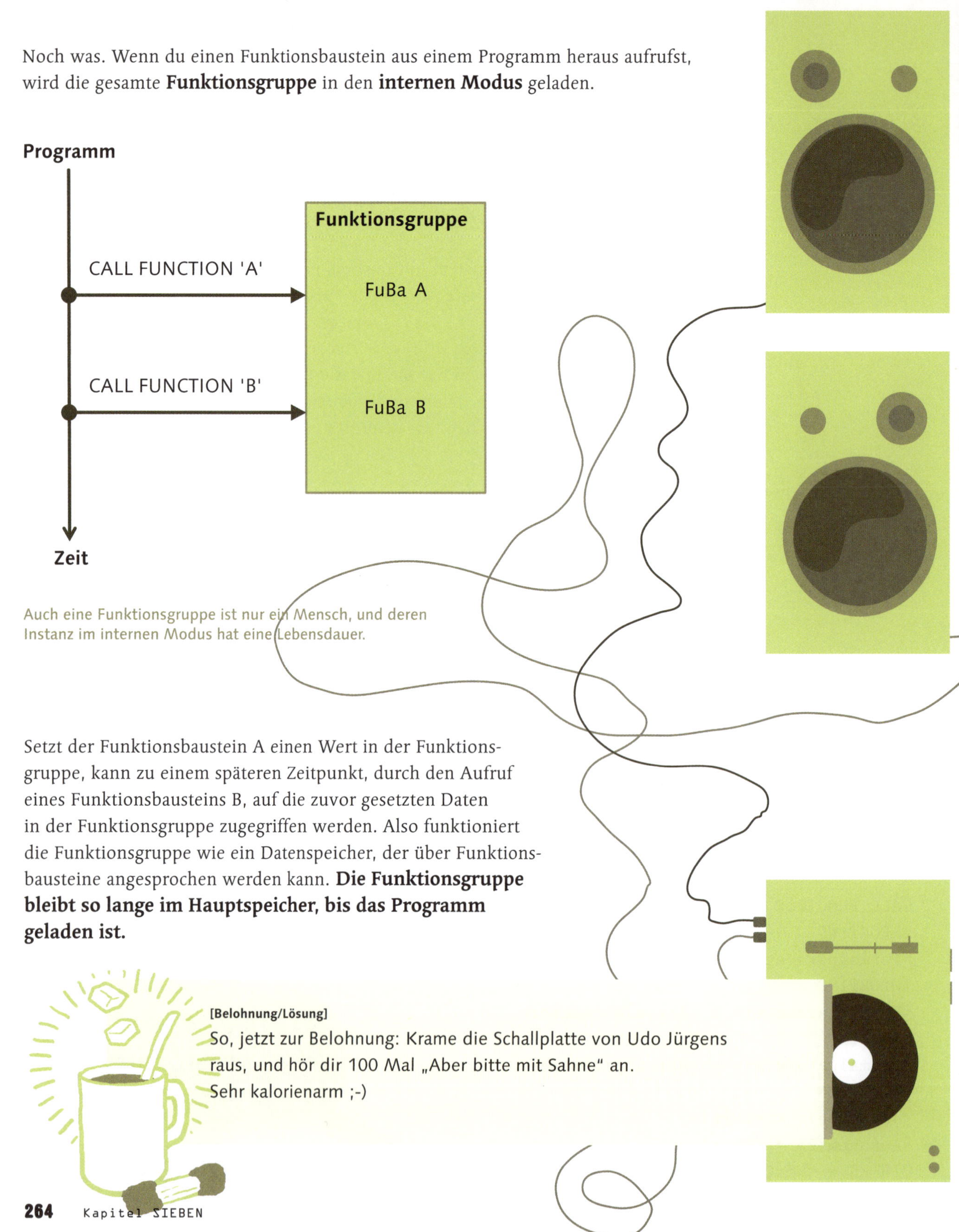

Auch eine Funktionsgruppe ist nur ein Mensch, und deren Instanz im internen Modus hat eine Lebensdauer.

Setzt der Funktionsbaustein A einen Wert in der Funktionsgruppe, kann zu einem späteren Zeitpunkt, durch den Aufruf eines Funktionsbausteins B, auf die zuvor gesetzten Daten in der Funktionsgruppe zugegriffen werden. Also funktioniert die Funktionsgruppe wie ein Datenspeicher, der über Funktionsbausteine angesprochen werden kann. **Die Funktionsgruppe bleibt so lange im Hauptspeicher, bis das Programm geladen ist.**

[Belohnung/Lösung]

So, jetzt zur Belohnung: Krame die Schallplatte von Udo Jürgens raus, und hör dir 100 Mal „Aber bitte mit Sahne" an. Sehr kalorienarm ;-)

Dein Finale

OH-HOH!

[Schwierige Aufgabe]

Ersetze den Aufruf des Unterprogramms **read_recipe** im Programm **zsch_07_1001_recipes_list** durch den Aufruf des Funktionsbausteins **Z_SCH07RECIPE_GET_DETAIL**.

Gerne, ist schon erledigt.

```
START-OF-SELECTION.
* Einstweilen mal nur Rezept Nummer 2
*  PERFORM read_recipe
*              USING
*                  gs_recipe-rid
*              CHANGING
*                 gs_recipe.

  CALL FUNCTION 'Z_SCH07RECIPE_GET_DETAIL'
    EXPORTING
      id_rid    = '002'
    IMPORTING
      es_recipe = gs_recipe.
```

[Belohnung/Lösung]

Wow, gewaltig! Du hast dir eine frische Belohnung aus der Rezeptdatenbank verdient. Greif zu!

Öhh, gibt's was ohne Rote Beete und ohne Ei im Bier?

Resch und lieblich!

—ACHT—

ABAP Objects I

Schrödinger zeigt Klasse

Schrödinger ist heute nicht gut aufgelegt, weil der Schwaiger Roland mit der Objektorientierung daherkommt. Es funktioniert doch alles bestens mit dem „prozeduralen ABAP“ (so nennt das der Schwaiger Roland). Was hat der bloß? Na okay, ein paar Mal haben sich schon Fehler eingeschlichen, die schwer zu finden waren. Mit der Objektorientierung soll ja alles besser werden mit der Ordnung. Und wo mehr Ordnung ist, ist alles leichter zu finden – sogar die Fehler. Und außerdem kann man mit ABAP Objects anscheinend tolle GUIs realisieren. Nach dem ersten Schockerlebnis ist Schrödinger also gleich überzeugt.

Motivation zur OO

OO? Ober-Oesterreich? Oben-Ohne? Ober-Ordnungsfimmel? Nullnull? Null Spaghetti-code, null Fehler?

Nee, Objektorientierung. Pass auf: Versetze dich in folgende Situation: Du bewegst dich zu deiner Tankstelle, um deinen Treibstoff nachzufüllen. Voller Erwartung, erfüllt durch dic Vorfreude auf das Lebenselixier, das deine Maschine zum Laufen bringt, drückst du den Knopf, UND es passiert *nichts*. Der **Kaffeevollautomat** (KVA) streikt. Bitte Augen zu und vorstellen.
Welch ein Schock! Du bist paralysiert und kaum fähig, dich zu bewegen, deine nur marginal vorhandenen aktiven geistigen Prozesse verebben endgültig, und das Stammhirn wird aktiv: KAFFFEEEE!

Die zentralen peinigenden Fragen treten auf: „Warum immer ich, warum geht immer bei mir das Wasser aus, warum sind keine Bohnen im Behälter, warum muss schon wieder ich den Satzbehälter leeren, warum, warum, warum und warum um sechs Uhr morgens?"
Der Tag beginnt mit einer Katastrophe.

Hör bitte auf, ich bin schon ganz fertig. Schnell einen Kaffee holen zur Beruhigung.

Ja, bitte, für mich auch.

Wir sollten etwas dagegen tun, zumindest darüber nachdenken und ein **Gerechtigkeitsprogramm** entwickeln. Gerechtigkeit für alle früh aufstehenden Entwickler, bei denen der Kaffeekonsum sich in der **Maslowschen Bedürfnishierarchie** (-pyramide) auf der Ebene der „Fundamentalen Bedürfnisse" befindet, also direkt zwischen Luft, Wasser, Essen, Schutz, Schlaf und Sex.
Unser Objekt der Begierde ist Kaffee und der KVA unser Mittel zum Zweck. Begierde ist gut, Objekt ist noch besser und die Orientierung am Objekt Ultima Ratio. **Objektorientierung**!

Objektorientierung und Kaffee. Ich bin auf deiner Seite!

Wir müssen Ordnung in die Kaffeewelt bringen und dafür sorgen, dass die Kaffeeproduktion nicht unterbrochen wird. Keine Überraschungen mehr am KVA! Unsere Mission: Ergründung und Teildigitalisierung des KVA-Objektuniversums.

Das Wundermittel Kaffee als Ergebnis einer Vielzahl von Ingredienzen, individuell, speziell.

Gut, dass du dir ein Kännchen Kaffee geholt hast. Ich werde mit dir genüsslich von der **Datenorientierung** zur **Objektorientierung** gleiten. Und dann lassen wir uns einen virtuellen Kaffee herunter.

Begriffe aus der Realität

Ich verrate dir meinen Lieblingsaspekt der Objektorientierung. Ich kann meine Objekte mit ihren natürlichen Namen bezeichnen, wie zum Beispiel „Fluggesellschaft", und mein Auftraggeber, also der mit dem Geld, versteht mich immer noch. Wir können in derselben Sprache kommunizieren. Der mit dem Geld mag mich, weil ich ihn nicht mit Informatiker-Geheimsprache peinige. Er fühlt sich richtig verstanden. So werden wir alle glücklich☺.

Also bezeichne ich jetzt den Kaffeevollautomat als Kaffeevollautomat, den Wasserbehälter als Wasserbehälter und die Kuh als Kuh. So versteht mich jeder. Toller Trick ...

Warts ab. Für einen OO-Entwickler sind Begriffe wichtig. Begriffe, die aus der Aufgabendomäne kommen. Mit OO bist du sprachlich (und konzeptionell) näher an der Realität, weil du mit den Begriffen aus der Realität arbeitest. Eine Fluggesellschaft ist eine Fluggesellschaft und nicht SCARR, oder? Das bedingt natürlich, dass du die Begriffe der Aufgabendomäne lernst. Das würde man dann als **Fachwissen** oder **Domänenwissen** bezeichnen.

Also sollte ich mich mit Wasserbehältern und mit Kühen auskennen, bevor wir loslegen?

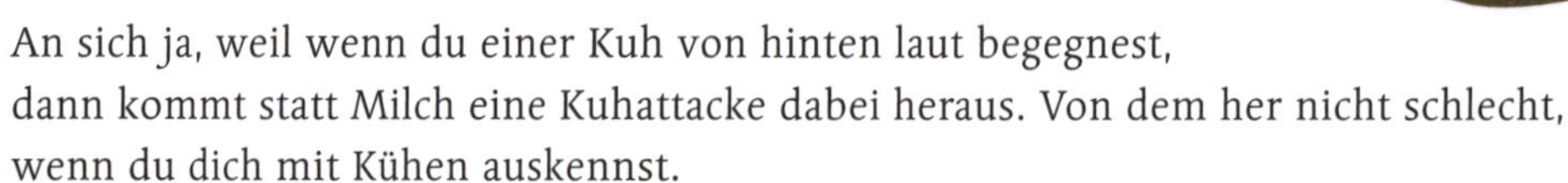

An sich ja, weil wenn du einer Kuh von hinten laut begegnest, dann kommt statt Milch eine Kuhattacke dabei heraus. Von dem her nicht schlecht, wenn du dich mit Kühen auskennst.
Andererseits nein, weil wir die Kuh weglassen – gestrichen aus dem Objektuniversum. Wir machen nämlich ein Modell für KVAs und nehmen nur diejenigen Aspekte auf, die wir für unsere Aufgabe der Digitalisierung des KVA-Objektuniversums brauchen. Also auch nur ausgewählte Begriffe. Mit dem Kaffeevollautomat hingegen musst du dich in der Tat beschäftigen.

Der Kaffeevollautomat, das ist schon ein Wunderding.
Du kannst Wasser einfüllen, oder er saugt das Wasser selbstständig an, du lässt langsam die Bohnen in den Behälter rieseln und genießt den Duft dabei, und gepflegt werden will er auch noch.
Somit ein vollwertiges Mitglied der Familie.

Kurz innehalten! Der Kaffeevollautomat **„hat etwas“ und „macht etwas“**.

Was für eine wunderbare Erkenntnis.

[Hintergrundinfo]

Das Wort „Kaffee“ stammt von dem türkischen Wort „kahve“ ab – bedeutet auch „Kraft und Stärke“. Entstanden aus dem arabischen „qahwa“ – das wiederum bedeutet „keinen Hunger haben“. Qahwa im eigentlichen Sinn umschrieb den Wein, der Moslems verboten war/ist. Die Vokabel stand für das „Berauschende“ bzw. „Aufregende“.

„Die Welt des Kaffees“ (Simone Hoffmann und Rolf Bernhardt)

Holistische Sichtweise

So habe ich das noch nie gesehen. Hat etwas, macht etwas, hat etwas, macht etwas – toll!

Aus der Sicht eines Entwicklers eine tatsächlich fundamentale Einsicht.
In der klassischen (prozeduralen) Sicht eines Entwicklers steht am Anfang das „hat etwas".

Was „hat es" denn?

DATEN hat es! Alles dreht sich um Daten. Woher kommen die Daten, wie werden die Daten geändert, wohin gehen die Daten. Datenzentriertes Denken.

Wieso heißt das dann prozedural? In einer Prozedur wird doch auch etwas gemacht?

Ja, aber es *wird* etwas *mit den Daten gemacht*. Von außen, von der Prozedur. Die Daten mussten die Prozeduren über sich ergehen lassen ... natürlich konnten sie dann auch keine Verantwortung übernehmen. Wenn es ein Durcheinander gab, war die Prozedur schuld.

Daten? Verantwortung?

Ja, wir lassen die Objekte jetzt *selbst* etwas machen. Das ist der Unterschied!
Für einen an Objekten orientierten Entwickler sind die Daten nicht genug, weil das „macht etwas" ja abgeht. Das Objekt *selbst* „macht etwas". Es hat eine Verantwortung, eine wohldefinierte Aufgabe, für die es gerade steht. Das ist der Unterschied!

Der OO-Entwickler denkt holistisch, für ihn gehören die **Daten** („hat etwas") und das **Verhalten** („macht etwas") eines Objektes zusammen. Und dann klappt's auch mit der Ordnung: Zum Beispiel sollten die Objekte bei neuen Fluggesellschaften selbst schauen, dass es keine unerlaubten Doubletten gibt, dass sie keine unvollständigen Fluggesellschaften annehmen etc. Sie kennen ihre eigenen Regeln am besten und interessieren sich auch am meisten dafür.

[Zettel]
Stell dir vor, du als Entwickler änderst eine dieser Regeln später – dann musst du nicht im ganzen Programm nach allen Prozeduren suchen, die die neue Regel kennen müssen.
Du musst nur noch im Objekt der „Fluggesellschaft" danach suchen. *Und wenn der KVA einen Kaffee kocht, schaut er selbst nach, ob der Wasserbehälter leer ist.*

Modellierung

Natürlich lassen sich die Objekte der Realität nicht eins zu eins in Software abbilden. Dazu braucht es Modelle, so wie beim Basteln oder beim Hausbauen.
Woran denkst du, wenn ich Baum sage? **Augen zu, geh in dich, und stelle dir deinen Baum vor.**

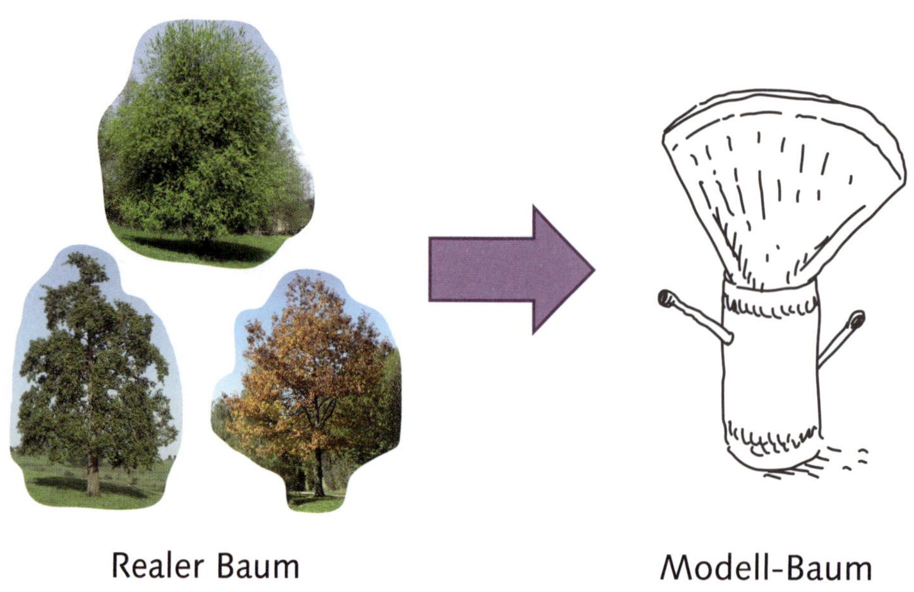

Reale Bäume, modellierter Baum. Die Stufen der Abstraktion.
Viel ist ja nicht übrig geblieben. Ein Stamm und Blätter. Das ist anscheinend ausreichend im Sinne der Modellierung und der Aufgabenstellung.

Ich denke an Blätter, Stamm, Äste, Wurzeln, aber auch an wachsen, sprießen, wiegen im Wind, Schatten spenden, Dichter und Naturwissenschaftler inspirieren.

In deinen Worten: Der Baum hat etwas und macht etwas.

Sehr gut. Du bemerkst, dass die Komplexität des realen Objektes sehr groß ist und wir diese nicht direkt abbilden können und sogar nicht mal müssen. Uns reichen Aspekte des realen Objektes, wir könnten das auch als Modell bezeichnen. Diese Vereinfachung der Realität dient dem OO-Entwickler als Input für die Entwicklung, natürlich neben einem Kännchen Kaffee.

[Einfache Aufgabe]

Überlege dir doch mal, was ein dir persönlich bekannter Kaffeevollautomat so hat und so macht.

Ich habe mir dazu Folgendes überlegt:

Hat: Wasserbehälter, Kaffeebehälter, Kaffeesatzbehälter, Mahlwerk, Heißwasserbereiter, Pumpe, Brühgruppe ...

Macht: Misst Wasserstand, misst Kaffeestand, organisiert Kaffeebrühprozess ...

Damit deine Überlegungen eine strukturierte Form bekommen, könntest du dir ein Kärtchen zuschneiden und das „hat etwas" und „macht etwas" dort notieren.

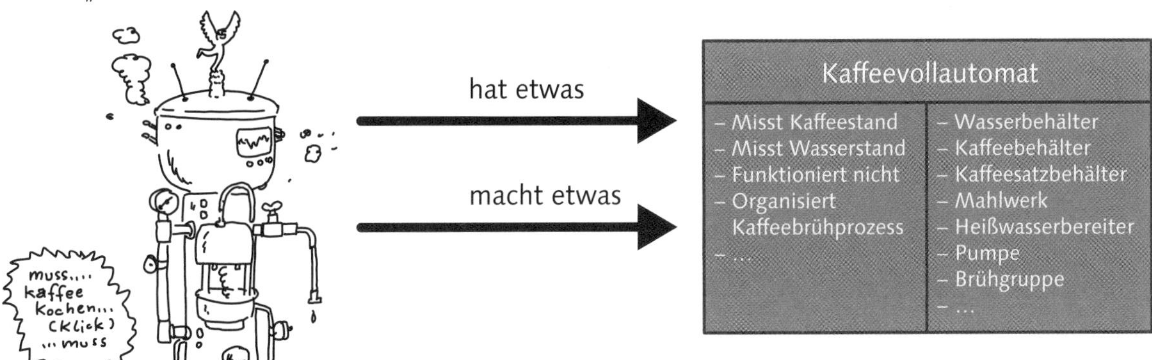

Von der Realität einen Schritt zur Modellierung.
Das Schema, das ich verwendet habe, nennt sich **CRC-Cards**.

CRC steht für **Class Responsibility Collaboration**. **Class** steht für eine Gruppe (Klasse) von realen Objekten, – eben Kaffeevollautomaten. **Responsibility** steht für die Verantwortlichkeiten, die die Klasse übernimmt – wofür kann ich meinen Kaffeevollautomat verantwortlich machen? **Collaboration** steht für die Zusammenarbeit mit anderen Klassen – wen benötigt der Kaffeevollautomat noch für die Erfüllung seiner Verantwortlichkeiten?

[Notiz]

Klasse (von lateinisch classis = „Abteilung"): Gruppe von Dingen mit gemeinsamen Eigenschaften

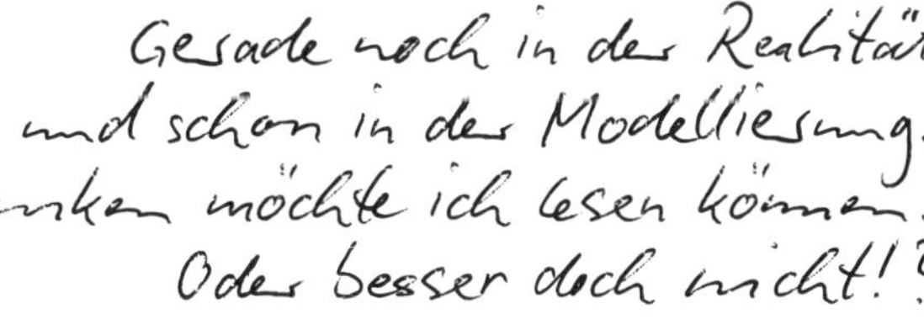

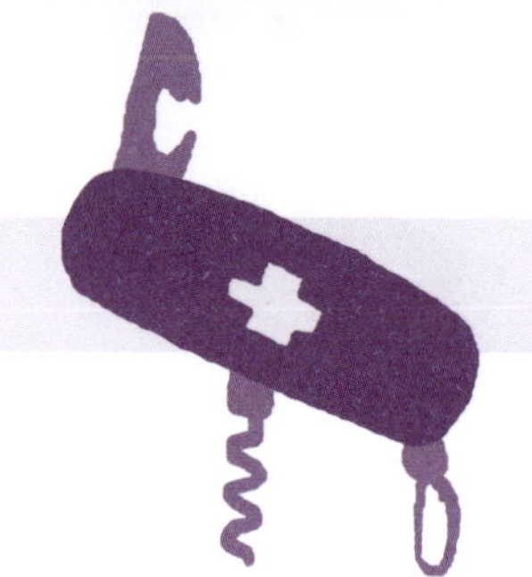

[Einfache Aufgabe]

Schneide dir weitere CRC-Kärtchen zurecht, und versuche das „hat etwas" und „macht etwas" für den Wasserbehälter, Kaffeebehälter ...

Ich habe auch geschnipselt und mir einige Kärtchen zurechtgelegt. Vergleich mal deine Erkenntnisse mit meinen.

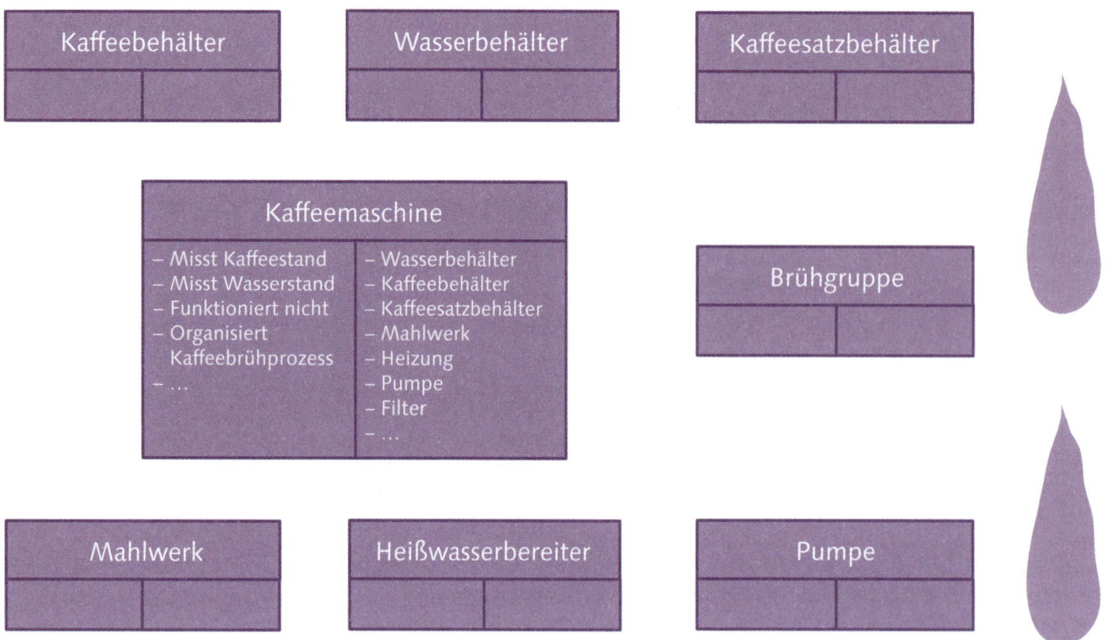

Die CRC-Karten für das Kaffeevollautomaten-Universum. Ich habe nur den Kaffeevollautomat detailliert und vertraue auf deine Kreativität beim Befüllen der anderen Kärtchen.

Ein erster Zwischenstand: Im Gegensatz zur prozeduralen Programmierung, in der Daten und Funktionen separat betrachtet werden, sind in der **Objektorientierung Daten und Funktionen** als **Gesamtheit** zu betrachten. Aus Objekten der realen Welt werden durch Abstraktion{ XE „Abstraktion" } und Klassifikation{ XE „Abstraktion" } Gruppierungen gewonnen – auch als **Klassen** bezeichnet –, die so weit wie möglich für die Lösung einer Aufgabenstellung vereinfacht und mit **Daten** (= Statik = Wissen = Attribute) und **Funktionen** (= Dynamik = Können = Methoden) ausgestattet werden.

Was ist denn jetzt mit den Verantwortlichkeiten? Wer kümmert sich um den leeren Wasserbehälter?

Interessante Frage. Der Wasserbehälter kümmert sich um das Wasser, das in ihm gelagert wird. Er meldet sich möglicherweise, wenn zu wenig Wasser vorhanden ist, um eine Tasse Kaffee zu brühen. Er kann sich nicht darum kümmern, dass das Wasser eingefüllt wird. Darum musst du dich dann kümmern. So gesehen, wirst du vom Wasserbehälter ferngesteuert ;-).

Ich hab gerade das Modell eines Bettes im Kopf:
Es hat ein Polster und eine Decke,
und es macht mich müüüüüde!

[Belohnung]

Bevor du einschläfst, bekommst du von mir, als Attaché der Republik Objektistan, hochoffiziell eine **Programmiererlaubnis**. Jeder Abschnitt des Kapitels erweitert deine Befugnisse und macht dich zu einem waschechten **Objektistaner**.

Republik Objektistan

O

Programmiererlaubnis
Permis de programmation

Serie O Nr. 08154711

08154711 6

Sch . Dr. Lager-Nr. 1

1. Name: ....
2. Vorname: ....
3. Tag u. Ort der Geburt: ....
....
4. Wohnort: ....

(Unterschrift des Inhabers)

5. Ausgestellt von: ....
6. Gültig bis: ....

Elemente, für die die Programmiererlaubnis gilt

- □ Klasse
  - □ Definition
  - □ Implementation
  - □ Lokal
  - □ Global
- □ Objekt
  - □ Referenzvariable
  - □ Instanziierung
- □ Methode
  - □ Instanz
  - □ Klasse/Statisch
  - □ Constructor
- □ Attribut
  - □ Instanz
  - □ Klasse/Statisch
- □ Ereignis

Deine offizielle **Programmiererlaubnis** der Republik Objektistan. Hast du eine Kompetenz erworben, kannst du sie im Selbstbescheinigungsverfahren ohne Verwaltungskosten eintragen.

[Hintergrundinfo]

Legende: Mohammed selbst soll den Kaffee entdeckt haben. Der Prophet war einmal so krank, dass er dachte, er müsse bald sterben. Erzengel Gabriel gab dem Propheten ein schwarzes Getränk zum Einnehmen. Kurze Zeit danach fühlte er sich stark wie ein Zwanzigjähriger. Er fühlte sich so stark, dass er in derselben Nacht 40 bewaffnete Reiter aus dem Sattel hob und 40 Frauen glücklich machte.

[Hintergrundinfo]

Geschichte: Im Jemen ließen Hirten ihre Ziegen grasen. Eines Tages waren die Ziegen voller Energie, tagsüber und nachts. Die genervten Hirten suchten nach der Ursache und fanden Sträucher mit kleinen roten Beeren, von denen die Ziegen offenbar gegessen hatten. Die Hirten erzählten den Mönchen des Klosters Chéhodet davon. Diese fertigten einen Aufguss aus den Beeren. Das Gebräu versetzte auch die Mönche in einen energievollen, schlaflosen Zustand. Der Trunk war den Mönchen für die nächtlichen Gebete (durch den Orden vorgegeben) sehr willkommen.

Erst denken, dann lenken: Einfache UML als Analysewerkzeug zur Visualisierung von Klassen/Objekten

Die CRC-Karte, die ich dir vorher gezeigt habe, ist ein super einfaches Mittel, um das Modellieren zu beginnen. Jedoch reicht sie nicht, um komplexere Zusammenhänge zu visualisieren. Wir brauchen mehr **Symbole**.

Welche Symbole könnte er nur meinen?

[Hintergrundinfo]

Grady Booch, **Ivar Jacobson** und **Jim Rumbaugh** sind die Gewinner einer intellektuellen Schlacht, sowohl methodisch als auch kommerziell. Kein anderer hat sich im „**War of Notations**" so gut behaupten und damit auch noch Geld verdienen können. Dir sagt möglicherweise die Firma **Rational** noch etwas, in der die drei Amigos tätig waren. Obwohl „War of Notations" ziemlich martialisch klingt, war damit ein friedlicher, jedoch ziemlich intensiver Abschnitt in den 1990ern gemeint, der eine Unzahl an **OO-Notationen** zur **grafischen Modellierung** hervorbrachte.

Und was haben die drei Burschen gemacht?

Die **Unified Modeling Language (UML)** könnte man als das Destillat dieser Periode bezeichnen, der die **drei Amigos** zum Durchbruch verhalfen. Damit setzte der weltweite Siegeszug der UML ein, der auch durch die Übernahme als Standard in die **Object Management Group (OMG)** beschleunigt wurde (1997).

[Begriffsdefinition]

Die UML kennt eine Vielzahl von Diagrammen:

Strukturdiagramme: **Klassen-**, **Paket-**, **Objekt-**, **Kompositionsstruktur-**, **Komponenten-**, **Verteilungsdiagramm**

Verhaltensdiagramme: Use-Case-, Aktivitäts-, **Sequenz-**, Kommunikations-, Timing-, Interaktionsübersichtsdiagramm und Zustandsautomat

Die UML ist so variabel einsetzbar, dass du sie bei der Analyse, der **Modellierung**, **dem Design** und für die **implementierungsnahen Aspekte** einsetzen kannst. Durch die Standardisierung der Modellierungssprache kannst du zum Beispiel mit einem **indischen Kollegen** Struktur, Dynamik, Verteilung etc. von Softwarelösungen austauschen, ohne dass du mit ihm die verwendeten Symbole vereinbaren musst. Das hat die Standardisierung für euch erledigt. Aber lass dich nicht täuschen: **Die kulturellen Unterschiede werden sich mit UML nicht beseitigen lassen**.

Zeit für etwas Kultur, welche Rolle hättest du denn gerne?

Ein fiktiver Diskurs zwischen einem DACH-Schrödinger (Deutschland, Österreich, Schweiz) und einem 9.743 Kilometer entfernten indischen Schrödinger:

Denken und reden. Diese Zeichnung würde auch für Mann und Frau funktionieren.

DACH: Also wir reden von einer **Sitzgelegenheit** (**Stuhl** im Kopf).
Indien (übersetzt): Sicher, **Sitzgelegenheit** (**Mudha** im Kopf).
Beide: Gut, dass wir darüber gesprochen haben, jetzt ist alles klar!
Welche Software produziert der DACH-Schrödinger für den indischen Schrödinger und vice versa? Werden beide glücklich mit dem Ergebnis sein?

[Schwierige Aufgabe]

Hast du eine Idee, wie die Schrödingers aus dem Wort-Bedeutungsdilemma geleitet werden können?

Da hab ich keine Lösung für dich vorbereitet. Du könntest mir aber deine Überlegungen zukommen lassen: **schroedinger@galileo-press.de**

Klasse Kaffee(-vollautomat) auf dem Papier

three feet high and rising

UML ist angesagt. Du bekommst einen Crash-Kurs in der Verwendung von zwei ausgewählten UML-Diagrammen: **Klassen**- und **Sequenzdiagramme**. Das Klassendiagramm wird für die **statischen Sichten** verwendet – das wären die **Baupläne des Architekten** –, und das Sequenzdiagramm wird für die **dynamischen Sichten** verwendet – das wären virtuell **begehbare 3-D-Modelle** des Architekten. Ich werde mich im Folgenden auf die **Klassendiagramme** konzentrieren. Die CRC-Karten werden dir helfen, den Einstieg in die UML-Klassendiagramme ganz locker zu meistern.

Moment, ich muss schnell noch die Anzahl der Objekte in der Werkstatt berechnen.

Fertig? Das UMeLn ist aus den folgenden **Gründen für dich von großer Wichtigkeit**:

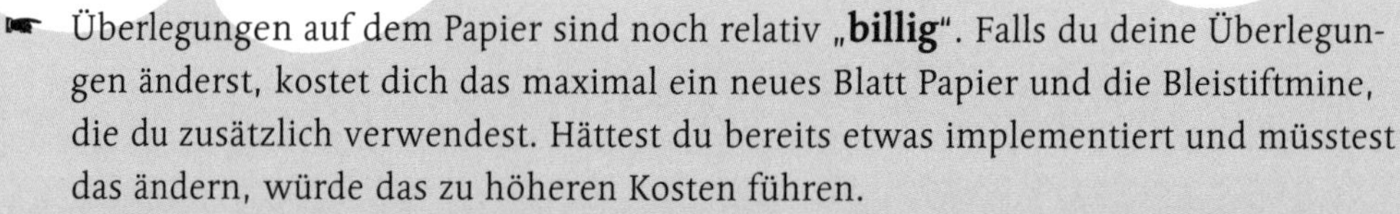

- Überlegungen auf dem Papier sind noch relativ **„billig"**. Falls du deine Überlegungen änderst, kostet dich das maximal ein neues Blatt Papier und die Bleistiftmine, die du zusätzlich verwendest. Hättest du bereits etwas implementiert und müsstest das ändern, würde das zu höheren Kosten führen.
- Die Diagramme, die du anfertigst, dienen dir als Kommunikationsgrundlage mit dem Auftraggeber. Die Leute mit Geld lieben Bilder und hassen Buchstaben.
- Ein Teil der Dokumentation für deine Software-Meisterwerke ist damit bereits erledigt.
- Ein Bild sagt mehr als 1.000 Worte. Ein kurzer Blick, und du bist wieder im Bilde, auch noch nach sechs Monaten, und das ist die Zeit, ab der die ersten Änderungswünsche kommen.
- Wenn du oder ein anderer Entwickler sich an die Arbeit macht, den Code zu schreiben, weiß er schon recht gut, was gemeint ist.
- Du kannst es an die **Wand hängen** und bewundern.

Überredet, her mit den Kästchen!

Woher weißt du, dass Kästchen vorkommen? Du überraschst mich immer wieder. Die **Kästchen** verwenden wir für die **Klassen**. Fangen wir bei der CRC-Karte für den Kaffeevollautomat an. Die zentrale Frage, die du dir für den Kaffeevollautomat stellen kannst, ist: Was benötigt der Kaffeevollautomat, um seine **Verantwortlichkeiten** (Responsibilities) zu erfüllen? Zum Beispiel „misst Wasserstand"? Wie die Formulierung der Verantwortlichkeit schon andeutet, steckt da ein „hat etwas" und „macht etwas" drinnen. Als „hat etwas" würde ich einen **Wasserstand** und als „macht etwas" das **Messen** sehen.

Versteh ich alles, aber sagt man in der Objektorientierung wirklich „hat etwas" und „macht etwas"? Da fühlt man sich ja wie im Kasperltheater – tritratrala, der Kasperl, der ist wieder da. Jö Kinder tuts ihr was oder habts ihr was?

Du hast recht, wir stellen um auf Erwachsenenvokabular: Ab jetzt sagen wir zum „hat etwas" … *Ich weiß, ich weiß: V A R I A B L E!*

Nicht schlecht, aber nicht ganz. Wir nennen das **ATTRIBUT**, aber du kannst dir eine Variable vorstellen. Die wird in ABAP Objects auch genau so definiert, aber dazu später.
Und das „macht etwas" nennt sich **METHODE**. So jetzt ist's heraus.

Und wie wird das geUMLt?

Du wirst überrascht sein, wie einfach das ist. Schau genau!

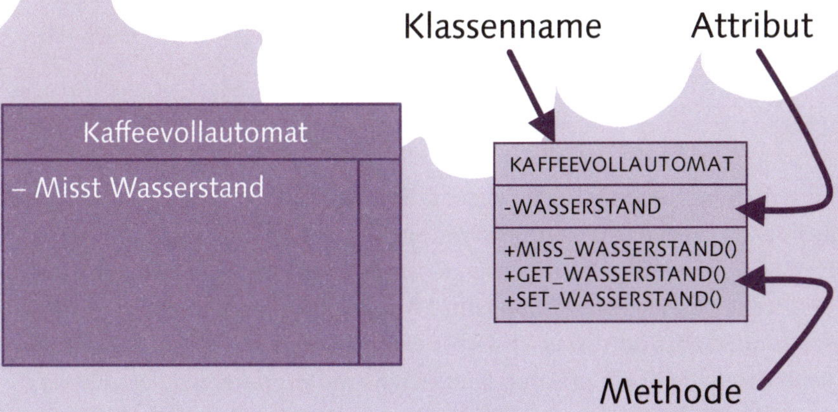

Aus der CRC links wird eine Klasse in UML-Notation. Ein Kästchen mit drei Abschnitten. Ganz oben steht der Name der Klasse **KAFFEEVOLL-AUTOMAT**, direkt darunter kommen die Attribute, und darunter werden die Methoden aufgelistet. Ich habe das Attribut **WASSERSTAND** und die Methode **MISS_WASSERSTAND** ergänzt, die haben wir ja bereits vorher entdeckt. Die **GET_**- und **SET_**-Methoden habe ich aus Reflex angelegt. Wie du wahrscheinlich bereits herausgefunden hast, ist das zum **Setzen** und **Lesen** des Attributes. Und das mit dem + und – erkläre ich dir auch noch nicht. Kommt alles später.

[Notiz]
Die UML-Diagramme zeichne ich mit einem Open-Source-Werkzeug namens **StarUML**. Das ist ein sehr einfach zu bedienendes Werkzeug, das für mich vollkommen ausreicht.

[Einfache Aufgabe]
Zeichne eine Klasse für den Kaffeebehälter. Überlege dir Attribute und Methoden.

Ohne meine Kollaborateure bin ich nichts

So eine Klasse allein ist doch ziemlich einsam. Ein Kaffeevollautomat ohne Wasserbehälter ist ein Nichts. Wie bringt man die Kollaborateure nun ins Diagramm? Na, zeichnen.

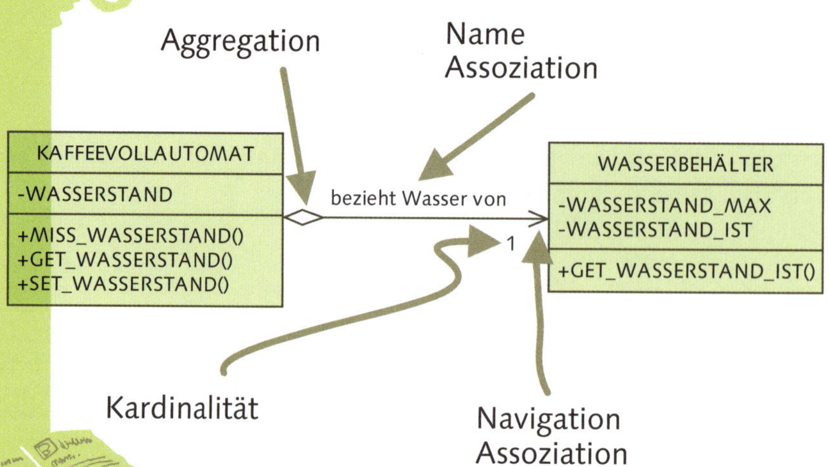

Wenn zwei gemeinsame Sache machen. Der Kaffeevollautomat arbeitet mit dem Wasserbehälter zusammen. Der Kaffeevollautomat allein hat keine Ahnung vom Wasserstand, darum ist er auf den Wasserbehälter angewiesen. Der weiß genau, wie viel Wasser noch zur Verfügung steht.

[Begriffsdefinition]

Eine Beziehung zwischen Klassen wird als **Assoziation** bezeichnet. Mit der UML kannst du grafisch ausdrücken, dass der Wasserbehälter **ein Teil** des Kaffeevollautomaten ist. Das sagt die kleine, nicht gefüllte **Raute** auf der Kaffeevollautomaten-Seite der Assoziation. Der Name für solch eine Assoziation lautet **Aggregation** und bedeutet „ist Teil von“. Der Assoziation kannst du zusätzlich selbst einen Namen verpassen. Stell dir mal vor, da steht kein Name, dann könntest du ja alles hineininterpretieren („Der Kaffeevollautomat kuschelt mit dem Wasserbehälter“). Wie viele Wasserbehälter mindestens und höchstens vorhanden sein können, sagt die **Kardinalität**. Und von wo bzw. wohin du das Diagramm bereisen kannst, sagt dir der Pfeil am Ende der Assoziation.

Der Kaffeeautomat hat einen Wasserbehälter – „hat was“! Wieso ist der Wasserbehälter dann kein Attribut?

Weil der Wasserbehälter eine eigene Verantwortlichkeit besitzt, die zu umfangreich ist, um mit **EINEM** Attribut beschrieben werden zu können! So gesehen, verfügt er über eine gewisse Eigenständigkeit.

[Zettel]

Wenn du nun Lunte gerochen hast, könntest du das Klassendiagramm um weitere Klassen ergänzen.

Zwischenstand:

Ich habe dir gezeigt, wie du von der Realität in die **Modellierung** wechseln kannst, und dabei die **CRC**-Karten besprochen.

Class Responsibility Collaboration!

Yep! Diese habe ich dann in ein **Analyse-Klassendiagramm** mithilfe der **UML** überführt. Dabei habe ich dir **Attribute** und **Methoden** vorgestellt.

Unified Modeling Language. Das Klassen-diagramm ist der Bauplan.

YepYep! In einem Klassendiagramm kann mehr als eine Klasse vorkommen, das haben wir mithilfe von **Assoziationen** abgebildet.

Habe ich mit meiner Freundin eine Assoziation oder eine Aggregation, hmmm? Und wohin zeigt der Pfeil?

Apropos Bauplan:

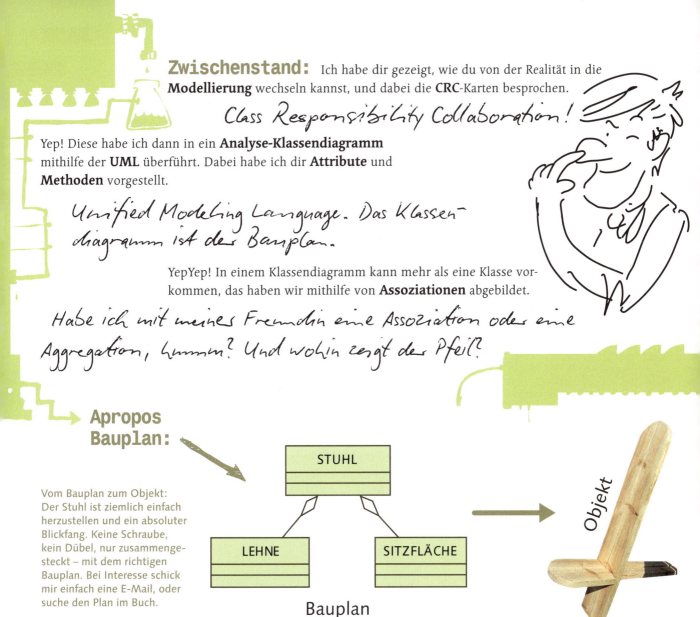

Vom Bauplan zum Objekt: Der Stuhl ist ziemlich einfach herzustellen und ein absoluter Blickfang. Keine Schraube, kein Dübel, nur zusammengesteckt – mit dem richtigen Bauplan. Bei Interesse schick mir einfach eine E-Mail, oder suche den Plan im Buch.

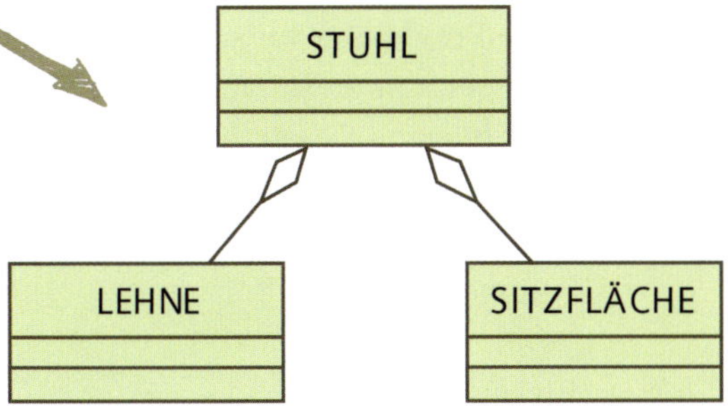

STUHL

LEHNE

SITZFLÄCHE

Bauplan

Objekt

Einen hab ich noch, bevor du dich rausschleichst. Es ist voll wichtig, und es wird dir nichts sagen. JEDOCH zwei Kapitel später wirst du wissen, was damit gemeint ist. Also am besten auf eine Klebenotiz übertragen, am Bildschirmrand aufkleben und immer mal überprüfen, ob du die Begriffe schon einordnen kannst.

[Begriffsdefinition]

Die grundlegenden Eigenschaften der Objektorientierung sind:

• Abstraktion • Datenkapselung • Polymorphie • Vererbung

Klasse oder doch Objekt

Hast du dir schon mal überlegt, warum die Objektorientierung eigentlich **Objektorientierung** heißt und nicht **Klassenorientierung**? Bis jetzt haben wir nur von **Klassen** gesprochen, aber die **Objekte** gibt es natürlich auch noch.

Da bin ich aber froh, dass etwas Verwirrung hineinkommt. Bis jetzt hätte ich nämlich alles verstanden. Los her damit! Mir schwirrt immer noch der Steckstuhl im Kopf herum.

[Hintergrundinfo]

In der Mitte der 1960er-Jahre kam es zur Softwarekrise, da die Programme aufgrund steigender Anforderungskomplexitäten immer komplexer und fehlerhafter wurden. Die Lösung lag für manche Experten in der Entwicklung einer neuen Generation von Programmiersprachen. Da sich darin alles um den Begriff Objekt drehte, nannte man diese neue Generation von Sprachen „objektorientiert“.

Gar nicht so schlimm. Pass auf, und hör zu. Bis jetzt haben wir uns ausschließlich auf **Klassen** konzentriert. Warum war das so?

Weil, weil, weil, WEIL?

Weil wir mit **realen Objekten** (ein Kaffeevollautomat und noch ein Kaffeevollautomat und noch ein Kaffeevollautomat) begonnen haben, diese dann modelliert und daraus dann eine **Klasse** für **DEN Kaffeevollautomat** erstellt haben. Also ist die **Klasse** der abstrakte **Plan** einer **Menge** von realen Kaffeevollautomaten. Alle noch da?

Wenn du nun während der Programmausführung einen oder mehrere konkrete Kaffeevollautomaten haben möchtest, benötigst du dazu baugleiche **Exemplare** des Kaffeevollautomaten. Nennen wir die Exemplare ab jetzt **Objekte** oder **Instanzen**. Basierend auf der Klasse (Plan) **KAFFEEVOLLAUTOMAT**, kannst du eine beliebige Anzahl an Kaffeevollautomaten-Objekten erzeugen.

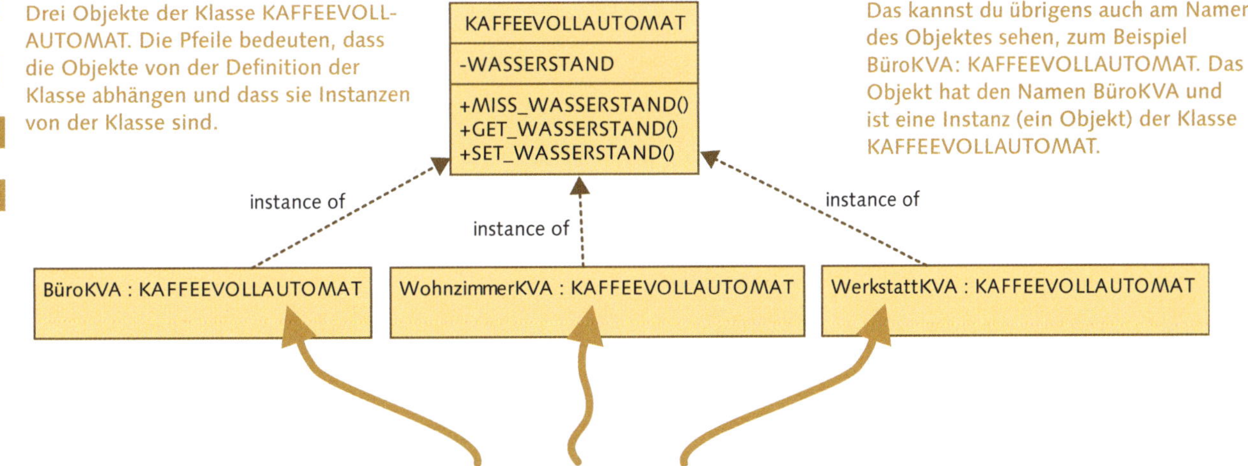
Drei Objekte der Klasse KAFFEEVOLL-AUTOMAT. Die Pfeile bedeuten, dass die Objekte von der Definition der Klasse abhängen und dass sie Instanzen von der Klasse sind.
KAFFEEVOLLAUTOMAT
-WASSERSTAND
+MISS_WASSERSTAND()
+GET_WASSERSTAND()
+SET_WASSERSTAND()
Das kannst du übrigens auch am Namen des Objektes sehen, zum Beispiel BüroKVA: KAFFEEVOLLAUTOMAT. Das Objekt hat den Namen BüroKVA und ist eine Instanz (ein Objekt) der Klasse KAFFEEVOLLAUTOMAT.
instance of
instance of
instance of
BüroKVA : KAFFEEVOLLAUTOMAT
WohnzimmerKVA : KAFFEEVOLLAUTOMAT
WerkstattKVA : KAFFEEVOLLAUTOMAT

Kaffeevollautomaten-Objekte

[Einfache Aufgabe]

Aufforderung zum Buch-Beschmieren. Male mit Fingerfarben einen roten Rand um die Klassen, und wenn du schon im Diagramm herumkritzelst, kannst du noch ein weiteres Kaffeevollautomaten-Objekt ergänzen.

Was ist denn mit den Objekten, wenn das Programm fertig ist?

Objekte leben nur während der Lebensdauer des Programms. Ist das Programm beendet, dann ist es aus und vorbei mit den Objekten. Die **Objekte** leben nur im **Hauptspeicher**.

[Zettel]

Heimat der Bohne – in Stichworten
Ursprungsland: Abessinien, das äthiopische Hochland – dort wächst er auch heute noch wild! In Äthiopien (Provinz Kaffa) war der Kaffee schon im 9. Jahrhundert bekannt – eine mögliche Erklärung für den Namen.

Moment, ich mach mal 'ne Pause, aber bewege mich, ohne von meiner Couch aufzustehen. Ich hebe beide Beine hoch und strecke sie und – uahh, ich falle nach vorn – setze sie wieder ab. Cool, das brennt im Bauch. Das mach ich gleich zehn Mal.

Klasse Lokal

Wie geht es dem Sixpack? Zurück zur Objektorientierung, wenn du wieder atmen kannst.
Thema: **Lokale Klassen**. Zur Vorbereitung für die Anlage einer **lokalen Klasse** benötigen wir ein ausführbares Programm.

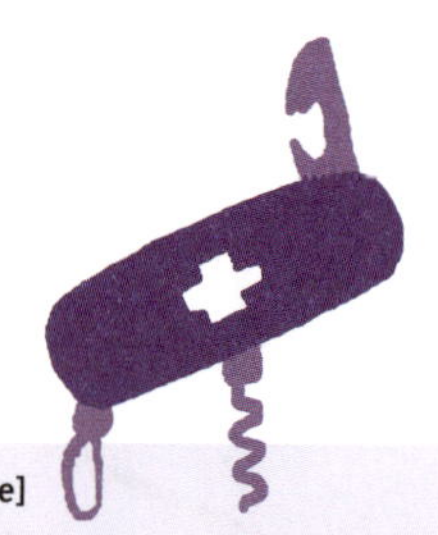

[Einfache Aufgabe]
Lege das ausführbare Programm **zsch_08_c_machine** an, und füge das Ereignis **START-OF-SELECTION** ein.

Bedeutet lokal, dass es auch globale Klassen gibt?

Ja, aber die kommen später dran. Zuerst mal die lokalen Klassen, also Klassen, die lokal in einem Programm definiert und implementiert und nur dort eingesetzt werden. Prinzipiell besteht eine Klasse in ABAP aus zwei Teilen, dem **Definitionsteil** und dem **Implementationsteil**. Bevor du fragst: Ja, das fühlt sich ungewöhnlich an, und nein, SAP steht nicht allein da mit diesem Ansatz der Klassenanlage.

Definitionsteil: Was „hat es" und was „macht es" alles? Implementationsteil: Wie macht's das denn genau?

*1 Die **Klassendefinition** beginnt mit dem Schlüsselwort **CLASS** und wird gefolgt vom Namen der Klasse. Ich habe **lcl_** vor **kaffeevollautomat** platziert, um mit dem Namen anzudeuten, dass es sich um eine lokale Klasse handelt (hat sich so eingebürgert). Abgeschlossen wird die Definition mit **DEFINITION**.

```
REPORT  zsch_08_c_machine.
*******************************************************
CLASS lcl_kaffeevollautomat DEFINITION.*1
* Hier kommen die Definitionen rein
ENDCLASS.*2
CLASS lcl_kaffeevollautomat IMPLEMENTATION.*3
* Hier kommen die Implementierungen rein
ENDCLASS.*4
*******************************************************
START-OF-SELECTION.
```

Deine erste lokale Klasse ist fertig. Sie macht und kann zwar noch nichts, aber der Anfang ist getan. Eine kleine Übung gefällig?

[Einfache Aufgabe]

Lege vor der Klassendefinition von **lcl_kaffeevollautomat** die lokale Klasse **lcl_wasserbehälter** an (Definitionsteil und Implementationsteil).

Du bist gemein! Der Syntaxchecker schluckt das Ä nicht. Ich hab's durch AE ersetzt.

Ups, das wollte ich nicht. Als Wiedergutmachung habe ich auch die Klassendefinition gemacht.

```
* Definitionsteil des Wasserbehälters
CLASS lcl_wasserbehaelter DEFINITION.
* Hier kommen die Definitionen rein
ENDCLASS.
* Implementationsteil des Wasserbehälters
CLASS lcl_wasserbehaelter IMPLEMENTATION.
* Hier kommen die Implementierungen rein
ENDCLASS.
```

*2 Der Definitionsteil wird durch **ENDCLASS.** abgeschlossen und ist damit fertig.

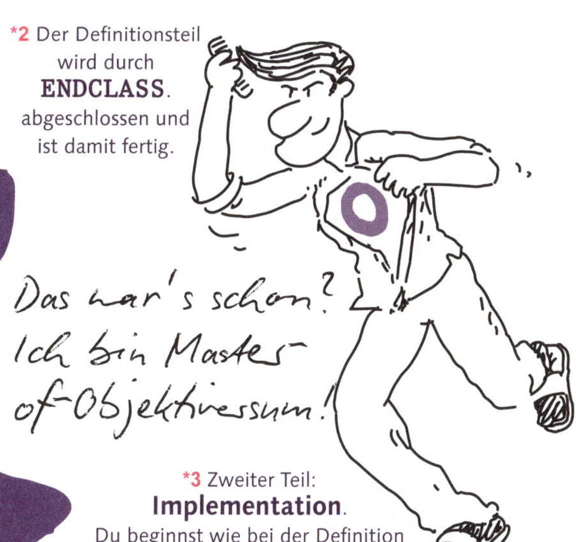

Das war's schon?
Ich bin Master of Objektivessum!

*3 Zweiter Teil: **Implementation.** Du beginnst wie bei der Definition mit dem Schlüsselwort **CLASS**, dann folgt wiederum der Name der Klasse **lcl_kaffeevollautomat**, und du endest mit dem Schlüsselwort **IMPLEMENTATION**.

*4 Das Ende des Implementationsteils wird wieder mit **ENDCLASS** markiert.

Einen kleinen Aspekt würde ich noch gerne einfügen. Eine der grundlegenden **Eigenschaften** der **Objektorientierung** ist die **Datenkapselung** (**Data Encapsulation** oder auch **Information Hiding**). Das bedeutet, dass Daten der Objekte vor dem direkten Zugriff geschützt werden und nur über definierte Schnittstellen an-gesprochen werden können. Du definierst praktisch die **Privatsphäre** der Objekte. In ABAP Objects hast du **drei Stufen**, um die Privatsphäre eines Objektes festzulegen. Ich baue in den KVA die **Sichtbarkeitsbeschränkungen** in den **Definitionsteil** ein – und nur dort.

```
* Definitionsteil des Kaffeevollautomaten
CLASS lcl_kaffeevollautomat DEFINITION.
* Hier kommen die Definitionen rein
* Öffentlicher Bereich
  PUBLIC SECTION.*1

* Geschützter Bereich
  PROTECTED SECTION.*2

* Privater Bereich
  PRIVATE SECTION.*3

ENDCLASS.
```

*1 **PUBLIC**: Ist die loseste Form der Privatsphäre, nämlich keine. Das ist wie Facebook ohne Beschränkungen, wenn du das Objekt bist.

*2 **PROTECTED**: Das ist die Einschränkung der Privatsphäre auf die Verwandtschaft. Dazu kommen wir später, genauer im nächsten Kapitel.

*3 **PRIVATE**: Das ist die stärkste Form der Privatsphäre. Das ist wie SMS lesen mit abgedecktem Display in einem abgeschlossenen Raum ohne Fenster.

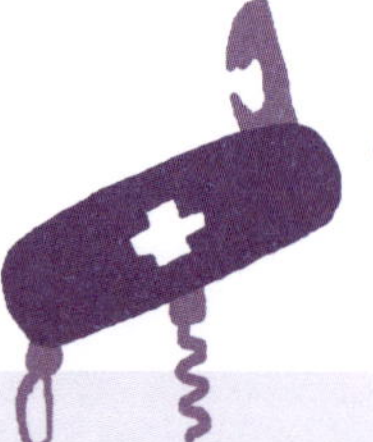

[Einfache Aufgabe]

Lege im Definitionsteil der Klasse **`lcl_wasserbehaelter`** die Sichtbarkeitsabschnitte an.

Damit hast du nun das Grundgerüst der Klasse fertig. Die gute Nachricht lautet: Das Grundschema der Klasse ist immer gleich aufgebaut, und du musst nur den Namen ersetzen.

Super, ab zur Entspannung!

Moment, jetzt kommt erst der spannende Teil.

OBJEKTISTAN!

Dein kleines Objektistan

Es ist zwar noch etwas früh, dich schon mit dem Thema zu behelligen, dir fehlt ja noch die Implementierung der Klasse, die ich dir später zeigen werde, jedoch fühle ich, dass deine Finger nach Objekten schreien.

WOLLT IHR KLASSEN?

NEIN!

WAS WOLLT IHR DANN?

OBJEKTE! OBJEKTE! OBJEKTE!

Nun gut. Du hast bis jetzt die Definition einer Klasse angelegt. Doch wie kommst du zu deinen Objekten? Ganz einfach durch mein **Two-Step-Objectifying Program**.

First Step: Datendeklaration der Objektreferenz
Second Step: Objektinstanziierung

Das ist alles, was du brauchst!

Zum ersten Schritt, der Datendeklaration: Wie für jede andere Variable auch musst du eine Variable für ein Objekt anlegen. Nur zur Sicherheit eine kleine Aufgabe.

[Einfache Aufgabe]

Lege die Variable **gd_zubereitungsart** vom Typ **char40** zwischen **ENDCLASS.** und **START-OF-SELECTION** an. Die Variable werden wir später noch beim Kaffeebrühen benötigen.
Was genau legst du bei der Datendeklaration fest?

Wenn man mal weiß, dass der Typ **char40** *bereits im ABAP Dictionary definiert ist, total einfach:*

```
* . . .
ENDCLASS.
****************************************
* Kaffee Zubereitungsart
DATA gd_zubereitungsart TYPE char40.
START-OF-SELECTION.
```

Und was genau legst du damit fest? Ich verrate es dir: Der Variablenname steht für eine bestimmte **Stelle im Hauptspeicher**, und der **Typ** legt fest, wie die Daten, die an dieser Stelle im Hauptspeicher abgelegt werden, **kodiert** werden, also wie die 0en und 1en zu interpretieren sind. Die Informatiker sagen zu solch einem Zugriff **direkte Adressierung**, da die Variable direkt mit einer Adresse im Hauptspeicher verknüpft ist.

Nun sehen wir uns mal die Variable für ein Objekt an.

Am besten nennen wir die Variable ab jetzt beim richtigen Namen: **Objektreferenz**.

Hallo Objektreferenz, sehr erfreut!

```
* Referenz auf Kaffeevollautomat
DATA gr_rolands_kva TYPE REF TO lcl_kaffeevollautomat.
```

Wie bei allen anderen Variablen auch startest du mit dem **DATA**-Schlüsselwort und dem Namen der Objektreferenz. Ich verwende **gr_** als Präfix, damit ich bereits am Namen erkennen kann, dass es sich um eine Objektreferenz handelt.

gr_ für großes Roland? Griechisch-römisch?

Nein, es steht für ganz richtig ;-) oder globale Referenz.

Nach dem Namen folgt der Typ. Für die Objektreferenz ist der Typ eine Klasse. Darum sagt man statt **Klasse** auch **Objekttyp**. Damit der Programmübersetzer weiß, dass es sich um eine Objektreferenz handelt, verwendest du eine Erweiterung der **TYPE**-Anweisung, nämlich **TYPE REF TO**, gefolgt vom Namen der Klasse. Im Gegensatz zur direkten Adressierung hast du damit eine **indirekte Adressierung** definiert.

Wie bitte?
Was meinst du mit indirekt? Hat das was mit Billard zu tun?

Die Objektreferenz, die du anlegst, ist nicht das Objekt selbst, sondern nur der „**Zeiger**“ (**Pointer**) auf das Objekt. Mit dem Objekt kannst du nur „indirekt“ sprechen.

[Zettel]

Eine Objektreferenz ist eine **Variable**, die die **Speicheradresse** eines Objektes enthält. Die Auszeichnung als Objektreferenz ist Pflicht für die Variablen, die ein Objekt enthalten. Komm nicht auf die Idee, daran zu sparen:

```
*Referenz auf Rolands Kaffeevollautomat
DATA gr_rolands_kva TYPE lcl_kaffeevollautomat.
```

Da spielt der Programmübersetzer nicht mit, oder doch? Probiere es aus!

Das ist ja, wie wenn ich nicht direkt von Salzburg nach Köln/Bonn fliege, sondern mit Zwischenstopp, also indirekt.

Das muss ich mir überlegen, ob der Vergleich passt. Schau dir mal folgendes Bildchen an.

Direkte und indirekte Adressierung. Unterschied: Die Objektreferenz zeigt auf ein Objekt.

```
DATA gd_zubereitungsart TYPE char40 VALUE 'ESPRESSO' .

DATA gr_rolands_kva TYPE REF TO lcl_kaffeevollautomat.
```

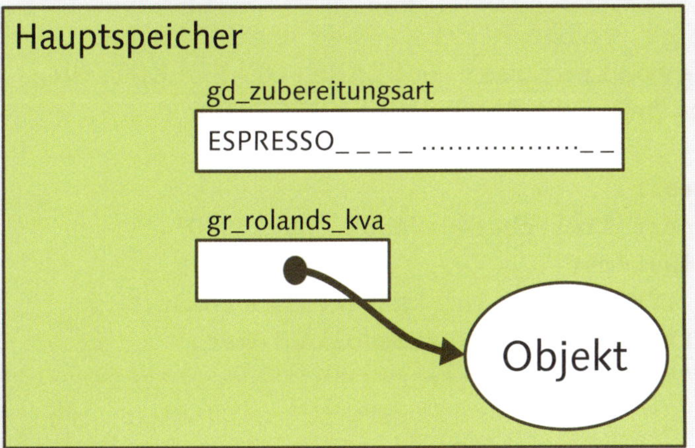

In deiner Zeichnung ist schon ein Objekt eingezeichnet. Hab ich da was übersehen, überlesen, überhört?

Das war ein Vorgriff auf den SECOND STEP: ObjektInstanziierung. Du musst das Objekt explizit anlegen. Für die Variable **gd_zubereitungsart** war ab dem Zeitpunkt der Deklaration ein Speicher für 40 Zeichen reserviert. Egal, ob du ihn verwendest oder nicht. Für **gr_rolands_kva** ist nur ein Speicher von 4 Bytes (für 32-Bit-Architektur) reserviert, der initial ist, also keine gültige Adresse beinhaltet. Die Informatiker sprechen von einem **Null-Pointer**. Und der zeigt auf Nichts, Nothing, Null. Erst wenn du folgende Anweisung durchführst, wird das Objekt erzeugt.

```
CREATE OBJECT gr_rolands_kva.
```

Du kannst dir vorstellen, dass ab diesem Zeitpunkt der Zeiger auf das Objekt zeigt.
Das war's eigentlich schon mit den Objektreferenzen. Nicht zu kompliziert, wenn man das Grundprinzip verstanden hat.

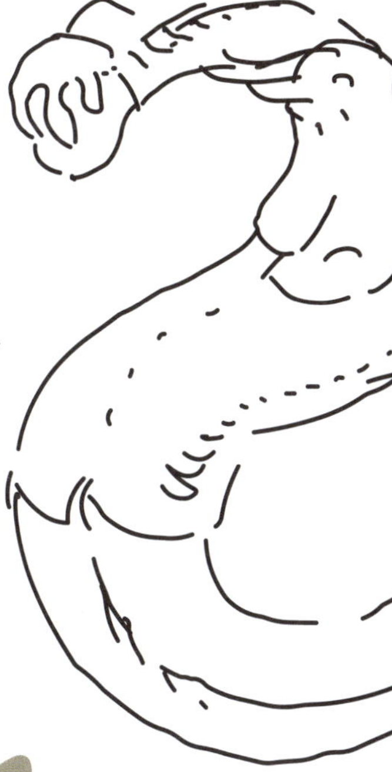

Kaffee für zwei

Schrödinger fühlt sich schon als Vollbürger Objektistans und legt dort für den Schwaiger Roland und sich selbst eigene Kaffeeautomaten an.

[Einfache Aufgabe]

Lege die Objektreferenzen **gr_rolands_kva** und **gr_mein_kva** vom Objekttyp **lcl_kaffeevollautomat** vor **START-OF-SELECTION** an. Erzeuge beide Objekte zum Zeitpunkt **START-OF-SELECTION**.

```
* Kaffeezubereitungsart
DATA gd_zubereitungsart TYPE char40 VALUE 'ESPRESSO'.
* Ref auf Kaffeevollautomat
DATA gr_rolands_kva TYPE REF TO lcl_kaffeevollautomat.*1
DATA gr_mein_kva TYPE REF TO lcl_kaffeevollautomat.*1
*****************************************************************
*******
START-OF-SELECTION.
* Rolands KVA anlegen
  CREATE OBJECT gr_rolands_kva.*2
* Mein KVA
  CREATE OBJECT gr_mein_kva.*2
```

*1 First Step: Datendeklaration der Objektreferenz

*2 Second Step: ObjektInstanziierung

Ich brauch mal eine Pause. Der Kühlschrank wird geplündert.

Danke, ich auch! Wo war schnell nochmal die Hühnchen-Instanz?

Apropos Hühnchen. Du könntest dir Gedanken zum Henne-Ei-Problem machen und damit in die Geschichte eingehen oder das folgende Rätsel knacken und damit in deine Geschichte eingehen.

Was ist in dieser Implementierung alles falsch gelaufen?

```
CLASS lcl_wurstsalat DEFINITION.
  PRIVATE SECTION.
  PUBLIC SECTION.
  PROTECTED SECTION.
ENDCLASS.

REPORT  zsch_008_oo_salat.

CREATE OBJECT gr_schweizer_ws.

START-OF-SELECTION.

  DATA: gr_schweizer_ws TYPE REF TO lcl_wurstsalat.
```

[Notiz]

Tipp: Mahlen des Kaffees erst vor Gebrauch. Bohnenkaffee behält sein Aroma besser als gemahlener Kaffee. Bohnen luftdicht und lichtgeschützt aufbewahren.
Keine Industriebohnen, sondern Bohnen von kleinen Röstereien (Röstdauer mind. zehn Minuten) kaufen – bessere Verträglichkeit garantiert.

Hast du den Salat schon sortiert? Wenn nicht, sofort wieder zurück zum Salat, sonst hab ich dir zum Vergleichen meinen sortierten Wurstsalat abgedruckt.

(SERVIERVORSCHLAG)

```
REPORT  zsch_008_oo_salat.

CLASS lcl_wurstsalat DEFINITION.
  PUBLIC SECTION.
  PROTECTED SECTION.
  PRIVATE SECTION.
ENDCLASS.

DATA: gr_schweizer_ws TYPE REF TO lcl_wurstsalat.

START-OF-SELECTION.
  CREATE OBJECT gr_schweizer_ws.
```

Hast du auch die falsche Reihenfolge der Sichtbarkeitsbereiche entdeckt?

(SORTIERVORSCHLAG)

Datenablage – Attribute

Es wird Zeit, den Kaffeevollautomat einzurichten, zumindest wenn es um das „hat etwas" geht.

Hatten wir nicht vereinbart, dass wir wie Erwachsene miteinander sprechen und statt des „hat etwas" nun Attribut sagen? Konzentration, Roland! Konzentration!

Danke für die Zurechtweisung. Das **Anlegen von Attributen** wird dir sehr bekannt vorkommen, und ich muss dir dazu eigentlich nichts erklären.

Ich versuche es mal mit einem Schock (der nicht so schlimm sein sollte, wenn du Kapitel 5 gelesen hast):

```
DATA <f> [TYPE <type>|LIKE <fo>] [VALUE <val>].*1
DATA <f>[(<length>)] TYPE <type> [DECIMALS <d>].*2
DATA <f> TYPE REF TO [<class>|<interface>|data].*3
DATA: BEGIN OF <structure>,*4
            <field1> ...,
            <field2> ...,
            ...,
      END   OF <structure>.
DATA <f> [TYPE|LIKE] <tabkind> OF <linetype> WITH <key>.*5
DATA <f> LIKE LINE OF <itab>.*6
```

*1 Die **Grundform** der Attributdefinition. Du definierst mit **DATA** das Datenobjekt mit dem Namen **<f>** und beziehst dich mit **TYPE** auf einen Typ **<type>** oder (| bedeutet oder) mit **LIKE** auf ein bereits definiertes Attribut mit Namen **<fo>**. Wenn du möchtest, kannst du mit dem Zusatz **VALUE** noch einen Anfangswert **<val>** zur Initialisierung festlegen. Ein Beispiel einer **Attributdefinition** für den Kaffeevollautomat wäre: **DATA gd_wasserstand TYPE i.** Ich nehme mal an, dass wir in **Milliliter** messen, da ist der Typ **i** passend. Meine Namenskonvention: Das **gd_** vor dem Namen deutet an, dass es sich um ein, innerhalb des Objektes, **global sichtbares Datenobjekt** handelt – global im Objekt. Manche Entwickler nennen das auch Membervariable.

[Notiz]

Deklariere in der Klasse **lcl_wasserbehaelter** das private Instanzattribut **gd_wasserstand** vom Typ **i**. Du kannst oben spicken;-)

Welche Typen kannst du für **<type>** verwenden?

Ich habe Kapitel 5 gelesen! Eingebaute ABAP-Typen, programmlokale Typen und Datentypen aus dem ABAP Dictionary. Und schon wieder 12 Punkte dazu.

*2 Diese Variante ist für **generische** Typen gedacht. Das sind Typen, bei denen noch **Längenangaben** fehlen (Typ **c**, **n**, **p**) oder **Nachkommastellen** festgelegt werden müssen (Typ **p**). Beispiel für den Kaffeevollautomat gefällig?

```
DATA: gd_marke(40) TYPE c, "Marke des KVA
      gd_pumpendruck(3) TYPE p DECIMALS 2.
```

*3 Achtung NEU: **Referenztyp**. Oder doch nicht mehr so neu? Das hatten wir bereits beim Anlegen von Objekten. Als kleine Gehirnwäsche zwischendurch: Stell dir vor, du stehst im Billard-Weltmeisterfinale. Alle Augen sind auf dich gerichtet. Es riecht nach Testosteron, nur der Geruch des Whiskys und Biers fehlt. Du kannst den finalen Stoß nicht direkt ausführen. Was machst du?
Ein kleines **Beispiel** zur **Objektreferenz**. Mithilfe der CRC-Karten haben wir eine Zusammenarbeit zwischen Kaffeevollautomat und Wasserbehälter gefunden und dann im UML-Klassendiagramm mit einer (gerichteten) **Assoziation** abgebildet.

Die Vokabeln klingen alle schon ziemlich cool, und ich verstehe es immer noch. Dafür versteht mich kein Mensch mehr, außer dir natürlich.

Damit der Kaffeevollautomat auf den Wasserbehälter zugreifen kann („mit ihm sprechen kann"), benötigt er eine Objektreferenz auf ihn.

[Notiz]

Deklariere eine private Instanzobjektreferenz **gr_wasserbehaelter** vom Objekttyp **lcl_wasserbehaelter** in den Attributen der Klasse **lcl_kaffeevollautomat**.

```
* Definitionsteil des Kaffeevollautomaten
CLASS lcl_kaffeevollautomat DEFINITION.
...
* Privater Bereich
  PRIVATE SECTION.
* Wasserstand
    DATA gd_wasserstand TYPE i.
* Die Assoziation zum Wasserbehälter
    DATA gr_wasserbehaelter
             TYPE REF TO lcl_wasserbehaelter.
ENDCLASS.
```

*4 Um ein **Struktur**-Datenobjekt anzulegen, verwendest du natürlich **DATA:** und dann **BEGIN OF** und **<structure>** als den Namen der Strukturvariablen. Dann folgen durch Komma getrennt die Komponenten der Struktur mit deren Typisierungen, und der Abschluss wird durch **END OF** <structure>. gebildet.

Das ist ein Kettensatz, oder? Hinter dem **DATA** *steht ein Doppelpunkt.*

Gut beobachtet und absolut korrekt. Wie könntest du dann die Definition des Strukturattributes noch schreiben?

```
DATA BEGIN OF <structure>.
DATA: <field1> ... .
DATA: <field2> ... .
und so weiter
DATA: END OF <structure>.
```

Da ist doch ein Kettensatz eine wirklich gute Einrichtung!

*5 Der übliche Weg, um eine **interne Tabelle** anzulegen.

*6 Der elegante Weg, um eine **Arbeitsstruktur** für eine interne Tabelle anzulegen. Elegant, weil ein Bezug zum **Zeilentyp** durch **LIKE LINE OF** hergestellt wird. Ändert sich der Zeilentyp der internen Tabelle, so ändert sich auch der Typ der Arbeitsstruktur. Ohne zusätzlichen Aufwand. Denke daran, **faul** zu **sein**! Statt Arbeitsstruktur hätte ich natürlich auch wieder nur **Struktur** sagen können.

Du hättest auch einfach nur PAUSE für Jause sagen können!

Wasserstand und Pause

Sofort, zuerst noch eine kleine Übung, und dann bekommst du deine Pause.

[Einfache Aufgabe]
Bau ein Instanzattribut für den Wasserstand im privaten Bereich der Klasse **lcl_kaffeevollautomat** ein. Im Definitions- oder Implementationsteil?

```
* Definitionsteil des Kaffeevollautomaten
CLASS lcl_kaffeevollautomat DEFINITION.
* Hier kommen die Definitionen rein
* Öffentlicher Bereich
  PUBLIC SECTION.
* Geschützter Bereich
  PROTECTED SECTION.
* Privater Bereich
  PRIVATE SECTION.
* Wasserstand
    DATA: gd_wasserstand TYPE i.
ENDCLASS.
```

HUI!

Jetzt hast du eine Pause verdient. Du hast dich schon länger nicht mehr bewegt.

[Einfache Aufgabe]
Einfache Übung: Stell dich beidbeinig, schulterbreit hin, wie Captain Blackbeard, und schau ebenso grimmig. Nun strecke einen Arm nach oben und den anderen nach unten. Der Arm, der oben ist, rotiert volle 360°, beginnend nach vorne, und der Arm, der unten ist, rotiert volle 360° auch nach vorne beginnend. Du solltest dich fühlen wie ein Windrad (Sag leise: „Ich bin ein Windrad, hui, ich bin ein Windrad.").

Funktioniert es? Ist etwas zu Bruch gegangen?
Falls du nicht aufstehen möchtest, hab ich eine andere Übung:

[Einfache Aufgabe]
Zeichne eine 8 auf ein Blatt, und dreh das Blatt, bis die 8 zum Liegen kommt. Das sollte so aussehen: ∞ (ziemlich unendlich). Die liegende Acht zeichnest du nach, erst mit der rechten Hand (in der Mitte anfangen und nach rechts oben beginnen), dann mit der linken Hand (in der Mitte anfangen und nach links oben beginnen), und dann mit beiden Händen gleichzeitig. Wie sieht das Ergebnis aus?
Bitte einsenden an: **schroedinger@galileo-press.de**

Klasse Attribute, oder was?

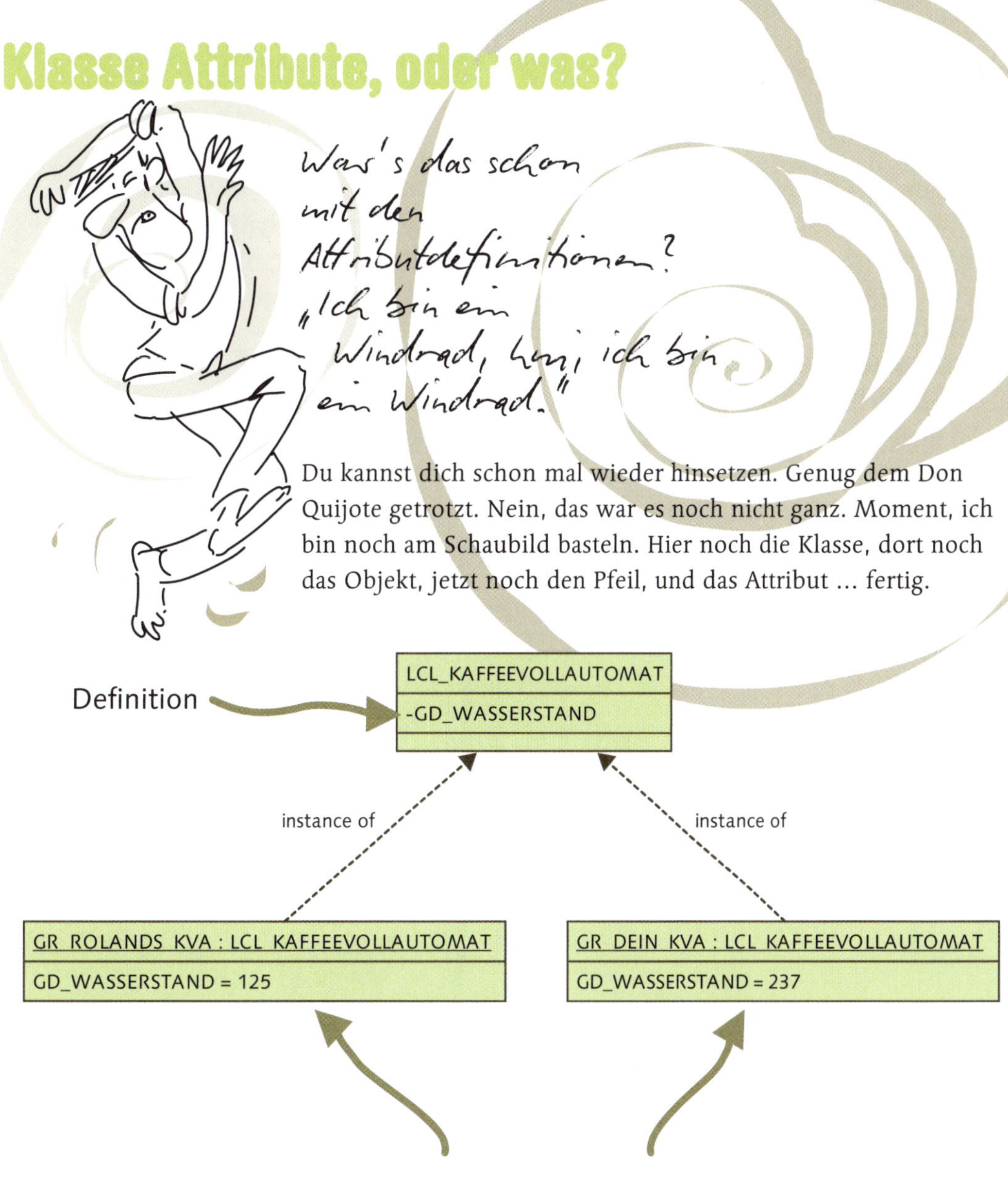

Du kannst dich schon mal wieder hinsetzen. Genug dem Don Quijote getrotzt. Nein, das war es noch nicht ganz. Moment, ich bin noch am Schaubild basteln. Hier noch die Klasse, dort noch das Objekt, jetzt noch den Pfeil, und das Attribut ... fertig.

Die Instanzattribute definierst du in der Definition der Klasse. Jedes Objekt dieser Klasse, also mein und dein und jedes andere Kaffeevollautomaten-Objekt, besitzt dieses Instanzattribut. Natürlich können die Objekte unterschiedliche Werte in IHREM Attribut speichern. Das Instanzattribut kommt demnach für jedes Objekt vor und ist ein eigener Speicherplatz.

Bis jetzt habe ich nur von **Attributen** gesprochen, ohne weiter zu **unterscheiden**.

Da habe ich dir doch einiges unterschlagen.

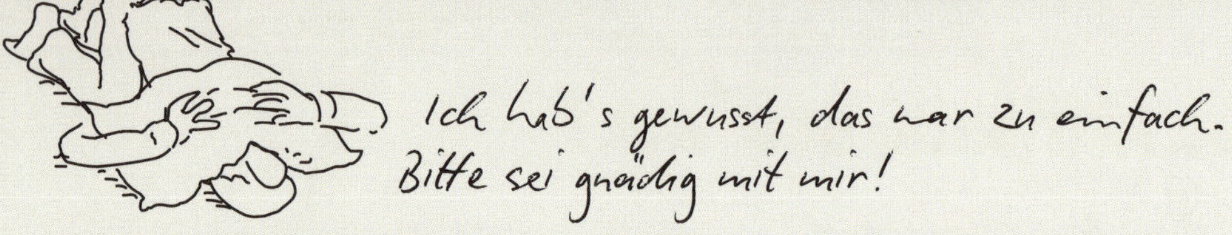

Ich hab's gewusst, das war zu einfach.
Bitte sei gnädig mit mir!

Das bedeutet ja nicht, dass es komplex ist. Du kannst dich doch noch an vorhin erinnern, als wir den Unterschied zwischen **Klasse** und **Objekt** besprochen haben: Die **Klasse ist der Bauplan**, und das **Objekt ist die Realisierung**. Wir haben auch schon besprochen, wie du Attribute definieren kannst, und zwar mit der **DATA**-Anweisung.

AUFGEPASST! ERSTE VERFEINERUNG: Das, was du definiert hast, waren **Instanzattribute**. Du kannst auch **Objektattribute** dazu sagen. Das Instanzattribut wird in der Klasse mit **DATA** definiert und steht den Objekten zur Verfügung.

Okay, das kann ich akzeptieren. Jedes Objekt bekommt das Attribut. Gibt es dann so etwas wie ein Klassenattribut?

Sehr schlau – ja, genau. Das **Klassenattribut** wird auch als **statisches Attribut** bezeichnet. Der Unterschied zwischen Klassen- und Instanzattribut ist …

Das eine ist oben und das andere ist unten!

Das versteh ich nicht. Kurz nachdenken, ah, jetzt versteh ich!

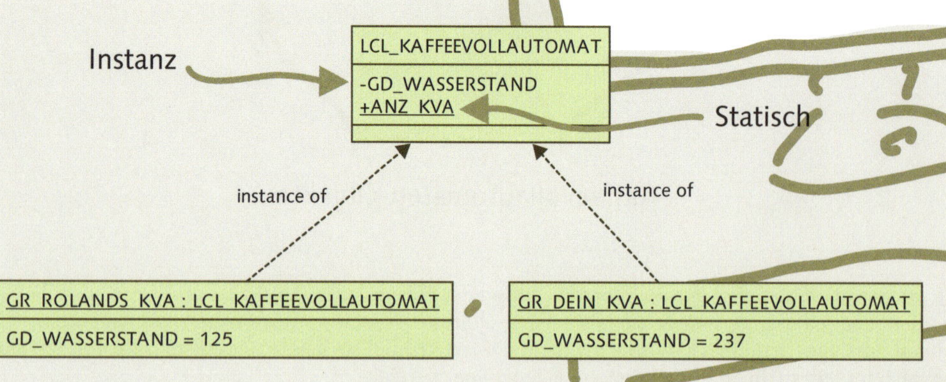

Das Instanzattribut und das Klassenattribut werden beide in der Klasse definiert. Das statische Attribut ist jedoch nur einmal vorhanden (oben), also nicht für jedes Objekt. In der UML wird durch die Unterstreichung angedeutet, dass es sich um ein statisches Attribut handelt. Übrigens sollte in `anz_kva` die Anzahl der Kaffeevollautomaten-Objekte gespeichert werden.

Das **statische Attribut** findest du nur auf der **Ebene der Klasse**, also **oben** in der Zeichnung, und das **Instanzattribut** findest du auf der **Objektebene**, also **unten** in der Zeichnung. Oben und unten funktioniert leider nicht mehr, wenn ich die Zeichnung drehe. Fast so wie bei einer Landkarte!

Wie kann ich festlegen, ob ein Attribut auf Objekt- oder auf Klassenebene definiert ist?

Für das **Instanzattribut** hast du das Schlüsselwort **DATA** verwendet, und für das **Klassenattribut** verwendest du **CLASS-DATA**.

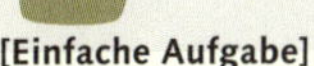

[Einfache Aufgabe]

Definiere im Definitionsteil der lokalen Klasse **lcl_kaffeevollautomat** das öffentliche Klassenattribut **anz_kva** vom Typ **i**.

Wenn ich dir eine solche Aufgabenstellung am Anfang des Kapitels hingeworfen hätte, dann wärst du schreiend aus dem Zimmer gelaufen. Du bist schon sehr weit gekommen.

```
* Definitionsteil des Kaffeevollautomaten
CLASS lcl_kaffeevollautomat DEFINITION.
* Hier kommen die Definitionen rein
* Öffentlicher Bereich
  PUBLIC SECTION.
* Anzahl der Objekte
    CLASS-DATA: anz_kva TYPE i.
* Geschützter Bereich
  PROTECTED SECTION.
* Privater Bereich
  PRIVATE SECTION.
* Wasserstand
    DATA: gd_wasserstand TYPE i.
ENDCLASS.
```

Privat verkalkt / Private Attribute

Hast du in der Zwischenzeit herausgefunden, was das **+** und **–** vor dem Namen der **Attribute in der UML** bedeuten? Wenn nicht, musst du noch weiter nach der Antwort suchen.

[Einfache Aufgabe]

Verpass dem Wasserbehälter ein privates Instanzattribut für den Kalkgehalt. Vielleicht fallen dir noch mehr sinnvolle Attribute ein.

[Zettel]

Eine Konstante kannst du wie in der prozeduralen Programmierung mit dem Schlüsselwort **CONSTANTS** deklarieren.

[Einfache Aufgabe]

Der Wasserbehälter leidet an Altersverkalkung, und das liegt an der Härte des Wassers. Je härter, desto früher verkalkt. Du könntest den superintelligenten wasserhärtesensitiven Wasserbehälter implementieren. Starte mit der Definition einer Konstanten, die eine maximale Wasserhärte festlegt, ab der dann etwas zu geschehen hat. Vielleicht die Meldung: „Hilfe, ich werde schnell verkalken."
Vorschlag: Deklariere in der lokalen Klasse **lcl_wasserbehaelter** im öffentlichen Bereich eine Konstante **gc_wasser_haerte_grenze** vom Typ **f** mit Wert 14,0.

Natürlich kein Problem.

```
CLASS lcl_wasserbehaelter DEFINITION.
  PUBLIC SECTION.
* Wasserhärte Grenze in °dH
    CONSTANTS: gc_wasser_haerte_grenze TYPE f VALUE '14.0'.*1
```

*1 Den Anfang der Definition der Klasse habe ich noch mitgenommen, damit du siehst, wo ich die Deklaration positioniert habe. Wie du es kennst, wird die Deklaration einer Konstanten mit **CONSTANTS** begonnen, dann folgen der Name mit dem Typ und der zugeordnete Wert. An diesem Beispiel sieht man nochmals, warum es nötig ist, den Wert mit Hochkommata zu begrenzen. Ohne diese würde der Übersetzer seine leichten Probleme haben. Wo ist jetzt das Ende der Programmzeile, nach 4 oder wo?

[Belohnung]

Zeit für eine Pause.

Wie wär's mit etwas Bewegung? Oder doch lieber ein Kaffee und ein Stück Erdbeertorte, die hab ich neben dem Erklären gebacken.

Ab jetzt mit Methode – Schrödinger frischt auf

Das „**hat etwas**" haben wir ja schon ziemlich ausgekostet. Es wird langsam Zeit, dass wir zu dem „**macht etwas**" kommen, also den **Methoden.** Dazu erst einmal eine kleine Auffrischung; du kannst dir nämlich fürs Erste vorstellen, dass die Methoden die Unterprogramme der Klassen und Objekte sind. Kannst du dich noch an die Unterprogramme erinnern?

Impf mmff nof de dorde flucken. Schluck! Bin da!

Es gibt für Unterprogramme eine Definition mit **Implementierung** und eine **Verwendung**, also den **Aufruf**. Die Definition eines Unterprogramms wird mit **FORM** <name>. eingeleitet und mit **ENDFORM**. abgeschlossen. Ein Unterprogramm kann eine **Schnittstelle** besitzen, wobei die **Parameter** der Schnittstelle in **USING-** und **CHANGING-**Parameter unterteilt werden. Fehlt noch was? Ja, der Aufruf des Unterprogramms geschieht mit **PERFORM** <name>. Schrödinger: 12 Points!

Ich habe nichts zu ergänzen, perfekt.

Doch eine gemeine Frage hab ich noch. Was ist ein Formalparameter und was ein Aktualparameter?

What a beauty!

Easy Cheesy: Die Parameter bei der Definition heißen **Formalparameter**, und die Parameter, die beim Aufruf übergeben werden, heißen Aktualparameter.

Mit Methode – ran an den Code

Das wird jetzt einfach für mich, dir die Methoden in Klassen und Objekten zu erklären. Eine **Methode** besitzt wie ein Unterprogramm selbstverständlich einen **Namen** und wird definiert, implementiert und dann natürlich noch aufgerufen. In welchen Teil der Klasse wird wohl die Definition und wo die Implementierung abgelegt?

Darauf antworte ich nicht, solch eine Fragestellung ist eine Beleidigung. Das könnte ja sogar die Katze beantworten.

Bei der Definition im **DEFINITION**-Teil der Klasse erstellst du eine **neue Methode** mithilfe des deklarativen Schlüsselwortes **METHODS** bzw. **CLASS-METHODS**, dem Namen der Methode und der möglichen Schnittstelle. Im **IMPLEMENTATION**-Teil der Klasse **implementierst** du die **Methode**. Dazu musst du den Anfang und das Ende der Methode markieren, genauso wie bei Unterprogrammen, nur **ohne Schnittstelle**. Der Anfang der Methode wird mit **METHOD <name>.** eingeleitet und mit **ENDMETHOD.** abgeschlossen.

Jetzt brauch ich ein Beispiel.

Der Kaffeevollautomat sollte dir mit viel Liebe einen Kaffee produzieren. Das bringst du nun deinem Objekt bei. Sagen wir mal, der Name der Methode lautet **ein_kaffee_sil_vous_plait**.

ainkafääääsiwuplääää

immrmelimmrmel, Roland hat gesagt: „bringst du dem Objekt bei", damit meint er eine **Instanzmethode**, also **METHODS** in der Definition, und von einer Schnittstelle hat er nichts gesagt. Vom Implementieren hat er auch nichts gesagt.Aber der Syntaxchecker schreit. Ist anscheinend der Stellvertreter vom Roland: **„Es fehlt die Implementierung der Methode …"**
Der ist wirklich faul, lässt den Syntaxchecker für sich arbeiten, *tstststs, immrmelimmrmel…*

```
* Definitionsteil des Kaffeevollautomaten
CLASS lcl_kaffeevollautomat DEFINITION.
* Hier kommen die Definitionen rein
* Öffentlicher Bereich
  PUBLIC SECTION.
* Anzahl der Objekte
    CLASS-DATA: anz_kva TYPE i.
* Kaffee bitte
    METHODS ein_kaffee_sil_vous_plait.*1
* Geschützter Bereich
  PROTECTED SECTION.
* Privater Bereich
  PRIVATE SECTION.
* Wasserstand
    DATA: gd_wasserstand TYPE i.
ENDCLASS.
* Implementationsteil des Kaffeevollautomaten
CLASS lcl_kaffeevollautomat IMPLEMENTATION.
* Hier kommen die Implementierungen rein
* Einen Kaffee bitte
  METHOD ein_kaffee_sil_vous_plait.*2
* Hier kommt die Implementierung rein

  ENDMETHOD.*3
ENDCLASS.
```

*1 Die **Definition der Methode** nimmst du natürlich im **Definitionsteil** der Klasse vor. Wie du richtig erkannt hast, wird für die Instanzmethode das Schlüsselwort **METHODS** und nicht **CLASS-METHODS** verwendet. Danach folgt der Name der Methode **ein_kaffee_sil_vous_plait**, einstwellen noch ohne Schnittstelle. (Wie war die Schnittstellendefinition bei den Funktionsbausteinen durchzuführen? Kapitel 7 wartet auf dich.)

*2 Die Implementierung hast du – wieder korrekt, super – im **IMPLEMENTATION**-Teil der Klasse angelegt. Eingeleitet durch **METHOD**, dann der Name **ein_kaffee_sil_vous_plait**, Punkt. Dann kommen deine geistigen Ergüsse, und

*3 beendet hast du das Ganze mit **ENDMETHOD.**, wunderbar.

[Schwierige Aufgabe]

Definiere die öffentliche, statische Methode **add_1_to_anz_kva** in der Klasse **lcl_kaffeevollautomat**. Der Name ist nur ein Vorschlag. Falls dich der Mischmasch aus Englisch und Deutsch nicht anspricht, einfach in deine Lieblingssprache übersetzen.

```
* Definitionsteil des Kaffeevollautomaten
CLASS lcl_kaffeevollautomat DEFINITION.
* Hier kommen die Definitionen rein
* Öffentlicher Bereich
  PUBLIC SECTION.
* Anzahl der Objekte
    CLASS-DATA: anz_kva TYPE i.
* Kaffee bitte
    METHODS ein_kaffee_sil_vous_plait.
* Hochzähler
    CLASS-METHODS add_1_to_anz_kva.
* Geschützter Bereich
  PROTECTED SECTION.
* Privater Bereich
  PRIVATE SECTION.
* Wasserstand
    DATA: gd_wasserstand TYPE i.
ENDCLASS.
* Implementationsteil des Kaffeevollautomaten
CLASS lcl_kaffeevollautomat IMPLEMENTATION.
* Hier kommen die Implementierungen rein
* Einen Kaffee bitte
  METHOD ein_kaffee_sil_vous_plait.
* Hier kommt die Implementierung rein
  ENDMETHOD.
* Hochzählen
  METHOD add_1_to_anz_kva .
* Hier kommt die Implementierung rein

  ENDMETHOD.
ENDCLASS.
```

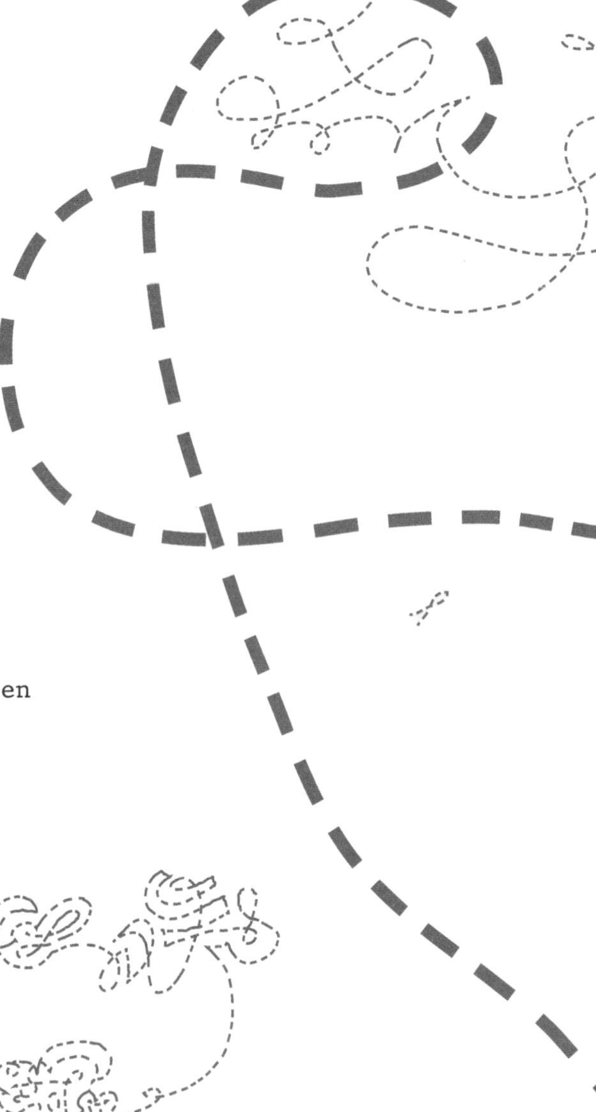

Durch dein gewonnenes Wissen kannst du in deiner **Objektistan-Programmiererlaubnis** das Thema „Methoden: Instanzmethoden und statische Methoden“ abhaken.

[Einfache Aufgabe]

Etwas zum Nachdenken: Eine *Funktionsgruppe* ist wie eine Klasse mit ausschließlich statischen Attributen und statischen Methoden, die als Funktionsbausteine bezeichnet werden.

[Hintergrundinfo]

Kaffeebohnen wachsen auf einem Baum, der bis zu 12 Meter hoch werden kann. Die Bohnen bzw. die Frucht sieht aus wie eine Kirsche und wird auch als Kaffeekirsche bezeichnet. Die schneeweißen Blüten duften nach Jasmin. Der Baum trägt gleichzeitig Blüten und Kirschen!

Die Kirschen werden dunkelrot entweder per Hand (Picking) oder mit einer Maschine geerntet. Vor der ersten Ernte vergehen drei Jahre.

Bei so viel Kaffee werden die Tassen rar. Mach dir doch eine eigene **Super-Checker-Schrödinger-Tasse.**

Das Coffee-Action-Pack.

1. Druck dir einen **Schrödinger** aus, entweder auf dünnem Papier oder auf einem Taschentuch (mit Klebeband auf Druckerpapier fixieren).
2. Klebe den Schrödinger mit **Serviettenkleber** auf die Tasse. Kein Serviettenkleber im Haus? Macht nichts. Ein Becher angerührter Tapetenkleister mit einem halben Becher Holzleim vermischen, fertig und günstig.
3. Untergrund mit Kleber einstreichen
4. Schrödinger drauf kleben (oberste Lage vom Taschentuch)
5. mit dem **Pinsel** den Schrödinger andrücken – gaaaaaanz vorsichtig
6. nochmal eine Schicht Kleber drüber

Die Schnittstelle der Methode

Die angelegten Methoden sind schon mal ganz nett, jedoch haben wir noch keine Möglichkeit, **Daten an eine Methode** zu **übergeben** und auch etwas von einer Methode **zurückzubekommen**. Das muss geändert werden, und nachdem du durch Kaffee gestärkt und mit der Erlaubnis von **Objektistan** ausgerüstet bist, kannst du die folgende Zusammenstellung der **Schnittstellendefinitionen** locker verkraften.

```
METHODS <meth> *1
IMPORTING.. [VALUE(]<imp>[)] TYPE <type> [OPTIONAL]..*2
EXPORTING.. [VALUE(]<exp>[)] TYPE <type> ..*3
CHANGING.. [VALUE(]<chng>[)] TYPE <type> [OPTIONAL]..*4
RETURNING VALUE(<ret>)*5
EXCEPTIONS.. <exc>..*6
```

*1 Alles beginnt mit einer Methode.

*2 Eine **Methode** kann **Werte** und **Referenzen** über die **Schnittstelle** übernehmen. Das legst du mit **IMPORTING** fest. Die Methode als Importeur von Daten. Danach folgt der Name des **Formalparameters**. Ich verwende das **Präfix `i`**, damit klar ist, dass es sich um einen IMPORTING-Parameter handelt. Danach der Typ des Formalparameters und der **optionale** Zusatz `OPTIONAL`, der festlegt, dass der Parameter optional ist, das heißt beim Aufruf der Methode **nicht angegeben** werden muss.

Nur zur Sicherheit: In welchem Teil der Klasse befinden wir uns?

DEFINITION natürlich! Im IMPLEMENTATION-Teil wird die Schnittstelle der Methode nicht angegeben.

Super! Und wenn ich schon beim Fragen bin. Die Parameter, die wir für die Methode definieren, sind das **Formal- oder Aktualparameter**?

*Hatten wir das schon? Ich würde mal sagen, dass der **Formalparameter** etwas Formales hat, also etwas zur **Definition** gehört, und der **Aktualparameter** etwas Aktuelles hat, also dann beim **Aufruf** der Methode verwendet wird. Ist das so?*

Logisch!

Da steht noch `VALUE( ... )`, was ist das?

Kurz und bündig: **Ohne VALUE-Zusatz** wird der Aktualparameter als **Referenz** übergeben und **mit VALUE als Wert**, darum heißen die zwei Varianten **Call-By-Value** und **Call-By-Reference**. Aber das kennst du schon von den **Unterprogrammen** und **Funktionsbausteinen**. Ein kleines Beispiel für die Methode **`ein_kaffee_sil_vous_plait`**. Welchen Kaffee hättest du denn gerne? Einen **Espresso** oder

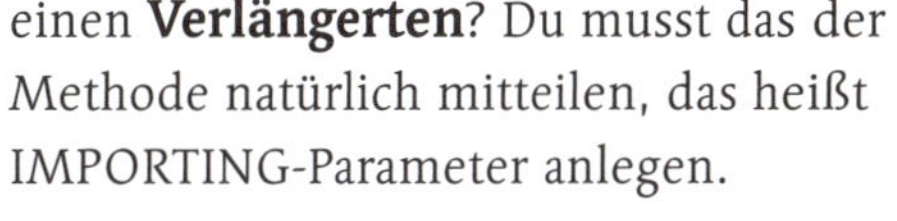

einen **Verlängerten**? Du musst das der Methode natürlich mitteilen, das heißt IMPORTING-Parameter anlegen.

```
TYPE-POOLS: abap.
* Definitionsteil des Kaffeevollautomaten
CLASS lcl_kaffeevollautomat DEFINITION.
* Hier kommen die Definitionen rein
* Öffentlicher Bereich
  PUBLIC SECTION.
* Anzahl der Objekte
    CLASS-DATA: anz_kva TYPE i.
* Kaffee bitte
METHODS ein_kaffee_sil_vous_plait
IMPORTING
value(id_espresso) TYPE abap_bool OPTIONAL
value(id_verlaengerter) TYPE abap_bool OPTIONAL.
* Add
    CLASS-METHODS add_1_to_anz_kva .
* Geschützter Bereich
  PROTECTED SECTION.
* Privater Bereich
  PRIVATE SECTION.
* Wasserstand
    DATA: gd_wasserstand TYPE i.
ENDCLASS.
```

[Zettel]

Definiere in der Klasse **lcl_wasserbehaelter** die öffentliche Instanzmethode **get_wasserstand** mit dem **EXPORTING**-Parameter **ed_wasserstand** vom Typ **i**.

```
* Definitionsteil des Wasserbehälters
CLASS lcl_wasserbehaelter DEFINITION.
* Hier kommen die Definitionen rein
* Öffentlicher Bereich
  PUBLIC SECTION.
* Wasserstand holen
    METHODS get_wasserstand
```

*3 Für **EXPORTING** gilt das Gleiche wie für **IMPORTING**, nur dass die **Richtung** eine **andere** ist. Die **Methode liefert Daten** mithilfe des **EXPORTING**-Parameters. Die Methode als **Daten-Generalexporteuer**. Das probieren wir gleich aus. Die Klasse **lcl_wasserbehaelter** verdient etwas Aufmerksamkeit.

*4 Eine **Daten-Generalimport-/Generalexportgesellschaft** kannst du mit **CHANGING** realisieren. Mithilfe dieses Parametertyps kannst du mit einem Parameter Daten **importieren und exportieren**. Sehr praktisch!

*5 Falls die Methode nur einen Wert zurückliefert, kannst du den **RETURNING**-Parameter verwenden. Dabei spricht man von einer **funktionalen Methode**. Leider kannst du dann kein **EXPORTING** und **CHANGING** mehr verwenden. Eh klar, es kann ja nur ein Wert zurückgeliefert werden. Ich hab's mir anders überlegt. Die Methode **get_wasserstand** sollte den Wert durch einen **RETURNING**-Parameter zurückliefern.

*6 Den EXCEPTIONS-Abschnitt **erkläre ich dir sicher nicht**! Keine Chance. Da musst du dich noch bis Kapitel 11 gedulden. Und ja nicht vorblättern!

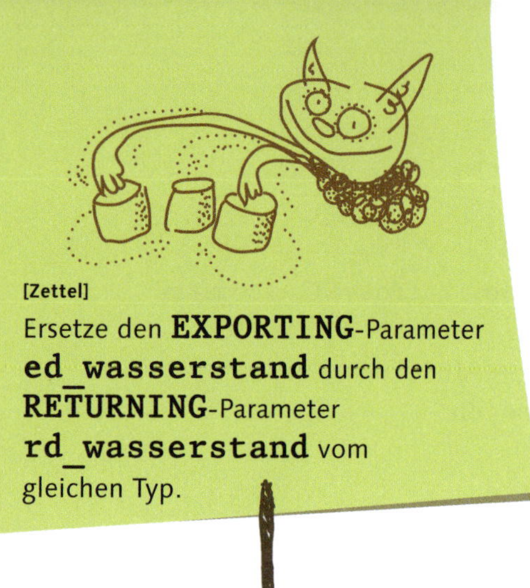

[Zettel]
Ersetze den **EXPORTING**-Parameter **ed_wasserstand** durch den **RETURNING**-Parameter **rd_wasserstand** vom gleichen Typ.

```
        EXPORTING ed_wasserstand TYPE i.
* Geschützter Bereich
  PROTECTED SECTION.
* Privater Bereich
  PRIVATE SECTION.
ENDCLASS.
* Implementationsteil des Wasserbehälters
CLASS lcl_wasserbehaelter IMPLEMENTATION.
* Hier kommen die Implementierungen rein
* Wasserstand holen
  METHOD get_wasserstand.
* Wasserstand zurückliefern
  ENDMETHOD.
ENDCLASS.
```

```
* Definitionsteil des Wasserbehälters
CLASS lcl_wasserbehaelter DEFINITION.
* Hier kommen die Definitionen rein
* Öffentlicher Bereich
  PUBLIC SECTION.
* Wasserstand holen
*     METHODS get_wasserstand EXPORTING ed_wasserstand TYPE i.
    METHODS get_wasserstand
      RETURNING value(rd_wasserstand) TYPE i.
* Geschützter Bereich
  PROTECTED SECTION.
* Privater Bereich
  PRIVATE SECTION.
ENDCLASS.
```

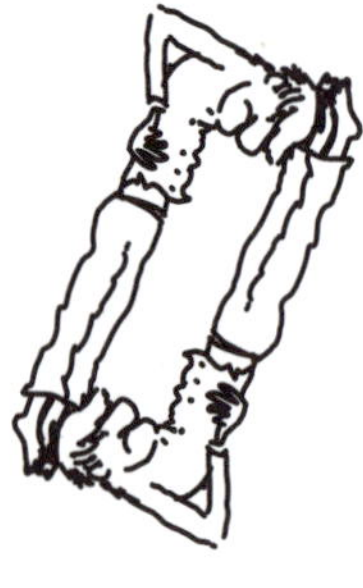

[Hintergrundinfo]

Kaffeebaum

Drei Jahre, bevor zum ersten Mal geerntet werden kann:
Tropenpflanze – Temperatur von 15-25 Grad (schon bei 10 Grad können die Bäume eingehen)
Am Äquator finden sie die perfekten Bedingungen (Kaffeegürtel).
Auf den Plantagen werden Bananenbäume zwischen den Kaffeebäumen gepflanzt, da die K-Bäume keine direkte Sonneneinstrahlung vertragen und die großen Blätter der Bananenbäume reichlich Schatten spenden.
Der Ertrag eines Kaffeebaums schwankt zwischen 500 Gramm und 2 Kilogramm Rohkaffee. Daraus werden rund 80 bis 320 Gramm gerösteter Kaffee.

Ganz spezielle Methoden

Das Thema CONSTRUCTOR bietet sich jetzt an.

Das hängen wir einfach dran.

Konstrukteur?

Gar nicht so weit daneben. Der **constructor** ist eine **spezielle Methode**, die beim **CREATE OBJECT automatisch mit aufgerufen** wird. Die Aufgabe des **constructor** ist es, dem Objekt einen einfachen Start ins Leben zu ermöglichen. Mit dem **constructor**, der eine Methode ist, kannst du alle notwenigen Implementierungen durchführen, die für das Objekt nötig sind, wie zum Beispiel **Initialisierungen.** Wobei es schon eine Einschränkung gegenüber einer „normalen" Methode gibt: Der **constructor** kann nur **IMPORTING**-Parameter besitzen. **Er liefert keine Werte zurück.**

Und wie definiert man einen constructor?

So wie eine Methode eben, im Definitionsteil mit **METHODS** und im Implementationsteil mit **METHOD** … **ENDMETHOD**. Am einfachsten, du machst dazu ein Beispiel.

[Einfache Aufgabe]

Lege den **constructor** für die Klasse **lcl_kaffeevollautomat** an. **Kein Parameter!**

```
* Definitionsteil des Kaffeevollautomaten
CLASS lcl_kaffeevollautomat DEFINITION.
* Hier kommen die Definitionen rein
* Öffentlicher Bereich
  PUBLIC SECTION.
* ...
* Konstrukteur
   METHODS: constructor.
* ...
ENDCLASS.
* Implementationsteil des Kaffeevollautomaten
CLASS lcl_kaffeevollautomat IMPLEMENTATION.
* Hier kommen die Implementierungen rein
* Constructor
```

```
  METHOD constructor.
* Initialisierungen für das Objekt

  ENDMETHOD.
* ...
ENDCLASS.
```

Für die Klasse gibt es auch eine Constructor-Variante, den sogenannten Klassen-Constructor **`class_constructor`**. Der ist noch einfacher als der Instanz-Constructor. Er besitzt keine Schnittstelle! Der **`class_constructor`** wird genau einmal gerufen und zwar dann, wenn die Klasse irgendwie verwendet wird. Beispiel der Verwendung könnte sein: das Lesen eines Attributes aus der Klasse oder auch wenn Objekte von dieser Klasse angelegt werden. Damit sind wir schon beim nächsten Unterschied zwischen Instanz- und Klassen-Constructor. Der **`class_constructor`** wird maximal einmal gerufen und der **`constructor`** jedes Mal, wenn ein neues Objekt erzeugt wird. **Das reicht schon als Info für den Klassen-Constructor.**

[Hintergrundinfo]

Kaffeekirsche

Von außen nach innen: rote Kirschhaut, gelbes Fruchtfleisch, Pergamentschale (je Bohne), dann das sogenannte Silberhäutchen, dieses umschließt die Bohnen (je Bohne), die den Kern der Kirsche bilden. Befindet sich nur eine Bohne in der Kaffeekirsche, wird sie „Perlbohne" genannt.

Methoden mit Fülle

Bis jetzt haben wir uns auf die Definitionsaspekte konzentriert und die Methoden noch nicht implementiert. Die warten aber darauf, deine in Code transformierte Kreativität aufzunehmen.

Die Schnittstellen sind schon super praktisch, aber irgendwie habe ich das Gefühl, die Methoden tun noch nichts. Haben wir schon irgendwo eine Implementierung reingezaubert?

Nein, das haben wir bis jetzt tunlichst vermieden, damit wir die Implementierungen geballt angehen können. Die Implementierung einer Methode funktioniert genauso wie die eines Unterprogramms oder eines Funktionsbausteins.

Es gibt nur einige Spezialitäten.

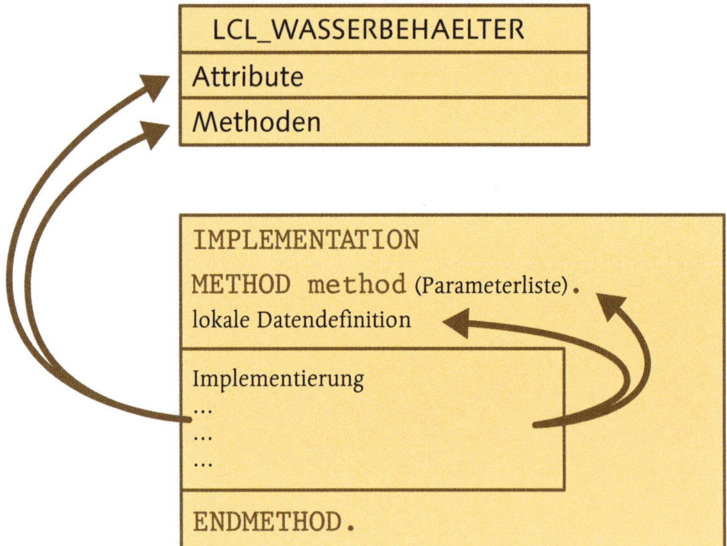

Die Methode greift wild um sich. Du kannst in der Implementierung einer Methode auf lokale Datendefinitionen, auf die Parameter der Methode, auf Attribute der Klasse oder des Objektes und auf Methoden der Klasse oder des Objektes zugreifen.

Von den Unterprogrammen und Funktionsbausteinen bist du gewohnt, auf **lokale Datendefinitionen zuzugreifen** und diese in deiner Implementierung zu verwenden. Auch der Zugriff auf die **Parameter aus der Parameterliste** ist für dich ein alter Hut.

Achtung Besonderheit: In deiner Methode möchtest du unter Umständen auf die Attribute zugreifen, die wir zuvor angelegt haben. Das **Attribut** aus der Sicht der Methode ist wie eine **globale Variable** im Programm aus der Sicht eines Unterprogramms oder der globalen Variable in der Funktionsgruppe aus der Sicht eines Funktionsbausteins. Am einfachsten, ich zeige dir die Verwendung in der Methode **`get_wasserstand`** der Klasse **`lcl_wasserbehaelter`**:

```
* Definitionsteil des Wasserbehälters
CLASS lcl_wasserbehaelter DEFINITION.
* Öffentlicher Bereich
  PUBLIC SECTION.
* Wasserstand holen
    METHODS get_wasserstand *1
      RETURNING value(rd_wasserstand) TYPE i.
 Geschützter Bereich
  PROTECTED SECTION.
* Privater Bereich
  PRIVATE SECTION.
* Wasserstand
    DATA: gd_wasserstand TYPE i.*2
ENDCLASS.                    „LCL_WASSERBEHAELTER DEFINITION
```

*1 Die Methode **`get_wasserstand`** hat einen **`RETURNING`**-Parameter **`rd_wasserstand`**, über den ein Wert von der Methode zurückgegeben wird.

*2 Das ist das **Instanzattribut** **`gd_wasserstand`**, das den aktuellen Wert des Wasserstandes beinhaltet. Auf dieses Attribut wirst du in der Methode zugreifen.

```
* Implementationsteil des Wasserbehälters
CLASS lcl_wasserbehaelter IMPLEMENTATION.
* Wasserstand holen
  METHOD get_wasserstand.
* Wasserstand zurückliefern
    rd_wasserstand = gd_wasserstand.*3
  ENDMETHOD.
ENDCLASS.
```

*3 Und da ist schon der **Zugriff**. Du ordnest dem Formalparameter **rd_wasserstand** den Wert des Attributes **gd_wasserstand** zu. Mit dieser Zuweisung wird der **Wert** von der Methode **zurückgeliefert**.

Das ist wirklich nichts Neues, bis auf den RETURNING-Parameter. Genauso wie in einem Unterprogramm oder Funktionsbaustein.

Eine kleine, aber UNGLAUBLICH INTERGALAKTISCH WICHTIGE ERGÄNZUNG hätte ich noch.

Schön langsam verstehe ich ein Prinzip hinter seinen Erklärungen. Zuckerbrot und Peitsche.

In einem Programm kann es sein, dass eine **globale Variable** definiert ist, sagen wir mal **V**, UND eine **unterprogrammlokale Variable** mit dem gleichen Namen, also **V**. Wenn du in deinem Unterprogramm nun auf **V** zugreifst, welche Variable ist damit gemeint? **V** aus dem Unterprogramm oder **V** aus dem Programm?

V aus dem Unterprogramm natürlich. Und das nennt sich **lokale Überdeckung**. Hab ich mal irgendwo gelesen.

Lesen bildet! Sehr gut. In deinem **Unterprogramm** hast du **keine Möglichkeit**, auf beide Variablen **zuzugreifen**. In der **Objektorientierung sehr wohl**. Du musst nur definieren, woher die Daten kommen.

Selbstreferenz

Sieh dir mal das folgende Coding an:

```
CLASS lcl_wasserbehaelter IMPLEMENTATION.
* Wasserstand holen
  METHOD get_wasserstand.
* Wasserstand zurückliefern
    rd_wasserstand = me->gd_wasserstand.
  ENDMETHOD.
ENDCLASS.
```

Fällt dir etwas auf?

Do-re-ME-fa-so-la-ti-do, das me mit einem hübschen Pfeilchen dahinter.

Das ist jetzt total wichtig, also aufgepasst. Das **me** steht für **das Objekt selbst**. Darum wird **me** auch als **Selbstreferenz** bezeichnet. Mit **me** kannst du auf alle **Attribute** und **Methoden** zugreifen. In der Implementierung musst du das **me** nicht verwenden, aber du kannst. Ich versuche immer, das **me** zu verwenden, da es die **Lesbarkeit** der Implementierung stark **erhöht** und für dich sofort klar ist, woher das Attribut oder die Methode stammt. Der Pfeil „**->**" nach dem **me** steht für den Zugriff auf einen Objektaspekt, zum Beispiel ein Attribut oder eine Methode. Der **Pfeil** wird auch als **Objektkomponentenselektor** bezeichnet. Ziemlich langes Wort für einen kurzen Pfeil.

Also wenn ich das Objekt bin, dann greife ich in der Implementierung auf mich selbst zu und lese den Wert meines Attributes?

Wenn du dich als das Objekt siehst, ja. Kurzer Test zwischendurch: Kreuze die korrekten Antworten an.

- ☐ **me** ist Teil der Solmisation.
- ☐ Mit **me** kann ich auf statische Attribute zugreifen.
- ☐ Mit **me** kann ich ausschließlich auf Instanzattribute und Instanzmethoden zugreifen.
- ☐ In einer statischen Methode kann ich mit **me** auf die Instanzattribute zugreifen.

LÖSUNG

Da sind jetzt einige gemeine Fragen dabei.

1. Falsch. Natürlich ist **mi** Teil der Solmisation.
2. Richtig. **me** ist die Referenz auf das Objekt, und das „sieht" alle Definitionen der Klasse.
3. Falsch. Du kannst damit auch auf statische Attribute und Methoden zugreifen.
4. Falsch. Eine statische Methode kann nur auf statische Attribute oder Methoden zugreifen.

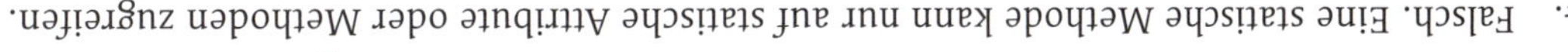

Eine Klasse hat keine Ahnung von ihren Objekten.

3

Statisches Attribut

Ein kleines Beispiel zur Verwendung von **statischen Attributen** in der Implementierung. Wir möchten die Anzahl der Objekte der Klasse **`lcl_kaffeevollautomat`** während der Laufzeit wissen. Da es dafür **keinen Automatismus** gibt, müssen wir selbst mitzählen. Wann wissen wir, dass ein neues Objekt entsteht?

Immer dann, wenn eines angelegt wird. Im **constructor***?*

Genau, im **`constructor`** der Klasse **`lcl_kaffeevollautomat`** zählen wir das statische Attribut **`anz_kva`** hoch, das wir vorher bereits deklariert haben.

```
* Implementationsteil des Kaffeevollautomaten
CLASS lcl_kaffeevollautomat IMPLEMENTATION.
* Constructor
  METHOD constructor.
* Initialisierungen für das Objekt
* Variante 1
  anz_kva = anz_kva + 1.*1
* Variante 2
* ADD 1 TO lcl_kaffeevollautomat=>anz_kva.*2
  ENDMETHOD.
* ...
ENDCLASS.
```

*1 Das statische Attribut kann wie ein Instanzattribut direkt angesprochen werden. Wie du siehst, ist nicht klar, ob es sich um ein Instanz- oder Klassenattribut handelt.

*2 Die Variante 2 hat mehr Informationen. Auf das Klassenattribut wird mit dem Namen der Klasse und einem Pfeilchen zugegriffen.

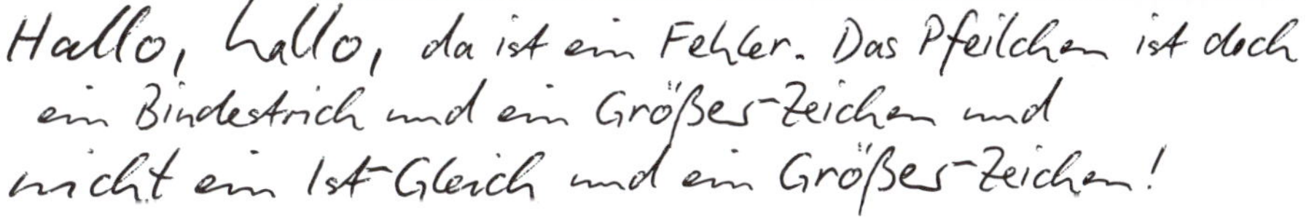

Hallo, hallo, da ist ein Fehler. Das Pfeilchen ist doch ein Bindestrich und ein Größer-Zeichen und nicht ein Ist-Gleich und ein Größer-Zeichen!

Augen wie ein Adler! Tatsächlich ist die Anweisung korrekt, also Ist-Gleich-Zeichen und Größer-Zeichen. Immer wenn du auf etwas Statisches zugreifst, dann mit „**=>**".

Würg!

Ja eh, bin ganz bei dir. Gehen wir gemeinsam würgen. Bevor du damit anfängst, könntest du noch die statische Methode **add_1_to_anz_kva** implementieren.

Der Name der Methode ist das Programm!

[Erledigt]

Kannst du schon wieder etwas ankreuzen in deiner Programmiererlaubnis aus Objektistan?

Methodenaufruf

HALLO! Hört mich jemand? Du da! Lies weiter!

So ähnlich kannst du dir eine Kommunikation zwischen Objekten vorstellen. Das eine ruft das andere; um präziser zu sein: **Das eine Objekt ruft die Methode des anderen Objektes**. Das wird jetzt einfach.

Der Aufruf von Unterprogrammen (**PERFORM**) oder Funktionsbausteinen (**CALL FUNCTION**) in deiner Implementierung entspricht in der Objektorientierung dem Aufruf einer Methode. Die Anweisung dazu lautet **CALL METHOD** und klingt so ähnlich wie **CALL FUNCTION**, nur eben mit **METHOD**. Die Frage, die du dir beim Aufruf einer Methode stellen kannst, lautet: **Mit welchem Objekt möchte ich (als Objekt) sprechen?** Für mich ist der Methodenaufruf eines Objektes oder einer Klasse nichts anderes als Kommunikation. **WER spricht mit WEM?** Wenn du im **constructor** der Klasse **lcl_kaffeevollautomat** das Hochzählen von **anz_kva** durch den Aufruf der Methode **add_1_to_anz_kva** ersetzen möchtest, könntest du dich fragen: „Mit wem muss ich sprechen?"

Das klingt aber nach einer ziemlichen Menge an Selbstgesprächen.

Ja, genau – Selbstgespräch, das ist ein Aufruf der Klassenmethode aus dem **constructor** heraus.

```
  METHOD constructor.
* Initialisierungen für das Objekt
*    anz_kva = anz_kva + 1. *1
     ADD 1 TO lcl_kaffeevollautomat=>anz_kva. *1
* Mit Methodenaufruf
     CALL METHOD add_1_to_anz_kva.*2
*    CALL METHOD me->add_1_to_anz_kva.
*    CALL METHOD lcl_kaffeevollautomat=>add_1_to_anz_kva.
*    add_1_to_anz_kva( ).
*    me->add_1_to_anz_kva( ).
*    lcl_kaffeevollautomat=>add_1_to_anz_kva( ).
  ENDMETHOD.
```

*1 Die direkte Berechnung habe ich auskommentiert …

*2 … und durch den Aufruf der Methode **add_1_to_anz_kva** ersetzt. Der Aufruf wird durch **CALL METHOD** eingeleitet. Und zur allgemeinen Verwirrung habe ich dir auch alle anderen Möglichkeiten aufgeschrieben, wie du die Methode noch aufrufen kannst.

Wahnsinn, eine Möglichkeit wäre mir genug.

Du kannst dir deine **Lieblingsmöglichkeit** aussuchen, solltest aber die anderen auch kennen. Wichtig ist der syntaktische Unterschied zwischen dem Aufruf einer Methode mit **CALL METHOD** und ohne **CALL METHOD**. Wenn du **CALL METHOD** weglässt, musst du hinter dem Namen der Methode **Klammern ( )** aufführen. Falls da noch Parameter wären, müsstest du die zwischen den Klammern aufführen.

Langer Rede, kurzer Sinn bzw. **lange Erklärung, kurze Implementierung.** Die Methode **get_wasserstand** aus der Klasse **lcl_wasserbehaelter** möchte ich von der Klasse **lcl_kaffeevollautomat** aus aufrufen.

Wie und wann und wo, das erkläre ich dir mit einem – Achtung, Achtung, ACHTUNG – UML-Sequenzdiagramm.

War das vor oder nach meiner Schwächephase? Ich kenne das Klassendiagramm für statische Aspekte.

Laufzeit sequenziert

Das **Sequenzdiagramm** habe ich bis jetzt nur sehr kurz angesprochen und erwähnt, dass es für **dynamische Aspekte** – dazu sagt man auch **dynamische Sicht** oder **Laufzeitaspekt** – verwendet wird. Mit diesem **UML-Diagramm** kannst du wunderbar beschreiben, was während der Laufzeit geschieht und wie die Objekte miteinander kommunizieren. **Schau es dir mal an.**

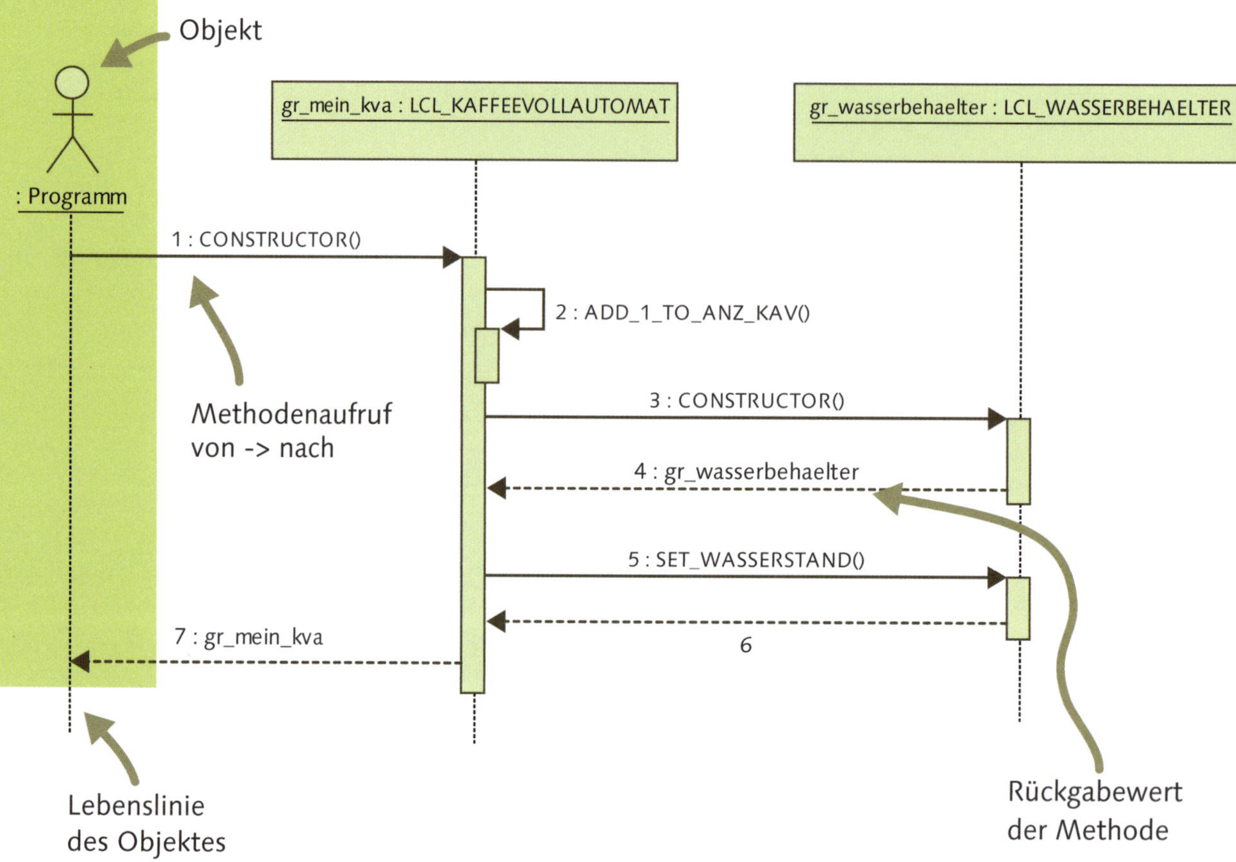

Im **Sequenzdiagramm** geht es um **Objekte** und deren **Verhalten** während der **Laufzeit**. Ein **Kästchen** pro Objekt wird im Diagramm **oben** platziert. Vom Objekt ausgehend, zeigt die sogenannte **Lebenslinie** vertikal zum Erdmittelpunkt. Die einzelnen **Kommunikationsschritte** werden in einer **Sequenz** dargestellt, von oben beginnend. Zusätzlich werden die Schritte mit **Sequenznummern** versehen. Das grafische Hauptelement in einem Sequenzdiagramm sind die **Methodenaufrufe** von einem Objekt zum anderen. Stell dir einfach eine **gerichtete Kommunikation** zwischen dir und der Katze vor: „Hör auf, das Sofa zu zerkratzen." Von dem **gerufenen Objekt** kann etwas zurückkommen, so etwas wie ein digitales „Miau". Alles in allem hab ich den zeitlich geordneten Ablauf der Methodenaufrufe in der Methode `constructor` beschrieben.

Das Programm **zsch_08_c_machine** ist für mich auch ein Objekt (eine Instanz der Klasse Programm). Von ihm aus wird das Objekt **gr_main_kva** mittels **CREATE OBJECT** angelegt. Dabei wird die Methode **constructor** der Instanz aufgerufen, und die Methoden werden der Reihe nach aufgerufen. Als Ausschnitt des Diagramms zeige ich dir die Implementierung der **constructor**-Methode.

*1 Ich habe die **constructor**-Methode etwas aufgeräumt im Vergleich zum letzten Beispiel – hauptsächlich Kommentare gelöscht.

```
METHOD constructor.*1
* Initialisierungen für das Objekt
* Mit Methodenaufruf
    CALL METHOD add_1_to_anz_kva.
* Wasserbehälter erzeugen
    CREATE OBJECT me->gr_wasserbehaelter.*2
* Wasserstand setzen
    me->gr_wasserbehaelter->set_wasserstand(
      id_wasserstand = 1000 ).*3
  ENDMETHOD.
```

*2 Ab hier wird es spannend. Wie im Abschnitt „Dein kleines Objektistan" habe ich ein Objekt erzeugt. Aber dieses Mal für den Wasserbehälter (Stichwort: **Assoziation**, wenn es nicht sofort klingelt, dann bitte zurückblättern und nachlesen, sonst wird das ein Fiasko). Die Referenz auf das Objekt speichere ich im privaten Instanzattribut **gr_wasserbehaelter** des Kaffeevollautomaten-Objektes.

[Zettel]
Und dazu nutzt du die **Selbstreferenz** mit dem **Objektkomponentenselektor**, um die Adresse des neuen Objektes im Attribut **gr_wasserbehaelter** abzulegen.

*3 Ab dem Zeitpunkt der Erzeugung des Wasserbehälters können wir mit ihm sprechen. Wir teilen ihm die Menge an Wasser mit, mittels der Methode **set_wasserstand**.

Methoden für den Wasserbehälter

Die haben wir noch nicht! Ich sag's mal wie der Roland und versuch so wie es zu schauen. Die öffentliche Instanzmethode **set_wasserstand** der Klasse **lcl_wasserbehaelter** haben wir noch nicht definiert und implementiert.

Sprachlich sehr geschliffen, Herr Kollege. Dann mach doch einfach!

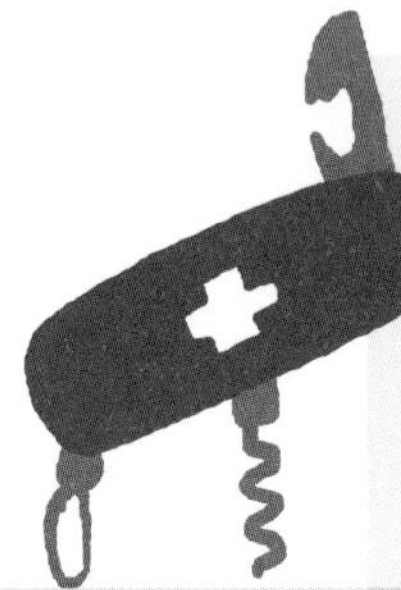

[Einfache Aufgabe]

Definiere und implementiere die Methode **set_wasserstand** der Klasse **lcl_wasserbehaelter**. Implementiere die Methode **constructor** der Klasse **lcl_kaffeevollautomat** so, wie im Sequenzdiagramm beschrieben.

[Notiz]

Preisfrage: Kannst du vom **constructor** ausgehend direkt auf das Attribut **gd_wasserstand** im Wasserbehälter zugreifen?
Wenn ja, warum? Wenn nein, warum nicht?

Das betrifft natürlich das Thema der Sichtbarkeiten. Nachdem das Attribut **gd_wasserstand** im **privaten** Abschnitt definiert ist, kann der Kaffeevollautomat nicht direkt auf das Attribut zugreifen. Dafür haben wir ja die zwei öffentlichen Methoden **set_wasserstand** und **get_wasserstand** definiert. So wie die Objektorientierung das von uns erwartet: **Daten verstecken**.

Und Tschüss, du findest mich im Turnsaal wieder. Pause.

Später im Turnsaal …

Pah, Wasserstand. Ich mach mir eine Methode, die schreit, sobald das Wasser härter als 14 Grad ist, oder waren es 42 Grad?

Egal, ich hab doch die Konstante dafür, **ge_wasser_haerte_grenze**, da muss ich mir den Wert nicht merken.

Also, falls die Härte größer als die Konstante ist, sende ich eine Meldung mit „AU, das tut weh!“. Was benötige ich dafür, mal überlegen:

- Ein Instanzattribut für die Härte des Wassers, das eingefüllt wird: **gd_wasser_haerte**
- Eine Methode, in der geprüft wird, ob das Wasser zu hart ist: **check_wasser_haerte**
- Eine Meldung. Das war mit dem **MESSAGE**-Befehl, genau.
- Das kann ich ja schon alles, cool!

```
CLASS lcl_wasserbehaelter DEFINITION.
  PUBLIC SECTION.
* ...
* Wasserhärte prüfen
    METHODS check_wasser_haerte.
  PROTECTED SECTION.
* ...
  PRIVATE SECTION.
* ...
* Wasserhärte
    DATA: gd_wasser_haerte TYPE f.
ENDCLASS.
CLASS lcl_wasserbehaelter IMPLEMENTATION.
* ...
* Wasserhärte prüfen
  METHOD check_wasser_haerte.
    IF me->gd_wasser_haerte > gc_wasser_haerte_grenze.
      MESSAGE 'AU, das tut weh!' TYPE 'I'.
    ENDIF.
  ENDMETHOD.
ENDCLASS.
```

Von lokal nach global

Objektistan war bis jetzt sehr **lokal**. Zeit, um sich der **Globalisierung** hinzugeben. Eines kann ich dir jetzt schon versprechen: Es wird sehr einfach für dich. Du hast ja alles bereits im kleinen Lokale-Klassen-Finger, im wahrsten Sinne des Wortes. Wenn wir nochmal kurz überlegen, was bis jetzt geschah. Wir haben **lokale Klassen** angelegt, die **lokal verwendet** werden. Ich gehe mal davon aus, dass deine Klassen das Potenzial zum Star haben und somit **von einer lokalen Schönheitskönigin zur Miss Universe** aufsteigen sollten.

Die Transaktion **SE24** (**Class Builder)** ist das Werkzeug deiner Wahl. Dort verwaltest du **globale Klassen**. Nachdem diese global, das heißt im gesamten SAP-System sichtbar sind, müssen die Klassennamen natürlich im **Kundennamensraum** liegen.

Mit Z oder Y beginnen oder gar im eigenen Kundennamensraum /…/.

Wenn du die **SE24** aufrufst, wirst du durch eine sehr einfache **Einstiegsmaske** willkommen geheißen. **Ein einzelnes Eingabefeld**. Wenn du deinen Blick um das Einstiegsbild herum schweifen lässt, erkennst du in der **Drucktastenleiste** das **Schublehre-/Schraubzwinge**-Symbol (was ist das eigentlich?). Du könntest auch die Funktionstaste **F8** verwenden. Damit kannst du die Methoden deiner Klasse **testen**.

Die Einstiegsmaske des Class Builders nach Aufruf der Transaktion **SE24**. Eine klare Botschaft des Systems: „Gib mir den Namen der globalen Klasse", und du kannst prüfen, aktvieren, testen, Verwendungen suchen, weitere Infos erhalten, löschen, kopieren und umbenennen. Alle Funktionen, die der Verwalter in dir begehrt. Die Drucktasten Anzeigen, Ändern und Anlegen machen genau das, was du von ihnen erwartest.

[Zettel]
In einem Kilogramm Kaffee sind ca. 7.150 Kaffeebohnen enthalten, das Volumen eines Bohnen-umgebenden Quaders ist ca. 350 mm³ groß.

Ich möchte eine globale Klasse für **eine Kaffeebohne** anlegen. Dieses Böhnchen bzw. die **Tausende Instanzen** davon werden wir verwenden, um das Auffüllen des Bohnenbehälters in Software zu gießen. Dabei ist der Bohnenbehälter sehr intelligent und schreit – sendet ein Ereignis –, sobald er voll ist. **Ran an die Globalisierung.**

Going global – SE24

Soweit zum Plan. Ich verwende die **SE24** und starte damit, dass ich den Namen `zcl_sch_08_cbean` für die **Bohnenklasse** eingebe und den Button **Anlegen** anklicke.

*Das z am Anfang verstehe ich ja noch, aber was ist mit dem **Rest** des Namens?*

Das **`cl`** steht für **cl**ass, und dahinter kommt meine **Namenskonvention `sch_08`** für das **Projekt Schrödinger** und **`cbean`** für den eigentlichen **Namen der Klasse**.

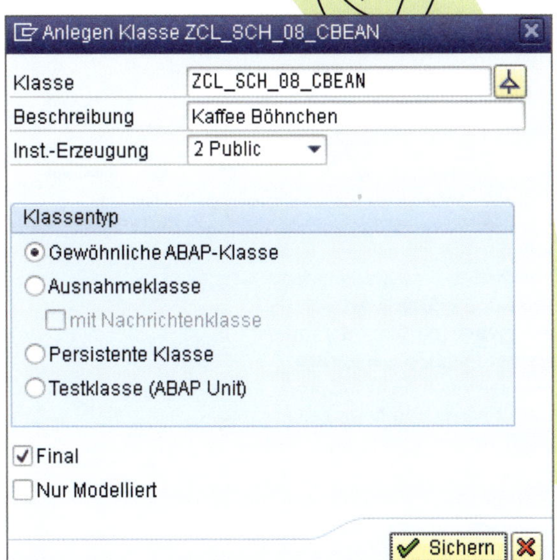

Der Anlagedialog mit einer Vielzahl von Einstellungsmöglichkeiten. Den Namen der Klasse habe ich im Einstiegsbild vorgegeben. Eine nette Beschreibung dazu. Das nächste Feld Inst.-Erzeugung legt fest, wer ein Objekt dieser Klasse anlegen darf, und die Standardeinstellung PUBLIC, also jeder darf, ist passend.
Ich lege eine Gewöhnliche ABAP-Klasse an. Ausnahmeklassen kommen im Kapitel für Feiglinge, und persistente Klassen und Testklassen lassen wir außen vor. Die Bedeutung von Final erfährst du im nächsten Kapitel, und die Checkbox Nur Modelliert lässt du einfach nicht gesetzt, da wir an Klassen interessiert sind, die für die Implementierung verwendet werden sollen.

Beim erscheinenden Dialog gebe ich den Namen ein und wähle das Anlegen einer gewöhnlichen ABAP-Klasse. Nachdem die Daten eingegeben sind und natürlich **mit dem grünen Häkchen bestätigt** wurden, wechselt das System – wohlbekannter Zwischenschritt der Paketzuordnung in **$TMP** – in die **Detailsicht der Klassenpflege**. Auf dem ersten Karteireiter findest du die **Eigenschaften** der Klasse. Dort sind die eingegebenen und zusätzlichen Eigenschaften der Klasse zu finden.

*Es tut weh und schmerzt fast, nur eine **gewöhnliche** Klasse anzulegen. Aus meiner Sicht ist das Böhnchen eine sehr außergewöhnliche Klasse!*

Attribute und Methoden

Auf dem Karteireiter **Attribute** kannst du die Attribute und Konstanten deiner Klasse definieren. Den **Namen**, die **Sichtbarkeit**, die **Typisierungsart**, den **Typ** und einen möglichen **Anfangswert**. Nothing new! Let's create. Wir sind derzeit nur an einem Attribut interessiert: dem **Volumen der Bohne**, genauer dem **Volumen des Bohnen-umgebenden-Quaders** (damit kann ich beim Befüllen auch die **Hohlräume** annähernd berücksichtigen).

Hat das etwas mit einer Nuss zu tun?

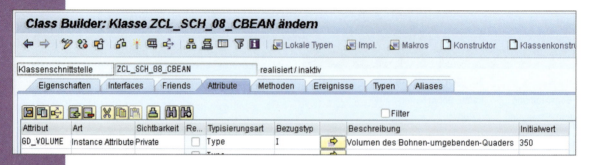

Class Builder: Klasse ZCL_SCH_08_CBEAN ändern

Lokale Typen | Impl. | Makros | Konstruktor | Klassenkonstru

Klassenschnittstelle: ZCL_SCH_08_CBEAN — realisiert / inaktiv

Eigenschaften | Interfaces | Friends | Attribute | Methoden | Ereignisse | Typen | Aliases

Filter

Attribut	Art	Sichtbarkeit	Re...	Typisierungsart	Bezugstyp		Beschreibung	Initialwert
GD_VOLUME	Instance Attribute	Private		Type	I		Volumen des Bohnen-umgebenden-Quaders	350

Bei der Attributpflege sind die bekannten Eigenschaften einzustellen: der **Name** des Attributes, die **Art** (Instanz oder Klasse), die **Sichtbarkeit** (PUBLIC, PROTECTED, PRIVATE), die **Typisierungsart** (direkte oder indirekte Adressierung), der **Typ** (ABAP Dictionary oder lokal), die **Beschreibung** und ein möglicher **Initialwert**. Etwas, das wir noch nicht besprochen haben, ist die Eigenschaft **Read-Only**. Damit kannst du festlegen, dass das Attribut öffentlich sichtbar ist, aber nur gelesen werden darf. Also keine Änderungen von außen.

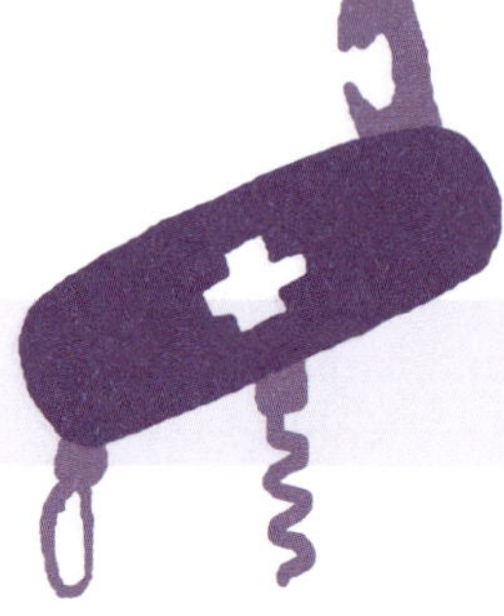

[Einfache Aufgabe]

Deklariere das Attribut **`gd_volume`**, wie besprochen.

Der nächste Karteireiter **Methoden** dient dir dazu, Methoden zu definieren. Zuerst legst du den **Namen** der Methode fest, dann die **Sichtbarkeit** und die **Art**.

Wo sind die Parameter?

Die verstecken sich; aber du kannst zu ihnen navigieren, indem du die Drucktaste **Parameter** drückst. Danach findest du die Möglichkeit, den **Namen des Parameters** einzugeben mit der **Art** des Parameters und dem **Typ**. Nicht zu vergessen die **Beschreibung**.

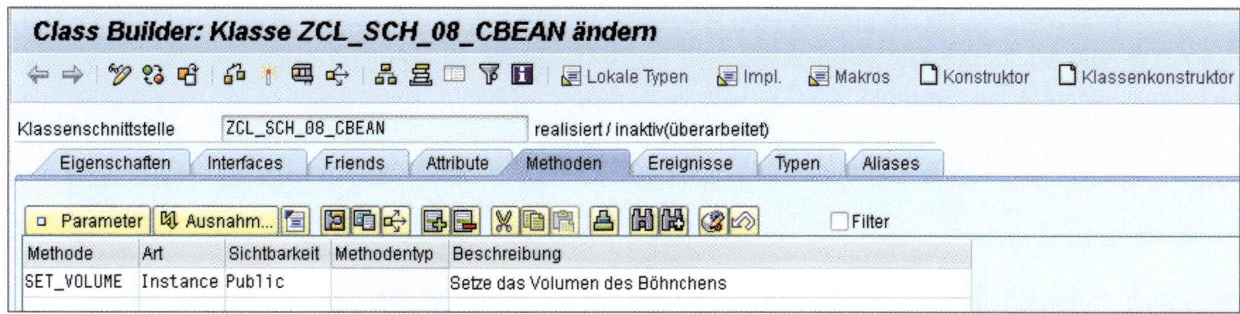

Bei der Methodenpflege legst du den Namen der Methode, die Art (Instanz oder statisch), die Sichtbarkeit (PUBLIC, PROTECTED, PRIVATE) und eine Beschreibung an.

Wo waren nochmal die Parameter? Die **set_**-Methode sollte doch einen **IMPORTING**-Parameter bekommen?

Class Builder: Klasse ZCL_SCH_08_CBEAN ändern

Lokale Typen | Impl. | Makros | Konstruktor | Klassenkonstruktor

Klassenschnittstelle ZCL_SCH_08_CBEAN realisiert / inaktiv(überarbeitet)

Eigenschaften | Interfaces | Friends | Attribute | Methoden | Ereignisse | Typen | Aliases

Parameter zu Methode SET_VOLUME

Methoden | Ausnahm...

Parameter	Art	Wertübergabe	Optional	Typisieru...	Bezugstyp	Defaultwert	Beschreibung
ID_VOLUME	Importing	☑	☐	Type	I		Volumen des Böhnchens

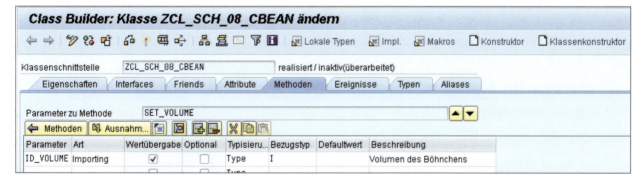

Für die Methode wird die Liste der Parameter angeboten. Ich habe den IMPORTING-Parameter **id_volume** vom Typ **i** angelegt und die Übergabe als **Werteübergabe** (**Call-By-Value**) festgelegt. Falls die Werteübergabe nicht gesetzt ist, wird die Referenz (**Call-By-Reference**) des Aktualparameters an den Formalparameter übergeben.

[Einfache Aufgabe]

Lege die Methode **set_volume** an, so wie besprochen.

Jetzt fehlt nur mehr die Implementierung, wo finde ich die?

Entweder startest du vom **Methoden-Karteireiter** aus und klickst doppelt auf den Namen der Methode, oder du drückst die Drucktaste **Quelltext**. Die befindet sich rechts neben dem **Ausnahmen**-Button.

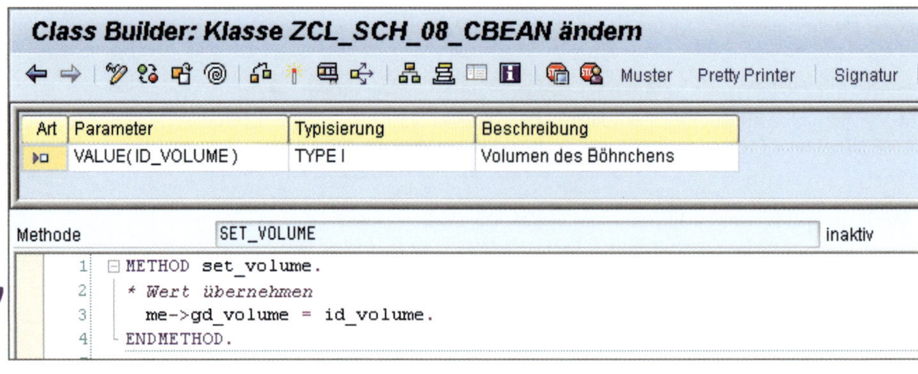

Der **Quelltexteditor** bietet alles, was dein Entwicklerherz begehrt. Prüfen, aktivieren, testen, Verwendung suchen. Achte auch auf den **Pretty Printer**, der dir den Code formatiert, und die Funktion **Signatur** in der Drucktastenleiste. Mit Signatur kannst du die Formalparameter oberhalb des Methodennamens ein- und ausblenden.

Zeit für die AKTIVIERUNG der Klasse.

Falls du noch in der Implementierung der Methode bist, wechsle auf die **Ebene der Klasse**. Das geht am schnellsten mit dem Menüeintrag **Springen • Klassendefinition**. Falls du die Aktivierung von der Klassenebene weg durchführst, werden tatsächlich alle relevanten Elemente der Klasse zur Aktivierung markiert angeboten, falls du von der Klasse weg die Aktivierung startest, dann nur für die Methode.

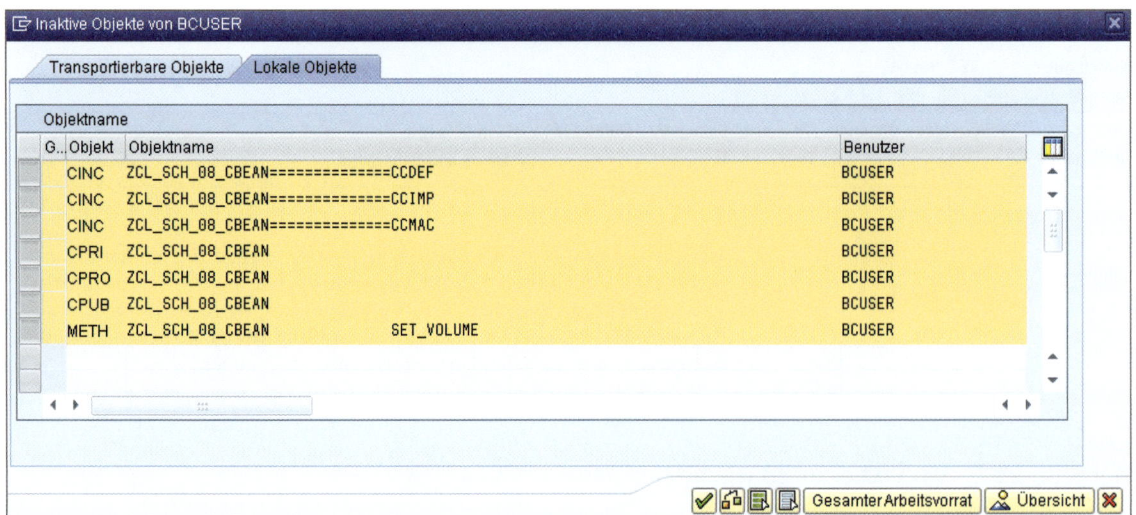

Die entstandenen Teilobjekte der Klasse. Alle fein säuberlich markiert für die Aktivierung. Wie immer bestätigt das kleine grüne Häkchen die Aktion – aktivieren!

[Schwierige Aufgabe]

Nun bist du dran! Lege die globale Klasse **zcl_sch_08_cbean_box** an. Definiere das PRIVATE-Instanzattribut **gd_volume** vom Typ **i**, eine Konstante **gc_max_volume** vom Typ **i** mit dem Initialwert 700000 (das ist in mm3) und eine Methode **add_bean_to_box** mit dem IMPORTING-Parameter **ir_cbean** vom Objekttyp **zcl_sch_08_cbean**. Berechne in der Methode **add_bean_to_box** das neue Volumen nach dem Hinzufügen der Bohne (dazu musst du noch die Methode **get_volume** in der Klasse **zcl_sch_08_cbean anlegen)**. Falls das Limit **gc_max_volume** erreicht ist, sollte der Behälter schreien; das kann er aber noch nicht, darum baue nur mal die logische Abfrage ein, und das „Schreien" machen wir später.

Erbsenzähler sind OUT – Bohnenzähler sind IN.

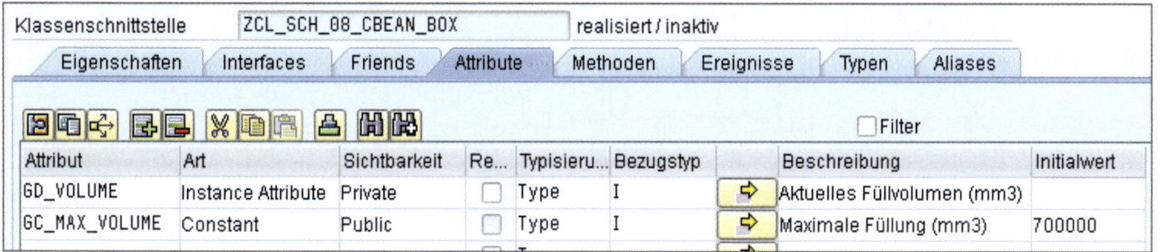

Klassenschnittstelle ZCL_SCH_08_CBEAN_BOX realisiert / inaktiv

Eigenschaften | Interfaces | Friends | Attribute | Methoden | Ereignisse | Typen | Aliases

Attribut	Art	Sichtbarkeit	Re...	Typisieru...	Bezugstyp		Beschreibung	Initialwert
GD_VOLUME	Instance Attribute	Private		Type	I		Aktuelles Füllvolumen (mm3)	
GC_MAX_VOLUME	Constant	Public		Type	I		Maximale Füllung (mm3)	700000

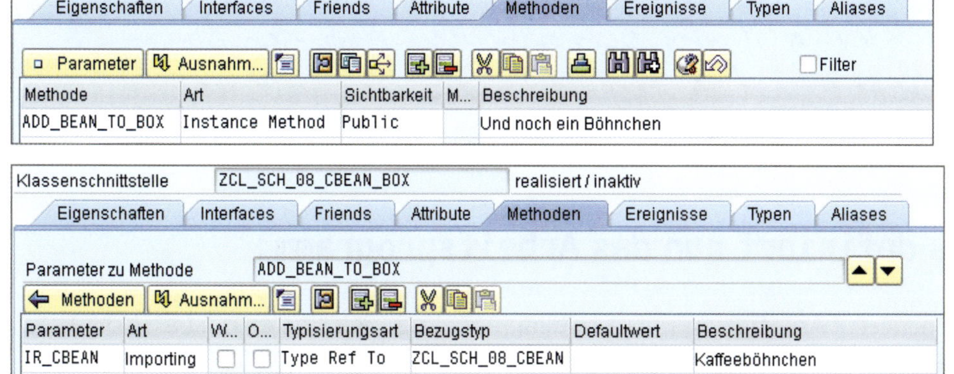

Klassenschnittstelle ZCL_SCH_08_CBEAN_BOX realisiert / inaktiv(überarbeitet)

Eigenschaften | Interfaces | Friends | Attribute | Methoden | Ereignisse | Typen | Aliases

Parameter | Ausnahm... | Filter

Methode	Art	Sichtbarkeit	M...	Beschreibung
ADD_BEAN_TO_BOX	Instance Method	Public		Und noch ein Böhnchen

Klassenschnittstelle ZCL_SCH_08_CBEAN_BOX realisiert / inaktiv

Eigenschaften | Interfaces | Friends | Attribute | Methoden | Ereignisse | Typen | Aliases

Parameter zu Methode ADD_BEAN_TO_BOX

Methoden | Ausnahm...

Parameter	Art	W...	O...	Typisierungsart	Bezugstyp	Defaultwert	Beschreibung
IR_CBEAN	Importing			Type Ref To	ZCL_SCH_08_CBEAN		Kaffeeböhnchen
				Type			

Die neue Klasse **zcl_sch_08_cbean_box** mit dem Attribut **gd_volume**, der Konstanten **gc_max_volume** und der Methode **add_bean_to_box**.

```
METHOD add_bean_to_box.*1
* Neues Füllvolumen des Bohnenbehälters berechnen
  me->gd_volume = me->gd_volume + ir_cbean->get_volume( ).*2
* Prüfen, ob er voll ist (max. Überfüllung mit einer Bohne)
  IF me->gd_volume > me->gc_max_volume.*3
* Schreien
  ENDIF.
ENDMETHOD.
```

*1 Die neue Methode **add_bean_to_box**.

*2 Bei der Berechnung des neuen Volumens gehe ich folgendermaßen vor. Ich ergänze zum bestehenden Volumen, das im Instanzattribut **gd_volume** gespeichert wird, das Volumen der Bohne. Das Bohnenvolumen ist mit der Methode **ir_cbean->get_volume( )** ermittelbar, wobei **ir_cbean** die **IMPORTING**-Referenz auf die Bohne ist.

*3 Bei der Überprüfung, ob der Behälter bereits voll ist, verwende ich wieder das **gd_volume**-Attribut und die Konstante **gc_max_volume**, die wir vorher mit einem Wert belegt haben. Das **Schreien** können wir noch nicht, dafür müssen wir erst noch den Therapeuten besuchen.

Kaffeebohnen im Behälter

Jetzt kommt die Befüllung des **Kaffeebohnenbehälters.** Wie machst du das in der Realität? Ich sage zu mir im persönlichen Selbstgespräch: „Verdammt, jetzt muss ich die Bohnen schon wieder auffüllen." Das könnte man übersetzen in (ohne Fluchen natürlich, das lässt sich sehr schwer in Software abbilden): Methode **`bohne_nachfuellen`** der Klasse **`lcl_kaffeevollautomat`**.

Schräg, der Roland. Wie wird man nur so?

In der Realität schüttest du die Bohnen von außen ein, darum werden wir unserem virtuellen KVA die Bohnen auch einzeln von „außen" übergeben. Das bedeutet, dass die Methode **`bohne_nachfuellen`** einen **`IMPORTING`**-Parameter bekommt, der eine Bohne übernimmt und noch eine Bohne und noch eine Bohne. Wann ist dann Schluss?

Der KVA gibt die Bohne weiter an den Bohnenbehälter und der schreit, wenn er voll ist, obwohl er noch nicht beim Therapeuten war.

Diese Erkenntnis definiert nun das Arbeitsprogramm:

1. Definiere und implementiere eine **Assoziation** zwischen dem KVA (**`lcl_kaffeevollautomat`**) und dem Bohnenbehälter (**`zcl_sch_08_cbean_box`**).

Hmm, das ist wie beim Wasserbehälter: Privates Instanzattribut **`gr_bohnenbehaelter`** *vom Typ* **`zcl_sch_08_cbean_box`** *– huch, das ist ja ein globaler Objekttyp – und instanziieren im* **`constructor`** *des KVAs.*

```
* Definitionsteil des Kaffeevollautomaten
CLASS lcl_kaffeevollautomat DEFINITION.
* ...
PRIVATE SECTION.
* Bohnenbehälter
    DATA: gr_bohnenbehaelter
            TYPE REF TO zcl_sch_08_cbean_box.
* ...
ENDCLASS.
* Implementationsteil des Kaffeevollautomaten
CLASS lcl_kaffeevollautomat IMPLEMENTATION.
* ...
  METHOD constructor.
* ...
* Bohnenbehälter erzeugen
    CREATE OBJECT me->gr_bohnenbehaelter.
  ENDMETHOD.
* ...
ENDCLASS.
```

OHNE
BOHNE

2. Definiere und implementiere die Methode **bohne_nachfuellen** (mit **IMPORTING**-Parameter **ir_bohne** vom Typ **zcl_sch_08_cbean**). Rufe in der Implementierung der Methode die Methode **add_bean_to_box** des Bohnenbehälters auf. Übergib an diese Methode die Referenz auf die Bohne.

```
* Definitionsteil des Kaffeevollautomaten
CLASS lcl_kaffeevollautomat DEFINITION.
* ...
  PUBLIC SECTION.
METHODS:
* Bohne ergänzen
     bohne_nachfuellen
      IMPORTING
       ir_bohne TYPE REF TO zcl_sch_08_cbean.
* ...
ENDCLASS.
*     Implementationsteil des Kaffeevollautomaten
CLASS lcl_kaffeevollautomat IMPLEMENTATION.
* ...
* Bohne nachfuellen
  METHOD bohne_nachfuellen.
```

```
* Bohne übergeben
    me->gr_bohnenbehaelter->add_bean_to_box(
       ir_cbean = ir_bohne ).
  ENDMETHOD.
ENDCLASS.
```

3. Deklariere noch eine Objektreferenz auf eine Bohne (**`zcl_sch_08_cbean`**) im Programm **`zsch_08_c_machine`**, gleich hinter der Refcrcnz auf deinen Kaffeevollautomaten, also mein, äh, na eben auf **`gr_mein_kva`**.

```
DATA gr_golden_bean TYPE REF TO
     zcl_sch_08_cbean.
```

4. Nach der Objektinstanziierung von **`gr_mein_kva`** können wir dem KVA die Bohnen übergeben. Eine nach der anderen. Dazu machst du am besten eine Schleife, in der pro Schleifendurchlauf eine neue Bohne angelegt und die Referenz an die Methode **`bohne_nachfuellen`** übergeben wird. **Tipp**: Verwende **`DO 7000 TIMES. <hier kodieren> ENDDO.`** für die Schleife.

```
START-OF-SELECTION.
* Mein KVA
  CREATE OBJECT gr_mein_kva.
* Bohnenschleife
* 7.150 Bohnen sind in wie viel Kilogramm Kaffee?
  DO 7000 TIMES.
* Bohne anlegen
    CREATE OBJECT gr_golden_bean.
* Bohne übergeben
    gr_mein_kva->bohne_nachfuellen(
      ir_bohne = gr_golden_bean ).
  ENDDO.
```

Viel Glück und wir sehen uns morgen wieder!

Umpf! Okay, ich mach ja schon. Ein Gläschen vom Rote-Beete Saft wäre nicht schlecht und eine Karotte dazu.

Alles aktivieren, testen und BRAVO!
Gratulation! Du hast erfolgreich lokale und globale Klassen in deinem Programm verwendet und kannst auf deiner **Programmiererlaubnis aus Objektistan** das Thema globale/lokale Klassen abhaken. Wie viele Objekte legst du pro Programmstart an? Die Zahl ist nicht gering und geht in die Hunderte. Nicht schlecht!

Was passiert eigentlich mit dem Objektschrott im Hauptspeicher, wo ich gerade beim Müllraustragen bin? Also, falls die Objekte nicht mehr benötigt werden oder das Programm endet.

Da kümmert sich der **Objektschlucker** drum. Der sogenannte **Garbage Collector** sammelt Objekte auf, die nicht mehr erreichbar sind, also wo keine Referenz mehr hinzeigt. Die Ressourcen, die das Objekt bindet, werden dann freigegeben.

[Zettel]
Du könntest jetzt nochmal zum **Programmiererlaubnisschein aus Objektistan** zurückblättern und herausfinden, welche Erlaubniskategorie noch fehlt.

Senden und Empfangen

Warst du schon beim Therapeuten?

Wie meinen?

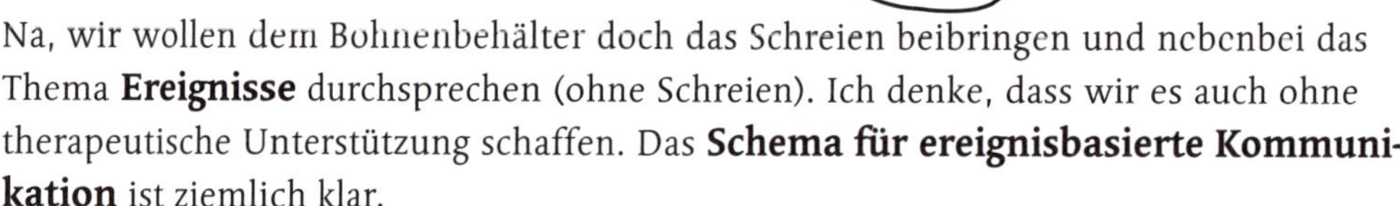

Na, wir wollen dem Bohnenbehälter doch das Schreien beibringen und nebenbei das Thema **Ereignisse** durchsprechen (ohne Schreien). Ich denke, dass wir es auch ohne therapeutische Unterstützung schaffen. Das **Schema für ereignisbasierte Kommunikation** ist ziemlich klar.

- **Erstens**: Es gibt einen **Sender**, der Nachrichten aussendet, oder sagen wir, der ein Ereignis auslöst.
- **Zweitens**: Es gibt einen möglichen **Empfänger**, der sich für die Nachricht (das Ereignis) interessiert und darauf reagiert (sagen wir dazu: das Ereignis behandelt).

Hast du nicht ein Kochrezept für mich?

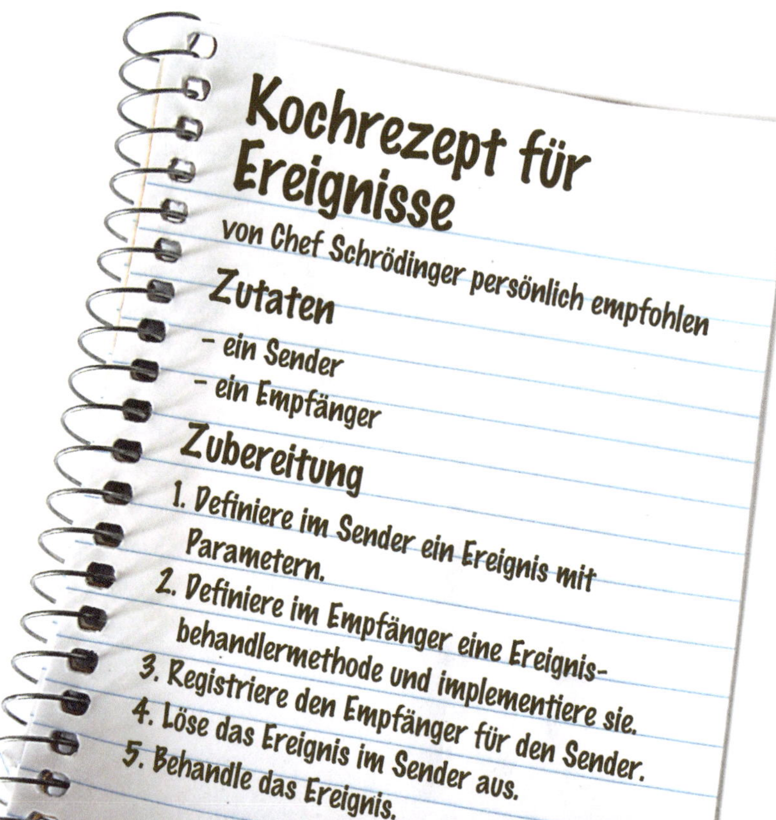

Kochrezept für Ereignisse
von Chef Schrödinger persönlich empfohlen
Zutaten
– ein Sender
– ein Empfänger
Zubereitung
1. Definiere im Sender ein Ereignis mit Parametern.
2. Definiere im Empfänger eine Ereignisbehandlermethode und implementiere sie.
3. Registriere den Empfänger für den Sender.
4. Löse das Ereignis im Sender aus.
5. Behandle das Ereignis.

Das Rezept für ereignisbasierte Kommunikatoren.

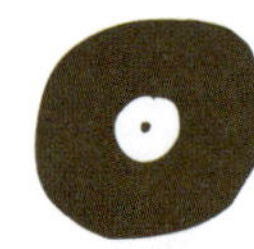

RETURN TO SENDER (ELVIS)

Sender mit Sendungsbedürfnis

Lass uns zur Zubereitung des **Ereignismenüs** schreiten. Die Idee ist, dass der Bohnenbehälter, sobald er gefüllt ist, ein Ereignis – **`loaded`** – sendet und der KVA dann mit der Befüllung aufhört oder irgendwie reagiert. Was machst du, wenn die Bohnen über den Behälter kullern?

Zutaten:

- Der Sender ist die globale Klasse **`zcl_sch_08_cbean_box`**.
- Der Empfänger ist die lokale Klasse **`lcl_kaffeevollautomat`**.

Zubereitung:

1. Definiere in der globalen Klasse **`zcl_sch_08_cbean_box`** – das ist der **Sender** – ein öffentliches Instanzereignis **`loaded`**. Dafür verwendest du den Karteireiter **Ereignisse** in der **SE24** für die Klasse **`zcl_sch_08_cbean_box`**. Parameter benötigen wir keine.

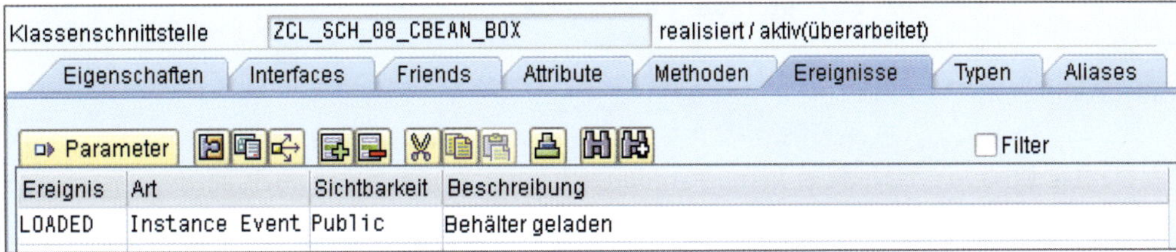

Ereignis	Art	Sichtbarkeit	Beschreibung
LOADED	Instance Event	Public	Behälter geladen

Das öffentliche Instanzereignis **`loaded`**.

2. Löse das Ereignis **`loaded`** in der Instanzmethode **`add_bean_to_box`** mithilfe der Anweisung **`RAISE EVENT`** aus. Also **schrei** mal so richtig laut!

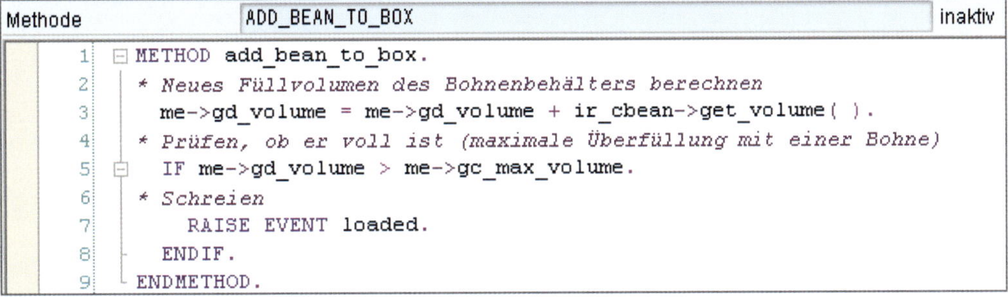


```
METHOD add_bean_to_box.
* Neues Füllvolumen des Bohnenbehälters berechnen
  me->gd_volume = me->gd_volume + ir_cbean->get_volume( ).
* Prüfen, ob er voll ist (maximale Überfüllung mit einer Bohne)
  IF me->gd_volume > me->gc_max_volume.
* Schreien
    RAISE EVENT loaded.
  ENDIF.
ENDMETHOD.
```

Das Auslösen des Ereignisses **`loaded`**. Falls du Parameter für das Ereignis definiert hättest, könntest du hier die Aktualparameter mit übergeben.

[Erledigt]
Damit ist der Sender schon fertig implementiert.

Immer wieder erschreckend, wenn man etwas sofort versteht.

Empfänger

Nächster Zubereitungsschritt: der Empfänger

3. Definiere im Empfänger **lcl_kaffeevollautomat** eine **Ereignisbehandler-Methode** mit dem folgenden Aufbau: **METHODS** oder **CLASS-METHODS on_<evt> FOR <evt> OF <Sender> IMPORTING [<sender> <epar1> ... <eparn>]**

```
CLASS lcl_kaffeevollautomat DEFINITION.
* Öffentlicher Bereich
  PUBLIC SECTION.
* ...
* Behandle den Schrei des Bohnenbehälters
    METHODS: on_loaded
               FOR EVENT loaded
               OF zcl_sch_08_cbean_box,
* ...
ENDCLASS.
```

4. Da das Ereignis **loaded** keine Parameter besitzt, können wir auch keine importieren, außer dem Parameter **sender**, der **automatisch vorhanden** ist, ohne unser Zutun. Damit könntest du **direkt** mit dem **sendenden Objekt sprechen**. Das möchten wir aber auch nicht. Uns reicht das Ereignis.

5. Die Ereignisbehandler-Methode musst du noch im Implementationsteil implementieren. Hast du eine Idee dazu? Ich werde dir keine Ideen liefern, weil ich schon ziemlich müde bin vom Erklären und an ganz etwas anderes denke.

```
CLASS lcl_kaffeevollautomat IMPLEMENTATION.
* Schreibehandlung
  METHOD on_loaded.
* Mach etwas als Reaktion auf den Schrei

  ENDMETHOD.
* ...
ENDCLASS.
```

Der Empfänger ist auch fertig.

Immer noch spooky. Ich konnte dir ohne Probleme folgen. Wo ist nur der Haken?

Objektorientiertes Verkuppeln

Der **Sender schreit**, der **Empfänger könnte empfangen**, aber die zwei sind noch nicht **verbunden**. Derzeitiger Stand: Wenn der Sender sendet, **hört ihm niemand zu**.
Fast so wie bei einem **Frontalvortrag**. Der Vortragende redet sich die Seele aus dem Leib, und keiner hört zu.

Das werden wir ändern:

6. Verbinde den Empfänger **lcl_kaffeevollautomat** mit dem Sender **zcl_sch_08_cbean_box** mithilfe der Anweisung
SET HANDER <Empfänger>-><Behandlermethode> FOR <Sender>.

Das verbandeln ist klar, aber wo?

Ich würde das Registrieren direkt nach der Erzeugung des Bohnenbehälters im **constructor** der Klasse **lcl_kaffeevollautomat** erledigen.

```
* Constructor
  METHOD constructor.
* ...
* Bohnenbehälter erzeugen
    CREATE OBJECT me->gr_bohnenbehaelter.
* Bohnenbehälter zuhören
    SET HANDLER me->on_loaded
      FOR me->gr_bohnenbehaelter.*1
  ENDMETHOD.
```

*1 Mit SET HANDLER registrierst du einen Behandler für einen Sender. In deinem Beispiel ist der Behandler die Methode **on_loaded**.

Damit bist du durch und kannst dich **Kommunikations-Enabler** nennen.
Du ermöglichst Kommunikation! Alles aktivieren und testen!

zuviel!

Das ist ja alles voi supa, aber ist da nicht noch ein kleines Problem in der Methode **add_bean_to_box**. *Die Box schreit zwar, wenn es ihr zu viel wird, ergänzt aber brav die Bohne. Die schert sich nicht die Bohne, dass sie bereits überquillt.*

[Einfache Aufgabe]

Danke für die schöne Aufgabe! Korrigiere das aus der Philosophie bekannte **Bohnendilemma** der Methode **`add_bean_to_box`**.

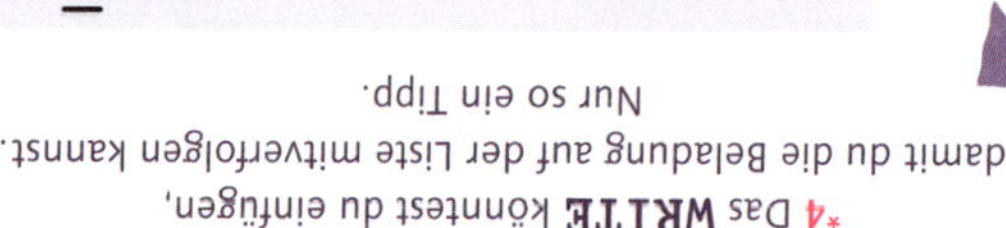

LÖSUNG

In der Methode **`add_bean_to_box`** würde ich die folgenden kleinen Änderungen machen.

```
METHOD add_bean_to_box.
  DATA: ld_volume LIKE me->gd_volume.*1
* Neues Füllvolumen des Bohnenbehälters berechnen
  ld_volume = me->gd_volume + ir_cbean->get_volume( ).*2
* Prüfen, ob er voll ist
* (maximale Überfüllung mit einer Bohne)
  IF ld_volume > me->gc_max_volume.*3
* Schreien
    RAISE EVENT loaded.
  ELSE.
* Füllen
    me->gd_volume = ld_volume.
*   WRITE: / 'Vol: ', me->gd_volume.*4
  ENDIF.
ENDMETHOD.
```

*1 Zuerst benötige ich eine **lokale Variable** um das neue Volumen zu berechnen, aber noch nicht in das Attribut zu übernehmen.

*2 Dann kommt die Berechnung, wie bisher, nur eben mit der lokalen Variable als Zuweisungsziel.

*3 Jetzt frage ich mich: Wäre das Volumen größer als das Maximale Volumen? Wenn ja, dann schreie, dass du „geladen" bist, ansonsten übernimm das neu errechnete Volumen.

*4 Das **`WRITE`** könntest du einfügen, damit du die Beladung auf der Liste mitverfolgen kannst. Nur so ein Tipp.

[Notiz]

Rohkaffee und Rösten

Industrieröstung – Konvektions- oder Heißluftrösten, wie der Name schon vermuten lässt, heiße Luft umströmt die Bohne, und diese wird so geröstet. Der Röstprozess kann so auf wenige Minuten verkürzt werden. In großen Kaffeeröstereien werden so bis zu 4.000 Kilogramm Rohkaffee/Stunde geröstet.

Traditionelle Methode – der Rohkaffee kommt in einen Einfülltrichter. Die Rösttrommel wird auf 200 bis 250 Grad vorgeheizt. Der Trichter öffnet sich und der Rohkaffee fällt in die Trommel. Zwischen 13 und 20 Minuten (abhängig von Sorte und gewünschtem Röstgrad) bleibt der Kaffee in der rotierenden Trommel. Mit einem Probezieher kontrolliert der Röster den Röstverlauf und Röstgrad. Nach rund zwei Drittel der Röstzeit bläht sich die Bohne auf und fängt an zu knacken, also aufzubrechen. Dies wird als „cracken" bezeichnet. Öle treten zum Ende der Röstung aus den aufgebrochenen Bohnen aus. Ist

der erwünschte Röstgrad erreicht, werden die Bohnen auf ein luftgekühltes Rührwerk gekippt. Der Kaffee muss kalt abkühlen, da er sonst nachröstet und das Röstergebnis beeinflusst.

Kaffee s'il vous plaît

Zeit für das große Finale: eine Tasse Kaffee!
Lange genug gewartet. Auf zur virtuellen Tasse Kaffee. Das Programm **zsch_08_c_machine** übernimmt die Rolle des Kaffeeknopfdrückers, um einen Kaffee herunterzulassen. Die Methode **ein_kaffee_sil_vous_plait** ist ja schon vorbereitet. Darin sollte sich die Party abspielen.

[Aufgabe]
Basierend auf deinen vielfältigen und gewonnenen Einsichten: Erstelle ein Sequenzdiagramm für die Produktion einer Tasse Kaffee. Überlege dir, wie die unterschiedlichen Klassen aus dem CRC-Diagramm zusammenspielen, und überlege dir dazu die Sequenz(en). Deine Überlegungen werden dir bei der Implementierung helfen.
Dabei werde ich dich nicht unterstützen und dich somit in die Freiheit entlassen. Das ist dein persönlicher Spielplatz! Falls du das Kapitel noch zu Ende liest, findest du sicher noch einige hilfreiche Tipps. Mein Vorschlag: Kapitel zu Ende lesen und dann hierher zurückkommen.

Einige Take-Aways speziell für dich zusammengestellt.

- **me** ist die Referenz auf das Objekt selbst, also **Selbstreferenz**.
- Besonderheit: **Statische** Methoden können nur auf **statische** Elemente zugreifen.
- Der Pfeil „**->**" wird als **Objektkomponentenselektor** bezeichnet und ermöglicht den Zugriff auf Komponenten des Objektes und der Klasse. „**=>**" ist der **Klassenkomponentenselektor** und ermöglicht den Zugriff auf Komponenten der Klasse.
- **Konstanten** kannst du mit dem Schlüsselwort **CONSTANTS** in der Klasse definieren.

[Notiz]

Kaffeekirsche – Trennung Fleisch von Bohnen, drei Aufbereitungen (Varianten)
Trockene Aufbereitung – Kaffee wird so lange an der Sonne getrocknet, bis sich das Fruchtfleisch von den Bohnen löst. Danach Schälmaschine, sieben und verlesen.
Nasse Aufbereitung – Fruchtfleisch wird unter fließendem Wasser in einer Presse von der Bohne getrennt. Nach Fermentierung (ungefähr 2 Tage) werden sie getrocknet (Maschine, sieht aus wie ein riesiger Wäschetrockner). Zum Schluss werden mit Walzen die letzten Hüllen (Pergamentschale sowie Silberhäutchen) von den Bohnen entfernt.
Halbtrockene Aufbereitung – Fruchtfleisch wird unter fließendem Wasser in einer Presse von der Bohne getrennt. Die Bohnen werden dann zum Trocknen in die Sonnen gelegt. Danach der Rohkaffee von Hand sortiert.

Willkommen in **Objektistan**. Du bist nun vollwertiges Mitglied, und als ersten Orden darf ich dir das Goldene Objekt erster Klasse an die Brust heften. Trage es mit Würde, und verbreite die Ideen der Objektorientierung in deinem Umfeld, auf dass Objektistan wachse, gedeihe und sich ungeschlechtlich vermehre.

Literatur

Die Welt des Kaffees (Simone Hoffmann und Rolf Bernhardt)
ISBN: 978-3-86528-604-8

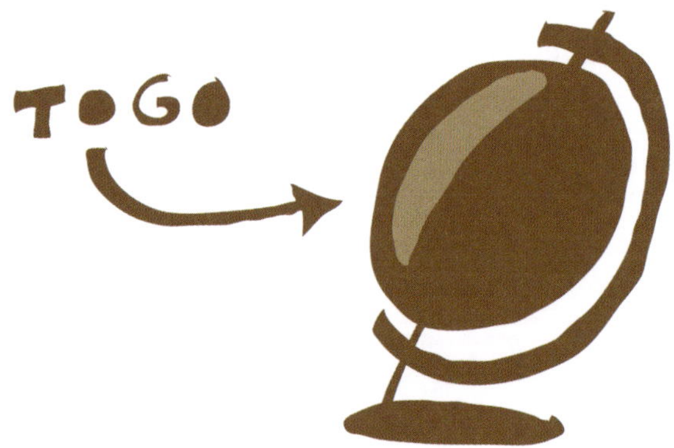

— NEUN — Vererbung

Erben oder nicht, das ist hier die Frage: Pasta di Erbe

Hoffentlich ist der Schrödinger heute in der passenden Stimmung. Eine Vertiefung der Objektorientierung, puh, da wird er schwitzen. „Was, da geht noch mehr? Jetzt hab ich mich gerade erst vom ersten OO-Schock erholt!“ Schrödinger wird wohl erkennen, dass Spaghetti, Ravioli, Tortiglioni etc. alles Nudeln sind, oder?

Motivation

Erben, so denkt sich der Mann von der Straße, ist eine tolle Sache. Viel Geld und Immobilien, nichts mehr tun, nur mehr dem Schöngeist zugetan sein. Nur Rechte, keine Pflichten. Welch ein Leben! Her mit dem reichen Onkel, der vermögenden Tante, am besten aus Amerika.

Du bist nicht der Mann von der Straße, sondern der Kerl (die Kerlin) in Objektistan. Darum sieht für dich das Erben etwas anders aus. Sagte ich *etwas* anders, ich meinte *komplett* anders. Denn du erbst binäre Millionen, alles was du an Nullen und Einsen herunterbekommst, kannst du dir nehmen, natürlich nur ordentlich verpackt.

Richtig geraten – die Packung nennt sich KLASSE.

Damit das Thema der Vererbung nicht zu trocken runter geht, werde ich dir den zweitwichtigsten Rohstoff zur Softwareproduktion näherbringen: das **Bier**.

Du wirst das Bier in digitale Form bringen und die Spezialisierungen von Bier entdecken. Wir werden uns mit der **Modellierung** von Bier und den dazugehörigen **OO-Aspekten** beschäftigen. Natürlich wird auch das reale Bier nicht zu kurz kommen, und am Ende solltest du dein eigenes Bier brauen können. Digital und Real.

Das Bier begleitet die Menschheit nun seit Tausenden von Jahren und die Softwareentwicklung seit Anbeginn. Wir sollten mehr über den köstlichen Gerstensaft wissen, um unsere Programme besser optimieren zu können.

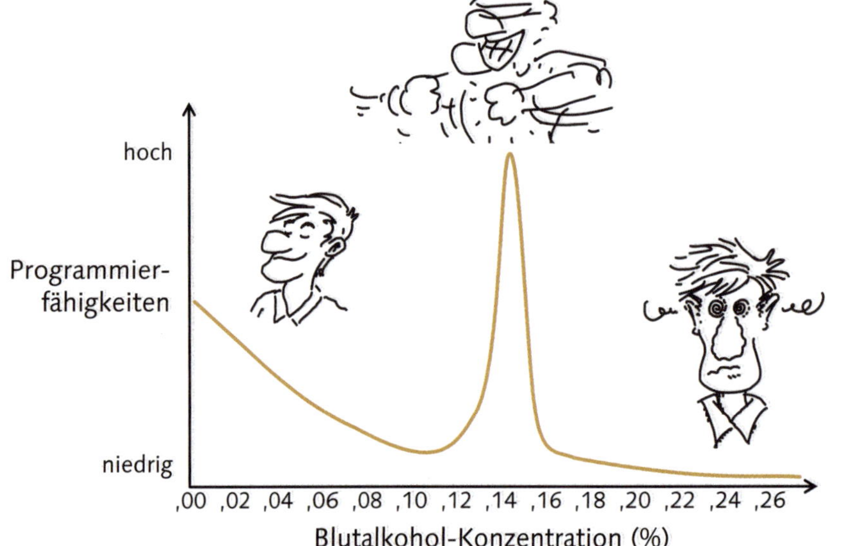

In wissenschaftlichen Studien wurde der Nachweis der positiven Auswirkung des Bierkonsums auf die Softwarequalität entdeckt. Derzeit stellt sich die exakte Kalibrierung des Entwicklers auf 0,14 % noch als Herausforderung dar, jedoch wurden bereits die ersten vielversprechenden Ergebnisse in Selbstversuchen erzielt.

Wie du in Kapitel 8 entdeckt hast, ist in der Objektorientierung die Entstehung von Klassen abhängig von dem, was man vom jeweiligen Modell der Realität erwartet. Nimm unser Beispiel Bier. Wenn ich zu dir sage: Wir gießen das Bier in Software, würdest du sagen ...

Da wird doch die Hardware kaputt ...

... wahrscheinlich, du könntest aber auch fragen: **„Wozu?“**

[Zettel]

Wozu als Fragestellung im technischen Bereich ist völlig legitim. **Die Frage „Wozu?“ liefert dir den Zweck deines Tuns. Nur wenn du den Zweck kennst, kannst du deine Modellierungskünste daran ausrichten. Mit jedem Wozu steigst du tiefer ein in das Verständnis, du arbeitest dich zur Wurzel vor.**

Probieren wir mal:

Frage: Wozu gießen wir das Bier in Software?
Antwort: Um den Bierbrauprozess in Software zu gießen.
Frage: Wozu gießen wir den Bierbrauprozess in Software?
Antwort: Um die Biersorten zu klassifizieren.
Frage: Wozu willst du Biersorten klassifizieren?
Antwort: Um das Bier nach Biersorten zu verwalten.

Oh Gott, meine Fantasie galoppiert mit mir durch HALLERTAU.

Beim Nachdenken über das Wozu? Gewinnst du tiefere Einsichten in die Aufgabenstellung und entdeckst möglicherweise Situationen, wo du dir denkst, **„Das ist doch ein(e) ...“**
Ein konkretes Beispiel: **Ein Pilsener und ein Weißbier, das ist doch ein ...?**

BIER!!!!

Yeah! Mein Gott, er hat es! Los, stell mir eine Frage, wo ich mit „ist ein(e)“ antworten muss.

[Einfache Aufgabe]

Bevor Schrödinger zu denken beginnt, überlege dir eine Frage, die ich mit „Das ist doch ein(e) ...“ beantworten muss.

Hopfen oder Malz, das ist doch eine ...?

Wohltat, ups, ich meine natürlich ZUTAT für unser Bier.

Super Frage. Übrigens könntest du zur Frage auch noch Hefe dazu nehmen, aber das wusste man zur Zeit des deutschen **Reinheitsgebotes 1516** noch nicht. Da hat man sich auf die Natur verlassen.

Zu diesem „das ist doch ein(e)" könnte man auch VERERBUNG sagen.

[Zettel]

Klugscheißer-Modus eins: Auch wenn ich dafür möglicherweise geprügelt werde: Sprachlich müsste man zwischen **Vererbung** und **Erbung** unterscheiden, da damit die Richtung ausgedrückt wird. Jemand erbt etwas, und jemand vererbt etwas. **Vererbung** hat sich aber bei der OO-Programmierung bereits etabliert, und ich möchte doch keine Verwirrung stiften oder gar eine Sprachrevolution anstiften.

[Einfache Aufgabe]

Bevor du zu viel an den reichen Onkel denkst, könntest du dir überlegen, was du mal Immaterielles vererben möchtest. Nimm dir dafür etwas Zeit.

Schweres Tobak!

[Einfache Aufgabe]

Und jetzt überlege dir, was du gerne erben möchtest, ganz schnell!

[Belohnung/Lösung]

Als Vorbereitung für das Brauen der **Schrödinger-Weißen** benötigst du natürlich einige Zutaten, zum Beispiel:

2 kg Pilsnermalz
2 kg Weizenmalz
0,3 kg Karamellmalz
80 g Hopfenpellets (4 % Alpha)
Hauptguss 14 Liter
Nachguss 16 Liter
Trockenhefe obergärig
ca. 45 gereinigte Bügelflaschen

Vererben und Erben von Klassen

Dieses erben und vererben können wir auch unseren **Klassen** beibringen. Stell dir vor, ich bin ein **Braumeister** und möchte meine Biere nach der Art der Hefe unterscheiden, die beim Brauen verwendet wird. Da spricht man von **ober**- bzw. **untergärigem** Bier. Schau mal in die Grafik.

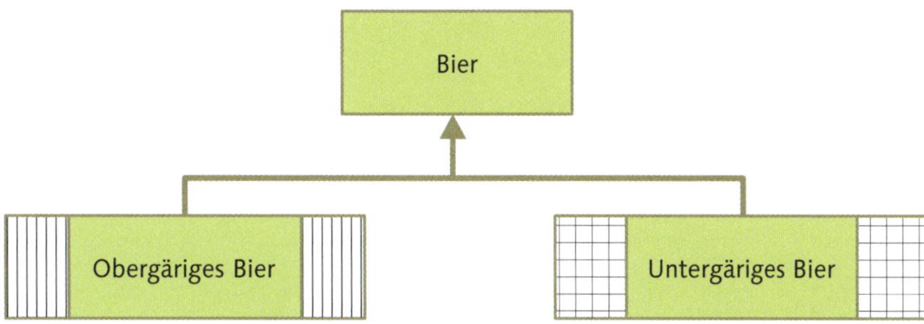

Die Vererbung von Bier aus Sicht eines **Braumeisters**. Er unterscheidet Bier in unter- und obergäriges Bier. Dennoch spricht er von Bier. Die grünen nicht schraffierten Flächen deuten an, dass das unter- und obergärige Bier eben ein Bier ist. Wobei durch die schraffierten Flächen vom unter- und obergärigen Bier angedeutet wird, dass es sich in Details unterscheidet: Gärungstemperatur, Lagerbedingungen, verwendete Hefe etc. Du könntest auch sagen: Ein untergäriges Bier **ist ein Bier, jedoch** unterscheidet es sich im Detail, es ist **spezieller**.

[Zettel]

Im **Klassendiagramm** in Kapitel 8 hast du schon mit Klassen gearbeitet, diese mit **Assoziationen** verbunden und dazu **Attribute** und **Methoden** ergänzt. Im Klassendiagramm kannst du auch die **Vererbung** darstellen. Dazu verwendest du einen Pfeil mit einem ungefüllten Dreieck als Ende. Der Pfeil zeigt dabei vom **Erbenden** zum **Vererber**, also zum Beispiel vom untergärigen Bier oder vom obergärigen Bier zum Bier. Ich stelle mir dabei vor, dass das kleine Dreieck eine Pyramide ist und viele erbende Klassen (die Basis der Pyramide) sich auf eine vererbende Klasse (die Spitze der Pyramide) beziehen.

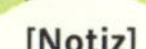

[Notiz]

In ABAP Objects darf eine Klasse nur von maximal einer anderen Klasse erben. Deshalb kann die Pyramide nur nach unten breiter werden.

[Belohnung]

Apropos Pyramide: Die alten Ägypter ließen halb fertig gebackenes Brot mit Wasser vorgären und bekamen so ein Bier. Noch besser war die Trinktechnik: Schlürfen durch ein Röhrchen. Na Prost. Bitte nicht jetzt ausprobieren, sondern erst in der Pause.

[Begriffsdefinition]

In der objektorientierten Vererbung gibt es zwei Rollen: Die **Oberklasse** und die **Unterklasse**. Manchmal hörst du auch **Super-** und **Subklasse**. Oder auch **Oben** und **Unten**. Oder anstatt erben hörst du auch **„abgeleitet von"**. Babylonische Verhältnisse.

Von **Mehrfachvererbung** spricht man, wenn eine Klasse von mehreren Oberklassen erben kann. ABAP unterstützt **keine** Mehrfachvererbung.

[Zettel]

Klugscheißer-Modus zwei: Eigentlich müsste es heißen: „ABAP unterstützt Mehrfach*vererbung*, aber keine Mehrfach*erbung*." Aber das wäre dann wohl zu kompliziert geworden.

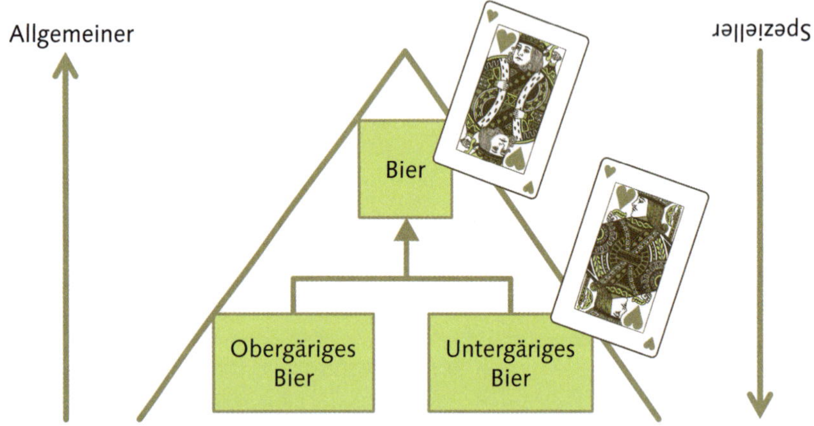

Je nach Leserichtung sind einige Begriffe in der Vererbung wichtig für dein OO-Wörterbuch. Die **Oberklasse (Superklasse, Vaterklasse, Mutterklasse, Basisklasse etc.)** ist die Quelle der Vererbung. Die **Unterklasse (Subklasse, Kindklasse, abgeleitete Klasse etc.)** erbt von der Oberklasse. Wandert man von der Unterklasse zur Oberklasse, spricht man von einer **Verallgemeinerung**. Wandert man von der Ober- zur Unterklasse, spricht man von **Spezialisierung**.

[Einfache Aufgabe]

Kurz nachdenken: Wenn man von der Unter- zu der Oberklasse wandert, ist dann der Pfad eindeutig?
Andere Richtung: Wenn man von der Ober- zu den Unterklassen wandert, ist dann der Pfad eindeutig?
Auflösung folgt später.

Eine wichtige Eigenschaft der OO-Vererbung ist, dass die **Unterklasse alle Elemente der Oberklasse erbt**. Die kriegt einfach alles. Sie kann aber auch noch Komponenten, also Attribute, Methoden, Ereignisse, beliebig ergänzen. Darum spricht man bei der objektorientierten Vererbung auch von „**Programming by Difference**" oder auch von „**additivem Programmieren**". Dies wird deswegen so genannt, weil in einer Unterklasse nur die zusätzlich benötigten Komponenten eingefügt werden. Fehlt eine Methode, dann ergänze sie. Fehlt ein Attribut, dann ergänze es. Fehlt ein Ereignis, dann ergänze es.

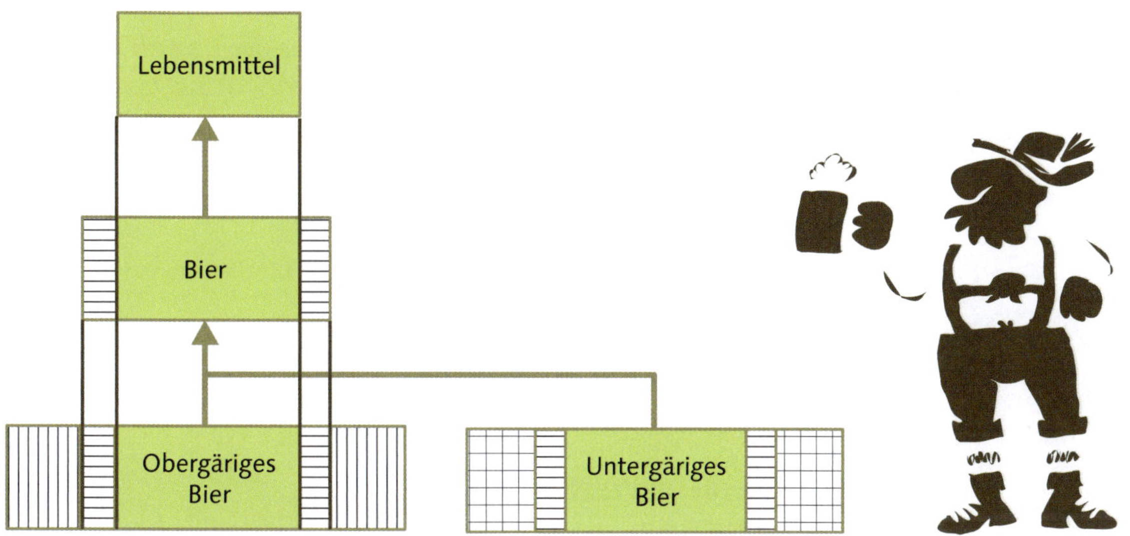

Additives Programmieren. Ergänze deine Details. Jede Vererbungsstufe hat die Chance, Details zu ergänzen. Dies wird durch die schraffierten Flächen angedeutet. Fast wie damals beim Lego-Spielen, als du aus einem Basisautomodell durch das Hinzufügen von Lego-Steinchen einen Super-Flitzer bautest.

[Belohnung]

Zeit, den ersten Schritt im Brauprozess zu erledigen: **Maischen** ist der Schritt, in dem Stärke in Zucker umgewandelt wird. Das dauert ungefähr 2-3 Stunden:

1. Suche dir einen großen Topf oder Glühweinkocher, in den ca. 30 Liter passen.
2. Erhitze den Hauptguss (14 Liter Wasser) auf ca. 35 °C, und gib das ganze Malz hinein (4,3 kg).
3. Rühren, rühren, rühren und ...
4. auf 55 °C erhitzen.

Bei 55 °C angekommen, nicht weiter erhitzen (Heizwerk aus) und 15 Minuten Pause machen (**Eiweißrast**), zum Beispiel mit dem nächsten Abschnitt.

Vererbung lokal

Ran an den Code. Wie kannst du deinen lokalen Klassen die Vererbung beibringen? Ein kleiner Zusatz bei der Definition einer Klasse macht den großen Unterschied: **INHERITING FROM**. Dieser Zusatz sagt, von welcher Klasse eine Klasse erbt. Bauen wir doch mal das Bierbeispiel. Da wir mit lokalen Klassen arbeiten, werden wir wieder ein Programm als Definitions- und Implementierungsumgebung verwenden.

[Einfache Aufgabe]

Lege das lokale ausführbare Programm **zsch_09_beer** ohne Top-Include an, und ergänze das Ereignis **START-OF-SELECTION**.

Ich möchte die Basisklasse **lcl_bier** anlegen und die Unterklasse **lcl_bier_untergaerig** davon ableiten.

1. In ABAP Objects besteht eine Klasse aus zwei Teilen, dem Definitions- und dem Implementierungsteil, wie du bereits aus Kapitel 8 weißt.

```
CLASS lcl_bier DEFINITION.*1
  PUBLIC SECTION.
  PROTECTED SECTION.
  PRIVATE SECTION.
ENDCLASS
CLASS lcl_bier IMPLEMENTATION.*2
ENDCLASS.
```

*1 Der **Definitionsteil** der bierigen Klasse.

*2 Der **Implementationsteil** der bierigen Klasse.

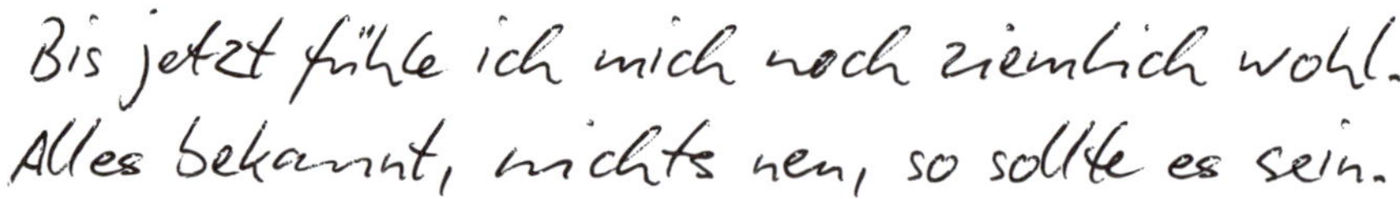

Bis jetzt fühle ich mich noch ziemlich wohl.
Alles bekannt, nichts neu, so sollte es sein.

Zu früh gefreut. Jetzt legen wir die Unterklasse **lcl_bier_untergaerig** an und definieren die Vererbung.

2. Lege die Klasse **lcl_bier_untergaerig** an, und ergänze den Zusatz **INHERITING FROM** bei der Definition. Im Sinn von: Du erbst vom reichen Onkel aus Amerika, und das untergärige Bier erbt vom Bier.

```
CLASS lcl_bier_untergaerig DEFINITION
                          INHERITING FROM lcl_bier.*1
  PUBLIC SECTION.
  PROTECTED SECTION.
  PRIVATE SECTION.
ENDCLASS
CLASS lcl_bier_untergaerig IMPLEMENTATION.

ENDCLASS.
```

*1 Durch den Zusatz **INHERITING FROM** ist das Verwandtschaftsverhältnis definiert. Einfach zu ergänzen und einfach zu eliminieren. Nicht ganz so wie in der Realität.

Ab diesem Zeitpunkt der Deklaration stehen alle Definitionen und Implementierungen der Superklasse (**lcl_bier**) der Unterklasse (**lcl_bier_untergaerig**) zur Verfügung.

Meine Katze ist eine Katze – eine Sofakillerkatze. Ob das auch Vererbung ist?

RASSE
ALTER
FRESSEN
SCHNURREN
GEWICHT
SOFA ZERKRATZEN

[Achtung/Vorsicht]
Falls du die Definition der Unterklasse im Editor vor der Definition der Oberklasse platzierst, meckert der Syntaxchecker: „**Der Typ <deine Klasse> ist unbekannt**."
Der Grund dafür ist, dass der Parser beim Durcharbeiten des Quelltextes nur einen Durchlauf hat, um die Elemente zu lernen. Das nennt sich „**One-Way Parser**". Da die Oberklasse später als die Unterklasse definiert wird, kennt der Parser diese noch nicht.

Jetzt kommt dein großer Einsatz. Definiere die Unterklasse **lcl_bier_obergaerig**.

[Einfache Aufgabe]
Lege die lokale Klasse **lcl_bier_obergaerig** an, und definiere diese als Unterklasse von **lcl_bier**.

[Belohnung]
Die 15 Minuten der Eiweißrast dürften auch vorbei sein. Nächster Schritt **Maltoserast**, um die Umwandlung der Stärke in Zucker anzustoßen.

1. Die Maische auf 64 °C erhitzen.
2. Heizwerk aus.
3. Deckel drauf.
4. 40 Minuten rasten lassen, mindestens jedoch 30 Minuten.

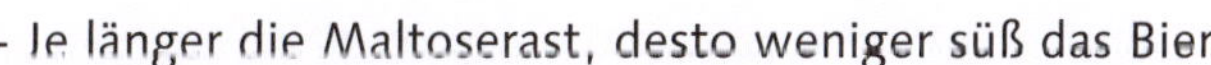

- Je länger die Maltoserast, desto weniger süß das Bier.
- Enzym Beta-Amylase spaltet Maltose vom Stärkemolekül ab.
- Maltose ist der vergärbare Zucker.

Mittlerweile sollte der Maischeduft bereits deine Brauhalle erfüllt haben.

Meister der Pyramiden

Mach die Augen zu, stell dir eine Klassenpyramide mit Bier an der Spitze vor und sag einfach nur „richtig“ oder „falsch“.

- Die Klasse für Obergäriges Bier kann weiter vererben an eine Klasse für Kölsch und eine Klasse für Bönnsch.
- Die Klasse *Kölsch* kann von der Klasse *Bier* und von der Klasse *Partybedarf* erben.
- Bier ist die Oberklasse und Obergäriges Bier die Unterklasse dazu.

Stell dir ab jetzt vor, Obergäriges Bier erbt von BIER, und KÖLSCH erbt von OBERGÄRIGES BIER.

- Dann ist *Kölsch* die Superklasse.
- Eine Methode, die in *Bier* definiert wird, steht in *Obergäriges Bier* zur Verfügung.
- Eine Methode, die in *Bier* definiert ist, steht in Kölsch zur Verfügung.
- Ein Attribut, das in *Bier* definiert ist, steht in *Kölsch* zur Verfügung.
- Die Attribute der Oberklasse sind normalerweise eine Obermenge der Attribute der Unterklasse.

LÖSUNG: – richtig, falsch, richtig –
falsch, richtig, richtig, richtig, falsch

Die alten Ägypter brauten Bier aus zweifach gebackenem Fladenbrot und vergorenem Obst.

[Einfache Aufgabe]

Mach die Augen wieder auf, nimm dir einen Zettel und einen Bleistift, und entwirf eine Klassenhierarchie für Trinkgefäße. Gibt es irgendwelche Attribute oder Methoden, die du den Subklassen hinzufügen kannst?

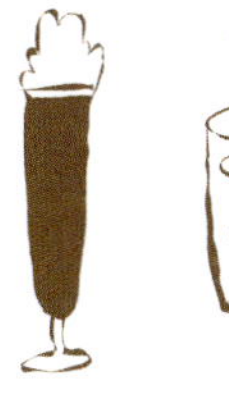

[Schwierige Aufgabe]

Was wird der Syntaxchecker sagen?

```
CLASS lcl_koelsch DEFINITION INHERITING FROM lcl_bier.
  PUBLIC SECTION.
  PROTECTED SECTION.
  PRIVATE SECTION.
ENDCLASS.

CLASS lcl_bier DEFINITION.
  PUBLIC SECTION.
  PROTECTED SECTION.
  PRIVATE SECTION.
ENDCLASS.
```

Der Syntaxchecker meint: „Der Typ LCL_BIER ist unbekannt."

Besser ist die folgende Variante, da hat der Syntaxchecker nichts zu meckern:

```
CLASS lcl_bier DEFINITION.
  PUBLIC SECTION.
  PROTECTED SECTION.
  PRIVATE SECTION.
ENDCLASS.
 CLASS lcl_koelsch DEFINITION INHERITING FROM lcl_bier.
  PUBLIC SECTION.
  PROTECTED SECTION.
  PRIVATE SECTION.
ENDCLASS.
```

Globale Vererbung: Ein praktisches Beispiel im SAP-Standard

Natürlich kannst du nicht nur lokale Vererbung definieren, sondern auch globale. Wie kämst du sonst zum reichen Onkel aus Amerika?
Mit global meine ich, dass **globale Klassen** bei der Vererbung involviert sind.
Du könntest eine lokale Klasse definieren, die sich auf eine globale Klasse bezieht oder globale Klassen von einer globalen Klasse erben lassen. Ein schönes Beispiel, bei dem diese globale Vererbung zu sehen ist, sind die **globalen Klassen** der **UI-Elemente** für **Web Dynpro ABAP**.
Zum Beispiel könntest du JETZT in die **SE80** (**Object Navigator**) wechseln und dir die Klassendefinition von `cl_wd_button` anzeigen lassen. `cl_wd_button` ist die Klasse, die einen Button in der Web-Dynpro-View repräsentiert (Kapitel 14 online).

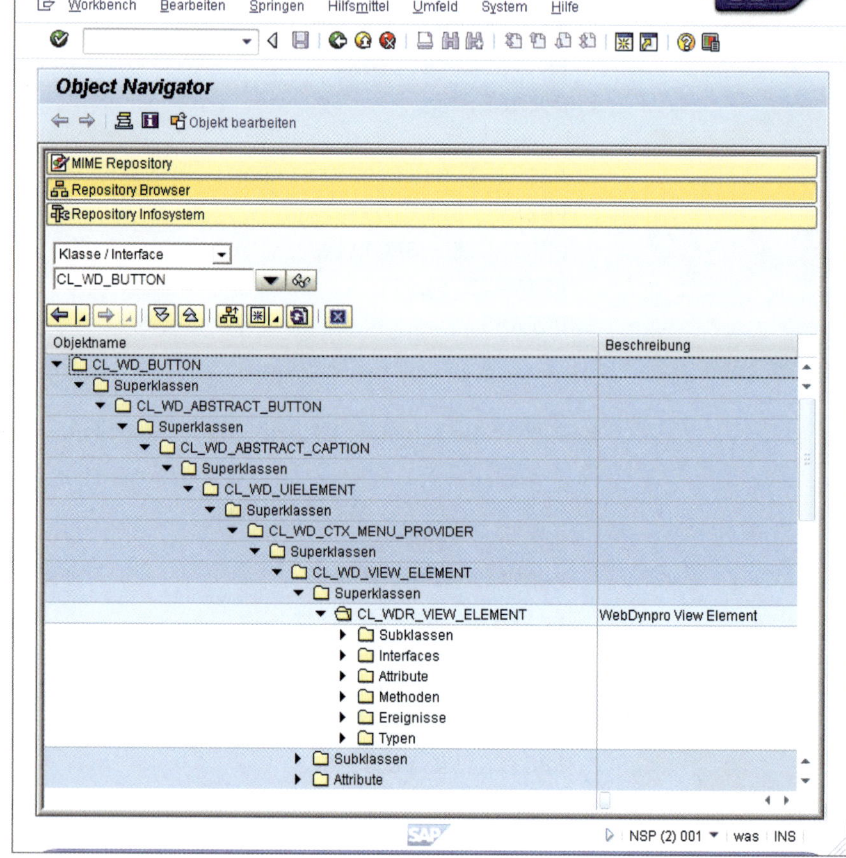

Die Vererbung im Object Navigator. Deine Reise beginnt bei der Klasse `cl_wd_button`. Wenn du den Unterordner **Superklassen** öffnest, werden die Superklassen namentlich aufgelistet (Wie viele Einträge können maximal vorhanden sein?). Hier die Klasse `cl_wd_abstract_button` (Was der Name wohl bedeutet?). Diese Klasse ist wiederum die Unterklasse von `cl_wd_abstract_caption` etc. Irgendwann ist Schluss mit der Vererbung, und zwar bei der Klasse `cl_wdr_view_element`. Zusätzlich zum Ordner **Superklassen** kannst du den Vererbungsbaum mithilfe des Ordners **Subklassen** bereisen, also von oben nach unten in der **Vererbungshierarchie**.

Ich sehe vor lauter Bäumen das Bier nicht mehr. Aber was ist dann die Superklasse von cl_wdr_view_element?

Sehr gut, du lässt dich nicht verwirren. Das ist die Klasse **object**, die du **nicht** im System findest. **object** ist die Urklasse, die Mutter aller Klassen. Falls keine Vererbung definiert ist, so wie bei der Klasse **lcl_bier**, erbt diese implizit von der Klasse **object**.

[Notiz]
Eine Klasse kann beliebig viele Unterklassen besitzen.

[Einfache Aufgabe]
Zeichne (Papier und Bleistift) den Vererbungsbaum für **cl_wd_button** von unten nach oben und von oben nach unten.

Ich habe noch ein einfacheres Vererbungsbeispiel für dich: die Klasse **cl_gui_alv_grid** und die Klasse **cl_gui_custom_container**.

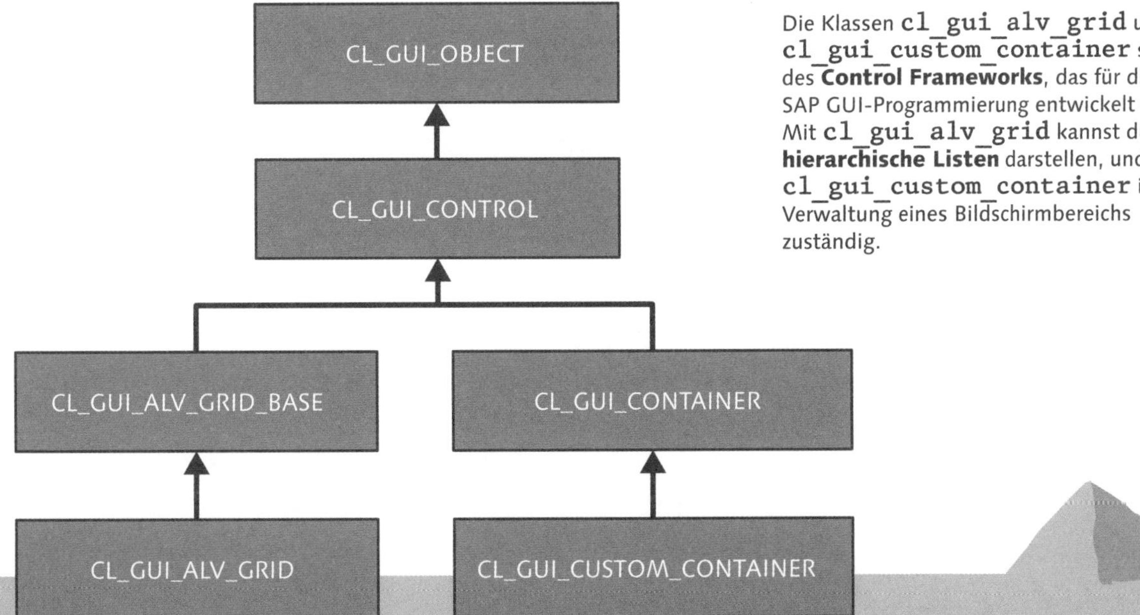

Die Klassen cl_gui_alv_grid und cl_gui_custom_container sind Teil des **Control Frameworks**, das für die SAP GUI-Programmierung entwickelt wurde. Mit cl_gui_alv_grid kannst du **nicht hierarchische Listen** darstellen, und cl_gui_custom_container ist für die Verwaltung eines Bildschirmbereichs zuständig.

Zu **cl_gui_alv_grid** möchte ich dir ein kleines Kochrezept mitgeben, das du möglicherweise schon verstehst. Es hilft dir beim Kochen von GUI-Anwendungen mit Listen. Natürlich kannst du auch gerne Kapitel 13 vorher lesen. Deine Entscheidung.

Ein Rezept zur zukünftigen Verwendung. GUI-Programmieren leicht gemacht. Es beschreibt – zugegebenermaßen sehr kompakt – die Verwendung von **cl_gui_alv_grid** in deiner SAP GUI-Anwendung.

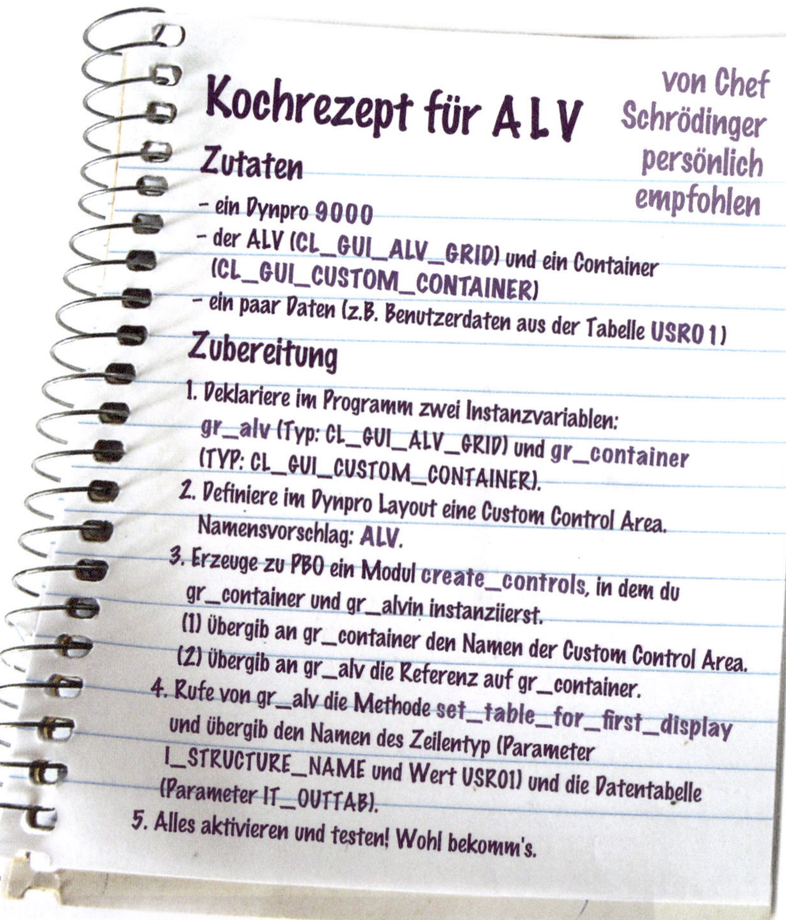

Kochrezept für ALV
von Chef Schrödinger persönlich empfohlen
Zutaten
- ein Dynpro 9000
- der ALV (CL_GUI_ALV_GRID) und ein Container (CL_GUI_CUSTOM_CONTAINER)
- ein paar Daten (z.B. Benutzerdaten aus der Tabelle USR01)
Zubereitung
1. Deklariere im Programm zwei Instanzvariablen: gr_alv (Typ: CL_GUI_ALV_GRID) und gr_container (TYP: CL_GUI_CUSTOM_CONTAINER).
2. Definiere im Dynpro Layout eine Custom Control Area. Namensvorschlag: ALV.
3. Erzeuge zu PBO ein Modul create_controls, in dem du gr_container und gr_alvin instanziierst.
(1) Übergib an gr_container den Namen der Custom Control Area.
(2) Übergib an gr_alv die Referenz auf gr_container.
4. Rufe von gr_alv die Methode set_table_for_first_display und übergib den Namen des Zeilentyp (Parameter I_STRUCTURE_NAME und Wert USR01) und die Datentabelle (Parameter IT_OUTTAB).
5. Alles aktivieren und testen! Wohl bekomm's.

[Notiz]

Als Alternative zu **cl_gui_alv_grid** und **cl_gui_custom_container** könntest du auch die Klasse **cl_salv_table** verwenden. Ermittle dazu vorher den Vererbungsbaum.Check it out!

[Belohnung]

Es duftet schon herrlich nach Maische. 40 Minuten sind vorüber, und die Maische schmeckt schon süß. Zeit für die **Nachguss**-Vorbereitung und die erste Zuckerrast.

1. Erwärme den Nachguss (16 Liter) auf 80 °C. Entweder in einem großen Topf oder Wasserkocher und Eimer (abdecken!).
2. Erwärme parallel dazu die Maische auf 72 °C. Bei 70 °C wird die Beta-Amylase zerstört. Über 70 °C arbeitet die Alpha-Amylase und verwandelt die Reststärke in Dextrin (das verleiht dem Bier die Süße).
3. Heizwerk aus.
4. Lass die Maische wieder 20 Minuten in Ruhe.

Was wird wie und wo vererbt

Zeit für einige Tests. Bist du bereit?

Let's go Roland, let's go!

Ich werde mit dir einige Fragen durchspielen und schön langsam die Komplexität der Fragestellung erhöhen. Damit du dich vorbereiten kannst, will ich dir verraten, dass es um Sichtbarkeiten bei der Vererbung geht.

Frage: Wenn ich ein öffentliches Attribut in der Superklasse deklariere, ist es dann in der Unterklasse sichtbar?

Sicher! Programming bei Difference!

Korrekt!

[Einfache Aufgabe]

Aufgabe: Deklariere das öffentliche Instanzattribut **gd_stammwuerze** vom Typ **p** mit zwei Vor- und zwei Nachkommastellen. Gib dem Attribut einen Anfangswert von **12.50**.

Definiere und implementiere die öffentliche Instanzmethode **write_stammwuerze()**. Durch die Implementierung sollte die Stammwürze auf der Liste ausgegeben werden.

Instanziiere das untergärige Bier und ruf die Methode **write_stammwuerze()** auf. Was geschieht?

Die Lösung ist dir schon bekannt, und die Fertigkeiten hast du bereits im kleinen Finger. Vergleiche sie mit meiner Lösung.

```
CLASS lcl_bier DEFINITION.
  PUBLIC SECTION.
  DATA: gd_stammwuerze TYPE p
                       LENGTH 3
                       DECIMALS 2
                       VALUE '12.50'.*1
  METHODS: write_stammwuerze.*2
  PROTECTED SECTION.
  PRIVATE SECTION.
ENDCLASS.
CLASS lcl_bier IMPLEMENTATION.
  METHOD write_stammwuerze.*3
```

*1 Die Deklaration des öffentlichen Attributes **gd_stammwuerze**. Mit den Angaben zur Länge, den Nachkommastellen und dem Anfangswert. Könnte das Attribut „von außen" geändert werden? Wie könntest du verhindern, dass das Attribut „von außen" geändert wird, obwohl das Attribut öffentlich ist? Schon herausgefunden? Natürlich mit dem Zusatz **READ-ONLY**.

*2 Die kleine Methode zur Ausgabe …

*3 … und die passende Implementierung mit dem Zugriff auf das öffentliche Instanzattribut mithilfe der Selbstreferenz **me**.

```
            WRITE: me->gd_stammwuerze.
          ENDMETHOD.
        ENDCLASS.

DATA: gr_untergaering TYPE REF TO lcl_bier_untergaerig.*4

START-OF-SELECTION.
* Untergäriges
  CREATE OBJECT gr_untergaering.*5
* Ausgabe
  CALL METHOD gr_untergaering->write_stammwuerze.*6
* Andere Ausgabe "von außen"
  WRITE: gr_untergaering->gd_stammwuerze.*7
```

*4 Die Deklaration der Objektreferenz auf das untergärige Bier.

*5 Und da ist schon dein Bier, Prost!

*6 Aufruf der Methode **write_stammwuerze()**, um die Stammwürze in der Liste auszugeben.

*7 Der Zugriff „von außen" funktioniert auch, da das Attribut als öffentlich deklariert wurde.

Nächste Frage: Wenn ich ein geschütztes Attribut in der Superklasse deklariere, ist es dann in der Unterklasse sichtbar?

Sicher! Programming bei Difference!

KORREKT!

[Einfache Aufgabe]

Aufgabe: Deklariere das geschützte Attribut **gd_volumen** vom Typ **i**. Das ist die Menge an Bier, die du bestellt hast. Du bestellst natürlich ein **Seiterl** oder ein **Buzei** (Übersetzung: Seiterl = ein kleines Bier; Buzei = kleines Weißbier bzw. Säugling). Daher wirst du das Volumen mit 333 (ml) vorbelegen.

Im **Gegensatz** zu einem **öffentlichen** Attribut ist ein **geschütztes** Attribut aber nicht „von außen" ansprechbar. Kleines Beispiel: Das Attribut **gd_volumen** sollte auf der Liste ausgegeben werden. Ich denke, die Ausgabe mit der Methode **write_volumen()** würde dich jetzt langweilen. Wie steht es mit der folgenden Anweisung? Wird das funktionieren?

```
WRITE: gr_untergaerig->gd_volumen.
```

Natürlich nicht, wenn du schon so fragst. Der Syntaxchecker sagt: „Der Zugriff auf das geschützte Attribut „GD-VOLUMEN" ist nicht erlaubt."

Genau, das meinte ich mit meiner Ankündigung, dass das Attribut „von außen" nicht ansprechbar ist. Sehr wohl aber innerhalb der Vererbung. Ja, ja, die liebe Familie. **Eine Frage habe ich noch**, und ich denke mir, dass du die Antwort bereits parat hast.

Lass mich bitte die Abkürzung nehmen. Du willst ein ***privates Instanzattribut*** *definieren, wahrscheinlich* **`gd_alkoholgehalt`**, *und dann willst du mich mit der Frage piesacken, ob man das Attribut „von außen" ansprechen kann? Klares NEIN!*

Hast du Unterzucker? Hol' dir einen Doughnut mit Schokoglasur und privater Boston Creme.
Ein paar Aspekte zu den privaten Elementen wollte ich doch noch mit dir besprechen. Dazu benötige ich deine Mitarbeit.

[Einfache Aufgabe]

Definiere in der Klasse **`lcl_bier`**, im öffentlichen Abschnitt, den Typ **`gdt_alkoholgehalt`** mit dem gleichen Typ wie das Attribut **`gd_stammwuerze`** dieser Klasse.
Deklariere das private Instanzattribut **`gd_alkoholgehalt`** vom Typ **`gdt_alkoholgehalt`**.
Definiere die Methode **`set_alkoholgehalt()`** in der Klasse **`lcl_bier_untergaerig`** mit dem Parameter **`id_alkoholgehalt`** mit dem Typ **`gdt_alkoholgehalt`**.
Setze in der Implementierung der Methode das Attribut **`gd_alkoholgehalt`** der Superklasse auf den Wert des Parameters **`id_alkoholgehalt`**.

Das kann nicht funktionieren, da das Attribut der Superklasse als ***privat*** *deklariert ist. Ich rühre keinen Finger. Was ist eigentlich aus dem vollmundigen „erbt alles von der Superklasse" geworden? Ich kann ja* ***nicht auf das private Attribut zugreifen****, und eigentlich sollte es ja vererbt sein.*

Gut erkannt und nicht hereingefallen.

Das **private Attribut der Superklasse** ist zwar nicht direkt über die Unterklasse ansprechbar, aber natürlich durch eine Methode in der Superklasse. Wenn du zum Beispiel die öffentliche Methode **`set_alkoholgehalt`** in der Superklasse **`lcl_bier`** definierst, kann diese auf das private Attribut zugreifen, und durch Vererbung steht die Methode auch der Unterklasse zur Verfügung.
Schau dir mal meine Lösung an.

```
CLASS lcl_bier DEFINITION.
  PUBLIC SECTION.
    TYPES: gdt_alkoholgehalt TYPE p LENGTH 3 DECIMALS 2.*1
    METHODS: set_alkoholgehalt
             IMPORTING id_aloholgehalt TYPE gdt_alkoholgehalt.*2
  PROTECTED SECTION.
  PRIVATE SECTION.
   DATA: gd_alkoholgehalt TYPE gdt_alkoholgehalt
                           VALUE '4.50'.*3
ENDCLASS.
CLASS lcl_bier IMPLEMENTATION.
  METHOD set_alkoholgehalt.*4
    me->gd_alkoholgehalt = id_aloholgehalt.*5
  ENDMETHOD.
ENDCLASS.
```

*1 Du definierst einen lokalen Typ innerhalb der Klasse mit **TYPES**, so wie immer. Dadurch, dass der Typ in der **PUBLIC SECTION** definiert wird, kann er auch außerhalb der Klasse verwendet werden, zum Beispiel mit **DATA: ld_alohol TYPE lcl_bier=>gdt_alkoholgehalt.**

*2 Die Definition der öffentlichen Instanzmethode **set_alkoholgehalt()** mit dem **IMPORTING**-Parameter **id_aloholgehalt** typisiert mit dem lokalen Typ **gdt_alkoholgehalt**.

*3 Und da ist schon das private Instanzattribut **gd_alkoholgehalt** mit dem Typ **gdt_alkoholgehalt**.

*4 Die Methode **set_alkoholgehalt()** übernimmt den Wert aus dem Parameter und setzt ihn im privaten Attribut.

Du hast recht: Kein direkter Zugriff auf die privaten Attribute, Methoden, Ereignisse aus der Superklasse.

Okay, das kann ich akzeptieren. Wenn ich dich schon hier habe. Was ist, wenn die Unterklasse etwas Spezielles machen möchte? Ich meine, falls eine Methode anders zu implementieren ist als in der Superklasse. Beim Bierbrauen ist ja anscheinend ein Unterschied zwischen einem untergärigen und einem obergärigen Bier?

Für diese Frage hast du dir eine Pause verdient. Da werde ich wohl etwas mehr Zeit für die Antwort benötigen.

Auch okay. Ich leg mich mal auf den Schreibtisch und übe für die nächste Planking-Weltmeisterschaft.

[Belohnung/Lösung]

Die Maische ist wieder dran. Die **zweite Zuckerrast** steht zum restlichen Umwandeln der Stärke in Zucker an.

1. Erhitze die Maische auf 78 °C. Aber Achtung, die Alpha-Amylase wird bei 80°C zerstört.
2. Heizwerk aus.
3. 20 Minuten Pause.

Redefinieren – Polymorphie von Methoden

Am Anfang des Kapitels habe ich dir gesagt, dass du einfach Methoden in einer Klasse ergänzen kannst, wenn sie dir fehlen. Das war etwas einfach erklärt, das gebe ich zu. Manchmal ist es ja so, dass die Methode, die du gerne hättest, bereits in der Superklasse vorhanden ist. Das Einzige, was dich möglicherweise stört, ist die Implementierung der Methode. Die hättest du gerne geändert.

Mit dieser Anforderung bist du nicht allein. Diese Anforderung ist so zentral, dass es dafür ein eigenes Konzept in der Objektorientierung gibt. Das nennt sich **Polymorphie**. Und das ist griechisch πολυμορφία Polymorphia) und bedeutet **Vielgestaltigkeit**.

Der deutsche Name macht es auch nicht immer besser.

Ich probiere es mal mit einem Beispiel. Stell dir jetzt bitte keinen lavendelfarbenen **Hubschrauber** vor. Das sollst du deswegen nicht, weil du dir auch nicht vorstellen sollst, wie er fliegt. Dafür kannst du aber an einen **Airbus** A380 denken, wie er so dahin jumbo-jettet, also fliegt.

Ich bin ein Lavendel-Hubschrabschrabschrab ...

Also verwendest du das gleiche Wort für zwei komplett unterschiedliche technische Umsetzungen. Der **Hubschrauber schraubt,** und der **Airbus jumbo-jettet,** und beide **fliegen**. Das ist **Polymorphie** für den Begriff fliegen!

Viel einfacher wird es natürlich in unserer **OO-Brauerei**. Ein Bier, das wird gebraut, und natürlich auch das untergärige Bier und das obergärige Bier. ABER im Brauprozess **unterscheiden** sich das untergärige und das obergärige Bier **im Detail**. Diese Details gilt es zu berücksichtigen, und das geschieht in der Objektorientierung natürlich durch eine **alternative Implementierung**. Man könnte auch sagen, dass die Methode eine neue Gestalt annimmt und daher der Begriff ...

Ich weiß, ich weiß: POLYMORPHIE!

Mein Lieblings-Schrödinger!

Redefinition, das neue Implementieren von Methoden der Superklasse. Falls die Methode in einer Unterklasse neu zu implementieren ist, musst du das dem System mitteilen. Entweder durch das Schlüsselwort **REDEFINITION** für lokale Klassen oder über die **Redefinitionsdrucktaste** in SE24.

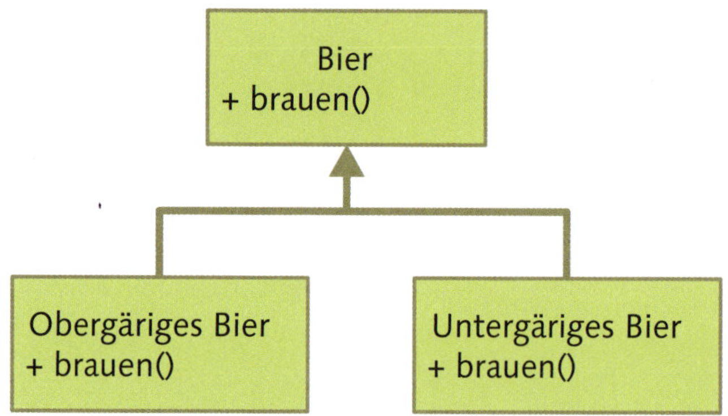

Das Redefinieren probieren wir an einem Beispiel aus. Zuerst definieren und implementieren wir die Methode **brauen()** in der Superklasse und redefinieren sie dann in der Unterklasse.

1. Definiere in der lokalen Klasse **lcl_bier** die öffentliche Methode **brauen()**.
2. Implementiere die Methode **brauen()**. Das machen wir ganz einfach mit einem **WRITE: / 'Ich braue und braue den ganzen lieben Tag'.**
3. Die Klasse **lcl_bier_untergaerig** sollte den Brauprozess verfeinern, darum musst du die Methode neu implementieren (wir sagen dazu **redefinieren**). Sieh dir das folgende Auf-das-Wesentliche-reduzierte-Coding an, welche Punkte fallen dir auf?

Eins, zwei und drei. Erklär' mal.

```
CLASS lcl_bier_untergaerig DEFINITION INHERITING FROM lcl_bier.
  PUBLIC SECTION.
    METHODS: brauen REDEFINITION.*1
  PROTECTED SECTION.
  PRIVATE SECTION.
ENDCLASS.
CLASS lcl_bier_untergaerig IMPLEMENTATION.
  METHOD brauen.
    CALL METHOD super->brauen.*2
    WRITE: /'Sogar untergärig'.*3
  ENDMETHOD.
ENDCLASS.
```

*1 Mit dem Schlüsselwort **REDEFINITION** gibst du öffentlich bekannt, dass du die Methode, die von der Superklasse geerbt wurde, neu implementieren möchtest. Die Schnittstellenparameter werden nicht wiederholt, da du diese nicht ändern kannst (Stichwort: **Überschreiben**).

*2 Mit dem Schlüsselwort **super** kannst du auf die Implementierung der Superklasse zugreifen, wenn du möchtest.

*3 Die Besonderheiten der Methode musst du dann noch zusätzlich implementieren.

[Begriffsdefinition]

Von **Überschreiben** spricht man, wenn die Methode neu implementiert wird, jedoch die Parameterliste nicht verändert wird. Man sagt auch, dass sich die **Signatur** der Methode nicht ändert. Von **Überladen** spricht man, wenn die Methode mit dem gleichen Namen, aber unterschiedlicher Parameterliste mehrfach in einer Klasse vorkommt. Hier ändert sich die Signatur.

ACHTUNG: ABAP unterstützt nur Überschreiben.

[Hintergrundinfo]

Die Methode **`constructor`** unterscheidet sich etwas von den anderen Methoden. Falls du einen Constructor in einer Superklasse und einer Unterklasse definiert hast, musst du den Constructor der Superklasse mit **`super->constructor`** aufrufen.

Darüber hinaus lässt die Methode das Überladen zu, das heißt, du kannst die Parameterliste verändern. Der Constructor ist die einzige Methode, die das Überladen zulässt.

[Zettel]

Aufgabe: Redefiniere die Methode **`brauen()`** in der Klasse **`lcl_bier_obergaerig`**. **Verwende die Implementierung der Superklasse, und lass dir eine nette Implementierung einfallen.**

[Hintergrundinfo]

Läutern und Anschwänzen

Beim Läutern trennst du die Maische in Treber und Würze. Der Treber bleibt im Filter, die **Vorderwürze kommt** in den Braueimer.

Beim Anschwänzen löst du mit dem Nachguss den Restzucker aus dem Treber, das ist die **Nachgusswürze**.

Vorderwürze + Nachgusswürze = Pfannenvollwürze.

1. Besorg dir ein richtig großes Sieb, um den Inhalt des Kochtopfes (Sudkessel) mit der Maische hinein zu leeren. Ach ja, unter dem Sieb sollte etwas stehen, das ca. 30 Liter aufnehmen kann.

2. Wenn die Flüssigkeit abgeronnen ist, dann (Achtung Schleife)

2.a lockere den Treber,

2.b entnimm 2 Liter vom Nachguss,

2.c leere die 2 Liter über den Treber und gehe zu 2.a,

3. leere die Pfannenvollwürze zurück in den Sudkessel.

4. Bring die Würze zum Kochen (das dauert), am Anfang mit geschlossenem Deckel und nach ca. 20 Minuten ohne.

Nun hast du richtig lange Zeit, die du gut für den nächsten Abschnitt nutzen kannst.

Redefinieren als globale Herausforderung

Das mit der lokalen Redefinition hat ja schon wunderbar geklappt. Wie machst du das aber bei globalen Klassen in der **SE24** – Class Builder?

Dazu zeige ich dir ein paar Kniffe.

- Zuerst **importierst** du lokale Klassen aus dem Programm **`zsch_09_beer`** und erzeugst daraus globale Klassen. Alles ohne nennenswerten Aufwand!
- Dann kannst du die Methode **`write_stammwuerze()`** der obergärigen Klasse redefinieren.
- Dann stellen wir das Programm **`zsch_09_beer`** auf die globalen Klassen um.
- Und der wichtigste Punkt: Dann **machst du eine Pause** und genießt das Ergebnis deiner mühevollen Arbeit.

Hoffentlich schaffen wir es bis zur Klasse, so viel Bier. Schluck!

Das **Importieren von lokalen Klassen** in der **SE24** ist ein super **Feature**, das dir sehr viel Arbeit ersparen kann. Nachdem du als vorsichtiger und umsichtiger Entwickler deine Klassen lokal entwickelt hast, stellst du möglicherweise fest, dass auch andere Entwickler an deinem lokalen **Oktoberfest** interessiert sind. Die Klassen alle nochmal global anzulegen wäre tatsächlich eine ziemliche Zumutung und eine Vergeudung deiner kostbaren Zeit. Darum verwenden wir das **Importieren-Feature der SE24**.

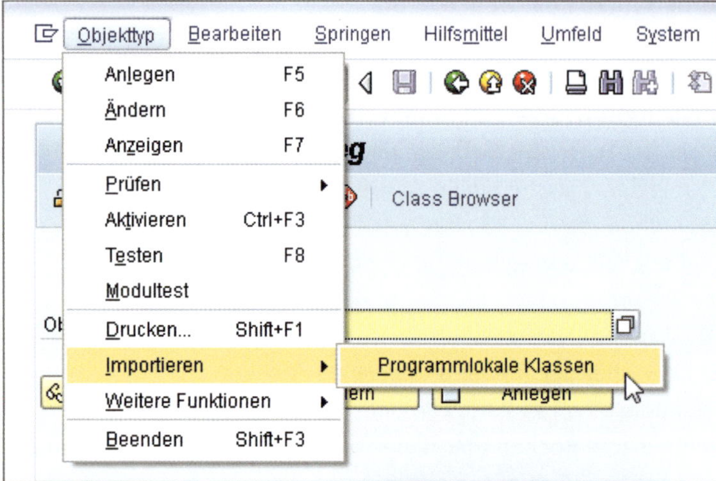

Das Importieren von programmlokalen Klassen wird dir sehr einfach gemacht.

- Wechsle dazu erst einmal in die SE24.
- Der Menüeintrag **Objekttyp • Importieren • Programmlokale Klassen** öffnet ein Pop-up, in dem du den **Namen des Programms angeben** kannst und in dem sich die lokalen Klassen befinden.
- Falls du die lokalen Klassen in Includes abgelegt hast, kannst du die Checkbox **Includes auflösen** setzen, damit das System auch die Includes analysiert. Wichtig: Du musst das Programm, aus dem die lokalen Klassen ermittelt werden, **vorher aktivieren**!

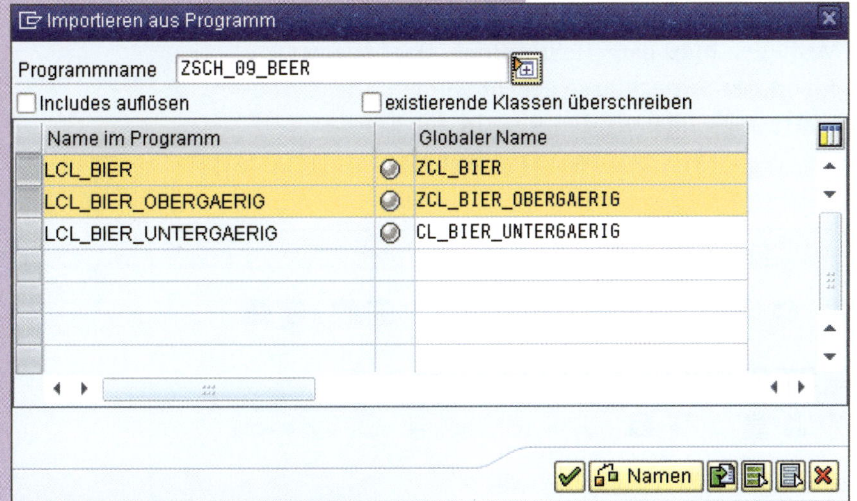

Aus dem Programm **zsch_09_beer** holen wir die lokalen Klassen. Den Namen des Programms eingeben und mit der **Enter**-Taste bestätigen. Ich habe die Klassen **lcl_bier** und **lcl_bier_obergaerig** für den Import markiert und die Namen der Klassen verändert, sodass sie zum Namensraumkonzept passen (Namensraum, hä? Das kennst du!). Die Klasse für untergäriges Bier importiere ich nicht, das darfst du dann machen.

- Über die Drucktaste **Importieren** (**F5**) kannst du die lokalen Klassen in die **SE24** übernehmen. Verwende wieder das lokale Paket **$TMP**, um dort die Klassen zuzuordnen. Dass du erfolgreich warst, erfährst du durch die Meldung: „**Import erfolgreich beendet**“ und das Einstiegsbild der **SE24**.
- Lass dir die Klasse **zcl_bier** anzeigen, und aktiviere sie.
- Lass dir die Klasse **zcl_bier_obergaerig** anzeigen. Wechsle auf den Karteireiter **Eigenschaften**. Dort siehst du das Eingabefeld **Erbt von** und – hier geschieht die Magie – die Superklasse **zcl_bier**.

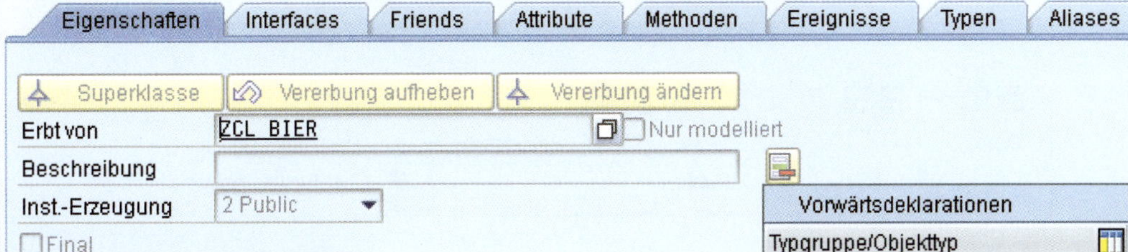

Die Vererbung wurde bereits durch den Import korrekt umgesetzt. Du kannst natürlich die Superklasse entfernen oder durch eine andere Klasse ersetzen.

Wow, das System hilft wirklich weiter!

- Wenn du nun auf die Karteireiter **Attribute** bzw. **Methoden** wechselst, siehst du, dass manche der Attribute oder Methoden **blau** dargestellt werden. Das bedeutet, dass die Attribute bzw. Methoden **von der Superklasse geerbt** wurden. Die Methoden und Attribute, die **schwarz** abgebildet werden, sind **in der Klasse selbst definiert** oder redefiniert!

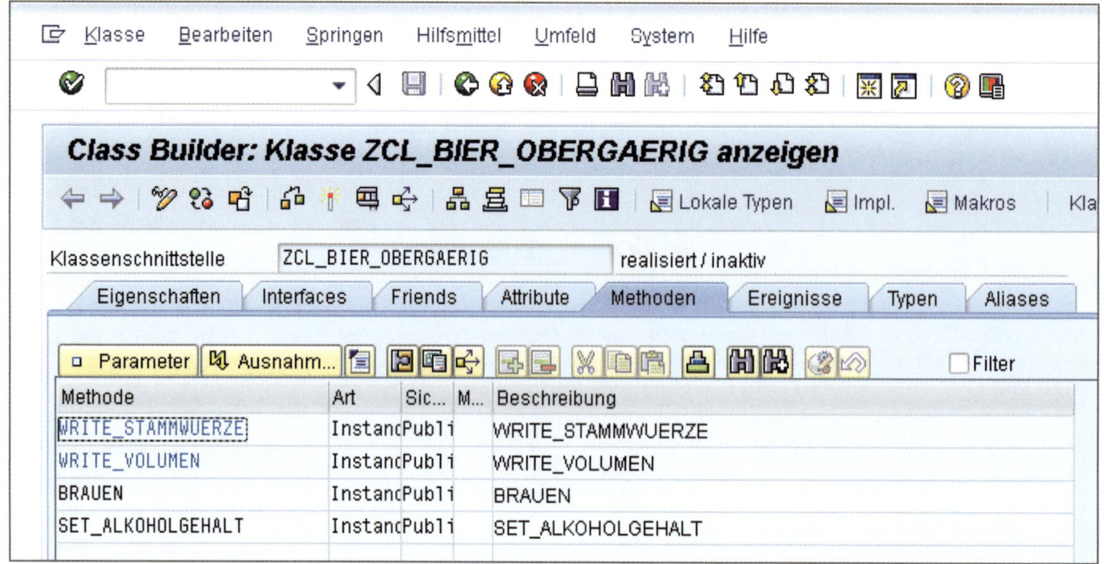

Geerbte und in der Klasse definierte Methoden, Seite an Seite. Blau ist vererbt, und schwarz ist lokal oder redefiniert.

- Einen Karteireiter können wir noch besuchen: **Typen**. Wir haben vorhin den klassenlokalen Typ **`gdt_alkoholgehalt`** definiert.

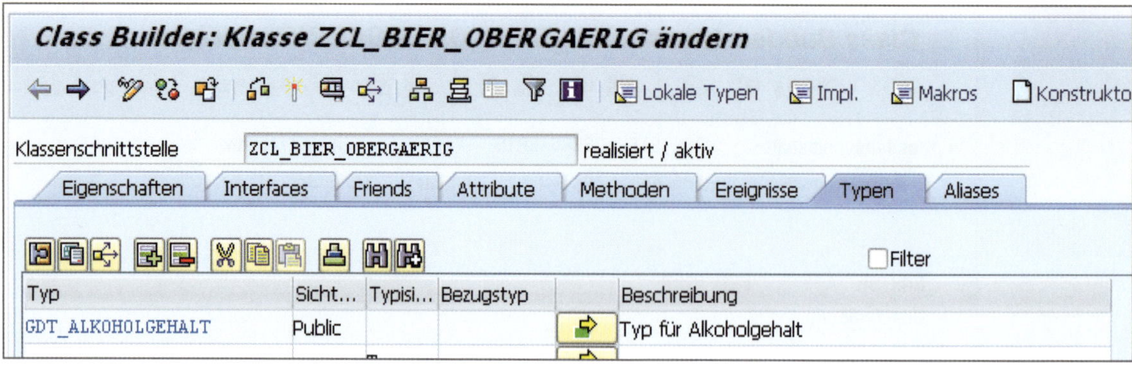

- In der Auflistung der Typen siehst du den Typ **`gdt_alkoholgehalt`**. Und dieser ist blau hinterlegt. Du, als Spezialist für das Erben und Vererben, weißt warum! Der Klick auf den grün hinterlegten Pfeil führt dich zur Definitionsstelle: der Klasse **`zcl_bier`**.

Der geerbte Typ **`gdt_alkoholgehalt`** in der Klasse **`zcl_bier_obergaerig`**. Wenn du auf den grün hinterlegten Pfeil klickst, landest du an der Definitionsstelle. Wo ist diese?

- Aktiviere die Klasse **`zcl_bier_obergaerig`**. Ab jetzt können du und jeder andere Entwickler im SAP-System die Klasse **`zcl_bier_obergaerig`** verwenden.

[Einfache Aufgabe]
Importiere in der SE24 die lokale Klasse **`lcl_bier_untergaerig`**, und benenne sie um in **`zcl_bier_untergaerig`**.

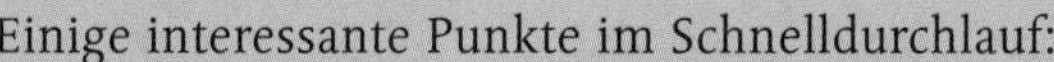

Einige interessante Punkte im Schnelldurchlauf:

- Die Methoden dürfen ihre **Semantik nicht ändern**. Wenn die Methode **`brauen()`** heißt und das Brauen implementiert, sollte sie nach der Vererbung nicht das Trinken implementieren.
- Die Schnittstelle der Methode kann nicht geändert werden, da in ABAP Objects nur das **Redefinieren**, aber **nicht das Überladen** möglich ist.
- Mit **`super`** kannst du auf die Superklasse zugreifen.

Nun kommen wir endlich zum Redefinieren. Das Redefinieren einer Methode einer globalen Klasse ist ziemlich einfach machbar.

Oh oh, wenn der Roland „einfach" sagt, dann werde ich immer ganz misstrauisch.

Und das geht so. Nehmen wir mal an, du möchtest die Methode **`write_stammwuerze()`** aus der Klasse **`zcl_bier_obergaerig`** redefinieren. Dazu manövrierst du natürlich zuerst in die **SE24**, wenn du nicht schon dort bist, und wechselst dann in den Änderungsmodus für die Klasse **`zcl_bier_obergaerig`**. Weiter geht es auf den Karteireiter **Methoden**. Dort platzierst du den Fokus (einfach hinklicken) auf die Methode **`write_stammwuerze`**.

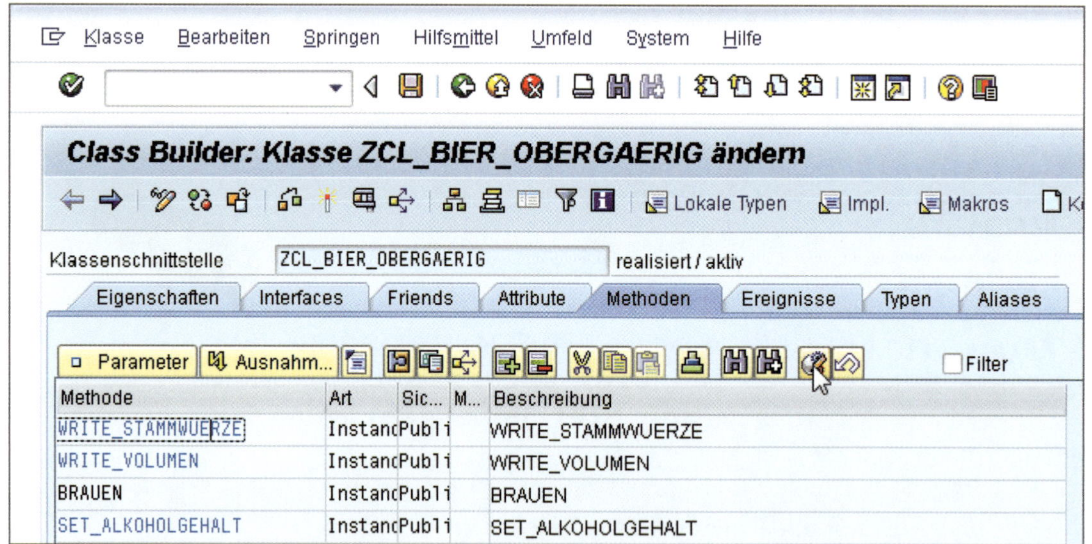

Die Redefinition der Methode `write_stammwuerze` erledigst du mit Klick auf die Drucktaste **Redefinition**. Siehst du den kleinen Mauszeiger im Bild? Gleich rechts daneben ist die Drucktaste **Redefinition aufheben**, um die **Redefinition** wieder **rückgängig** zu machen.

Mithilfe der Drucktaste **Redefinieren** in der Toolbar über den Methoden kannst du die Methode neu implementieren.

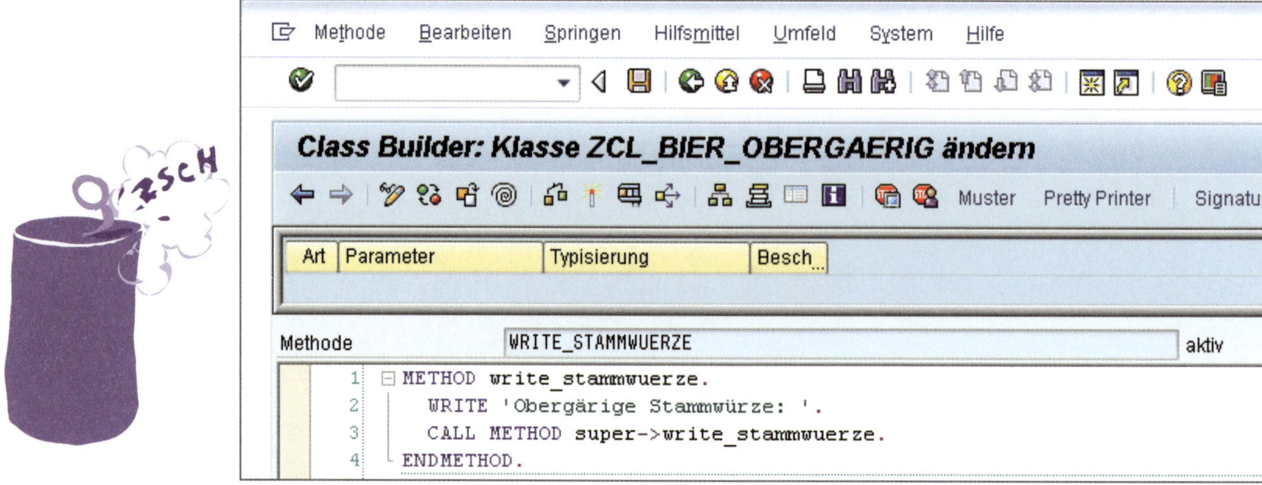

Die neu implementierte Methode unter Verwendung des **super** Schlüsselworts `super`.

Nachdem du die Redefinition durchgeführt hast und zurück in die Übersicht der Methoden gewechselt bist, erscheint der Methodenname in der Liste der Methode in **Schwarz**! Das bedeutet, dass sie lokal implementiert ist.

Das war ausnahmsweise wirklich mal total einfach. Danke für die Schonung!

Und weil das so einfach war, folgt eine kleine Verwendung der globalen Klassen im Programm **zsch_09_beer**.

```
DATA: gr_obergaerig TYPE REF TO zcl_bier_obergaerig.*1
START-OF-SELECTION.
* Obergärig
  CREATE OBJECT gr_obergaerig.*2
* Stammwürze
  CALL METHOD gr_obergaerig->write_stammwuerze.*3
```

*1 Die Objektreferenz auf die obergärige Klasse erstellst du genauso wie vorher bei der Verwendung der lokalen Klassen.

*2 Dann kommt die Erzeugung des Objektes mit CREATE OBJECT. Auch keine neue Information.

*3 Zuletzt folgt die Verwendung der Objektreferenz, der Aufruf der Methode **write_stammwuerze()**.

Natürlich könntest du nun auch die lokale Klasse **lcl_bier_untergaerig** von der globalen Klasse **zcl_bier** erben lassen.

```
* CLASS lcl_bier_untergaerig DEFINITION
*                            INHERITING FROM lcl_bier.*1
  CLASS lcl_bier_untergaerig DEFINITION
                             INHERITING FROM zcl_bier.*2
```

*1 Das war die alte Erbung von der **lokalen Klasse lcl_bier**.

*2 Das ist die neue Erbung mithilfe der **globalen Klasse zcl_bier**. Einfach unglaublich bzw. unglaublich einfach!

[Belohnung]

Jetzt darfst du Hopfen kochen: die erste Hopfengabe.

1. Entferne den Schaum von der Oberfläche, sobald die Würze kocht.
2. Du kannst nun 2/3 des Hopfens zugeben und den Hopfen vorsichtig unterrühren. Die Kochdauer zählt ab der Zugabe des Hopfens, also ab jetzt!
3. Koche die Würze für 90 Minuten, damit sich die Bitterstoffe (Humulone) lösen können.
4. Nach 80 Minuten gibst du das restliche ⅓ des Hopfens hinzu, um ein angenehmes Hopfenaroma zu ergänzen.
5. Nach 90 Minuten kannst du das Heizwerk abschalten und gönnst dir und der Würze noch eine Weile die wohlverdiente Ruhe.

Statische und dynamische Typen von Klassen mit ein wenig Casting

Wie du schon festgestellt hast, kannst du einen Vererbungsbaum von oben nach unten oder von unten nach oben bereisen. Von oben nach unten wird es **spezieller**, vom Bier zum obergärigen Bier und weiter zum Weißbier. Von unten nach oben wird es **allgemeiner**, `vom Schwarzbier zum untergärigen Bier zum Bier.`

Der Klassenreisende!

Manchmal ist es praktisch, mit der Referenz vom Typ einer Superklasse zu arbeiten. Zum Beispiel dann, wenn du die Unterklassen einheitlich verwalten möchtest. Manchmal trinke ich einfach ein Bier, ohne mir Gedanken darüber zu machen, ob es unter- oder obergärig ist. Mein Körper übernimmt die einheitliche Verwaltung des Biers. Ein anekdotisches Beispiel: Ab an die Bar. Bestell uns bitte ein Bier. Wie hat der Kellner reagiert, als du „Ein Bier bitte" desperat gerufen hast?

Der Kellner hat mich gefragt: „Welches Bier hätten Sie denn gerne?"

Also, ich an deiner Stelle hätte geantwortet: „Ein dunkles Weizen, bitte." Du hast mit deiner Bestellung „Ein Bier bitte" den **statischen Typ** festgelegt: Bier. Der Kellner hat mir, durch seine fachkundige Investigation, den **dynamischen Typ** entlockt: **Weißbier**. Das ist der Typ, der sich während der Laufzeit des Kellners (unglaublicher Vergleich) durch Zuweisung ergibt. Du bekommst somit dein Bier, das aber eigentlich ein Weißbier ist.

Kannst du nicht einfach ein Bier bestellen, ohne dir so etwas zu überlegen?

Wenn dich die Objektorientierung einmal erfasst hat, dann siehst du überall Objekte. Das Konzept des statischen und dynamischen Typs gibt es natürlich in der Objektorientierung. Man spricht vom **statischen** und **dynamischen Typ** einer **Objektreferenz**. **Wenn du eine Objektreferenz deklarierst, legst du damit den statischen Typ fest**.

```
DATA: gr_bier TYPE REF TO ZCL_BIER.*1
DATA: gr_obergaerig TYPE REF TO ZCL_BIER_OBERGAERIG.*2
CREATE OBJECT gr_obergaerig.*3
gr_bier = gr_obergaerig.*4
```

*1 Der **statische Typ** der Objektreferenz `gr_bier` ist durch die Deklaration festgelegt und lautet `zcl_bier`.

*2 Der **statische Typ** der Objektreferenz `gr_obergaerig` ist durch die Deklaration festgelegt und lautet `zcl_bier_obergaerig`.

*3 Das Objekt für die obergärige Objektreferenz wird durch **CREATE OBJECT** erzeugt. In der Brust dieses Objektes schlummert auch ein Teil der Superklasse `zcl_bier`.

*4 Durch diese Zuweisung erhält die Objektreferenz `gr_bier` den dynamischen Typ `zcl_bier_obergaerig`.

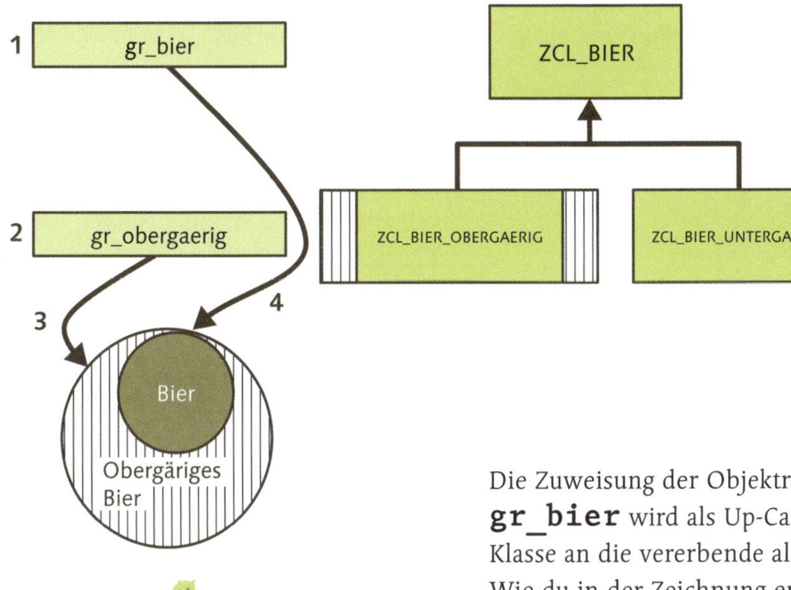

Für das Up-Casting braucht man zwei Objektreferenzen, deren Typen durch Vererbung in Beziehung zueinander stehen. Durch die Zuweisung `gr_bier = gr_obergaerig` wird der Up-Cast durchgeführt. Einfach zu merken, da von etwas **Speziellem zu** etwas **Allgemeinem** – von unten nach oben im Vererbungsbaum – **zugewiesen** wird.

Die Zuweisung der Objektreferenz **`gr_obergaerig`** an **`gr_bier`** wird als Up-Cast bezeichnet, da von einer speziellen Klasse an die vererbende allgemeinere Klasse zugewiesen wird. Wie du in der Zeichnung erkennen kannst, schlummert im obergärigen Objekt ein Teil der Bierdefinition. „Programming by Difference" ist das passende Schlagwort dazu. Damit ist es für die Objektreferenz **`gr_bier`** möglich, auf das Objekt zu zeigen.

[Einfache Aufgabe]

Implementiere die obigen Zeilen und Zuweisungen. Rufe danach die Methode **`write_stammwuerze()`** über die Objektreferenz **`gr_obergaerig`** und danach über die Objektreferenz **`gr_bier`** auf. Was fällt dir auf?

Das ist ja für beide Methodenaufrufe das gleiche Ergebnis!

Ja, genau. Weil beide Referenzen auf dasselbe Objekt zeigen! Mit der Referenz **`gr_bier`** bist du zwar an die Elemente (Methoden, Attribute, Ereignisse) gebunden, die in **`zcl_bier`** definiert sind, aber die Implementierungen erhältst du durch die Zuweisung (Up-Cast) von **`zcl_bier_obergaerig`**.

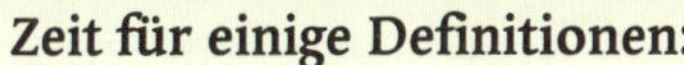

Zeit für einige Definitionen:

[Begriffsdefinition]

Der **statische Typ** ist der Typ, der bei der **Deklaration** der Objektreferenz festgelegt wird.

Der **dynamische Typ** ist der Typ, der sich während der **Laufzeit** durch Zuweisung ergibt.

Die Signaturen für Methodenaufrufe müssen aus dem statischen Typ stammen. Ebenso Attribute und Ereignisse (kommt später), auf die zugegriffen wird.

Die Implementierung von Methoden wird im Vererbungsbaum **vom dynamischen Typ ausgehend nach oben gesucht**.

Festigung der Einsichten

[Einfache Aufgabe]

Zur Festigung der gewonnenen unglaublichen Einsichten deklariere eine Objektreferenz für ein **untergäriges Bier,** und erzeuge ein Objekt dafür. Führe einen Up-Cast auf **gr_bier** durch, und rufe die Methode **write_stammwuerze()** auf. Was fällt dir auf?

Obwohl du wieder den Aufruf mit **gr_bier->write_stammwuerze()** durchgeführt hast, sieht die Ausgabe der Methode komplett anders aus als vorhin beim obergärigen Bier. Preisfrage: Warum?

Weil der dynamische Typ dieses Mal **ZCL_BIER_UNTERGAERIG** ist und das System von dort beginnt, die Implementierung der Methode **write_stammwuerze()** zu suchen – und die ist eben anders!

Okay – Schrödinger – okay!

BAUSCHAUM

Ein Beispiel aus der Realität hätte ich noch für dich. Die Klasse **cl_abap_typedescr** liefert dir eine Beschreibung eines Typs oder einer Variablen. Sehr gerne wird die Beschreibung verwendet, um die Komponenten einer Struktur während der Laufzeit auszulesen oder die Texte zu Datenelementen zu bestimmen. Zur Ermittlung der Beschreibung kannst du die statischen Methoden **cl_abap_typedescr=>describe_by_*** verwenden, wie zum Beispiel **cl_abap_typedescr=>describe_by_name oder cl_abap_typedescr=>describe_by_object_ref**. Wenn du den Typ des Rückgabeparameters der **describe_by_***-Methoden analysierst, stellst du fest, dass eine Referenz vom Typ **cl_abap_typedescr** zurückgeliefert wird, ich nenne dies ab jetzt das **Beschreibungsobjekt**. Egal, ob es sich um ein Datenelement, eine Struktur, eine Objektreferenz etc. handelt. Also ist der **statische Typ** des Beschreibungsobjektes **cl_abap_typedescr**. Der **dynamische Typ** des Beschreibungsobjektes richtet sich nach dem zu beschreibenden Ding, also Datenelement, Struktur etc., und ist als Unterklasse von **cl_abap_typedescr** realisiert. Die Klasse für die Beschreibung eines Datenelements lautet **cl_abap_elemdescrs**, die Klasse für die Struktur lautet **cl_abap_structdescr** etc.

Nun zu dem Beispiel, das ich für dich vorbereitet habe. Mit diesem möchte ich dir die unterschiedlichen dynamischen Typen zeigen, die von den **describe_by_***-Methoden zurückgeliefert werden. **Los geht's.**

```
REPORT  zsch_09_rtti.*1

* Beschreibungsobjekte
DATA: gr_typedescr TYPE REF TO cl_abap_typedescr,*2
      gr_typedescr_typedescr TYPE REF TO cl_abap_typedescr.*3

START-OF-SELECTION.
* Beispiel 1: Datenelement*4
  WRITE: / 'Name des Datenelement: XUBNAME'.
* Beschreibung zum Datenelement
  gr_typedescr =
    cl_abap_typedescr=>describe_by_name( 'XUBNAME' ).*5
* Beschreibung des Beschreibungsobjektes, um Typ zu ermitteln
  gr_typedescr_typedescr =
    cl_abap_typedescr=>describe_by_object_ref( gr_typedescr ).*6
* Ausgabe des Klassennamens
  WRITE: / 'Beschreibungsobjekt Typname:',
gr_typedescr_typedescr->absolute_name.*7

  SKIP 2.
```

*1 Für das kleine Beispiel habe ich ein neues Programm angelegt.

*2 Wir wollen ein Beschreibungsobjekt, daher benötigen wir eine Objektreferenz vom Typ **cl_abap_typedescr**.

*3 Achtung, scharf fokussieren: Wir wollen auch ein Beschreibungsobjekt zum Beschreibungsobjekt, um den Typ des Beschreibungsobjektes (das erste von vorhin) zu ermitteln. Das ist der dynamische Typ!

*4 Fangen wir mal ganz locker mit dem Datenelement XUBNAME an.

*5 Mit der Methode **cl_abap_typedescr=>describe_by_name('XUBNAME')** ermittelst du das Beschreibungsobjekt des Datenelements. Der statische Typ dieses Beschreibungsobjekts ist **cl_abap_typedescr**. ABER: Was ist der dynamische Typ des Beschreibungsobjektes? Diese Frage kannst du nur beantworten, wenn du dir eine Beschreibung des Beschreibungsobjektes erzeugen lässt.

*6 Und da ist schon die Ermittlung des Beschreibungsobjektes des Beschreibungsobjektes **gr_typedescr_typedescr = cl_abap_typedescr=>describe_by_object_ref(gr_typedescr)**. Ist doch gar nicht kompliziert. Du musst nur die Methode **describe_by_object_ref** verwenden, um eine Beschreibung des Objektes zu erhalten.

*7 Um den Namen des Typs des Beschreibungsobjektes auf der Liste auszugeben, reicht ein einfacher Zugriff auf das öffentliche Attribut **gr_typedescr_typedescr->absolute_name**. Ich lasse das Programm mal laufen und zeige dir die Listausgabe:

Programm ZSCH_09_RTTI

```
Programm ZSCH_09_RTTI

Name des Datenelement: XUBNAME
Beschreibungsobjekt Typname: \CLASS=CL_ABAP_ELEMDESCR
```

Der Typ des Beschreibungsobjektes lautet cl_abap_elemdescr.

[Schwierige Aufgabe]

Du bist an der Reihe: Lass dir den Typ des Beschreibungsobjektes für die Struktur USR01 ausgeben.

Schon fertig, wow! Hier ist meine Lösung, die ich direkt an die obige Implementierung angehängt habe.

```
* Beispiel 2: Struktur
  WRITE: / 'Name der Struktur: USR01'.
* Beschreibung zur Struktur
  gr_typedescr = cl_abap_typedescr=>describe_by_name( 'USR01' ).
* Beschreibung des Beschreibungsobjektes, um Typ zu ermitteln
  gr_typedescr_typedescr =
    cl_abap_typedescr=>describe_by_object_ref( gr_typedescr ).
* Ausgabe des Klassennamens
  WRITE: / 'Typ des Beschreibungsobjektes:',
gr_typedescr_typedescr->absolute_name.
```

Und noch der Output dazu:

```
Programm ZSCH_09_RTTI

Programm ZSCH_09_RTTI

Name des Datenelement: XUBNAME
Beschreibungsobjekt Typname: \CLASS=CL_ABAP_ELEMDESCR


Name der Struktur: USR01
Typ des Beschreibungsobjektes: \CLASS=CL_ABAP_STRUCTDESCR
```

Zwei unterschiedliche dynamische Typen, je nachdem, welcher DDIC-Typ zu beschreiben ist.

Zeit für eine Unterbrechung. Du könntest dir ein **Holzboot** schnitzen, mit einer Feder als Segel. Aber achte bitte darauf, dass du wieder alle Finger aus der Pause mitbringst.

[Belohnung/Lösung]

Deine Würze hatte genügend Zeit, sich auszuruhen, jetzt geht es ans Ausschlagen. Das ist das Feinfiltern der Würze.

1. Am besten verwendest du nun einen Kochtopf oder Eimer, in den 30 Liter passen, und spannst eine Mullwindel (keine Pampers;-)) über die Öffnung und fixierst diese mit einem Gummiband oder Wäscheklammern.
2. Mit einem Schöpfgefäß schöpfst du die Würze vorsichtig auf die Windel. Das Abtropfen geht am Anfang sehr schnell vonstatten und wird dann immer langsamer. Geduld, Geduld. Mach dir inzwischen Gedanken zum Up-Cast.
3. Wenn du einige Liter gefiltert hast, kannst du fünf Bügelflaschen abfüllen, das wird als Speise bezeichnet und später für die Flaschengärung verwendet. Flaschen vorwärmen! Nach dem Befüllen mehrfach umdrehen -> keimtötend! Sobald die Speise abgekühlt ist, kalt im Kühlschrank lagern.
4. Nach der vollständigen Filterung der Würze muss diese auf 20 °C abkühlen.

Down-Cast

Wie ich dich kenne, hast du das Thema Up-Cast im Sack. Somit drehen wir die Richtung des Castings um und beschäftigen uns mit dem **Down-Cast**. Von oben nach unten im Vererbungsbaum. Eine grundsätzliche Eigenschaft, die uns wahrscheinlich das Leben etwas schwerer als beim Up-Cast macht, ist jene, dass der Weg von oben nach unten **nicht eindeutig** ist. Eine Klasse kann eine beliebige Zahl an Unterklassen besitzen.

[Zettel]

Aufgabe: Wandere von oben nach unten im Vererbungsbaum.
Stell dir vor, da ist diese Objektreferenz `gr_bier` im Quelltext, und ich verrate dir, dass zuvor ein Up-Cast durchgeführt wurde. Welchen dynamischen Typ besitzt `gr_bier`?

Entweder `zcl_bier_obergaerig` *oder* `zcl_bier_untergaerig`. *Das kann man nicht genau sagen. Es könnten beide sein.*

Korrekt! Wir benötigen aber unbedingt die gecastete Referenz, um auf die Details von obergärig oder untergärig zugreifen zu können. Weil über `gr_bier` nicht alle Elemente (Attribute, Methoden, Ereignisse) erreichbar sind.

Da hat er Recht, der Roland. Der statische Typ definiert ja, auf welche Attribute, Methoden, Ereignisse zugegriffen werden kann. Hmmm, knifflig.

Die Lösung steckt im **Down-Cast** (ich stelle mir immer vor, dass ich jetzt von oben nach unten im Vererbungsbaum wandere). Sieh dir mal die folgende Implementierung an.

```
gr_obergaerig ?= gr_bier.
```

Das sieht doch fast wie ein Up-Cast aus, mit dem kleinen, aber feinen syntaktischen Unterschied des Fragezeichens (**?**) vor dem **=**, oder? Übrigens SAP sagt dazu **Casting-Operator**, wohingegen das **=** als **Zuweisungsoperator** bezeichnet wird.

[Zettel]

Aufgabe: Tippe die obige Casting-Zeile am Ende deines Programms `zsch_09_beer` ein, und starte das Programm!

ROOOOLAAAAND, alles ist kaputt! Das System erklärt mir gerade, dass ich die Finger von der Tastatur nehmen und mich unauffällig verhalten soll, bis jemand kommt, der das lesen kann.

Tja, da ist etwas schiefgelaufen. Bei der Zuweisung von **gr_bier** zu **gr_obergaerig** ist ein spezieller Fall eines Laufzeitfehlers aufgetreten, nämlich ein **MOVE_CAST_ERROR**. Das bedeutet, dass der dynamische Typ von **gr_bier** nicht zum Zieltyp passt, also zu **zcl_bier_obergaerig**. Wahrscheinlich basierte dein letzter Up-Cast auf **zcl_bier_untergaerig**, bevor du den Down-Cast versucht hast. Übrigens kannst du dir mit der Transaktion **ST22** diesen wunderschönen Laufzeitfehler immer wieder ansehen.

Laufzeitfehler Bearbeiten Springen System Hilfe

Laufzeitfehler - Beschreibung der Ausnahme

Langtext Debugger

```
Laufzeitfehler         MOVE_CAST_ERROR
Ausnahme               CX_SY_MOVE_CAST_ERROR
Datum und Zeit         23.05.2010 17:04:31

Kurztext
    Dynamischer Typkonflikt bei Zuweisung von Referenzen

Was ist passiert?
    Fehler im ABAP-Anwendungsprogramm.

    Das laufende ABAP-Programm "ZSCH_09_BEER" mußte abgebrochen werden, da es auf
    eine Anweisung gestoßen ist, die leider nicht ausgeführt werden kann.

Fehleranalyse
    Es ist eine Ausnahme aufgetreten, die weiter unten näher erläutert wird.
    Die Ausnahme, der die Klasse 'CX_SY_MOVE_CAST_ERROR' zugeordnet ist,
    wurde nicht abgefangen und führte deshalb zu einem Laufzeitfehler.
    Der Grund für die Ausnahme ist:

    Bei der 'CAST' Operation ('?=' oder 'MOVE ?TO') wurde versucht eine
    Referenz einer Referenzvariablen zuzuweisen.
    Der aktuelle Inhalt der Quellvariablen paßt aber nicht in die Ziel-
    variable.
    Quelltyp: "\PROGRAM=ZSCH_09_BEER\CLASS=LCL_BIER_UNTERGAERIG"
    Zieltyp : "\CLASS=ZCL_BIER_OBERGAERIG"
```

Was heißt denn „wenn der dynamische Typ nicht zum Zieltyp passt"? Macht das Runtime-System einen Persönlichkeitstest?

Ja, sozusagen. Das bedeutet, dass die dynamischen Typen nicht zusammenpassen, nicht kompatibel sind und somit nicht aufeinander abgebildet werden können.

Es ist genau zu der Situation gekommen, die auftreten kann, wenn man versucht, einen Down-Cast durchzuführen. Es kann in die **Hose gehen**, wenn die dynamischen Typen nicht zueinander passen. Du könntest aber eine **virtuelle Windel** einbauen und zwar folgendermaßen.

*0 Eigentlich besprechen wir das Thema **Ausnahmebehandlung** erst in Kapitel 11. Ich denke aber, ein kleiner Vorgriff kann nicht schaden.

*1 Du kannst einen kritischen Bereich, in dem du vermutest, dass ein Fehler während der Laufzeit auftreten könnte, mit der Anweisung **TRY. ENDTRY** schützen. In diesem geschützten Bereich kannst du gezielt auf mögliche Fehler reagieren, die dir vom System durch Ausnahmen mitgeteilt werden.

```
* Geschützter Down-Cast
  TRY.*1
      gr_obergaerig ?= gr_bier.
    CATCH cx_sy_move_cast_error.*2
      WRITE: 'Das ging leider in die Hose'.*3
  ENDTRY.*4
```

*2 Die gezielte Reaktion wird bezüglich einer Ausnahme definiert und zwar mittels der Anweisung **CATCH <Ausnahme>.**

*3 Dann folgt die ausgewogene Fehlerbehandlung.

*4 Der Abschluss der Fehlerbehandlung wird mit **ENDTRY**. festgelegt. Kommt es zu einer Ausnahmesituation, wird vom System der **CATCH**-Abschnitt angesprungen, die Ausnahmebehandlung durchgeführt und KEIN Laufzeitfehler produziert.

Damit hast du auch die abgesicherte Möglichkeit kennengelernt, einen Down-Cast durchzuführen. Du bist gewappnet für alle Castings, die da kommen mögen.

Ab in die Pause!

[Belohnung/Lösung]

Kühlen und Anstellen

Die große Zeit der Hefe bricht an. Die kleinen Lebewesen sind aber ziemlich empfindlich und fühlen sich am wohlsten bei 20 °C. Soweit muss die Würze abkühlen.

1. 100 ml Würze entnehmen, die Trockenhefe auflösen und ½ bis 1 Stunde auf Lebenszeichen warten (Bläschen).
2. Hefe in den Bottich schütten und ca. eine Minute lang kräftig umrühren.
3. Deine Arbeit ist fertig, die Hefe ist an der Reihe und muss für die Gärung sorgen.
4. Such dir einen Lagerplatz für den Bottich, der um die 20 °C hat, und warte, bei nicht ganz geschlossenem Deckel (Kohlendioxid muss entweichen), zwei Wochen lang. Ich hoffe, so lange benötigst du nicht für den nächsten Abschnitt.

Abstrakte Klassen

Ohne jetzt zu abstrakt zu werden, möchte ich doch gerne etwas Konkretes besprechen, nämlich **abstrakte Klassen**. Diese geben dir die Möglichkeit, eine Klasse teilweise zu implementieren.

Wer implementiert dann die restlichen Methoden?

Die **Unterklassen der abstrakten Klasse** erledigen die Implementierungen. Das heißt, dass du nicht alle Methoden implementieren musst. Dies erkaufst du dir aber dadurch, dass du von einer abstrakten Klasse **kein Objekt instanziieren** kannst. Aber das ist möglicherweise genau der Grund, warum du eine abstrakte Klasse anlegst. Ein weiterer Grund für die Anlage einer abstrakten Klasse kann sein, dass du den Unterklassen der abstrakten Klasse etwas Arbeit abnehmen möchtest.
Als Beispiel für eine abstrakte Klasse könntest du dir die Klasse **Bier** vorstellen. Möglicherweise sollte diese nur als Grundlage für die Vererbung dienen, und du möchtest keine direkte Instanziierung der Klasse erlauben.

Endgültig aus! Jetzt kann keiner mehr einfach nur ein Bier bestellen, ohne über deine Unterklassen nachzudenken. Mann, Roland ...

Um eine Klasse oder eine Methode als abstrakt zu deklarieren, genügt es **bei lokalen Klassen,** das Schlüsselwort **ABSTRACT** hinter der Methode oder der Klasse anzuführen. Dabei gilt folgende Regel:

- Ist zumindest eine Methode der Klasse als abstrakt definiert, muss auch die Klasse als abstrakt gekennzeichnet sein.

```
CLASS lcl_bier DEFINITION ABSTRACT.*1
```

*1 Der Zusatz ABSTRACT macht aus einer Klasse eine abstrakte Klasse. Falls du den Zusatz ABSTRACT bei einer Methode verwendest, kannst du die Signatur der Methode festlegen, musst sie aber nicht implementieren. Das sollten dann die Unterklassen machen.

Im Fall einer globalen Klasse kannst du mithilfe der Eigenschaften **Inst.-Erzeugung** festlegen, dass diese abstrakt ist.

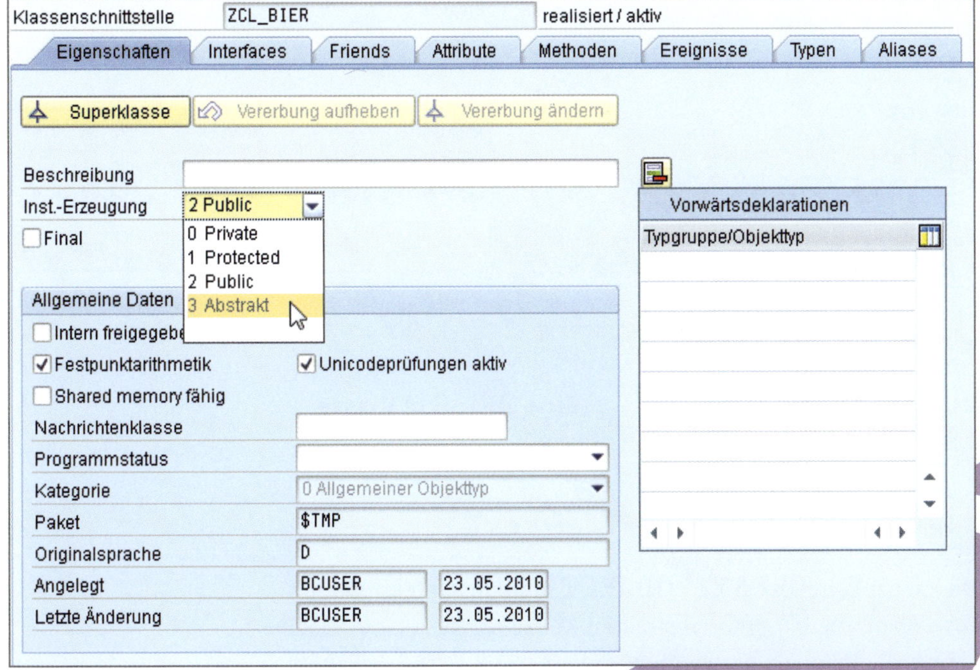

Die Klasse ist ab nun abstrakt.

Eine Methode kannst du mit den **Eigenschaften** der Methode als abstrakt definieren. Dazu setzt du auf dem Karteireiter **Methoden** den Fokus auf die gewünschte Methode und wählst auf die Drucktaste **Detailsicht**. Daraufhin erscheint ein Pop-up mit den Details (nonanet) zu deiner gewählten Methode. Die Checkbox **Abstrakt** gibt dir die Möglichkeit, die Methode als abstrakt zu kennzeichnen.

[Wörterbucheintrag]
nonanet: österreichisch für „iss ja sowieso klar"

[Einfache Aufgabe]

Setze die Klasse **zcl_bier** auf abstrakt.

Klassenschnittstelle ZCL_BIER realisiert / aktiv

Eigenschaften | Interfaces | Friends | Attribute | Methoden | Ereignisse

Parameter | Ausnahm...

Methode	Art	Sic
WRITE_STAMMWUERZE	Instanc	Pub
WRITE_VOLUMEN	Instanc	Pub
BRAUEN	Instanc	Pub
SET_ALKOHOLGEHALT	Instanc	Pub

Ändern Methode SET_ALKOHOLGEHALT

Objekttyp	ZCL_BIER
Methode	SET_ALKOHOLGEHALT
Beschreibung	SET_ALKOHOLGEHALT

Sichtbarkeit: Public (ausgewählt), Protected, Private

Methode: Statisch, Instanz (ausgewählt)

Abstrakt

Final

Ereignisbehandler für

Klasse/Interf.

Ereignis

Modelliert

Editorsperre

Aktiv

Angelegt	BCUSER	23.05.2010
Letzte Änderung (Def.)		
Letzte Änderung (Imp.)	BCUSER	23.05.2010

Ändern

Die Details zu einer Methode mit der Möglichkeit diese als abstrakt zu markieren.

Nun versuche, die Klasse **zcl_bier** bei der Deklaration einer Referenz zu verwenden und diese zu instanziieren.

```
DATA: gr_bier TYPE REF
TO zcl_bier.
CREATE OBJECT gr_bier.
```

Was passiert beim Syntaxcheck? Dieses mieselsüchtige System hat schon wieder etwas zu bekritteln. Es sagt, dass es das Objekt von dieser Klasse nicht anlegen kann: „**Das Erzeugen einer Instanz der abstrakten Klasse „ZCL_BIER“ ist nicht erlaubt**“.

Klare Sache, nonanet, gebongt! Die Klasse ist schließlich abstrakt!

Vollkommen korrekt. **Eine abstrakte Klasse kannst du nicht direkt instanziieren!**

Was meinst du mit direkt?

Du kannst kein **CREATE OBJECT** auf eine Objektreferenz anwenden, die mit einer abstrakten Klasse typisiert ist. ABER du kannst die Referenz verwenden, um einen Up-Cast durchzuführen. Das hast du schon gesehen.

Also wenigstens darf man überhaupt noch ein Bier bestellen. Nur nicht zu direkt. Super, Roland.

Einfach ein Bier bestellen geht nicht – zu abstrakt. Aber Schrödinger weiß sich zu helfen: „Ein obergäriges, bitte!" Und dann umschütten in ein ganz normales Bierglas: **Up-Cast.**

Regeln:

- Besitzt eine Klasse zumindest eine abstrakte Methode, ist sie eine abstrakte Klasse.
- Eine Klasse mit ausschließlich abstrakten Methoden könnte man als Interface bezeichnen. Das verstehst du erst nach dem nächsten Kapitel, oder?

Genug abstrahiert, ab ins Fitnessstudio oder zehn Runden der Katze mit zwei Packungen Milch (eine linke Hand, die andere rechte Hand) nachlaufen und beim Laufen mit den Armen Bizeps-Übungen machen.

[Notiz]

Übrigens kannst du eine Klasse als final markieren.
Eine **finale Klasse** kannst du nicht weiter verfeinern (spezialisieren). Mit dieser Einstellung wird verhindert, dass sich Unterklassen ableiten lassen. Ende, aus, Essig.

[Belohnung]

Speisezugabe und Schlauchen

Nachdem die Hauptgärung nach ca. zwei Wochen abgeschlossen ist, kannst du die Flaschen abfüllen, und dann solltest du lange 8-12 Wochen bis zum ersten Plopp warten.

1. Hol die Speise aus dem Kühlschrank, und lass sie neben dem Gäreimer für ein paar Stunden aufwärmen.
2. Speise in den Gäreimer zwecks Nachgärung. Das verursacht dann später den Plopp beim Öffnen und die Kohlensäure. Hoffentlich kein Zisch.
3. Abfüllen in die vorher ausgewaschenen Flaschen (da wäre ein Gärbottich mit Abfüllrohr praktisch), vier Finger breit unter den Flaschenrand.
4. Drei bis vier Tage noch bei ca. 20 °C lagern und dann kühl stellen und reifen lassen. Wie gesagt, 8-12 Wochen. Mein Tipp: Probier jede Woche eine Flasche und du schmeckst, wie das Bier reift!
   Wohl bekomms.

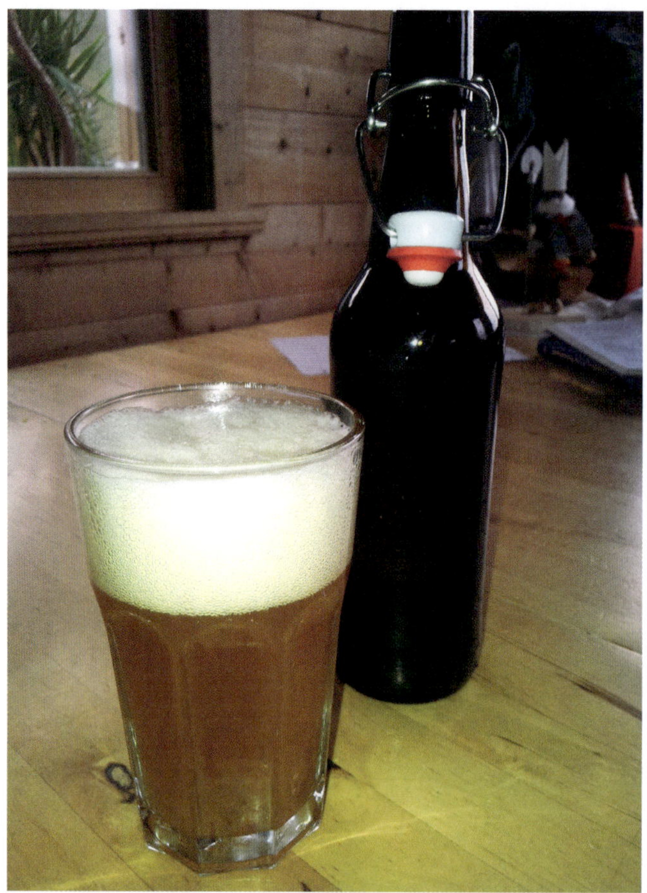

Das Ergebnis des wochenlangen Wartens!

—ZEHN—

Der Blick durch Interfaces

Keine Details bitte

„Man kann auch noch einen Schritt weiter gehen und die Implementierung von Methoden von deren Schnittstellendefinition trennen“, verkündet Roland und legt eine Kommunikationspause ein.

Schrödinger steht da,
der Mund ist offen, und er ist sich noch nicht
der Tragweite der Aussage bewusst.

Schizophrenie?  

Neulich hatte ich ein interessantes Erlebnis. Da hab ich bereits das zweite Mal wegen meiner **Backofentüre** bei der Hotline angerufen. Die fällt mir jedes Mal auf den Boden, sobald ich versuche, den Ofen zu öffnen. Das erste Mal, vor einigen Tagen, hatte ich einen wirklich sympathischen, zuvorkommenden, kompetenten Ansprechpartner. Ich war tatsächlich glücklich, dass ich die Hotline angerufen habe. Der Service war ausgesprochen unglaublich exzellent.

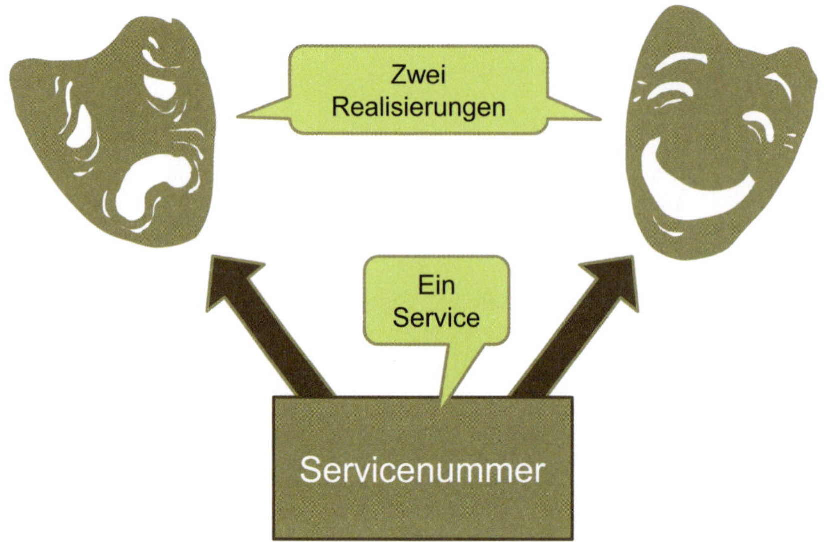

So unterschiedlich können Servicerealisierungen sein.

Gestern war es komplett anders. Ich hatte schon Angst, von der **Hotline-Polizei** verhaftet zu werden. Dieses Mal war der Ansprechpartner das genaue Gegenteil, kratzbürstig, unfähig und nicht ganz ausgeglichen – warum auch immer.

Was ist da interessant, das ist doch normal? Auch wenn du dieselbe Servicenummer anrufst, kannst du unterschiedliche Menschen erreichen, und die sind nun mal individuell.

Ja eh, das war ja auch nicht interessant. Interessant ist der Bogen, den ich zur Objektorientierung gespannt habe. Ich gebe zu, eine gewagte Bogenspanne.

Wo war da Objektorientierung? Ich mach mir Sorgen ob deiner Gespanntheit ...

Dieselbe Servicenummer und komplett unterschiedliche Umsetzung von Personen.

Bogenspanne 1: **gleicher Service, unterschiedliche Realisierung, da unterschiedliche Personen**.
Bogenspanne 2: **gleiche Methode, unterschiedliche Implementierung von unterschiedlichen Klassen**.
Und dann die Erkenntnis: **Interface mit implementierenden Klassen**.

Immer noch Bahnhof. Ist das Interface so etwas wie eine Servicebeschreibung einer Klasse?

Ja, genau! Eine Klasse kann einen **Service** anbieten, und das kann eine andere Klasse auch, nur die macht (= realisiert) es unter Umständen etwas anders. Fast wie in der freien Marktwirtschaft.

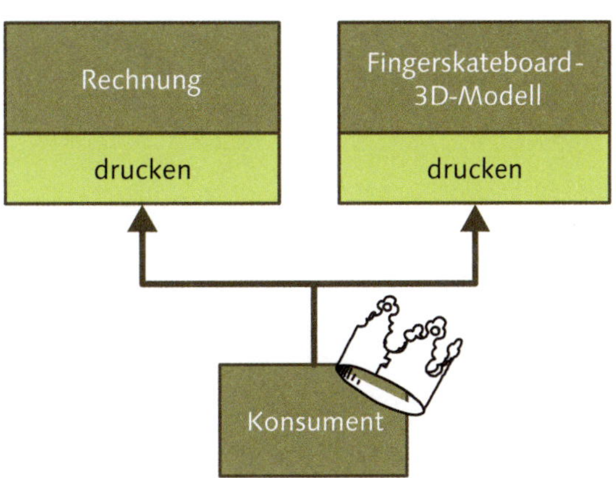

Ein Service mit unterschiedlichen Realisierungen. Für den Konsument zählt nur der Service, ohne sich für die Details zu interessieren.

Nimm zum Beispiel die Klasse **Rechnung** und die Klasse **Fingerskateboard-3-D-Modell**. Beide können den **Service drucken** anbieten, das wird sich jedoch fundamental in der Realisierung unterscheiden.

Aber ich sage zur **Rechnung** *bzw. zum* **Fingerskateboard-3-D-Modell** *nur, dass ich sie* **drucken** *möchte. Für mich ist da kein Unterschied, wie sie das für mich machen.*

Das ist das Coole daran. Du bist ja nur der **Konsument** des Service, und dir ist es egal, wie der Service umgesetzt wird. Ob das **Fingerskateboard-3-D-Modell** nun mit einem **3-D-Plotter** zusammenarbeitet und die **Rechnung** mit einem **Rechnungsschreibezwergerl,** kann dir vollkommen gleichgültig sein. Für dich ist nur der Service **drucken** relevant.

Die alternative Realisierung eines **drucken**-Service.

Roland, ich bin schon total motiviert. Was machen wir mit den Interfaces?

Also, das 3-D-Modell und die Rechnung sind zwei Klassen, die eine Methode mit der gleichen Signatur haben. Die sind eine superprima bequeme Schnittstelle für mich, ich sag immer nur „drucken!". Alles paletti, aber halt – was sind eigentlich Interfaces?

[Zettel]

Bevor es weitergeht: Überlege dir mal, was du von einer Katze und einer Suchmaschine erwartest, wenn du zu ihr „HOLE eine Maus" sagst. Dazu könntest du eine gebackene Maus verspeisen. (Anmerkung: Gebackene Mäuse sind ein Schmalzgebäck in Österreich.)

Lokal zum Einsteigen

Nachdem du geistig und körperlich gestärkt bist, können wir mit der Definition von Interfaces weitermachen. Eines vorweg: Steinig ist der Weg der Erkenntnis, speziell, wenn es um lokal definierte Interfaces geht! Zum Starten und Finger Aufwärmen kannst du das ausführbare Programm **zsch_010_search_it** anlegen. In diesem werden wir die Interfaces, Klassen etc. anlegen.

*Natürlich wird ein **lokales** Interface in einem Programm definiert, das weiß ich schon von den lokalen Klassen.*

Excelente! Ein **lokales Interface** definierst du tatsächlich so wie die lokalen Klassen in einem Programm. Und implementiert (wir sagen auch **angeboten**) wird es dann von einer Klasse.

Ein Interface kannst du dir vorstellen wie eine Klasse ohne **IMPLEMENTATION**-Teil, also nur mit **DEFINITION**-Teil. Das ist doch praktisch, viel weniger Arbeit. Nur definieren – zumindest vorerst. Damit das Ganze etwas konkreter wird, ein Beispiel zum **Suchen**. Das Interface **lif_search**, das die Services zum Suchen beinhalten wird, siehst du im Folgenden.

```
INTERFACE lif_search.*1
*...
ENDINTERFACE.*2
```

*1 Die Definition eines Interface wird mit dem Schlüsselwort INTERFACE eingeleitet, gefolgt vom Namen des Interfaces.

*2 Die Definition des Interfaces wird mit ENDINTERFACE abgeschlossen.

Lieber Im Freien
Loch Im Frack
Lesen Induziert Fantasie
???

[Einfache Aufgabe]

Eine ganz andere Frage zwischendurch. Welcher Typ bist du (bitte nicht lange überlegen, sondern spontan antworten):

A) Ohne alles

B) Mit nichts (österreichisch: Mit nix)

Wir werden später die Implementierungsvariante „Mit allem" kennenlernen.

LIF steht für Lokales InterFace.

Schnittig und definiert

Ein Interface kann Methoden, Attribute und weitere Elemente enthalten. Und die Definition dieser Elemente sieht tatsächlich so aus wie bei der Definition einer Klasse (Kapitel 8). Ein kleiner, aber feiner Unterschied besteht dennoch: Es gibt **keine Sichtbarkeitsdefinitionen**, also kein **PUBLIC**, **PROTECTED** oder **PRIVATE**.

[Schwierige Aufgabe]
Bitte füge die obige **lif_search**-Interface-Definition in das Programm **zsch_010_search_it** ein, und ergänze die Instanzmethode **get_it** in dieser. Die Methode hat den **IMPORTING**-Parameter **id_thing** vom Typ **string** und den **EXPORTING**-Parameter **et_things** vom Typ **stringtab**. Ein Instanzattribut **gd_things_count** vom Typ **i** wäre auch noch schön.

Und hier die Auflösung zur Definition der Methode und des Attributes in dem Interface:

```
REPORT  zsch_010_search_it.*1

* Interface zu Suchen
INTERFACE lif_search.*2
  METHODS get_it*3
    IMPORTING
      id_thing TYPE string
    EXPORTING
      et_things TYPE stringtab.
  DATA gd_things_count TYPE i.*4
ENDINTERFACE.*5
```

*1 Das lokale Interface **lif_search** definiert im ausführbaren Programm **zsch_010_search_it.**

*2 Hier starten wir die Definition des Interfaces. Dazu verwendest du das Schlüsselwort **INTERFACE**, gefolgt vom Namen des Interfaces. Für lokale Interfaces hat sich das Präfix **lif_** eingebürgert.

*3 Die Methode **get_it**, so wie jede andere Methode auch, wird mit **METHODS** definiert. Dahinter kommen die Parameter wie bei den lokalen Klassen. Erinnerst du dich noch an **CLASS-METHODS**? Die gibt es für die Interfaces auch. Also werden die Methoden, die mit **METHODS** definiert werden, dann zu Instanzmethoden in der Implementierung und die mit **CLASS-METHODS** zu Klassenmethoden.

*4 Die Instanzvariable **ld_things_count** deklarierst du mit **DATA**. Auch für die Variablen gibt es die bekannte Klassenvariante mit **CLASS-DATA**.

*5 Ende gut, alles gut durch **ENDINTERFACE**. Damit ist die Definition Interfaces abgeschlossen.

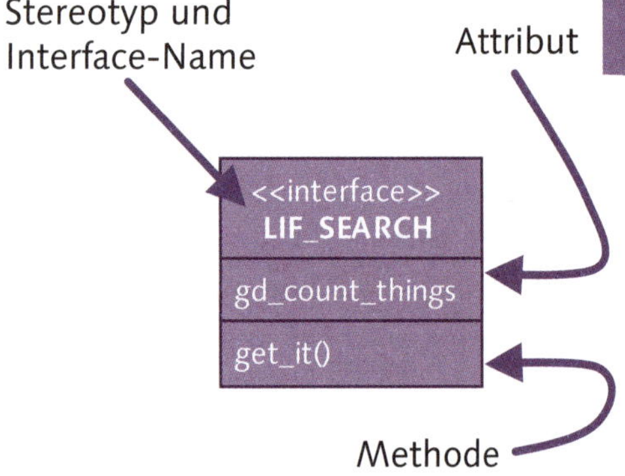

Ein Interface kann natürlich in der UML dargestellt werden. Dazu verwendet man das Stereotyp <<interface>>, das dazu dient, genauer zu bezeichnen, dass es sich um ein Interface und nicht um eine Klasse handelt. Unter dem Stereotyp steht der Name des Interfaces, und wiederum darunter findest du Attribute und Methoden, so wie bei der Klassenmodellierung.

Volles Risiko – alles oder nichts

Wie gesagt: Die Sichtbarkeit der Elemente des Interfaces ergibt sich durch die Implementierung des Interfaces in einer Klasse. In dieser ordnest du das Interface einem Sichtbarkeitsbereich (welchem glaubst du?) zu, und dadurch erben die Elemente des Interfaces die Sichtbarkeit.

Das ist fast zu einfach. Wo ist der Haken?

Das war nur die Erklärung zum **Definitionsteil** der Klasse. Es fehlt natürlich noch die Erklärung zum **Implementierungsteil**. In der Implementierung der Klasse musst du alle Methoden des Interfaces auflisten. Da herrscht das Prinzip „**Alles oder nichts**" oder laut Schwaiger „**Mit allem**" (jetzt kannst du nochmals überlegen, welcher Typ du bist). Wenn deine Klasse ein Interface implementiert (du könntest auch „anbieten" sagen), musst du **ALLE** Methoden implementieren, also im **IMPLEMENTATION**-Teil auflisten und mit deiner genialen Logik ausfüllen. Wobei der Methodenname in der Implementierung etwas eigenartig aussieht, aber das siehst du bald mit eigenen Augen.

That's it.

Zeit zum Finger schmutzig machen.

[Zettel]
Als kleine Pausenbeschäftigung und für den Durchblick könntest du dir ein Fernglas aus zwei Toilettenpapierrollen basteln oder einer Goldberg-Variation von Bach lauschen (www.opengoldbergvariations.org).

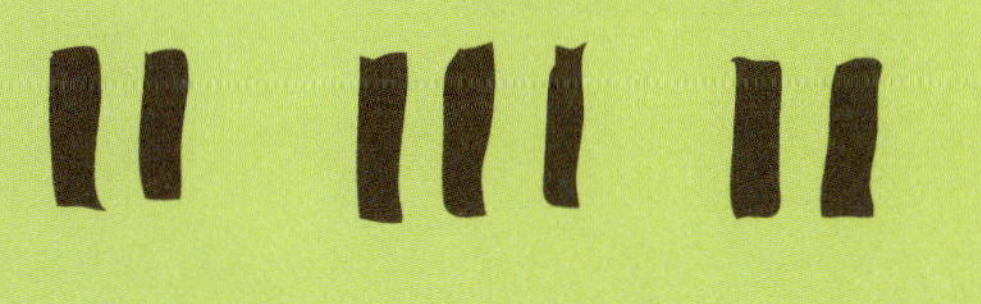

Klasse Zuordnung

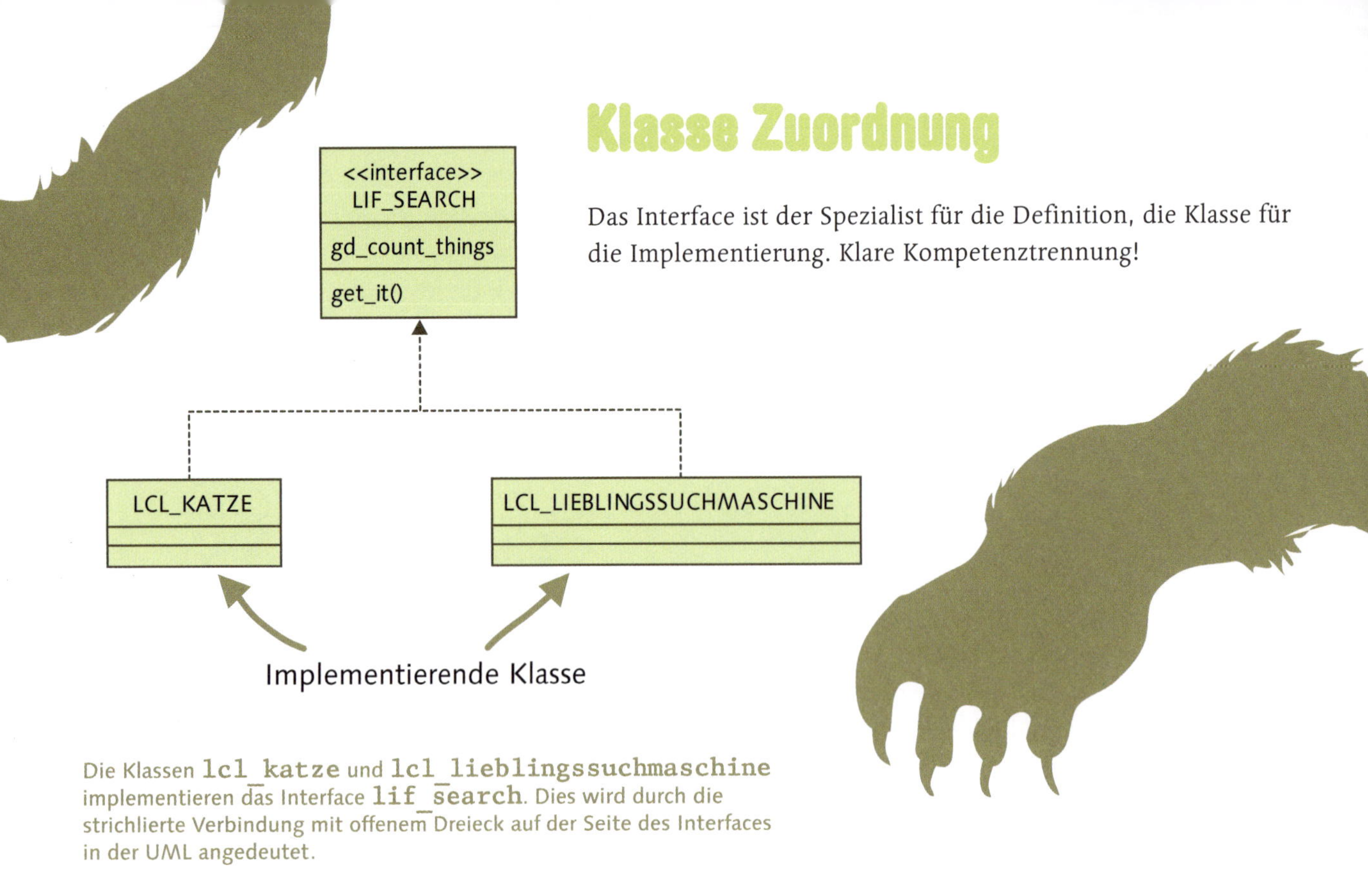

Das Interface ist der Spezialist für die Definition, die Klasse für die Implementierung. Klare Kompetenztrennung!

Die Klassen `lcl_katze` und `lcl_lieblingssuchmaschine` implementieren das Interface `lif_search`. Dies wird durch die strichlierte Verbindung mit offenem Dreieck auf der Seite des Interfaces in der UML angedeutet.

Aber genug des theoretischen Geplänkels, ein Beispiel bringt Klärung. Du kannst deine **Katze** oder **Lieblingssuchmaschine** trainieren, um Sachen zu holen. Zum Beispiel eine Maus oder eben eine Goldberg-Variation.

Meine Katze findet nur Sofas zum Zerkratzen!

Im **Definitionsteil** der Klasse wird das **Interface** dem **Sichtbarkeitsabschnitt zugeordnet**. Wenn wir uns kurz nochmal die Motivation für Interfaces aus dem **Stammhirn** in den **Neocortex** holen und feststellen, dass ein Interface die Möglichkeit darstellt, die **Serviceschnittstelle einer Klasse aus der Klasse herauszulösen**, ist wahrscheinlich klar, zu welchem Sichtbarkeitsbereich das Interface zugeordnet wird. Oder? Bitte den korrekten Sichtbarkeitsbereich ankreuzen bzw. ungültige streichen:

- ☐ **STANDARD SECTION**
- ☐ **PUBLIC SECTION**
- ☐ **PROTECTED SECTION**
- ☐ **PRIVATE SECTION**
- ☐ **RELAX SECTION**

Klasse Definition

Hast du das Rätsel gelöst? Ob du Recht hast oder nicht, zeigt dir gleich das erste Beispiel für das Kätzlein.

```
CLASS lcl_katze DEFINITION.*1
  PUBLIC SECTION.*2
    INTERFACES lif_search.*3
    METHODS: get_it.*4
  PROTECTED SECTION.
  PRIVATE SECTION.
ENDCLASS.
```

*1 Die Definition der Klasse **lcl_katze** wird durch **CLASS** eingeleitet und mit **DEFINITION** beendet. Alter Hut für die Kapitel 8 Kundigen.

*2 In der **PUBLIC SECTION** erfolgt die Auflistung der von der Klasse angebotenen Interfaces. Im Gegensatz zur Vererbung auf Klassenbasis kann eine Klasse **beliebig viele Interfaces** implementieren.

*3 Mit dem Schlüsselwort **INTERFACES** wird die Auflistung der Interfaces eingeleitet. Danach gibst du die zu implementierenden Interfaces an. Für das Kätzchen nur das Interface **lif_search**.

*4 Zum Drüberstreuen habe ich eine Methode eingefügt, die von der Klasse angeboten wird. Wie du siehst, ist sie namensgleich mit der **get_it**-Methode aus dem Interface. Das stört den Übersetzer aber nicht, da **get_it** einerseits im Interface definiert ist und andererseits in der Klasse. Das macht zwei unterschiedliche Namensräume.

[Achtung]

Falls du die Definition der Kätzchen-Klasse in das Programm einfügst, achte darauf, dass du dies NACH der Interface-Definition machst.
Frage: Warum?
Antwort: One-Way Parser!
Ausführliche Antwort: Der Übersetzer kann bei der Übersetzung immer nur auf im Lauf der Übersetzung gesammelte Informationen zurückgreifen. Wenn du in der Klasse **lcl_katze** das Interface **lif_search** verwendest, muss es dem Übersetzer bereits bekannt sein.

[Einfache Aufgabe]

Du bist an der Reihe: Füge die Definition der Klasse **lcl_lieblingssuchmaschine** ein. Diese Klasse soll das Interface **lif_search** implementieren.

Mir ist leider kein komplizierteres Beispiel eingefallen.
Übrigens habe ich bei meiner Lösung die in der Klasse definierte Methode **get_it** weggelassen.

```
CLASS lcl_lieblingssuchmaschine DEFINITION.
  PUBLIC SECTION.
    INTERFACES lif_search.
  PROTECTED SECTION.
  PRIVATE SECTION.
ENDCLASS.
```

Klasse Implementierung

Ich habe mal den Syntaxcheck aufgerufen und bekomme die Meldung, dass der IMPLEMENTATION-Teil fehlt. Dem Syntaxchecker entgeht aber auch gar nichts. Das kenne ich woher ...

Vorarbeiten ist die beste Chance, Fehler zu machen! Der beste Weg, um zu lernen. Du musst den **IMPLEMENTATION**-Teil der Klasse noch anlegen. Dort findet natürlich die Implementierung der Methoden statt. Frisch und froh nach dem „Mit-allem-Prinzip" musst du alle Methoden aus dem Interface implementieren.

```
CLASS lcl_katze IMPLEMENTATION.*1
  METHOD lif_search~get_it.*2
    DATA: ld_thing LIKE LINE OF et_things.
    CONCATENATE
      'Du suchst: '
      id_thing INTO ld_thing SEPARATED BY space.
    APPEND 'Ich bin es, die Katze' TO et_things.
    APPEND ld_thing TO et_things.
    APPEND 'Ich bringe dir sicher nichts!' TO et_things. *4
  ENDMETHOD.
  METHOD get_it.*3
* ...
  ENDMETHOD.
ENDCLASS.
```

*1 Der **IMPLEMENTATION**-Teil der Klasse wird durch **CLASS** eingeleitet.

Gääääähn!

*2 So, jetzt kommt die **eigenartige Syntax**. Zuerst der bekannte Teil. Mit **METHOD** wird die Implementierung der Methode eingeleitet. Danach kommt der Name des Interfaces, dann eine **Tilde** (~) und dann der eigentliche Name der Methode aus dem Interface. Abgeschlossen wird die Methode wieder durch ENDMETHOD.

*3 Im Gegensatz zur Methode **get_it** aus dem Interface kann die Methode **get_it** aus der Klasse wie gewohnt angegeben werden. Wenn du dich fragst: „Wozu brauche ich die Methode hier?", dann kann ich leider nur antworten: „Praktisch gar nicht, aber es zeigt dir, dass die Methode namensgleich mit der Interface-Methode **get_it** existieren kann!"

*4 Hier kommt deine Implementierung rein. Was hättest du denn gerne von deiner Katze, was soll sie bringen? Einen Stock? **APPEND 'Stockerl' TO et_things.** Einen Pantoffel? **APPEND 'Pantoffel' TO et_things.** Alles, was du dir wünschst!

Hast du es bemerkt? Hast du es gesehen? Und hat es dich gestört/verwundert/irritiert? Die Schlange, ich meine natürlich diese **Tilde** (~). Wofür ist die Tilde da? Ganz klar: Um einen **eindeutigen Namensraum** für Methoden zu definieren, die in der Klasse definiert sind, und namensgleiche Methoden im Interface! Wenn der Name des Interfaces nicht vor den Namen der Methode gestellt würde, hättest du keine Chance festzustellen, ob die Methode **get_it** aus der Klasse oder aus dem Interface betroffen ist.

Von Suchmaschinen und Tilden

[Einfache Aufgabe]

Du kannst dir schon denken, was jetzt kommt. Wie sieht der **IMPLEMENTATION**-Teil für die Lieblingssuchmaschine aus? Was liefert dir die Suchmaschine zurück? Kannst du den **IMPLEMENTATION** -Teil an einer beliebigen Stelle in deinem Programm einfügen?

Schau mal, Roland, ich hab etwas vorbereitet und damit die ganze Wand bemalt.

```
INTERFACE lif_unddafueristdiemethodeaus.
  METHODS: demifumeinkleinesstuecklaenger.
ENDINTERFACE.

CLASS lcl_hatnunendlichlangennamen DEFINITION.
  PUBLIC SECTION.
    INTERFACES: lif_unddafueristdiemethodeaus.
ENDCLASS.

CLASS lcl_hatnunendlichlangennamen IMPLEMENTATION.
  METHOD lif_unddafueristdiemethodeaus~demifumeinkleinesstuecklaenger.
  ENDMETHOD.
ENDCLASS.
```

Der Name der Methode ist ja länger als der Nil.

Die Tilde-Verknüpfung von Interface und Methodenname kann natürlich zu wahren Namensungetümen führen, die gefühlt unendlich lang sind, speziell zum Tippen. Da war die SAP gnädig mit uns und hat uns das Konzept der **Aliases** geschenkt. Damit kannst du den Namen auf eine erträgliche Länge kürzen.

```
CLASS lcl_hatnunendlichlangennamen DEFINITION.
  PUBLIC SECTION.
    INTERFACES: lif_unddafueristdiemethodeaus.
    ALIASES: kuerzer FOR lif_unddafueristdiemetho
deaus~demifumeinkleinesstuecklaenger.*1
ENDCLASS.
```

*1 Mit dem Schlüsselwort **ALIASES** kannst du einen Methodennamen definieren, der für dich passender als das **Tilde-Ungetüm** ist. Ich habe den Namen **kuerzer** gewählt.

Hast du gerufen?

Definieren und implementieren ist gut und recht und schön, wie kannst du aber eine Methode einer Interface implementierenden Klasse aufrufen? Bevor es so richtig losgehen kann, muss ich dir daher eine sehr private Frage stellen: **Verstehst du das?**

Dass du mir diese private Frage stellen musst?

Nein, ich meine das folgende Coding!

```
DATA: gr_schroedingers_katze TYPE REF TO lcl_katze, *1
      gt_things TYPE stringtab. *2

START-OF-SELECTION. *3
  CREATE OBJECT gr_schroedingers_katze. *4

  CALL METHOD gr_schroedingers_katze->lif_search~get_it*5
    EXPORTING
      id_thing  = 'Stockerl'
    IMPORTING
      et_things = gt_things.

  CALL METHOD gr_schroedingers_katze->get_it.*6
```

Wenn ich nach Zeilen und Methodenaufrufen antworten darf, dann

JA
JA
JA
JA
NÖ
JÖ
Warum?

Der kleine Implementierungsabschnitt zeigt dir unter anderem ein typisches Beispiel eines Methodenaufrufs über ein Interface. UND – **Danke für die ausführliche Antwort**. Ich erlaube mir, das von dir Gesagte nochmals für mich zum Verständnis ausführlich zu wiederholen.

*1 Die Objektreferenz **gr_schroedingers_katze** wird vom Typ **lcl_katze** deklariert. Die Klasse **lcl_katze** implementiert das Interface **lif_search**.

*2 Die interne Tabelle **gt_things** übernimmt die Rückgabe der Methode **get_it**.

*3 Ich empfehle dir, zumindest das Ereignis **START-OF-SELECTION** in dein ausführbares Programm einzufügen, damit die Laufzeitumgebung einen wohldefinierten Startpunkt findet.

*4 Das Erzeugen des Objektes, das mit der Objektreferenz **gr_schroedingers_katze** angesprochen wird, gehört schon zu deinem Standardrepertoire. Wahrscheinlich träumst du schon objektorientiert.

*5 Das ist spannend. Mithilfe der Objektreferenz **gr_schroedingers_katze** rufst du die Implementierung der Methode **get_it** auf, die im Interface **lif_search** definiert ist. Die Schnittstellenparameter sind gleich zu behandeln wie bei einem „normalen" Methodenaufruf. Damit will ich auf keinen Fall behaupten, dass Methoden aus Interfaces abnormal sind!

[Einfache Aufgabe]

Könntest du den Aufruf der Methode **get_it** verkürzen?

*6 Das ist schon so ein „normaler" Aufruf einer Methode, die in der Klasse definiert ist. Interessant ist, dass sich **get_it** aus dem Interface und **get_it** aus der Klasse nicht ins Gehege kommen.

[Einfache Aufgabe]

Implementiere den Aufruf **get_it** deiner Lieblingssuchmaschine.

Derweilen du programmierst, verschwinde ich für ein Minütchen. Viel Spaß!

Die vielen Gestalten der Methoden

Stellt dir mal vor, du willst deiner Katze und deiner Suchmaschine mitteilen, dass sie etwas holen sollen. ABER du willst beide gleich ansprechen. **Wie könntest du das machen?**

Beide implementieren dasselbe Interface, ansonsten haben sie nichts miteinander zu tun. Ich würde mal auf das Interface tippen.

Korrekt – mit dem Interface **lif_search** kannst du die Aufgabe elegant lösen. Stellen wir uns mal ganz dumm und versuchen, das meiner Großmutter zu erklären. Die Suchmaschine holt etwas, und die Katze holt etwas. Die Erste auf Knopfdruck und die Zweite nur, wenn sie Lust hat. Nachdem meine Großmutter nun nicht mehr da ist, sehen wir uns die Oma-Erklärung in ABAP an (die hat mir übrigens meine Oma kurz zuvor diktiert):

```
DATA: gr_schroedingers_maschine TYPE REF TO
        lcl_lieblingssuchmaschine, „ORef
      gr_schroedingers_katze TYPE REF TO lcl_katze, „ORef
     gr_search TYPE REF TO lif_search, „Interface-Referenz*1
      gt_things TYPE stringtab.

* Objekte instanziieren *2
CREATE OBJECT gr_schroedingers_maschine.
CREATE OBJECT gr_schroedingers_katze.
* Sprich mit der Suchmaschine
* ?-Cast
gr_search = gr_schroedingers_maschine.*3
gr_search->get_it(
  EXPORTING
    id_thing = 'Stockerl'
  IMPORTING
    et_things = gt_things ).*4
* Sprich mit der Katze
* ?-Cast
gr_search = gr_schroedingers_katze.*5
gr_search->get_it(
  EXPORTING
    id_thing = 'Stockerl'
  IMPORTING
    et_things = gt_things ).*6
```

*4 Die Methode **get_it** aus dem Interface, implementiert in der Suchmaschine, wird aufgerufen. Aus der Programmzeile **gr_search->get_it(...)** ist nicht mehr ersichtlich, auf welches Objekt die Interface-Referenz zeigt. Man könnte auch sagen, dass die **implementierende Klasse transparent ist**.

*5 Steh auf, nimm einen Stift, und passe das Bild bitte an die Situation nach der Zuweisung **gr_search = gr_schroedingers_katze** an. Welche Referenz verändert sich? Welche kommt dazu, welche weg?

*6 Nun findet der Aufruf natürlich für die Implementierung in der Katze statt. Eh klar!

[Einfache Aufgabe]

Was passiert hier? Zur Motivation nochmal Kapitel 9 ansehen. Wenn du an die Vererbung denkst, welcher Cast könnte das sein? Nachdem du das herausgefunden hast, was könnte hier passieren?

*1 Die erste bemerkenswerte Zeile im Programm ist die Deklaration der Interface-Referenz `gr_search`. Wie du siehst, kannst du eine Referenz auf ein Interface deklarieren, jedoch kannst du diese Referenz **NICHT** verwenden, um ein Objekt davon zu instanziieren. Dazu benötigst du eine Objektreferenz.

*2 Die Objekte für die Katze und die Suchmaschine werden angelegt.

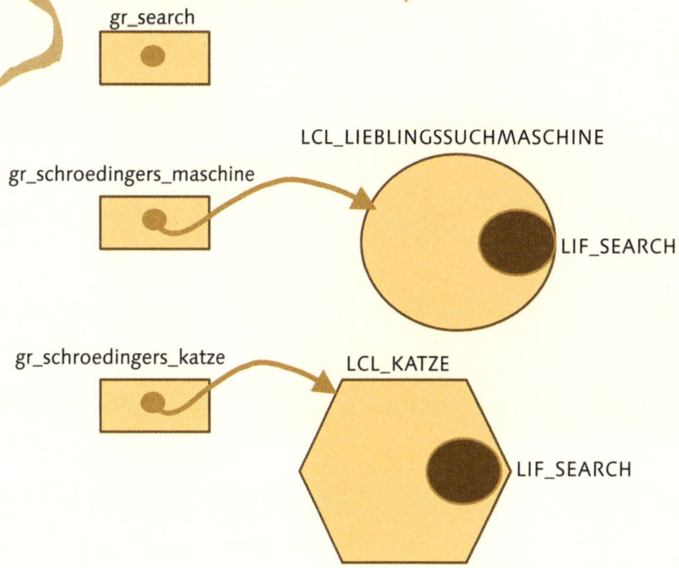

Die zwei Objekte werden angelegt und sind mit den Objektreferenzen `gr_schroedingers_maschine` und `gr_schroedingers_katze` ansprechbar. Wie du sehen kannst, implementieren beide Objekte das Interface `lif_search`.

*3 Jetzt kommt die Vorbereitung für das Aufrufen der Methode `get_it` aus dem Interface `lif_search`. Durch die Zuweisung `gr_search = gr_schroedingers_maschine` – das ist übrigens ein Up-Cast – zeigt die Interface-Referenz auf das Suchmaschinenobjekt. Der dynamische Typ der Interface-Referenz lautet nun `lcl_lieblingssuchmaschine`, der statische Typ lautet natürlich `lif_search`. **Warum ist der dynamische Typ wichtig?** Weil die Implementierung des dynamischen Typs für die Ausführung relevant ist. **Warum ist der statische Typ wichtig?** Dieser definiert, welche Elemente, zum Beispiel Methoden, angesprochen werden können. Das bedeutet, dass die Methode `get_it` aufgerufen werden kann, da diese im Interface definiert ist.

Die Interface-Referenz `gr_search` zeigt auf das Suchmaschinenobjekt, und damit ist die Implementierung der Methode `get_it` aus der Suchmaschine aufrufbar.

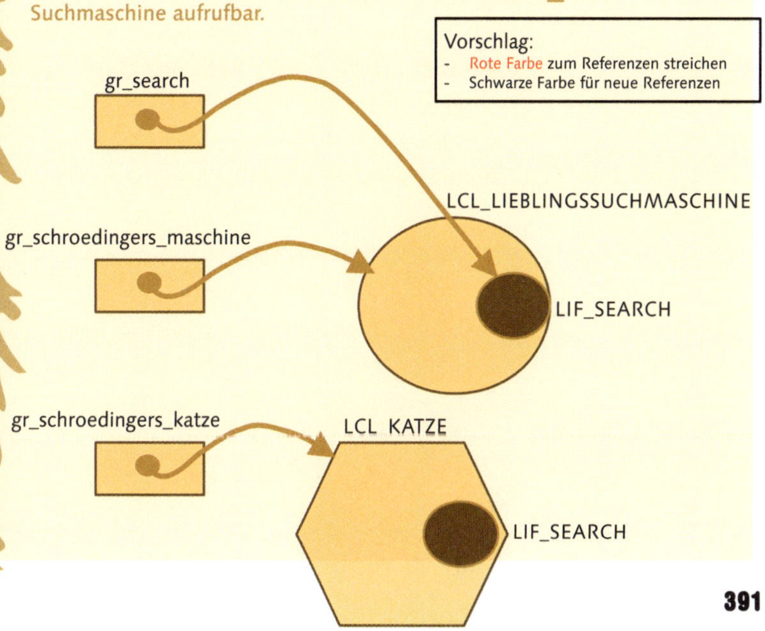

Puh, ein schönes Stück Arbeit.

Zeit, die **verspannten Nackenmuskeln** zu lockern. Such dir einen Punkt vor dir in der Ferne, und richte deinen Kopf auf. Visualisiere eine Objektreferenz in der Ferne. Neige den Kopf nach rechts zur rechten Schulter, so weit wie möglich. Hat sich die Referenz verändert? Neige den Kopf nach links zur linken Schulter. Falls es kracht, hast du die Übung richtig ausgeführt. Eine **krachende Referenz**, was willst du mehr?

[Zettel]

Hast du dich schon gefragt, ob es auch einen Down-Cast für Interfaces gibt?

Nö, ich hab mich gerade gefragt, ob Interface-Referenzen eigentlich richtige Objektreferenzen sind.

Zuerst die Antwort auf deine Frage:

Der statische Typ einer Interface-Referenz ist das Interface, das die Signaturen der Methoden festlegt. Der dynamische Typ eines Interface entspricht dem Typ, der der Interface-Referenz zugewiesen wurde. Somit ist eine Interface-Referenz eine Objektreferenz mit Filter, da über diese ausschließlich die im Interface definierten Methoden etc. ansprechbar sind.

Dann die Antwort auf meine Frage:

Ja, das gibt es! Vom Handling her verhält er sich genau so wie der Down-Cast von Objektreferenzen.

Globalisierung mit positiven Auswirkungen

Global ist ja mittlerweile ziemlich negativ belegt. Nicht so in der Entwicklung von Interfaces. **Globale Interfaces** stehen allen Entwicklern im SAP-System zur Verfügung, so wie die globalen Klassen oder Definitionen im ABAP Dictionary. Und globale Interfaces haben noch was Tolles: Es gibt für dich nicht viel Neues zu lernen.
Nachdem du das Thema der globalen Klassen total verinnerlicht hast, sind die globalen Interfaces für dich ein Klacks. Easy Cheesy. Einfach die **SE24** (Class Builder) starten, und schon bist du mitten drin. Falls du das empfohlene Namenspräfix `zif` für globale Interfaces verwendest, schlägt dir das System beim Anlegen des Interfaces bereits den Anlagetyp **Interface** vor. Die Karteireiter in der Detailpflege zum Interface sind alte Bekannte, die du schon kennst. **Schön, wenn man sich zu Hause fühlt.**

Lass uns doch das Interface `lif_search` für die Suche als globales Interface anlegen.

1. Ruf bitte die Transaktion **SE24** auf, und vergib den Namen für das globale Interface. Mein Namensvorschlag lautet: `zif_sch_10_search`.

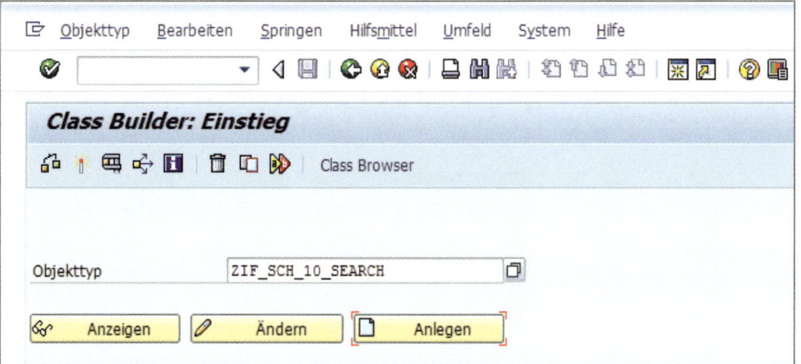

Die Einstiegsmaske in die SE24 mit dem vorgeschlagenen Namen für das Interface.

2. Drücke auf die Drucktaste **Anlegen**, um in den Anlagedialog zu wechseln.

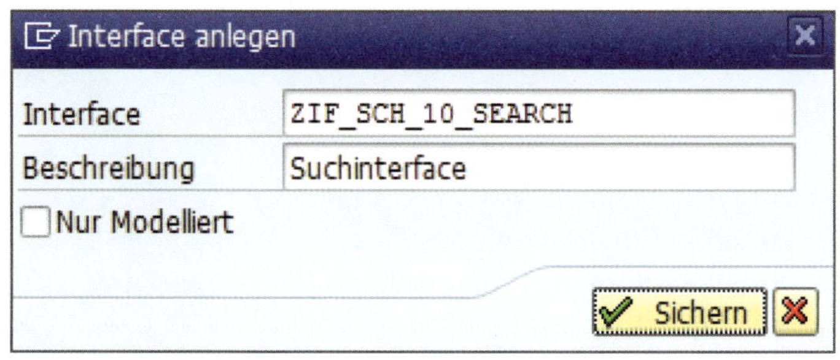

Das System schlägt dir die Anlegemaske für Interfaces vor, nachdem du das Präfix `zif` gewählt hast.

3. Die Drucktaste **Sichern** bringt dich schon in die Detailpflege. Nicht ganz. Vorher musst du noch beantworten, in welchem Paket du das Interface ablegen möchtest. Ich verwende wie immer **$TMP**, also lege ich das globale Interface als lokales Objekt an.

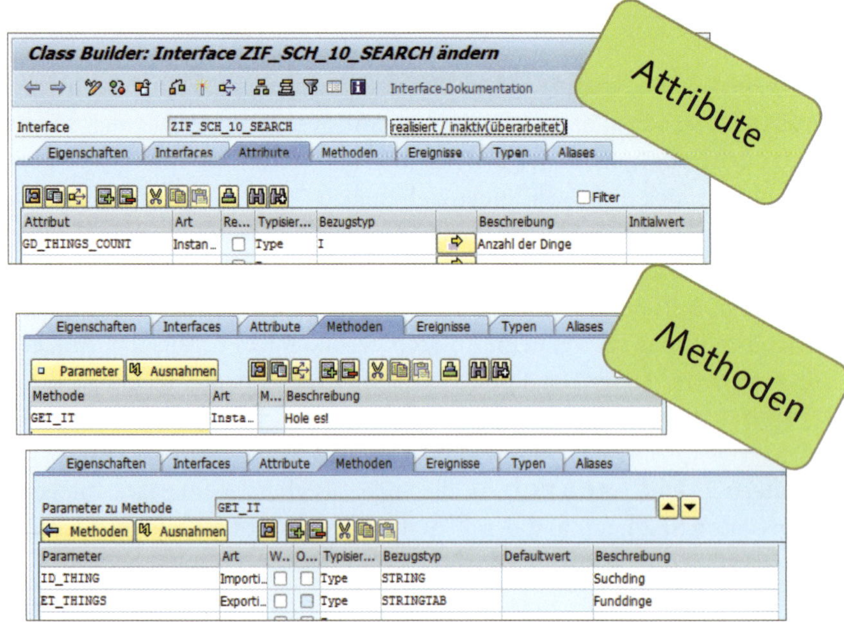

Die Karteireiter zur Pflege der Elemente sind dir schon alle von den globalen Klassen bekannt. Ich habe keine Kosten und Mühen gescheut, um dir speziell die Karteireiter für die Attribut- und Methodenpflege zu zeigen. Auf ein kleines Detail möchte ich dich hinweisen und mit einer Frage verknüpfen: Wo ist die Spalte für die Sichtbarkeit? Bis auf dieses niedliche Detail – nichts besonders, wie du siehst.

Du legst auf dem Karteireiter **Attribute** das Instanzattribut **`gd_things_count`** vom Typ **`i`** an und vergibst dafür eine beschreibende Beschreibung. Danach wechselst du auf den Karteireiter **Methoden** und legst dort die Methode **`get_it`** mit den Formalparametern Importing **`id_thing`** vom Typ **`string`** und Exporting **`et_things`** vom Typ **`stringtab`** an.

4. Jetzt noch sichern und aktivieren. Fertig ist das globale Interface!

[Hintergrundinfo]

Du kannst auch Interfaces zusammensetzen, indem du auf dem Karteireiter Interfaces ein anderes Interface angibst. Das ist so, als ob du in deine Haustür noch eine Katzentür einbaust. Verwendet werden die zusammengesetzten Interfaces zum Beispiel bei der Definition des Interfaces für den **COMPONENTCONTROLLER** einer Web-Dynpro-Component. Das kannst du dir später zuhause im Web-Dynpro-Kapitel 14 ansehen.

Darf ich dich auf einen Cocktail einladen? Passend zum Thema global den **Global Warmer:**

6 zerrissene Minzblätter
¼ Anteil DeKuyper Tropical Mango-Likör
1½ Anteile Lime Sour Mix
½ Anteil DeKuyper Triple Sec Likör
1½ Anteil Basil Hayden's Bourbon
Zier-Minzblättchen
Ziel-Limettendoppelhelix
Alle Zutaten in den Cocktail-Shaker, kräftig shaken, in das Cocktailglas und mit der Zierde verzieren.

[Einfache Aufgabe]

Nun kannst du statt des lokalen Interface **`lif_search`** das globale Interface **`zif_sch_10_search`** in deinem Programm verwenden. Ersetze einfach alle **`lif_search`**-Vorkommen durch **`zif_sch_10_search`**.

Wohl bekomms! Ich bleib beim Bier.

Global klasse Implementierung

So wie du bei lokalen Klassen die zu implementierenden Interfaces in der Definition der Klasse auflistest, machst du es auch bei den globalen Klassen, nur eben etwas komfortabler. Auf dem Karteireiter **Interfaces** gibst du den Namen des zu implementierenden Interface an und schwuppdiwupp siehst du die im Interface definierten Attribute, Methoden etc. auf den entsprechenden Karteireitern in der Klasse. Aber irgendetwas ist anders, was?

Das könnten wir doch für die Katze ausprobieren.

Gesagt, getan.

1. Starte die Transaktion SE24 (Class Builder), und gib den Namen der globalen Klasse ein, Namensvorschlag **`zcl_sch_10_katze`**. Drücke die Taste **Anlegen**.

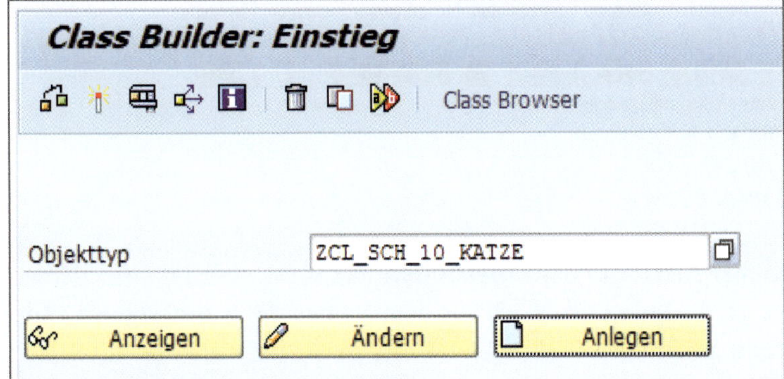

Die globale Katze anlegen.

Anlegen Klasse ZCL_SCH_10_KATZE

Klasse	ZCL_SCH_10_KATZE
Beschreibung	Globale Katze
Inst.-Erzeugung	Public

Klassentyp
- (•) Gewöhnliche ABAP-Klasse
- ( ) Ausnahmeklasse
  - [ ] mit Nachrichtenklasse
- ( ) Persistente Klasse
- ( ) Testklasse (ABAP Unit)

[✓] Final
[ ] Nur Modelliert

Sichern

2. Im Folgebild pflegst du die Beschreibung und wählst den Klassentyp **gewöhnliche ABAP-Klasse**. **Sichern** als lokales Objekt nicht vergessen!

Details zur Katze pflegen.

3. Und schon bist du wieder in deinem Wohnzimmer. Alles schon gesehen bis auf den Karteireiter **Interfaces**. Wechsle auf den Karteireiter **Interfaces**, und trage dort das Interface `zif_sch_10_search` ein.

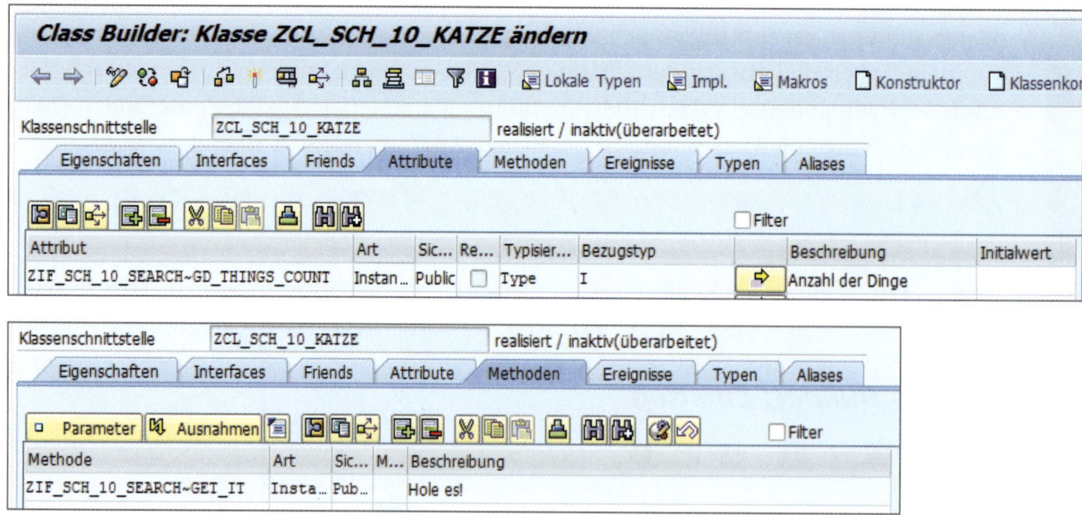

Da ist wieder die Tilde-Notation.

4. Wenn du auf den Karteireiter **Attribute** bzw. **Methoden** wechselst, siehst du die Elemente, die vom Interface kommen. Der Name der Elemente setzt sich aus dem Namen des Interfaces mit Tilde und dem eigentlichen Namen des Elements zusammen.

5. Wenn du die Methode implementieren möchtest, wechselst du auf den Karteireiter **Methoden** und klickst doppelt auf den Namen der Methode, also `zif_sch_10_search~get_it`. Dann kannst du dich ausleben. Ein kleines Beispiel von mir.

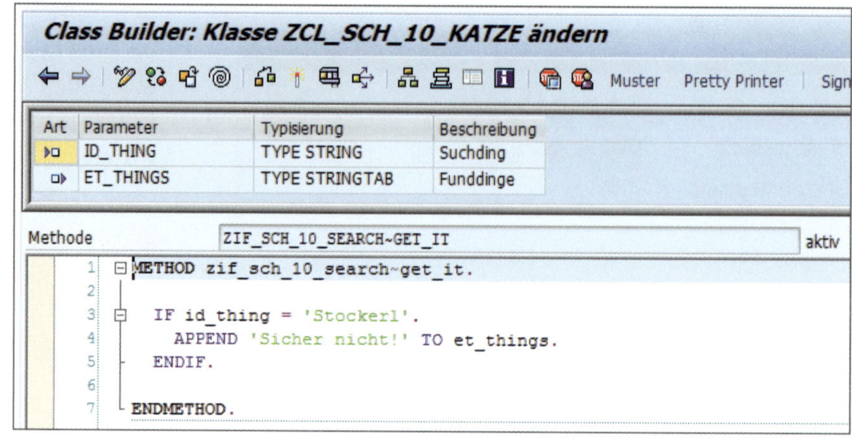

Eine typische Reaktion einer Katze, wenn sie das Stockerl holen soll.

6. Sichern, aktivieren, verwenden!

Damit sind wir mit den Interfaces durch. Bravo, wacker geschlagen, ohne viel zu jammern! So kann es weitergehen. Falls du Lust hast, kannst du im Internet noch über Interfaces nachlesen, sind nur ungefähr 712.000.000 Artikel zu finden. Viel Spaß dabei.

Singleton-Party

Bevor ich dich endgültig zur Internetrecherche entlasse, habe ich noch ein Thema, dem du als angehender ABAP-Guru immer öfter begegnen wirst. **Strickmuster für Entwickler** (englisch: Design Patterns, deutsch: Entwurfsmuster).

Drei glatt, zwei verkehrt?

Ein **Design Pattern** ist ein **Lösungsansatz** für immer wiederkehrende **Entwicklungs-Aufgabenstellungen**. In diesem Bereich **haben sich 1994 Erich Gamma, Richard Helm, Ralph Johnson und John Vlissides** – auch als Gang of Four (GoF) bezeichnet – hervorgetan, indem sie das Buch **„Design Patterns. Elements of Reusable Object-Oriented Software" publizierten**.

Ein konkretes Beispiel eines Design Patterns ist das **Singleton Pattern**. Es stellt sicher, dass zur Laufzeit nur ein Objekt einer bestimmten Klasse existiert. Dies kann zum Beispiel verwendet werden, um Zugriffe auf ein zentrales Datenmodell zu kontrollieren, wie von der SAP in **persistenten Objekten** oder dem **Business Object Layer** (BOL) eingesetzt. Bei der Implementierung des Singleton Patterns kannst du aus dem Vollen schöpfen – deinem vollen Kopf. Einige spannende Aspekte sind:

- Einschränkung der Instanziierbarkeit von Klassen
- Mischung von Klassen- und Instanzaspekten

[Zettel]
Das Singleton Design Pattern erfreut sich größter Beliebtheit unter den Entwicklern. Aus meiner Sicht hauptsächlich deswegen, weil es sehr einfach zu kommunizieren ist.

LCL_SINGLETON
-GR_INSTANCE: LCL_SINGLETON
+GET_INSTANCE(): LCL_SINGLETON +EINE_INSTANZ_METHODE()

Der frei wählbare Name des Singletons lautet in meinem Beispiel `lcl_singleton`, da ich die Singleton-Klasse lokal entwickeln möchte.

[Begriffsdefinition]
Wichtig für die Klasse ist, dass sie nur **privat instanziierbar** ist. Das bedeutet, dass nur die Klasse von sich selbst ein Objekt anlegen kann. Super Schutz gegen willkürliche Instanziierung von außen! Das private statische Attribut **`gd_instance`** wird die Referenz auf das Singleton-Objekt halten. Mit der öffentlichen statischen Methode **`get_instance`** kannst du die Referenz auf das Singleton von außen holen. Die öffentliche Instanzmethode **`eine_methode`** ist nur ein Beispiel für eine Methode, die du dann über das Singleton aufrufen kannst.

Mithilfe der öffentlichen statischen Methode **get_instance** sollte der Verwender die Referenz auf das Objekt ermitteln können. Und das sollte auch der einzige Weg sein. Keine direkte Instanziierung der Singleton-Klasse, kein öffentliches Attribut. Wie könntest du das lösen?

Also, wenn du mich um Rat fragst, werde ich dir natürlich helfen. Zuerst lege ich die Klasse an, dann deklariere ich die Referenzvariable, dann definiere ich die Methode, und in der Implementierung erzeuge ich das Objekt und liefere es zurück. Die Details überlasse ich dir.

Das klingt ja schon ziemlich souverän. Und wie gesagt, die Details übernehme ich. Ich zeige dir mal die lokale Klasse **lcl_singleton** und erkläre dir dazu ein wenig. Wie bereits erwähnt, der Name ist nur ein Beispiel und könnte auch lcl_protokoll, lcl_haartrockner oder lcl_waschmaschine sein, oder eben ganz anders.

```
CLASS lcl_singleton DEFINITION CREATE PRIVATE.*1
  PUBLIC SECTION.
    CLASS-METHODS: get_instance
               RETURNING
               value(rr_instance) TYPE REF TO lcl_singleton.*2
    METHODS: eine_instanz_methode.*3
  PROTECTED SECTION.
  PRIVATE SECTION.
    CLASS-DATA: gr_instance TYPE REF TO lcl_singleton.*4
ENDCLASS.
CLASS lcl_singleton IMPLEMENTATION.
  METHOD get_instance.
* Falls das Objekt noch nicht exisitiert
    IF gr_instance IS NOT BOUND.*5
      CREATE OBJECT gr_instance.
    ENDIF.
* Zurück damit
    rr_instance = gr_instance.
  ENDMETHOD.                    "get_instance

  METHOD eine_instanz_methode.*6
* Hier passiert etwas Passendes für das Singleton
```

*1 Die Definition der Klasse wird dich eher langweilen, der Zusatz **CREATE PRIVATE** sollte jedoch ein kleines Stirnrunzeln hervorrufen. Mit diesem Zusatz legst du fest, dass nur die Klasse von sich selbst ein Objekt instanziieren kann. Rundumschutz sozusagen.

*2 Die öffentliche statische Methode **get_instance** liefert die Referenz auf das Singleton-Objekt zurück. Die Methode selbst ist als funktionale Methode ausgeprägt, daher der **RETURNING**-Parameter.

*3 Die öffentliche Instanzmethode **eine_instanz_methode** habe ich zur Veranschaulichung definiert. Damit siehst du später, wie über das Singleton eine Methode aufgerufen werden kann. Nur so nebenbei: Jetzt war ich gerade in der Werkstatt. Ich glaube, das Buch widme ich meinem Auto. Da war ja alles kaputt ...

*4 Das private Klassenattribut **gr_instance** wird nach dem Aufruf der Methode **get_instance** die Objektreferenz beheimaten. Wichtig ist, dass das Attribut als privat deklariert wird, dadurch kann es nicht von außen verwendet werden.

*5 Die Implementierung der Methode **get_instance** ist ziemlich einfach. Zuerst überprüfe ich, ob das Attribut **gr_instance** bereits eine gültige Referenz beinhaltet. Falls nicht, dann anlegen und auf alle Fälle zurückgeben über den **RETURNING**-Parameter. Was geschieht beim nächsten Aufruf der Methode **get_instance**?

```
  ENDMETHOD.                    "eine_methode
ENDCLASS.
* Einfaches Sigleton
  DATA: gr_singleton TYPE REF TO lcl_singleton.*7

* Geht das?
*  CREATE OBJECT gr_singleton.*8
* Die Instanz ermitteln
  gr_singleton = lcl_singleton=>get_instance( ).*9
* Eine Methode aufrufen
  gr_singleton->eine_instanz_methode( ).*10
```

*7 Ein Weg, das Singleton zu verwenden, besteht darin, eine Objektreferenz zu deklarieren, die mit dem Typ des Singletons typisiert ist.

*8 Geht das? Kannst du das Singleton direkt instanziieren? Anmerkung des Autors: Diese Frage wird nur gestellt, um sicherzugehen, dass alle noch munter sind ;-)

*9 Mithilfe der Methode **lcl_singleton=>get_instance()** wird die Referenz ermittelt. Du übernimmst einfach die Referenz. Die Ermittlung ist die Aufgabe des Singeltons.

*10 und zu guter Letzt noch eine Verwendung des Singletons. Der Aufruf einer „Nutzmethode".

Damit ist mein Sendungsbedürfnis erfüllt, und du bist auf die nächste Singleton-Party bestens vorbereitet.

Eine kleine Belohnung.

Das Objekt existiert dann schon, also nur Rückgabe der Referenz. Trara!

*6 Da kommt deine Implementierung rein, je nachdem, was du von deinem Singleton gerne hättest. Die Waschmaschine starten? Die Daten von der DB lesen? Einen Kuchen backen?

Exakt, das ist der entscheidende Punkt in der Implementierung. Es wird immer die Referenz auf dasselbe Objekt zurückgeliefert.

eigener Herd – Goldes wert

—ELF—

Ausnahmen

Das Kapitel für Feiglinge

„Fehlerbehandlung ist für Feiglinge!
Das ist ja so, als ob ich beim Nudelkochen die Nudeln koste,
ob sie al dente sind oder nicht!"
Schrödinger hält nichts von Ausnahmebehandlungen.
Bis zum ersten Zwischenfall: als seine Freundin sich
über klebrige und zerkochte Nudeln beschwerte.

Ausnahmsweise behandelt

Programmierer lieben den „**Lucky Case**". Alles läuft so, wie geplant. Wunderbar, wie geschmiert, eitle Wonne. So wie im wirklichen Leben. **Alles läuft immer perfekt.**

Null Problemo – alles ist gut.

Wovon sprichst du? Also ich führe ein Murphy-Leben. Bei mir geht immer alles schief, was schiefgehen kann.

[Hintergrundinfo]

Murphys Gesetz (Murphy's Law) geht auf den US-amerikanischen Ingenieur Edward A. Murphy zurück und beschreibt eine Erkenntnis über menschliches bzw. systemisches Versagen: „Alles, was schiefgehen kann, wird auch schiefgehen."

Um ehrlich zu sein, bei mir ist es auch so. Es treten permanent **Situationen** auf, solche, die im **Lucky Case** nicht vorkommen sollten. Es scheint fast so, als ob **diese Situationen** etwas **Grundlegendes** in komplexen Systemen darstellen. Dann lass uns doch „das Schiefgehen" **zum Prinzip erheben** und als solches als etwas Positives akzeptieren. Und damit wir ein schönes Wort für „das Schiefgehen" haben, nennen wir es **Ausnahme**.
Und jetzt alle gemeinsam und laut: „**Ausnahmen sind super und normal**. Wir lieben Ausnahmen, sie sind die Würze der Programmierung. Ausnahmen sind das Normale an der Programmierung, und wir werden ab jetzt in Ausnahmen denken!"

Fühlt sich an wie in einer Ausnahmen-Sekte.

Da Ausnahmen etwas Normales sind, sind in ABAP tatsächlich schon einige Vorbereitungen dafür getroffen. Ausnahmen können sowohl **implizit** von der ABAP-Laufzeitumgebung (Paradebeispiel ist die Division durch 0. Überlege mal, was x/0 für dich ergibt. Gehe dabei Stückchen für Stückchen mit x gegen 0.) als auch **explizit** in einem ABAP-Programm **ausgelöst** werden. Mit „explizit" bist du gemeint, wie du noch erkennen wirst.

Nicht jede Ausnahme bedeutet eine schlechte Nachricht.

Dann unterscheiden wir noch zwischen **behandelbaren** und **nicht behandelbaren** Ausnahmen. Im Fall einer **behandelbaren Ausnahme** kannst du auf die Ausnahme reagieren und damit das Programm fortführen. Falls du nicht reagierst, führt das zu einem Laufzeitfehler.
Nicht behandelbare Ausnahmen, wie zum Beispiel ein falsches Datum in der Datenbank, kommen von der Laufzeitumgebung, und da kannst du leider nicht drauf reagieren. Diese führen **immer** zu einem **Laufzeitfehler**. Dennoch können wir dieser Situation auch etwas Gutes abgewinnen: Wir haben nichts zu tun.

Eine kleine Geschichte der Ausnahmen

Wir als **Softwarehistoriker** sind natürlich an der geschichtlichen Entwicklung der **Ausnahmekonzepte** in ABAP interessiert.

Ooch, können wir für die Geschichte nicht in die Kneipe gehen?

Nein, ich will dir dabei gleich am Bildschirm was zeigen. Am aktuellen System! ABAP ist nämlich *total kompatibel:* Jedes historische ABAP-Konzept ist heute noch gültig.

- Begonnen hat alles mit einem sehr einfachen Konzept. Die Ausführung einer Operation führt dazu, dass ein **Systemfeld** mit einem **Ergebniswert** der Operation belegt wird. Der Name des Systemfeldes lautet **`sy-subrc`** und ist in der Systemstruktur **`syst`** definiert. Schau doch mal mit der Transaktion **SE11** (ABAP Dictionary) in die Struktur **`syst`**.

Total wichtiges Systemfeld **sy-subrc**. Das steht für Unterfunktion Rückgabewert oder **sub**(function)**r**(eturn)**c**(ode).

- **Der Wert wird durch die Laufzeitumgebung vergeben**. Ein Beispiel für eine Operation wäre **`SELECT`**. Falls **`sy-subrc`** den Wert **0** nach dem Aufruf von **`SELECT`** hat, dann war der Aufruf erfolgreich, ansonsten nicht.

Roland, woher weißt du das? Eingebung?

☛ **Eine berechtigte Frage.** Die **Doku** liefert Details zu den Ausprägungen von **sy-subrc**. Am einfachsten rufst du die Hilfe aus dem ABAP Editor auf, indem du den Cursor-Fokus auf das Schlüsselwort setzt - also zum Beispiel **SELECT** - und dann per **F1**-Taste die Hilfe startest.

ABAP-Schlüsselwortdokumentation

- ABAP - Schlüsselwortdokumentation
  - ABAP - Übersichtsartikel
  - ABAP - Referenz
    - ABAP-Syntax
    - Programmaufbau
    - Eingebaute Typen, Datenobjekte ur
    - Deklarative Anweisungen
    - Objekte erzeugen
    - Programmeinheiten aufrufen und ve
    - Programmablaufsteuerung
    - Zuweisungen
    - Interne Daten verarbeiten
    - Benutzerdialoge
    - Externe Daten bearbeiten
      - ABAP Datenbankzugriffe
        - Open SQL
          - Open-SQL - Arbeitsbereic
          - Open SQL - SAP-Pufferun
          - SELECT
            - SELECT - result
            - SELECT - source
            - SELECT - target
            - SELECT - cond
            - SELECT - group
            - SELECT - group_cond
            - SELECT - sort_key
            - ENDSELECT
          - OPEN CURSOR
          - INSERT dbtab

SAP NetWeaver™ ABAP Documentation

ABAP-Schlüsselwortdokumentation

- Trefferliste der Indexsuche
  - Sprachelemente
    - SELECT, ABAP-Anweisung
    - SELECT, WHERE - subquery
    - FOR SELECT, OPEN CURSOR
    - OPEN FOR SELECT, EXEC SQL
    - SELECT-OPTIONS, ABAP-Anweisung
    - SELECT-OPTIONS, SELECTION-SCREEN EXCLUDE
    - SELECT-OPTIONS, SELECTION-SCREEN INCLUDE
  - Obsolete Sprachelemente
    - SELECT - short form, obsolete ABAP-Anweisung

SELECT

bei Beendigung der Schlei... ed
Abschnitt Schleifen verlas... be

Bis auf den Zusatz INT... w. A
Daten in welcher Form ... der D
Datenbankschnittstelle ... die Pr
übergeben. Die Daten ... den pa
aktuellen Applikation... ver trans
Angaben im Zusa... o bzw. A

Systemfelder

Die Anweisung **SELECT** setzt die Werte der Systemfelder **sy-subrc** und **sy-dbcnt**.

sy-subrc	Bedeutung
0	Die Anweisung **SELECT** setzt **sy-subrc** bei jeder Wertübergabe an ein ABAP-Datenobjekt auf 0. Außerdem setzt **SELECT sy-subrc** vor dem Verlassen einer **SELECT**-Schleife über **ENDSELECT** auf 0, wenn in der Schleife mindestens eine Zeile übergeben wurde.
4	Die Anweisung **SELECT** setzt **sy-subrc** auf 4, wenn die Ergebnismenge leer ist, d.h. keine Daten auf der Datenbank gefunden wurden.
8	Die Anweisung **SELECT** setzt **sy-subrc** auf 8, wenn der Zusatz **FOR UPDATE** in **result** verwendet wird, ohne dass der Primärschlüssel vollständig hinter **WHERE** spezifiziert wird.

Die Anweisung **SELECT** setzt **sy-dbcnt** nach jeder Wertübergabe an ein ABAP-Datenobjekt auf die Anzahl der bis dahin übergebenen Zeilen. Wenn die Ergebnismenge leer ist, wird **sy-dbcnt** auf 0 gesetzt.

Hinweise

- Außerhalb von Klassen kann die Angabe des Zielbereichs mit **INTO** bzw. **APPENDING** weggelassen werden, falls hinter **FROM** eine einzelne Datenbanktabelle bzw. ein einzelner View statisch angegeben ist und falls mit der Anweisung **TABLES** ein Tabellenarbeitsbereich **dbtab** für die

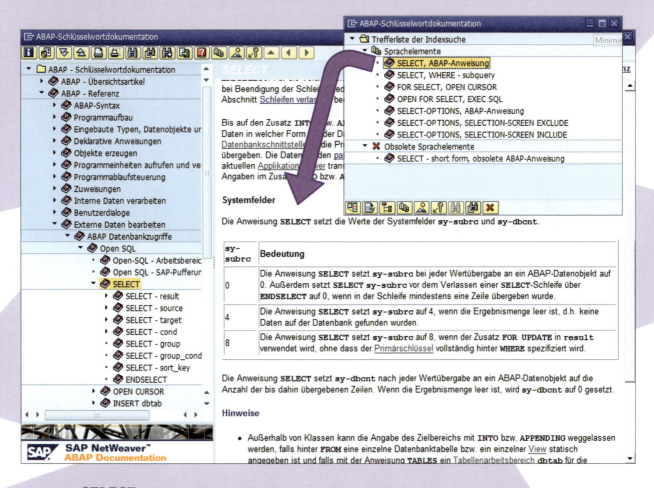

Die Hilfe zu **SELECT** erreichst du über die **F1**-Tastenübersicht per Doppelklick. Im Abschnitt Systemfelder findest du unter anderem die Ausprägungen von **sy-subrc**.

[Einfache Aufgabe]

Suche in der Hilfe nach den möglichen Ausprägungen von **sy-subrc** für die **LOOP**-Anweisung. Welchen Wert hat **sy-subrc**, falls die Schleife nicht durchlaufen wird? Hast du noch andere Systemfelder entdeckt?

- Der **sy-tabix**, den du entdeckt hast, ist ein praktischer Geselle. Er zeigt dir den aktuellen Index beim Schleifendurchlauf an.
- Das Feld **sy-subrc** werden wir uns später noch genauer ansehen.
- Obwohl **sy-subrc** den ABAP-Entwicklern so richtig in Fleisch und Blut übergegangen ist oder möglicherweise genau deshalb, hat sich jemand gedacht: Was ist, wenn in einem meiner **Funktionsbausteine** eine **Ausnahme** auftritt. Wie kann der Aufrufer über die Ausnahme informiert werden? Das Laufzeitsystem kennt doch nicht die Ausnahmesituationen in meinem Funktionsbaustein? Obwohl die Fragestellung sehr kompliziert anmutet, hast du sicher bereits die Lösung für dich entdeckt: In der **Schnittstelle des Funktionsbausteins** wird ein spezieller Abschnitt mit Namen **EXCEPTIONS** eingefügt. Über diesen kann der Funktionsbaustein mitteilen: **Hoppala, da ist etwas passiert!** Der Aufrufer reagiert auf das Hoppala und wertet das Systemfeld **sy-s...c** (bitte ergänze die fehlenden Buchstaben) nach dem Aufruf des Funktionsbausteins aus.

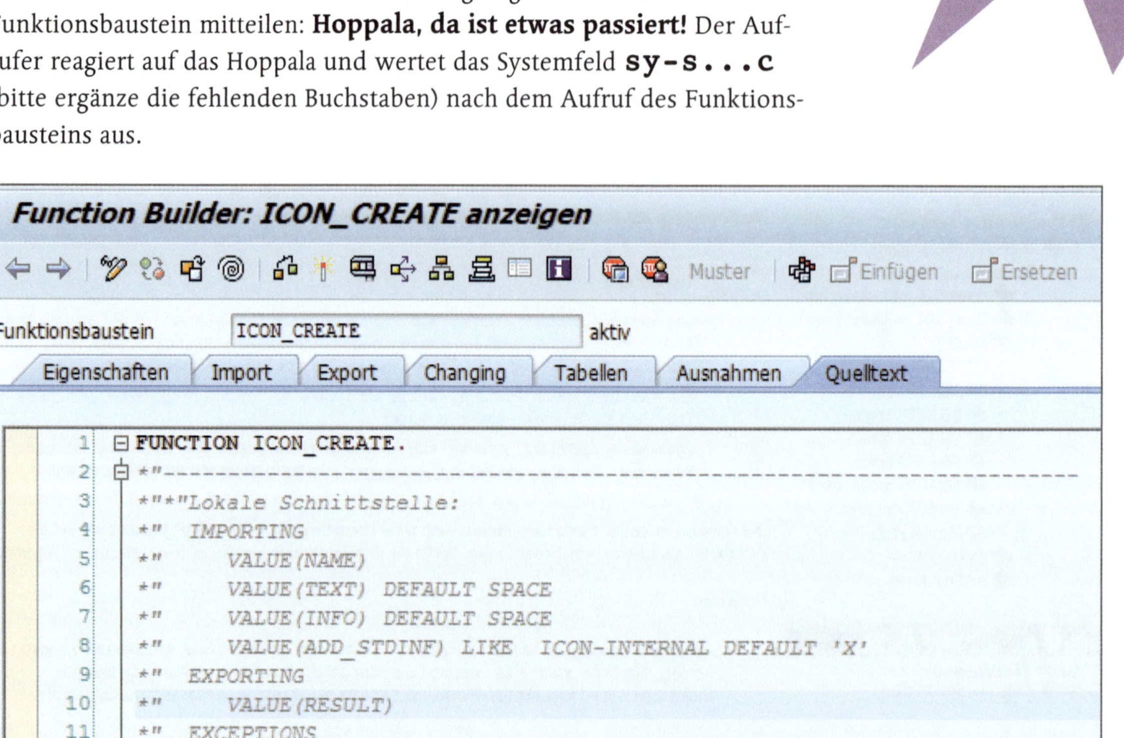

Ausnahmen zum Aufrufer weiterreichen. Die möglichen Ausnahmen **ICON_NOT_FOUND** und **OUTPUTFIELD_TOO_SHORT** werden dem Aufrufer des Funktionsbausteins vom Funktionsbaustein mitgeteilt.

- Die Entwicklung der Ausnahmen schritt zügig voran. Der nächste Schritt der Ausnahmehistorie bestand darin, Schlüsselwörter zu definieren, die es ermöglichen, **kritische Bereiche zu „klammern"** und abfangbare Laufzeitfehler vom Laufzeitsystem behandeln zu lassen. Das Schlüsselwort **CATCH SYSTEM-EXCEPTIONS** beginnt die Klammerung. **END SYSTEM-EXCEPTIONS** beendet die

Klammerung. Hinter der einleitenden Klammer kannst du Namen von **Ausnahmen** und **Ausnahmegruppen** angeben, die semantisch zusammengehörige Laufzeitfehler gruppieren. Dabei ist die Auflistung immer in Pärchen anzugeben: **Ausnahme1 = Wert1 Ausnahme2 = Wert2, ..., OTHERS = WertN.**

- Und dann kam die **Objektorientierung**. **Die machte alles anders**. Auf einmal ist der arme kleine **sy-subrc** nicht mehr wichtig und wurde durch **Ausnahmeklassen** abgelöst.

Ausnahmeklasse: Was für ein mächtiges Konzept im Vergleich zum **sy-subrc**.

- Falls in einer Methode/einem Unterprogramm/einem Funktionsbaustein eine Ausnahme auftritt, **wirft** die Methode/das Unterprogramm/der Funktionsbaustein **eine Ausnahme,** und der **Aufrufer** fängt diese, leitet diese weiter oder behandelt sie. Ab zur Behandlung in den Ausnahme-Behandlungsraum.

Ich fühl mich selbst schon wie eine steingewordene Ausnahme. Das muss ich mir nochmal durch den Kopf gehen lassen, aber schoooooooon langsam.

Nochmal langsam: Mit SY-SUBRC. Ausnahmewert wird gesetzt ...

Schrödinger pflanzt sich, um zu rekapitulieren, wie die Ausnahmen ausgelöst und wie sie behandelt werden. Er nimmt sich erst mal den Weg über sy-subrc vor, das Urgestein der Ausnahmebehandlung.

Tritt eine Ausnahme auf, wird sie einfach in den Sand geschrieben, äh nein, in **sy-subrc**. Die einfachste Technik der Ausnahmebehandlung betrifft die Reaktion auf den Ausgang einer ABAP-Operation, zum Beispiel **READ TABLE** oder die **LOOP**-Anweisung. Mit Ausgang meine ich den Wert des Systemfeldes sy-subrc. Im Allgemeinen könnte man sagen: Falls der Wert ungleich 0 ist, dann ist etwas faul.

[Achtung/Vorsicht]

Falls der Wert des Feldes **sy-subrc** nach einer Operation den Wert **ungleich 0** hat, besteht **Handlungsbedarf. Zumindest solltest du dir sicher sein, dass ein Wert ungleich 0 keine negativen Auswirkungen auf deinen Programmerfolg hat.** Zum Beispiel wurde bei **READ TABLE** kein Wert gefunden oder der **LOOP** nicht durchlaufen.

[Einfache Aufgabe]

Aufgabe: Suche in der Doku für die Operation **READ TABLE** die möglichen Ausprägungen von **sy-subrc**. Kannst du dabei noch weitere Systemfelder entdecken?

... und von dir behandelt

Um eine Ausnahme zu finden, muss man selbst in sy-subrc schauen, ob da etwas steht. Aber fix, bevor die nächste Operation es verwischt und etwas anderes dort hineinschreibt.

Wie kannst du auf diese Ausnahmesituation reagieren, also in der der Wert von **sy-subrc** ungleich 0 ist? Die Behandlung einer solchen Ausnahme folgt immer einem gewissen gleichbleibenden Muster:

```
* Hier ist die Operation, die den sy-subrc-Wert beeinflusst,
* z. B. ein SELECT
* Dann kommt die Behandlung
IF sy-subrc = 0. „Alles OK*1
* Hier kommt deine Reaktion auf ein glückliches Ereignis
ELSEIF sy-subrc = 1. "Hier ist etwas faul*2
* Hier kommt die Reaktion auf eine Ausnahme
* hier folgen weitere ELSEIFs, je nach Ausprägung von sy-subrc
ENDIF.
```

*1 Das bevorzugte Mittel für den Behandlungsabschnitt ist die **IF**-Anweisung. Sehr oft findest du ein **IF – ELSE – ENDIF** zur Behandlung. Im IF- oder ELSE-Zweig werden alle Werte ungleich 0 gemeinsam behandelt. **ACHTUNG**: Die Behandlung sollte sofort nach der Operation einsetzen, die den **sy-subrc**-Wert setzt, da sonst möglicherweise eine andere Operation den Wert von **sy-subrc** beeinflusst.

*2 Dann kannst du je nach **sy-subrc**-Ausprägung deine Behandlungen durchführen.

[Einfache Aufgabe]

Aber natürlich kannst du auch gerne eine **CASE**-Anweisung verwenden. Probiere das mal!

Was ich mich schon die längste Zeit frage, ist, ob du das wieder sehr persönlich nimmst: Wie reagierst du in der Realität auf Ausnahmesituationen? Mach mal eine Liste, drei Situationen sind ausreichend.

Ausnahme-Realität	Strategie

Fertig? Du wirst möglicherweise feststellen, dass deine Ausnahmebehandlungsstrategien aus dem Alltag sich mit deinen Strategien bei der Programmierung decken.

It's RAISING man, hallelujah.

Blöd ist, wenn man schon angefangen hat, Kuchen zu backen und dann merkt, dass die Zutaten fehlen. Das erinnert Schrödinger an die nächste Art, Ausnahmen zu behandeln. Da kriegt man Bescheid, was alles passieren kann und wonach man also gucken muss. Das hat Schrödinger im Prinzip kapiert, jetzt will er den Code sehen:

ROOOLAND!

Ja, bitte? Ja, ich zeig's dir, aber Achtung:

das ist total OLD SCHOOL.

Ausnahmen melden ...

Funktionsbausteine und Methoden können dem Aufrufer Ausnahmen (**EXCEPTIONS**) senden.

Dazu müssen die Funktionsbausteine und Methoden

1. die **Ausnahme** in der Schnittstelle mit dem Schlüsselwort **EXCEPTIONS definieren,**
2. die **Ausnahme** im Code **auslösen**. Das kannst du entweder mit dem Schlüsselwort **RAISE <Name der Exception>**, oder du kombinierst es mit einer Nachricht **MESSAGE ... RAISING <Name der Exception>**.

Ein kleines Beispiel gefällig? Der Funktionsbaustein **ICON_CREATE**, der den symbolischen Namen eines Icons übernimmt (zum Beispiel **ICON_CREATE**) und dafür die technische Bezeichnung zurückliefert (zum Beispiel **@3U\Q@**). Den Funktionsbaustein kannst du zum Beispiel für das Setzen von Drucktasten- oder Status-Icons auf dem Dynpro zur Laufzeit verwenden.

[Schwierige Aufgabe]

Ruf den Funktionsbaustein **ICON_CREATE** in einem Programm deiner Wahl auf. Suche dir einen symbolischen Namen eines Icons mithilfe der Transaktion ICON aus.
Wenn du dir den Funktionsbaustein in der SE37 (Function Builder) genauer ansiehst, kannst du in der Implementierung zwei Stellen finden, die Ausnahmen auslösen: **RAISE ICON_NOT_FOUND und RAISE OUTPUTFIELD_TOO_SHORT.** Wenn du in der Testumgebung der SE37 einen Namen für ein Icon angibst, das nicht bekannt ist, zum Beispiel „Schrödinger", dann antwortet der FuBa mit der Ausnahme ICON_NOT_FOUND.

[Einfache Aufgabe]

Teste den Funktionsbaustein **ICON_CREATE** in der Testumgebung der SE37. Die Testumgebung findest du nach dem Aufruf der SE37 mithilfe der Drucktaste Testen/Ausführen (F8).

... und behandeln

Du konvertierst also schön langsam zum Feigling, Okay. Eine wunderbare Eigenschaft für einen Entwickler. Dann bist du reif, in deinem Programm die **Behandlung der Ausnahme** einzubauen. Das machen wir jetzt in kleinen Schritten mit **Stolperfallen**. Ich habe das Programm **zsch_011_fuba** angelegt und im ABAP Editor mithilfe der Drucktaste **Muster** den Aufruf des Funktionsbausteins eingebaut.

```
REPORT  zsch_011_fuba.*1

DATA: gd_result TYPE string.*2

START-OF-SELECTION.
  CALL FUNCTION 'ICON_CREATE'*3
    EXPORTING
      name = 'Schrödinger'
   IMPORTING
```

*1 Das Programm zsch_011_fuba dient als Testrahmen für den Feigling-Modus.

*2 Der Funktionsbaustein **ICON_CREATE** liefert dir den technischen Namen eines Icons. Diesen Namen speichern wir in der Variablen **gd_result**.

*3 Der Aufruf des Funktionsbausteins sieht so aus, wie ihn die Musterfunktionalität erzeugt hat.

```
    RESULT                  = gd_result
* EXCEPTIONS
*   ICON_NOT_FOUND          = 1
*   OUTPUTFIELD_TOO_SHORT = 2
*   OTHERS                  = 3
.
```

Du könntest das Programm direkt starten, um es zu testen (F8).

Umpf, Laufzeitfehler! Ich habe die Ausnahme nicht behandelt ... Danke, Roland!

Noch schlimmer, wir haben die Ausnahmen beim Aufruf komplett ignoriert und sogar auskommentiert. Da rächt sich das Laufzeitsystem. Das sollten wir ausbessern. Dekommentiere den **EXCEPTIONS**-Abschnitt, also auch die drei aufgelisteten Ausnahmen, und implementiere nach dem Aufruf das Behandlungsmuster.

```
REPORT  zsch_011_fuba.

DATA: gd_result TYPE string.

START-OF-SELECTION.
  CALL FUNCTION 'ICON_CREATE'
    EXPORTING
      name                  = 'Schrödinger'
    IMPORTING
      RESULT                = gd_result
    EXCEPTIONS*1
      icon_not_found        = 1*2
      outputfield_too_short = 2*2
      OTHERS                = 3.*3
  IF sy-subrc = 0.*4
    WRITE: / 'Yippieh, alles ok'.
  ELSEIF sy-subrc = 1.
    WRITE: / 'Leider Icon nicht gefunden'.
  ELSEIF sy-subrc = 2.
    WRITE: / 'Leider war ich bei der Definition der',
```

*1 Nun ist der **EXCEPTIONS**-Abschnitt einsatzbereit. Die möglichen Ausnahmen im Funktionsbaustein sorgen dafür, dass **sy-subrc** mit dem zur Ausnahme passenden Wert belegt wird.

*2 Die in der Funktionsbaustein-Schnittstelle definierten Ausnahmen werden einzeln von dir oder der Musterfunktionalität aufgelistet und erhalten einen Wert ungleich 0. Warum nicht 0?

*3 Die **OTHERS**-Exception übernimmt das Aufsammeln aller nicht explizit aufgelisteten Ausnahmen. So wie ein großer Ausnahmenstaubsauger.

*4 Die Behandlung der Ausnahme sollte sofort hinter dem Funktionsbaustein oder der Methode beginnen, damit der Wert von **sy-subrc** nicht verfälscht wird.

```
          'Ergebnisvariable nicht vorsichtig genug'.
ELSE.*5
  WRITE: / 'Was da wohl passiert ist? ',
          'Auf alle Fälle eine Ausnahme'.
ENDIF.
```

*5 Im **ELSE**-Zweig hab ich die Behandlung von **OTHERS** angesiedelt. Du kannst das natürlich nach deinem Geschmack verändern. **IF sy-subrc = 3** …

So, jetzt ist alles in Ordnung. Falls eine Ausnahme auftritt, schmiert das Programm nicht ab, sondern der passende Text wird ausgegeben.

[Belohnung]

Schön langsam wird es Zeit für eine Pause. Nachdem die Ausnahmen so ein Knaller sind, könntest du dir ja einen falten. Die Instanzierung eines Knallers in der Realität.

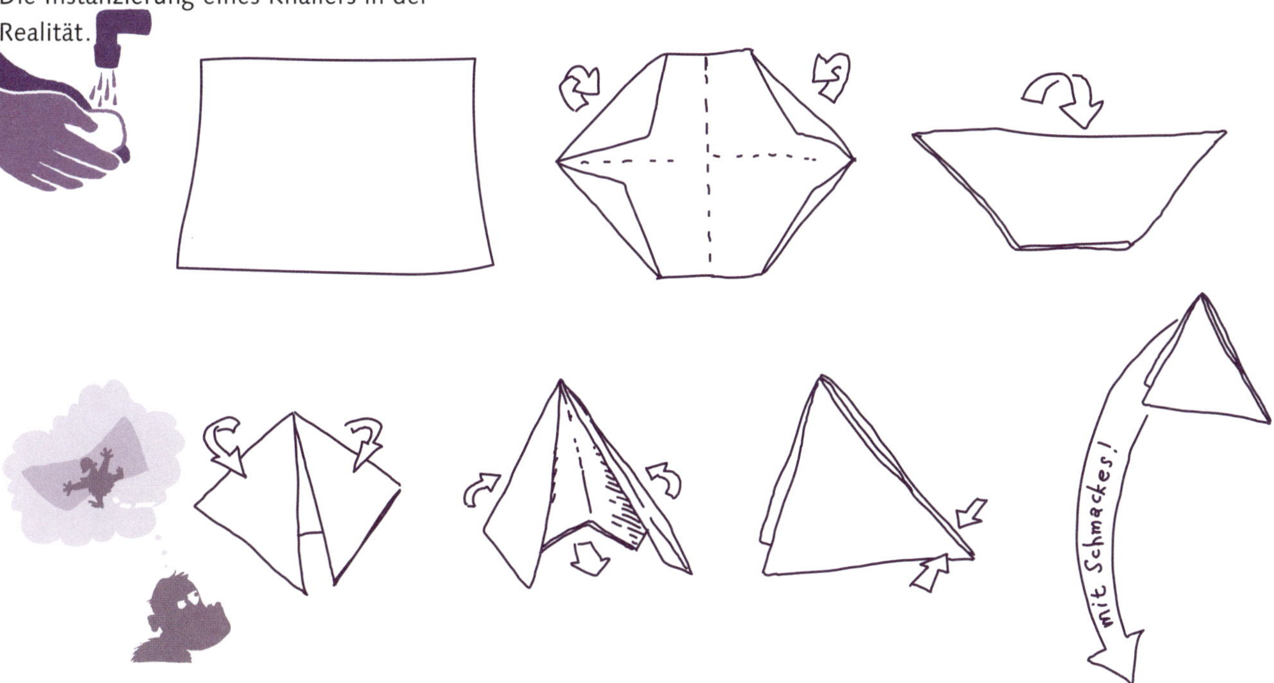

Der Knaller: Du beginnst von links oben mit dem jungfräulichen Blatt Papier. Dann Breit- und Längsseite in der Mitte und die Ecken zur Mittellinie falten. Im nächsten Schritt über den Mittelfalz klappen (sollte ein Trapez ergeben, falls du bis jetzt sauber gearbeitet hast). Nächste Zeile, nächstes Bild: Die Trapezspitzen nach unten klappen. Letzter Faltschritt: Die Spitzen links und rechts nach hinten klappen. Fertig ist der Kracher. Und jetzt kannst du es so richtig krachen lassen. Drücke die zwei losen, zu dir zeigenden Spitzen zusammen und zieh mit deinem kräftigsten Schwung von oben nach unten. KNALL!!!!

The Catcher in the System

Schrödinger möchte zum Üben auf dem Sofa noch ein paar Ausnahmen behandeln. Aber der Schwaiger Roland kommt schon wieder mit einer besseren Idee.

Hey, ich habe doch gesagt, das ist total old school. Das üben wir jetzt nicht lange. Ich zeige dir gleich, wie man kritische Bereiche im Programm markiert. Du klebst dann nicht mehr nur am Ausgang einer Operation, sondern kannst ganze Programmabschnitte klammern und auf deren Ausgang reagieren.

Ausnahmen melden (mit Nummern) ...

Das Programmkonstrukt **CATCH SYSTEMS-EXCEPTIONS** ... **ENDCATCH.** dient zur Klammerung von kritischen Bereichen. In der Einleitung **CATCH SYSTEMS-EXCEPTION** werden **abfangbare Laufzeitfehler** oder **Ausnahmegruppen** angegeben und ihnen Zahlenwerte zugeordnet, also so:

```
CATCH SYSTEM-EXCEPTIONS [exc1 = n1 exc2 = n2 ...]
[OTHERS = n_others].*1
* Hier kommt deine Implementierung mit dem kritischen
* Bereich
ENDCATCH.*2
```

*1 Die Pärchen **exc = n** kannst du wie beim Aufruf eines Funktionsbausteins interpretieren. Links die Ausnahme, rechts der zugewiesene Wert. **OTHERS** dient als Sammelbecken aller auftretenden Ausnahmen, die nicht explizit aufgelistet werden. Die möglichen Laufzeitfehler bzw. Ausnahmegruppen findest du in der Hilfe, die du ganz einfach über die F1-Hilfe erreichst, direkt aus dem ABAP Editor heraus. Tippe einfach **CATCH** im Editor, platziere den Cursor auf **CATCH**, und drücke die F1-Taste. Ein Beispiel für eine Ausnahme ist **BCD_ZERODIVIDE,** und die dazu passende Ausnahmegruppe lautet **ARITHMETIC_ERRORS**.

*2 ENDCATCH markiert das Ende des kritischen Bereichs.

[Zettel]

Solltest du 0 auch als Zahlenwert verwenden?

0 wähle ich natürlich nicht. Das steht ja für den reibungslosen Ablauf. Frage: Könnte die Ausnahmegruppe für alle Ausnahmen in der Gruppe verwendet werden?

Ja, genau. Tritt eine Ausnahme aus der Gruppe auf, erhält **sy-subrc** den Wert, der der Ausnahmegruppe bei **CATCH SYSTEM-EXCEPTIONS** zugewiesen wurde. Wenn jetzt so ein Laufzeitfehler auftritt, wird das Programm nicht abgebrochen, sondern zum **ENDCATCH** gesprungen. In **sy-subrc** ist der Wert hinterlegt, der den Laufzeitfehler oder die Gruppe repräsentiert.

Ein interessanter Aspekt ist, dass **CATCH**-Strukturen **schachtelbar** sind, so wie du es vom **IF** kennst.

... und behandeln (nach Nummern)

*Nach dem **ENDCATCH** kannst du den **sy-subrc**-Wert abfragen und die Ausnahmebehandlung durchführen. Bitte ein Catcher-Beispiel.*

```
DATA: gd_result TYPE i,
      gd_number TYPE i.

CATCH SYSTEM-EXCEPTIONS arithmetic_errors = 4
                        OTHERS = 8.*1
  gd_result = 1 / gd_number.*2
ENDCATCH.
IF sy-subrc <> 0.*3
  WRITE: / 'Erwischt!'.
ENDIF.
```

*1 Die Einleitung des CATCHings mit der Auflistung von einer Ausnahmegruppe und dem globalen Catcher **OTHERS**.

*2 Hier wird es krachen.

*3 Glückliches Ende à la Hollywood!

[Achtung]

Es sind nur Ausnahmen von der gleichen Aufrufhierarchie abfangbar, in der auch die **CATCH**-Klammer definiert ist. Falls du zum Beispiel ein Unterprogramm aufrufst und in diesem ein Fehler auftritt, **hast du Pech gehabt. C'est la vie.**

```
CATCH SYSTEM-EXCEPTIONS OTHERS = 1.*1
  PERFORM div_0.*2
ENDCATCH.
IF sy-subrc = 1.*3
  WRITE: / 'Eine Ebene tiefer wird leider nicht erwischt'.
ENDIF.
```

*1 Wir fangen alle Fehler auf, die auftreten können.

*2 Im Unterprogramm **div_0** wird die Anweisung 1/0 ausgeführt und führt natürlich zu einem Fehler, genauer zu einem Laufzeitfehler.

*3 Der Behandlungsabschnitt wird leider nicht erreicht, da es vorher zum Laufzeitfehler kommt.

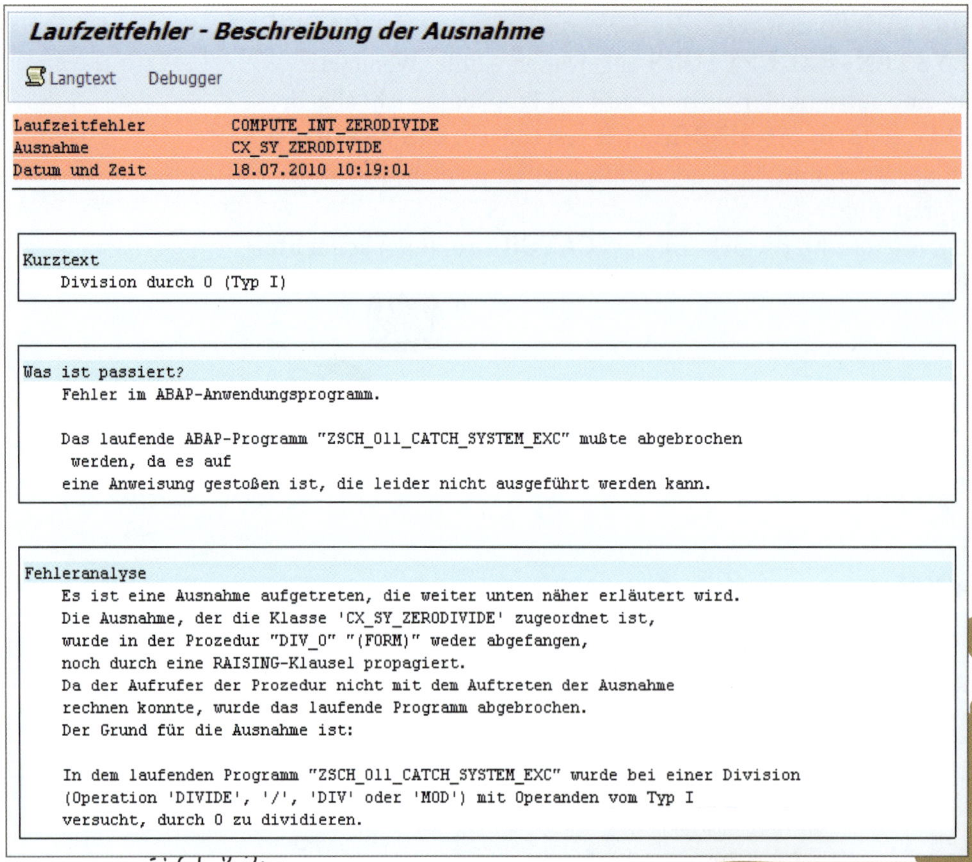

Laufzeitfehler - Beschreibung der Ausnahme

Langtext Debugger

```
Laufzeitfehler        COMPUTE_INT_ZERODIVIDE
Ausnahme              CX_SY_ZERODIVIDE
Datum und Zeit        18.07.2010 10:19:01

Kurztext
    Division durch 0 (Typ I)

Was ist passiert?
    Fehler im ABAP-Anwendungsprogramm.

    Das laufende ABAP-Programm "ZSCH_011_CATCH_SYSTEM_EXC" mußte abgebrochen
     werden, da es auf
    eine Anweisung gestoßen ist, die leider nicht ausgeführt werden kann.

Fehleranalyse
    Es ist eine Ausnahme aufgetreten, die weiter unten näher erläutert wird.
    Die Ausnahme, der die Klasse 'CX_SY_ZERODIVIDE' zugeordnet ist,
    wurde in der Prozedur "DIV_0" "(FORM)" weder abgefangen,
    noch durch eine RAISING-Klausel propagiert.
    Da der Aufrufer der Prozedur nicht mit dem Auftreten der Ausnahme
    rechnen konnte, wurde das laufende Programm abgebrochen.
    Der Grund für die Ausnahme ist:

    In dem laufenden Programm "ZSCH_011_CATCH_SYSTEM_EXC" wurde bei einer Division
    (Operation 'DIVIDE', '/', 'DIV' oder 'MOD') mit Operanden vom Typ I
    versucht, durch 0 zu dividieren.
```

Ein Laufzeitfehler. Blöd, wenn der Anwender bei der Programmausführung diesen Fehler erhält. Das fördert nicht deine Reputation als Ausnahme-Catcher.

Die Werkstatt wird leider nicht mehr erreicht, da die Karre vorher schon liegen bleibt.

Kann uns dabei möglicherweise die Objektorientierung helfen?

Du hegst berechtigte Hoffnungen. OO ist oho.

Ausnahmslos Objekte

Aus „Ausnahme ist klasse" wird **Ausnahmeklasse**. Da hat sich die SAP etwas dabei gedacht. Durch die OO-Erweiterung von ABAP ist auch das Konzept der objektorientierten Ausnahmen eingeführt worden. Die Idee dabei ist es, eine Ausnahme als Objekt zu betrachten, mit Texten, Auslösepositionen im Quellcode, Verknüpfungsmöglichkeiten mit anderen Ausnahmen etc.

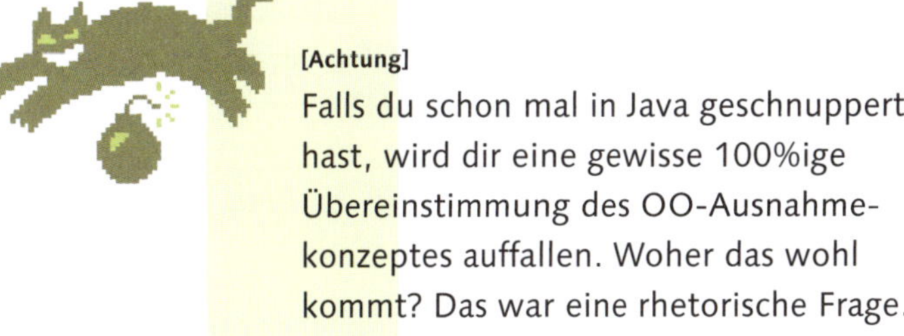

[Achtung]
Falls du schon mal in Java geschnuppert hast, wird dir eine gewisse 100%ige Übereinstimmung des OO-Ausnahmekonzeptes auffallen. Woher das wohl kommt? Das war eine rhetorische Frage.

Ausnahmeklassen werden auf Basis von vordefinierten Klassen angelegt, bevorzugt global (**SE24** – Class Builder, Kapitel 9 hat für dich die Regeln zum Erben). Das folgende Diagramm habe ich nur für dich erstellt, da du ja mittlerweile in der **UML-Notation** träumst.

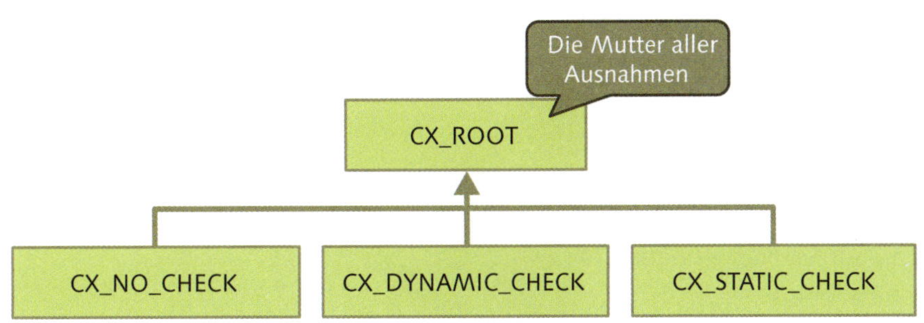

Alle Ausnahmen leiten sich von Unterklassen der Klasse `cx_root` ab.

Die Mutter aller Ausnahmen ist die Klasse **`cx_root`**. Wenn du dich noch an die klassischen Funktionsbausteinausnahmen **EXCEPTIONS** erinnerst – so lange ist es ja noch nicht her –, dann stand dort der **OTHERS**-Abschnitt für die Behandlung aller nicht explizit deklarierten Ausnahmen zur Verfügung. **`cx_root`** übernimmt die Rolle von **OTHERS** bei den OO-Ausnahmen. Die Unterklassen **`cx_no_check`**, **`cx_dynamic_check`** und **`cx_static_check`** legen fest, ob die Ausnahmen in der Schnittstelle einer Methode deklariert werden dürfen. Falls du dir eigene Ausnahmen anlegst, leitest du sie im Allgemeinen von **`cx_static_check`** ab.

Ein Riesenvorteil aus meiner Sicht besteht bei der Verwendung der Superklasse **cx_static_check** darin, dass bereits während der Entwicklungszeit (**Syntaxcheck**) überprüft wird, ob die Ausnahme behandelt oder weitergereicht wird. Du **MUSST** in deiner Implementierung die Ausnahme behandeln oder weiterreichen. Im Fall von **cx_dynamic_check** wird dich der Syntaxchecker nicht ermahnen, die Ausnahme zu behandeln oder weiterzureichen. Hand aufs Herz: Wenn du nicht musst, machst du das freiwillig? Das könnte natürlich während der Laufzeit zu einem Fehler führen, und dadurch wären unsere Anwender betroffen. Das macht sie nicht glücklich. Falls **cx_no_check** als Basisklasse verwendet wird, **darfst** du die Ausnahme **nicht** in Methodenschnittstellen verwenden. Auch in diesem Fall meldet sich der Syntaxchecker: **„Du darfst NICHT!"**

Da schreckt Schrödinger auf und erinnert sich an die Sache mit dem Behandlungsabschnitt, der nie erreicht wurde.

Wie war das mit der liegen gebliebenen Karre? Wieso hilft das hier jetzt?

Die Karre war liegen geblieben, weil die Ausnahme in den Tiefen des Systems auftrat und diese nicht behandelt werden konnte. Mit OO passiert das nicht mehr, weil die Ausnahmen auch aus den Tiefen nach oben transportiert werden. So wie Luftblasen vom Seeboden an die Wasseroberfläche bubbeln.

[Hintergrundinfo]

Übrigens: Mission Impossible für EXCEPTION und RAISING. Also entweder klassische Ausnahmen oder OO-Ausnahmen. Das Mischen von beiden Techniken ist nicht erlaubt.

Definieren geht vor

Da Ausnahmen seit Release 6.10 generell klassenbasiert behandelt werden, ist jedem abfangbaren Laufzeitfehler eine vordefinierte Ausnahmeklasse zugeordnet. Dabei wurden die Ausnahmegruppen prinzipiell den abstrakten Zwischenklassen in der Vererbungshierarchie der zugeordneten Ausnahmeklassen zugeordnet. Die vordefinierten Ausnahmeklassen folgen der Namenspräfixkonvention **`cx_sy_`**, wie zum Beispiel **`cx_sy_zerodivide`**.

[Notiz]
Falls du eine eigene Ausnahmeklasse anlegst, solltest du **`zcx_`** als Präfix verwenden.

Ich möchte mit dir die Anlage einer Ausnahmeklasse durchspielen, und zwar auf Basis der Klasse **`cx_static_check`**. Da die Ausnahmeklasse – und das weiß ich jetzt schon – außergewöhnlich wird, legen wir die Klasse global an, damit auch deine Kollegen in den Genuss deiner Entwicklerg(k)unst kommen.

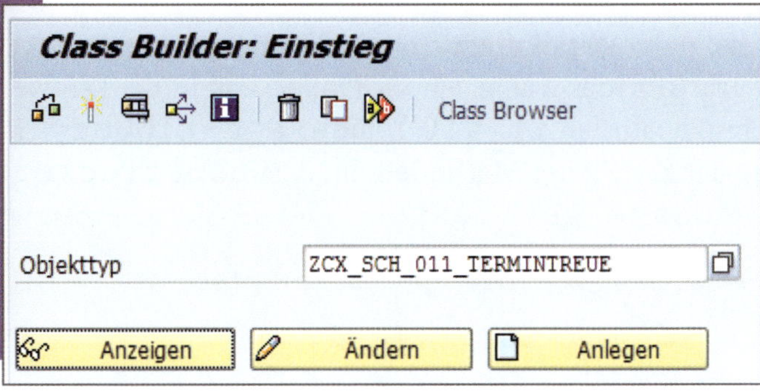

Der Einstieg in die Welt der globalen Ausnahmeklassen.

1. Wechsle in die SE24 (Class Builder), und gib im Einstiegsbild den Namen der Ausnahmeklasse **`zcx_sch_011_termintreue`** ein, und drücke auf die Drucktaste Anlegen.

Komischer Name für eine Ausnahmeklasse. Verpasst du gerade einen Termin?

Eine sehr passende Frage. Buchschreiben ist prädestiniert für eine Ausnahme hinsichtlich Termintreue. Die Idee mit dem Buchschreiben könnten wir sogar ganz einfach umsetzen. Mithilfe der Klasse **`lcl_buch`** und deren statischer Methode **`check_in_time`**, die eine Ausnahme werfen sollte, sofern der böse Autor seinen Termin nicht einhält.

[Einfache Aufgabe]
Überlege dir, wie du die lokale Klasse **`lcl_buch`** und die statische Methode **`check_in_time`** implementieren könntest. Auflösung folgt später im Abschnitt **Ausnahmen melden**.

2. Im Folgebild werden dir bereits die Basisklasse `cx_static_check` und der Klassentyp **Ausnahmeklasse** vorgeschlagen.

Anlegen Klasse ZCX_SCH_011_TERMINTREUE

Klasse ZCX_SCH_011_TERMINTREUE
Erbt von CX_STATIC_CHECK
Beschreibung Termintreue Ausnahme
Inst.-Erzeugung Public

Klassentyp
Gewöhnliche ABAP-Klasse
Ausnahmeklasse
mit Nachrichtenklasse
Persistente Klasse
Testklasse (ABAP Unit)

Final
Nur Modelliert

Sichern

Die Verwendung deiner Klasse wird während der Entwicklungszeit überprüft. Zum Anlegen der Texte in der Ausnahme verwenden wir die T100-Tabelle (verwende die Transaktion **SE91** zur Pflege der T100). Das kannst du durch die Checkbox **mit Nachrichtenklasse** festlegen.

3. Eine Einstellung kannst du noch bezüglich der **Texte** vornehmen, die in der Ausnahmeklasse für die detaillierte Beschreibung der Ausnahme abgelegt werden. Direkte Texteingabe bei der Pflege der Ausnahmeklasse, sofern du die Checkbox **mit Nachrichtenklasse** leer lässt, oder Texte aus der T100, sofern die Checkbox gesetzt ist. Wir nehmen die Texte aus der T100. Danach sichern wir natürlich.

4. Und schon bist du in der **Detailpflege**. Der Class Builder wird zum **Exception Builder** – total **Transformer**-mäßig. Für dich interessant ist der Karteireiter **Attribute** mit dem Strukturattribut `if_t100_message~t100key` für den T100-Text. Dann der Karteireiter **Methoden** mit dem `constructor` und der Methode `if_message~get_text` zum Auslesen des gesetzten Textes.

Ich sehe, ich sehe, was du nicht siehst, und das ist der Alias `get_text`. Ich schreib doch nicht den Interface-Namen dazu, dazu bin ich viel zu faul.

5. Sehr schlau! Immer schön faul sein, ganz wichtig für einen Entwickler. Die Methode `get_text` werden wir bei der Behandlung der Ausnahme benötigen. Der `constructor` deutet schon an, dass während der Laufzeit ein Objekt der Ausnahmeklasse erzeugt wird – das **Ausnahmeobjekt**. Dem `constructor` können wir dann auch den T100-Text übergeben. Der Karteireiter **Texte** dient zur Definition von Texten, falls du nicht die T100-Texte verwendest. Also für unser Beispiel nicht relevant.

6. Wenn ich so recht überlege, hast du nichts zu tun in der Ausnahmeklasse, außer die Ausnahmeklasse zu aktivieren. Ist das nicht klasse? Also aktivieren und Pause machen!

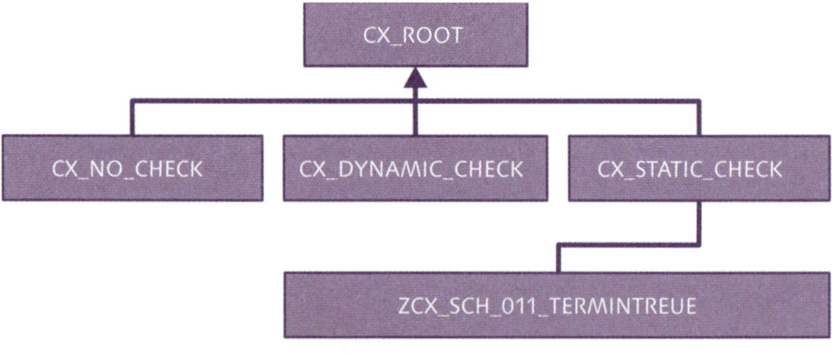

Von nun an lebt deine Ausnahmeklasse hier (dort).

Ausnahmen melden (mit Ausnahmeklassen) ...

Das Beispiel mit dem Buch und der Termintreue hat mir so gut gefallen, dass ich dazu ein Codebeispiel schreiben möchte. Kurz und bündig, natürlich mit ABAP-Editor-Muster:

```
REPORT  zsch_011_oo_exc.
CLASS lcl_buch DEFINITION.*1
  PUBLIC SECTION.
* Ausnahme propagieren
    CLASS-METHODS: check_in_time
                     RAISING zcx_sch_011_termintreue.*2
  PROTECTED SECTION.
  PRIVATE SECTION.
ENDCLASS.

CLASS lcl_buch IMPLEMENTATION.
  METHOD check_in_time.
* Die Nachricht
    DATA: ls_textid LIKE if_t100_message=>t100key.*3
* Hier kommen die komplexen Ermittlungen
* ...
* Nehmen wir mal an, dass der Autor mit dem Buch
* nicht in der Zeit liegt. Ausnahme werfen!
    ls_textid-msgid = 'ZSCH_011'.*4
    ls_textid-msgno = 001.
* Lieber Autor! Deinen Termin wirst du nicht halten können.
```

*1 Zuerst definiere ich eine lokale Klasse in meinem Programm. Das ist noch nicht sonderlich bemerkenswert.

*2 Jetzt kommt der erste bemerkenswerte Schritt: Bei der Definition der Methodenschnittstelle ergänze ich den Zusatz **RAISING zcx_sch_011_termintreue**. Damit ist nun festgelegt, dass die Methode diese Ausnahme werfen kann, fast so wie beim Funktionsbaustein mit den **EXCEPTIONS**.

*3 In der Methodenimplementierung **check_in_time** deklariere ich zuerst eine Strukturvariable für die Nachricht, die in der Ausnahme hinterlegt ist. Diese ist vom Typ **if_t100_message=>t100key**.

*4 Dann kommt die Befüllung der Nachrichtenstruktur. Ich habe mit der Transaktion SE91 die Nachrichtenklasse **ZSCH_011** mit Nachricht **001** angelegt.

```
* Schäme dich!
    RAISE EXCEPTION TYPE zcx_sch_011_termintreue
  EXPORTING
    textid = ls_textid
*     previous =       .*5
  ENDMETHOD.
ENDCLASS.
```

*5 Großes Finale:
Auslösen der Ausnahme. Dazu verwendest du ganz einfach die Muster.

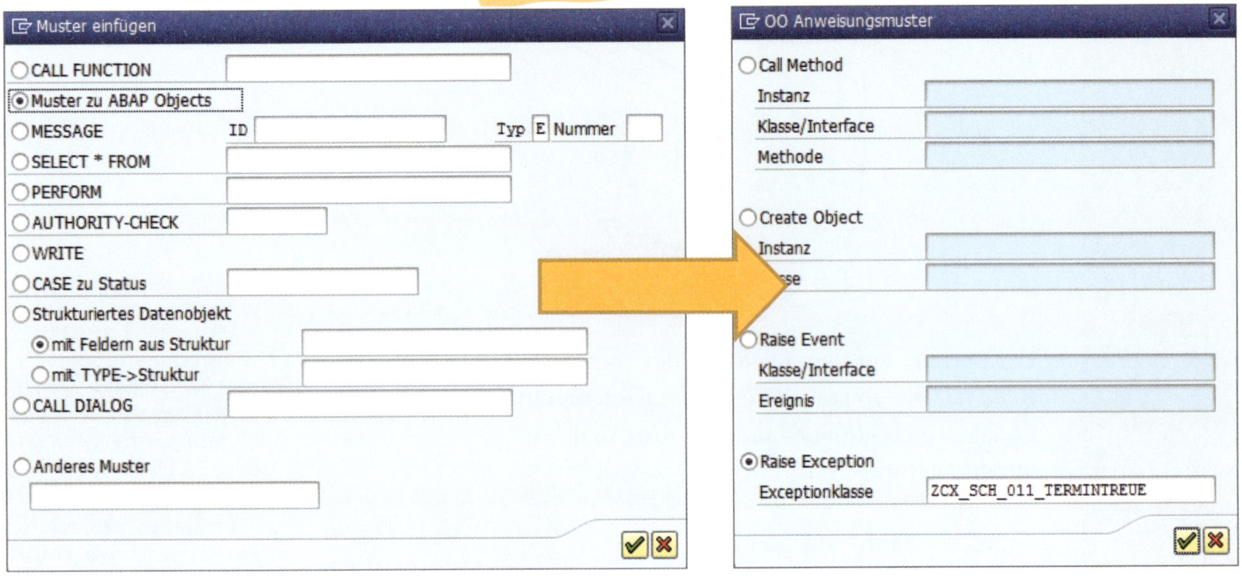

Muster einfügen

CALL FUNCTION
Muster zu ABAP Objects
MESSAGE ID Typ E Nummer
SELECT * FROM
PERFORM
AUTHORITY-CHECK
WRITE
CASE zu Status
Strukturiertes Datenobjekt
mit Feldern aus Struktur
mit TYPE->Struktur
CALL DIALOG
Anderes Muster

OO Anweisungsmuster

Call Method
Instanz
Klasse/Interface
Methode
Create Object
Instanz
Klasse
Raise Event
Klasse/Interface
Ereignis
Raise Exception
Exceptionklasse ZCX_SCH_011_TERMINTREUE

Zuerst den Punkt **Muster zu ABAP Objects** wählen und dann im Folgebild den Punkt **Raise Exception** mit der gewünschten Ausnahme.

Das **RAISE EXCEPTION** erinnert dich wahrscheinlich an das **CREATE OBJECT**. Und tatsächlich wird der **constructor** der Ausnahmeklasse gerufen, und du kannst dem Formalparameter **textid** die Strukturvariable mit der Nachricht übergeben.

Damit ist das Auslösen und Weiterreichen der Ausnahme fertig implementiert.

Wie sieht das denn bei den globalen Klassen aus?

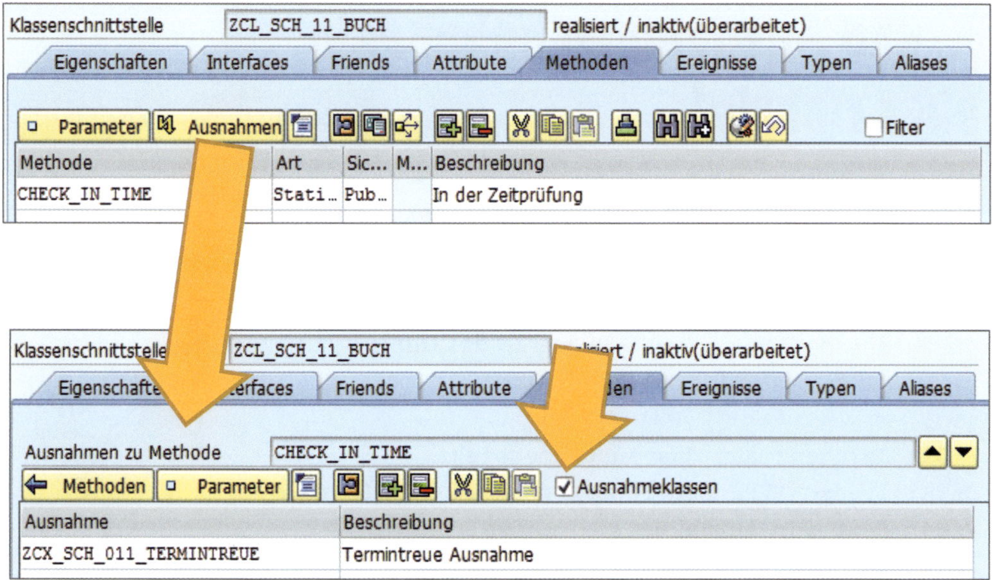

Globale Klasse und Ausnahmen.

Ganz einfach. Auf dem Karteireiter Methoden in der Klasse setzt du den Fokus auf die gewünschte Methode, also zum Beispiel **`check_in_time`**, und drückst die Drucktaste **Ausnahmen**. Im Folgebild setzt du die Checkbox Ausnahmeklassen, da wir das OO-Ausnahmekonzept verwenden möchten und nicht das klassische Ausnahmekonzept. Zu guter Letzt trägst du noch den Namen der Ausnahmeklasse ein. Fertig!

Bitte Pause, Danke!

Jetzt nicht, es kommt doch noch die Behandlung!

... und Ausnahmen behandeln, aber richtig! Mit Ausnahmeklassen.

*1 Zum Fangen des Ausnahmeobjektes kannst du eine Referenzvariable anlegen. Damit wird es dir möglich, den Text zur Ausnahme zu lesen.

Ab in den Behandlungsraum mit der Ausnahmen werfenden Methode. Wie kannst du auf eine Ausnahme reagieren? Lange Rede, kurzer Sinn, hier ist **das Implementierungsmuster für die Behandlung:**

```
* Die Referenz auf das Ausnahmeobjekt
DATA: lr_exc TYPE REF TO zcx_sch_011_termintreue,*1
* Der Text zur Ausnahme
      ld_text TYPE string.*2

START-OF-SELECTION.
* Behandlung
  TRY.*3
* Die Methode kann eine Ausnahme werfen
      lcl_buch=>check_in_time( ).*4
* Alle okay.
      WRITE: / 'Der Autor war brav und alles ist im Plan'.*5
* Falls eine Ausnahme auftritt, dann der CATCH-Teil
    CATCH zcx_sch_011_termintreue INTO lr_exc.*6
      ld_text = lr_exc->get_text( ).*7
      WRITE: / ld_text.
  ENDTRY.*8
```

*2 In die **ld_text**-Variable lesen wir den Text der Ausnahme.

*3 Der kritische Bereich wird mit **TRY**. – **ENDTRY** geklammert.

*4 und *5 Dann folgt der kritische Bereich. Hier könnte eine Ausnahme ausgelöst werden. Falls nicht, wird das Programm bis zum **CATCH** weiter ausgeführt. Das wäre dann die Lucky-Case-Passage. Fortgesetzt wird hinter dem zugehörigen **ENDTRY**.

*4 und *6 Falls eine Ausnahme aufgetreten ist, wird die Lucky-Case-Passage übersprungen und die **CATCH**-Passage ausgeführt. Hinter dem **CATCH** stehen die Ausnahmen, die gefangen werden. Du könntest auch **cx_root** angeben, das wäre dann so wie **OTHERS**. Mithilfe des Zusatzes **INTO** rettest du die Referenz auf das Ausnahmeobjekt, falls du mit ihm sprechen möchtest.

*7 Du willst, okay, dann kannst du das Ausnahmeobjekt nach dem Ausnahmetext fragen. Einfach die Methode **get_text** aufrufen und schon kommt ein **string** zurück.

[Notiz]

Übrigens: Nicht der Auslöser der Ausnahme entscheidet über die Art der Behandlung, sondern der Aufrufer. Nur dieser kann wissen, was er mit der Ausnahmesituation macht. Ignorieren, weiterreichen, kollabieren etc.

Nur kurz ein Schluck Wasser bitte, Pausäh!

Okay, den Schluck hast du dir wirklich verdient. Besser du nimmst so viel wie ein Kamel, damit du das große Finale überstehst.

*8 Der arme Anwender wird mit der Ausnahme konfrontiert.

[Notiz]

So ein Kamel kann schon mal 100 Liter in zehn Minuten saufen. Also gönn dir zehn Minuten – aber bitte Wasser.

Das ausnahmengespickte Projekt

Ich fühle, dass etwas Komplexität in der Luft liegt. Vielleicht liegt das an dem folgenden Beispiel. Ich biete dir eine vernünftige Mischung aus Objektorientierung mit klassischen **EXCEPTIONS**, die einen **HTTP-Request** vom Typ **GET** gegen eine öffentliche Bibliothek abfeuert.
Anders formuliert: Wir werden das **SAP-System** als **Client** verwenden und mit einem **externen Server** kommunizieren. Richtig gehört! Das SAP-System kann nicht nur als Server funktionieren, sondern auch die Rolle eines Clients einnehmen. Dazu benötigt es aber einen Serverkommunikationspartner, mit dem es sprechen kann. Idealerweise sprechen sie die ein- und dieselbe Sprache, und darum verwenden wir **HTTP** als Kommunikationssprache (Protokoll könntest du auch sagen). Als Beispiel verwende ich den Server **openlibrary.org**. Dieser bietet eine einfache **API-Beschreibung**, die du unter **openlibrary.org/developers/api** nachlesen kannst. Das ist für unser Beispiel aber nicht nötig.
Die Antwort des Servers ist natürlich auch interessant, da wir diese ausgeben möchten. Derzeit ist das Format **Java Script Object Notation (JSON)** besonders beliebt (falls du dieses Buch in der Zukunft liest, bitte durch das gängige Format ersetzen), und darum lassen wir den Server die Antwort in eben diesem Format zurückliefern.

[Zettel]
OpenLibrary wortwörtlich: „Open Library is an open, editable library catalog, building towards a web page for every book ever published."

[Zettel]
JSON = Java Script Object Notation. Ein von JavaScript abgeleitetes Datenformat, das für Mensch und Maschine lesbar ist.

Ein kleiner Teaser, und als unbedingt nötige Motivation habe ich die Antwort des Servers für dich parat. Auf Anfrage, welche Details für das Buch mit der ISBN 9781592293117 vorhanden sind, liefert das Programm, das wir entwickeln werden – eigentlich der openlibrary-Server –, folgende Antwort (in Auszügen und ohne auf die Struktur des JSON-Dokumentes einzugehen):

```
{
  „ISBN:9781592293117“: {
    „publishers“: [
      {
        „name“: „Galileo Press“
```

```
      }
    ],
    „pagination“: „p. cm.“,
    „table_of_contents“: [
      {
        „title“: „Web Dynpro architecture“,
        „label“: „“,
        „pagenum“: „“,
        „level“: 0
      },
      {
        „title“: „Developing Web Dynpro applications“,
        „label“: „“,
        „pa genum“: „“,
        „level“: 0
      },
[...]
    ],
    „title“: „Getting started with Web Dynpro ABAP“,
[...]
    „publish_ date“: „2009“,
    „key“: „/books/OL23832455M“,
    „by_statement“: „Dominik Ofenloch, Roland Schwaiger.“,
    „publish_places“: [
      {
        „name“: „Boston“
      },
      {
        „name“: „Bonn“
      }
    ]
  }
}
```

Bitte schön in Häppchen erklären, sonst erleide ich einen Hirnpatschen. Ich hab jetzt schon die Orientierung verloren. Was machen wir mit dem JSON-Zeugs?

Das ist die Antwort des Servers. Dies sind die Daten, die aufgrund einer Anfrage zurückgesendet werden, und das in einem speziellen Format. Dieses Format nennt sich JSON: Java Script Object Notation.

Lasst also die Anfragen beginnen!

```
REPORT zsch_010_get_it.
* Verbindungsdaten
DATA: gr_client TYPE REF TO if_http_client, „Client für Anfrage*1
      gd_host TYPE string VALUE 'openlibrary.org', "Datenquelle*2
      gd_service TYPE string VALUE '80', "Standard-HTTP- Port*3
      gd_path TYPE string VALUE
'/api/books?bibkeys=ISBN:9781592293117&jscmd=data&format=json',*4
      gd_errortext TYPE string, "Fehlertext der Anfrage
      gd_timeout   TYPE i, "Langläufer?
      gd_subrc     LIKE sy-subrc. "Fehler bei Anfrage
* Datenausgabe
DATA: gd_data TYPE string. "Die Daten vom Response
DATA: gt_fields TYPE tihttpnvp, "Felder aus dem Header
      gs_field LIKE LINE OF gt_fields.
DATA: gt_data TYPE stringtab, "Zerhackte Daten
      gs_data LIKE LINE OF gt_data.
```

*1 Falls das SAP-System die Rolle eines HTTP-Clients annehmen soll, musst du mit einem Client-Objekt arbeiten, das die Anfrage (Request) und die Antwort (Response) kapselt. Die Variable **gr_client** dient uns als Client-Referenz vom Typ **if_http_client**, die durch die Klasse **cl_http_client** implementiert wird.

*2 Der Server, mit dem wir kommunizieren werden, ist **openlibrary.org**.

*3 Der Server erwartet die Anfrage am Standard-HTTP-Port, also 80.

*4 Die Variable **gd_path** beinhaltet die Anfrage an den Server. Der Aufbau der Anfrage richtet sich natürlich nach den Vorgaben der API, in unserem Fall der API von openlibrary.org. Die API kannst du unter openlibrary.org/developers/api nachlesen, und sie dient uns nur als Beispiel für beliebige andere APIs. Unsere konkrete Anfrage **'/api/books?bibkeys=ISBN:9781592293117&jscmd=data&format=json'** bedeutet, dass wir ausführliche Daten (jscmd=data) für das Buch mit der ISBN 9781592293117 im JSON-Format erwarten. Eine wirklich simple API.

```
*************************************************************
* Hier beginnt die Party mit dem Client
START-OF-SELECTION.
* Ein Client-Objekt für die Kommunikation instanzieren
  CALL METHOD cl_http_client=>create*1
    EXPORTING
      host      = gd_host
      service   = gd_service
      scheme    = cl_http_client=>schemetype_http  "HTTP=1
    IMPORTING
      client    = gr_client
    EXCEPTIONS*2
      argument_not_found = 1
      internal_error     = 2
      plugin_not_active  = 3
      OTHERS             = 4.
* Fehlerbehandlung
  IF sy-subrc <> 0.*3
    WRITE: / 'Die Anlage des Clients schlug fehlt, subrc = ',
```

*1 Die Voraussetzung für die Kommunikation mit dem Server ist die Instanzierung des Clients. Das funktioniert sehr einfach durch die statische Methode **cl_http_client=>create**. Dieser übergibst du den Servernamen, den Port und das Protokoll. Wenn alles gut läuft, erhältst du eine gültige Referenz im **gr_client**-Objekt.

*2 Falls es schiefläuft, erkennst du das daran, dass **sy-subrc** einen Wert <> ? hat. Welcher Wert war das nochmal? 0, 1, 2 oder 100?

Zum letzten Mal: Der Wert 0 zeigt mir, dass alles in Ordnung ist. Don't ask back.

*3 Korrekt! Falls der Wert also ungleich 0 ist, gebe ich eine Fehlermeldung aus, und mit der Anweisung **EXIT** verlasse ich die Verarbeitung. Ist ja nichts mehr zu tun.

```
                sy-subrc.
* Ende der Verarbeitung
    EXIT.
  ENDIF.
```

```
* Die Request-Methode auf GET setzen
  CALL METHOD gr_client->request->set_method(
    if_http_request=>co_request_method_get ).*1

* Protokollversion HTTP/1.0 setzen
  gr_client->request->set_version(
      if_http_request=>co_protocol_version_1_0 ).*2

* Die Request-URI festlegen
  cl_http_utility=>set_request_uri(
    request = gr_client->request
    uri     = gd_path ).*3
```

*1 Dann must du natürlich festlegen, wie du mit dem Server sprechen möchtest. Die openlibrary.org-API erfordert eine GET-Anweisung. Also verwendest du die Aufrufkaskade **gr_client->request->set_method**, um die Methode zu setzen. Das bedeutet, dass du über die Objektreferenz **gr_client** auf die Objektreferenz **request** zugreifst und diese die Methode **set_method** zum Setzen der Methode anbietet.

Also Roland, was ist die GET-Methode, und was meinst du mit Kakalade?

Da war ich wohl etwas zu schnell. Also von vorne. Das Hypertext Transfer Protocol (HTTP) ist ein Protokoll zur Übertragung von Daten über ein Netzwerk, zum Beispiel zum Laden von Seiten aus dem World Wide Web in deinen Browser. Es gibt zwei Arten von sogenannten Nachrichten, die zwischen Server und Client ausgetauscht werden: Request und Response. Jede Nachricht hat einen Nachrichtenkopf (Beschreibungsinformationen) und einen Nachrichtenkörper (Nutzdaten).

Die Request-Nachricht bietet unterschiedliche Methoden, um mit dem Server zu kommunizieren, wie zum Beispiel die **GET**-Methode, die es dir ermöglicht, eine Ressource (zum Beispiel eine Buchbeschreibung) unter Angabe einer URI (Uniform Resource Identifier) vom Server anzufordern.

*2 Dann legen wir noch das Protokoll fest. Prinzipiell stehen die zwei Versionen HTTP/1.0 und HTTP/1.1 zur Verfügung. Wir verwenden die Version 1.0.

*3 Und dann ergänzen wir noch die Anfrageparameter. Dies geschieht mit der Helfermethode cl_http_utility=>set_request_uri. Damit ist die Anfrage passend konfiguriert.

Dann ist die GET-Methode so etwas wie ein Methodenaufruf im Web. Jetzt versteh ich das mit dem Request und der Kakeslake auch. Das HTTP-Objekt hat eine Referenz auf ein Request- und ein Response-Objekt. Und wir nutzen das Request-Objekt?!?

1.000 Punkte!

```
************************************************************************
* Senden des Requests
  CALL METHOD gr_client->send*1
    EXPORTING
      timeout                      = gd_timeout
    EXCEPTIONS
      http_communication_failure = 1
      http_invalid_state         = 2
      http_processing_failed     = 3
      OTHERS                     = 4.
* Fehlerbehandlung
  IF sy-subrc <> 0.
* Ermittlung des Fehlers
    CALL METHOD gr_client->get_last_error*2
      IMPORTING
        code    = gd_subrc
        MESSAGE = gd_errortext.
    WRITE: / 'Kommunikationsfehler beim send',
           / 'Fehlercode: ', gd_subrc, 'Fehlernachricht: ',
             gd_errortext.
* Ende der Verarbeitung
    EXIT.
  ENDIF.
************************************************************************
* Empfangen der Ergebnisse
  CALL METHOD gr_client->receive*1
    EXCEPTIONS
      http_communication_failure = 1
      http_invalid_state         = 2
      http_processing_failed     = 3
      OTHERS                     = 4.
* Fehlerbehandlung
  IF sy-subrc <> 0.
    CALL METHOD gr_client->get_last_error
      IMPORTING
        code    = gd_subrc
        MESSAGE = gd_errortext.
    WRITE: / 'Kommunikationsfehler beim receive',
           / 'Fehlercode: ', gd_subrc, 'Fehlernachricht: ',
             gd_errortext.
* Ende der Verarbeitung
    EXIT.
  ENDIF.
```

*1 Endlich kommt es zum Senden der Anfrage. Über die Parameter kannst du die Zeit festlegen, die der Client auf eine Antwort vom Server wartet. Ich habe 0 eingestellt, dadurch wird die über die Profilparameter eingestellte Zeit verwendet. Standardmäßig sind das 30 Sekunden.

*2 Und schon wieder eine Latte an Möglichkeiten, was alles schiefgehen kann. Um den letzten Fehler zu erhalten, verwende ich die Methode `get_last_error` des Client-Objektes.

*1 Noch schnell die Daten aus dem Response- in das Response-Objekt übertragen, und hoffentlich tritt dabei keine Ausnahme auf. Im Übrigen gleiches Handling wie bei der `send`-Methode.

```
*****************************************************************
* Ausgabe der Daten
* Header-Daten der Übertragung
  CALL METHOD gr_client->response->get_header_fields
    CHANGING
      fields = gt_fields.*1
* Ausgabe der Header Fields auf Standardliste
  ULINE.
  WRITE: / 'Header Fields'.
  ULINE.
  LOOP AT gt_fields INTO gs_field.*2
    WRITE: / 'header_name', gs_field-name,
             'header_value', gs_field-value.
  ENDLOOP.
* Response-Daten ermitteln aus Response-Objekt
  gd_data = gr_client->response->get_cdata( ).*3

* Einfache Ausgabe
  ULINE.
  WRITE: /'Data'.
  ULINE.
  SPLIT gd_data AT '{' INTO TABLE gt_data.
  LOOP AT gt_data INTO gs_data.
    WRITE: / gs_data.
  ENDLOOP.
*****************************************************************
* Schließen der Verbindung
  CALL METHOD gr_client->close*1
    EXCEPTIONS
      http_invalid_state = 1
      OTHERS             = 2.
* Fehlerbehandlung
  IF sy-subrc <> 0.
    CALL METHOD gr_client->get_last_error
      IMPORTING
        code    = gd_subrc
        MESSAGE = gd_errortext.
    WRITE: / 'Kommunikationsfehler beim close',
           / 'Fehlercode: ', gd_subrc, 'Fehlernachricht: ',
             gd_errortext.
* Ende der Verarbeitung
    EXIT.
  ENDIF.
```

*1 Nachdem nun das Response-Objekt befüllt ist, können wir damit arbeiten. Als erste Übung holen wir uns die Daten aus dem Nachrichtenkopf mit der Methode **get_header_fields**.

*2 Die Ergebnistabelle besteht aus den zwei Spalten **NAME** und **VALUE** und kann dementsprechend einfach ausgegeben werden.

*3 Die Daten aus dem Nachrichtenkörper kannst du mit der Methode **get_cdata** ermitteln. Damit erhältst du eine Zeichenfolge der Informationen. Ich habe den Datenstrom einfach zerhackt, und zwar bei einer öffnenden geschwungenen Klammer ({). Du kannst natürlich eine JSON-konforme Aufbereitung implementieren, wenn du möchtest.

*1 Mit der **close**-Methode schließt du nun endgültig die Verbindung zum Server. Feierabend!

Zum Abschluss noch ein Anziehbildchen. Schrödinger ohne ist der Lucky Case und mit Ausnahme-Gespensterumhang die Ausnahmesituation. Du kannst ihn gerne handkolorieren und als Erinnerung an Murphy neben deiner Kaffeetasse aufstellen.

— ZWÖLF —

Selektionsbilder, Listen und Nachrichten (GUI I)

Spaghetti-Programmierung

Es ist so einfach, eine SAP-Oberfläche zu programmieren: Ein Selektionsbild erstellen, eine Liste ausgeben, vielleicht noch ein paar Nachrichten an den Anwender verschicken — und fertig ist das berühmt-berüchtigte SAP GUI! Das klingt nach Spaghetticode und ist damit ganz nach dem Geschmack von Schrödinger. Zum Einstieg in die GUI-Programmierung ist es der beste Weg, einfach mal ein paar Elemente auf dem Bildschirm auszugeben. Für das richtige Ambiente sollen dabei Klettererdbeeren und Vogerlsalat sorgen ..., sagt der Schwaiger Roland.

Vom kleinen Window-Farmer bis zum Groß-GUI-Besitzer: Jeder will ein Selektionsbild!

Du magst dir **grün hinter den Ohren** vorkommen – dann jucke dich dort mit deinem Daumen! Denn ganz tief in dir schlummert doch das brennende Verlangen, deine eigene Karotte zu züchten. Dich der Banane hinzugeben. Und dich am Gurkennektar zu laben.

Habe ich jetzt den Schuss nicht gehört? Hier sollte es doch jetzt eigentlich um ...

Nein, nein, du bist schon noch im richtigen Buch. **Wart's nur abap!** Ich möchte dir beim Administrieren deiner Fenstergärten und Ländereien helfen. Damit du das ordentlich erledigen kannst – natürlich mit deinem geliebten ABAP –, werde ich dich in die Welt der **Selektionsbilder** ent- und einführen (mit Spezialisierung auf Obst und Gemüse, immer nur Tiefkühlpizza geht auf Dauer nicht gut). Die Schlüsselworte **`SELECT-OPTIONS`** und **`PARAMETERS`** werden deine Freunde, und du wirst sie wie ein Gemüsebeet auf dem Bildschirm anordnen. Alles schön in Reih und Glied, wie es sich gehört.

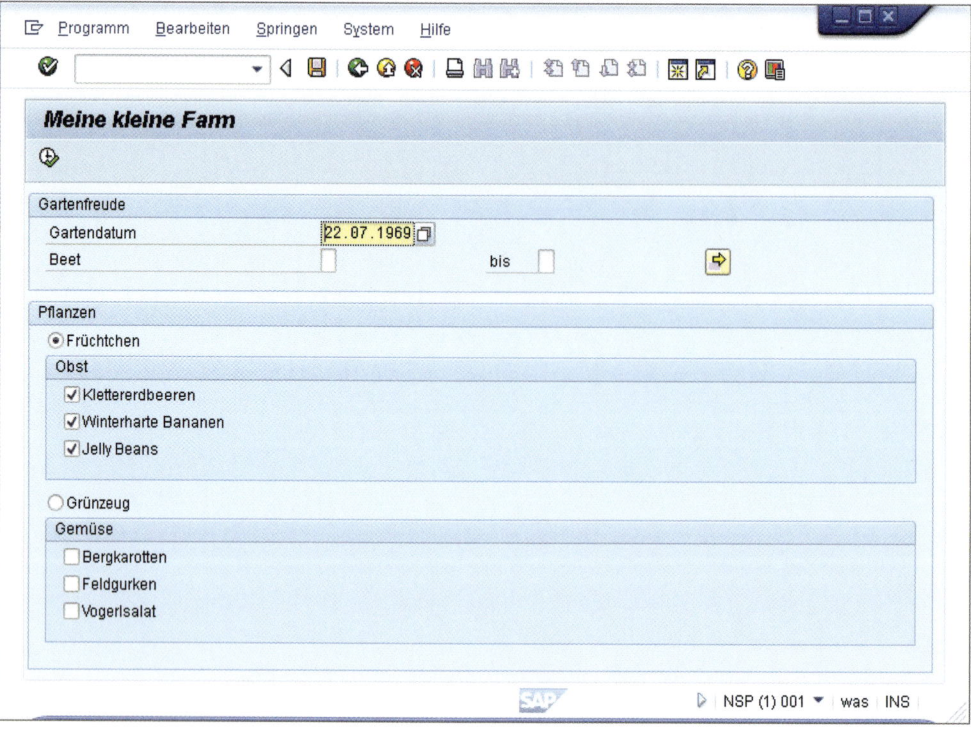

Ein erster Blick auf das Verwaltungsprogramm der **Anbauflächen deiner kleinen Farm** (AFDKF). Das hast du dir sicher immer schon gewünscht: Gartenfreude mit SAP! Die AFDKF-Anwendung besteht aus einem **Selektionsbild** und einer **Liste**. Auf dem Selektionsbild kannst du ein Ich-werde-mich-mit-meinem-Garten-beschäftigen-Datum und die Ich-werde-mich-um-euch-kümmern-liebe-Pflanzenbeete auswählen. Dann musst du dich entscheiden, ob du dich von **Früchtchen** oder **Grünzeug** pflanzen lassen (österreichisch für ärgern) möchtest.

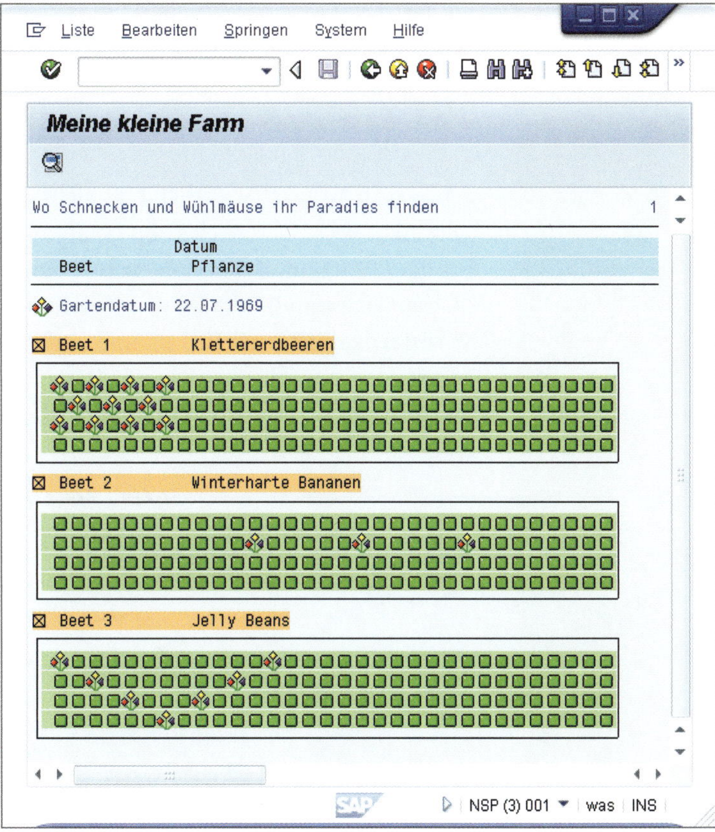

Hast du diese schweren Entscheidungen hinter dich gebracht, wechselst du durch die Bestätigung im Selektionsbild in dein Gartenreich und kannst die Beete bestellen. Dazu zeigt dir deine AFDKF-Anwendung eine **Liste mit deinen Beeten** und der Zuordnung der Pflanzen. Darauf kannst du ohne Dreck deine Bepflanzung durchführen. Was in der freien Natur der Spatenstich ist, ist für dich als AFDKF-Gärtner der **Doppelklick**: So fügst du Pflanzen in die Beete ein. Gemüse und Obst auf deiner kleinen Farm!

Damit du bald losschaufeln kannst, leg doch schon mal das ausführbare Programm **ZSCH_12_MY_LITTLE_FARM** mit dem **Object Navigator** (Transaktion **SE80**) als **lokales Objekt** an. Mit diesem Programm werden wir das Sneak-Preview-Selektionsbild von oben zaubern.

Wie heißt noch mal der Gärtnergruß? Resch und frisch? Resch und lieblich?

Selektionsbild für Beschränkte mit Liste

Hey!

Schlechter Auftakt. Natürlich bist nicht du, sondern die Beschränkung der Datenselektion gemeint. Also eine Hilfestellung für dein Programm, damit es nicht zu viele Daten liest und dich im Datenmüll begräbt. Das Selektionsbild, genauer das **Standardselektionsbild**, ist eine einfach zu implementierende Möglichkeit, um dem Anwender Daten abzuringen, die in weiterer Folge zur Einschränkung der Datenselektion verwendet werden.

Du meinst also: Eine Eingabemaske, und wir arbeiten dann nur mit den Daten weiter, die vom Anwender eingegeben wurden?

Genau, wir leben von den Eingaben des Anwenders!

Das Standardselektionsbild im SAP-System bietet dir eine Menge von Features:

- die **Selektionsbildgestaltung**, damit du dem Anwender durch optische Aufbereitung der Informationen und Interaktionsmöglichkeiten eine einfache Orientierung ermöglichst
- die **Variantenanlage**, damit du keine Dateneingabe mehrfach machen musst
- den Eingriff in den Abarbeitungsablauf – nennen wir es direkt mal **Ablauflogik** –, damit du das Zusammenspiel von Programmblöcken in deinem Programm steuern kannst
- verschiedene **Drucktasten**, über die Interaktion möglich wird
- die Auswertung von **Benutzeraktionen**, damit sich der Anwender in seinem Tun auch beachtet fühlt
- **logische Datenbanken** (Was ist unlogisch an „normalen" Datenbanken?), die vorgefertigte Selektionsbilder und Leseprogramme mit Berechtigungsprüfungen kombinieren (siehe Kapitel 17)
- die Definition von **Zusatzselektionsbildern**, damit es nur so von Pop-ups wimmelt

Die folgende Grafik fasst die wichtigsten Selektionsbild-Features in der berühmten **Schwaiger-Klebezettel-Notation** zusammen.

Für ein Standardselektionsbild benötigst du nur ein paar Anweisungen im Code (**PARAMETERS** für **Einzelwerteingabefelder** und **SELECT-OPTIONS** für **Mehrfachwerteingabefelder**). Der Rest wird vom System erledigt. Also deklarative Bildschirmgestaltung, ohne großartiges Layouting.

Ein **weiteres Selektionsbild** kannst du dann mittels **SELECTION-SCREEN BEGIN OF** erzeugen und mit **CALL SELECTION-SCREEN** aufrufen.
Eine **Variante** hilft dir schließlich, um Selektionsbildwerte zu sichern, die häufig wiederverwendet werden. Die Variante kannst du immer wieder verwenden. Wenn ein Report mit Selektionsbild im Hintergrund läuft – also komplett unauffällig –, ist eine Variante **immer erforderlich**.

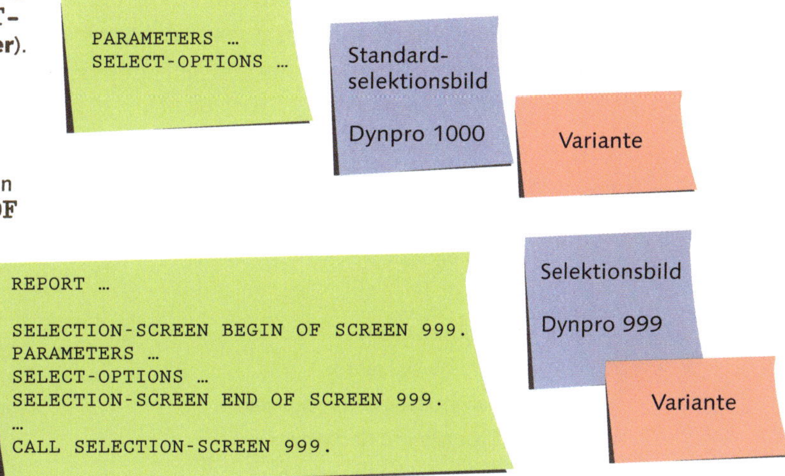

Den Überblick über das Selektionsbild haben wir geschafft. Falls du dir denkst, dass das noch nicht alles sein kann, hast du natürlich absolut recht und kennst mich schon sehr gut.

Bevor wir aber in die Details zum Selektionsbild einsteigen, noch ein kurzer **Überflug zur Liste** – denn die ist es ja, die später für die Anzeige deiner Beete sorgt. Und das möglichst schnell und einfach. ABAP überhäuft dich nicht gerade mit Befehlen, die eine **Liste** aufbauen können: **WRITE**, **SKIP** und **ULINE** sind deine (einzigen) Möglichkeiten, wobei **WRITE** der mächtigste ABAP-Befehl ist: ein Befehl, 1.000 handverlesene Ergänzungen. Ganz im Sinn von Allgemeiner **Berichtsaufbereitungs**-Prozessor.
Der Liste kannst du **Überschriften** verpassen und Interaktivität beibringen. Mal sehen, was mir sonst noch einfällt.

Großer Tusch! Meine Damen und Herren: Lassen Sie uns die Vorstellung beginnen: **Ungeheuer** mit Namen **PARAMETERS** und **SELECT-OPTIONS** warten darauf, von uns gezähmt zu werden.

PARAMETERS: Das kleinere der Selektionsbild-Ungeheuer

Selektionsbild, Selektionsbild … wie entsteht das eigentlich? Die gute Nachricht lautet: durch **Deklaration**. Und: das Selektionsbild „programmierst" Du. Du und dein ABAP Editor reichen aus, um Selektionsbilder zu deklarieren. Kein zusätzliches Programm ist dafür nötig. Die einfachste Möglichkeit unter allen ist die Anweisung **PARAMETERS**, um das **Selektionsbild zu gestalten**. Schau mal, was du alles mit der **PARAMETERS**-Anweisung deklarieren kannst:

Nachrichtenklasse
Sprache ausgeben
Nachrichtennummer ausgeben
Die ersten 10 Nachrichten
Die ersten 20 Nachrichten
Alle Nachrichten

Vom einfachen Eingabefeld, mit und ohne Musseingabe über Checkboxen bis zu Radiobuttons reichen die Möglichkeiten der **PARAMETERS**-Anweisung.

Als kleines Arbeitsprogramm habe ich mal die folgenden **Deklarationsvarianten** der **PARAMETERS**-Anweisung ausgesucht. Eines gleich vorweg: Die Deklaration erzeugt für dich eine **Variable** im Programm **und ein Eingabefeld** im Selektionsbild.

Alles, was das **parametrisierte Herz** begehrt: [optionale] Typangaben, die Festlegung, ob ein Parameter verpflichtend ist oder nicht, speichern im und holen vom SAP-Memory, Eingabeprüfungen und Darstellungsvarianten. Es gäbe **noch mehr Zusätze**, aber ich will dich ja nicht komplett überparametrisieren.

```
PARAMETERS: <name> [TYPE <type>] [DECIMALS <n>] [LIKE <var>]
                   [MEMORY ID <midl>]
                   [OBLIGATORY]
                   [DEFAULT <value>]
                   [VALUE CHECK]
                   [AS CHECKBOX]
                   [RADIOBUTTON GROUP <grp>]
```

[Einfache Aufgabe]

Verbinde einzelne Features der **PARAMETERS**-Anweisung im gezeigten Listing mit den Visualisierungen im Bild.

Wenn du die folgende **LÖSUNG** selbst gefunden hast, einfach weiterlesen. Doppelt gemoppelt hält besser.

Selektionsbildfeld	PARAMETERS-Zusatz
Nachrichtenklasse	`OBLIGATORY`
Sprache ausgeben	`AS CHECKBOX`
Nachrichtennummer ausgeben	`AS CHECKBOX DEFAULT 'X'`
Die ersten xx Nachrichten + alle Nachrichten	`RADIOBUTTON GROUP`

[Achtung]

Dem Standardselektionsbild wird, wie jedem anderen Dynpro auch, eine Nummer zugeordnet. Und das ist die 1000. Also Achtung: Falls du **eigene Nummern** für Dynpros vergibst, dann **niemals** die Nummer ...?!

Bei der **Deklaration des Parameters** gehst du genauso vor wie bei der **Deklaration einer Variablen**:

```
<Deklaratives Schlüsselwort> <Name> TYPE <Typ>.
```

Zum Beispiel: Bei der Verwaltung deiner Anbauflächen geht es um **stichtagsbezogene Planungen**. Und wenn du ein Kontrollfreak bist, könntest du das in ABAP sogar **stichzeitbezogen** umsetzen.
Umgesetzt in bestes ABAP, kannst du den Stichtag folgendermaßen deklarieren:

```
PARAMETERS: pa_garden_date TYPE d.
```
*1

*1 Im Gegensatz zur **DATA**-Anweisung produziert die **PARAMETERS**-Deklaration ein **Datenobjekt** und ein **Dynpro-UI-Element**. Das siehst du nicht bei der Deklaration, sondern **weißt es** aufgrund des **PARAMETERS**-Schlüsselwortes.

Den Stichtag wofür?
Und warum starte ich die Selektionsbildprogrammierung gerade damit?

Der Stichtag ist für dich als Gärtner deswegen wichtig, weil du ja nicht mit der **Ernte** beginnen kannst, bevor du nicht das **Anpflanzen** begonnen hat. Dafür benötigst du eine zeitgerechte Planung. „Planung ist das halbe Leben", sagte bereits einer meiner Schwaiger*-Vorfahren. (Ehrlich gesagt: Ich brauche ein einfaches Beispiel für dich zum Anfangen – und das hier ist eben ein Parameter.)

* Ein Schwaiger ist ein Senner, Almhalter.

[Einfache Aufgabe]

Deklariere im Programm **ZSCH_12_MY_LITTLE_FARM** den Parameter **pa_garden_date** vom Typ **d**, und starte das Programm.

Roland, ich mache irgendetwas falsch. Ich habe einfach deine PARAMETERS-Codezeile von oben eingetragen. Aber das System sagt immer, dass der Parametername zu lang ist?

Es gibt zwei **Fehlerquellen**: Das kannst du sein oder das System. In diesem Fall bist du es.
Kleiner Scherz, nicht wirklich, ich habe dir eine kleine Falle eingebaut. Der Name eines Parameters darf **maximal achtstellig** sein, also verwende zum Beispiel den Namen **pa_gdat**.

Wie sieht es jetzt aus?

Ah!

Programm ZSCH_12_MY_LITTLE_FARM

PA_GDAT

Wunderbar, dein erstes Selektionsbild – ziemlich spartnisch, aber **durchaus ein Selektionsbild**. Ein Parameter mit einem ziemlich aussagekräftigen Namen und ein Eingabefeld ohne Wertehilfe.
Wow!

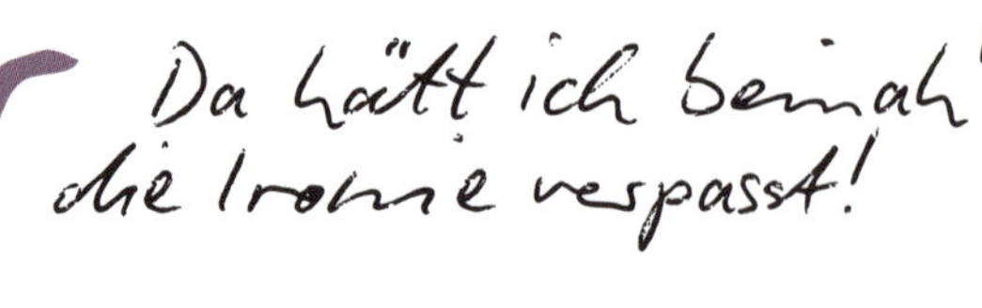
Da hätt ich beinah' die Ironie verpasst!

Ich würde dir empfehlen, Parameternamen grundsätzlich mit **pa_** beginnend anzulegen. Das hat sich so eingebürgert, und das Programm ist für dich und andere dann **einfacher zu lesen**. Sobald du in deinem Code dann eine Stelle mit **pa_** findest, denkst du auch nicht mehr automatisch an **Panama**, obwohl es da oh wie schön ist.

www.dengagmachteschonmeinso.pa

Typ und Vorschlag

Für die Typisierung (**TYPE**) des Parameters kannst du **selbst definierte lokale Typen**, **eingebaute ABAP-Typen** (**d**, **t**, **i** etc.), **elementare Typen** aus dem ABAP Dictionary (Datenelemente) und **Komponenten von Strukturtypen** (Struktur, transparente Tabelle, View) verwenden. Mit dem Schlüsselwort **LIKE** kannst du auch arbeiten, da musst du dich aber auf ein **bereits deklariertes Datenobjekt** beziehen. Also so wie bei der **DATA**-Anweisung. Aber pass auf: Falls du einen **Anfangswert** anlegen möchtest, der bei der **DATA**-Anweisung mit **VALUE** durchgeführt wird, musst du bei **PARAMETERS** den Zusatz **DEFAULT** verwenden.

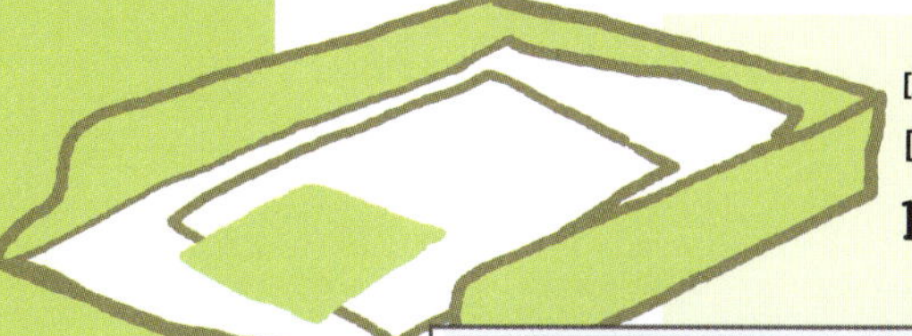

[Ablage]
Definiere eine Vorbelegung (**DEFAULT**) des Parameters **pa_gdat** mit dem **Tagesdatum**.

Programm ZSCH_12_MY_LITTLE_FARM

PA_GDAT 22.07.1969

Schöne Vorbelegung, leider keine Eingabehilfe. Wenn du die Parameteranweisung implementiert und getestet hast, sieht es so aus – aber es ist eben weiterhin keine Eingabehilfe für den Anwender vorhanden.

Aber dafür, dass das Eingabefeld mit Vorschlagswert nur mit der folgenden Deklaration entstanden ist, schaut das doch schon ziemlich edel aus:

```
PARAMETERS pa_gdat TYPE d DEFAULT sy-datum.
```

Habe ich das gerade gesagt?

[Ablage]
Ändere den Typ des Parameters **pa_gdat** von **d** auf **dats**, und teste das Ergebnis.

Programm ZSCH_12_MY_LITTLE_FARM

PA_GDAT 22.07.1969

Das nenne ich doch maximale Beglückung: Vorschlagswert **und** Eingabehilfe! Der Text zum Eingabefeld (**Selektionstext**) könnte nach meinem Geschmack noch etwas leserlicher ausfallen. Darum kümmern wir uns später zwar sowieso noch, aber ich will dich nicht davon abhalten, selbst zu entdecken, wie du die Texte setzen kannst ...

[Belohnung/Lösung]
Kleiner Tipp: Programm aktivieren und dann im Menü **Springen • Textelemente • Selektionstexte** auswählen. Ich beglücke mich jetzt mit einem kleinen Eis am Stiel. Das hat auch eine tolle Eingabehilfe.

Hast du dich eben eigentlich gefragt, woher zusätzlich zum Eingabefeld die Eingabehilfe kam?

Nö, gefreut habe ich mich! Und wollte auch nicht weiter nachfragen, was da im Summer of 69 wohl in deinem Leben passiert ist ...

Du hast doch nur den Typ von **`d`** auf **`dats`** geändert und keine Hilfe definiert, oder? Der Grund liegt in der Quelle der Definition des Typs. Der Typ **`d`** ist ein eingebauter ABAP-Typ und besitzt somit nur **technische Informationen**. Er kann daher keine **semantische Information** besitzen, wie zum Beispiel eine **Eingabeunterstützung**. Hingegen ist der Typ **`dats`** im ABAP Dictionary als **Datenelement** definiert und besitzt dadurch per Definition semantische und technische Informationen. Für die Typen **`dats`** und **`tims`** wird vom **Laufzeitsystem** auf diese Weise die Eingabehilfe automatisch produziert – hier zum Beispiel dieser praktische **Kalender**.

[Hintergrundinfo]
Die **technischen Infos** werden übrigens durch die Domäne **`dats`** definiert. Gleicher Name wie das Datenelement, jedoch ein ganz anderes Ding. Mehr zu den schrägen Typen findest du in Kapitel 5.

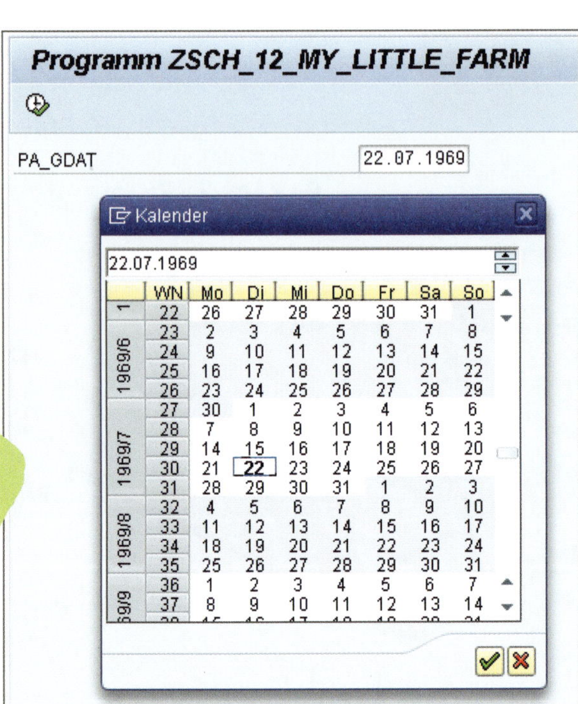

Hier siehst du den **Datepicker** in Aktion, also den Auswahlkalender, der vom Laufzeitsystem automatisch für **`dats`** angeboten wird. Der Vorschlagswert wird markiert angezeigt.

Hey, Checker!

Manchmal ist mir einfach nach checken, dir auch?

Roland, alter Checker!

Da will ich nicht stundenlang Text eingeben, da will ich einfach kurz und bündig **Ja** oder **Nein** sagen können. So wie beim Heiraten, da funktioniert auch kein „Naja, vielleicht".

Ich nehme den alten Checker zurück. Heiraten?!

Parameter in ABAP können dir helfen, dich binär zu entscheiden, da sie als **Ankreuzfeld** angezeigt werden können. Du musst nur den Zusatz (**AS CHECKBOX**) bei der Parameterdeklaration verwenden, und schon zeigst du das schönste Ankreuzfeld der Welt auf dem Bildschirm an.

[Einfache Aufgabe]

Definiere im Programm **ZSCH_12_MY_LITTLE_FARM** eine Karotte zum Anklicken, also den Parameter **pa_caro** als Checkbox. Kannst du das auch mit Vorschlagswert?

Programm ZSCH_12_MY_LITTLE_FARM

PA_GDAT 22.07.1969

☑ PA_CARO

So sieht sie aus, die Karotte zum Checken und nicht zum Knabbern – sogar mit Vorschlagswert! Unter der Haube wird nämlich durch den Zusatz **AS CHECKBOX** ein Feld vom Typ **c** mit der Länge 1 erzeugt.

*1 **abap_true** kommt aus der **Typgruppe ABAP**. Weißt du noch, wie du die Verwendung der Typgruppe deklarierst? Ja, genau: **TYPE-POOLS abap**. Das schauen wir uns aber gleich noch einmal genauer an.

Dieses Feld kann den Wert **abap_true** oder **abap_false** annehmen:

```
PARAMETERS pa_caro AS CHECKBOX DEFAULT abap_true *1.
```

Und du kannst den Parameter logisch auswerten, also jetzt nicht im Sinn von „eh klar".

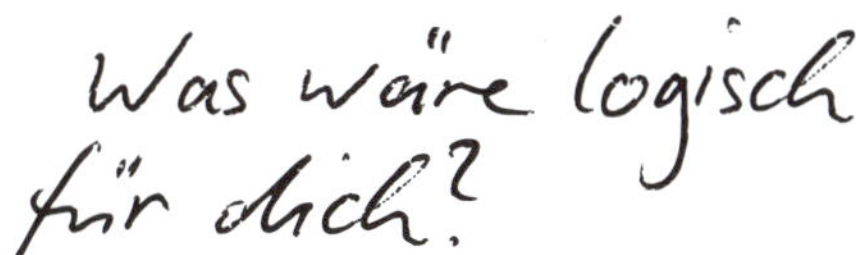
Was wäre logisch für dich?

Schwierige Frage und sehr allgemein. Aber auf das Beispiel bezogen, würde ich Folgendes verwenden:

```
IF <Parameter> = abap_true.
* Mach etwas mit der Karotte
ENDIF.
```

Das ist doch eine schöne Möglichkeit, für dich zu überprüfen, ob die **Karotte gecheckt** ist, äääh, ausgewählt, also ob der Parameter **pa_caro** gesetzt ist oder nicht.

[Einfache Aufgabe]
Füge in dein Programm **ZSCH_12_MY_LITTLE_FARM** das Ereignis **AT SELECTION-SCREEN** ein, und prüfe, ob die Checkbox **pa_caro** gesetzt ist oder nicht. Verwende dazu ein **IF**-Statement.

Die Codepassage, um zu überprüfen, ob der Parameter gesetzt ist, könnte folgendermaßen umgesetzt werden:

```
AT SELECTION-SCREEN.
  IF pa_caro = abap_true.
* Mach etwas mit der Karotte
  ELSEIF pa_caro = abap_false.
* Mach etwas anderes mit der
Karotte
ENDIF.
```

Der darauf folgende **Syntaxcheck**, nachdem du dein Programm mit dem obigen **Code-Snippet** erweitert hast, kann bei dir **zwei Reaktionen** hervorrufen:

- „Super, alles Paletti!"
- „Verdammt, der Syntaxchecker meckert!"

Wie hast du reagiert?

Ich hab das jetzt probiert und mit **abap_true** *verglichen. Der Syntaxchecker sagt mir aber, dass das Feld* **abap_true** *nicht bekannt ist.*

Ruhig Blut, das ist ganz einfach. Die Verwendung von **abap_true** und **abap_false** ist vom **SAP-Release abhängig**. Ab Release 7.02 hast du nichts zu deklarieren, da die Typgruppe **abap** automatisch eingebunden wird. Damit du die Felder **abap_true** und **abap_false** in einem **älteren Release** verwenden kannst, musst du zuvor noch **folgende Deklaration** in dein Programm aufnehmen:

```
TYPE-POOLS abap.
```

Damit erklärst du die Verwendung einer sogenannten **Typgruppe**, die **Konstanten** und **Typen** besitzt. Alle Definitionen in der Typgruppe beginnen mit dem Namen der Typgruppe selbst und einem Unterstrich, also hier mit **abap_**.
Die **Ankreuzfelder** sind übrigens kleine **Individualisten**. Denn der Anwender kann ja keines, eines oder beliebig viele ankreuzen. Man könnte auch sagen: Er wählt **m aus n** aus.

Hmm, kann m dann größer als n sein?

Rund wie ein Radiobutton

Es gibt da noch eine enge Verwandtschaft in der Familie der Selektions-UI-Elemente: die **Radiobuttons**. Alleine findest du die nie (zumindest nicht in einer perfekt logischen Welt), und du musst schon entscheidungsstark sein; das unterscheidet sie auch von den Tanten und Onkeln aus Checkboxhausen. Du kannst dir nur und musst sogar einen **Radiobutton** aus einer **Radiobutton-Gruppe** aussuchen. So hart ist das Leben. Eins – und zwar nur eins – oder anders gesagt: **1 aus n**.

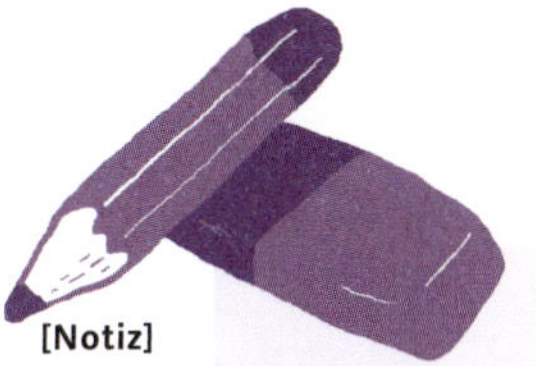

[Notiz]

Die **Radiobuttons** leiten sich in ihrem Verhalten ähnlich wie die Tasten zur Wahl des Wellenbereichs an älteren Radiogeräten ab: Wird eine Taste gedrückt, springt die andere wieder heraus.

Du kannst Radiobuttons in einer **Radiobutton-Gruppe** mit folgendem Zusatz in das Selektionsbild zaubern:

```
RADIOBUTTON GROUP <grp>.
```

Der Name **<grp>** einer Radiobutton-Gruppe darf **maximal vier Zeichen** lang sein. Mit dem Namen stellst du die Gruppierung her. Interessanterweise musst du den Namen der Gruppe nicht unter Hochkommas stellen, so wie bei Textliteralen. Es gilt: **gleicher Name = gleiche Gruppe**.

Und warum brauche ich die Gruppe?

Weil nur ein Radiobutton in einer Gruppe ausgewählt sein darf! Da musst du dem System natürlich sagen, **aus welcher Gruppe**. Sonst kann ja nicht geprüft werden, ob genau ein Radiobutton in der Gruppe ausgewählt wurde. Ob ein Radiobutton tatsächlich selektiert ist oder nicht, kannst du wieder **logisch feststellen**.

[Schwierige Aufgabe]

Erzeuge die zwei Pflanzen-Radiobutton-Parameter **pa_vegi** und **pa_fruti**. Was die Namen wohl bedeuten? Zur Überprüfung, welcher Radiobutton tatsächlich gesetzt ist, verwendest du die **CASE**-Anweisung folgendermaßen:

```
CASE abap_true.
  WHEN pa_vegi.
   ...
ENDCASE.
```

Wenn du das **Obst** vor lauter **Gemüse** nicht mehr sehen kannst, helfe ich dir ein bisschen auf die Sprünge:

```
PARAMETERS: pa_vegi RADIOBUTTON GROUP plat, *1
            pa_fruti RADIOBUTTON GROUP plat.

AT SELECTION-SCREEN.
* ...
CASE abap_true. *2
WHEN pa_vegi.
* Mach was mit dem Gemüse
WHEN pa_fruti.
* Mach was mit dem Obst
ENDCASE.
```

*1 Das ist die Deklaration des Grünzeugs als Radiobutton in der Pflanzengruppe.

*2 Hier folgt jetzt die Auswertung, ob nun Gemüse oder Obst gewählt wurde.

Falls du versuchst, eine Gruppe mit nur einem Radiobutton zu deklarieren, ist der Syntaxchecker nicht zufrieden mit dir. Du bekommst eine Fehlermeldung:

Die Radiobutton-Gruppe „<name>" enthält nur einen Parameter.

Ziemlich konsequent das System!

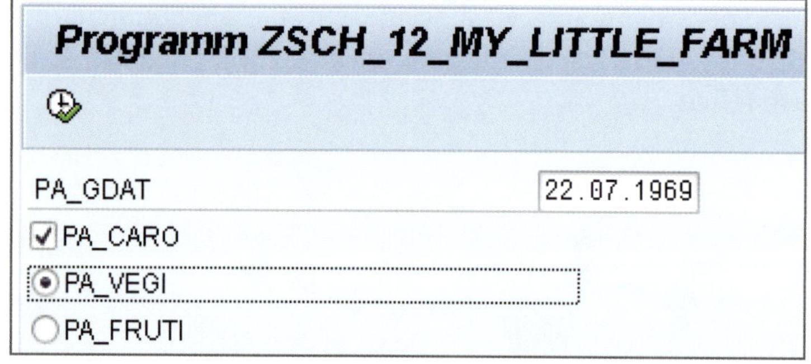

Wenn alles geklappt hat, sieht unser kleines Programm inzwischen so aus. **pa_vegi** und **pa_fruti** sind eindeutig eine Gruppe. Auf Hitwelle Gemüse 4 läuft gerade übrigens „Rote Beete soll man küssen ...".

„Du darfst“ war gestern, heute ist „Du musst“

Eine kleine Sache noch. Falls du **Mussfelder** deklarieren möchtest, verwende den Zusatz **OBLIGATORY**. In diesem Fall wird das Selektionsbild erst verlassen, wenn alle Mussfelder mit Werten versorgt sind.

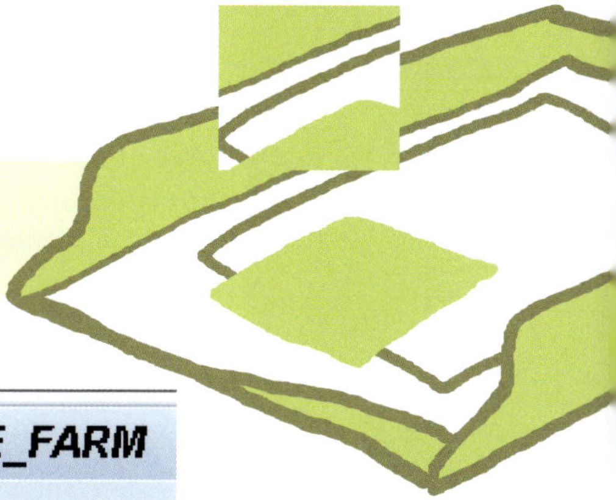

[Ablage]

Mach den Parameter **pa_gdat** zu einem Pflichtfeld!

Die Lösung ist ganz simpel: Die Zeile ...

```
PARAMETERS pa_gdat TYPE dats OBLIGATORY.
```

... setzt das System folgendermaßen um:

Programm ZSCH_12_MY_LITTLE_FARM

PA_GDAT ☑

☑ PA_CARO

◉ PA_VEGI

○ PA_FRUTI

Dass die Pflicht besteht, den Parameter *pa_gdat* zu füllen, siehst du daran, dass im leeren Eingabefeld ein Kästchen mit Häkchen angezeigt wird.

[Achtung]

Die automatische Prüfung durch das ABAP Dictionary wird für Selektionsbilder standardmäßig abgeschaltet. Wenn du dich jedoch auf ein Dictionary-Objekt beziehst, das einen Fremdschlüssel eingerichtet hat, kannst du mit VALUE CHECK dafür sorgen, dass Eingaben auf ihre Gültigkeit hin geprüft werden.

[Belohnung/Lösung]

Damit du mit dem kleinen Kästchen mit Häkchen umgehen kannst und deine **Feinmotorik** trainierst, baue dir doch einen **Papierflieger**.

Abflug in den Keller

Das **SAP-Memory** habe ich dir schon kurz in Kapitel 4 erklärt. Im Fall der Parameter gibt es doch tatsächlich ein praktisches Anwendungsbeispiel dafür. Zur **Erläuterung der Funktionsweise** werden wir etwas zaubern: Erinnerst du dich noch an eben: Du hast das Programm **ZSCH_12_MY_LITTLE_FARM** angelegt. Bitte rufe jetzt den **ABAP Editor** (Transaktion **SE38**) auf, und – Tusch! – es wird der Name des Programms vorgeschlagen!

Toller Trick! Her mit der Erklärung! Wie wandert das Kaninchen (Programmname **ZSCH_12_MY_LITTLE_FARM**) von einer Transaktion in die andere?

Die Lösung ist, dass im SAP-Memory der **Wert gesetzt** wird und von einem Programm **wieder ausgelesen** werden kann. Das SAP-Memory ist ein **Kellerspeicher** mit der **Tiefe 1**, wobei elementar strukturierte Objekte gespeichert werden können.

Roland, warum verursachen deine Erklärungen eigentlich immer Kopfschmerzen und Hunger gleichzeitig? Eine fatale Kombination ...

Okay, einfacher: Das SAP-Memory ist wie eine Schachtel, in die nur ein Ding passt. **Also keine Pralinenschachtel!** Da kannst du was reinstellen und wieder rausnehmen, fertig.

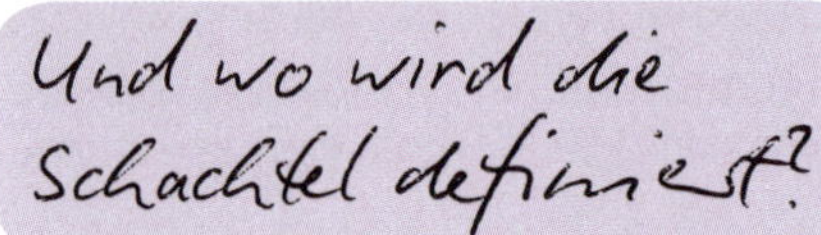

Und wo wird die Schachtel definiert?

1. Bist du noch in der Transaktion SE38? Ja? Okay!

2. Danach setzt du den Fokus auf das Eingabefeld **Programm** und rufst die **F1-Hilfe** auf.

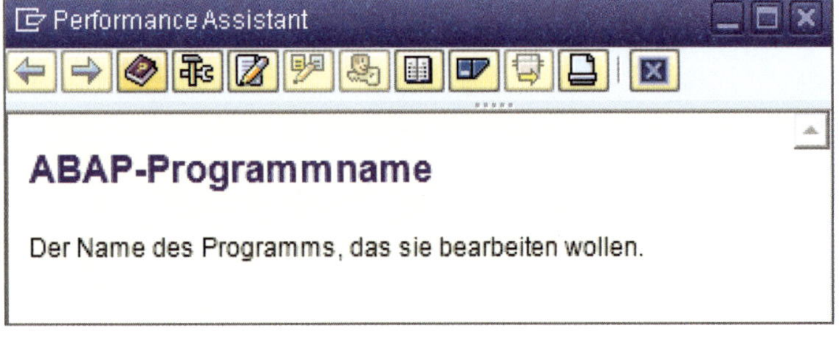

Performance Assistant
ABAP-Programmname
Der Name des Programms, das sie bearbeiten wollen.

3. Es erscheint das F1-Hilfe-Pop-up. Hier klickst du auf den Button mit **Hammer und Schraubenschlüssel** (Technische Info).

4. Willkommen im Fenster „Technische Info“. Für uns ist nur der Name des Datenelementes interessant, deshalb geht es mit einem Doppelklick auf den Namen des Datenelementes (**PROGRAMM**) weiter.

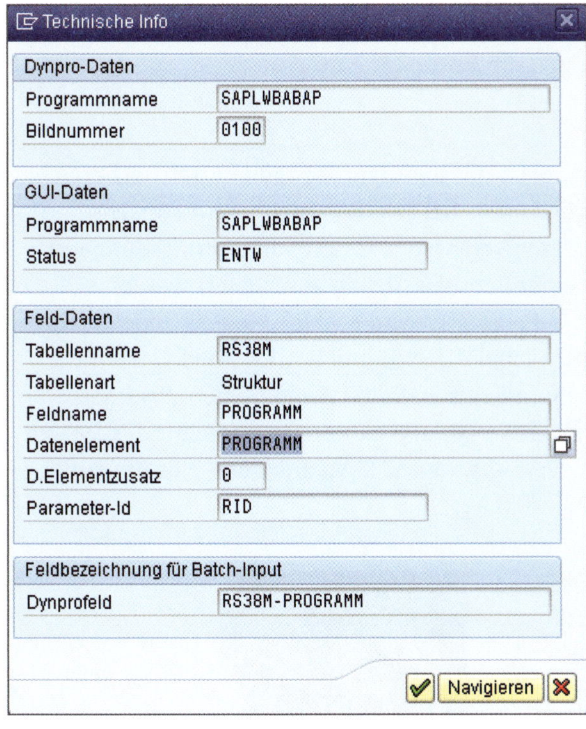

Dictionary: Datenelement anzeigen

Datenelement PROGRAMM aktiv
Kurzbeschreibung ABAP-Programmname
Eigenschaften | Datentyp | Zusatzeigenschaften | Feldbezeichner
Elementarer Typ
Domäne PROGRAMM
Datentyp CHAR Zeichenfolge
Länge 40 Dezimalstellen 0

5. Du landest im ABAP Dictionary in der Definition des Datenelementes ***PROGRAMM*** – doch wo ist das Geheimnis?

Dictionary: Datenelement anzeigen

Datenelement PROGRAMM aktiv
Kurzbeschreibung ABAP-Programmname
Eigenschaften | Datentyp | Zusatzeigenschaften | Feldbezeichner
Suchhilfe
Name
Parameter
Parameter-Id RID

6. Hier ist es! Wenn du auf den Karteireiter **Zusatzeigenschaften** gewechselt bist, siehst du im Feld **Parameter-Id** den Wert **RID**. Das ist der Name der Schachtel!

Wieso heißt die RID?

Weil RIP schon belegt war! Nein, im Ernst: Der Name wird vom Entwickler festgelegt, der **das Datenelement definiert**. Entweder er wählt eine vorhandene ID aus oder definiert eine neue. Unter diesem Namen kann ein Wert abgelegt und/oder gelesen werden.
Die Schachtel wird auch als **SET-/GET-Parameter** bezeichnet und er findet an vielen Stellen im System Verwendung.

Verstanden. Aber was bringt mir das beim Deklarieren eines Parameters? Wo ist die Schachtel?

Du kannst dem Parameter in deinem Programm das **Lesen und Setzen** des **SET**-/**GET**-Parameters beibringen, indem du den Zusatz **MEMORY ID <pid>** verwendest, zum Beispiel:

```
PARAMETERS pa_gdat TYPE dats MEMORY ID rid.
```

Was geschieht nun, wenn du deine kleine Farm aufrufst, einmal die **Enter**-Taste drückst und dann Transaktion **SE38** aufrufst?

[Notiz]

Das SAP-Memory ist der **benutzerbezogene Speicherbereich**, in dem zu sogenannten **SET**-/**GET**-Parametern einfache (elementare) Datenwerte (zum Beispiel die Auftragsnummer) für die Dauer einer Benutzersitzung gespeichert werden. Der **SET**-/**GET**-Parameter wird mithilfe eines Datenelementes definiert (zum Beispiel AUFNR) und besitzt einen Namen (Parameter-Id, zum Beispiel ANR). Wenn du dem Parameter eine **MEMORY ID <pid>** zuordnest, beschafft das System den aktuellen Wert aus dem SAP-Memory und gibt ihn automatisch auf dem Bild aus.

[Belohnung]

Zeit für eine Pause: Hol dir doch einen Apfel, denn so ein Apfel passt vorzüglich zu den Früchtchen-Parametern. Wenn es dir möglich ist und du nicht gerade Apfelkernweitspucken üben möchtest, könntest du die Kerne für ein paar Tage in den Kühlschrank legen und dann einpflanzen und mit Klarsichtfolie bedecken. An dem Tag, an dem du ABAP beherrschst, solltest du bereits einen kleinen Baum besitzen. Ich habe einen Apfelkern zu Beginn des Buchschreibens gesetzt, welcher der beiden folgenden ist es wohl?

So, so, der Herr Buchautor besitzt also die eine oder andere Apfelplantage ... Gut zu wissen, falls ich ihn einmal wie einen Apfelsaft espressen muss ...

Aber satt war er noch immer nicht: SELECT-OPTIONS

Manchmal ist ein Eingabefeld nicht genug. Da möchte schon mancher Anwender mehr, mehr, mehr, zum Beispiel **Intervalle** oder **Mengen von Selektionskriterien** eingeben. Typisch **User Nimmersatt**.

Tja, auch dafür hat ABAP eine Lösung parat, und zwar eine ziemlich mächtige: **SELECT-OPTIONS**. Eine Select-Option ist wie eine **Einkaufsliste**. Von den Milchprodukten hätte ich gerne alle, außer Sauermilch, die erzeugt bei mir dieses komische ... Dann vom Fleisch noch 1 kg Ochsenbacken und 30 dag Faschiertes* und einen Kasten Bier gemischt. **Sehr komfortabel** kannst du bestimmen, ob einzelne Produkte oder Mengen zu berücksichtigen sind oder möglicherweise manche Produkte auszuschließen sind.

[Hintergrundinfo]

* Für Nicht-Österreicher: 300 g Hackfleisch. Bestellt wird an der Fleischtheke so: „I hätt nu gean dreißg Däka vom Faschierdn." Die obligatorische Antwort vom Verkäufer lautet: „Mei, jetz hob i zfü dawischt, deafns a 35 sein". Darauf lautet wiederum deine korrekte Antwort: „Sicha, passt scho". Und die Moral von der Geschicht: Exakt bestellen sollst du nicht!

So wie bei der Verwendung eines Parameters wird bei der Deklaration einer Select-Option **ein Datenobjekt**, aber dieses Mal **eine Menge von UI-Elementen** definiert. Der Typ der Variablen hat es bereits in sich. Eine **interne Tabelle mit Kopfzeile**, wobei die interne Tabelle einem immer gleichen Aufbau folgt:

SIGN	OPTION	LOW	HIGH
Aufnehmen in oder ausschließen von der Ergebnismenge	Vergleichsoperator	Untergrenze von Wertebereich oder Einzelwert	Obergrenze des Wertebereichs

SIGN beinhaltet dabei den Wert, ob es sich um eine **einschließende** (**I** für Including) oder **ausschließende** (**E** für Excluding) **Selektion** handelt. Das bedeutet, dass du nicht nur positiv formulierte Bedingungen, sondern auch negativ formulierte angeben kannst. **OPTION** beinhaltet den Vergleichsoperator. Das kann ziemlich kompliziert werden, da nicht nur auf Gleichheit hin geprüft werden kann, sondern auch Größer-, Kleiner-, Muster- und Intervallvergleiche durchgeführt werden können. **LOW** und **HIGH** sind je nach Select-Option unterschiedlich typisiert und stehen für die **Unter- bzw. Obergrenze** des Intervalls. Bei Einzelwertvergleichen ist nur das **LOW**-Feld mit einem Wert versorgt.
Damit das Ganze etwas griffiger wird, ein erster optischer Happen:

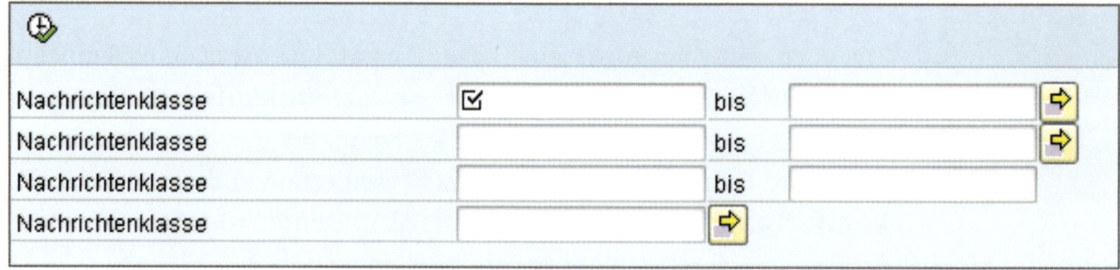

Selektieren statt parametrisieren. Wunderschön siehst du die Intervallpflege (Untergrenze und Obergrenze) und die Mehrfachselektion (das kleine Kästchen mit Pfeil). Du kannst natürlich Pflichteingabe festlegen, die Mehrfachselektion wegnehmen und nur die Untergrenze anzeigen.

Technisch sieht das so aus:

```
SELECT-OPTIONS <name> FOR <var>
               [MEMORY ID <midl>]
               [OBLIGATORY]
               [DEFAULT <value>]
               [DEFAULT <value_low> TO <value_high>]
               [SIGN <sign> OPTION <opt>]
               [NO-EXTENSION]
               [NO INTERVALS]
```

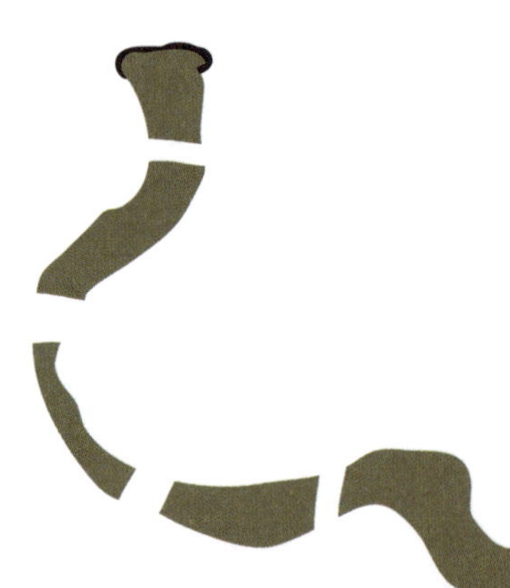

Die Select-Option-Definition beginnt mit dem Schlüsselwort **SELECT-OPTIONS**, gefolgt vom Namen (natürlich habe ich wieder eine **Empfehlung**: Präfix **so_**) und dem Schlüsselwort **FOR**, mit dem du einen Bezug zu einem **bereits deklarierten Datenobjekt** herstellst. Dann kommen die **optionalen Zusätze**, die du teils von der **PARAMETERS**-Anweisung bereits kennst und die dir zum Beispiel ermöglichen, das **HIGH**-Feld oder die Mehrfachselektion auszublenden.
Der **Debugger** verschafft noch mehr Einsichten. Ich zeige dir kurz mal, wie die Select-Option im Debugger aussieht. Du kannst das nach dem nächsten Beispiel selbst machen – einfach einen **Breakpoint** bei der Anweisung **SELECT-OPTIONS** im Programm setzen, das Programm starten und die **Ausführen**-Drucktaste drücken – und schon bist du im Debugger.

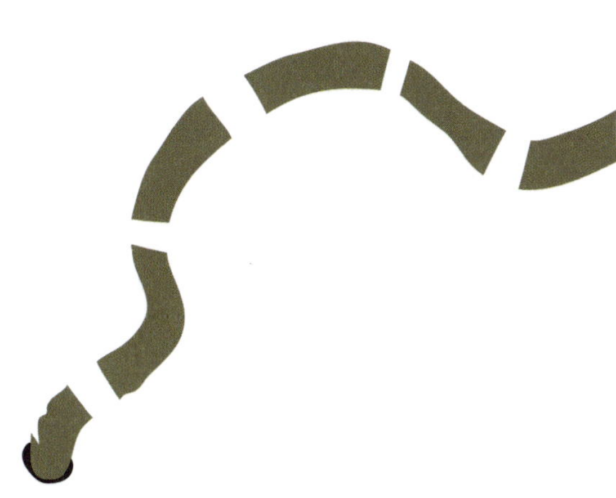

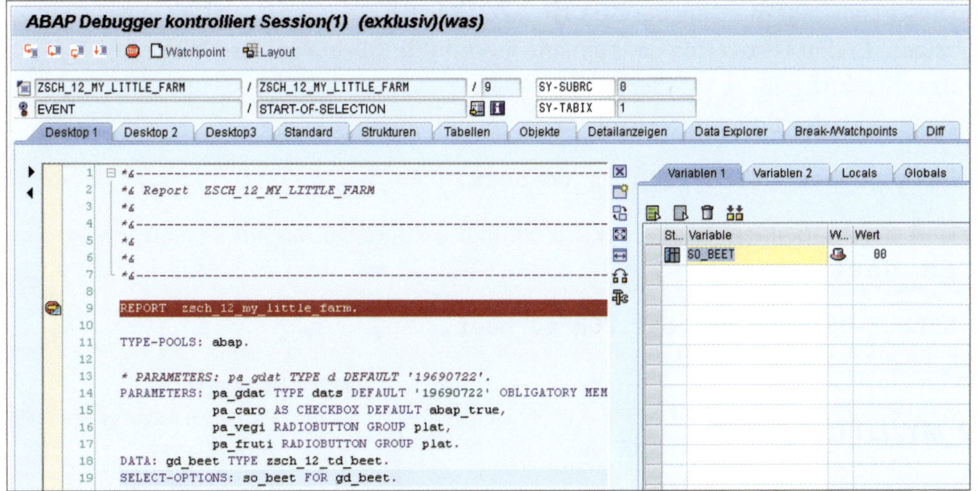

Über einen Doppelklick auf den Namen der Select-Option wird sie rechts bei den Variablen dargestellt: als **Tabelle mit Hut** (Kopfzeile). Ein Doppelklick auf das Tabellensymbol („das blaue Kästchen") bringt dich zum **Tabelleninhalt**, und ein Doppelklick auf den Namen (SO_BEET) bringt dich in die **Kopfzeile**.

Lange genug auf die Folter gespannt. Kannst du mir endlich verraten, wie man die Select-Option deklarierst?

Das Besondere an der Select-Option ist, dass **bevor** diese deklariert werden kann, erst eine Variable mit dem gewünschten Typ angelegt werden muss. Die Select-Option **bezieht sich dann darauf**. Das werden wir sofort mal verwenden, benötigen aber etwas Vorbereitung: Du wirst ein Datenelement mit einer Domäne für Beete anlegen. Also keine Rote Beete (Na, den Ohrwurm von Hitwelle Gemüse 4 noch im Kopf?), sondern Beete, in denen man etwas anpflanzt.

[Hintergrundinfo]

Der Saft der Rübe wirkt im Vergleich zur gleichen Menge Johannisbeerensaft leistungsfördernd. Also falls du bislang Johannisbeerensaft getrunken hast, dann bitte auf **Rote-Beete-Saft umstellen**. (Die Rote Beete ist ja auch ein Fuchsschwanzgewächs, kein Wunder, dass sie so stark macht!)

Hach, ein Fuchsschwanz fehlt mir ja auch noch. Vielleicht könnte mein Wagen dann auch anstatt mit Benzin mit Rote-Beete-Saft ...

3. Lege das Datenelement **ZSCH_12_TD_BEET** mit dem Feldbezeichner „Beet" an.
4. Dieses sollte auf die Domäne **ZSCH_12_DO_BEET** vom Typ **NUMC** mit Länge 1 zeigen. In den Festwerten der Domäne legst du fünf Beete an, also **Wert** 1, **Beschreibung** „Beet 1", „Beet 2" etc.
5. Dann deklarierst du eine Variable in deinem Programm:

```
DATA gd_beet TYPE zsch_12_td_beet.
```

6. Und zum krönenden Schluss deklarierst du die Select-Option mit Bezug zur Variablen **gd_beet**:

```
SELECT-OPTIONS so_beet FOR gd_beet.
```

Wenn du das Programm startest, hat sich einiges verändert: Die Select-Option **SO_BEET** wird mit einem **Eingabeintervall** und einer **Suchhilfe** für die Unter- und Obergrenze des Intervalls angeboten. Und dann ist da noch das **ominöse Pfeilchen** rechts von den Intervalleingaben. Was da wohl dahintersteckt?

Programm ZSCH_12_MY_LITTLE_FARM

PA_GDAT 22.07.1969
PA_CARO
PA_VEGI
PA_FRUTI
SO_BEET bis

Beet (1) 3 Einträge gefunden

Beet	Kurzbeschreibu...
1	Beet 1
2	Beet 2
3	Beet 3

3 Einträge gefunden

[Belohnung/Lösung]

Kleine Pause! Ich muss kurz mal ... den Hopfen kontrollieren, ob ich die Dolden für das Bierbrauen schon ernten kann.

Und wieso machen wir hier dann ein Beispiel mit Obst und Gemüse??

[Hintergrundinfo]

Der echte Hopfen (Humulus lupulus) gehört zur Familie der Hanfgewächse (Cannabaceae).

Ich brech ab ...

Mehr, Mehrere, Mehreres (ohne Rauschen)

Los, sei mutig und **klick auf das Pfeilchen** (Mehrfachselektion), und du wirst erschlagen von Pflegemöglichkeiten. Der Gegensatz zwischen Parameter und Select-Option ist fast wie shoppen im Discounter und im Supermarkt. Sehen wir uns doch mal den Auswahl-Supermarkt an.

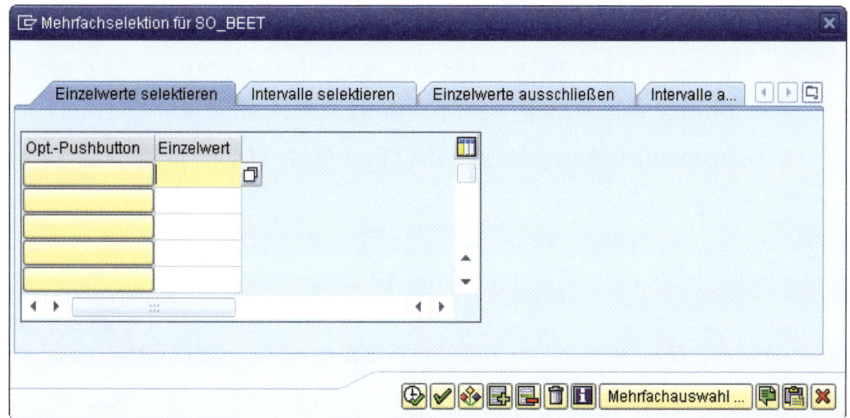

Die Karteireiter sind in zwei Gruppen aufgeteilt: **Einschließen** in die Selektion und **Ausschließen** von der Selektion. In welcher Spalte der internen Select-Option-Tabelle kannst du das festlegen? Auf jedem Karteireiter hast du eine Tabelle mit Eingabemöglichkeiten für die Select-Option (Welche Spalte war das noch mal?) und einem einzelnen Wert oder einem Intervall (Unter- und Obergrenze).

Wie, was, wo? Ich weiß gar nicht, wo ich hinschauen soll, bei all dem Einschließen, Ausschließen und den ganzen Optionen. *Los, Roland – mach was!*

Vielleicht hilft es ja, die **Bedingungen in Sätze** zu fassen, so wie: „Ich möchte das Beet 1 selektieren."

Also 'tschuldigung, das ist doch echt einfach. Es gibt zwei Möglichkeiten: Entweder auf dem Selektionsbild in der Untergrenze den Einzelwert eingeben. Oder das Pfeilchen drücken, auf den Karteireiter Einzelwerte selektieren und dort den Einzelwert eingeben? *Easy-Cheesy!*

Genau! Neuer Satz: „Ich möchte alle Beete ab dem zweiten selektieren." Kleiner Tipp: Verwende die **Größer-als-Option**.

Okay, der Tipp war gut. Dann so wie vorher, aber ich verwende die Größer-als-Option (>) und gebe für den Wert immer noch 1 ein.

Na, dann einen noch Komplizierteren: „Ich möchte alle Beete selektieren, außer dem dritten und dem fünften".

Auch nicht kompliziert. Auf den Karteireiter Intervalle selektieren, als Untergrenze das erste Beet und als Obergrenze das letzte Beet. Auf dem Karteireiter Einzelwerte ausschließen zwei Einträge mit dem dritten und fünften Beet.

Hmmm, das ist ja fast eine Herausforderung, wenn du alles weißt. Einen hab ich noch: „Alle Beete vom vierten bis zum 99., aber nicht vom 10. bis zum 67."

Roland ... auf den Karteireiter Intervalle selektieren, als Untergrenze das vierte Beet und als Obergrenze das letzte, 99. Beet. Auf dem Karteireiter Intervalle ausschließen als Untergrenze 10 und als Obergrenze 99.

Das macht ja keinen Spaß. Pause gefällig? Du könntest dir dein **Birchermüsli** für morgen zubereiten.

[Belohnung/Lösung]

Sehr schön, da kann ich die Mehrfachselektion an den Zutaten üben ... also: ⅓ Liter Sahne, ⅛ Liter Milch, ¼ Tasse Rosinen, ¼ Tasse Zucker, ¼ Becher Naturjogurt, ½ Tasse Haferflocken. Alles in einer großen Schüssel zusammenrühren und bis zum nächsten Tag im Kühlschrank stehen lassen. Morgen schnippel ich noch einen Apfel und eine Banane hinein und gebe ein paar Spritzer Zitronensaft dazu. Ein perfektes Frühstück, um auf den säuerlichen Start mit Roland vorbereitet zu sein.

Kannst du mir etwas vom Müsli mitgeben? Das klingt ja ziemlich lecker. Wo war ich vorher stehen geblieben? Ach ja: Du verwendest in der **Deklaration der Select-Option** das Schlüsselwort **FOR**, um dich auf das Datenobjekt zu beziehen und den Typ für die Spalten **`low`** und **`high`** zu verwenden.

☛ **Lehrsatz 1**: Jede Zeile der Select-Option-Tabelle formuliert eine Bedingung mit einem Vergleichsoperator.

☛ **Lehrsatz 2**: Die **Selektionsmenge** S **ist** die Vereinigungsmenge aller **Includings** (I1, …, In) **minus** der Vereinigungsmenge aller **Excludings** (E1, …, Em).

Und wie wende ich die Lehrsätze praktisch an, Roland? So etwas mit Ameisen, die sich auf einer gekrümmten Apfeloberfläche bewegen, *wäre toll.*

Das Schöne ist: Du musst sie nicht anwenden, das **macht das System für dich** und zwar total einfach! Lies weiter, und du fühlst dich selbst wie die Ameise auf der gekrümmten Apfeloberfläche.

Zur Anwendung gebracht ... fast

Die Select-Option kann in den verschiedensten Situationen verwendet werden. Zum Beispiel bei einem **SELECT**-Statement, um zu prüfen, ob die Ergebnisse zur Eingabe des Anwenders passen. Also zum Beispiel: Liebes **SELECT**-Statement, gib mir alle Zutaten zum **Dobos-Torten**-Rezept, aber kein Mehl und keine Eier, die habe ich nämlich noch in der Vorratskammer. Interessant ist, dass, falls die **Select-Option leer ist**, das **Kriterium als erfüllt gilt**.

[Achtung]

Sind in der Select-Option-Tabelle **keine Einträge** vorhanden, gibt das System **alle Zeilen** aus der Datenbank zurück („Nichts ist alles").

Die Syntax für die Verwendung der Select-Option könnte wie folgt aussehen:

```
SELECT <something> FROM <i don't know>
                   INTO <i don't care>
                   WHERE <whatever you want> *1
[AND|OR] <column> IN so_beet *2
<continue here> *3
ENDSELECT.
```

*1 Die Ouvertüre des **SELECT**-Statements bildet die Auswahl der Spalten (**Something**), der Datenbanktabelle (**I don't know**), des Ziels (**I don't care**) und einen Teil der Selektionsbedingungen (**Whatever you want**).

*2 Dies ist die Verwendung der Select-Option. Wie du sehen kannst, ist sie ganz einfach anzuwenden. Der Parameter **IN** und der Name der Select-Option sind ausreichend, um die **komplexen Kriterien** in der Select-Option als Selektionsbedingungen zu verwenden. Falls die Select-Option leer ist, ist der Vergleich immer erfüllt – aber das habe ich ja bereits erwähnt.

*3 Dann kommt der dir bekannte Rest im **Leseprozess** von der Datenbank.

Und jetzt noch ein Beispiel ohne Platzhalter ...

Gerne, mal sehen, ob ich ein richtig langweiliges Beispiel finde.

```
SELECT * FROM aufk INTO lt_aufk
WHERE aufnr IN so_aufnr.
```

Als Gegenleistung für das maximal langweilige Beispiel erwarte ich von dir die fehlenden Definitionen für das Beispiel.

Codex Hammurapi!

Eine weitere Möglichkeit zur Verwendung der Select-Option besteht im **LOOP**-Statement, in dem du wie im **SELECT**-Statement das **WHERE**-Kriterium gestalten kannst. Und eine weitere Möglichkeit habe ich noch: Bei einem **CHECK**-Statement kannst du ebenfalls die Select-Option verwenden.

Zusammenfassend: Immer wenn eine logische Bedingung angegeben wird, kannst du **SELECT-OPTIONS** mit dem **IN**-Operator verwenden.

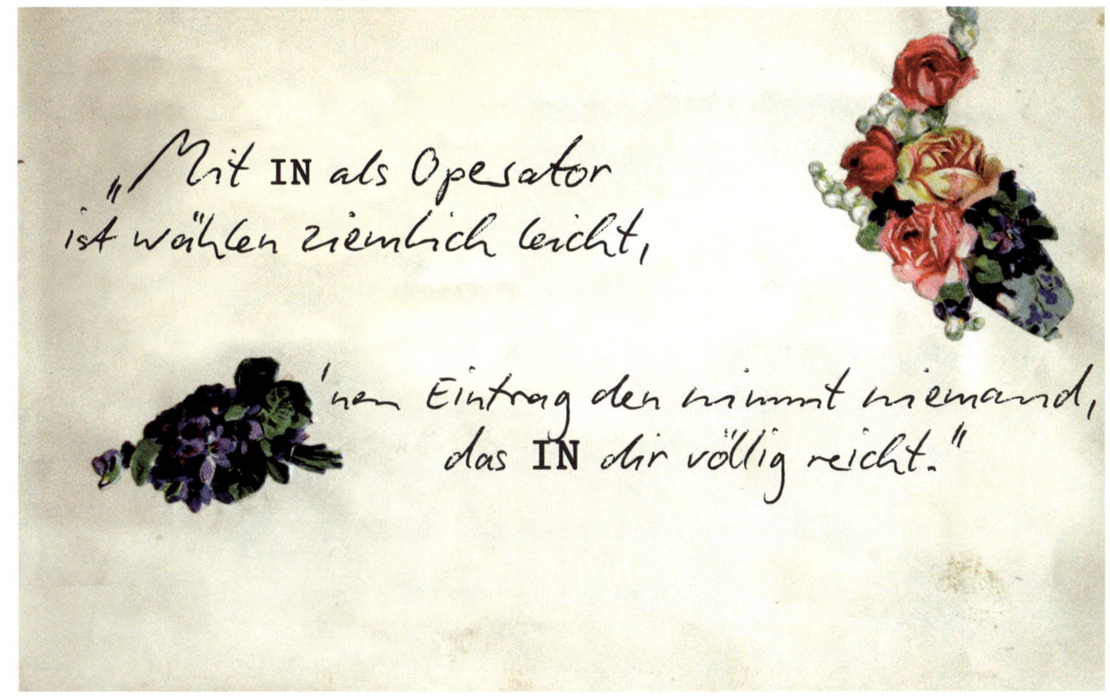

„Mit IN als Operator
ist wählen ziemlich leicht,
'nen Eintrag den nimmt niemand,
das IN dir völlig reicht."

Der IN-Operator ist mein Schlüssel zur Faulheit. Das System kümmert sich um die korrekte Verknüpfung aller Kriterien, und ich komme früher zum Eisteeschlürfen.

Graue Theorie: Eingabehilfe, Prüftabelle

[Achtung/Vorsicht]

Warnung des Gesundheitsministeriums: Das Lesen der folgenden Abschnitte könnte Ihren mentalen Zustand verändern. Sie könnten nach dem Lesen mehr wissen als vorher. Die theoretischen Darstellungen könnten Sie zu Abstraktionen veranlassen, die irreversibel sind.

Das ABAP **Dictionary** ist dein Verbündeter im Kampf um die eleganteste Benutzerunterstützung. Kennst du das Dictionary, bist du auf der guten Seite der Macht. **Eingabehilfen**, **Wertehilfen**, **Texte** – all diese wunderbaren Dinge werden dort gehortet. Nutzt du die Möglichkeiten des ABAP Dictionarys, kannst du den Anwender glücklich machen. Er liebt es, wenn ihm Eingabehilfen zur Verfügung gestellt werden, und du machst dich selbst glücklich, weil du **Eingabedefizite** des Anwenders minimieren kannst.

Eingabedefizite – ein schönes Wort übrigens – sind wie Katzen, die Sofas zerkratzen: unnötig!

Das Dictionary hat einige Techniken auf Lager, um Eingabehilfen zu definieren:

- Die Erste steht dir **automatisch** für Felder vom Typ `dats` und `tims` zur Verfügung. Für diese Typen wird automatisch ein **Date- und Timepicker** angezeigt. Das war auch der Grund, warum für das Gartendatum eine Eingabehilfe angezeigt wurde.
- Die nächste Technik basiert auf den **Festwerten zu einer Domäne**. In dieser kannst du Einzelwerte oder Intervalle von Werten definieren. Aus dieser Menge kann der Anwender auswählen. Das hatten wir auch schon bei den Beeten.
- Eine weitere Technik setzt bei den **Datenelementen** an. Diesen kannst du eine **Suchhilfe** zuordnen, und jedes Mal, wenn das Datenelement verwendet wird, steht auch die Suchhilfe zur Verfügung.
- Und weiter geht es mit der **Technik** auf der Ebene eines **Strukturtyps** (das sind: transparente Tabelle, Struktur und View). Dort kannst du **Prüftabellen** und/oder ebenfalls **Suchhilfen** für **Felder des Strukturtyps** binden. Die letzte Technik der Bindung von Suchhilfen an ein oder mehrere Felder in einem Strukturtyp ist wohl die mächtigste Variante.

Falls du mehrere Parameter mit Bezug zu den Feldern des Strukturtyps definierst, kannst du die Suche **kontextabhängig** gestalten. Das heißt, dass Eingaben aus anderen Feldern bei der Suche nach Werten berücksichtigt werden können und das Ergebnis der Suche in mehrere Felder zurückgestellt werden kann. SAP spricht hier von einer **kontextabhängigen Suche**.

Kunden, die diesen Artikel gekauft haben, kauften auch ...

Ein wirklich sehr gutes Beispiel dafür, dass du zusätzliche Ergebnisse bekommst. Meine Analogie wäre aber: „Du hast das und das gekauft und dich für jenes interessiert, dazu weiß ich von dir noch alles andere, daher hättest du sicher gerne **das**!" **Privatsphäre 2.0**. Die einzige Lösung, bei der die Erhöhung der Versionsnummer zur absoluten Reduktion der Features führt.

Entfessle den Künstler in dir: Screen-Gestaltung

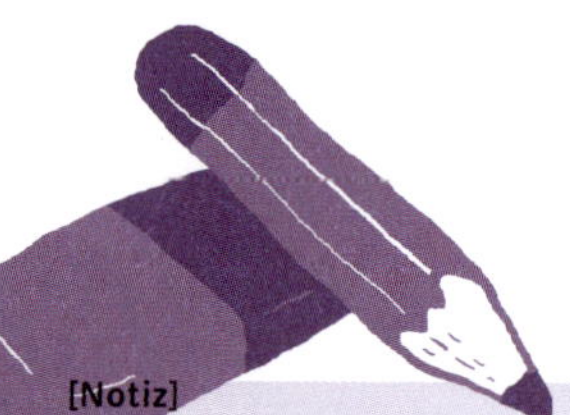

PARAMETERS und **SELECT-OPTIONS** sind an sich ja super, aber das schaut doch **ziemlich mickrig** aus auf dem Bildschirm. Keine Gruppierungen, kein Rahmen, kein Titel, kein nix.

[Notiz]
Apropos nix: Bist du eher der Ohne-alles- oder Mit-nix-Typ?

Mit der Anweisung **SELECTION-SCREEN** kannst du den Aufbau des Selektionsbildes gestalten. Logisch zusammengehörige Dynpro-Elemente kannst du mit dem Zusatz **BEGIN OF BLOCK <Block>** gruppieren und mit **WITH FRAME** einrahmen. Rahmen können bis zu einer Tiefe von fünf Ebenen verschachtelt werden – das **Matroschka**-Prinzip. Einen Titel kannst du mit dem Zusatz **TITLE** und einen Bezug zu den Textsymbolen definieren (**text-<kürzel>**).

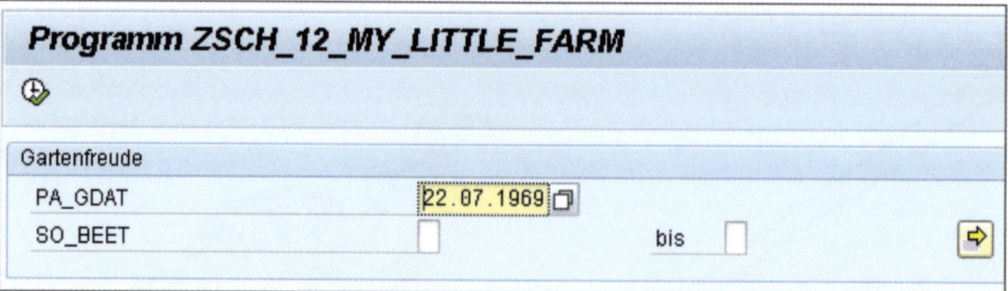

Und so lässt sich schon mit einfachen Mitteln das SAP GUI optisch gestalten: Der Rahmen sieht doch fast wie ein Hochbeet aus!

[Schwierige Aufgabe]
Rahme den Parameter **pa_gdat** und die Select-Option **so_beet** in deinem Programm ein, und spendiere ihnen einen Titel.

Eine tatsächlich schwierige Aufgabe. Zuerst musst du das Coding nach meinen anfänglich spärlichen Angaben zusammenbauen.

Du hast es wahrscheinlich so gemacht:

```
SELECTION-SCREEN BEGIN OF BLOCK bl
                 WITH FRAME TITLE text-f01. *1
PARAMETERS: pa_gdat TYPE dats DEFAULT '19690722'. *2
SELECT-OPTIONS: so_beet FOR gd_beet. *2
SELECTION-SCREEN END OF BLOCK bl. *3
```

*1 Der Rahmen wird durch **SELECTION-SCREEN BEGIN OF BLOCK** eingeleitet. Der Name **bl** ist willkürlich, du hast sicher einen anderen gefunden. Wichtig ist, dass dieser **maximal 20 Zeichen** lang sein darf und direkt **ohne Hochkommas** angegeben wird. Der schöne Rahmen (**WITH FRAME**) wird durch einen Titel (**TITLE**) gekrönt. Mit „**text-**" greifst du in den **Textpool** und kannst ihn wie immer durch den Doppelklick anlegen.

*2 Der Parameter **pa_gdat** und die Select-Option **so_beet** sollten im Rahmen erscheinen und sind daher zwischen **SELECTION-SCREEN BEGIN OF** und **SELECTION-SCREEN END OF** zu finden.

*3 Dies ist der Abschluss der Blockklammer mit **SELECTION-SCREEN END OF BLOCK bl. Hier verwendest du den gleichen Blocknamen wie bei BEGIN OF BLOCK.**

[Schwierige Aufgabe]

Erzeuge einen zweiten Rahmen mit einem Titel, und füge in diesen Rahmen je einen Rahmen für Obst und Gemüse ein. Jeweils vor einem inneren Rahmen sollte zuerst ein Radiobutton für Obst und vor dem nächsten Rahmen einer für Gemüse platziert sein. Innerhalb der inneren Rahmen platziere zumindest drei unterschiedliche Checkboxen für Obst- und Gemüsesorten. Ich glaube, die Aufgabe verstehe ich jetzt selbst nicht mehr – zum Glück habe ich schon einen Screenshot gemacht.

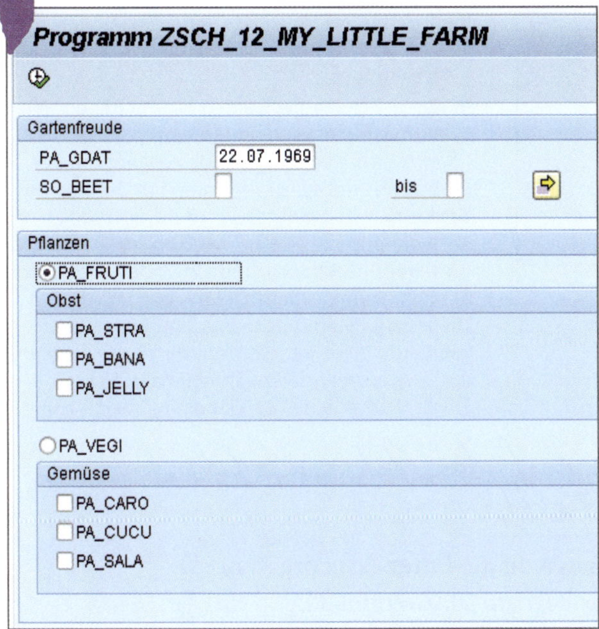

Snatch – Obst und Gemüse. Ein Rahmen im Rahmen, das sieht doch ziemlich aufgeräumt aus. Die Radiobutton-Gruppe funktioniert immer noch, probiere es mal aus. Und die Rahmen für das Obst-und-Gemüse-Dingens sollten auch kein Problem für dich sein und auch die zwei Rahmen in diesem Rahmen nicht.

Endlich Texte!

Mit der Definition der Parameter und Select-Options hast du bislang Eingabemöglichkeiten in das Selektionsbild gezaubert – aber leider werden noch die **technischen Texte** angezeigt, also die Namen der Parameter und Select-Options. Jetzt reicht's: Wir haben lange genug auf diese kryptischen Ausgaben schauen müssen! Besser du ersetzt die technischen Texte durch **verständliche Texte für normale Menschen**.
In puncto **Übersetzbarkeit** aller Texte ist es wichtig zu wissen, dass die **Textelemente** (Textsymbole, Selektionstexte und Listüberschriften) zum Programm und das Programm zwei unterschiedliche **Entwicklungsobjekte** sind. Eines für den **Programmquelltext** und eines für die **Programmtexte**.

[Hintergrundinfo]

Wichtig: Um die Texte anlegen zu können, musst du zuerst das Programm **aktivieren** und kannst dann mit dem Menüpunkt **Springen • Textelemente** auf den Karteireiter **Selektionstexte** wechseln.

Programm ZSCH_12_MY_LITTLE_FARM inaktiv / überarbeitet

Textsymbole | Selektionstexte | Listüberschriften

Name	Text	Dictionary Referenz
PA_BANA	?...	☐
PA_CARO	?...	☐
PA_CUCU	?...	☐
PA_FRUTI	?...	☐
PA_GDAT		☐
PA_JELLY	?...	☐
PA_SALA	?...	☐
PA_STRA	?...	☐
PA_VEGI	?...	☐
SO_BEET	?...	☐

Nachdem du dem Menüpfad **Springen • Textelemente** gefolgt bist, hast du das Herz der übersetzbaren Texte erreicht. Der Karteireiter **Textsymbole** beheimatet die Texte, die über ein dreistelliges Kürzel – `text-xxx` oder einfach `(xxx)` – angesprochen und in einer Liste ausgegeben werden können. Unter **Listüberschriften** werden Texte für Listen- und Spaltenüberschriften gesammelt. Auf dem Karteireiter **Selektionstexte** pflegst oder verwendest du Texte für Parameter und Select-Options.
In der Spalte **Name** werden die Parameter und Selektionstexte aus dem Programm aufgelistet (darum ist die vorhergehende Aktivierung des Programms nötig). Bevor du nun in der Spalte **Text** einen Text eingibst, sieh dir doch bitte noch die dritte Spalte an: **Dictionary-Referenz**. Zwei der Checkboxen sind aktiv. Das bedeutet für dich: wenig Arbeit! Denn wenn im ABAP Dictionary Feldbezeichner gefunden werden, kannst du diese ganz einfach durch die Auswahl des Ankreuzfeldes verwenden. Falls nicht, musst du die Texte von Hand eingeben – gähn!

Ich klicke und klicke auf das Ankreuzfeld, aber da kommt kein Text!

Nach dem **Setzen der Checkbox** musst du die **Enter**-Taste drücken!
Ich weiß, das ist eigenartig, aber das liegt am DIAG-Protokoll.

Okay, aber da kann man sich ja dran gewöhnen. Der ABAP-Dictionary-Text zum Parameter **pa_gdat** *lautet: „Datum im Format JJJJMMDD als C". Das ist nicht sehr hilfreich.*

Tja, in diesem Fall lässt du das wohl lieber mit dem ABAP-Dictionary-Bezug und füllst den Text von Hand. Also das Ankreuzfeld **wieder abwählen**, nochmals die **Enter**-Taste drücken, damit das Feld wieder eingabebereit wird, und dann ab dafür.

[Zettel]

Plädoyer für das ABAP Dictionary: Sollten die Texte, die angeboten werden, nicht deinen Vorstellungen entsprechen, so darf das ABAP Dictionary nicht dafür verantwortlich gemacht werden! Erstens besitzt es (noch) keine hellseherischen Fähigkeiten, und zweitens hast du es in der Hand, es zu ändern. Wie kannst du erreichen, dass ein Text deiner Vorstellung vorgeschlagen wird?

Ab ins Dictionary zum Datenelement und dort die Feldbezeichner anpassen, sofern ich darf.

Programm ZSCH_12_MY_LITTLE_FARM

Gartenfreude
Gartendatum 22.07.1969
Beet bis
Pflanzen
Früchtchen
Obst
Klettererdbeeren
Winterharte Bananen
Jelly Beans
Grünzeug
Gemüse
Bergkarotten
Feldgurken
Vogerlsalat

Ein kleiner Round-up an Ort und Stelle: In den Selektionstexten kannst du entweder einen Text direkt eingeben oder den **Feldtext** vom **Datenelement** aus dem **ABAP Dictionary** übernehmen. Einfach die **Checkbox anklicken** und mit der **Enter**-Taste bestätigen. Am Ende das **Aktivieren** nicht vergessen! Sieht doch nett aus – alles betextet.

Eine interessante Standardfunktion, die dir im Selektionsbild zur Verfügung steht, ist das Anlegen einer **Screen-Variante**. Mit dieser kannst du **Werte** in den Parametern und Select-Options **speichern** und noch zusätzliche Einstellungen vornehmen. Zu einem späteren Zeitpunkt kannst du die Screen-Variante wieder aufrufen.

Was könnte das denn bei unserem Obst und Gemüsebeispiel für eine Variante sein?

Zum Beispiel möchtest du mit dem Tagesdatum für das Gartendatum starten und immer die Beete 1 bis 3 auswählen. Das wäre schon eine Variante. Damit kannst du dir und den Anwendern deines Programms, die sich auch **selbst Screen-Varianten anlegen** können, das lästige mehrfache Eintippen von Werten ersparen.

[Belohnung/Lösung]

Zeit sparen, faul sein, erholen – klingt gut. Ich hole mir schnell eine Essiggurke aus dem Kühlschrank und bin mir nicht sicher, ob ich wiederkomme.

Wie im Hamsterrad

Zu jedem Ereignis das passende **Schlüsselwort**: In einem ABAP-Programm kannst du Ereignisse definieren, die von der **Runtime** (im Deutschen auch liebevoll als **Laufzeitumgebung** bezeichnet) zu bestimmten Zeitpunkten **angesprungen** werden.

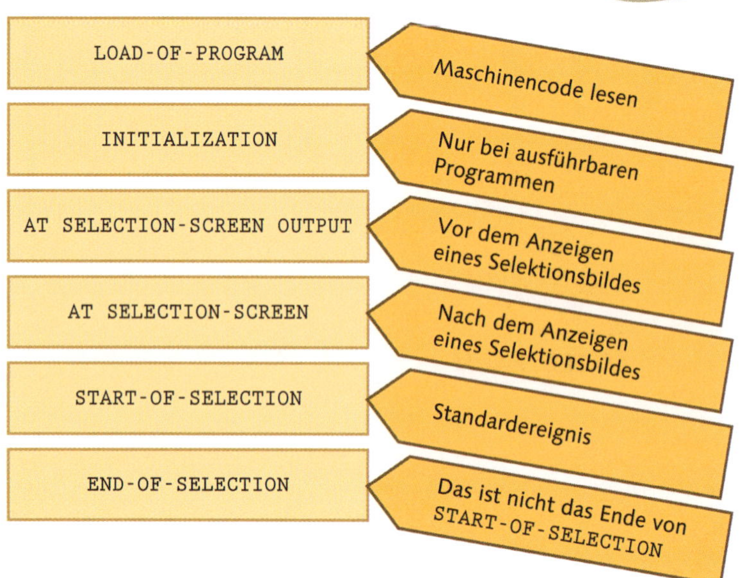

Die Laufzeitumgebung hat gewissermaßen die richtige Reihenfolge im Kopf – auch wenn ich bei dem Begriff immer an ein Hamsterrad denken muss. Und sie prüft nach einer definierten Reihenfolge, ob im Programm für die Ereignisse die Ereignisschlüsselwörter vorhanden sind, und springt diese dann gegebenenfalls an.

Als Beispiel könntest du dir den Zeitpunkt beim Laden des Programms (**Load** oder auch **Maschinencode**) aus dem **Repository** in den Hauptspeicher vorstellen. Für diesen Zeitpunkt gibt es das Ereignisschlüsselwort **LOAD-OF-PROGRAM**, das du in deinem Programm platzieren kannst. Der Runtime ist ziemlich egal, wo du das Ereignisschlüsselwort platzierst. Sie durchsucht das Programm, und falls sie ein passendes Schlüsselwort zum Ereignis findet, springt sie dieses an. **Einsprungsmarke** klingt auch nicht schlecht statt Ereignisschlüsselwort, aber das erinnert doch ziemlich an **GOTO**.

Hallo, Schatz! Ich GOTO Fitness-Studio!

Alle Anweisungen, die zum Ereigniszeitpunkt im Code platziert sind, werden **sequenziell ausgeführt**. Kleines Experiment: Zum Zeitpunkt

```
AT SELECTION-SCREEN OUTPUT.
```

könntest du zum Beispiel die Anweisung

```
SET TITLEBAR `TITLELIST`.
```

positionieren. Zu welchem Zeitpunkt könnte der Ereigniszeitpunkt angesprungen werden, was könnte die Anweisung **SET TITLEBAR** bedeuten, und was passiert wohl, wenn du das Programm startest?

Nix!

Korrekt. Es erscheint **kein Titel**, oder zumindest einer, den du nicht erwartet hast. Dann machen wir doch schnell noch ein paar Schritte:

Falls du es noch nicht getan hast, platziere das folgende Ereignisschlüsselwort nach den Datendeklarationen:

1. **AT SELECTION-SCREEN OUTPUT.**
2. Hinter das **OUTPUT** gehört ein **Punkt**, so wie bei jeder Programmzeile!
3. Platziere direkt unterhalb dieser Zeile die folgende:
4. **SET TITLEBAR `TITLELIST`.**
5. Klicke doppelt auf das Textliteral **`TITLELIST`** im Code.
6. Im darauf erscheinenden Pop-up – Ja, ja, ja, du willst es anlegen! – gibst du einen **Text** für den Titel an. Mein Vorschlag: „Meine kleine Farm" oder „Projekt Balkonien".
7. Jetzt noch aktivieren und das Programm neu starten. Was passiert jetzt?

Hey, ich sehe meinen Titel im Selektionsbild! Perfekt! Wie wird denn das Ende eines Ereigniszeitpunktes definiert?

Explizit gar nicht. Das Ende eines Ereigniszeitpunktes ist entweder durch das **nächste Ereignis**, die **Definition** eines Unterprogramms/Moduls oder durch das **Programmende** definiert. Und wie gesagt: Die Reihenfolge der Ereignisse im Programm ist der Runtime ziemlich egal.

Ein **anderes Beispiel** für ein Ereignis ist **START-OF-SELECTION** bzw. **END-OF-SELECTION**. Diese zwei Ereignisse sind für die **Erzeugung von Listeninhalten** gedacht. Da kannst du die Befehle **WRITE**, **SKIP** und **ULINE** verwenden, um die Liste zu befüllen. Dazu werden wir später einige Beispiele durchgehen.

Das Ereignis **INITIALIZATION** wird nur einmal in jedem ausführbaren Programm verarbeitet. Während dieses Ereignisses kannst du **Vorschlagswerte** für die Selektionsbildfelder eines Reports setzen oder auch – Überraschung – Initialisierungen von Variablen durchführen, die im späteren Verlauf des Programms verwendet werden.

Das könnten wir doch schnell machen! Dazu hab ich folgende Überlegungen:

8. Der Radiobutton für die Früchtchen mit den dazugehörigen Checkboxen sollte gesetzt werden. Damit kann der Anwender mit einer **vorgeschlagenen Auswahl starten**.
9. Die Texte zu den Früchtchen und zum Grünzeug, im Speziellen die von dir manuell erfassten Texte zu den Parametern, können für die Ausgabe in der Liste

wiederverwendet werden. Der **TEXTPOOL**, das ist die Sammlung der Textelemente zum Programm, stellt dir die Texte zur Verfügung, du musst sie nur lesen. Wir werden die Texte in einer **internen Tabelle puffern** und darauf im **Programm zugreifen**.

10. Die Namen der Beete, die wir in der Liste anzeigen werden, verstecken sich in den Festwerten der Domäne **ZSCH_12_DO_BEET**. Auch diese werden wir, für die spätere Verwendung im Programm, in einer **internen Tabelle puffern**.
11. Und natürlich die schöne Blume, die wir dem Anwender anzeigen, als Symbol der Fruchtbarkeit der Erde und für den Platz der Bepflanzung, werden wir **initialisieren**.
12. Auf geht's. Punkt für Punkt. Du bist gleich mal an der Reihe.

[Einfache Aufgabe]
Setze zum Zeitpunkt **INITIALIZATION** den Radiobutton für die Früchtchen und die dazugehörigen Parameter auf **abap_true**.

Die Lösung ist ein Zweizeiler:

```
INITIALIZATION.
pa_fruti = pa_stra = pa_bana = pa_jelly = abap_true.*1
```

*1 Wie immer war ich **sehr faul** und habe die Initialisierung der Variablen so kompakt als möglich implementiert. Du kannst natürlich jede Variable einzeln initialisieren.

Nächster Punkt: **TEXTPOOL**. Dazu sieh dir das folgende Coding an:

```
INITIALIZATION.
* ...
* Text holen für Ausgabe
  READ TEXTPOOL sy-cprog
  INTO gt_textpool
  LANGUAGE sy-langu.*1
```

*1 Mithilfe der Anweisung **READ TEXTPOOL** kannst du die Texte zum **aktuell gerufenen Programm** (der Name steckt in der Systemvariablen **sy-cprog**) lesen. Dazu musst du die interne Tabelle angeben (**gt_textpool**), in die die Daten gestellt werden. Diese Tabelle musst du noch deklarieren.

[Einfache Aufgabe]
Kleine Aufgabe zwischendurch: Deklariere die interne Tabelle **gt_textpool** mit dem Zeilentyp **textpool**. Deklariere dann noch die Arbeitsstruktur **gs_texpool** vom gleichen Zeilentyp – und das möglichst elegant. Mui elegante!

Da alle Texte, die du anlegst, sprachenabhängig sind, musst du auch noch die Sprache angeben. Ein fauler Schwaiger Roland verwendet natürlich eine **Systemvariable**, in der die **Anmeldesprache des Anwenders** abgelegt ist: **sy-langu**.

Schlag auf Schlag, der nächste Punkt: die Texte zu den Beeten aus den Domänenfestwerten **ZSCH_12_DO_BEET**. Lass das folgende Coding auf dich wirken, und denke dabei an Lotusblüten. Hörst du die Bienen summen und die Vögel zwitschern?

```
* Für Select-Option und RTTI
DATA: gd_beet TYPE zsch_12_td_beet,
* Die Beschreibung für die Festwerte der Beete
      gr_beet_descr TYPE REF TO cl_abap_elemdescr,
* Die Festwerte
      gt_beet_fixvalues TYPE ddfixvalues,
      gs_beet_fixvalue LIKE LINE OF gt_beet_fixvalues.
END-OF-SELECTION.
* ...
* Alle Beet-Texte aus dem Datenelement ermitteln
  gr_beet_descr ?= cl_abap_typedescr=>describe_by_data( gd_beet ).*1
* Die Festwerte holen
  gt_beet_fixvalues = gr_beet_descr->get_ddic_fixed_values( ).*2
```

*1 Zuerst musst du feststellen, welche Festwerte für die Domäne zum Beet-Datenelement vorhanden sind. Dabei ist dir die Runtime Type Identification (RTTI) behilflich. Die Klasse **cl_abap_typedescr** bietet dir die statische Methode **describe_by_data( )** an, um basierend auf der Variablen **gd_beet** ein Beschreibungsobjekt zu erstellen. Dieses hat einen elementaren Typ, der über die Klasse **cl_abap_elemdescr** repräsentiert wird (Ist das ein Down- oder ein Up-Cast?)

*2 Aus dem Beschreibungsobjekt holst du mit der Methode **get_ddic_fixed_values( )** die Liste der Festwerte und deren Bezeichnungen und legst sie in der internen Tabelle **gt_beet_fixvalues** ab. Die Arbeitsstruktur hab ich gleich dazu angelegt.

Letzter Punkt, die Blume. Für die Ausgabe in der Liste, in deinen schönen Beeten, benötigen wir den Code des Blumen-Icons. Die Icons werden durch die Konstanten in der Typgruppe **icon** mittels der Namenskonvention **@xx@** gespeichert. Zum Beispiel ist dem Blumen-Icon (Konstante **icon_selection**) der Wert **@7X@** zugeordnet. Der Wert, der zwischen den Klammeräffchen steht, ist für uns von Bedeutung. Also rausholen – kannst du das schon?

[Einfache Aufgabe]

Lege die Variable **gd_icon** vom Typ **icon_d** an. Zum Zeitpunkt **INITIALIZATION** weise der Variablen **gd_icon** den Teilstring **icon_selection** ab Position 1 mit der Länge 2 zu.

Hat es geklappt? Hier die kompakte Auflösung des Rätsels.

```
DATA: gd_icon TYPE icon_d, *1
* ...
INITIALIZATION.
* ...
  gd_icon = icon_selection+1(2).*2
```

*1 Das ist das Icon für die Blume.

*2 Den Teilstring von **icon_selection** kannst du mit der Startpositions- und Längenangabe ermitteln.

Damit ist die **Initialisierung vollständig implementiert.** Du könntest nun aktivieren und testen, wenn du möchtest. Was wird jetzt wohl geschehen, wenn du **das Programm testest?**

Ich geh mich kurz mal initialisieren, dann weiß ich mehr!

<Schrödinger-Initialisierung>

Es geschieht nichts, zumindest nichts Sichtbares, da Variablen initialisiert werden und keine Ausgaben stattfinden!

Genau! Darum geht es gleich weiter mit den Ereignissen.

Verdammt, das hat man von der Mitarbeit.

Wir hatten doch vorher das **Selektionsbild** besprochen. Da gibt es auch ein besonderes Ereignis: **AT SELECTION-SCREEN**. Zu diesem Zeitpunkt kannst du die **Eingaben** des Anwenders **prüfen**, die **Berechtigungen checken** und dem Anwender noch **Meldungen** schicken.

[Einfache Aufgabe]

Nutze das Ereignis **AT SELECTION-SCREEN**, um nach einem Wechsel vom Obst-Radiobutton auf den Gemüse-Radiobutton alle neuen Parameter zu setzen und die alten zu entsetzen. (Nicht verwechseln mit der Pubertät: deine Alten entsetzen!)

Hier benötige selbst ich ein paar Zeilen, aber es soll ja auch schön übersichtlich sein:

```
AT SELECTION-SCREEN.*1
  IF pa_fruti = abap_true.*2
    pa_caro = pa_cucu = pa_sala = abap_false.*3
    pa_stra = pa_bana = pa_jelly = abap_true.*3
  ELSE.*4
    pa_caro = pa_cucu = pa_sala = abap_true.
    pa_stra = pa_bana = pa_jelly = abap_false.
  ENDIF.
```

*1 Das Ereignis **AT SELECTION-SCREEN** ist dafür geschaffen, auf Eingaben des Anwenders zu reagieren.

Teste das Verhalten deiner Anwendung!

*4 Und natürlich umgekehrt genauso. Falls das Gemüse vom Anwender ausgewählt wird, läuft alles entgegengesetzt.

Warum, warum, warum kann das SAP-System nicht einmal so arbeiten, wie ich es erwarte?
Ich selektiere das Gemüse – und nichts geschieht! Erst wenn ich auf die Enter-Taste hämmere, werden die Markierungen umgesetzt.

Lernen geschieht nicht durch Erfolg, sondern **durch Misserfolg**! Zur Beruhigung: **Du hast alles richtig gemacht**, und das Verhalten liegt daran, dass beim Auswählen des Radiobuttons noch **kein Roundtrip** ausgelöst wird. Dadurch kann auch der Inhalt im Selektionsbild durch das Programm nicht verändert werden. Es fehlt noch eine Kleinigkeit: Ergänze den Parameter **pa_fruti** folgendermaßen:

```
PARAMETERS: pa_fruti RADIOBUTTON GROUP plat
            USER-COMMAND chng. *1
```

*1 Der Zusatz **USER-COMMAND <name>** – bei uns **USER-COMMAND chng** – sorgt dafür, dass ein Roundtrip ausgelöst und unter anderem das Ereignis **AT SELECTION-SCREEN** ausgeführt wird. **<name>** steht für ein Benutzerkommando, das du im Programm, wenn du möchtest, folgendermaßen abfragen kannst: **IF sy-ucomm = <name>.** Also für unser Beispiel: **IF sy-ucomm = chng.** Noch mal testen!

Yippiehh!

*2 Falls die Früchtchen selektiert wurden, dann …

*3 Setze die alten Parameter auf **abap_false** und die neuen auf **abap_true**. Um den Gemüse-Radiobutton musst du dich nicht kümmern, der wird **vom System ent-setzt**. Warum?

Ereignisreich geht's weiter

Zusätzlich zum **AT SELECTION-SCREEN** steht **AT SELECTION-SCREEN OUTPUT** zur Verfügung. Es wird unmittelbar **vor** (**AT SELECTION-SCREEN** unmittelbar **nach**) der Anzeige des Selektionsbildes durchlaufen. Bei den Dynpros stehen vergleichbare Ereignisse zur Verfügung: **Process Before Output (PBO)** und **Process After Input (PAI)**. Ordne in der folgenden Tabelle die passenden Elemente einander zu, zähle die Zahlen zusammen, und verbinde die Punkte in der Reihenfolge der linken Spalte.

Schimmel (1)	AT SELECTION-SCREEN OUTPUT (5)
Process Before Output (3)	Käse (2)
Tomate (7)	AT SELECTION-SCREEN (17)
Process After Input (13)	Ketchup (11)

Bild erkennen – und am besten einen grünen Stift für das Verbinden der Punkte verwenden!

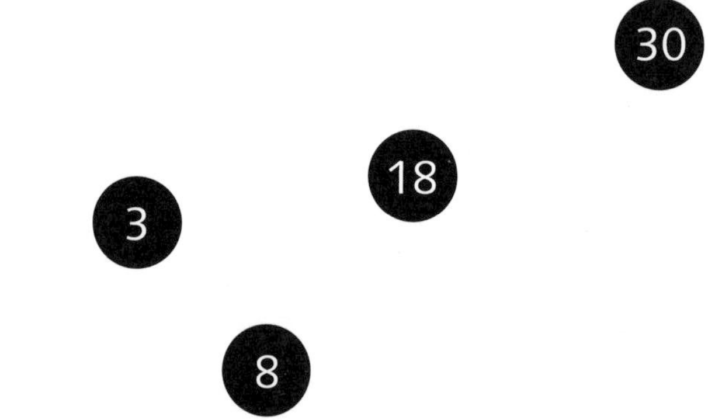

Das Selektionsbild kann **mehrfach angezeigt** werden, zum Beispiel wenn der Anwender die **Enter**-Taste drückt. Dann werden auch die Ereignisblöcke **mehrfach abgearbeitet**. Mehr zum Thema **AT SELECTION-SCREEN** folgt in ein paar Absätzen.

Falls du eine **Message** vom Typ **E** an den Anwender während **AT SELECTION-SCREEN** sendest, kommt er nicht weiter, er bleibt im Selektionsbild. Genau dort, wo ihn wir haben wollen, zumindest falls es noch etwas zu korrigieren gibt.

Message, irgendwie klingt das vertraut. Oder doch nicht?

Das Thema **Message** hatten wir so noch nicht. Die **MESSAGE**-Anweisung dient dir dazu, Nachrichten an den Anwender zu senden. Der Aufbau ist folgendermaßen:

```
MESSAGE <Typ><Nummer>(<Nachrichtenklasse>)
  WITH <Variable1> <Variable2> <Variable3> <Variable4>.
```

Der **<Typ>** kann aus der Menge **I=Information**, **S=Success**, **W=Warnung**, **E=Error** und den zwei desparaten Typen **A=Abbruch** und **X=Kurzdump** ausgewählt werden.

Dann ist man wohl richtig verzweifelt, wenn der einzige Ausweg der Abbruch oder ein Kurzdump mit Kernspeicherauszug ist.

<Nummer> und **<Nachrichtenklasse>** beziehen sich auf die Inhalte der Tabelle T100, die **Tabelle der Nachrichten**. Mit Transaktion **SE91** kannst du eine **Nachrichtenklasse** (der SAP-Jargon dafür ist manchmal **Arbeitsgebiet**) anlegen bzw. pflegen. In dieser Nachrichtenklasse sind die Nachrichten definiert und können mit keinem oder maximal vier **Platzhaltern** bestückt werden. Diese werden mit **&** oder **&1**, **&2**, **&3**, **&4** bezeichnet. Beim Aufruf der **MESSAGE**-Anweisung kannst du mithilfe des Zusatzes **WITH** die Platzhalter durch **<Variable1>** bis **<Variable4>** ersetzen.

[Notiz]
Zu einer Nachricht kannst du auch einen **Langtext** definieren, der ebenfalls maximal vier Platzhalter besitzen kann.

Das probieren wir sofort am lebenden Beispiel aus. Du baust dir eine eigene **Nachrichtenklasse** mit **zwei Nachrichten**, die du später verwendest, um den Anwender zu loben.

1. Ruf Transaktion SE91 auf, und mach dich mit dem Einstiegsbild vertraut.

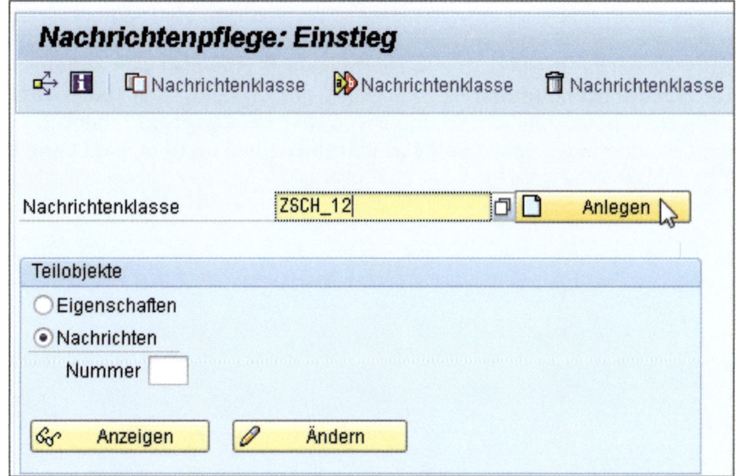

2. Denn du landest im Einstiegsbild zur Nachrichtenklassen- und Nachrichtenpflege. Gib den Namen deiner Nachrichtenklasse ein, zum Beispiel **ZSCH_12** (Weißt du noch, warum das immer Z-Irgendwas war?), und klicke auf **Anlegen** (**F5**).

3. Im Folgebild speicherst du, und wenn du gefragt wirst: Du legst, wie immer, das Objekt lokal an. Wechsle auf den Karteireiter **Nachrichten**.

4. Nun geht es an die Nachrichten: Lege zuerst für die Nachricht 000 den Text „& & & &" an. Was kannst du damit anstellen?

5. Die Nachricht 001 sollte deine erste wirkliche Nachricht werden. Ich schlage vor, du definierst eine **Lob-Nachricht** für die Auswahl von Gemüse oder Obst. Der Text könnte so lauten: „Lieber &: Gratulation zur gelungenen Auswahl von &". Die **Platzhalter** wirst du während der Laufzeit durch den Benutzernamen sowie durch „Früchtchen" oder „Grünzeug" ersetzen.

6. Jetzt noch sichern – und schon bist du Erzeuger und Besitzer einer eigenen Nachrichtenklasse mit zwei Nachrichten. Du musst deshalb jetzt aber kein Gewerbe anmelden.

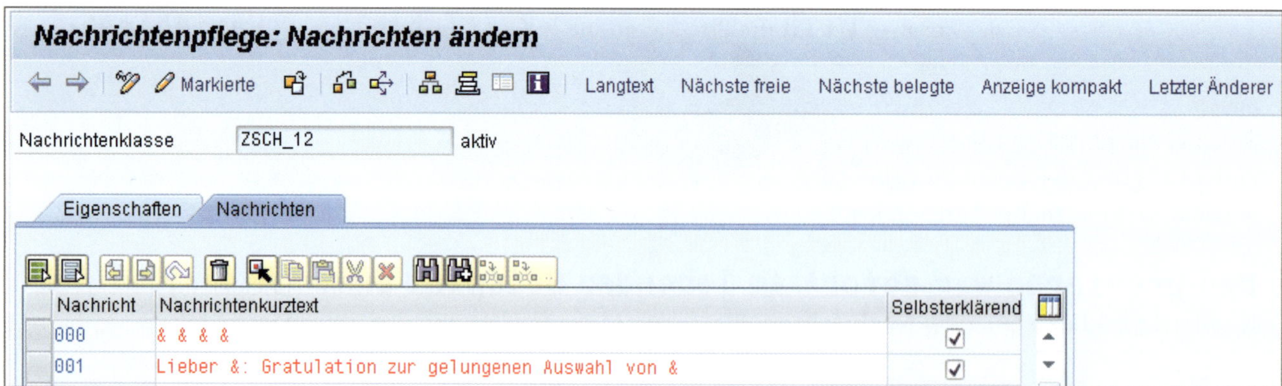

Noch einmal im Überblick: Die Nachrichtenpflege findet auf dem Karteireiter **Nachrichten** statt. Die **Nachrichtennummer** ist vorgegeben, und du kannst den **Nachrichtenkurztext** mit maximal vier **Platzhaltern** definieren. Für ausführliche Erläuterungen steht der **Langtext** (ebenfalls vier Platzhalter) zur Verfügung, dazu musst du die Checkbox in der Spalte **Selbsterklärend** deselektieren und auf **Langtext** in der Drucktastenleiste drücken.

Tagesschau ... also eine Nachrichtensendung

Natürlich willst du deine Nachricht nun verwenden, oder? Ich gebe dir ausnahmsweise mal einen Schnellstart, habe in das folgende Listing aber einen kleinen Fehler eingebaut. Also ausführlich studieren – notfalls abtippen und den Fehler vom System suchen lassen ...

```
AT SELECTION-SCREEN.
  IF pa_fruti = abap_true.
    pa_caro = pa_cucu = pa_sala = abap_false.
    pa_stra = pa_bana = pa_jelly = abap_true.
* Lob-Nachricht
    MESSAGE sZSCH_12(001) WITH sy-uname text-s01.*1
  ELSE.
    pa_caro = pa_cucu = pa_sala = abap_true.
    pa_stra = pa_bana = pa_jelly = abap_false.
* Lob-Nachricht
    MESSAGE s001(ZSCH_12) WITH sy-uname text-s01.*1
  ENDIF.
```

*1 Die Nachricht 001 aus der Nachrichtenklasse **ZSCH_012** mit zwei Platzhalterersetzungen wird lobend an den Anwender gesendet.

[Notieren/Üben]

Um die Zeit bis zur nächsten Übung zu überbrücken, könntest du mit dem Typ der Nachricht spielen. Was passiert, wenn du den Typ von **S** auf **I** änderst? Was passiert bei **E** und **W**? Bist du mutig? Dann probiere **A** und **X**, das ist nur etwas für ganz Verwegene.

Jetzt aber noch eine kleine Übung mit Fremdlerneffekt. Falls der Anwender zwar Obst oder Gemüse ausgewählt, aber keine Sorten angekreuzt hat, also **keine Checkboxen gesetzt** sind, könntest du ihm eine **E**-Nachricht senden, zum Beispiel „Lieber &, du hast nichts gecheckt". Wie könntest du das bewerkstelligen? Du hast fünf Minuten Zeit, ab jetzt. Tick, Tack, Tick, Tack ... Schon fertig? Dann sieh dir mal meine Lösung zum Vergleich an.

```
AT SELECTION-SCREEN.
* Wurde Radiobutton gewechselt?
 CASE sy-ucomm.*1
   WHEN 'CHNG'. "Siehe Parameter pa_fruti *2
     IF pa_fruti = abap_true.
       pa_caro = pa_cucu = pa_sala = abap_false.
       pa_stra = pa_bana = pa_jelly = abap_true.
* Lob-Nachricht
       MESSAGE s001(zsch_12) WITH sy-uname text-s01.
```

*1 Zur Unterscheidung, ob der Anwender einen Wechsel von Obst auf Gemüse oder umgekehrt oder eine ganz andere Funktion ausgewählt hat (zum Beispiel **Enter**), überprüfe ich das aktuelle **Benutzerkommando**. Dafür steht die Systemvariable **sy-ucomm** zur Verfügung. Für die Radiobuttons haben wir das Benutzerkommando **CHNG** festgelegt (siehe noch mal oben nach).

*2 Im Fall von **CHNG** verwende ich das bisherige Coding.

```
        ELSE.
          pa_caro = pa_cucu = pa_sala = abap_true.
          pa_stra = pa_bana = pa_jelly = abap_false.
* Lob-Nachricht
          MESSAGE s001(zsch_12) WITH sy-uname text-s01.
        ENDIF.
* Anwender will weiter zur Liste
      WHEN OTHERS.
        IF pa_fruti = abap_true *3
          AND pa_stra = abap_false
          AND pa_bana = abap_false
          AND pa_jelly = abap_false.
          MESSAGE e002(zsch_12) WITH sy-uname.*4
        ELSEIF pa_vegi = abap_true
          AND pa_caro = abap_false
          AND pa_cucu = abap_false
          AND pa_sala = abap_false.
          MESSAGE e002(zsch_12) WITH sy-uname.
        ENDIF.
    ENDCASE.
```

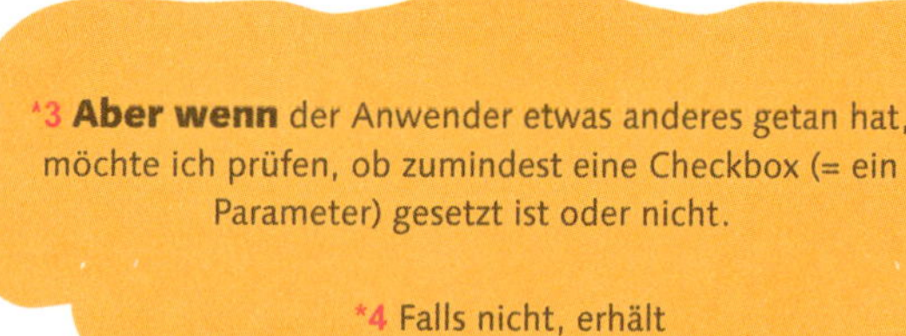

*3 **Aber wenn** der Anwender etwas anderes getan hat, möchte ich prüfen, ob zumindest eine Checkbox (= ein Parameter) gesetzt ist oder nicht.

*4 Falls nicht, erhält der Anwender eine **E**-Nachricht, die ihn im Selektionsbild hält, bis er den **Fehler korrigiert** hat. Fehler bedeutet, er sollte zumindest eine Auswahl treffen. Das ist wie eine Fernsteuerung des Anwenders.

Eine kleine Erweiterung der Auswertung der Aktionen des Anwenders könntest du auch noch implementieren, um die Verwendung der **EXIT**-Anweisung zu testen. **EXIT** beendet die Abarbeitung des Blocks **AT SELECTION-SCREEN**. **Zur Vorgeschichte**: Wenn der Anwender bei der Select-Option auf **Mehrfachselektion** klickt, wird ebenfalls das Ereignis **AT SELECTION-SCREEN** durchlaufen. In diesem Fall wollen wir uns tot stellen und nichts tun – Thanatose, wie ein Käfer. Damit du feststellen kannst, welcher **Funktionscode** – du kennst **CHNG**, den wir definiert haben – vom System vergeben wird, könntest du den Debugger verwenden und den Wert des Feldes **sy-ucomm** analysieren oder mir vertrauen, dass dies der Wert **'%002'** ist.

[Einfache Aufgabe]

Erweitere die Anweisung **CASE sy-ucomm** zum Zeitpunkt **AT SELECTION-SCREEN** um den Zweig **'%002'**, und verlasse mit der Anweisung **EXIT** die Abarbeitung.

Die Erweiterung könnte so aussehen.

```
AT SELECTION-SCREEN.
* Was war die Aktion?
  CASE sy-ucomm.
* Auswahl von Select-Option Mehrfachselektion
    WHEN '%002'.*1
      EXIT.
```

*1 Hier ist er: der neue Zweig für das „Wegsehen" (Überspringen der eigenen Behandlung der Mehrfachselektionen = der Button mit dem grünem Pfeil zu den Select-Options) bei der Auswahl der Mehrfachselektion.

[Zettel]
Die Übersetzung einer Nachricht in eine andere Sprache ist einfach machbar. Aus Transaktion SE91 (Nachrichtenpflege) kannst du in der Nachrichtenanzeige eine Nachricht selektieren und diese mit **Springen • Übersetzung** in die gewünschte Zielsprache übersetzen. Zum Vorteil sollte es dir gereichen, wenn du die Zielsprache kennst.

Oben haben wir die Auswertung der Bildschirmeingaben zum Zeitpunkt **AT SELECTION-SCREEN** durchgeführt. Als **Reaktionsmöglichkeit** habe ich dir gezeigt, dass du die **MESSAGE**-Anweisung verwenden kannst. Wenn während dieses Ereignisses eine Fehler- oder Warnmeldung angezeigt wird, also Typ **E** oder **W**, werden alle Dynpro-Felder **eingabebereit** gesetzt. Damit kann dein Anwender noch etwas an seiner Eingabe verbessern. Wir sind ja keine Unmenschen.
Dennoch, die **Öffnung aller Felder** für die Eingabe mag dir übertrieben erscheinen. Du arbeitest also mit der feinen Klinge.

Ich habe doch gar nichts gesagt!
Nicht einmal gedacht!
Okay, jetzt schon ...

Dann habe ich etwas für dich: Mit dem Zusatz **ON <Parameter>** bzw. **ON <Select-Option>** beziehst du dich gezielt auf einzelne Parameter bzw. Select-Options. Im Fehlerfall sind dann nur diese Parameter/Select-Options eingabebereit. Um **Eingabekombinationen** einer **logischen Gruppe** zu überprüfen, steht das Ereignis **AT SELECTION-SCREEN ON BLOCK <Block>** zur Verfügung. Felder dieses Blocks werden bei einer Fehlernachricht eingabebereit. Sieh dir mal das folgende Beispiel an.

```
AT SELECTION-SCREEN ON BLOCK b21.*1
CHECK sy-ucomm <> 'CHNG'.*2
  IF pa_fruti = abap_true
    AND pa_stra = abap_false
    AND pa_bana = abap_false
    AND pa_jelly = abap_false.
    MESSAGE e002(zsch_12) WITH sy-uname.
  ENDIF.

AT SELECTION-SCREEN ON BLOCK b22.
CHECK sy-ucomm <> 'CHNG'.
  IF pa_vegi = abap_true
```

*1 Diesen Block hast du ja schon für die **Gestaltung des Selektionsbildes** definiert. Für die Elemente im Block führst du nun die **Prüfungen** durch.

*2 Wenn du den Code übernimmst, kann es sein, dass das **Verhalten des Programms** noch nicht ganz dem entspricht, was du erwartest. Falls das so ist, könntest du in der Zeile nach **AT SELECTION-SCREEN ON BLOCK <block> folgende Anweisung** einfügen: **CHECK sy-ucomm <> 'CHNG'.**

```
    AND pa_caro = abap_false
    AND pa_cucu = abap_false
    AND pa_sala = abap_false.
    MESSAGE e002(zsch_12) WITH sy-uname.
  ENDIF.
```

Kleine Auffrischung gefällig?
Kapitel 6 könnte hilfreich sein ...

Programm Bearbeiten Springen System Hilfe

Meine kleine Farm

Gartenfreuden
Gartendatum 22.07.1969
Beet bis

Zarte Pflänzchen
Früchtchen
Obst
Klettererdbeeren
Winterharte Bananen
Jelly Beans
Grünzeug
Gemüse
Bergkarotten
Feldgurken
Vogerlsalat

Lieber BCUSER, du hast nichts gecheckt NSP (1) 001 was INS

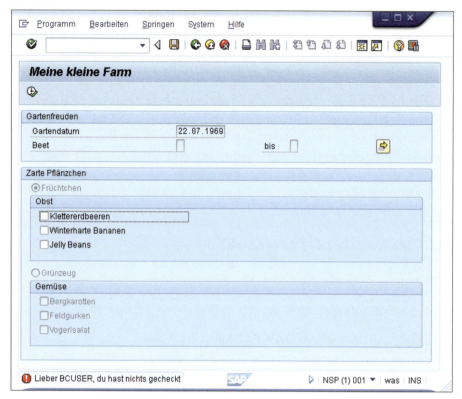

Du siehst:
Die E-Meldung als Resultat der Blockprüfung im Programm **zwingt den Anwender**, sich mit seinen Problemen auseinanderzusetzen. Spot an auf Obst, der Rest ist ausgegraut.

Hiiiilfeee!

Wie hast du das geahnt, Schrödinger? Ja genau, **Hilfen** kannst du auch anbieten. Du kannst eine eigene **F1-Hilfe (Eingabehilfe)** und **F4-Hilfe (Wertehilfe)** zu den Ereignissen **`AT SELECTION-SCREEN ON HELP-REQUEST`** und **`AT SELECTION-SCREEN ON VALUE-REQUEST`** programmieren. Nach der Positionierung des Cursors und dem Drücken auf die **F1**- bzw. **F4**-Funktionstaste wird das entsprechende Ereignis ausgelöst. Mit dem Zusatz **`ON VALUE-REQUEST`** erscheint beim zugeordneten Feld der **Druckknopf** für die F4-Wertehilfe.

[Zettel]

Im Regelfall werden F1- und F4-Hilfe im **ABAP Dictionary** hinterlegt. Das hat für dich den Vorteil, dass du dich um die eigentliche **Datenbeschaffung** für die Wertehilfe und die **Übertragung** des ausgewählten Wertes in das Eingabefeld **nicht kümmern** musst. Für den Anwender bieten solche F1- und F4-Hilfen zudem ein programmübergreifend einheitliches Design.

L – Li – Lis – List – Liste

Genug der ganzen Einstellungen und Selektionen. Wie zeigst du dem Anwender die ermittelten Daten an? Richtig geraten: **mit einer Liste**. Die Liste, so wie eine Einkaufsliste, dient dazu, textuelle Informationen aufzunehmen. Du produzierst während der Laufzeit Text, und dieser Text will in die Liste, weil er weiß, dass er dann vom Anwender **gelesen**, **ausgedruckt** oder in eine **Datei gespeichert** wird.
Zwei Ereignisschlüsselwörter bieten sich für die Listenproduktion an: **START-OF-SELECTION** und **END-OF-SELECTION**.

[Hintergrundinfo]
Ich verwende das Ereignis **START-OF-SELECTION**, um die Daten zu sammeln, und das Ereignis **END-OF-SELECTION**, um die Daten auszugeben.

Die erste **WRITE**-Anweisung in deinem Programm löst die Erzeugung einer **Liste** aus, wobei der Text in einem sogenannten **Listenpuffer** gesammelt wird. Sobald der Puffer vollständig aufgebaut ist, erzeugt das System das Bild aus dem Listenpuffer und zeigt es dem Anwender an.

[Zettel]
Füge das Ereignis **END-OF-SELECTION.** in dein Programm ein, und platziere dahinter die folgende Anweisung

```
WRITE: / 'Gartendatum: '(t02), pa_gdat.
```

Teste dein Programm, und drücke im Selektionsbild auf die Drucktaste **Ausführen** (F8).

Deine erste Liste mit Titel, Listenüberschrift, Seitennummer und der Eingabe des Anwenders für das Gartendatum. Das System schenkt dir automatisch zwei **Kopfzeilen** (Standardüberschrift). In der **ersten Kopfzeile** erscheint links oben der **Programmtitel** aus den Programmattributen (Außer du weißt, wie du die **Listenüberschrift** ändern kannst; wenn nicht, stay tuned!) und rechts oben die **Seitennummer**. Die **zweite Kopfzeile** besteht aus einer durchgezogenen **Linie und noch mehr Spaltenüberschriften**. Diese beiden Zeilen bleiben auch beim Blättern der Liste im Fenster stehen, sind also blätterfest – sogar im Herbst und im Winter.

Mir persönlich gefällt der Name des Programms in der Kopfzeile nicht. Eine gute Chance, dir den Menüpunkt **System • Liste • Listüberschrift** ans Herz zu legen. (Achtung: Das Programm muss vorher aktiviert werden!) Sofern du diesen Menüpunkt aufrufst, kannst du direkt aus der Listensicht heraus die **Listenüberschrift** und **Spaltenüberschriften** definieren.

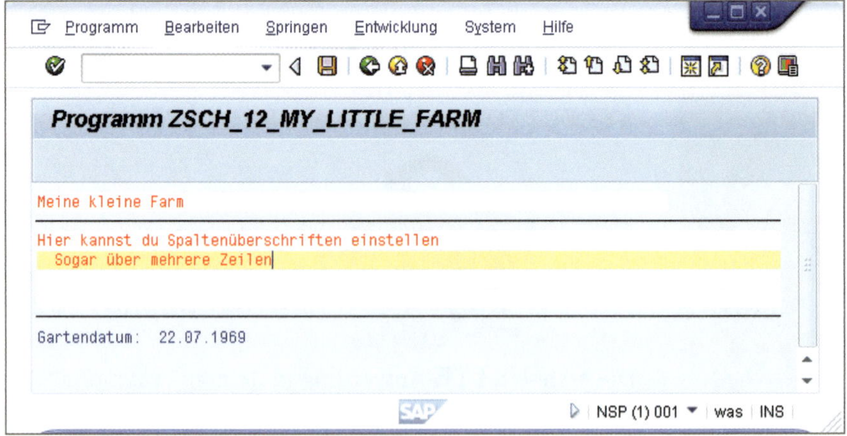

Listenüberschrift und Spaltenüberschriften, ganz **einfach und direkt** eingeben. Anschließend musst du sichern und das Programm nochmals starten, dann siehst du dein Meisterwerk. Die Listenüberschrift findest du auch vom Editor ausgehend unter **Springen • Textelemente • Listenüberschriften**.

Kurze Wissensüberprüfung: Was wird wohl das folgende Coding bewirken?

```
END-OF-SELECTION.
  SET TITLEBAR 'TITLELIST'.
  WRITE: 'Gartendatum: '(t02), pa_gdat.
```

Ich tippe auf einen geänderten Titel und eine Listenausgabe.

Bravo! Genau das! 100 Punkte auf das Schrödinger-Konto!

Bei der **Listenproduktion** kannst du nicht nur Texte ausgeben, sondern auch **Symbole** und **Icons**. Dazu musst du am Anfang deines Programms die Anweisung **TYPE-POOLS icon.** bzw. **TYPE-POOLS sym.** einfügen. Damit stehen dir Konstanten zur Verfügung, die du folgendermaßen ausgibst.

```
WRITE <konstante> AS SYMBOL.
WRITE <konstante> AS ICON.
```

Zum Auffinden der Konstanten für die **Icons** steht dir die Transaktion **ICON** zur Verfügung. Versuche doch mal, vor dem Gartendatum die Konstante **ICON_SELECTION** als Icon auszugeben. Sieht aus wie eine Blume, das passt doch schön.

Es war gar nicht so einfach, eine schöne Blume in den SAP-Icons zu finden. Transaktion ICON hat mich gerettet.

Gartendatum: 22.07.1969

[Zettel]
Die Überschrift einer Seite kannst du mithilfe des Ereignisses **TOP-OF-PAGE** aufbauen. Schon wieder ein Ereignis, mit dem du Texte ausgeben kannst!

Eine **neue Zeile** wird in Verbindung mit dem **WRITE**-Statement erzeugt. Dazu verwendest du den Schrägstrich (**/**), auch als **Slash** (Betonung auf dem a und klingt wie Slääääsch) oder **Schräger** (hier ist die Betonung auch auf dem a mit Pünktchen und klingt wie Schräääga) bekannt.
Probiere mal die folgende Anweisung:

```
WRITE/'Hallo Gurke!'.
```

Fehlermeldung? Okay, dann probiere doch mal:

```
WRITE /'Hallo Gurke!'.
```

Fehlermeldung? Okay, dann probiere doch mal:

```
WRITE / 'Hallo Gurke!'.
```

Funktioniert? Entschuldige, das war dein peinvoller Weg zu erkennen, dass **vor und nach** dem Slääschräääga **ein Leerzeichen** stehen muss. Aber jetzt weißt du es auf immer.
Hab ich dir schon den **Kettensatz** vorgestellt? Eine Erklärung, warum der Kettensatz Kettensatz heißt, hab ich nicht, vielleicht kannst du dir eine überlegen.

Das kann man nur, wenn man weiß, worum es geht!

Korrekt, also für mich ist das ziemlich langweilig, immer wieder das gleiche Schlüsselwort schreiben zu müssen, wie zum Beispiel bei **WRITE**:

```
WRITE 'Hallo Gurke!'.
WRITE 'Hallo Kartoffel!'.
WRITE 'Hallo Spargel!'.
```

[Zettel]
Für nebenbei: Versuche eine Ausgabe in einer Liste zu erzeugen, die über die Zeilenbreite hinausgeht. Also einen ABAP-Buchstabensalat. Wie viele Zeichen passen in eine Zeile?

SAP hat sich deshalb eine Vereinfachung einfallen lassen: Schreibe das Schlüsselwort **einmal**, begrenze es durch einen **Doppelpunkt**, und trenne die Teile, auf die das Schlüsselwort anzuwenden ist, durch ein **Komma** (österreichisch **Beistrich**). Im Beispiel sieht das so aus:

```
WRITE: 'Hallo Gurke!', 'Hallo Kartoffel!', 'Hallo Spargel!'.
```

Der Kettensatz funktioniert nicht nur für **WRITE**, sondern für alle Schlüsselwörter. Du kannst zum Beispiel die Datendeklarationen mit **DATA:** durchführen oder **TYPES:** verwenden. **Eine praktische Sache**.
So, jetzt wird es aber Zeit, einen **Schlussstrich** zu ziehen.

Roland, tu es nicht! Ich verspreche dir auch, zukünftig ...

In der Liste, Schrödinger, in der Liste! Viel einfacher als im wirklichen Leben kannst du das mit dem Befehl **ULINE** erreichen. Und mit dem **SKIP**-Befehl kannst du Leerzeilen in der Liste erzeugen. Du musst nur angeben, wie viele. Falls du nichts angibst, wird eine Leerzeile erzeugt, sonst die Anzahl, die hinter dem **SKIP** steht. Wie viele Leerzeilen werden dann durch folgenden Aufruf erzeugt:

```
SKIP 3,5.
```

3 oder 4 oder geht nicht?

Wenn du schon keinen vernünftigen Schlussstrich ziehst, dann bring doch wenigstens ein bisschen Farbe ins Spiel ...

Hätte ich fast vergessen, danke! Um **Farben in die Liste** zu bringen, kannst du entweder den **COLOR**-Zusatz beim **WRITE**-Statement verwenden oder den **FORMAT**-Befehl. Bei deiner Farbwahl bist du allerdings auf die **Farben eingeschränkt**, die dir das SAP-System zur Verfügung stellt.
Hast du noch Zeit für ein kleines Coding zur Listengestaltung? Dauert auch nicht lange. **Ein kleines Spiel mit Farben**. Aufgrund der Auswahl der **Beete** durch den Anwender werden wir stark vereinfachte Beete in die Liste zeichnen. Um ehrlich zu sein: Nur wenn dir jemand sagt, dass das Beete sein sollen, wirst du diese als solche erkennen.

```
AT SELECTION-SCREEN.
* Was war die Aktion?
  CASE sy-ucomm.
* ...
  ENDCASE.
* Anzahl und Texte zu gewählten Beeten ermitteln
  CLEAR gt_beete.*1
```

*1 Die Deklaration der internen Tabelle **gt_beete** vom Typ **stringtab** – musst du noch durchführen.

```
  gd_nr_beet = 0. "Starte mit 0 ausgewählten
* Ermitteln der Texte zu Beeten, die vom Anwender gewählt wurden
  LOOP AT gt_beet_fixvalues INTO gs_beet_fixvalue "Alle Beete
    WHERE low IN so_beet.*2
    ADD 1 TO gd_nr_beet.
    APPEND gs_beet_fixvalue-ddtext TO gt_beete.*3
  ENDLOOP.
* ...
* Ausgabe der Grundliste, also das Beet-Layout
END-OF-SELECTION.
* Titel setzen
  SET TITLEBAR 'TITLELIST'.
* Eine schöne Blume
  WRITE: / icon_selection AS ICON.
* Textausgabe
  WRITE: 'Gartendatum:'(t02), pa_gdat DD/MM/YYYY.
* Zeile auslassen
  SKIP.
* Für jeden Einrag in der Beet-Tabelle ein Beet zeichnen
* mit Name des Beetes und der Pflanze
  LOOP AT gt_beete INTO gs_beet.*4
* Pflanze zum Beet lesen, dafür Beet-Index speichern und
* als Pflanzenindex verwenden
    gd_tabix = sy-tabix.*5
* Arbeitsstruktur für Pflanzennamen initialisieren
    CLEAR gs_plant.
* Früchtchen oder Grünzeug
    IF pa_fruti = abap_true.
      READ TABLE gt_frutis INTO gs_plant INDEX gd_tabix.*6
    ELSEIF pa_vegi = abap_true.
      READ TABLE gt_vegis INTO gs_plant INDEX gd_tabix.*6
    ENDIF.
* Beet zeichnen
    PERFORM draw_beet
              USING
                 gs_beet
                 gs_plant. *7
  ENDLOOP.
```

*2 Die Überprüfung, ob der Wert tatsächlich vom Anwender in der Select-Option **so_beet** gesetzt wurde, kannst du sehr einfach mit dem **IN**-Operator durchführen.

*3 Die Texte zu den Beeten speicherst du in der internen Tabelle **gt_beete**.

*4 Für jedes Beet hätten wir gerne eine Beet-Visualisierung, so kunstvoll wie möglich.

*5 Hier habe ich etwas angenommen. Der Anwender wählt die unterschiedlichen Früchtchen oder Grünzeug. Die Bezeichnungen zu den Auswahlen speichere ich in der internen Tabelle **gt_frutis** oder **gt_vegis**, beide sind vom Typ **stringtab**. Wenn ich das erste Beet zeichne, zeige ich dort den Text des ersten Früchtchens oder Grünzeugs an. Wenn ich das zweite Beet zeichne, dann … (bitte vervollständigen). Wenn mehr Beete als Pflanzen vorhanden sind, zeige ich nichts an. Punkt. Das ist meine Festlegung, und die kannst du natürlich verdrehen, wie du willst. Der **gd_tabix** dient mir dazu, in der Früchtchen- oder Grünzeug-Tabelle zu suchen.

*6 Du kannst mir nun erklären, was hier abgeht.

*7 Das Unterprogramm **draw_beet** wird gerufen, um damit ein Beet auszugeben. Zudem übergebe ich an das Unterprogramm die Bezeichnung des Beetes und der Pflanze.

Jetzt noch schnell das Unterprogramm geklöppelt, dann ist die Erde schon schön gleichmäßig verteilt.

```
FORM draw_beet USING id_name TYPE string
                     id_pname TYPE string.*1
* Ein Beet
* Farbe an für Beet
  FORMAT COLOR COL_GROUP.*2
* Ausgefüllte Checkbox, Beet-Name und Pflanzenname
  WRITE: / sym_checkbox AS SYMBOL, id_name, id_pname.*3
* Farbe auf positiv für Beet
  FORMAT COLOR COL_POSITIVE.*4
* Der obere Rand des Beetes
  WRITE  / '-------------------------------------------------------------------'.
* Vier Pflanzenreihen
  DO 4 TIMES.
* Der linke Rand
    WRITE: / '|'.*5
* Die Pflanzpositionen
    DO 32 TIMES.
* Ein grüner Fleck, ohne Leerzeichen,
* als Hotspot (Mauszeiger ändert sich)
      WRITE icon_led_green AS ICON  NO-GAP HOTSPOT.*6
    ENDDO.
* Der rechte Rand
    WRITE: '|'.
  ENDDO.
* Der untere Rand
  WRITE  / '-------------------------------------------------------------------'.
* Farbe aus
  FORMAT COLOR OFF.*7
ENDFORM.
```

*1 Das Unterprogramm übernimmt die **Bezeichnung** des Beet-Namens.

Du alter Type-Pooler!

*2 Mit der Anweisung **FORMAT** kannst du einiges anstellen. Unter anderem die aktuelle **Farbe** setzen. Woher kommt die Konstante **COL_GROUP**?

*3 Zum Namen habe ich noch eine **Checkbox** aus den **Symbolen** ausgegeben, um dir die Verwendung zu zeigen.

*4 Wechsle auf eine andere Farbe. (Welche Farbe assoziierst du mit **POSITIVE**? Lass dich überraschen ...)

*5 Im Code schaut die Ausgabe ziemlich strichmännchenmäßig aus. Da wirst du dich wundern, was die Listenausgabe daraus macht. Falls dich noch andere **Strichmännchenausgaben** interessieren, kannst du die Tipps & Tricks konsultieren (siehe folgende Hintergrundinfo).

*6 Zwei neue Erweiterungen zur **WRITE**-Anweisung. **NO-GAP verhindert Leerzeichenausgabe** zwischen den Zeichen, und der Zusatz **HOTSPOT verändert das Aussehen des Mauszeigers** zu einem Handsymbol, und der Einfachklick wirkt wie ein Doppelklick. Benutzerkomfort großgeschrieben!

*7 Die Formatierung wird wieder abgestellt.

Aktivieren und testen, das sollte dir mittlerweile im Schlaf begegnen.

[Hintergrundinfo]

Mithilfe des Menüeintrags **Umfeld • Beispiele • ABAP-Beispiele** aus dem ABAP Editor heraus hast du Zugriff auf eine wunderbare Sammlung von Vorlagenprogrammen, die dir Tipps & Tricks zur ABAP-Programmierung liefern.

Liste Bearbeiten Springen System Hilfe

Meine kleine Farm

Wo Schnecken und Wühlmäuse ihr Paradies finden 1

Datum
Beet Pflanze

Gartendatum: 22.07.1969

Beet 1 Klettererdbeeren

Beet 2 Winterharte Bananen

Beet 3 Jelly Beans

NSP (1) 001 was INS

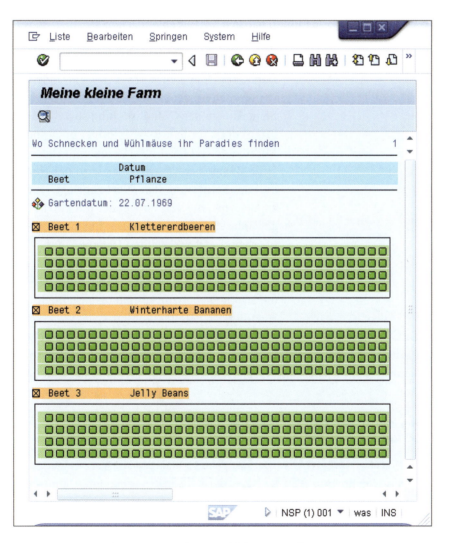

Die Beete in der Liste. Für jede Auswahl des Anwenders ein eigenes Beet. Bereit für dich zum Pflanzen. Das ist aber eine andere Geschichte.

Keine Beichte notwendig: Interaktion mit einer Liste

So ein Beet, das sieht ja schon ganz nett aus. Noch netter wäre es natürlich, wenn der Anwender seine zarten Pflänzchen per Mausklick in die Beete setzen könnte. Virtualisierung der Gartenarbeit! Dazu kann ich dir den Mechanismus der **Verzweigungsliste** anbieten.

Die Liste, von der ich bis jetzt gesprochen habe, ist die sogenannte **Grundliste**. Für Detailinformationen hat sich SAP einen einfachen Mechanismus überlegt, um in diese zu verzweigen: den **Doppelklick** auf eine Listenzeile, für die **Detailinfos** ermittelt werden sollen.

Damit der Doppelklick etwas bewirkt, müssen ein paar Sachen vorbereitet werden.
Beim Aufbau der Grundliste (und später bei den Verzweigungslisten) muss für jede Zeile Information gespeichert werden. Mithilfe des **`HIDE`**-Befehls kannst du Daten im sogenannten **Hide-Bereich** speichern. Dazu wird der **Name der Struktur** und des **Feldes** mit dem **Wert** abgelegt. Und zwar damit zu der Zeile, die vom Anwender mit einem Doppelklick ausgewählt wird, diese speziellen, nur für diese Zeile und sonst überhaupt nicht relevanten Daten wieder in die Struktur zurückgestellt werden können. Und wann passiert das?
Zum Zeitpunkt **`AT LINE-SELECTION`**. Da werden die Daten wieder zur Verfügung gestellt, also alle, die in den Hide-Bereich gerettet wurden.

Zu **`AT LINE-SELECTION`** kannst du wieder eine Liste aufbauen, nur eben eine **Verzweigungsliste**. Und in der kannst du wieder Daten in den Hide-Bereich speichern, und dann kann der Anwender wieder doppelt klicken, und du kannst schon wieder eine Verzweigungsliste aufbauen und die Daten wieder speichern, und der Anwender kann …

Stooooooooooopp!

Puh, danke. Ja, das geht 20-mal. Für alle Verzweigungslisten ist aber nur das eine Ereignis **`AT LINE-SELECTION`** vorhanden. Damit du unterscheiden kannst, welche Verzweigungsliste in Bearbeitung ist, verwendest du das Systemfeld **`sy-lsind`**. Das startet mit 1.

Und wie ist das mit den Überschriften in den Verzweigungslisten?

Dazu verwendest du das Ereignis **TOP-OF-PAGE DURING LINE-SELECTION**.

```
IF sy-lsind = 1.
* Mach was in der ersten Verzweigungsliste
ELSEIF sy-lsind = 2.
* Mach was in der zweiten Verzweigungsliste
* ...
```

Für unser Bespiel verwende ich eine Variation des Ereignisses **AT LINE-SELECTION**. Ich werde keine neuen Daten ausgeben, sondern die bestehende Grundliste manipulieren. Let's check the code!

*1 Das Ereignis **AT LINE-SELECTION** ist für die **Verarbeitung des Doppelklicks** bzw. in unserem Fall für den **HOTSPOT** zuständig. (Zur Erinnerung: **HOTSPOT** macht aus dem Einfachklick einen Doppelklick.)

```
* Interaktion mit der Liste
AT LINE-SELECTION.*1
* Die Informationen ermitteln, die der Anwender angeklickt hat
  GET CURSOR VALUE gd_val
             LINE gd_line
             OFFSET gd_offset.*2
* Blümchen malen
  sy-lisel+gd_offset(2) = gd_icon.*3
* Und in der Liste ändern
  MODIFY CURRENT LINE.*4
```

Aktivieren, testen!

Wenn du auf ein grünes Kästchen klickst, wird eine neue Blume gezeichnet!

*2 Die Anweisung **GET CURSOR** **ermittelt die Daten** zur Doppelanklickstelle in der Grundliste. Die Variable **gd_val** hat den Typ **char80**, und **gd_line** und **gd_offset** besitzen den Typ **i**. Für uns ist die Variable **gd_offset** relevant, die die Spaltenposition in der angeklickten Zeile liefert.

*3 In der Systemvariablen **sy-lisel** – Darf ich mich vorstellen? Lisel, Sy-Lisel – ist die derzeit ausgewählte Zeile zu finden, die wir manipulieren möchten. Die Manipulation sieht so aus, dass wir in der Zeile, beginnend beim Offset **gd_offset**, das Blumen-Icon ausgeben.

*4 Und natürlich sollte die **Änderung noch angezeigt** werden. Das wird vom Befehl **MODIFY CURRENT LINE** erledigt.

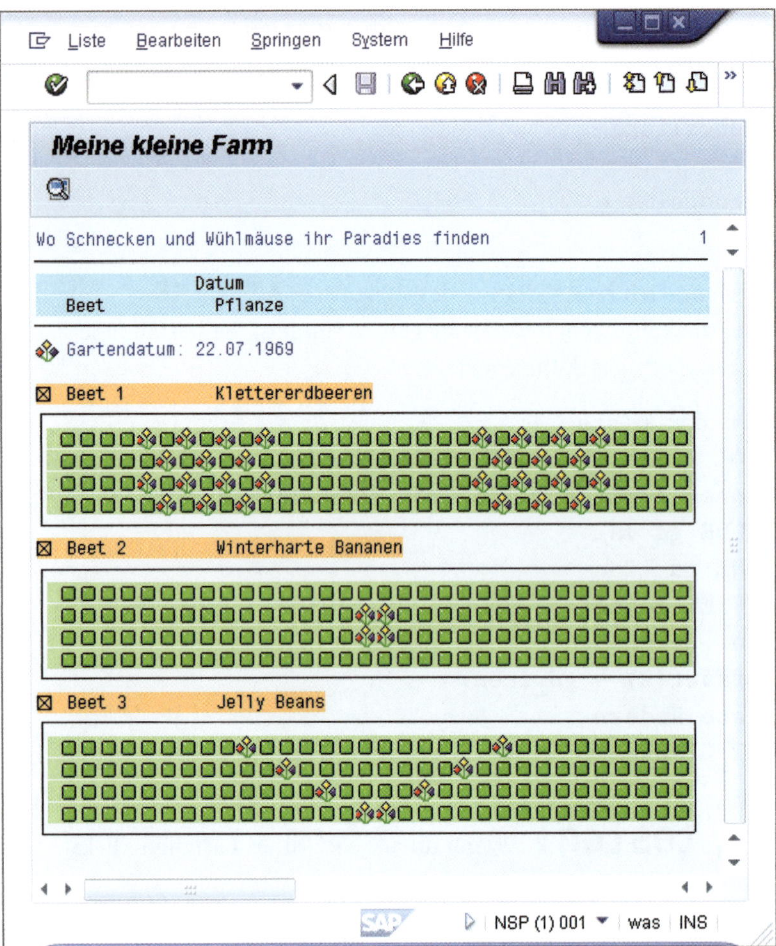

Virtual gardening. Ein einfacher Klick – und schon blüht es in deinem Beet!

Dir steht es nun frei, die Liste nach Belieben zu gestalten. Vielleicht zeichnest du ein paar Blumen-Icons ein oder gibst den Text der Parameter aus. Das Wissen dazu hast du dir erarbeitet – und **die grüne Farbe** von hinter deinen Ohren **klebt jetzt bei dir am Daumen**!

[Belohnung]

Naturverbunden, wie du spätestens nach diesem Kapitel bist, könntest du als Abschluss noch eine **Taube aus Silberpapier** basteln und über deinem Arbeitstisch aufhängen. „Früher war mehr Lametta" war gestern. Diese Montage wird auch gerne als **Suppenbrunzer** bezeichnet und repräsentiert den Heiligen Geist, der ab und an recht hilfreich sein kann.

Suppenbrunzer in Freiheit

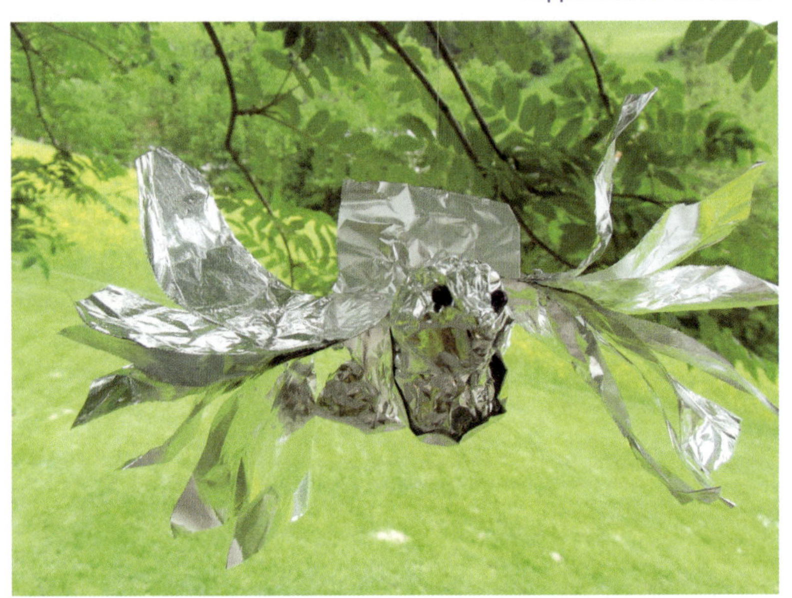

—DREIZEHN—

Dynpro-Programmierung (GUI II)

Lasagne aufs Auge

„Wow, ein dynamisches Programm!" Das gefällt Schrödinger sofort, dieses Dynpro. Dynamik ist einfach klasse, außer natürlich, es geht um Sport. Mit der Ablauflogik, Elementen zur Gestaltung der Darstellung und Eigenschaften, die man selbst programmieren kann: Super! Das ist schon richtig modular. (Ja, so langsam gewöhnt sich Schrödinger an die Feinheiten im ABAP-Vokabular.) Und es sind auch schon Schichten erkennbar, die Bausteine zur Dynpro-Programmierung sehen fast schon aus wie eine geschichtete MVC-Architektur. Und Schrödinger liebt Schichten, vor allem in Form von Lasagne!

Dynamisch programmieren

Jetzt steht eine große Aufgabe an: Du wirst den teuersten Nudellängen- und Kalorien-Kalkulator in der Geschichte der Menschheit programmieren – und zwar dynamisch! Denn wer hat sich nicht schon einmal gefragt, wie lang wohl eine Spaghetti wäre, wenn die ganze Portion auf dem Teller aus einer einzigen Nudel bestünde? Du etwa nicht?

Also, um ehrlich zu sein ...

Na, dann willst du doch aber bestimmt wissen, wie viele Kalorien die Pasta hat, die dir dein Lieblingsitaliener auftischt – damit du weißt, wie lange du danach wieder im Fitnessstudio schwitzen musst, um alles abzuarbeiten.

Fitnessstudio? Beim Programmieren sind meine Finger die ganze Zeit in Bewegung! Das sollte doch wohl reichen?

KN-AACK

Für die Programmierung des Nudellängen- und Kalorien-Kalkulators in ABAP werden wir in die Dynpro-Programmierung einsteigen. Die Dynpro-Programmierung ist wie ein Schauspieler, der vor den Theatervorhang tritt und seinen großen Auftritt vor Publikum hat. So ähnlich ist es für ein Dynpro, wenn es sich dem User zeigt. Dabei greift das Dynpro auf ein Aussehen (Layout) und ein Verhalten (Ablauflogik) zurück, um dem Betrachter gefällig zu erscheinen – großes Theater!

Mithilfe der Dynpro-Programmierung kannst du zwar keine Nudel darstellen, jedoch dem Anwender deiner ABAP-Programme in gefälliger Form die Ein- und Ausgaben darbieten. Dazu wirst du nicht nur die grundlegenden Konzepte kennenlernen, sondern leider auch eine traurige Gewissheit erlangen. Doch dazu später.

Das Lektorat hat gesagt, dass es auch nach mehrmaligem Suchen in diesem Kapitel keine passende Stelle für die "traurige Gewissheit" gefunden hat.

Na toll, Spannungsbogen arrivederci! Hier waren die Kilokalorien gemeint, aber dass gerade Kilokalorien beim Lektorat nicht für traurige Gewissheit sorgen, wundert mich auch nicht mehr.

[Hintergrundinfo]
Das hier ist die längste Nudel der Welt (Symbolzeichnung). Sie geht links und rechts vom Buch noch weiter, einfach mit hinzudenken. Sie ist für eine Berechnung im Nudellängen- und Kalorien-Kalkulator leider ungeeignet, denn sie erzeugt einen Out-of-Page Error.

Bevor wir beginnen, zwei Fragen: Was schätzt du, wie lang eine 250-Gramm-Portion gekochter Spaghetti am Stück ist und wie viele Kilokalorien sie hat? Einfach auf einen leeren Zettel schreiben. Zum Beispiel den hier. Natürlich ohne Soße und ohne Parmesan. Den Nudellängen- und Kalorien-Kalkulator mit Soße und Käse kannst du im Anschluss an dieses Kapitel gerne selbst programmieren.

[Achtung]
Den größten Lernerfolg hast du in diesem Kapitel, wenn du die Beispiele mit mir gemeinsam absolvierst, also live mitmachst, im Instant-Modus, einfach just-in-time!

Si capisce!

Dynamische Programme (**Dynpros** oder **Screens**) sind die zentralen Bausteine in der SAP GUI-Programmierung. Neben der Liste und dem Selektionsbild, die du bereits kennengelernt hast, ist das Dynpro somit die dritte und auch letzte Möglichkeit für das SAP GUI, eine **Benutzeroberfläche** (User Interface, UI) zu erstellen. Ein Dynpro kann optisch mithilfe von **UI-Elementen** (zum Beispiel als Eingabefelder, Drucktasten, Rahmen, ...) gestaltet werden.

Gestalten ist mein Leben!

Ein Dynpro kann Daten für die Visualisierung übernehmen und Eingaben und Aktionen des Anwenders zurückliefern. Ein Dynpro kann eine eigene Logik besitzen, die den Ablauf des Dynpros steuert – die **Ablauflogik**. Ein Dynpro arbeitet mit einem Programm zusammen, und es kann auch in Rudeln auftreten, es ist also mehr als ein Dynpro pro Programm möglich!

Du hast bereits einen Spezialfall eines Dynpros kennengelernt: das **Selektionsbild**. Das war deswegen so speziell, weil du das Layout durch Verwendung der ABAP-Anweisungen **`PARAMETERS`** und **`SELECT-OPTIONS`** erzeugt hast und das Dynpro automatisch (die ABAP-Profis sagen: **implizit**) erzeugt wurde.

Eine Frage: Kennst du noch die Nummer, die einem Standardselektionsbild zugeordnet ist?

Öhm ... naja ... also ... du etwa?

Ich weiß zumindest, auf welcher Seite sie steht!

Okay, raus damit, ich höre ...

$$Nummer_{SelBild} = \frac{\sqrt[2]{\pi^2}}{\pi} \cdot 10^3$$

Oder du schaust hinten im Index nach.

Du kannst Dynpros natürlich auch **explizit** definieren. SAP stellt dir dazu den **Screen Painter** und den **Menu Painter** zur Verfügung. Wie du mit diesen Werkzeugen arbeitest, wirst du in diesem Kapitel lernen.

[Zettel]

Zum Aufwärmen für das Layouten von Screens musst du dich etwas bewegen: Kleb your own Schrödinger on the Fenster!

Der Verlag freut sich sehr auf Einsendungen von Fotos deines selbst geklebten Schrödingers an **schroedinger@galileo-press.de**!

Und was das mit deinem Dynpro-Layout zu tun hat? Wie beim Zettelkleben musst du in Zeilen und Spalten denken. Denn mithilfe dieser Zeilen-Spalten-Organisation (Klugscheißer sagen: **Matrix**) werden die UI-Elemente platziert. Auf der Fensterscheibe auch mal überlappend.

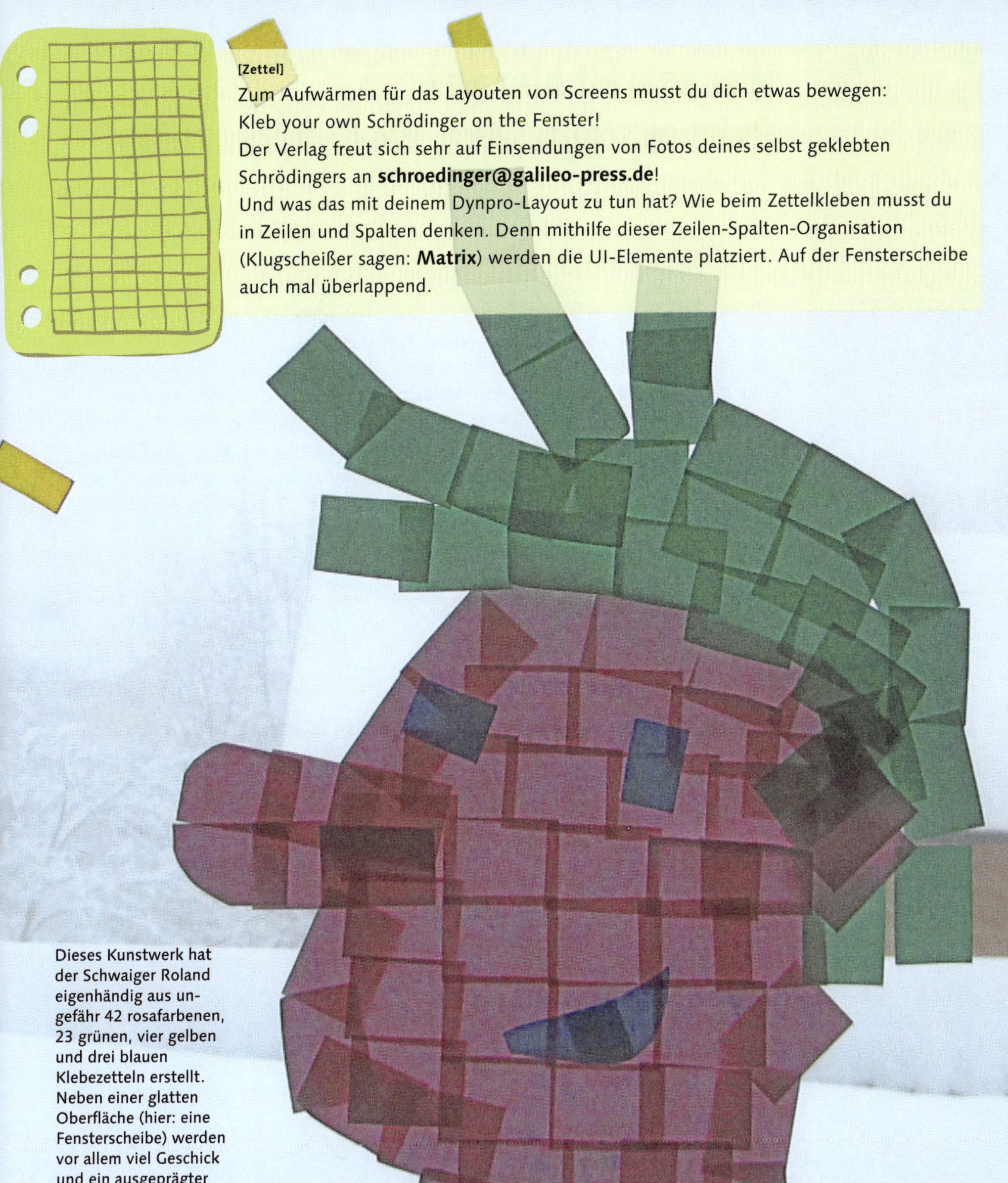

Dieses Kunstwerk hat der Schwaiger Roland eigenhändig aus ungefähr 42 rosafarbenen, 23 grünen, vier gelben und drei blauen Klebezetteln erstellt. Neben einer glatten Oberfläche (hier: eine Fensterscheibe) werden vor allem viel Geschick und ein ausgeprägter Hang zur Prokrastination benötigt.

Wer schreit hier so? Rahmenprogramme, die Dynpros rufen!

Jetzt aber genug Theorie und los: Zur Vorbereitung für deinen **Nudellängen- und Kalorien-Kalkulator** benötigst du ein Programm, das die Dynpros des **Nudellängen- und Kalorien-Kalkulators ruft**, quasi ein rufendes Programm!

Wieso benötige ich das? Kann so ein Dynpro nicht ohne rufendes Programm gestartet werden?

Gute Frage! Den **Aufruf eines Dynpros** kannst du mit zwei Techniken bewerkstelligen. Die eine Technik ist die Verwendung einer **Transaktion**. Die andere Technik besteht darin, ein Dynpro direkt mithilfe der ABAP-Anweisung **CALL SCREEN <Dynpro-Nummer>** aufzurufen. Diese zweite Möglichkeit sehen wir uns nun genauer an – die erste folgt etwas später.

Haaaaaaallo, Dynproooooo!

Huuuuuuhuuu, Schröööööödingeeeeer!

[Einfache Aufgabe]
Lege das ausführbare Programm **ZSCH_013_PASTA_LEN_AND_CAL** an, ohne Top-Include. Füge die Ereignisse **START-OF-SELECTION** und **END-OF-SELECTION** ein. Platziere zum Zeitpunkt **END-OF-SELECTION** den Aufruf **CALL SCREEN 9000**.

Wo genau lege ich das denn an?

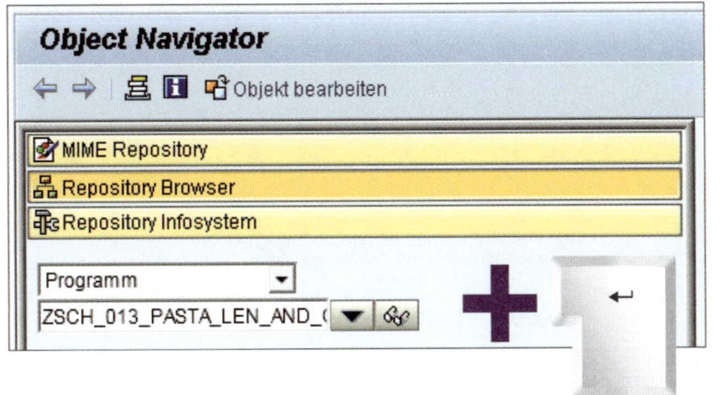

Der schnellste Weg zum Implementierungsglück ist der Aufruf von Transaktion SE80 (Object Navigator). Dort kannst du durch Auswahl der Kategorie **Programm** und Eingabe des Namens des Programms dieses einfach durch die Bestätigung mit der **Enter**-Taste anlegen.
Ab jetzt kostet die Antwort einen Krapfen.

Bei der Implementierung kannst du dich am folgenden Programm orientieren.

Übrigens wird der Code nicht automatisch produziert – leider.

```
REPORT zsch_013_pasta_len_and_cal.*1
* Hier legst du Deklarationen an
START-OF-SELECTION.*2
* Hier programmierst du das Lesen der Daten
END-OF-SELECTION.
* Dein erster Aufruf eines Dynpros
CALL SCREEN 9000.*3
```

*1 Hier beginnt das Programm mit einem Namen. Ich folge bei der Benennung meiner Namenskonvention für Programme: **Z** steht für Kundenprogramm, **SCH** steht für das Projekt, **013_PASTA_LEN_AND_CAL** bezeichnet das Objekt konkret.

*2 Hier beginnt das erste Ereignis in deinem Programm. Das Ereignis **START-OF-SELECTION** wird vor dem Ereignis **END-OF-SELECTION** aufgerufen, darum eignet es sich zum Lesen der Daten.

*3 Mit dieser Anweisung rufst du das Einstiegs-Dynpro des Nudellängen- und Kalorien-Kalkulators auf.

Das Dynpro 9000 existiert ja noch gar nicht?!

Wie sage ich immer? **Die Antwort auf alle Fragen im SAP-System ist der Doppelklick!** Am einfachsten funktioniert das Anlegen des Dynpros über die **Vorwärtsnavigation**. Durch einen Doppelklick auf die Nummer des Dynpros, also die 9000, gelangst du in den Anlagedialog.

Das System stellt fest, dass du das Dynpro noch nicht angelegt hast und fragt dich, freundlich wie es ist, ob das Objekt angelegt werden soll. Eine gute Chance, „Ja, ich will!" zu sagen.

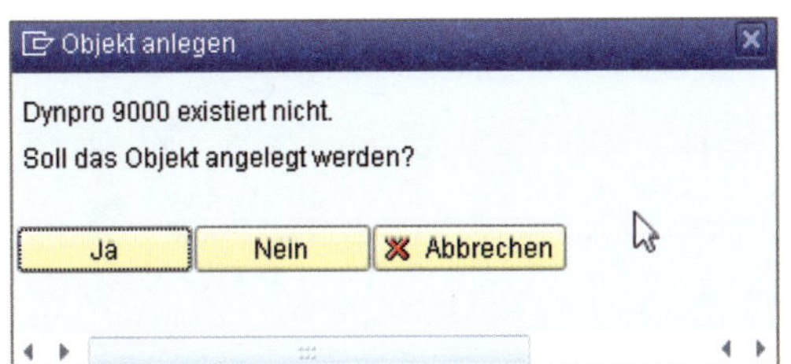

Nach deiner Bestätigung landest du in der Pflege des Dynpros. Diese erfolgt, wie du am Titel erkennen kannst, durch den **Screen Painter**. Du brauchst also weder Lappen noch Politur, um so ein Dynpro zu pflegen, das macht es einfacher.

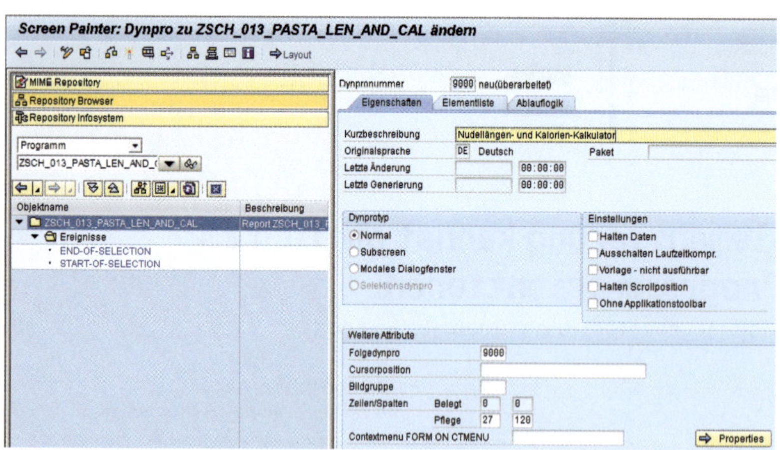

Den Screen Painter kannst du übrigens auch direkt starten. Und zwar über Transaktion SE51.

Malen nach Zahlen?

Wenn du möchtest, kannst du jetzt sichern. Also den Button **Sichern** (Icon_Sichern.png) aus der Symbolleiste anklicken. Die ersten Schritte sind getan und das dynprorufende Rahmenprogramm und das Dynpro 9000 sind angelegt. Gönn dir doch eine Pause: Passenderweise vielleicht 9.000 Sekunden World of Warcraft?

[Notiz]

Ein Dynpro wird von einem Programm oder einer Transaktion gerufen. Der Screen Painter (Transaktion SE51) dient zum Bearbeiten eines Dynpros.

Dreieinigkeit

Wie war die Pause?

Als Nächstes verwenden wir ausgewählte Eigenschaften, um dem Dynpro den ersten Anstrich zu geben. Für die Pflege des Einstiegs-Dynpros des **Nudellängen- und Kalorien-Kalkulators** sind drei Gruppen von Informationen bzw. Programmen relevant:

- Die **Eigenschaften** des Dynpros
  In den Eigenschaften werden Grundeinstellungen des Dynpros gesetzt, wie zum Beispiel die Kurzbeschreibung, der Dynpro-Typ oder auch das Navigationsverhalten nach der Abarbeitung des Dynpros.
- Die **Elementliste** des Dynpros
  Die UI-Elemente, die im Dynpro-Layout dargestellt werden, werden automatisch in der Elementliste gesammelt. Wie das Layout gestaltet wird, zeige ich dir im Abschnitt „Sammle Elemente".
- Die **Ablauflogik** des Dynpros
  Und was kommt jetzt? Diese Frage wird im Dynpro durch die Ablauflogik bestimmt. Freu dich auf den Abschnitt „Wo Module bestimmen", dort erfährst du mehr.

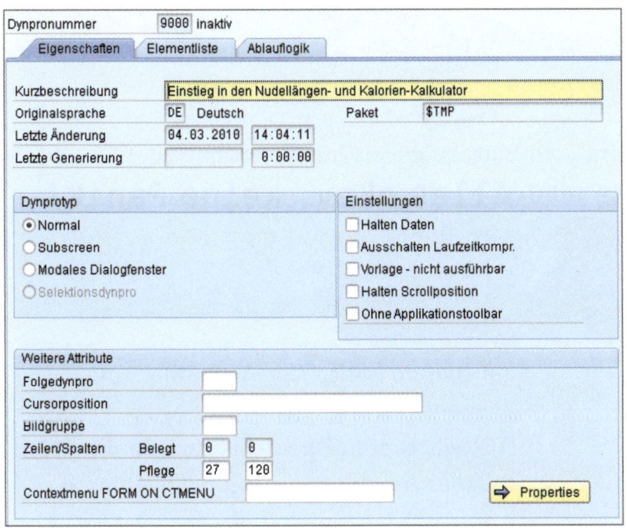

Die **Kurzbeschreibung** solltest du aussagekräftig wählen, da du sie in der Objektliste als Zusatzinformation zum Dynpro wiederfindest. Mit dem **Dynpro-Typ** legst du den Einsatzbereich des Dynpros fest. Die **Einstellungen** zum Dynpro werden selten verändert, da sich darin sehr spezialisierte technische Features des Dynpros befinden. Fast immer hingegen wird das **Folge-Dynpro** in den weiteren Attributen gesetzt, um das Navigationsverhalten des Dynpros zu beeinflussen. Ansonsten ist vor allem die Möglichkeit der Definition eines **Kontextmenüs** interessant. Damit kannst du nachher ein bisschen herumspielen.

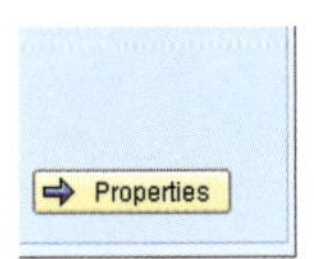

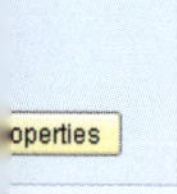

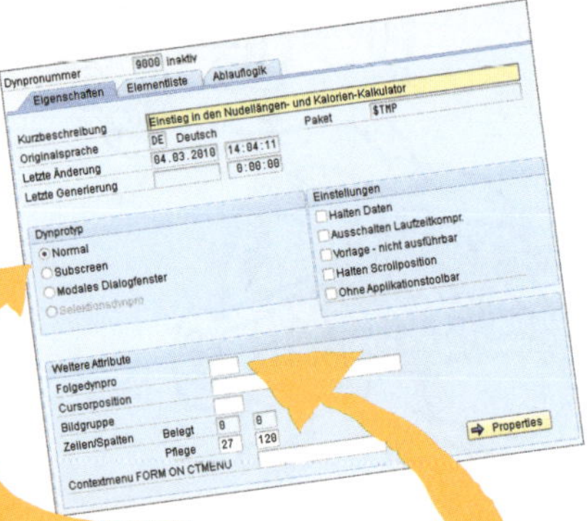

In den Eigenschaften des Dynpros pflegst du die **Kurzbeschreibung** des Dynpros. Die Kurzbeschreibung solltest du tatsächlich aussagekräftig wählen, da genau diese Bezeichnung in der Objektliste sichtbar ist und du damit sehr schnell beurteilen kannst, worum es sich bei diesem Dynpro handelt. Probier es aus! Zum Beispiel „Einstieg in den **Nudellängen- und Kalorien-Kalkulator**". Das versteht dann ja jeder.

Der **Dynpro-Typ** definiert, wofür das Dynpro verwendet wird. Soll es ein ganzes SAP GUI-Fenster werden, dann verwendest du den Typ **Normal** – deshalb ist das jetzt hier auch voreingestellt. Möchtest du das Dynpro in ein anderes Dynpro einblenden, verwendest du den Typ **Subscreen**. Und falls du eher an ein Pop-up gedacht hast, verwendest du den Typ **Modales Dialogfenster**.

Das Denken überlasse ich lieber dir ... wobei ... das hier denke ich ja gerade auch.

Mit dem **Folge-Dynpro**, beziehungsweise um korrekt zu sein, dem **statischen Folge-Dynpro**, teilst du dem System mit, welches Dynpro nach diesem Dynpro anzuzeigen ist. Keine Angst, diese Einstellung kannst du während der Laufzeit übersteuern, dann spricht man von einem **dynamischen Folge-Dynpro**.

Im Feld **Folge-Dynpro** steht ja die gleiche Nummer drin, wie die Nummer, die ich für das Dynpro vergeben habe!

Ganz genau, dir wird die gleiche Nummer vorgeschlagen, die auch für das Dynpro vergeben wurde. Das hängt mit der Abarbeitung des zum Dynpro zugehörigen Programms zusammen, das als **Ablauflogik** bezeichnet wird. Das mit der Ablauflogik erkläre ich dir gleich. Trägst du die Nummer 0 in das **Folge-Dynpro-Eingabefeld** ein, wird die Ablauflogik genau einmal durchlaufen.

Ääh, Roland ... oder eher: Hilfe! Meine Eingabe der Nummer 0 verschwindet! Wie kommt das denn? Was kann ich dagegen tun?

Die Null-Eingabe wird vom Eingabefeld als Initialwert interpretiert und in ein Leerzeichen konvertiert. **Alles okay, keine Panik!**

[Zettel]

Ein Dynpro besitzt Eigenschaften, eine Elementliste und eine Ablauflogik. Die wichtigsten Eigenschaften sind die Kurzbeschreibung und das Folge-Dynpro.

Alles ist im Fluss und manchmal geht es im Kreis

Das Programm zu einem Dynpro, also der Teil, der zum Beispiel die Benutzereingaben übernimmt, den Titel setzt und die Berechnungen aufruft, wird als **Ablauflogik** bezeichnet.

Dynpronummer 9000 inaktiv

Eigenschaften | Elementliste | Ablauflogik

```
PROCESS BEFORE OUTPUT.
* MODULE STATUS_9000.
*
PROCESS AFTER INPUT.
* MODULE USER_COMMAND_9000.
```

Du findest das Programm zum Dynpro, wenn du auf den Karteireiter **Ablauflogik** im Screen Painter klickst.

Und was ist, wenn ich nicht mehr im Screen Painter bin? Ich könnte ja probehalber mal ganz woanders ... du weißt schon.

Dann navigierst du – wie immer – mit dem Doppelklick von der Nummer deines Dynpros im rufenden Programm in den Screen Painter. Einen anderen Weg hätte ich auch noch für dich: In der Objektliste zum rufenden Programm – ganz genau, auf der linken Seite – kannst du den Ordner für Dynpros öffnen und ebenfalls auf die Dynpro-Nummer doppelklicken.

Du siehst, dass zwei Ereigniszeitpunkte in der Ablauflogik definiert sind, nämlich **PROCESS BEFORE OUTPUT** (abgekürzt PBO) und **PROCESS AFTER INPUT** (abgekürzt PAI). Schau dir mal folgende Grafik an, damit kann ich dir das mit PBO und PAI ganz gut erläutern.

Wooooow, an dir ist ja echt ein Picasso verloren gegangen. Was ist das denn für ein Ringelspiel?

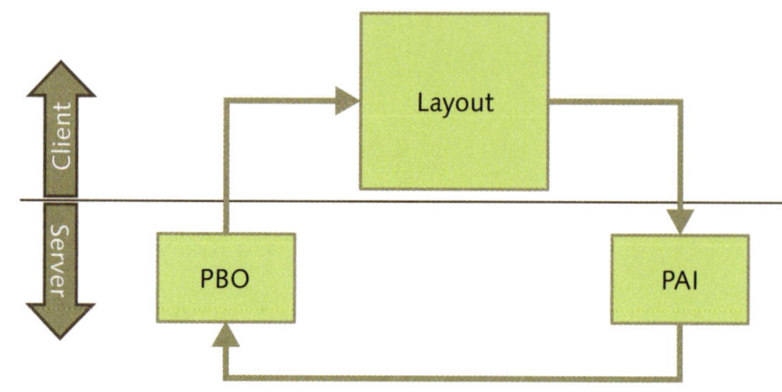

Bevor das Dynpro angezeigt wird, wird der Ereignisblock **PBO** abgearbeitet. Das passiert auf der **Serverseite**. Dann wird das **Layout** mit den Daten an den **Client** gesendet und dem Anwender dargestellt. Dann wartet das Dynpro darauf, dass der Anwender endlich etwas macht. Kommt es zu einer Interaktion Mensch-Maschine, geht die Kontrolle wieder auf die Serverseite über, und der Ereignisblock **PAI** wird abgearbeitet. Wenn die Folge-Dynpro-Nummer gleich der Dynpro-Nummer ist, geht es mit der Abarbeitung von PBO wieder von vorne los.

Wird ein Dynpro **explizit** oder durch **eine Transaktion** gerufen, wird der Ereignisblock PBO angesprungen. Dieser wird abgearbeitet, und am Ende der Abarbeitung wird das Ergebnis (Daten und Aufbereitung) an den Client, also an den Arbeitsplatz des Anwenders, gesendet und dort dargestellt.

[Hintergrundinfo]

Für die Kommunikation zwischen Client und Server wird das proprietäre SAP GUI-Protokoll verwendet – auch bekannt unter dem Namen **DIAG-Protokoll** (Dynamic Information and Action Gateway).

Nun kommt eine längere oder kürzere Pause,

je nach Arbeits- und Eingabegeschwindigkeit des Anwenders. Da ja nicht exakt vorhergesagt werden kann, wie lange ein Mensch Pause macht, hat sich SAP eine Optimierung bezüglich der Ressourcennutzung überlegt: Falls das System auf die Eingabe des Users wartet, werden die Systemressourcen der aktuellen Programmausführung **für andere User freigegeben**. Das bedeutet für dich: Keine Angst vor Pausen, die von dir belegten Systemressourcen werden nicht durch dich blockiert, sondern für andere User im System freigegeben, solange du pausierst.

Weiter geht's: Der Anwender hat seine Pause abgeschlossen und klickt zum Beispiel auf einen Button im SAP GUI. Daraufhin werden die Daten wieder zurück an den Server gesendet, und der Ereignisblock PAI wird abgearbeitet.

Und dann geht es wieder mit dem PBO-Block los, wenn ich dein Kunstwerk oben richtig interpretiere ...

Korrekt – und deshalb hat dein Begriff vom Ringelspiel auch gut gepasst. Du kommst nicht mehr weg und bist im Dynpro für immer gefangen! Aber ich helfe dir beim Ausbruch, das geht auch ohne Eisenfeile: Dein Ausweg ist das Transaktionscodefeld. Gib dort zum Beispiel SE80 ein, und schon verlässt du das Ringelspiel.
Nun kommt das Folge-Dynpro ins Spiel. Dieses bestimmt, wohin nach der Abarbeitung von PAI navigiert wird, wohin also der Absprung geht.

[Zettel]

Das Folge-Dynpro ist das nächste Dynpro. Das statische Folge-Dynpro wird **in den Eigenschaften** gesetzt, das dynamische Folge-Dynpro **im Code**. Das statische Folge-Dynpro kann durch das dynamische Folge-Dynpro übersteuert werden – das geht aber nur mit Extra-ABAP-Code!

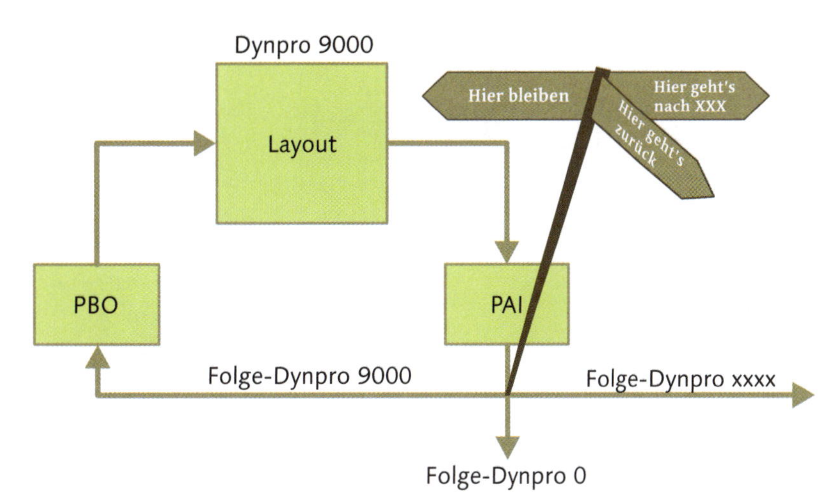

Wird als Folge-Dynpro die **gleiche Nummer** wie die des Dynpros gewählt, wird wieder zum PBO-Block des Dynpros navigiert, und das Spiel beginnt von vorne. Doch es kann auch spannender werden: Wird eine **andere Nummer** für das Folge-Dynpro verwendet, wird zum PBO-Block dieses Dynpros verzweigt und die Abarbeitung für dieses Dynpro durchgeführt.

[Hintergrundinfo]

Es gibt einen Spezialfall: Falls für das Folge-Dynpro die Nummer 0 verwendet wird, navigiert das System nach der Abarbeitung von PAI zum Aufrufer.

PBO ... PAI ... zurück zum Dynpro ... im Kreis ... Folge-Dynpro mit Kreuzung ... Roland, ich verstehe kein Wort! Kannst du das nicht an einem Beispiel erklären?

Sicher! Im SAP-System gibt es die Transaktion SU01 zur Pflege eines Users. Wenn du diese Transaktion aufrufst, dann erscheint das **Dynpro 50**. Das statische Folge-Dynpro, das im Dynpro 50 eingetragen ist, ist 0. Ohne das Setzen eines dynamischen Folge-Dynpros würde das System nach einem PBO-Layout-PAI-Durchlauf wieder zurück zur Aufrufstelle springen, also dorthin, von wo du die Transaktion SU01 aufgerufen hast. Wenn du aber die **Ändern**-Drucktaste (Umsch + F6) im Dynpro 50 drückst, ruft das System das dynamische Folge-Dynpro 100, genauer: PBO von **Dynpro 100**. Im Dynpro 100 ist wiederum das statische Folge-Dynpro auf 100 gesetzt. Also das bekannte Ringelspielchen. Darum gibt es dort die Drucktaste **Zurück** (F3), um das Dynpro wieder mit dem Aufruf des dynamischen Folge-Dynpros 0 verlassen zu können.

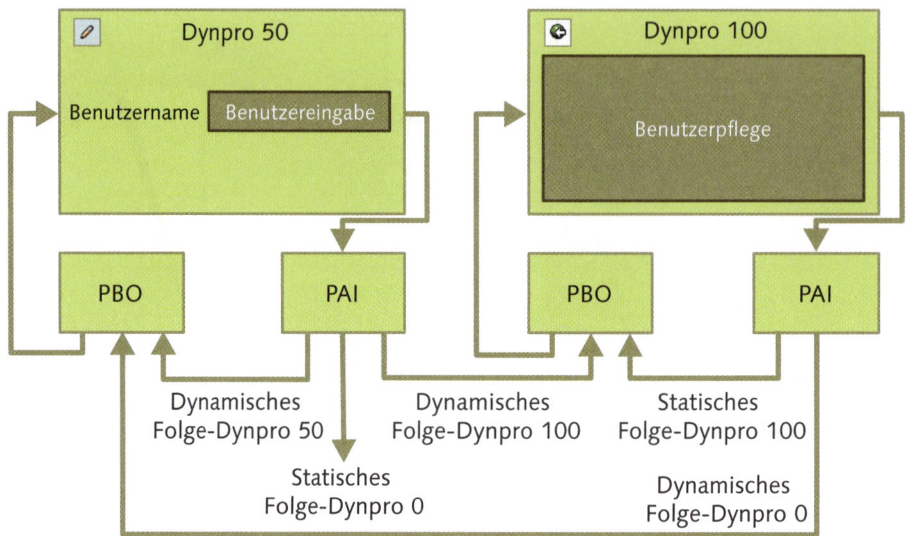

Transaktion SU01: Ein wunderschönes Beispiel für dynamische und statische Folge-Dynpros.

Wohin soll ich mich wenden?

Klingt alles kompliziert, ist es aber gar nicht. Am besten du probierst das Setzen des Folge-Dynpros und die Auswirkungen davon einmal selbst aus, zum Beispiel die Navigation vom Dynpro 9000 zum Dynpro 9100. Das Dynpro 9100 musst du natürlich noch anlegen. Wenn du die folgende Aufgabe verstehst, hast du sie praktisch schon gelöst.

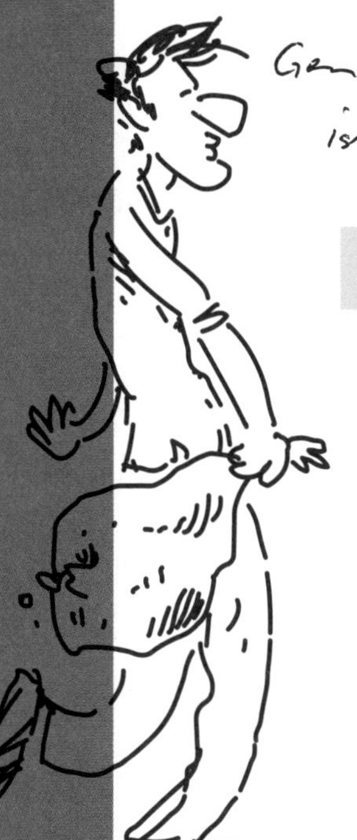

Genau, und wenn ich den Müll rausgebracht habe, ist der Mülleimer leer. Komische Logik.

[Einfache Aufgabe]

Hier sind die Schritte, die dich zum Ziel führen:

1. Lege das neue Dynpro 9100 an, und fülle die Kurzbeschreibung. Vorschlag: „Nudellängen- und Kalorien-Kalkulator".
2. Setze das statische Folge-Dynpro von 9100 auf 0.
3. Aktiviere das Dynpro 9100.
4. Ändere das statische Folge-Dynpro des Dynpros 9000 auf den Wert 9100.
5. Aktiviere das Dynpro 9000.
6. Starte das Programm **`ZSCH_013_PASTA_LEN_AND_CAL`**, und beobachte das Verhalten. Um eine Navigation auszulösen, drückst du die **Enter**-Taste.

Was ist dir aufgefallen beim Testen?

Eigentlich gar nichts?!

Ganz genau! Denn die Dynpros sehen alle gleich aus und du kannst nicht feststellen, auf welchem Dynpro du dich befindest. Und beim zweiten **Enter** springt das System zurück zum **ABAP Editor**, also zum Aufrufenden.

[Notiz]

Es gibt eine Möglichkeit, um festzustellen, auf welchem Dynpro du dich befindest: Wähle im Menü **System • Status**. Dort findest du die Nummer des Dynpros.

Programm
`ZSCH_13_PASATA_LEN_AND_CAL`

`CALL SCREEN 9000`

Dynpro 9000

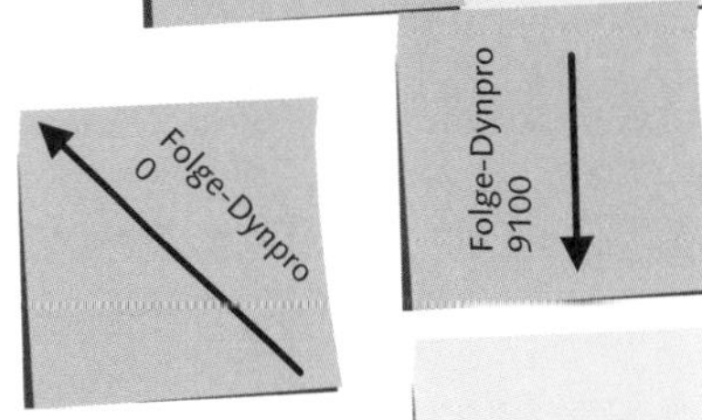

Wenn du hier angelangt bist, hast du die Aufgabe gelöst und das Wechselspiel von Dynpro 9000 zu 9100 implementiert. Und das alles ohne eine einzige Zeile ABAP-Code!
(Mensch, Klebezettel kann man ja auch richtig sinnvoll verwenden!)

Wo Module bestimmen

PBO und **PAI** sind die zwei großen Programmblöcke, die dir zum Programmieren der Ablauflogik von Dynpros zur Verfügung stehen. Aber Achtung: Du kannst leider kein ABAP zur Programmierung verwenden, sondern musst auf die Programmiersprache der Dynpro-Ablauflogik zurückgreifen.
Die darfst du nicht mit ABAP verwechseln! Ich nenne sie deshalb einfach mal verkürzt **Dynpro-ABAP**. Dieses Dynpro-ABAP stellt jede Menge Befehle für die Dynpro-Programmierung zur Verfügung, wobei der wichtigste Befehl die **MODULE-Anweisung** ist.

ABAP, Dynpro-ABAP, was kommt denn da noch alles?

Ich weiß, das ist etwas verwirrend, aber jetzt kommt kein Zusatz mehr, versprochen!
Ein Modul, das du per **MODULE** aufrufst, ist so etwas Ähnliches wie ein Unterprogramm, nur dass es **keine Schnittstelle** besitzt, also mit **globalen Daten** arbeitet. Im Gegensatz zu Unterprogrammen wird bei der **MODULE**-Definition angegeben, ob das Modul zu PBO oder PAI gehört. Das ist für dich aber nicht so wichtig, da das SAP-System diese Information für dich ergänzt.

Daaaaaaanke, liebes SAP-System!

Der Weg zur Anlage eines Moduls ist wieder die Vorwärtsnavigation. Pass auf, wir schauen uns auch dazu wieder ein kleines Beispiel an, das den Titel und die Oberfläche für den Nudellängen- und Kalorien-Kalkulator setzt.

[Einfache Aufgabe]

1. Wechsle in die Ablauflogik des Dynpros 9000.
2. Dekommentiere dort die Zeile *** MODULE STATUS_9000**.
3. Klicke doppelt auf den Text **STATUS_9000**.
4. Lege das Modul im Rahmenprogramm an.

Ich verstehe nur Altgriechisch, bei all den Hieroglyphen. Oder Spanisch. Oder Ägyptisch. Oder Bahnhof. Geht das auch etwas weniger kompakt, so ein bisschen ausführlicher?

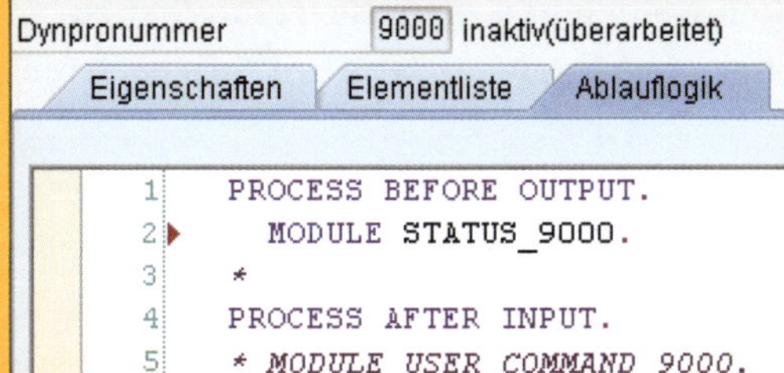

Na klar, dann eben Schritt für Schritt.
Zunächst wechselst du in den Screen Painter und kommst so zu den Elementen des Dynpros 9000. Dann klickst du auf den Karteireiter **Ablauflogik**. In der Zeile `* MODULE STATUS_9000` löschst du das Kommentarsternchen am Anfang und klickst dann doppelt auf `STATUS_9000`.

[Notiz]
Das Kommentarsternchen am Anfang der Zeile wird auch Asterisk genannt – im Englischen sowieso. Nicht zu verwechseln mit Asterix. Die spinnen also nicht, die ABAP-Programmierer.

Also ich kenne zumindest einen, der ein bisschen verrückt ist.

Das System stellt fest, dass das PBO-Modul noch nicht angelegt ist und fragt dich, ob es angelegt werden soll. Wer kann dazu schon etwas anderes als **Ja** sagen?

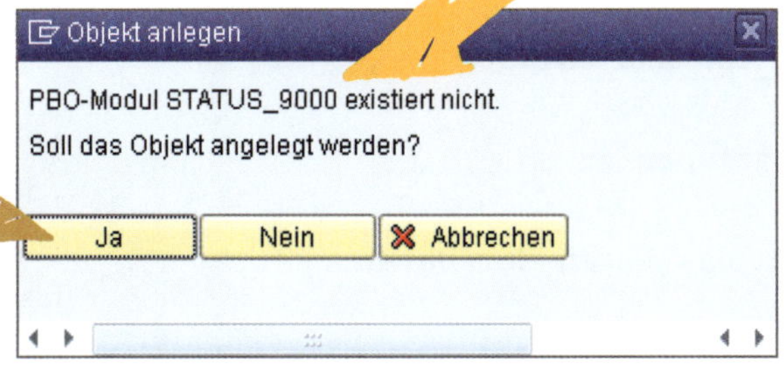

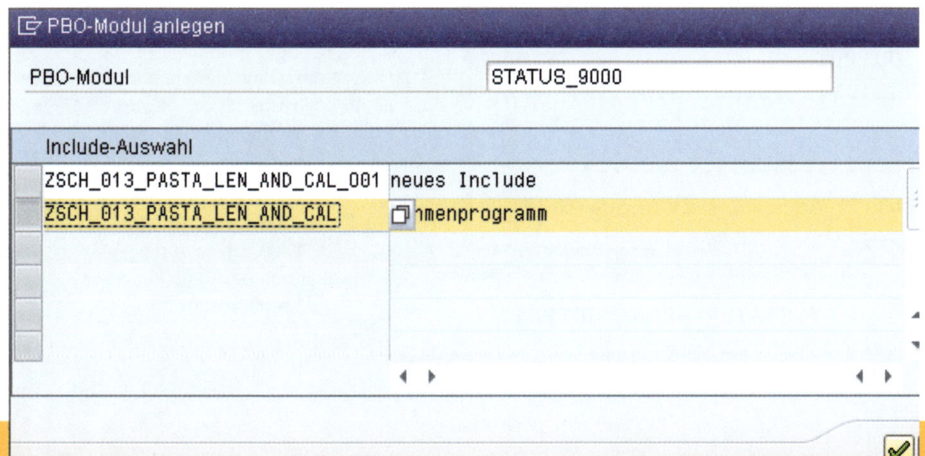

Und dann: Wohin damit? Du musst dich entscheiden, ob du das PBO-Modul in dein Rahmenprogramm generieren lässt, oder ob das System für dich ein neues Include anlegen und das PBO-Modul dort hinein erzeugen soll. Ich schlage vor, dass du einstweilen das **Rahmenprogramm** verwendest und dazu die Zeile mit dem Rahmenprogramm markierst.

Warum denn?

Weil so alle Teilobjekte unseres Programms zusammengehalten werden und es für dich einfacher zu lesen ist. Die Includes hast du wahrscheinlich schon im Kapitel „AAA – Alles außer ABAP" nachgelesen.

Nach der Bestätigung durch den Klick auf das grüne Häkchen und einer Sicherheitsabfrage, ob dein Dynpro gesichert werden soll, produziert das SAP-System das fett markierte Coding am Ende deines Rahmenprogramms:

[Zettel]

In meinem Code sind immer noch zusätzliche Kommentare zu finden, in denen ich weitere Erläuterungen für dich eingebaut habe. Also falls dein Code mit meinem nicht zu 100 % übereinstimmt, musst du dir keine Sorgen machen. Ganz im Gegenteil, du kannst froh sein!

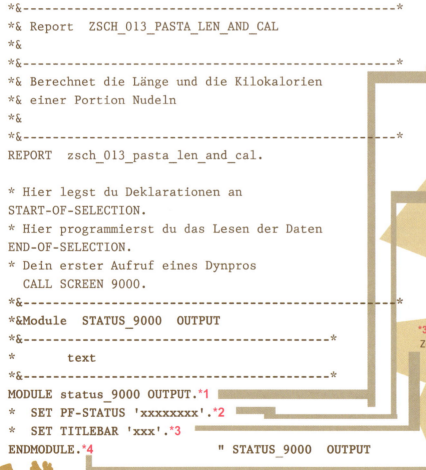

```
*&---------------------------------------------------*
*& Report  ZSCH_013_PASTA_LEN_AND_CAL
*&
*&---------------------------------------------------*
*& Berechnet die Länge und die Kilokalorien
*& einer Portion Nudeln
*&
*&---------------------------------------------------*
REPORT  zsch_013_pasta_len_and_cal.

* Hier legst du Deklarationen an
START-OF-SELECTION.
* Hier programmierst du das Lesen der Daten
END-OF-SELECTION.
* Dein erster Aufruf eines Dynpros
  CALL SCREEN 9000.
*&---------------------------------------------------*
*&Module  STATUS_9000  OUTPUT
*&------------------------------------------*
*       text
*&------------------------------------------*
MODULE status_9000 OUTPUT.*1
*  SET PF-STATUS 'xxxxxxxx'.*2
*  SET TITLEBAR 'xxx'.*3
ENDMODULE.*4                   " STATUS_9000  OUTPUT
```

*1 Das Dynpro-Modul wird durch das Schlüsselwort **MODULE** eingeleitet, gefolgt vom Namen des Moduls und abgeschlossen durch das Schlüsselwort **OUTPUT** (PBO-Modul) oder **INPUT** (PAI-Modul).

*2 Das hier ist eine auskommentierte Zeile, die wir noch nutzen werden, um die Oberfläche für dein Dynpro zu setzen.

*3 Hier ist noch eine weitere auskommentierte Zeile, um den Titel für dein Dynpro zu setzen. Dazu kommen wir gleich.

*4 Durch die Anweisung **ENDMODULE** wird die Definition des Moduls abgeschlossen.

[Belohnung/Lösung]

Kleines Päuschen? Dann knabber doch eine Lakritzschnecke, passend zum Ringelspielchen.

Mit welchem Titel darf ich dich ansprechen?

Och, einfach nur Schrödinger reicht, weißt du doch.

Das Modul, das du gerade produziert hast, hatte im unteren Bereich ja **zwei Kommentarzeilen**. Das liegt daran, dass du das Modul mittels **MODULE STATUS_9000** angelegt hast. Und aufgrund des Namens des Moduls werden vom System diese zwei Kommentarzeilen produziert.

Das verstehe ich nicht: Was hat das mit dem Namen zu tun?

Aufgrund des Namens des Moduls sucht das System in einer Datenbanktabelle nach einem Coding-Muster für das Einfügen des PBO-Moduls.
Eine der Kommentarzeilen kannst du verwenden, um einen **Titel** für das Dynpro deines **Nudellängen- und Kalorien-Kalkulators** zu erzeugen.

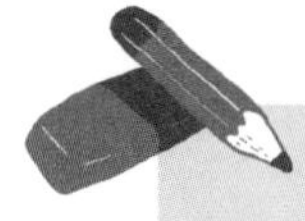

[Notiz]
Ich verwende für den technischen Namen eines Titels folgenden Aufbau:
TITLE<Nummer des Dynpros>

[Schwierige Aufgabe]
Nutze dein gesammeltes Wissen, um einen Titel zu deinem Dynpro anzulegen. Gehe analog zum Anlegen von **MODULE STATUS_9000** vor, und verwende die Bezeichnung **TITLE9000** für den Namen des Titels – anstatt der xxx, die in deinem Modul vorgeschlagen werden.

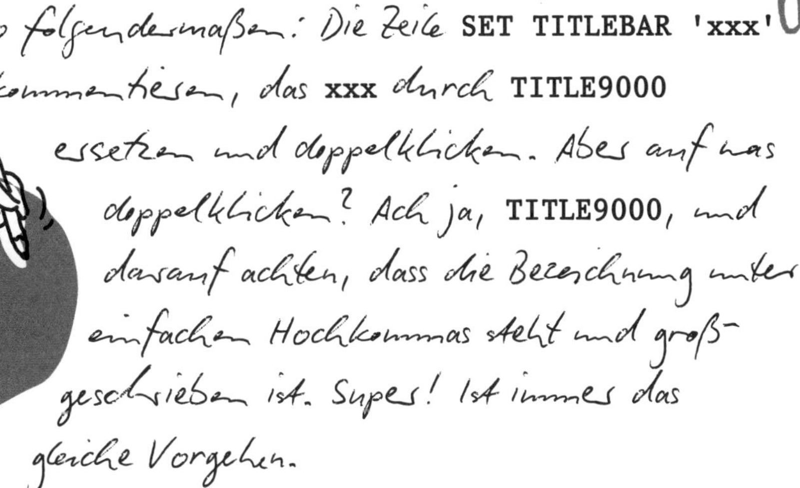

Okay, also folgendermaßen: Die Zeile **SET TITLEBAR 'xxx'** *dekommentieren, das* **xxx** *durch* **TITLE9000** *ersetzen und doppelklicken. Aber auf was doppelklicken? Ach ja,* **TITLE9000**, *und darauf achten, dass die Bezeichnung unter einfachen Hochkommas steht und großgeschrieben ist. Super! Ist immer das gleiche Vorgehen.*

Sehr gut, in deinem Modul sollten nun die folgenden Programmzeilen stehen:

```
MODULE status_9000 OUTPUT.
*  SET PF-STATUS 'xxxxxxxx'.
  SET TITLEBAR 'TITLE9000'.*1
ENDMODULE.                    " STATUS_9000  OUTPUT
```

*1 Der Aufruf der Anweisung **SET TITLEBAR** ist dekommentiert und die Bezeichnung von **xxx** auf **TITLE900** geändert. Ready to rumble!

[Achtung]

Du musst die Bezeichnung des Titels, **GROSSGESCHRIEBEN**, unter den einfachen Anführungszeichen angeben. Also in unserem Beispiel: **SET TITLEBAR 'TITLE9000'**. Falls du die Bezeichnung nicht in Großbuchstaben angibst, kann das System den Titel nicht finden! **Denn technische Literale müssen immer großgeschrieben werden!** Aber natürlich kannst du es mit Kleinbuchstaben probieren, das machen die meisten, zumindest einmal.

Titel anlegen

Programm	ZSCH_013_PASTA_LEN_AND_CAL
Titelcode	TITLE9000
Titel	Einstieg in den Nudellängen- und Kalorien-Kalkulator

Alle Titel

Durch einen Doppelklick auf den Namen des Titels (**TITLE9000**) startest du den **Anlageprozess** und kannst den Text zum Titel festlegen: „Einstieg in den Nudellängen- und Kalorien-Kalkulator". Voilà, fertig ist der Titel zum Nudellängenkalorienberechnungsschweizermesserdingens. (Den abschließenden Klick auf das grüne Häkchen nicht vergessen!)

Wow, das merke ich mir für die nächste Runde Galgenmännchen!

Nun ist es so weit, genug definiert, kontrolliert, vorwärtsnavigiert. Teste dein Programm!

[Achtung]

Bevor du das Programm testen kannst, musst du noch alle Teilobjekte aktivieren. Verwende dazu das Kontextmenü des Programms **ZSCH_013_PASTA_LEN_AND_CAL** in der Objektliste und dort den Menüpunkt **Aktivieren**. Das System bietet dir alle inaktiven Objekte zum Programm bereits selektiert an. Du musst nur noch die Aktivierung mit dem grünen Häkchen bestätigen.

Ein Titel für das Dynpro 9000: Nachdem du den Titel mittels Vorwärtsnavigation angelegt hast, kannst du ihn nun auf deinem Dynpro betrachten. Falls du die **Enter**-Taste drückst, navigierst du zurück zur Aufrufstelle. (Und du weißt sicher, warum das so ist.)

Das zweite **Dynpro 9100** verdient auch einen Titel, zum Beispiel „Ergebnis des **Nudellängen- und Kalorien-Kalkulators**“. Schreib dir einen Plan, was jetzt zu tun ist, oder probiere es einfach aus.

- In die A _ _ _ _ _ _ _ _ _k des Dynpros 9100 wechseln.
- Die Zeile mit `MODULE STATUS_9100` de _ _ _ _ _ _ _ _ _ _ _ _.
- Das Modul durch einen _ _pp_ _ _ _ _ _ auf `STATUS_9100` anlegen.
- Das Modul im Rahmenprogramm anlegen lassen.
- Die Zeile mit _ _ _ _ _ _ _ _ _ _ `'xxx'` dekommentieren.
- Den Bezeichner `TITLE9100` anstatt _ _ _ einsetzen.
- Den Bezeichner `TITLE9100` doppelklicken.
- Den Text für den Titel eingeben
- S_ _ _ _ _n.
- Alle inaktiven Entwicklungsobjekte _ _ _ _ _ _ _ _ _ _.

Mit diesem Lückentext als Plan geht es vermutlich etwas schneller. Oder aber du schaust dir noch einmal die Punkte an, die wir für das Dynpro 9000 durchlaufen haben. Oder du versuchst es auf einem weißen Blatt Papier. Hauptsache mal weg vom Rechner!

Oh, Stillarbeit. Auch nicht schlecht. Dann mal das Buch unter den Tisch und Hefte raus, Klassenarbeit!

Über der Fläche steht die Oberfläche

Erinnerst du dich noch an die zweite Kommentarzeile für **MODULE STATUS_9000**?

Und wenn nicht, dann blättere ich eben nach vorne. Sie lautet:

```
*  SET PF-STATUS 'xxxxxxxx'.
```

Das bringt uns zu einem ganz anderen Thema: der **Oberfläche**.
Das SAP-System versteht unter einer Oberfläche die Menge der
Menüleisten,
Symbolleisten,
Drucktastenleisten,
Funktionstastenzuordnungen und die
Titelleisten zu einem Programm.
Also etwas anderes als man normalerweise darunter versteht.

Oberflächliche Oberfläche.

Das wichtigste Element einer Oberfläche ist die **Funktion**. Das ist ein eigenständiges Objekt, das Texte, ein Icon und einen Zustand besitzt.

Guten Tag, ich bin die Funktion!
Mein **Zustand** kann **aktiv** oder **inaktiv** sein. Der Zustand bewirkt zum Beispiel, dass in einem Menü ein Eintrag, der zu mir gehört, grau dargestellt wird und damit angedeutet wird, dass er inaktiv ist.

Mein **Status** ist eine Sammlung von Funktionen – oder besser: mein Status verwaltet die Aktivitätszustände von Funktionen. Von deinem **MODULE STATUS_9000** aus kannst du einen Status aufrufen. Und ich bin jetzt gespannt, ob du schon weißt, wie man das macht!

Klare Sache, Herr Funktionär: Erst die Zeile `* SET PF-STATUS 'xxxxxxxx'` im Code dekommentieren. Dann den Namen für den Status festlegen. Und zwar in GROSSBUCHSTABEN, nicht wahr, Roland? Also zum Beispiel `STATUS9000`. Und dann einen Doppelklick auf den Namen des Status.

Super! Mit dem Funktionär hast du's nicht schwer! Ich bin beeindruckt!

Der nach dem Doppelklick erscheinende Pflegedialog bietet dir die Möglichkeit, **Status** für unterschiedliche Situationen anzulegen, zum Beispiel für das Einstiegs-Dynpro in den **Nudellängen- und Kalorien-Kalkulator.**

[Hintergrundinfo]

<Klugscheißer-Modus>
Der Plural von Status lautet Statuuuuuuus mit langem u. Das haben wir der u-Deklination im Lateinischen zu verdanken. Der Plural von Modus lautet hingegen Modi, das kommt wiederum von der o-Deklination.
</Klugscheißer-Modus>

Status anlegen
Programm
ZSCH_013_PASTA_LEN_AND_CAL
Status
STATUS9000
Statusattribute
Kurztext
Einstieg in den Nudellängen- und Kalorien-Kalkulato
Statustyp
Dialogstatus
Dialogfenster
Kontextmenü

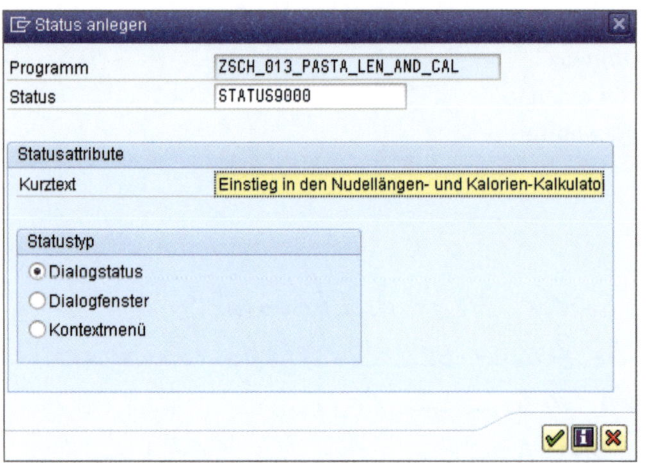

Im Pflegedialog **Status anlegen** legst du fest, wofür der Status eingesetzt wird. Wenn du den Statustyp **Dialogstatus** wählst, kannst du alle Teilobjekte pflegen, also Menü-, Symbol- und Drucktastenleisten sowie die Funktionstastenzuordnung. Falls du den Typ **Dialogfenster** auswählst, stehen dir die beiden Objekte Drucktastenleiste und Funktionstastenzuordnung zur Verfügung. Zu guter Letzt wäre da noch der Typ **Kontextmenü**, der dir nur die Pflege der Menüleiste ermöglicht – mehr benötigt man ja auch nicht bei Kontextmenüs ...

Und jetzt? Welchen Typ sollte ich für mein Dynpro wählen?

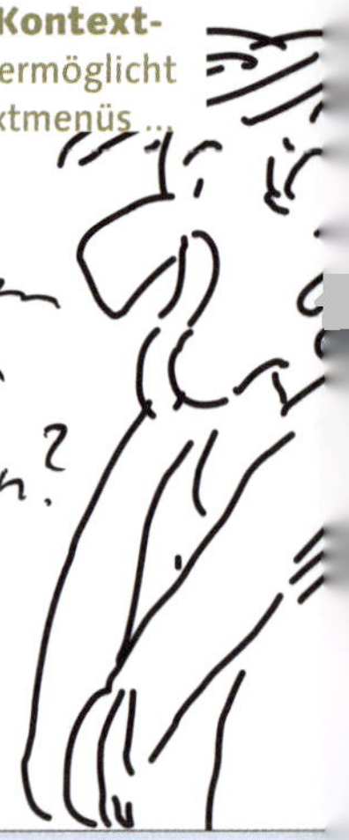

Du willst kein Pop-up, du willst kein Kontextmenü, also wählst du den Typ **Dialogstatus**. Und nachdem du diesen Typ ausgewählt und mit dem grünen Häkchen bestätigt hast, erscheint ein neues Werkzeug: der **Menu Painter**.

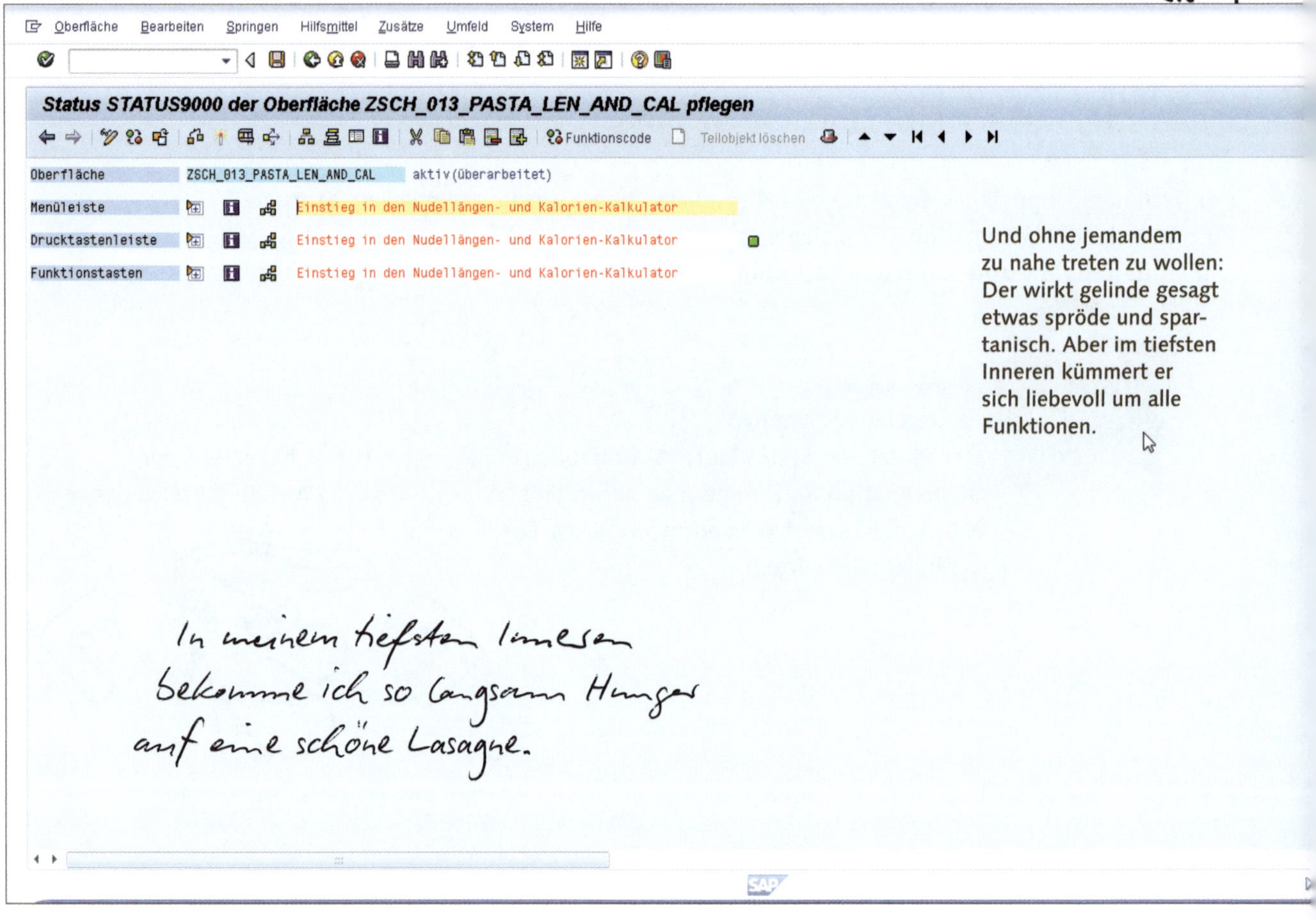

Oberfläche Bearbeiten Springen Hilfsmittel Zusätze Umfeld System Hilfe
Status STATUS9000 der Oberfläche ZSCH_013_PASTA_LEN_AND_CAL pflegen
Funktionscode
Teilobjekt löschen
Oberfläche
ZSCH_013_PASTA_LEN_AND_CAL
aktiv(überarbeitet)
Menüleiste
Einstieg in den Nudellängen- und Kalorien-Kalkulator
Drucktastenleiste
Einstieg in den Nudellängen- und Kalorien-Kalkulator
Funktionstasten
Einstieg in den Nudellängen- und Kalorien-Kalkulator

Und ohne jemandem zu nahe treten zu wollen: Der wirkt gelinde gesagt etwas spröde und spartanisch. Aber im tiefsten Inneren kümmert er sich liebevoll um alle Funktionen.

In meinem tiefsten Inneren bekomme ich so langsam Hunger auf eine schöne Lasagne.

Die Gestaltung eines eigenen Menüs

Im **Menu Painter** werden die unterschiedlichen Bereiche dargestellt, die zur Pflege von Menü- und Drucktastenleiste sowie der Funktionstastenzuordnung dienen. Falls du die Menüleiste pflegen möchtest, ist die Zeile mit der Bezeichnung **Menüleiste** relevant.

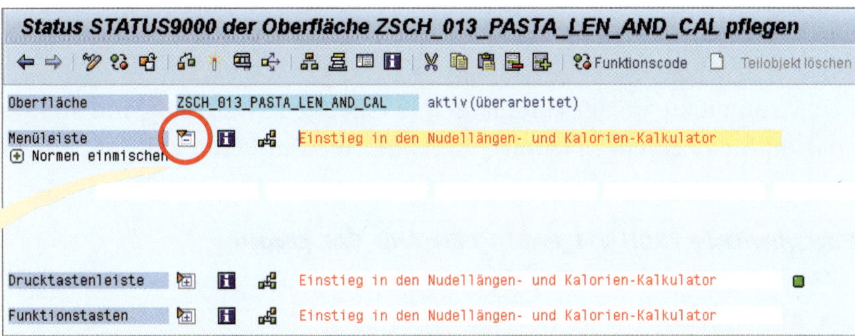

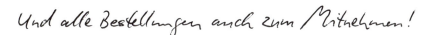

Dieser unscheinbare Button, dem die Verlagsherstellung nachträglich durch den roten Kreis erst zu richtiger Prominenz verholfen hat, ist zum Öffnen und zum Schließen der Menüpflege gedacht. Am Plus- und Minus-Zeichen erkennbar, so wie in jedem gut sortierten Dateimanager.

Öffne doch mal die Menüleiste, das wird dein Nudelmenü.

Nudelmenü? Da kenne ich schon die Menükarte:

45 Spaghetti Napoli

46 Spaghetti Bolognese

47 Maccheroni al Pomodoro

48 Maccheroni alla Chef

49 Tortellini Spinaci

50 Tortellini Primavera

...

Und alle Bestellungen auch zum Mitnehmen!

Du siehst sechs Eingabefelder, die noch leer sind. Diese Eingabefelder kannst du verwenden, um Menüs für die Menüleiste anzulegen.

Um einen Menüpunkt zu definieren, tippe einfach den Namen des Menüs in ein Eingabefeld (hier: Nudelmenü), und klicke dann doppelt auf deine Eingabe.

Status STATUS9000 der Oberfläche ZSCH_013_PASTA_LEN_AND_CAL pflegen

Funktionscode Teilobjekt löschen

Oberfläche ZSCH_013_PASTA_LEN_AND_CAL aktiv(überarbeitet)

Menüleiste Einstieg in den Nudellängen- und Kalorien-Kalkulator

Normen einmischen

Nudelmenü

Code Text

Übrigens werden zwei Menüpunkte immer automatisch in eine Menüleiste eingemischt: **System** und **Hilfe**. Damit du einen Eintrag im Menü erzeugen kannst, musst du eine **Funktion** anlegen. Am einfachsten wieder über die allseits beliebte Vorwärtsnavigation.

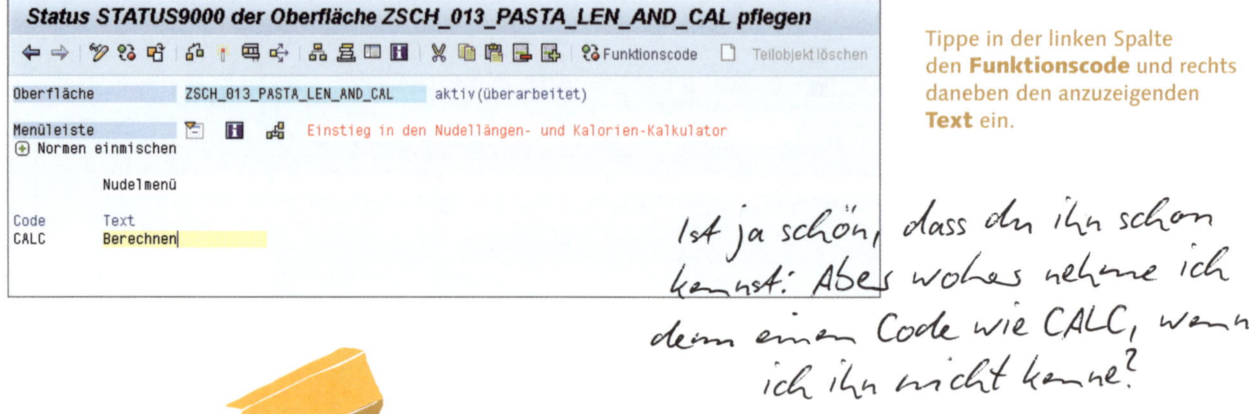

Tippe in der linken Spalte den **Funktionscode** und rechts daneben den anzuzeigenden **Text** ein.

Das ist ja gerade das Schöne am Menu Painter: Du definierst einfach deine Funktion, so wie du es mit **CALC** gemacht hast. **Die hat es vor deiner Anlage auch nicht gegeben!**

[Zettel]

Mithilfe des Menüpunktes **Zusätze • Vorlage abgleichen** kannst du Funktionen aus anderen Programmen oder Vorlagen kopieren.

Wenn du nun einen Doppelklick auf den Funktionscode machst, erscheint der Pflegedialog für die **Funktionseigenschaften**.

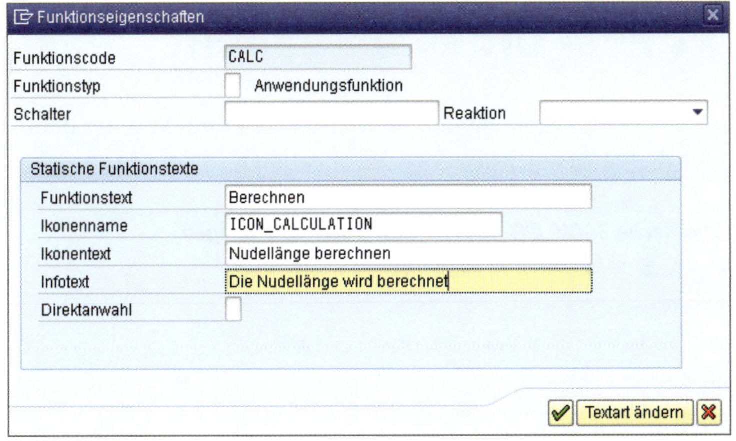

In der Detailpflege zur Funktion kannst du – ja, das solltest du jetzt mitmachen – den **Funktionstext** ändern sowie ein Icon mit **Ikonennamen**, **Ikonentext** und **Infotext** zuordnen. Den Ikonennamen wählst du am einfachsten mithilfe der Eingabehilfe oder der F4-Taste zum Feld aus.

[Zettel]

Im ABAP-Sprachgebrauch werden Icons, also Piktogramme auf einer grafischen Oberfläche, gerne als „Ikonen" bezeichnet. Wir wollen Ikonen in diesem Buch aber möglichst als das belassen, was sie tatsächlich bezeichnen: Heiligenbilder. Deswegen steht hier nur dann etwas von „Ikonen", wenn die Bezeichnung auf dem SAP-Bildschirm entsprechend lautet.

Das Icon zu einem Ikonentext wird grafisch dargestellt. Wenn der Anwender mit der Maus über das Icon fährt, wird der **Ikonentext** angezeigt. Falls er die Funktion auswählt, wird der **Infotext** in der Statuszeile angezeigt.

Auf geht's zum Testen: Wenn du die Funktion gepflegt und mit dem grünen Häkchen bestätigt hast, solltest du sie im Anschluss aktivieren.

[Zettel]

Falls du direkt im Menu Painter testest, wird nur der Status ohne das Programm getestet. Falls du das Programm mittesten möchtest, musst du zu diesem navigieren.

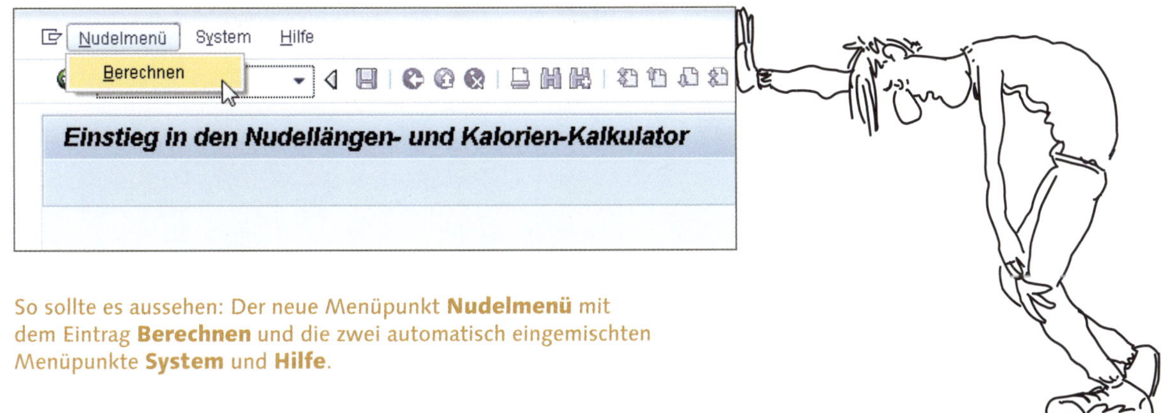

So sollte es aussehen: Der neue Menüpunkt **Nudelmenü** mit dem Eintrag **Berechnen** und die zwei automatisch eingemischten Menüpunkte **System** und **Hilfe**.

Kannst du mit dem Druck umgehen?

Die Funktionen zur Pflege der Drucktasten werden im Menu Painter direkt unter dem Abschnitt **Menüleiste** im Abschnitt **Drucktastenleiste** angeboten.

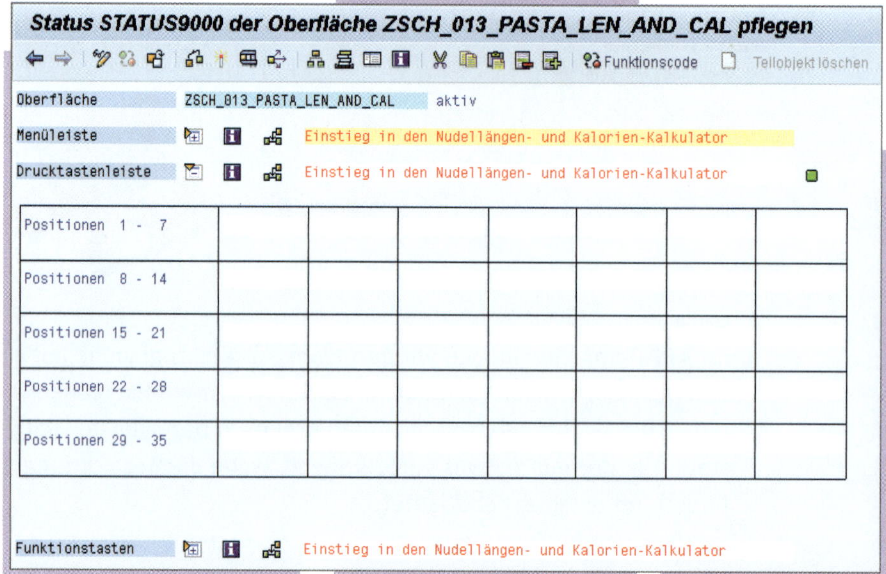

Drucktastenwahnsinn: Du kannst sage und schreibe 35 Drucktasten definieren! Na ja, auch wieder nicht so gigantisch: Der Menu Painter besitzt ja schon 28 Drucktasten. Aber um die Menge geht es ja nicht. Es sollten besonders wichtige Funktionen in die Drucktasten aufgenommen werden, um einen schnellen Zugriff darauf zu ermöglichen. Und natürlich müssen alle Funktionen, die sich in der Drucktastenleiste befinden, auch in einem Menü vorkommen.

Um eine Drucktaste zu definieren, kannst du entweder den Fokus auf ein Eingabefeld setzen und dort mit der Taste **F4** aus einer Liste von definierten Funktionen die für dich passenden auswählen. Oder du gibst den Namen eines bekannten Funktionscodes ein und bestätigst mit der **Enter**-Taste. Oder du gibst den Namen eines neuen Funktionscodes ein und bestätigst mit der **Enter**-Taste. Das macht drei Möglichkeiten.

Und lass mich raten: Die spielen wir jetzt alle durch?

Wir werden den zweiten Fall durchspielen, da der erste nur eine langweile Wiederverwendung darstellt und der dritte Fall eine Wiederholung der Anlage der Funktion ist. Das will ich dir nicht zumuten.

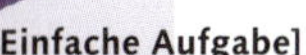

[Einfache Aufgabe]

Pflege an der Position 1 der Drucktastenleiste den Funktionscode **CALC**. Damit hast du den Funktionscode bereits das zweite Mal verwendet.

Klicke dazu in das erste Eingabefeld der Drucktastenleiste **Positionen 1 – 7,** und tippe den Funktionscode **CALC** ein.

Nun kann es sein, dass du die Funktionstastenzuordnung zur Funktion noch nicht gepflegt hast.

[Notiz]

Das passiert genau dann, wenn du die Funktion von oben nach unten definierst, also zuerst Menü-, dann Drucktastenleiste und am Ende die Funktionstastenzuordnung. Falls du die Definition mit der Funktionstastenzuordnung beginnst, ist diese Pflege natürlich bereits erledigt.

Entweder du nutzt den Abschnitt **Funktionstasten** im Menu Painter, um die Pflege durchzuführen, oder du klickst doppelt auf den Funktionscode in der Drucktastenleiste – auch die **Enter**-Taste funktioniert – und suchst dir eine Funktionstaste aus.

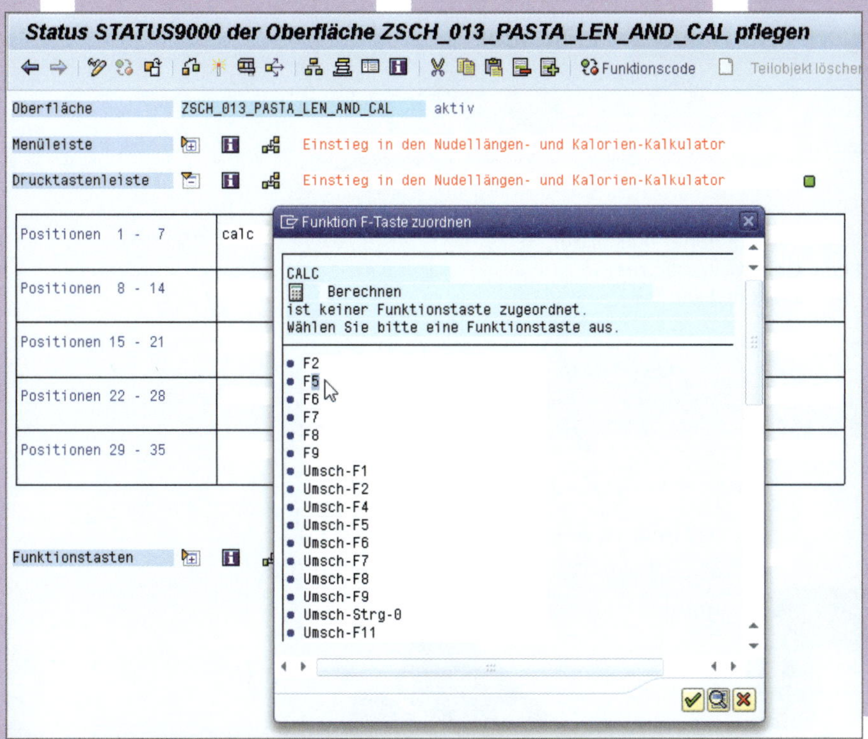

Ich schlage vor, dass du den **CALC**-Funktionscode an Position 1 in der Drucktastenleiste doppelt anklickst und im erscheinenden Pop-up-Menü den Funktionscode **F5** auswählst.

Du hast damit jetzt alles wunderbar gepflegt: eine Wiederverwendung einer bereits definierten Funktion in der Drucktastenleiste mit zugeordneter Funktionstaste. Man könnte auch sagen: Jetzt hast du eine Nudelfunktion! Äääh … Schrödinger?

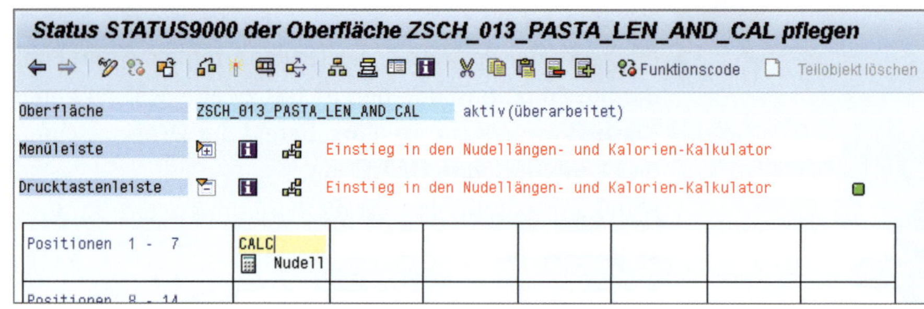

Wieso hat mein Kühlschrank eigentlich keine automatische Nudelfunktion?

Du kannst jetzt den Status aktivieren. Und falls alle Objekte ohne Fehler aktiviert sind, kannst du das Programm wieder testen.

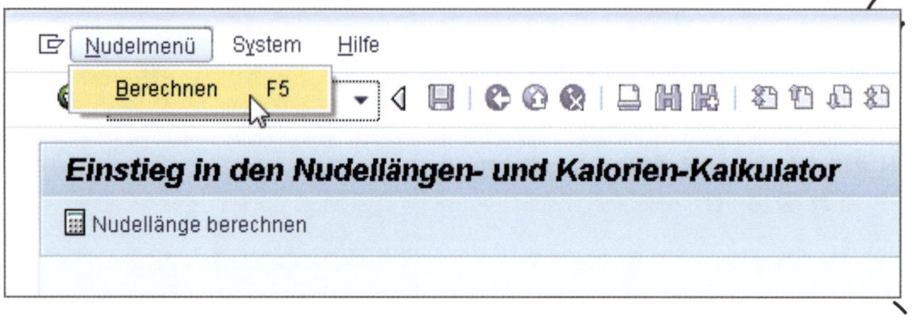

Dein Ergebnis sieht so aus: Dein Nudellängen- und Kalorien-Kalkulator hat jetzt einen eigenen Menüpunkt und eine Drucktaste, die zum Berechnen einlädt. (Wovon eigentlich?) Und drück mal auf F5!

Bei F5 passiert noch etwas Eigenartiges: Ich springe in das rufende Programm zurück?

Das liegt an deinem eingestellten statischen Folge-Dynpro. Das ist noch auf 0 und das bedeutet …

[Belohnung/Lösung]

Ringelspiel! Lakritzpause!

FFFFF

Ein anderer Weg, um einer Funktion eine Funktionstaste zuzuordnen, ist das direkte Öffnen des Abschnittes **Funktionstasten** im Menu Painter. Damit kannst du Funktionen, wie zum Beispiel **CALC**, auch direkt über die Tastatur aktivieren. Wenn du den Abschnitt **Funktionstasten** im Menu Painter öffnest, siehst du zwei große Bereiche:

Funktionstasten, soweit das Auge reicht!

- Die **Symbolleiste** wird in jedem SAP GUI-Bildschirm angezeigt. Für die einzelnen Positionen sind die Icons und Funktionstasten fix zugeordnet und können nicht verändert werden. Du kannst aber Funktionscodes zuordnen und dadurch die Funktion aktivieren.

In der Drucktastenleiste des Menu Painters habe ich eine Drucktaste mit der Aufschrift Funktionscode gesehen. Wofür ist die?

Du hast den Blick fürs Wesentliche! Mit dieser Drucktaste kannst du Funktionen, die in deinem Status **STATUS9000** definiert sind, aktivieren und deaktivieren. Dazu musst du auf einen Funktionscode klicken und dann die Taste drücken. Damit wechselst du zwischen den Zuständen **aktiv** und **inaktiv**. Es ist übrigens egal, ob du im Menü oder in der Drucktastenleiste oder in der Funktionstastenzuordnung auf den Funktionscode klickst.

Probiere doch mal, dem Pfeil mit dem grünen Hintergrund (vulgo: der grüne Pfeil) den Funktionscode **BACK** zuzuordnen. Geschafft? Super, dann aktiviere doch den Status für deine Nudelmaschine, und teste das Programm. Und, was passiert?

Hey, da ist ja auf einmal der grüne Pfeil tatsächlich grün. Der war vorher immer grau. Und wenn ich darauf klicke, komme ich wieder zurück ins Programm!

☛ Unterhalb der Symbolleiste befindet sich die Liste der belegbaren **Funktionstasten**. So wie bei der Pflege eines Menüs trägst du in der ersten Spalte zu einer Funktionstaste den Funktionscode ein und bestätigst mit der **Enter**-Taste. Falls die Funktion bereits definiert war, wird dadurch die Zuordnung durchgeführt und der Text zum Funktionscode wird rechts davon angezeigt. Falls die Funktion noch nicht bekannt war/ist, wird für dich eine neue Funktion angelegt.

[Ablage]

Funktionstastenzuordnung

* Wird im Menu Painter durchgeführt.
* Besteht aus Symbolleiste und Funktionstasten.
* Funktionen können aktiviert und deaktiviert werden.

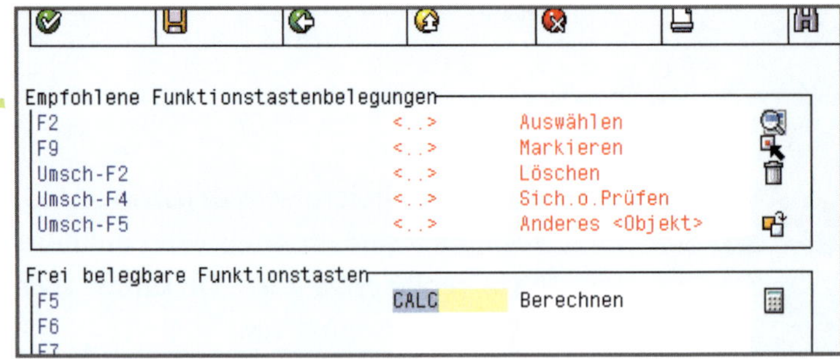

Weck den Künstler in dir

Es ist nun an der Zeit, das Dynpro zu gestalten. Denn bislang haben wir ja nur mit Einzelteilen experimentiert.

Sehr gut, Form Follows Function: Der Nudelteig ist angerührt, jetzt machen wir Spaghetti oder Bavette oder Capellini oder ...

Alles klar, Roland, wir können!

Die Fragen, die du dir bei der Gestaltung des Layouts stellst, sind die folgenden (kleine Auswahl):

- Was will der Anwender erreichen?
- Was muss ich ihm anbieten?
- Wie kann er möglichst effizient arbeiten?
- Warum mache ich das überhaupt?
- Warum immer ich?

Zwei dieser Fragen stellt mir meine Freundin auch immer. Ich sage jetzt aber nicht, welche zwei das sind.

Basierend auf den Anforderungen und deinen Überlegungen, könntest du eine einfache Skizze erstellen, wie die Oberfläche aussehen und reagieren sollte, das nennt man in Anlehnung an die Filmindustrie **Storyboard**.

Eben hat Roland was von Paintern erzählt, aber mit Pinsel und Farbe haben wir nicht gearbeitet. Jetzt geht es angeblich ums Filmemachen – aber wenn wir jetzt einen Film drehen, fress ich 'nen Besen. Vor laufender Kamera!

Der Vorteil: So ein Storyboard kannst du dem Anwender (Auftraggeber) bereits vorstellen. Die Anwender sehen gerne etwas, und damit wird das Verhalten deiner Anwendung auch sofort begreifbar.

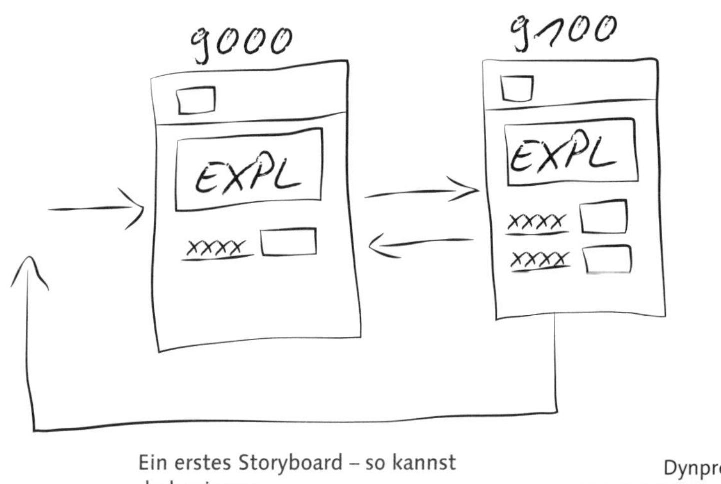

Ein erstes Storyboard – so kannst du beginnen.

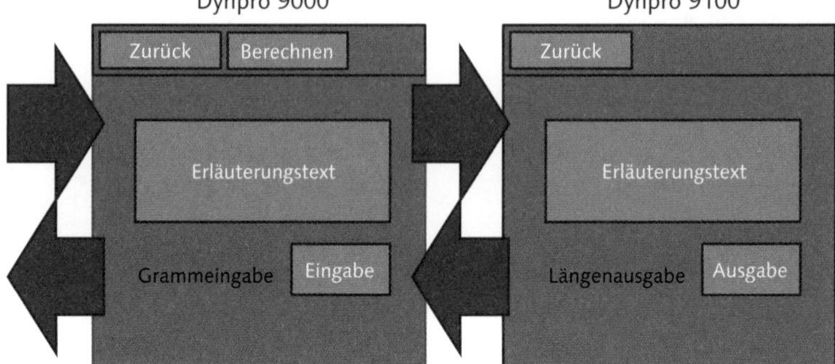

Ein zweites Storyboard – etwas leserlicher.

Ist der Anwender – oder du selbst – glücklich mit deinem Vorschlag, kannst du mit der Umsetzung beginnen. Dir ist klar, welche Eingabefelder, Buttons etc. benötigt werden und wie der Ablauf der Dynpros gewünscht ist.

[Achtung]

Bevor du mit der Gestaltung des Layouts beginnst, kommt die erste **Empfehlung**: Lege pro Dynpro eine ABAP-Dictionary-Struktur an, die die Komponenten für die Felder beinhaltet! Die kannst du beliebig verändern, bist nicht von anderen Entwicklern abhängig und kannst zum Beispiel spezielle Felder für UI-Ausgaben definieren.

Dein Vorteil: Die Definition des Layouts wird dadurch stark vereinfacht, wie du später im Umgang mit dem Screen Painter erkennen wirst.

Du wirst jetzt das Layout des Dynpros 9000 gestalten. Dieses sollte ja als Einstieg für den Anwender dienen. Dazu benötigt er Erläuterungen, Eingabemöglichkeiten für Nudelarten, Gewichtsangaben und Drucktasten zum Auslösen der Berechnungen. Also viel Arbeit für uns: Strukturen definieren, Deklarationen von Variablen im Programm anlegen und die Ablauflogik weiter implementieren.

Let's go!

Ich starte immer bei der Definition von Strukturen im ABAP Dictionary, da sich in weiterer Folge die Layoutdefinition und die Programmierung auf diese Strukturen beziehen werden. Als Namenskonvention verwende ich **Z** für die Kundenstruktur, **SCH** für das Projekt, **TS** dafür, dass das Objekt eine Struktur ist, und **UI** dafür, dass es sich um eine spezielle Struktur für ein Dynpro handelt.

[Einfache Aufgabe]

Das Layout unseres Einstiegs-Dynpros will gestaltet werden. Definiere dazu die Struktur **ZSCH_13_TS_UI_9000** mit den Komponenten **PASTA_KIND** vom Typ **CHAR20** und **PASTA_WEIGHT_COOKED** vom Typ **DECIMALS**. Setze die Erweiterungskategorie auf **beliebig erweiterbar**.

Wo finde ich die Erweiterungskategorie noch gleich?

Im Menüpunkt **Zusätze • Erweiterungskategorie**!

Danke!

Dictionary: Struktur pflegen

Hierarchiedarstellung   Append-Struktur...

Struktur: ZSCH_13_TS_UI_9000 aktiv

Kurzbeschreibung: UI-Struktur Einstieg in Nudellängen- und Kalorien-Kalkulator

Eigenschaften | Komponenten | Eingabehilfe/-prüfung | Währungs-/Mengenfelder

Eingebauter Typ   1 / 2

Komponente	R.typ	Komponententyp	Datentyp	Länge	DezSt...	Kurzbeschreibung
PASTA_KIND	☐	CHAR20	CHAR	20	0	Char 20
PASTA_WEIGHT_COOKED	☐	DECIMALS	NUMC	6	0	Anzahl Dezimalstellen

Du hast damit das Fundament für die erfolgreiche Gestaltung und Implementierung des Dynpros gelegt. Eine ABAP-Dictionary-Struktur mit zwei Komponenten: die eine zum Festlegen der Nudelart und die andere für das Kochgewicht der Nudeln. Doch wo ich es mir gerade so anschaue: Mit der vorhandenen Definition von **PASTA_KIND** ist der Anwender noch gezwungen, die Nudelart selbst einzutippen. Das geht besser: Warum nicht eine Auswahlliste? Dazu musst du aber erst die Basis schaffen.

[Schwierige Aufgabe]

Mehr Komfort für den User! Damit dieser aus einer Liste von Nudelarten auswählen kann, musst du noch die vorbereitenden Definitionen erstellen. Definiere das Datenelement **ZSCH_TD_PASTA_KIND** mit der Domäne **ZSCH_DO_PASTA_KIND** vom Typ **CHAR** (Länge 20), wobei die Domäne die Festwerte **SPAGHETTI** mit der Kurzbeschreibung **Spaghetti**, **RIGATI** mit **Rigati**, **FARFALLE** mit **Farfalle** und weitere besitzt. Ersetze den Typ **CHAR20** der vorherigen einfachen Aufgabe durch das Datenelement **ZSCH_TD_PASTA_KIND**.

Nun wird es ernst: Wechsle in das Dynpro 9000, dein Einstiegsbild für den **Nudellängen- und Kalorien-Kalkulator**. Dort gibt es die Drucktaste **Layout** in der Drucktastenleiste, die dich schnurstracks in die Pflege des Layouts bringt.

Hier bringt mich gerade gar nichts nirgendwo hin!

[Achtung]

Beim Öffnen des Layouts öffnet sich der grafische Screen Painter. Das ist ein eigenständiges Werkzeug zur Pflege des Layouts. Falls er nicht startet, musst du unter **Hilfsmittel • Einstellungen** auf dem Karteireiter **Screen Painter** die Eigenschaft **Grafischer Layout-Editor** setzen.

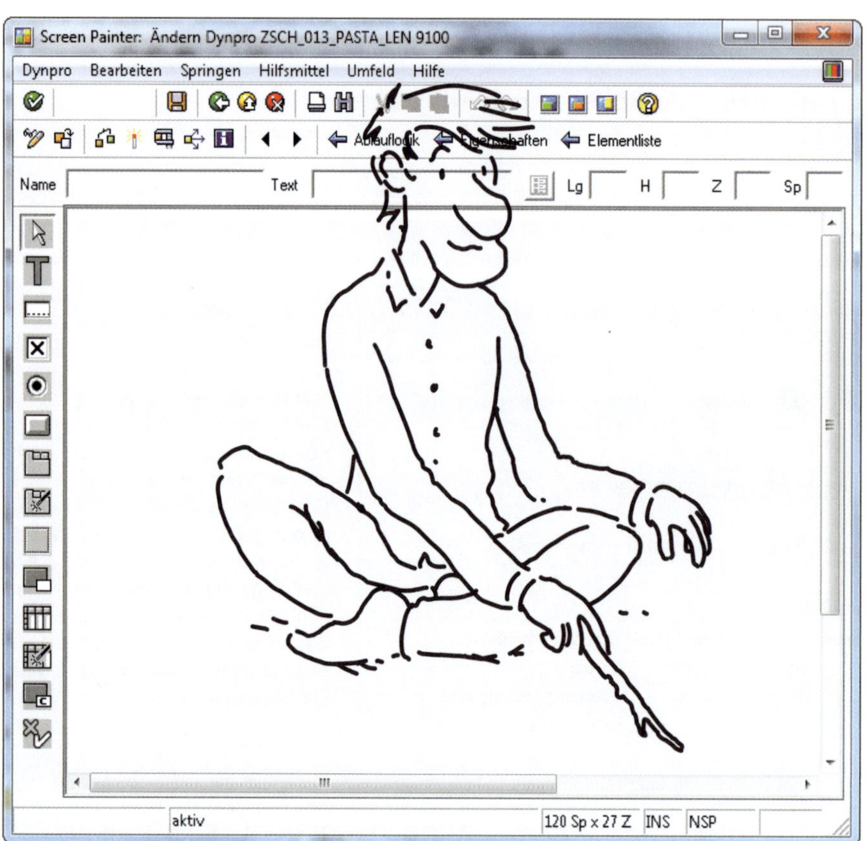

Der Screen Painter bietet dir eine Fülle von Funktionen. Am linken Rand findest du die **Werkzeugleiste** mit den **UI-Elementen** (auch als Bild- oder Dynpro-Elemente bekannt), die du im **Layoutbereich** – rechts von der Werkzeugleiste dargestellt – platzieren kannst.

[Notiz]

Das mit dem Platzieren-funktioniert so: Erst musst du ein UI-Element in der Werkzeugleiste anklicken und anschließend im Layoutbereich auf die Stelle klicken, an der das UI-Element positioniert werden soll. Falls es nicht ganz passt, dann einfach per Drag & Drop passend verschieben. Zu den Elementen, die du platzierst, kannst du mit den Feldern **Name** und **Text**, die über dem Layoutbereich angezeigt werden, den technischen Namen und den möglichen Inhalt pflegen.

Wenn du viele UI-Elemente manuell zu platzieren hast, ist das ganz schön aufwendig. Also erstes Element klick-platzier-definieren, zweites Element klick-platzier-definieren etc. Dafür gibt es einen effizienteren Weg: Du kannst die fix und fertigen Definitionen von Feldern importieren und dazu wird – Na, na, naaaaaa? – eine **Dictionary-Struktur** verwendet, genau! Zum Importieren kannst du den roten Button (, Dict/Programmfelder-Fenster) in der Drucktastenleiste verwenden. Klick mal drauf!

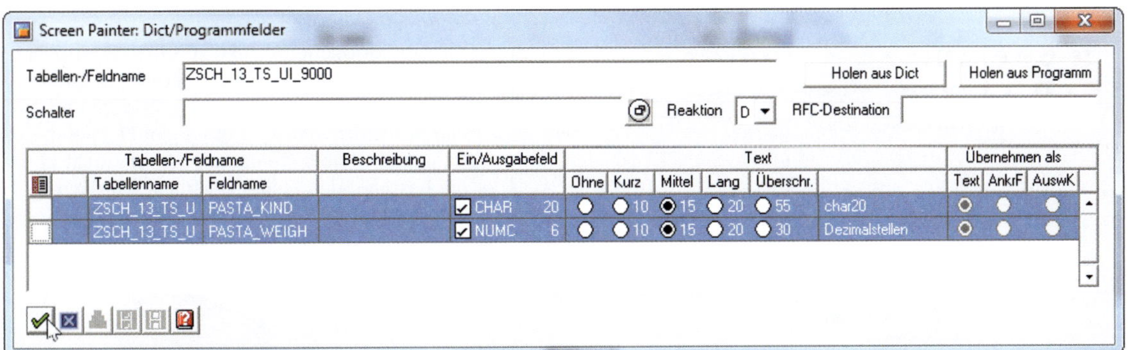

Um die Definition zu importieren, musst du im Feld **Tabellen-/Feldname** den Namen der Dictionary-Struktur angeben (in unserem Beispiel **ZSCH_13_TS_UI_9000**). Danach klickst du auf **Holen aus Dict** – und schon listet das System alle Komponenten der Struktur auf.

Wow, so lassen sich ja wirklich super einfach Felder in das Layout übernehmen! Das war also vorhin wirklich mal ein guter Tipp, das mit dem Anlegen der Dictionary-Struktur!

In der Liste markierst du die Komponenten, die du gerne verwenden möchtest, klickst anschließend auf das grüne Häkchen und es passiert ... **zuerst mal nichts**. Aber wenn du die Maus auf die Zeichenfläche bewegst, siehst du schon die Geisterbilder der Felder. Durch einen Klick in den Layoutbereich auf die gewünschte Position werden automatisch **Labels** und **Eingabefelder** erzeugt.

Das war ein großer Schritt für dich und ein kleiner Schritt für die Menschheit!

Ich wette, der Roland würde am liebsten ein Drehbuch schreiben, nur um diesen Satz verwenden zu können. Oder ein Computerbuch. Aber daraus wird wahrscheinlich nichts.

Deiner Schaffenskraft steht nun nichts mehr im Weg. Das Erste, was ich dir dabei ans Herz legen möchte, sind die **Texte der Labels**, da diese bislang nicht aussagekräftig sind. Du klickst einfach den Text im Layout an und änderst den Text im Textfeld über dem Layoutbereich. Dann kannst du noch einen **Rahmen mit Titel** um die Felder ziehen und zusätzliche Texte einfügen. Macht später echt was her.

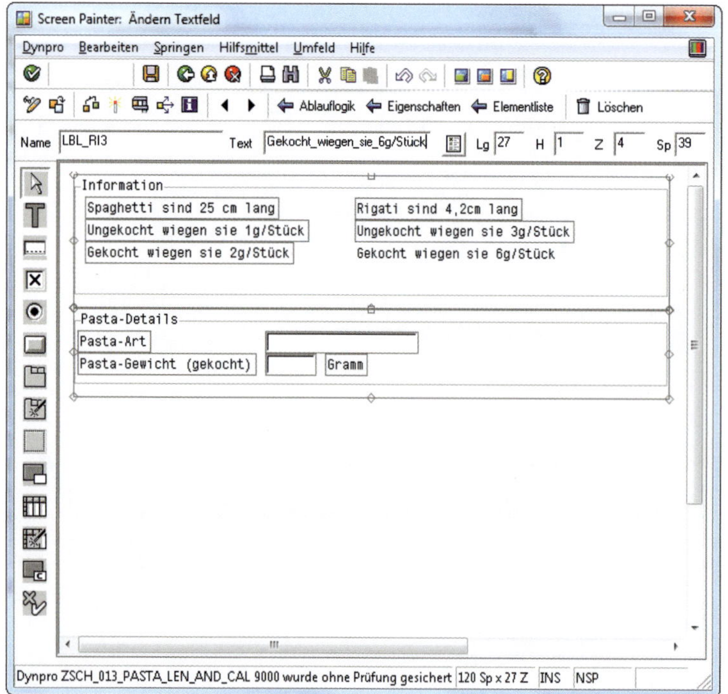

Das Ergebnis könnte ungefähr so aussehen: Der Informationsblock besteht aus einem Rahmen mit Titel und einer Menge von Textfeldern. Der Block zu den Pasta-Details besteht aus einem Rahmen mit Titel, importierten Feldern und einem zusätzlichen Textfeld. Beim Platzieren des Rahmens achte bitte darauf, dass du nicht über die bestehenden Felder zeichnest. Der Screen Painter lässt dich nur auf freie Flächen zeichnen.

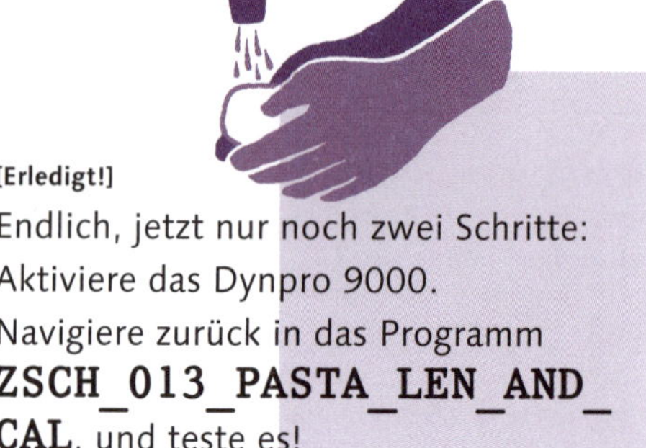

[Erledigt!]

Endlich, jetzt nur noch zwei Schritte: Aktiviere das Dynpro 9000. Navigiere zurück in das Programm **`ZSCH_013_PASTA_LEN_AND_CAL`**, und teste es!

Willkommen in der Welt der Nudeln! Ein wunderschöner Anblick. Du hast innerhalb kürzester Zeit dein erstes Dynpro-Layout entwickelt. Mit statischen Texten im Informationsblock und mit der Möglichkeit, dass ein Anwender zwei Werte eingeben kann. Die Eingabefelder sind mit Labels ausgestattet, und das erste Feld, Pasta-Art, besitzt sogar eine Eingabehilfe. Die gültigen Werte hast du in der Domäne als Festwerte hinterlegt.

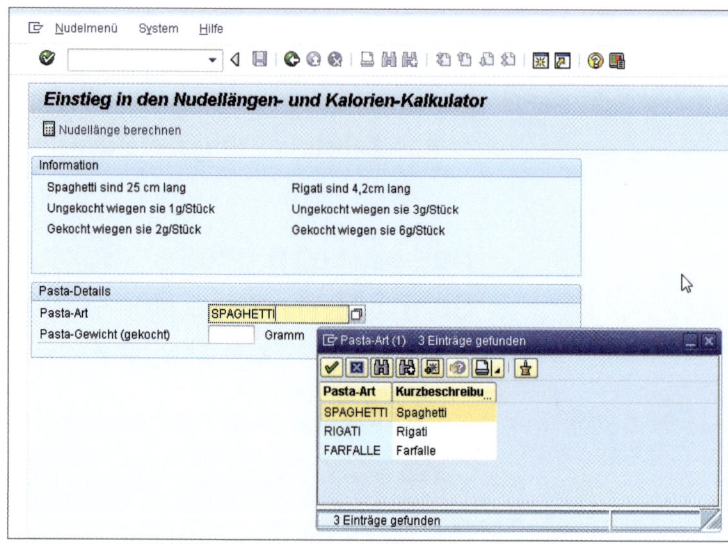

[Notiz]

Layoutgestaltung

* Eigene Dictionary-Struktur pro Dynpro anlegen.
* Layoutgestaltung erfolgt mit dem Screen Painter.

Dein Dynpro

Nun bist du an der Reihe. Das Dynpro 9100 für die Darstellung der Berechnungsergebnisse wartet darauf, von dir fertiggestellt zu werden.

Ruhig bleiben, einfach ruhig bleiben ...

Also fassen wir dein Arbeitsprogramm zusammen:

1. Trage im Dynpro 9000 in den **Eigenschaften** das Folge-Dynpro 9100 ein.
2. Hast du das **Dynpro 9100** bereits angelegt? Bitte überprüfe das eingestellte statische Folge-Dynpro, es sollte 0 sein.
3. Erstelle das PBO-Modul **STATUS_9100**. Am besten legst du die Definition in das Programm **ZSCH_013_PASTA_LEN_AND_CAL**. Sichern!
4. Erstelle den Titel **TITLE9100** mit dem Text „Ergebnis des Nudellängen- und Kalorien-Kalkulators". Sichern!
5. Erstelle den Status **STATUS9100** vom Typ **Dialogstatus,** und trage in der Symbolleiste für den grünen Pfeil den Funktionscode **BACK** und für das rote X den Funktionscode **CANCEL** ein. Sichern!
6. Definiere die UI-Struktur **ZSCH_13_TS_UI_9100** für die Ausgabe auf dem Dynpro 9100. Es sollten die Komponenten **PASTA_LEN** und **PASTA_CALS**, jeweils vom Typ **DECIMALS**, definiert werden.
7. Wechsle in das Layout von Dynpro 9100, und füge die Felder **PASTA_LEN** und **PASTA_CALS** ein. Gestalte das Dynpro ansprechend. Vergib die Texte „Pasta-Länge" und „Pasta-Kalorien" für die Feldbezeichner.
8. Wie immer: Alles aktivieren und testen!

Und was machst du in der Zwischenzeit? Die Zeit, bis ich fertig bin, reicht doch bestimmt für eine ofenfrische Lasagne, oder?

[Zettel]

Falls du eine Eigenschaft eines UI-Elementes verändern möchtest, mach einen Doppelklick auf das entsprechende Element. Daraufhin öffnet sich das **Eigenschaften**-Fenster. Deselektiere auf dem Karteireiter **Programm** die Checkbox für das Feld **Eingabefeld**. Dadurch wird das Feld auf nicht eingabebereit gestellt. Damit kannst du verhindern, dass der Anwender den Wert im Feld ändern kann. Das ist bei Ergebnisanzeigen im Allgemeinen erwünscht – außer bei nachträglichen Kursmanipulationen an der Börse.

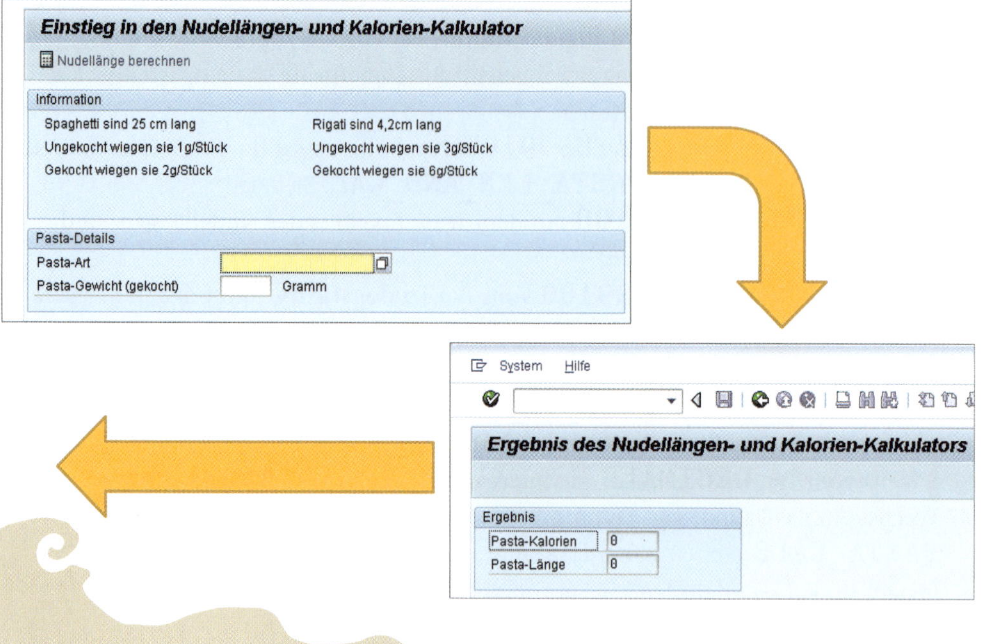

Das hast du aber elegant umgesetzt! Aus dem Dynpro 9000 navigierst du mithilfe des statischen Folge-Dynpros 9100 in das Ergebnisbild. In diesem sind die zwei Ausgabefelder für das Berechnungsergebnis der Kalorien und der Länge ersichtlich, aber noch nicht befüllt. Das fehlt noch und wird gleich erledigt.

[Belohnung/Lösung]

Für eine Lasagne hätte es sowieso nicht gereicht, wenn du so schnell programmierst. Aber ich habe uns einen Kaffee gemacht. Prost!

Sammle Elemente

Die Definition der Felder und Elemente im UI bewirkt, dass die **Elementliste** aufgebaut wird. Dort findest du auch das Eingabefeld für das **OK-Code-Feld**, das für den Transport der **Funktionscodes** vom Client zum Server verantwortlich ist – als Bezeichnung des Eingabefeldes steht nur **OK**. Falls kein OK-Code-Feld dem Eingabefeld OK zugeordnet ist, findet auch kein Datentransport zwischen dem Client und dem Server für die Funktionscodes statt. Das heißt, wir wären im **Blindflug** unterwegs und können nicht auf die Interaktion des Anwenders mit dem UI reagieren.

Und wofür genau benötige ich die Elementliste?

Zuerst mal ist die Elementliste eine kompakte Zusammenstellung der UI-Elemente mit ihren Eigenschaften. Und dann lässt sich mithilfe der Elementliste die Massenpflege von Attributwerten effizient umsetzen.
Du kannst die Elemente kontrollieren, indem du auf den Karteireiter **Elementliste** im Dynpro navigierst. Ganz am Ende steht das Feld **OK**, der Wert dazu ist noch leer. In dieses Feld kannst du den Namen des Feldes eintragen, das den Funktionscode auf dem GUI übernimmt und an den Server überträgt.

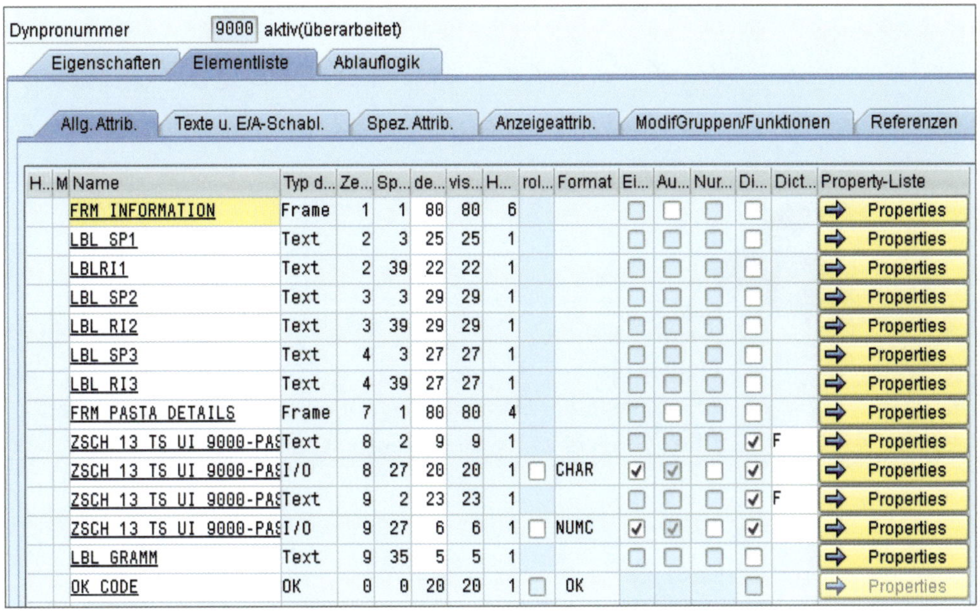

Dynpronummer 9000 aktiv(überarbeitet)

Eigenschaften | Elementliste | Ablauflogik

Allg. Attrib. | Texte u. E/A-Schabl. | Spez. Attrib. | Anzeigeattrib. | ModifGruppen/Funktionen | Referenzen

H...	M	Name	Typ d...	Ze...	Sp...	de...	vis...	H...	rol...	Format	Ei...	Au...	Nur...	Di...	Dict...	Property-Liste
		FRM INFORMATION	Frame	1	1	80	80	6			☐	☐	☐	☐		Properties
		LBL SP1	Text	2	3	25	25	1			☐	☐	☐	☐		Properties
		LBLRI1	Text	2	39	22	22	1			☐	☐	☐	☐		Properties
		LBL SP2	Text	3	3	29	29	1			☐	☐	☐	☐		Properties
		LBL RI2	Text	3	39	29	29	1			☐	☐	☐	☐		Properties
		LBL SP3	Text	4	3	27	27	1			☐	☐	☐	☐		Properties
		LBL RI3	Text	4	39	27	27	1			☐	☐	☐	☐		Properties
		FRM PASTA DETAILS	Frame	7	1	80	80	4			☐	☐	☐	☐		Properties
		ZSCH 13 TS UI 9000-PAS	Text	8	2	9	9	1			☐	☐	☐	☑	F	Properties
		ZSCH 13 TS UI 9000-PAS	I/O	8	27	20	20	1	☐	CHAR	☑	☑	☐	☑		Properties
		ZSCH 13 TS UI 9000-PAS	Text	9	2	23	23	1			☐	☐	☐	☑	F	Properties
		ZSCH 13 TS UI 9000-PAS	I/O	9	27	6	6	1	☐	NUMC	☑	☑	☐	☑		Properties
		LBL GRAMM	Text	9	35	5	5	1			☐	☐	☐	☐		Properties
		OK CODE	OK	0	0	20	20	1	☐	OK				☐		Properties

OK_CODE: Das ist der Name des Transportfeldes. Eines ist genug! Falls du es noch nicht eingetragen hast, das ist deine Chance!

Äääh, Schrödinger, ist bei dir alles okay?

Entschuldige, ich hatte K.o.-Code verstanden. Da wollte ich vorbereitet sein.

Als Name für dieses Feld hat sich übrigens **ok_code** eingebürgert – und ich empfehle dir dringendst, diese Bezeichnung zu verwenden. Du bist aber nicht daran gebunden. Jeder sollte seine Fehler selber machen dürfen! Spätestens nach einem Monat wirst du verzweifelt nach dem Feld **ok_code** suchen bzw. dein Kollege, der deine Programme warten soll.

Warum reicht da ein Feld für den Transport des Funktionscodes? Was ist, wenn da zum Beispiel zwei Buttons sind?

Hast du schon einmal einen Anwender zwei Buttons mit einer Maus gleichzeitig anklicken sehen? Zu einem bestimmten Zeitpunkt existiert immer nur eine Aktion, daher reicht ein Feld für den Wertetransport.

Hast du schon einmal zwei Boxhandschuhe gleichzeitig im Gesicht gehabt? Man wird doch wohl noch fragen dürfen ...

[Notiz]

Elementliste

* Einträge in der Elementliste werden automatisch produziert.
* Das OK-Feld ist für die Datentransportvariable gedacht.

Wohin mit den Daten?

Das Thema mit der Layoutdefinition haben wir jetzt ja ausführlich besprochen.

Listen and repeat: Struktur im Dictionary definieren oder wiederverwenden. Ins Dynpro-Layout wechseln. Roter Button, Definition importieren. Felder auswählen und platzieren. Und noch einmal: Struktur im Dictionary definieren oder …

Wie werden aber die Daten vom SAP GUI zum Programm und vice versa transportiert? Da hat sich SAP etwas ziemlich Einfaches überlegt: Jene Felder, die **namensgleich** im **Layout** und im **Programm** vorkommen, werden immer am Ende des PBO-Zeitpunkts und am Anfang des PAI-Zeitpunkts synchronisiert.

Dynpro

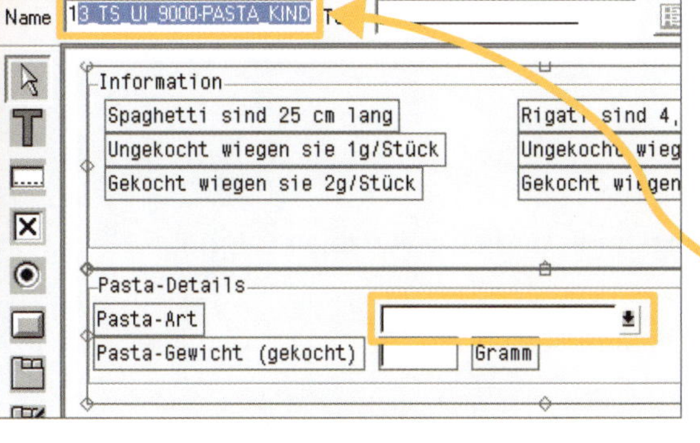

Und das ist schon der Trick, mehr ist es nicht!

Dictionary

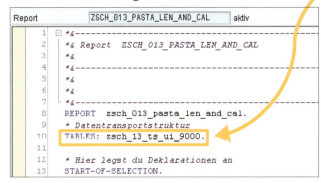

Struktur: ZSCH_13_TS_UI_9000 aktiv
Kurzbeschreibung: UI Struktur Einstieg in Nudellängen- und Kalo

Eigenschaften | Komponenten | Eingabehilfe/-prüfung

Eingebauter Typ

Komponente	R.typ	Komponententyp	Datentyp	Lä
PASTA_KIND	☐	ZSCH_TD_PASTA_KI	CHAR	
PASTA_WEIGHT_COOK	☐	DECIMALS	NUMC	

Programm

Report: ZSCH_013_PASTA_LEN_AND_CAL aktiv

```
*&---------------------------------------------------------------------
*& Report  ZSCH_013_PASTA_LEN_AND_CAL
*&
*&---------------------------------------------------------------------
*&
*&
*&---------------------------------------------------------------------
REPORT  zsch_013_pasta_len_and_cal.
* Datentransportstruktur
TABLES: zsch_13_ts_ui_9000.

* Hier legst du Deklarationen an
START-OF-SELECTION.
```

Die Felder im Layout hast du bereits definiert. Nun musst du die namensgleichen Felder **im Programm anlegen**. In ABAP hast du dafür eine eigenes Schlüsselwort: **TABLES**. Diese Anweisung wirkt so ähnlich wie eine **DATA**-Anweisung und erzeugt eine Variable mit eben diesem Namen. Für dein Beispiel musst du folgende Anweisung am Anfang des Programms platzieren:

```
TABLES zsch_13_ts_ui_9000.
```

Und damit hast du auch schon die namensgleichen Felder im Programm definiert.

Du hast im Layout und im Programm die Struktur **ZSCH_13_TS_UI_9000** verwendet – daher herrscht Namensgleichheit.
Übrigens haben wir noch keine Variable im Programm definiert, die den Funktionscode aus dem SAP GUI übernehmen kann. Wenn ich dir nun verrate, dass der Typ des Feldes **sy-ucomm** ist (das ist die Definition des User-Kommando-Feldes aus der Dictionary-Struktur **SYST**, die vom SAP-Standard für Funktionscodes auf Listen verwendet wird), welchen Namen würdest du für die Variable wählen?

[Zettel]

Datentransport

* Namensgleichheit von Programm- und GUI-Variablen sorgt für den Datentransport.
* Mit der **TABLES**-Anweisung definierst du die Kommunikationsstruktur.
* Der Typ für das OK-Code-Feld lautet **sy-ucomm**.

[Belohnung/Lösung]

Damit du nicht ewig auf die Lösung warten musst: Die Variable heißt natürlich **ok_code**. Das hast du ja bestimmt schon auf dem Zettel abgespickt. Das ABAP-Coding sieht dann folgendermaßen aus:

```
DATA: ok_code TYPE sy-ucomm.
```

Mit dieser Codezeile, die du direkt unter der **TABLES**-Anweisung platzierst, wird das Feld **ok_code** deklariert, das den möglicherweise vom Client übertragenen Funktionscode übernehmen kann. Die automatische Übernahme geschieht aufgrund der Namensgleichheit mit dem Feld im Dynpro.

Ablauflogik Reloaded

Der OK-Code bietet sich an, um dir auch den PAI-Teil der Ablauflogik zu erläutern. Beim Anlegen des Dynpros hat das System für dich zum Zeitpunkt PAI in der Ablauflogik folgende Kommentarzeile eingefügt:

```
* MODULE USER_COMMAND_9000.
```

Die Aufgabe des Moduls sollte sein, in Reaktion auf die Eingaben des Anwenders Folgeaktionen auszuführen. Die Folgeaktivität kann aber erst ermittelt werden, **nachdem** der User am Dynpro etwas getan oder eingegeben hat. Daher ist PAI der absolut passende Zeitpunkt für dieses Modul.

Wieso muss das jetzt so trocken sein? Es gibt so viel schönere Beispiele für „Process After Input" ...

Dekommentiere das Modul, und erzeuge es durch die Vorwärtsnavigation. In diesem Modul implementierst du die Reaktion auf Benutzeraktionen. Die Programmierung des Moduls ist sehr einfach. Du möchtest aufgrund des Funktionscodes etwas tun, also eine Entscheidung treffen. **Wie würdest du das machen? Augen zu und ... Mund auf ... nein ... und nachdenken!**

Hier ist mein Vorschlag:

```
MODULE user_command_9000 INPUT.
  CASE ok_code.*1
* Navigation zurück zur Aufrufstelle
    WHEN 'BACK'.
      SET SCREEN 0.
* Ansonsten Alternativaktion
    WHEN OTHERS.
  ENDCASE.
ENDMODULE.
```

*1 Das **CASE**-Statement ermöglicht die Unterscheidung des Inhalts vom Feld **ok_code** – um basierend darauf die unterschiedlichen Reaktionen zu implementieren. Warum? Der Anwender klickt zum Beispiel den grünen Pfeil aus der Symbolleiste an. Das System ordnet den Wert **BACK** dem Feld **ok_code** zu. Der Wert wird vom Client an den Server übertragen und dort der Variablen **ok_code** zugewiesen. Die Zuordnung findet am Anfang des Ereigniszeitpunkts PAI statt. Danach wird das Modul **user_command_9000** aufgerufen – und mit **CASE** kannst du aufgrund des Wertes von **ok_code** die gewünschte Reaktion implementieren, wie zum Beispiel die Navigation zurück zur Aufrufstelle.

[Code bearbeiten]
Schwierige Frage: Und was ist demzufolge an folgendem Code falsch? Ein wirklich hinterhältiges Osterei, das ich versteckt habe.

```
MODULE user_command_9000 INPUT.
  CASE ok_code.
* Navigation zurück zur Aufrufstelle
    WHEN 'Back'.
      SET SCREEN 0.
* Ansonsten Alternativaktion
    WHEN OTHERS.
  ENDCASE.
ENDMODULE.
```

Ich glaube, ich habe Eier auf den Augen. Ich sehe keinen Unterschied. Außer, dass „Back" nicht in Großbuchstaben geschrieben ist.

Bravo, du hast das Ei gefunden! Bei technischen Literalen, wie zum Beispiel Funktionscodes, musst du das Literal immer in Großbuchstaben schreiben. Hatten wir das nicht schon mal bei der Titel- und Statusbezeichnung?

Aufgrund des Wertes des globalen Feldes **ok_code** entscheidest du die Folgeaktivitäten. Wenn der Funktionscode **BACK** lautet, navigierst du zurück zur Aufrufstelle, also an die Stelle, von wo aus das Dynpro mit **CALL SCREEN** gerufen wurde.

Das ist dann das dynamische Folge-Dynpro!?

Unglaublich, Schrödinger! So ist es!
Achtung, Zwischenergebnis! Du kannst stolz sein auf deine Leistungen. Ich werde dir mal zeigen, was du bis jetzt erreicht hast

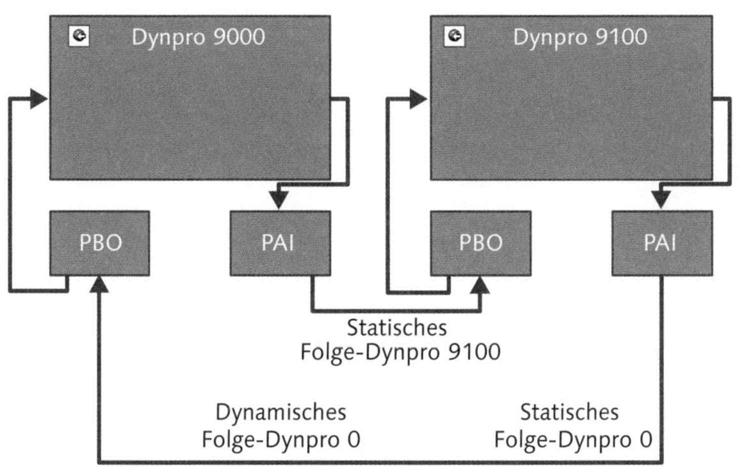

Beim Aufruf des Dynpros 9000 wird PBO durchlaufen. Dort setzt du den Status **STATUS9000**. Falls der Anwender den grünen Pfeil in der Symbolleiste anklickt, springt er zurück zur Aufrufstelle. Das bewirkt das dynamische Folge-Dynpro. Jede andere Aktion führt zum Aufruf des statischen Folge-Dynpros 9100. PBO von 9100 wird durchlaufen, und jede beliebige Aktion des Anwenders führt zum Rücksprung zur Aufrufstelle.

[Notiz]

In ABAP existieren zwei Möglichkeiten, um ein Dynpro zu rufen. Mit der Anweisung **SET SCREEN** wird der Wert des statischen Folge-Dynpros überschrieben und die Navigation zum dynamisch gesetzten Dynpro durchgeführt.
Mit der Anweisung **CALL SCREEN** wird eine neue, sogenannte **Dynpro-Folge** gestartet. Und falls in dieser Dynpro-Folge das Folge-Dynpro 0 erreicht wird, wird die Verarbeitung nach dem **CALL SCREEN** fortgesetzt.

Falls du dich erinnerst, haben wir für das Dynpro 9000 einen Status definiert, der einen weiteren Funktionscode beinhaltet, nämlich **CALC**. Und dieser wird mit dem Feld **ok_code** an dein Programm übertragen, sobald der Anwender den **Berechnen**-Button in der Drucktastenleiste anklickt.

[Schwierige Aufgabe]

Du sollst nun die Gesamtlänge der gekochten Nudeln errechnen, die in einer Portion stecken, und dann den Wert dem passenden Feld in der Ausgabestruktur zuweisen.

Darf ich mal laut denken?

Ich bitte darum!

*Also: Die Eingabewerte bekomme ich vom Anwender aus dem Dynpro 9000, er hat ja die **Berechnen**-Taste gedrückt. Die Daten werden aufgrund der Namensgleichheit automatisch übertragen, und die Werte kann ich aus der **TABLES**-Struktur auslesen.*

Dann kommen komplexe Berechnungen im PAI-Modul ... und dann?

Korrekt!
Dann setzt du den errechneten Wert in der **TABLES**-Struktur vom Dynpro 9100.

Schrödinger: Ahhh, weil die Daten ja wieder automatisch vom Programm zum Dynpro übertragen werden.

Mein Gott, jetzt hat er's!

Für die Berechnung der Nudellänge würde ich übrigens folgenden Code vorschlagen:

```
MODULE user_command_9000 INPUT.*1
  CASE ok_code.
* Navigation zurück zur Aufrufstelle
    WHEN 'BACK'.
      SET SCREEN 0.
* Anwender hat Berechnen gewählt
    WHEN 'CALC'.*2
* Berechnung
      PERFORM calc_pasta_len
        USING zsch_13_ts_ui_9000-pasta_kind
              zsch_13_ts_ui_9000-pasta_weight_cooked
        CHANGING zsch_13_ts_ui_9100-pasta_len.
* Ansonsten Alternativaktion
    WHEN OTHERS.
  ENDCASE.
ENDMODULE.                    " USER_COMMAND_9000  INPUT
```

*1 Das Modul beginnt mit dem **USER_COMMAND_9000** und der Zuordnung zu PAI (**INPUT**).

*2 Neu und interessant ist der **CASE**-Abschnitt zum Aufrufen der Berechnung: **WHEN 'CALC'.** Dort wird das Unterprogramm **CALC_PASTA_LEN** (kommt weiter unten) gerufen und die Schnittstellenparameter mit den Eingaben des Anwenders versorgt.

*Und warum verwendest du einen **CHANGING**-Parameter für die Nudellänge?*

Der **CHANGING**-Parameter hat den Vorteil, dass ich den Wert an das Programm übergeben und das Programm dann den Wert ändern kann. Alles mit einem Parameter!

Also dieses ABAP ist ja schon ... nee, das sag ich jetzt nicht.

Wobei das Unterprogramm **CALC_PASTA_LEN** folgendermaßen implementiert sein könnte – wie gesagt, alles nur Vorschläge. Du kannst neue Pasta-Arten, Pasta-Längen, Pasta-Gewichte, Pasta-Farben und Pasta-Torsionen einbauen – wie es dir gefällt:

```
FORM calc_pasta_len *1
      USING id_kind TYPE zsch_13_ts_ui_9000-pasta_kind
      id_weight TYPE zsch_13_ts_ui_9000-pasta_weight_cooked
      CHANGING cd_len TYPE zsch_13_ts_ui_9100-pasta_len.
* Hilfsvariable für die Länge
  DATA: ld_len LIKE cd_len.*2
* Welche Art von Pasta?
  CASE id_kind.*3
    WHEN 'SPAGHETTI'.
      ld_len = ( id_weight / 2 ) * 25.
    WHEN 'RIGATI'.
      ld_len = ( id_weight / 6 ) * '4.2'.
* Einheitsnudel
    WHEN OTHERS.
      ld_len = 0.
  ENDCASE.
* Rückgabe
  cd_len = ld_len.*4
ENDFORM.  " CALC_PASTA_LEN
```

*1 Im Unterprogramm **CALC_PASTA_LEN** habe ich alle Berechnungen zusammengestellt und mit einer Schnittstelle versehen, die die Art der Nudel übernimmt (**id_kind**) und die Länge zurückliefert (**cd_len**).

*2 Ich arbeite gerne mit lokalen Variablen, die die Berechnungsergebnisse aufnehmen. Erstens ist die Sichtbarkeit der lokalen Variablen nur auf das Unterprogramm beschränkt und kann somit nicht zu Nebenwirkungen im Rahmenprogramm führen. Zweitens wird erst **nach** der Zuweisung der lokalen Variablen zum Schnittstellenparameter der lokale Wert nach außen sichtbar.

*3 Die Berechnungen werden nach Art der Nudel unterschiedlich ausfallen, daher verwende ich zur Unterscheidung der Nudelart ein **CASE**-Statement. Was könntest du stattdessen verwenden?

Hmmm ... Fallunterscheidung, Logik, Bedingung: Ganz eindeutig eine **IF**-*Anweisung!*

Perfetto!

*4 Am Ende übergebe ich den Wert der lokalen Variablen an den Schnittstellenparameter, um den Wert an den Aufrufer zurückzureichen.

Die Struktur **ZSCH_13_TS_UI_9100** musst du noch mit der **TABLES**-Anweisung am Anfang des Programms deklarieren, das sieht so aus:

TABLES: zsch_13_ts_ui_9100.

Das ging mir jetzt ein bisschen schnell ...

Also, beim Aufruf des Unterprogramms **CALC_PASTA_LEN** wird der Aktualparameter **zsch_13_ts_ui_9100-pasta_len** an die **CHANGING**-Schnittstelle übergeben. Das Feld **zsch_13_ts_ui_9100-pasta_len** haben wir auch bei der Definition des Layouts für das Dynpro verwendet. Somit schlägt wieder der Trick der Namensgleichheit zu, und der Wert wird zum Client transportiert. Leider haben wir bis jetzt die Transportstruktur nicht deklariert, darum musst du noch die **TABLES**-Anweisung am Anfang des Programms einfügen.

[Schwierige Aufgabe]

Wie du bemerkt hast, fehlt noch die Berechnung der Kilokalorien, die durch den Verzehr der Nudelportion konsumiert werden. Wir wollen ja schließlich einen Nudellängen- und Kalorien-Kalkulator basteln. Lies auf der Verpackung deiner eigenen Nudeln nach, wie viele Kilokalorien in ihnen stecken, und verpacke das Ganze in eine Berechnung!

Du wolltest es ja wissen. Also hier ist mal die Kalorienangabe für Spaghetti, direkt von einer Packung.

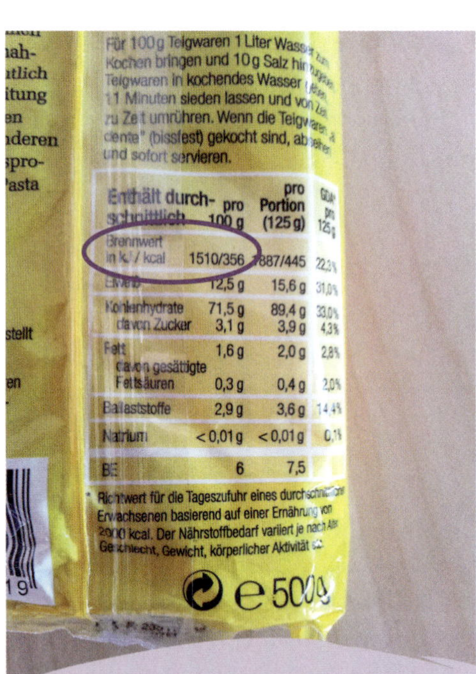

Lächerliche 100 Gramm haben 356 (dreihundertsechsundfünfzig) Kilokalorien! Da musst du aber ordentlich mit den Fingern strampeln, um das wieder abzubauen. Starkes Nachdenken hilft da nicht mehr. Und das ist noch ohne Käse und Fleischsoße!

[Belohnung]

Um dich zu trösten: Diese Erkenntnis packe ich in ein Unterprogramm zur Berechnung der Kilokalorien.

```
FORM  calc_pasta_cal *1
 USING id_kind   TYPE zsch_13_ts_ui_9000-pasta_kind
       id_weight TYPE zsch_13_ts_ui_9000-pasta_weight_cooked
 CHANGING cd_cal TYPE zsch_13_ts_ui_9100-pasta_cals.
* Hilfsvariable für die Kalorien
  DATA: ld_cal LIKE cd_cal. *2
* Welche Art von Pasta?
  CASE id_kind.
    WHEN 'SPAGHETTI'.
* Pro 100 g 356 kcal
      ld_cal = ( id_weight / 100 ) * 356. *3
    WHEN 'RIGATI'.
* Pro 100 g 245 kcal
```

*1 Die Schnittstelle des Unterprogramms hat sich beim **CHANGING**-Parameter verändert. Ich verwende nun das zweite Feld **zsch_13_ts_ui_9100-pasta_cals** zur Typisierung, da ich den Wert für dieses Feld berechnen möchte.

*2 Dazu passend ändere ich die Typisierung der lokalen Hilfsvariablen **ld_cal**.

*3 Und natürlich muss ich auch die komplexe Formel für die Berechnung anpassen – zumindest die Konstanten austauschen.

```
    ld_cal = ( id_weight / 100 ) * 245.
* Einheitsnudel
    WHEN OTHERS.
      ld_cal = 0.
  ENDCASE.
* Rückgabe
  cd_cal = ld_cal.
ENDFORM. " CALC_PASTA_CAL
```

Im Modul **user_command_9000** habe ich den Aufruf des Unterprogramms im Abschnitt **CASE 'CALC'** eingefügt, um die Berechnung aufzurufen:

```
MODULE user_command_9000 INPUT.
  CASE ok_code.
* Navigation zurück zur Aufrufstelle
    WHEN 'BACK'.
      SET SCREEN 0.
* Anwender hat Berechnen gewählt
    WHEN 'CALC'.
* Berechnung Länge
      PERFORM calc_pasta_len
          USING zsch_13_ts_ui_9000-pasta_kind
                zsch_13_ts_ui_9000-pasta_weight_cooked
          CHANGING zsch_13_ts_ui_9100-pasta_len.
* Berechnung Kilokalorien *1
      PERFORM calc_pasta_cal
          USING zsch_13_ts_ui_9000-pasta_kind
                zsch_13_ts_ui_9000-pasta_weight_cooked
          CHANGING zsch_13_ts_ui_9100-pasta_cals.
* Ansonsten Alternativaktion
    WHEN OTHERS.
  ENDCASE.
ENDMODULE.                 " USER_COMMAND_9000  INPUT
```

*1 Die Erweiterung in diesem Coding betrifft den Aufruf der Kilokalorien-Berechnung – also da, wo die traurige Gewissheit berechnet wird. Du verwendest das Unterprogramm **calc_pasta_cal**, um die Kilokalorien aufgrund der Pasta-Art und des Pasta-Gewichtes zu berechnen und das Ergebnis in der Variablen **zsch_13_ts_ui_9100-pasta_cals** zu speichern.

Und jetzt kommt das große Finale: Aktivieren, Testen und ...

… voilà!

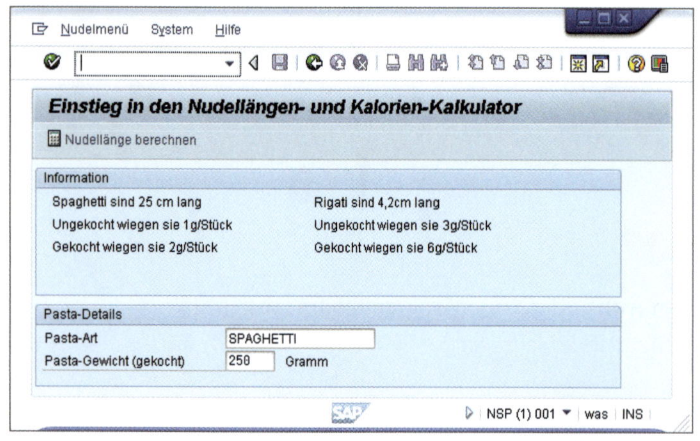

Der Personal-Pasta-Wellness-Checker. Um diese Kilokalorien abzubauen, könntest du 80 Minuten mit dem BMX-Rad oder Mountainbike fahren, 140 Minuten Bauchtanz machen oder 250 Minuten im Boot sitzend nach Fischen und alten Schuhen angeln.

[Notiz]

Ablauflogik

* Zum Zeitpunkt PAI wertest du den **ok_code** aus.
* In einem Modul kannst du ein Unterprogramm aufrufen.

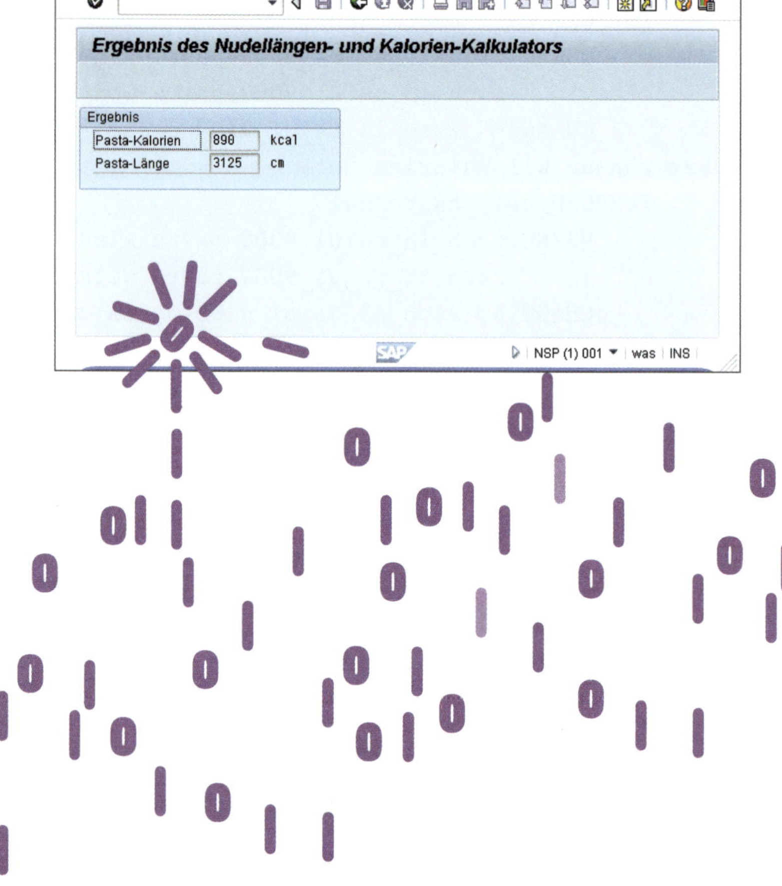

Dynpro rufen mal anders

Um ein Dynpro mithilfe einer Transaktion zu rufen, musst du eine Transaktion anlegen, eh klar. Wie immer gibt es im SAP-System dafür mehrere Wege, wobei sich zwei Vorgehensweisen besonders hervorgetan haben.

Die **erste Vorgehensweise** besteht darin, die Transaktion ausgehend von einem Programm anzulegen. In der Objektliste nutzt du das **Kontextmenü** des Programms, um mit **Anlegen • Transaktion** eine Transaktion zum Programm zu definieren.

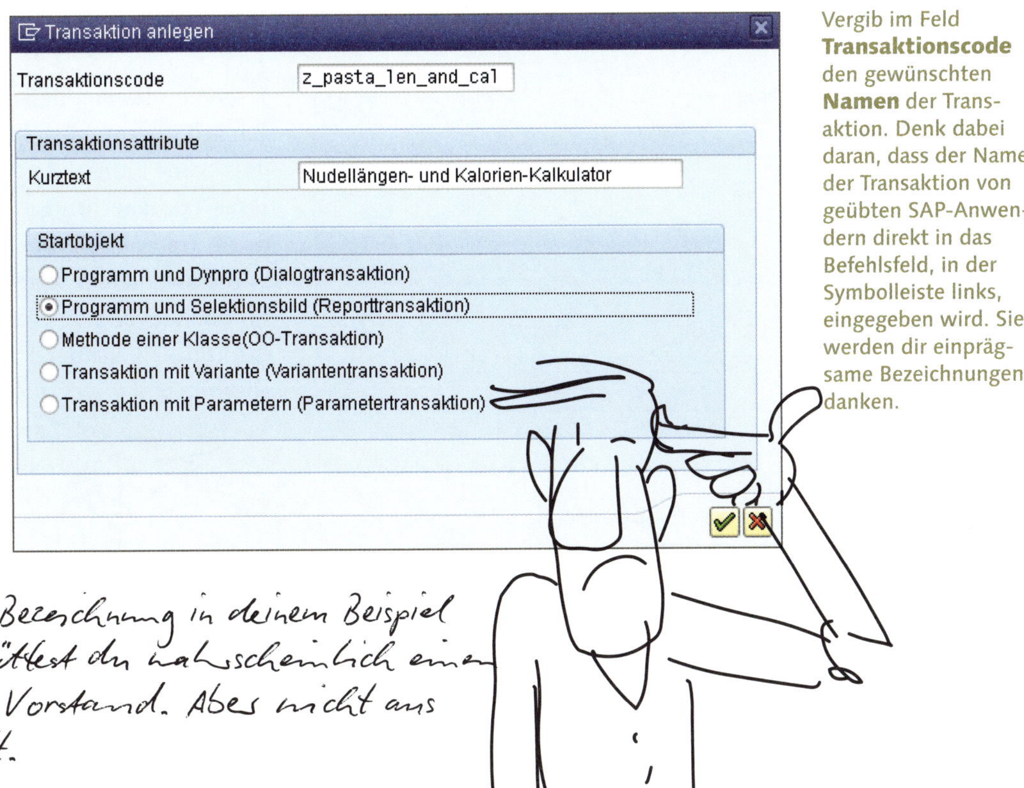

Vergib im Feld **Transaktionscode** den gewünschten **Namen** der Transaktion. Denk dabei daran, dass der Name der Transaktion von geübten SAP-Anwendern direkt in das Befehlsfeld, in der Symbolleiste links, eingegeben wird. Sie werden dir einprägsame Bezeichnungen danken.

Also mit der Bezeichnung in deinem Beispiel von oben hättest du wahrscheinlich einen Termin beim Vorstand. Aber nicht aus Dankbarkeit.

Danach pflegst du den **Kurztext** und klassifizierst die Transaktion. Falls du ein **ausführbares Programm** verwendest, also den Programmtyp, den ich verwendet habe, setzt du den Typ auf **Programm und Selektionstyp (Reporttransaktion)**. Falls du den Programmtyp **Modul-Pool** wählst, dann verwendest du den Typ **Programm und Dynpro (Dialogtransaktion)**. Durch die Bestätigung mit dem grünen Häkchen wechselt das System zum nächsten Eingabebild.

Aaarrgh! Der Name des Programms ist leer!

Der Name des Programms wird leider **nicht vorgeschlagen**, obwohl du per Kontextmenü von deinem Programm aus gestartet bist. Ja, auch im SAP-System gibt es Verbesserungsmöglichkeiten.

Transaktionscode	Z_PASTA_LEN_AND_CAL
Paket	$TMP
Transaktionstext	Nudellängen- und Kalorien-Kalkulator
Programm	ZSCH_013_PASTA_LEN_AND_CAL
Selektionsbild	1000
Start mit Variante	
Berechtigungsobjekt	[Werte]

Klassifikation

Transaktionsklassifikation
- (•) Professional User Transaction
- ( ) Easy Web Transaction — Service
- [ ] Pervasive enabled

GUI-Fähigkeit
- [ ] SAP GUI für HTML
- [ ] SAP GUI für Java
- [x] SAP GUI für Windows

Professional User Transaction wählst du natürlich auch deshalb aus, weil deine Transaktion äußerst professionell wirkt. Aber vielleicht auch, weil sie für das SAP GUI gedacht ist.

Trage den Namen deines Programms ein. Danach übernimmst du den Vorschlag, dass deine Transaktion eine **Professional User Transaction** ist. Du entwickelst deine Transaktion für das **SAP GUI für Windows**, daher setzt du die Checkbox für eben diese GUI-Fähigkeit und kannst damit die Pflege der Transaktion abschließen.

Du hast mich gar nicht ans Sichern erinnert! Ich hab's trotzdem mal gemacht.

Die **zweite Vorgehensweise** zur Anlage einer Transaktion ähnelt der ersten Vorgehensweise. Der primäre Unterschied besteht darin, wie die Anlage gestartet wird. Nicht das Kontextmenü in einem Programm, sondern der Aufruf von **Transaktion SE93** (Transaktionspflege) startet den Pflegedialog.

Sag mal, ist der SE 93 nicht auch ein schwedisches Auto? Das würde ich viel lieber pflegen. So mit Politur und so.

Im Einstiegsbild pflegst du den Namen der Transaktion, die du anlegen möchtest, und drückst dann auf die Drucktaste **Anlegen**. Von diesem Zeitpunkt an bist du wieder im Ablauf der ersten Herangehensweise.

[Ablage]

Transaktion

* Ist eine Art „Shortcut" für den Aufruf eines Programms.
* Die Transaktion zur Pflege einer Transaktion lautet SE93.

Unglaublich, wir haben es geschafft.

HUNGER!!!

[Belohnung/Lösung]

Als kleine Leselektüre hab ich dir ein Poster mit den bewegendsten Momenten unserer Nudelmaschinenprogrammierung zusammengestellt.

Im Zentrum steht der Nudellängen- und Kalorien-Kalkulator. Drumherum die wichtigsten Werkzeuge und Entwicklungsobjekte, die du bearbeitet hast.

Menüleiste

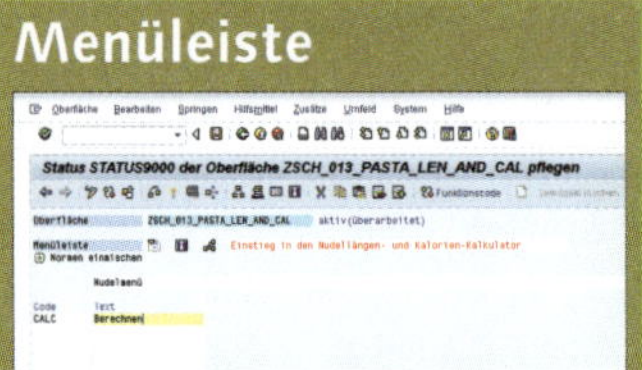

Drucktastenleiste

Funktion

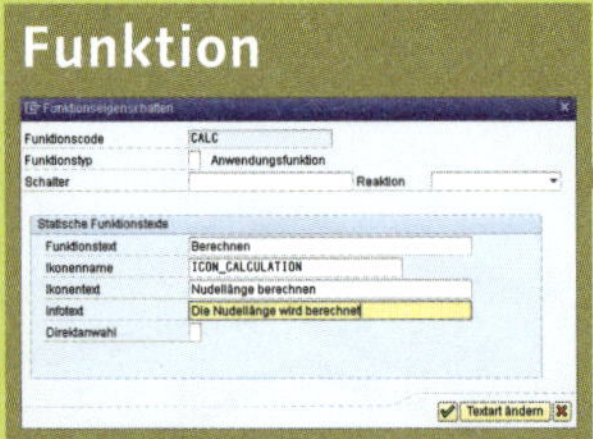

Menu Painter SE41

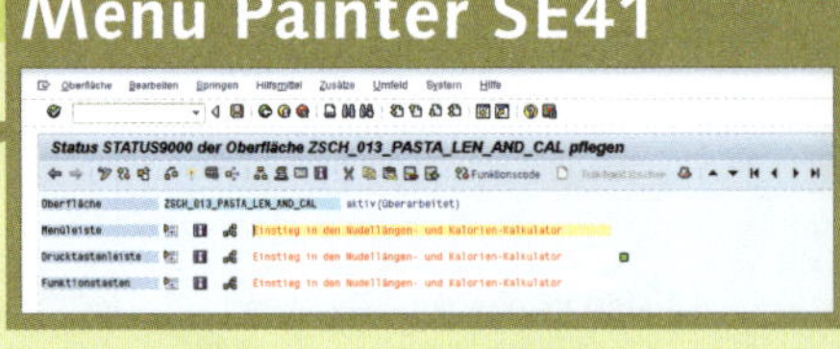

Funktionstaste

Dynpro-Programmierung

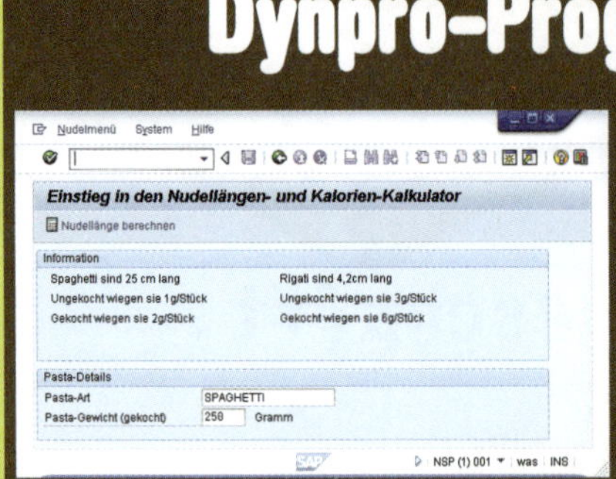

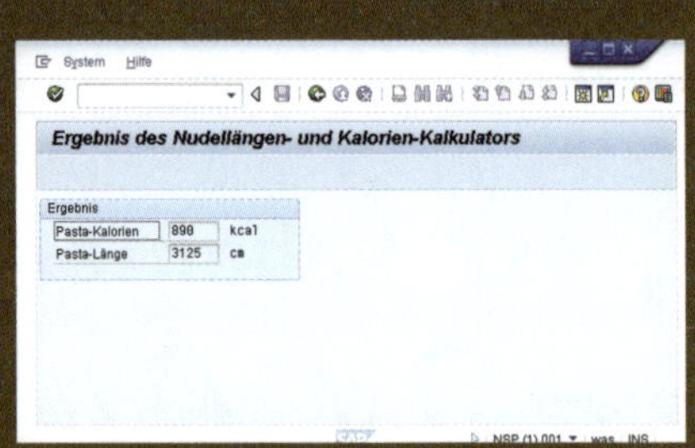

ABAP Editor

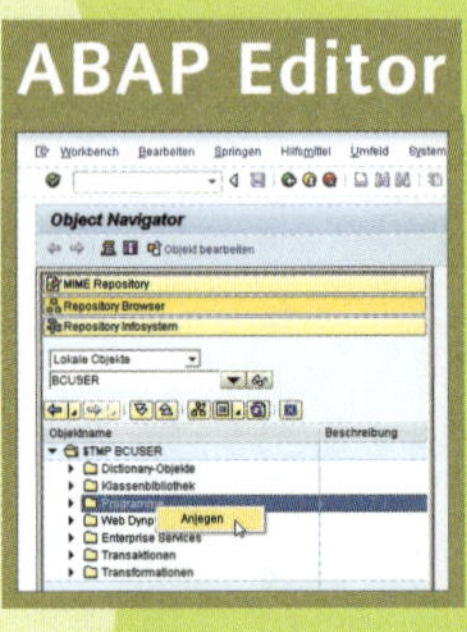

ABAP Dictionary

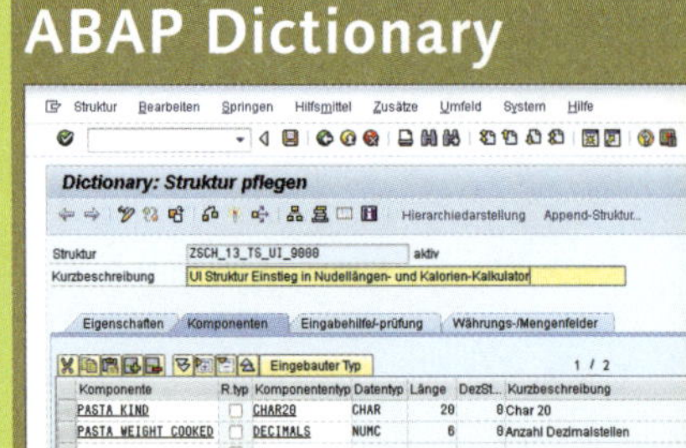

Dictionary-Felder

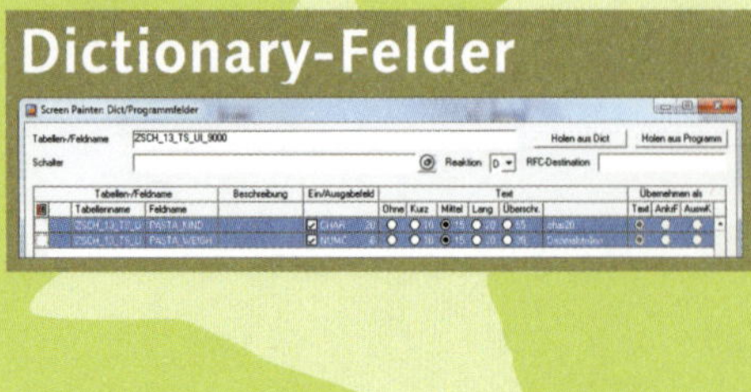

GUI-Status

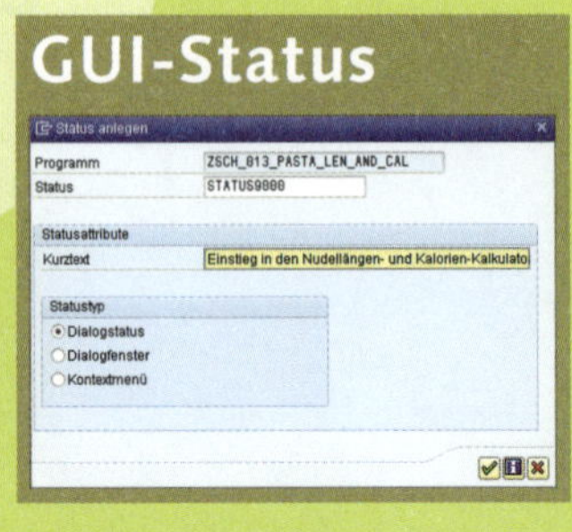

Screen Painter

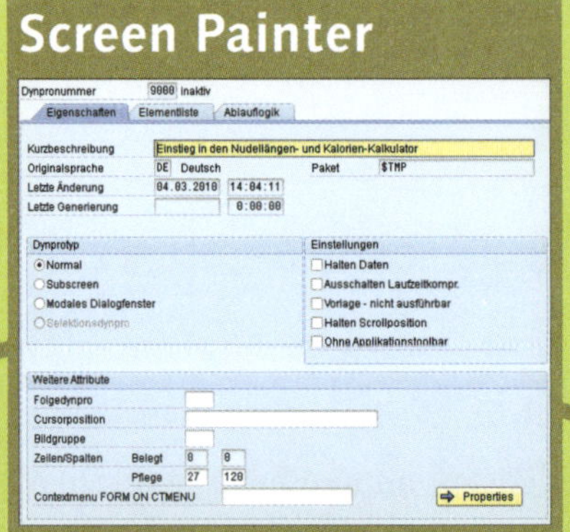

GUI-Titel

Layout

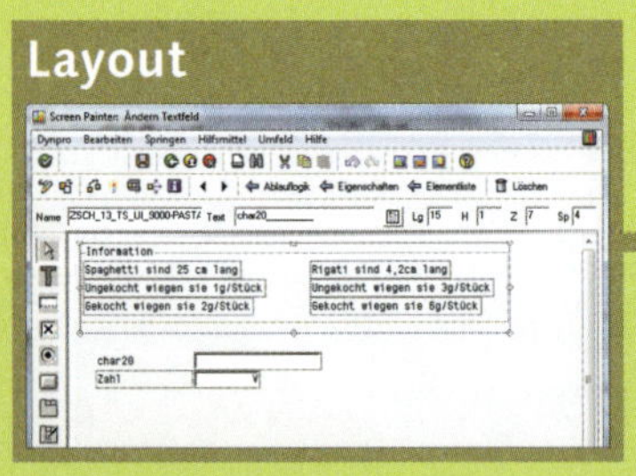

Ablauflogik

—VIERZEHN—

Ravioli

Web-Dynpro-ABAP-Programmierung (GUI III)

Heute wartet ein besonderer Leckerbissen auf Schrödinger: Web Dynpro ABAP. Webanwendungen erstellen ohne HTML-Kenntnisse. Das klingt gut, findet Schrödinger. Ist aber gerade nicht so wichtig, findet der Chef. Kann man gut online lesen, finden alle.

Also: Schau auf der Bonus-Seite unter http://www.sap-press.de/3024

Motivieren funktioniert nicht

Heute hab ich einen ganz besonderen Leckerbissen auf Lager: Web Dynpro ABAP. Davon spricht schon die ganze Welt, und das sollst du natürlich auch kennen. Warte, ich zeige dir mal ein Bild, das dir sicher gefallen wird.

ENTSPANNUNGSPLAN

für

BCUSER

Entspannungskatalog

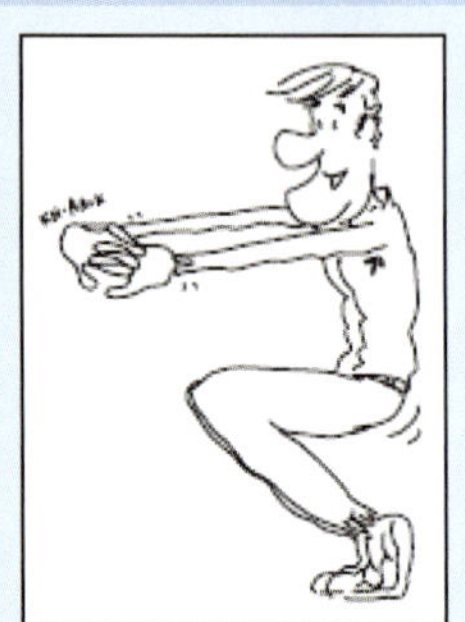

Dein Entspannungsplan

16.05.2010

Entspannung 1

Kniebeuge mit Fingerkrachen

Entschleunigt um 50 %

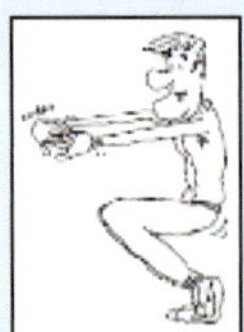

In der Ausgangsstellung stehst du mit annähernd gestreckten Beinen schulterbreit. Wichtig ist, dass es zu keinen unangenehmen Verspannungen und Schmerzen führt. Die Ellenbogen werden nach vorne genommen, die Hände sind ineinander verdreht verknotet. Aus dieser Stellung gehst du in die Knie, bis die Oberschenkel die Waagerechte erreicht haben, ein rechter Winkel zwischen Ober- und Unterschenkel entsteht und diese richtig zu brennen beginnen. Bei Schmerzen im Kniegelenk solltest du die Bewegung nicht bis zur Waagerechten ausführen. Des Weiteren solltest du die Handinnenseite richtig nach vorne drücken, bis es spannt. Anschließend drückst du den Körper in die Ausgangsposition zurück. Hände wieder lockern, der Oberkörper bleibt dabei immer gerade. Um den Lendenwirbelsäulenbereich zu schonen, empfiehlt es sich, eine Katze als Trainingsgürtel zur Stabilisierung zu verwenden. Wichtig: Die Fußspitzen zeigen immer in die gleiche Richtung wie die Kniegelenke.

Entspannung 2

Radieschen von unten

Entschleunigt um 30 %

Der Begriff Kerze bzw. Schulterstand (im Yoga Sarvangâsana) steht für eine Turnübung, bei der du, auf dem Rücken liegend, mit den Händen in die Hüfte gestemmt, die Beine senkrecht nach oben streckst. Wichtig dabei: Stell dir vor, du bist ein Radieschen!

Entspannung 3

Entspannungskuscheln ohne Partner

Entschleunigt um 70 %

Diese Übung wirst du im Stehen ausführen, die Arme legst du von vorne um deinen Körper. Dabei sind deine Arme so angewinkelt, dass du am Rücken die Finger der jeweils anderen Hand berührst. Die Schultern dürfen während der gesamten Übung nicht angespannt werden, sondern müssen hängen bleiben. Sobald der Kuscheleffekt einsetzt, diesen für 3 Sekunden halten, etwas nachlassen und dann nochmals den Kuschelreiz herbeiführen.

Das möchte ich mit dir machen. Hast du Lust dazu?
Schaut ja super aus, und alles im Web – ziemlich cool.
Spitze, dann lass uns anfangen.
Das Telefon klingelt (aggressiv), und natürlich ist der Chef dran …
AM BESTEN SCHAUT SICH DAS DER SCHRÖDINGER ZU HAUSE AN.
Mhm, aha, ach so, okay, na ja, versteh, … , na denn. Servus Chef.
War das der Cheffe?
Schlechte Nachricht, Schrö. Das war tatsächlich der Chef – das hast du ja am aggressiven Klingeln gemerkt –, und er hat mir erklärt, dass sich die globale Lage und somit die Planung geändert hat. Web Dynpro ist zwar wichtig, aber kommt später dran.

Da werden wir wohl nichts machen können, aber ganz ohne Unterstützung möchte ich dich nicht zurücklassen. Ich werde dir deine Abendlektüre auf die Bonus-Seite unter http://www.sap-press.de/3024 hochladen.

Na gut.
Bin schon neugierig, was da kommt.

—FÜNFZEHN—

Raus aus meiner Küche!

Berechtigungen

„Hör mal, Schwaiger Roland, zu viele
Köche verderben doch bekanntlich die Nudelsoße.
Gibt es Möglichkeiten in ABAP, dass nicht jeder alles darf?
Also dass ich bestimmten Anwendern
manche Aktionen verbieten oder erlauben darf?
Wenigstens einschränken?"
Der Schwaiger Roland lächelt nur weise.

Berechtigungsrundumschlag – Überblick Berechtigungen

Hey – psst – du da.
Komm näher, ich habe einen **Geheimauftrag** für dich. Ich werde dir zeigen, wie du deine Programme und damit deren Daten und Ablauf gegen **unautorisierte Verwendung** absichern kannst. Los, komm noch näher! Weißt du wie? Na, na … mit **Berechtigungsobjekten**!

„Berechtigungsobjekt?"

Psst, leise, nicht so laut! Ja, **Berechtigungsobjekte** werden im SAP-System verwendet, um **Programme und Zugriffe auf Daten zu schützen**. Da wir hier alleine sind und nicht **gelauschangrifft** werden, kann ich ja wieder in voller Schriftgröße mit dir reden.

„Ah, Berechtigungsobjekt! Halt, was ist Euer Begehr?"

Berechtigungsobjekte sind vergleichbar mit objektorientierten **Klassen**, die nur **Instanzattribute** besitzen.

[Achtung]
Die Kapitel zur Objektorientierung hast du intus? Gut! Aber lass dich nicht von „Objekt" in „Berechtigungsobjekt" verwirren – das Berechtigungsobjekt ist ohne seine Instanzen noch völlig wirkungslos.

Die Attribute eines Berechtigungsobjektes nennen sich **Felder**. Ich hab ein Beispiel für dich: das Berechtigungsobjekt **S_TCODE**.

„Oh, wie schön. Und?"

Ja, ja, so unwichtig ist das Berechtigungsobjekt nicht. Beim Start einer **Transaktion** wird mithilfe des Berechtigungsobjektes **S_TCODE** automatisch vom System geprüft, ob der, der die Transaktion startet, auch tatsächlich das Recht dazu hat. Stell dir vor, du darfst die Transaktion **SE80** nicht ausführen oder gar das **Debugging**. Was dann? Nix mehr mit der **Programmiererkarriere**.

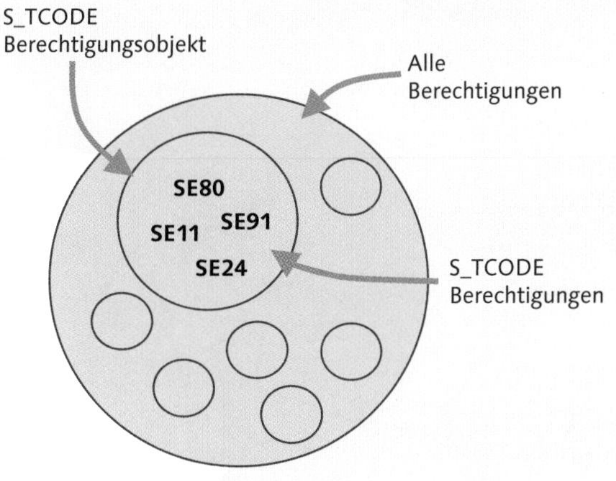

Die Menge der dem Anwender zugeordneten Berechtigungen wird immer mit Bezug zu Berechtigungsobjekten erstellt. Oben siehst du die Berechtigungen zum Berechtigungsobjekt **S_TCODE**.

Das **Berechtigungsobjekt S_TCODE** besitzt das **Feld TCD**, und nur dieses eine Feld. Wofür könnte der Name TCD stehen?

TrAnsActioN scOde

Natürlich hat das Feld keinen Wert. Wie ich bereits erwähnte, ist ein Berechtigungsobjekt ja wie eine Klasse zu sehen, und die besitzt ja auch keine Daten, sondern die ...

Und wenn das wie eine Klasse ist, wo ist dann das Objekt, die Instanz, wo die Daten abgelegt werden?

Konstruktive Frage! Die **Instanz** zum **Berechtigungsobjekt** ist die **Berechtigung**, wobei du – oder besser der Administrator – zu einem Berechtigungsobjekt beliebig viele Berechtigungen anlegen kannst. Also zum Beispiel Berechtigungen für **S_TCODE**, wobei das Feld **TCD** mit dem Wert **SE80** oder dem Wert **SE11** belegt werden kann.

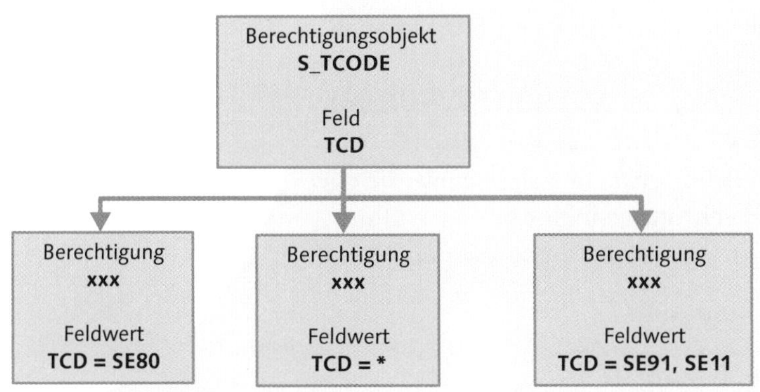

Ein **Berechtigungsobjekt** legt fest, welche Felder für die später zu erzeugenden Berechtigungen zur Verfügung stehen. In den **Berechtigungen** werden den Feldern konkrete Werte zugewiesen. Bei der Pflege der Werte kann auch der **Asterisk** (*) eingesetzt werden, und das bedeutet zum Beispiel für das Berechtigungsobjekt **S_TCODE**, dass der Anwender für alle Transaktionen die Berechtigung hat.

Bei der **Berechtigungsprüfung** wird geprüft, ob ein Anwender die benötigten Berechtigungen zum Ausführen eines Programms oder für die Verarbeitung der Daten besitzt. Natürlich müssen dem Anwender die Berechtigungen zugeordnet werden, und dafür steht dir – eigentlich wieder dem Administrator – eine ausgefeilte **Berechtigungsverwaltung** zur Verfügung.

[Hintergrundinfo]

Einzelne Berechtigungen können in **Profilen**, **Aktivitätsgruppen** und **Rollen** zusammengefasst werden. Damit wird es für die **Berechtigungsadministratoren** einfacher, eine große Menge an Berechtigungen einem Anwender zuzuordnen und ihn mit der Erlaubnis für die Werkzeuge auszustatten, die er für die Erfüllung seiner Arbeit benötigt.

Wenn du dich fragst – und du machst das sicher jetzt gerade –, wie geprüft wird, ob ein Anwender eine bestimmte Berechtigung hat, dann kann ich dir nur eines sagen: **AUTHORITY-CHECK**. **AUTHORITY-CHECK** ist die ABAP-Anweisung, um zu prüfen, ob der Anwender berechtigt ist. Wozu und wofür auch immer.
Mit der Anweisung **AUTHORITY-CHECK** prüft das System, ob ein bestimmter Wert zu einem Feld eines Berechtigungsobjektes beim aktuellen Benutzer im **Benutzerstamm** hinterlegt ist.

Die Pflege der Berechtigungen sieht ja ziemlich aufwendig aus.

Das kannst du annehmen! Da kannst du Stunden, Tage, Wochen, Monate und Jahre damit verbringen, wenn du willst.

[Hintergrundinfo]

Die Felder werden bei der **AUTHORITY-CHECK**-Prüfung immer mit logischem **UND** verknüpft.

Falls die Berechtigungsprüfung mit **AUTHORITY-CHECK** erfolgreich ist, hat der **sy-subrc** den Wert gleich 0. Falls kein passender Wert im Benutzerstamm gefunden wurde oder falsche oder zu viele **Berechtigungsfelder** bei der Prüfung angegeben wurden, erhält **sy-subrc** den Wert ungleich 0.

Roland, wie immer zu schnell. Jetzt aber Schritt für Schritt, bitte.

[Belohnung/Lösung]

Aber gerne doch. Du solltest aber vorher möglicherweise ein Päuschen machen und deine Augen mit Kamillentee benetzen, damit du dann den Durchblick hast.

Am Anfang steht das Objekt mit Klasse – Berechtigungsobjekt

Du, als geübter SAP-Entwickler, strebst immer nach **Vollendung mit Wiederverwendung**. Natürlich auch, wenn du **Berechtigungsobjekte** benötigst. So wie im wirklichen Leben kannst du dich zwischen **Make or Buy** entscheiden. Selber machen oder wiederverwenden. Das kannst du aber erst entscheiden, wenn du die existierenden Berechtigungsobjekte kennst. Um ebensolche kennenzulernen, kannst du die Transaktion **SU21** (**Objekte**) oder das **Repository Infosystem** (**SE84**) einsetzen. Alternativ dazu kannst du auch den Pfad **Werkzeuge • ABAP Workbench • Entwicklung • Weitere Werkzeuge • Berechtigungsobjekte • Objekte** verfolgen, falls du zu viel Zeit hast.

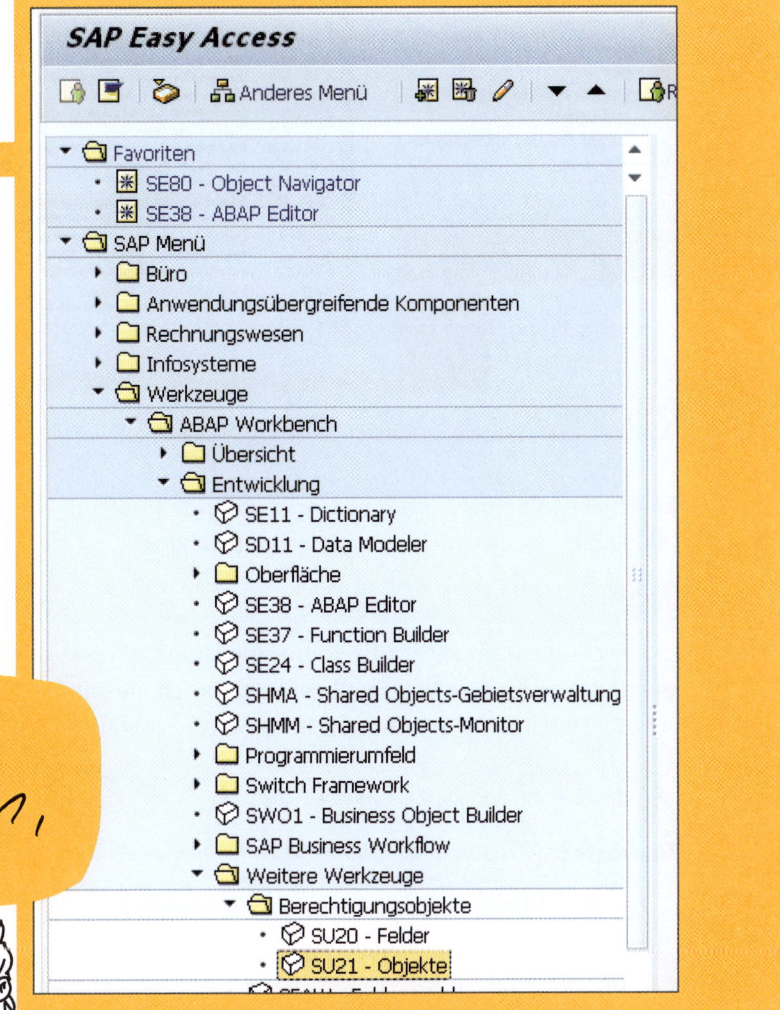

Der lange Weg zum Erfolg. Oder du wählst einfach die Transaktion SU21 direkt.

„Ich denke, ich bleibe bei SU21, danke!"

Also **SU21**, nun gut.

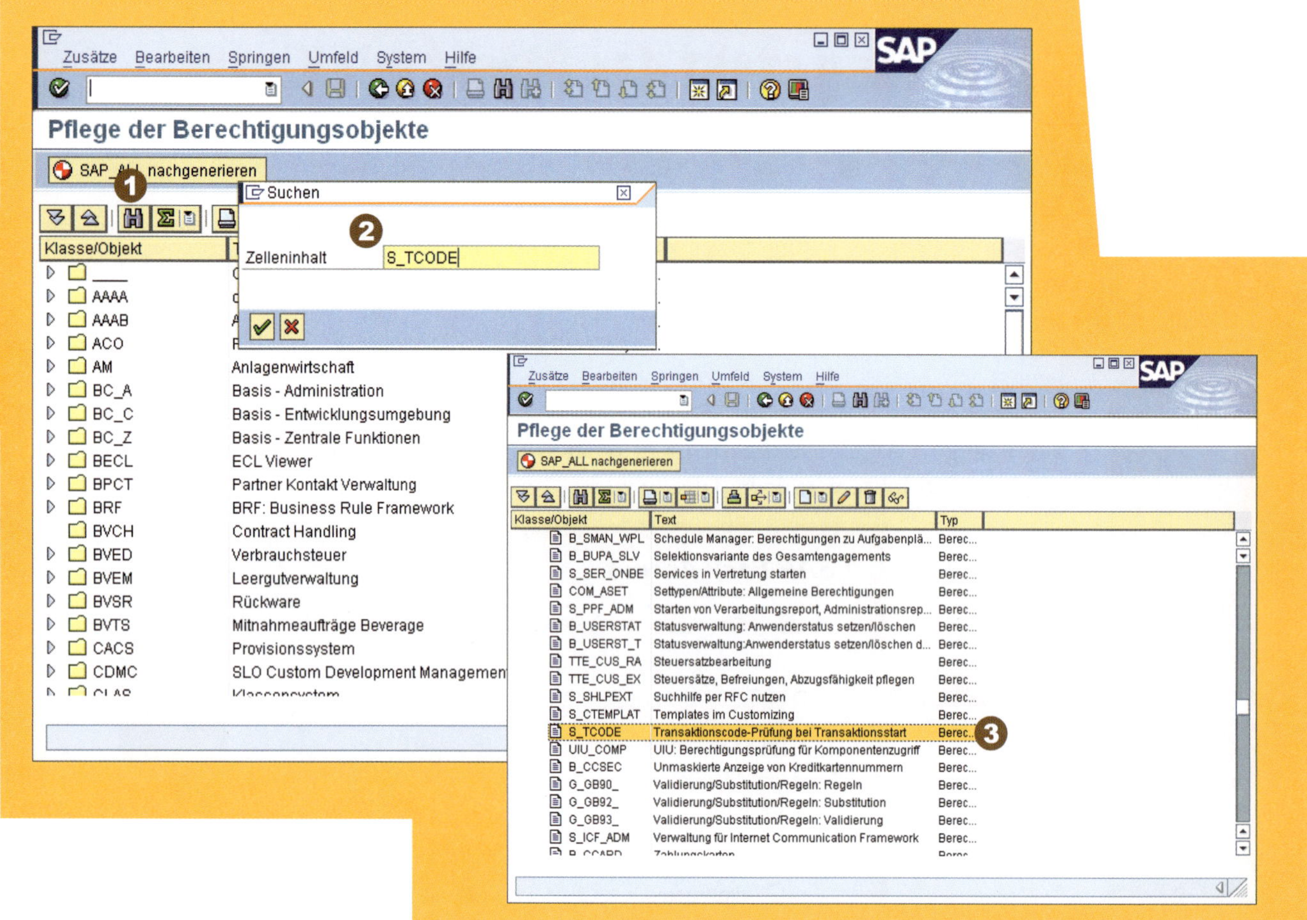

Die Wege zum Objekt.
In der Objektklasse AAAB (Anwendungsübergreifende Berechtigungsobjekte) werden wir fündig.

Nachdem du in die Objektwelt eingestiegen bist, wird dir eine Liste von sogenannten **Objektklassen** angezeigt, in der die Berechtigungsobjekte zusammengefasst sind.

Objektklassen?

Das Auffinden der Berechtigungsobjekte sollte damit erleichtert werden, da die Objektklassen nach **Anwendungen** organisiert sind. Der kürzere Weg ist aber immer noch die Suche, sofern du den Namen eines Berechtigungsobjektes kennst (1). Suche doch selbst das Berechtigungsobjekt **S_TCODE**!

*Das war ja ziemlich einfach. Zuerst ein Klick auf das **Fernglas** (1), dann den Namen des Berechtigungsobjektes **S_TCODE** eingeben, bestätigen, und schon ist das Ergebnis da. Warum hab ich das eigentlich gemacht?*

Damit du die Suche nach Berechtigungsobjekten kennenlernst, damit wir dann mit den Details zum Berechtigungsobjekt weitermachen können UND damit du eine Belohnung verdienst!

[Belohnung/Lösung]

Bevor du weitermachst, wäre eine kleine Bewegungspause nicht schlecht. Sitzt du auf dem Stuhl? Ja, sehr gut. Versuche doch mal mit deinen Knien, die Tischplatte von deinem Arbeitstisch hochzuheben. Wo tut es weh?

[Belohnung/Lösung]

Super Semmerl oder Brötchen, auch am Sonntag! Aber du musst einen Tag vor dem Semmerlverzehr mit dem Teig anfangen.

1. Tag, so gegen 21:00 Uhr
250 g Mehl, glatt bzw. 550er
300 g kaltes Leitungswasser
10 g Hefe
Alles zusammenmischen und an einem warmen Ort stehen lassen, zudecken mit nassem Tuch.

2.Tag, so gegen 04:00 Uhr
750 g Mehl, glatt bzw. 550er
300 g Wasser
8 g Hefe
2 TL Salz

Achtung: nicht versemmeln!

Außer Salz alles zum Ansatz vom Vortag dazu und acht Minuten kneten mit Knethaken. Zur Entschleunigung dem Knethaken zusehen.
Salz dazu und weitere vier Minuten entschleunigen und kneten.
Raus aus der Schüssel und mit der Hand durchkneten. Das ist was für Kinästhetiker.
Wieder rein in die Schüssel und mit Tuch zudecken und für zwei Stunden das Tuch ansehen.
Aus der großen Kugel kleine 60,75 g schwere Kugeln formen und auf dem Backblech weitere 60 Minuten rasten lassen. Zusehen ist nicht mehr nötig, da du bereits genug entschleunigt bist.
Brötchen an der Oberseite längsschlitzen, rein ins Rohr bei 250°C oder Umluft 230°C oder Gasstufe 5–6 und raus nach 12–14 Minuten.

Wünsche wohl gespeist zu haben!

Die Details zur Berechtigung

Du hast ja vorhin sehr mühevoll das Berechtigungsobjekt **S_TCODE** gesucht. Du, als neugieriger, **'tschuldigung**, als interessierter Entwickler, möchtest natürlich den Aufbau des Berechtigungsobjektes kennenlernen, um es in Berechtigungsprüfungen verwenden zu können.
Preisfrage an den erfahrenen SAPler: **Wie kommst du zu den Definitionsdetails des Berechtigungsobjektes?**

Die Antwort auf alle Fragen im SAP-System ist der Doppelklick hat mich mein ABAP-Meister gelehrt. Möge der Saft mit ihm sein.

Und genau so ist es. Doppelklick auf **S_TCODE**, und das Definitionsfenster erscheint.

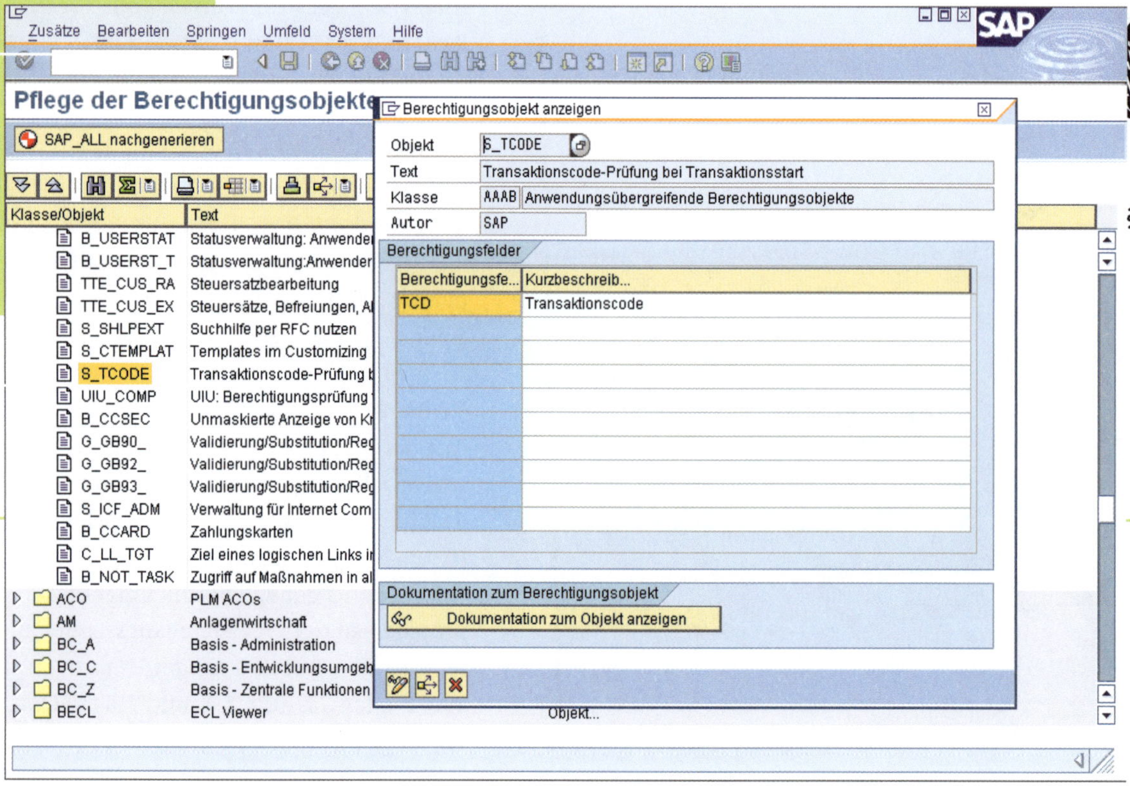

Pflege der Berechtigungsobjekte

Berechtigungsobjekt anzeigen

Objekt	S_TCODE	
Text	Transaktionscode-Prüfung bei Transaktionsstart	
Klasse	AAAB	Anwendungsübergreifende Berechtigungsobjekte
Autor	SAP	

Berechtigungsfelder

Berechtigungsfe...	Kurzbeschreib...
TCD	Transaktionscode

Dokumentation zum Berechtigungsobjekt

Dokumentation zum Objekt anzeigen

Die Definition des Berechtigungsobjektes.
Oje, da ist ja nur ein Feld. Na, egal. Besser eines als keines.

In der Definition siehst du den **Namen** des Berechtigungsobjektes, die **Beschreibung** dazu und die Zuordnung zur **Objektklasse**. Darunter sind die definierten **Berechtigungsfelder** aufgelistet. Im Falle von **S_TCODE** nur **TCD**, das für den Transaktionscode gedacht ist.
Unter der Liste der Felder findest du noch die Drucktaste **Dokumentation zum Objekt anzeigen**, die dich in die Geheimnisse des Berechtigungsobjektes einführt.

Roland, hast du nur das eine Beispiel?

Na, sicher:

Berechtigungsobjekt	Objektklasse	Feld	Beschreibung
S_PATH Dateisystemzugriff über ABAP	BC_A Basis-Administration	FS_BRGRU	Berechtigungsgruppe für ABAP-Zugriff auf Dateisystem
		ACTVT	Aktivität
S_DEVELOP ABAP Workbench	BC_C Basis-Entwicklungsumgebung	DEVCLASS	Paket
		OBJTYPE	Objekttyp
		OBJNAME	Objektname
		P_GROUP	Berechtigungsgruppe ABAP/4-Programm
		ACTVT	Aktivität
PLOG Personalplanung	HR Personalwesen	PLVAR	Planvariante
		OTYPE	Objekttyp
		INFOTYP	Infotyp
		SUBTYP	Subtyp
		ISTAT	Planungsstatus
		PPFCODE	Funktionscode

Das sind nur drei Beispiele für Berechtigungsobjekte aus ungefähr 481 in deinem Testsystem.
Und jetzt verpasse ich dir ein **Berechtigungsprojekt**.

Der Berechtigungs-Selbstchecker – S_TCODE prüfen

Bist du neugierig, welche Berechtigungen du hast? Ja?
Dann schreiben wir jetzt ein kleines Programm, mit dem du prüfen kannst, ob du für eine Transaktion eine Berechtigung hast, sprich, ob eine Berechtigung für die Transaktion in deinem Benutzerstamm hinterlegt ist. Lege ein ausführbares Programm mithilfe der **SE80** an, zum Beispiel **`zsch_015_tcode_checker`**. Da muss ich nichts erklären, das hast du schon 1.000 Mal gemacht.
Jetzt kommt ein Tipp: Wenn du im ABAP Editor angekommen bist, dann möchte ich deine Aufmerksamkeit auf die Drucktastenleiste lenken und dort speziell den Button **Muster** hervorheben. Drück mal drauf!

Die ABAP-Muster unterstützen dich beim Implementieren der Berechtigungsprüfungen.

Die Option **AUTHORITY-CHECK** gibt dir ganz einfach die Möglichkeit, basierend auf einer Berechtigung eine Berechtigungsprüfung zu implementieren.

Halt! Wie – basierend auf einer Berechtigung? Da stimmt was nicht in dem Satz! Fehler!

Du hast Recht. Was stimmt nicht in dem Satz? Bitte nochmal lesen. Gefunden? Natürlich ist es nicht die Berechtigung, sondern das Berechtigungsobjekt. Also noch-mal: blablabla **basierend auf einem Berechtigungsobjekt** blablabla.
Trage im Eingabefeld **AUTHORITY-CHECK** das Berechtigungsobjekt **S_TCODE** ein, und bestätige dies mit dem grünen Häkchen. Der passende Code für die Prüfung der Berechtigung wird eingefügt. **Soweit zur Theorie.**

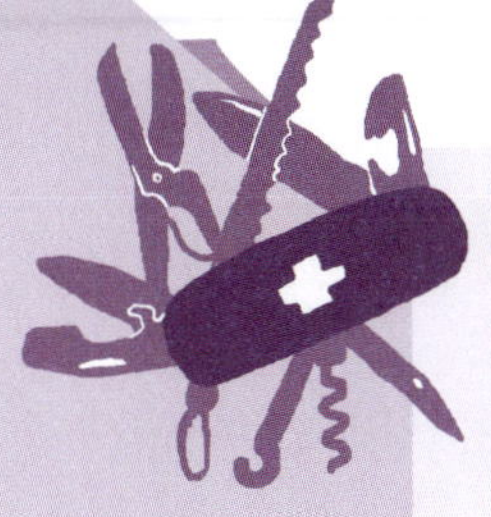

[Schwierige Aufgabe]

Implementiere das Programm **zsch_015_tcode_checker** folgendermaßen:
Biete dem Anwender einen Parameter vom Typ **TCODE** für die Eingabe eines Transaktionscodes.
Prüfe mit der Anweisung **AUTHORITY-CHECK**, ob du die Berechtigung für die Transaktion besitzt.
Gib passende Meldungen in der Liste aus, je nach Ausgang der Prüfung.

Moment, warum bist du schon hier? Von der Aufgabenstellung zur Lösung kann es doch nicht drei Sekunden dauern! Zurück mit dir an den Start.
Den Code, den die Musteranweisung produziert, habe ich in der Musterlösung noch etwas garniert.

```
REPORT  zsch_015_tcode_checker.
* Die Nachricht im Fehlerfall
DATA: gd_message TYPE string.
* Der Transaktionscode
PARAMETERS: pa_tcode TYPE tcode.*1
* Prüfung im Selektionsbild
AT SELECTION-SCREEN.*2
* Die Prüfung
  AUTHORITY-CHECK OBJECT 'S_TCODE'*3
           ID 'TCD' FIELD pa_tcode.
* Auswertung des Prüfergebnisses
  IF sy-subrc <> 0.*4
    CONCATENATE
     'Leider keine Berechtigung für Transaktionscode'
     pa_tcode
     INTO gd_message SEPARATED BY space.
    MESSAGE gd_message TYPE 'E'.
  ENDIF.
* Prüfung bestanden
START-OF-SELECTION.*5
  WRITE: /
'Gratuliere, du hast die Berechtigung für die Transaktion',
   pa_tcode.
```

*1 Der Parameter **pa_tcode** dient dir zum Testen und eleganten Variieren der Werte der Transaktionscodes, ohne immer wieder das Coding an einen neuen Wert anpassen zu müssen. Dafür bietet sich das Selektionsbild an.

*2 Die Prüfung der Berechtigung führe ich zum Zeitpunkt **AT SELECTION-SCREEN** durch, damit ich bei einer fehlgeschlagenen Prüfung den Anwender im Selektionsbild halten kann. Ganz einfach mit einer Message vom Typ **E**.

*3 Mit der ABAP-Anweisung **AUTHORITY-CHECK** findet die Prüfung der Berechtigung statt.

*4 Falls der Rückgabewert 0 ist, hat der Anwender die Berechtigung, sonst nicht.

*5 Und hierher kommen wir nur, wenn der Anwender die Berechtigung hat.

Experimente mit AUTHORITY-CHECK

Was passiert, wenn du folgende Anweisung für die Berechtigungsprüfung verwendest?

```
AUTHORITY-CHECK OBJECT 'S_TCODE'
        ID 'SCHROE' FIELD pa_tcode.
```

Leider kommt immer ein Fehler.

Weil das System das **Berechtigungsfeld SCHROE** nicht im Berechtigungsobjekt findet und daher einen **`sy-subrc = 4`** zurückgibt. Das könntest du im Debugger nachvollziehen, wenn du möchtest.
Und was passiert bei dem folgenden Coding?

```
AUTHORITY-CHECK OBJECT 'S_TCODE'
        ID 'TCD' DUMMY.
```

Ich darf immer und alles – zumindest anzeigen ;-)

Richtig, mit **DUMMY** wird die Prüfung für das Feld de facto **deaktiviert**.
Einen kleinen Trick für deine Arbeit möchte ich dir noch verraten: Eine Transaktion, mit der du herausfinden kannst, welche Berechtigungsprüfung fehlgeschlagen ist. Kategorie: Sehr nützlich!

Warum mag mich keiner – SU53

Falls es mal nicht so hinhaut mit den Berechtigungen, kannst du ganz einfach ermitteln, an welcher Berechtigung es gescheitert ist. Ruf einfach die Transaktion **SU53 (Berechtigungsdaten von Benutzer <da steht dein Benutzername> anzeigen)** auf, und schon siehst du das Ergebnis der letzten fehlgeschlagenen Berechtigungsprüfung und die Berechtigungen des Anwenders.

Berechtigungsdaten von Benutzer BCUSER anzeigen

Textdarstellung

Beschreibung				Berechtigungswerte
• Benutzername	BCUSER	Berechtigungsobjekt	ZSCHCHAP	
• System	NSP	Mandant	001	
• Datum	18.08.2010	Uhrzeit	00:15:21	
• Instanz	was	Profilparameter auth/new buffering	4	
• --				
▾ Berechtigungsprüfung fehlgeschlagen				
▾ Objektklasse ZSCH Schrödingerkapitelprüfer				
▾ Berechtigungsobjekt ZSCHCHAP Schrödinger Kapitelchecker				
▾ Berechtigungsfeld ACTVT Aktivität				
•				03
▾ Berechtigungsfeld ZCHAPTER Zweistellige Nummer				
•				10
▾ Berechtigungsdaten des Benutzers BCUSER				
▾ Objektklasse ZSCH Schrödingerkapitelprüfer				
▸ Berechtigungsobjekt ZSCHCHAP Schrödinger Kapitelchecker				

Das Ergebnis der letzten fehlgeschlagenen Prüfung. Ich habe das Berechtigungsobjekt ZSCHCHAP verwendet. In meinem Beispiel wollte ich gegen den Wert 10 prüfen. Leider habe ich dafür aber keine Berechtigung. Zu schade.

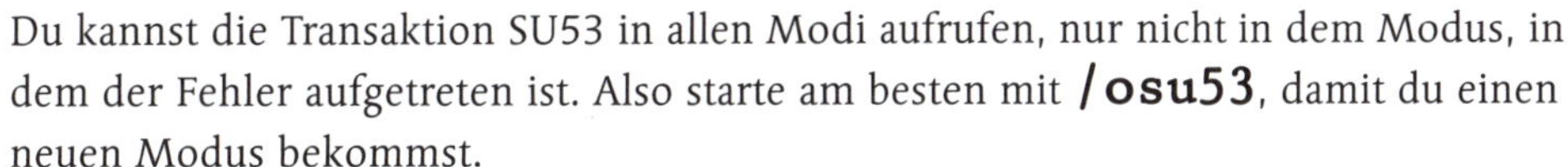

Du kannst die Transaktion SU53 in allen Modi aufrufen, nur nicht in dem Modus, in dem der Fehler aufgetreten ist. Also starte am besten mit `/osu53`, damit du einen neuen Modus bekommst.
Das war's mit den Berechtigungen. Viel Spaß mit dem Administrator. Und eine kleine Belohnung hab ich auch noch für dich.

[Belohnung/Lösung]

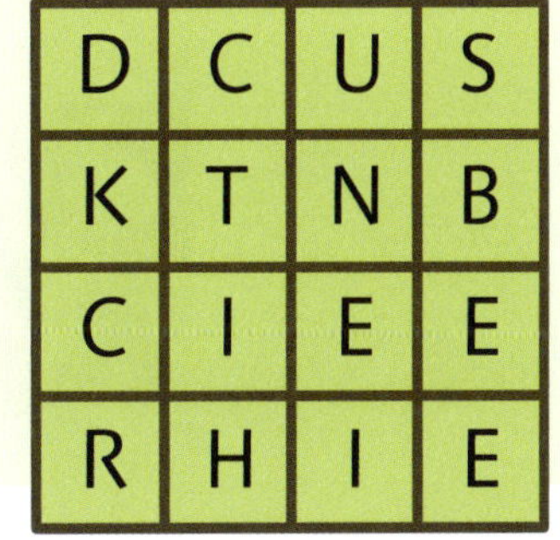

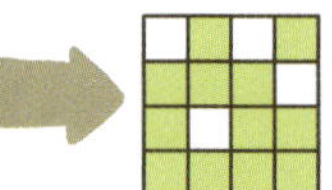

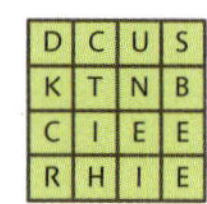

Links ist die Schablone und rechts der verschlüsselte Texte. Lege die Schablone im Geiste über den Text, und schreibe die Buchstaben hintereinander. Lies die Buchstaben, die durch die Schablonenlöcher lugen, von oben nach unten und von links nach rechts. Wenn du fertig bist, dann dreh die Schablone im Kopf um 90° nach rechts, leg sie wieder über den Text, und schreib die Buchstaben wieder auf etc. etc. Was kommt raus?

Auf Wikipedia kannst du sogar noch die mathematischen Grundlagen dazu finden, **das macht Spaß!**

— SECHZEHN —

DB-Tabellen erstellen

Vorratskammer einrichten mit ziemlich viel Schnickschnack

Was geschieht, wenn Anwender alle Daten im GUI eingegeben haben? Wohin gehen die Daten dann? Die müssen doch gespeichert werden? Denn die Anwender werden wahrscheinlich nicht immer wieder die gleichen Daten eingeben wollen – außer wenn sie an einem schwachen Kurzzeitgedächtnis leiden. Das würde sich Schrödinger öfter wünschen, das mit dem Kurzzeitgedächtnis, denn dann könnten sich die Anwender nicht an seine Programmierfehler erinnern ..., aber der Schwaiger Roland erklärt ihm dann doch lieber, wie er eine SAP-Datenbanktabelle erstellt.

Freiland-Datenhaltung – Daten persistieren

Die Speicherung der Daten wird total überbewertet. Warum sollte man sich darüber überhaupt Gedanken machen? Die Anwender können doch die Daten erneut eingeben, die haben eh genug Zeit.

Äh, Roland, bist du auf Drogen? Das hab ich ja noch nie gehört, dass die Datenspeicherung nicht wichtig ist. Ganz im Gegenteil, manche Entwickler denken ja nur in Daten. Denen sind die Programme nicht so wichtig.

Gott sei Dank, du bist noch da! Natürlich hast du Recht. Die Datenhaltung ist ein ZIEMLICH wichtiger Teil bei der Programmentwicklung.

Puh, auf den Schock mach ich mir einen Kaffee.

Für meinen Geschmack ist manchen Entwicklern die **Datenhaltung** aber zu wichtig. Die denken in Datenbanken, Tabellen, Indizes und vergessen dabei komplett, sich Gedanken über einen sauberen Aufbau der Anwendungen zu machen. Aber das ist eine andere Geschichte.

Jetzt war ich aber etwas zu schnell und hab schon Vokabeln verwendet, die ich dir noch erklären muss. Also eins nach dem anderen.

[Zettel]

Denk mal nach. Was fällt dir ein, wenn du an das Wort **Daten** denkst? Wo verwendest du sie, woher kommen sie, und wohin gehen sie? Welche Farbe und welchen Geruch haben sie? Können Daten verrotten?

Ich glaube, die Verrottung nennt man dann Archivierung, oder?

Datenarchivierung mit endgültiger Löschung.

Wenn wir im Kontext von SAP von DER Datenbank sprechen, dann meinen wir tatsächlich ein **relationales Datenbanksystem**. In diesem wird die reale Datenwelt durch **Tabellen** abgebildet. Die Tabellen sind strukturierte, zweidimensionale **Datencontainer** (Vorratskammern) und werden so gebaut, dass die Daten, die einmal dort abgelegt sind, auch wieder aufzufinden sind.

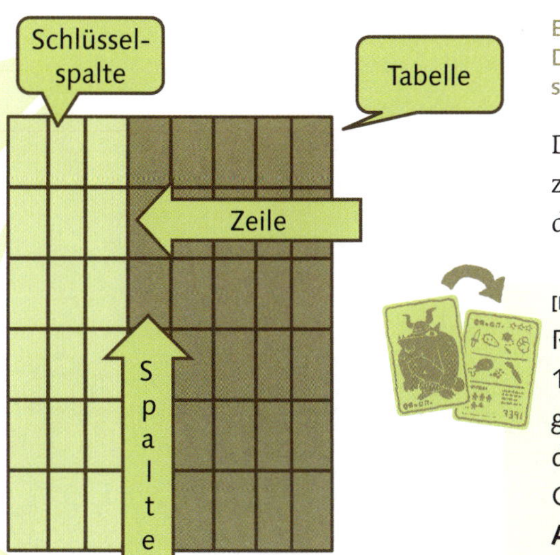

Eine Tabelle ist zweidimensional, hat Spalten und Zeilen. Pro Zeile wird ein Datensatz abgespeichert, wobei die Datensätze immer gleich aufgebaut sind. Mithilfe des Schlüssels ist ein Datensatz eindeutig auffindbar.

Dazu wird für jede Tabelle ein sogenannter Schlüssel, um präzise zu sein, ein **Primärschlüssel**, definiert, und der sperrt/öffnet das Schloss der Vorratskammer.

[Hintergrundinfo]

Relationale Datenbank: Das relationale Datenbankmodell wurde 1970 erstmals von **Edgar F. Codd** vorgeschlagen. Das grundlegende Konzept ist die **Relation** (mathematisch wohldefiniert), die die mathematische Beschreibung einer Tabelle darstellt. Die Operationen auf den Relationen werden durch die **relationale Algebra** festgelegt. Damit ist die relationale Algebra die theoretische Grundlage der **Structured Query Language** (SQL), die wir im nächsten Kapitel unter die Lupe nehmen.

In meiner Vorratskammer sind aber viele Würste und Marmeladen und Speck und und und.

Gut mitgedacht! Ich stell mir da eher einen **Vorratskammer-Schubladenkasten** vor, zum Beispiel für Marmeladen. Und jede Schublade hat einen eigenen Schlüssel. Und in den Schubladen findest du, wenn du den Schlüssel dazu hast, dann Erdbeermarmelade, Marillenmarmelade, Tomatenmarmelade und keine Konfitüre.

[Begriffsdefinition]

Du könnest auch sagen, dass mithilfe des Primärschlüssels ein Eintrag in einer Tabelle eindeutig identifiziert wird.

[Einfache Aufgabe]

Was könnte denn ein Primärschlüssel für eine Person sein? Womit wird diese eindeutig identifizierbar?

Warum einfach, wenn es mit Schnittstelle geht – Die Datenbankschnittstelle

Damit das SAP-System von der zugrunde liegenden Datenbank unabhängig ist (Wer will sich schon einem bestimmten DB-Anbieter anbiedern?), benötigt es eine **Unabhängigkeitserklärung**. Diese manifestiert sich im ABAP Dictionary. Dort werden **Beschreibungen** von Dingen angelegt, aber **ohne** die **Konkretisierungen**. Das ist fast so wie in der Objektorientierung. Da hast du eine Klasse (Beschreibung) und basierend darauf dann Objekte angelegt (Konkretisierung).

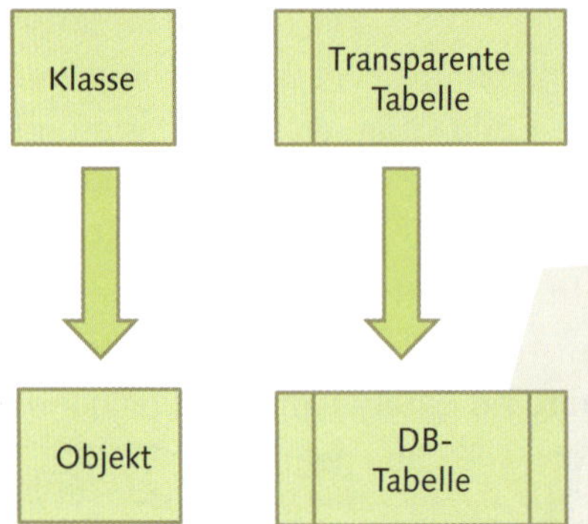

Aus der Beschreibung der Datenbanktabelle wird die physische Datenbanktabelle, so wie basierend auf einer Klasse ein Objekt erzeugt wird.

Das wichtigste Beispiel, für uns Anwendungsentwickler jedenfalls: Du kannst eine sogenannte **transparente Tabelle** im Dictionary anlegen. Mithilfe der transparenten Tabelle legst du die Datenbanktabelle an. Also musst du nie persönlich mit der Datenbank sprechen, um eine Datenbanktabelle anzulegen. Mehr noch: Du solltest deine Datenbanktabelle genau auf diesem Weg anlegen, um die Unabhängigkeitserklärung nutzen zu können.

Also:

1. Zuerst die **Beschreibung** im Dictionary anlegen.
2. Dann die **DB-Tabelle** erzeugen.

Ja, das hilft mir! Immer schön kleine Schritte machen. Wie erzeuge ich die Datenbanktabelle?

Das geht ziemlich einfach durch das **Aktivieren** der transparenten Tabelle. Dann wird die DB-Tabelle im darunterliegenden DB-System **physisch angelegt**.

[Hintergrundinfo]

Für Datenbankspezialisten: Das SAP-System setzt ein CREATE TABLE gegen das Datenbanksystem ab.

ACHTUNG, JETZT PASS GUT AUF:
Ohne transparente Tabelle keine Datenbanktabelle!

SCHREI NICHT SO! Ich hab's schon verstanden.

Nicht ich fummle an der Datenbank, sondern das SAP-System. Das Einzige, was ich machen muss, ist die Beschreibung – ich meine natürlich die transparente Tabelle – im Dictionary anzulegen.

Die automatisch erzeugte Datenbanktabelle hat den gleichen **Namen** wie die transparente Tabelle, die gleiche **Anzahl an Spalten**, und die **Spalten** haben die gleichen **Namen**, wie in der transparenten Tabelle festgelegt. Also könnte man sagen, dass du durch die transparente Tabelle auf die Datenbanktabelle siehst.

Drum heißt sie wahrscheinlich auch transparent ;-) Durchschimmernde Tabelle klingt ja doch etwas komisch. Oder opake Tabelle klingt übertrieben. Transparent ist gut.

Sehr philosophisch. Die transparente Tabelle hat Schlüsseldefinitionen, **Nutzfelddefinitionen**, **technische Einstellungen** und **Verknüpfungen** mit anderen Dictionary-Objekten.

Okay, kapiert, wo mache ich das? Aber DB-Tabellen kann ich doch ganz einfach anlegen. Direkt und ohne Dictionary.

Das stimmt, nur kannst du diese dann nicht in deinen ABAP-Programmen verwenden, da die Tabellenbeschreibung benötigt wird, um auf die DB-Tabelle zugreifen zu können. Jeder **Arbeitsprozess** (**Work Process**) auf einem Applikationsserver enthält eine **Datenbankschnittstelle**. Und nur über diese wird mit der Datenbank gesprochen. Diese wunderbare Schnittstelle ist ein Zauberer und verwandelt die (herstellerunabhängigen) **Anfragen** aus ABAP in herstellerspezifische Anfragen, also SQL-Anweisungen.

Kurze Erklärung des Zaubertricks:

- Wird bei der Programmausführung eine Open-SQL-Anweisung erreicht, dann wird diese an die Datenbankschnittstelle weitergereicht.
- Die Datenbankschnittstelle generiert den entsprechenden Native-SQL-Befehl. Dies geschieht mithilfe der transparenten Tabelle aus dem Dictionary, da diese die Datenbanktabelle beschreibt.
- Die Datenbankschnittstelle reicht den Native-SQL-Befehl an das DBMS-System weiter.

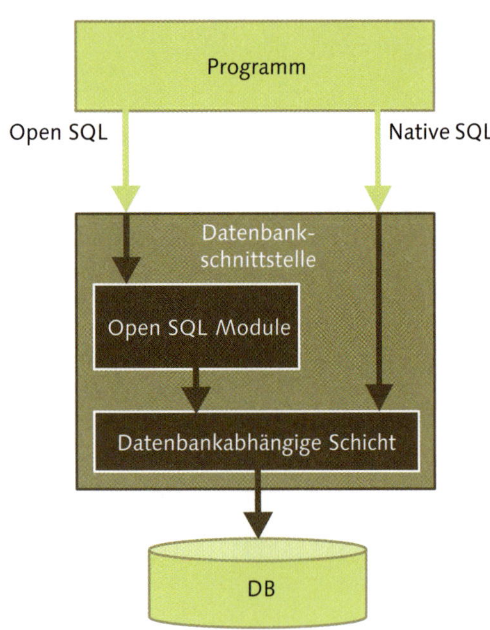

Vom ABAP-Programm aus sprechen wir mithilfe der Structured Query Language (SQL) mit der Datenbank-schnittstelle. Diese schickt die Anfrage durch die datenbankabhängige Schicht und setzt die Abfrage gegen ein spezifisches DB-System ab. Von ABAP aus kannst du mit dem sogenannten Open SQL und Native SQL zugreifen.

Frage: Muss ich da irgendetwas tun?

Gute Nachricht: Nein. Du kannst dich voll und ganz auf die ABAP-Programmierung konzentrieren. Noch zu erwähnen ist, dass die **DB-Schnittstelle** mit der **Tabellenpufferung** zusammenarbeitet. Ein ausgeklügelter Mechanismus, der verhindern soll, dass unnötige und zeitaufwendige Anfragen zum Datenbanksystem abgesetzt werden müssen. Das geschieht ganz einfach durch die Pufferung der gelesenen Daten auf dem Applikationsserver, und damit ist der Weg zur Datenbank nicht mehr nötig, weil bei der nächsten Anfrage die Daten aus dem Puffer gelesen werden.
Das ist so, als wenn du dir merkst, was ich so schreibe.
Dann musst du das Buch auch nicht nochmal lesen.

Und damit dir das in Fleisch und Blut übergeht, werden wir ab jetzt ganz intensiv mit der **SE11** arbeiten, um die interessantesten Aspekte der transparenten Tabelle praktisch kennenzulernen.

SE11 kenne ich schon, oder? ABAP Dictionary?

Yep! Falls du noch etwas zu erledigen hast, wäre das jetzt sehr passend.

[Belohnung/Lösung]

Vielleicht noch eine kleine Bodenübung. Leg dich auf den Rücken, und ziehe beide Beine an, bis die Knie den höchsten Punkt erreicht haben. Dann bewegst du deinen Oberkörper zu den Knien und bewegst dich dabei mit dem Oberkörper nach links. Oberkörper ablegen und Becken heben und nach rechts ablegen. Wiederhole das, bis du eine 360°-Drehung umgesetzt hast. Viel Spaß damit!

Transparente Tabelle en Detail

Die **wichtigsten Teile** einer **transparenten Tabelle** zeige ich dir am lebenden Objekt. Obwohl SAP natürlich Standardanwendungen zur Verwaltung von Kunden anbietet, möchte ich mit dir **zwei transparente Tabellen definieren**, die zur Ablage unserer **Bierabnehmer** aus Kapitel 8 dienen sollen. **Unser kleiner Kundenstamm**.

Ach ja, das köstliche Bier.
Ist noch was da?

Realität: Wir möchten in der **Anwendungsdomäne Kundenverwaltung** eine Datenablage realisieren. Alles hinein in die Analysemaschine, und wie durch ein Wunder kommen hinten der **Kunde** und seine **Adresse** als **relevanter Datenteil** (**Entitätstyp** oder auch **Klasse**) heraus. Den Kunden und die Adresse werden wir nur mit sehr einfachen Attributen ausstatten, also zum Beispiel Vorname, Nachname, Ort, Postleitzahl, Straße.

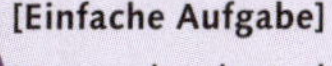

[Einfache Aufgabe]
Was glaubst du: Wozu werden wir die Attribute in weiterer Folge verwenden?

Modellierung: Kunden und Adressen, die miteinander in einer 1:n–Beziehung (sprich: „eins-zu-n-Beziehung") stehen. Das bedeutet, dass ein Kunde beliebig viele Adressen besitzen kann, während jede Adresse genau zu einem Kunden gehört.
Dictionary: Der **Kunde** soll durch die transparente Tabelle **ZSCH016CUSTOMER** und die **Adresse** durch **ZSCH016ADDRESS** abgebildet werden.
Datenbanktabelle: durch Aktivierung der transparenten Tabelle!

Kochrezept für Tabellen

von Chef Schrödinger persönlich empfohlen

ZUTATEN

- ein Entitätstyp mit Attributen
- die Transaktion ABAP-Dictionary (SE11)
- ein paar Daten

ZUBEREITUNG

1. Lege in der SE11 die **Tabelle** und deren **Tabellenfelder** an. Möglicherweise **mandantenabhängig**, je nach Bedarf.
2. Pflege die **technischen Einstellungen** zur Tabelle mit dem Menüeintrag *Springen • Technische Einstellungen*.
3. Pflege, falls Du es benötigst, die **Fremdschlüsselbeziehungen** der Tabelle zu anderen Tabellen. Ein einfacher Doppelklick auf das Feld, das du prüfen möchtest, reicht dazu.
4. Lege, falls es notwendig ist, **Sekundärindizes** zur Tabelle an mit dem Menüeintrag *Springen • Indizes*.
5. **Sichern** nicht vergessen!
6. Wähle eine **Erweiterungskategorie** mit dem Menüeintrag *Zusätze • Erweiterungskategorie*.
7. Aktiviere und erzeuge damit die DB-Tabelle.

Wohl bekomms'!

Das Rezept für Data Masta.

Los, mach mit beim fröhlichen Kundentabellenanlegen!

1. Die **Definition** einer transparenten Tabelle be-ginnst du im Dictionary, also mit der wohlbekannten Transaktion **Dictionary** (SE11).
2. Im Eingabefeld **Datenbanktabelle** kannst du den Namen der anzulegenden transparenten Tabelle angeben, ich mach's mal für **ZSCHO16CUSTOMER**.

Die DB-Tabelle anlegen.

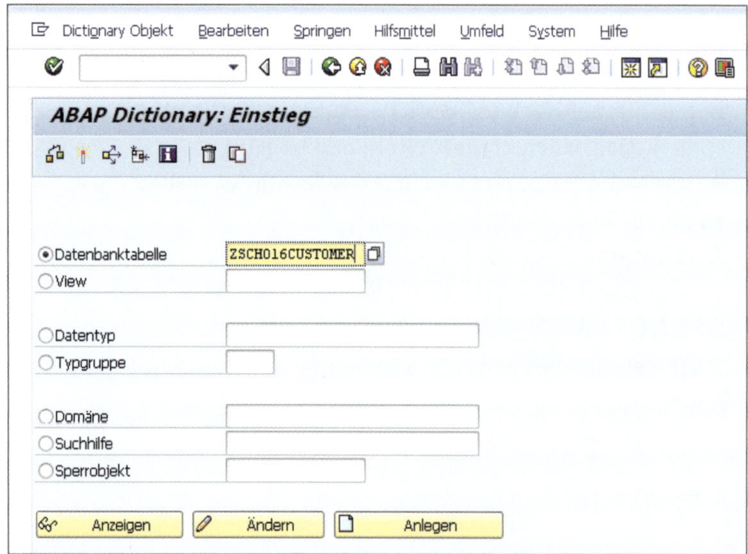

3. Die Drucktaste **Anlegen** (F5) bringt dich weiter. (Das Infofenster, das erscheint, kannst du einfach ignorieren und mit dem grünen Häkchen weiternavigieren.)
4. Im Feld **Kurzbeschreibung** pflegst du einen einleuchtenden Text, nach dem auch gesucht werden kann im **Repository Infosystem** (SE84). Im Feld **Auslieferungsklasse** wird festgelegt, wie die Daten kopiert werden, falls es zu

einer Mandantenkopie oder einem Transport zwischen Kundensystemen kommt. Das sollte dich jetzt aber nicht weiter beunruhigen. Ich würde die Klasse „**A**“ (**Anwendungstab., Stamm- und Bewegungsdaten**) vorschlagen. Im Feld **Data Browser/ Tabellensicht-Pflege** stell bitte den Wert „**`Anzeige/ Pflege erlaubt`**“ ein, damit wir später Daten einpflegen können, zum Beispiel mit der Transaktion **SE16** oder **SM30**.

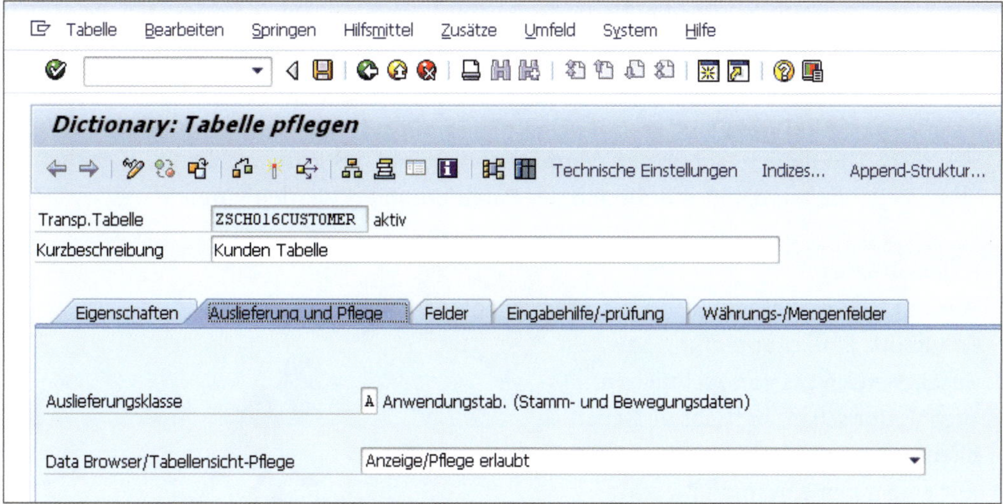

Die Auslieferungsklasse und die Datenpflegemöglichkeiten müssen festgelegt werden.

[Schwierige Aufgabe]

Wenn du bis jetzt nicht mitgemacht hast, dann bist du jetzt dran. Wiederhole die Schritte für die Tabelle **`ZSCH16ADDRESS`**.

Spalten und der Rest – Tabellenfelder

Fertig, das war aber eine leichte Übung!

Bravo. Jetzt sind die Felder dran.

1. Wechsle auf den Karteireiter **Felder**, dort können die **Spalten** der anzulegenden Datenbanktabelle definiert werden. Vorher hab ich dir die Frage gestellt, wofür die Attribute der Entitätstypen verwendet werden. Jetzt nochmals zu fragen wäre nicht angebracht, fast beleidigend. Darum kommt eine Verfeinerung der Information: Im SAP-System wird ja das **Mandantenkonzept** verfolgt. Das äußert sich rein technisch darin, dass du in deiner Tabelle den **Mandanten** als Teil des Primärschlüssels vorsehen musst, damit mit diesem die Daten gruppiert werden können.

[Begriffsdefinition]

Aus der SAP-Bibliothek:
Mandant: Eine Gruppierung bzw. ein Zusammenschluss von rechtlichen, organisatorischen, betriebswirtschaftlichen und/oder administrativen Einheiten mit einem gemeinsamen Zweck.
Roland: Also eine Gruppierung von Daten.

2. Ob deine Daten nun **mandantenabhängig** oder **mandantenunabhängig** sein sollen, wird durch eine Spalte in deiner Tabelle festgelegt, nämlich **MANDT** vom Typ **MANDT**. Ich hätte ganz gerne, dass die Daten mandantenabhängig abgespeichert werden können. Also muss ich die **Mandantenspalte** definieren, und das geht ziemlich einfach.

Das Mandantenfeld musst du einfügen, um eine mandantenabhängige Tabelle zu definieren.

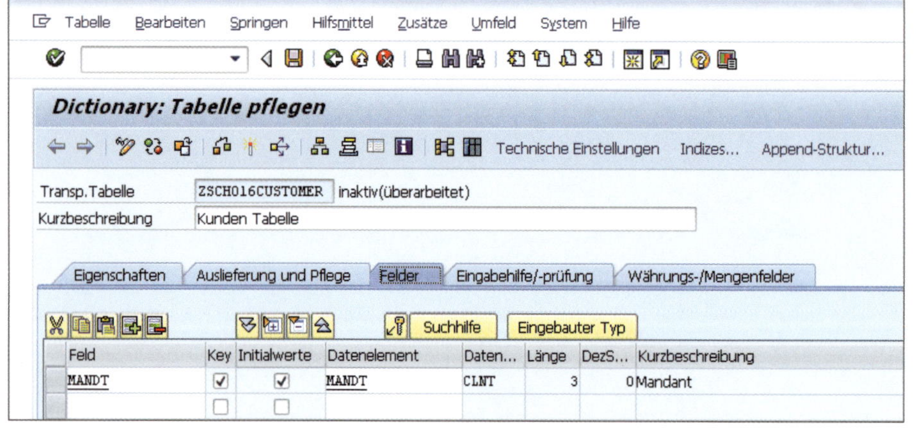

3. In der ersten Zeile der **Tabelle der Felder** trägst du in der Spalte **Feld** den Namen des Feldes ein, also **MANDT**, in der Spalte **Datenelement** (ja, das ist genau das Datenelement, das wir schon in Kapitel 5 besprochen haben) trägst du das Datenelement **MANDT** ein.

4. Die Spalte **Key** dient dir dazu, den **Primärschlüssel** aufzubauen. Dieser dient wiederum dazu, wie bereits erwähnt, einen Eintrag in der Datenbanktabelle **eindeutig auffindbar zu machen**. Was denkst du: Wie können wir einen Kunden eindeutig auffindbar machen? Reicht dazu der Nachname? Oder mit zusätzlichem Vornamen? Oder ganz etwas anderes?

Also Maier und Schmid und Braun und Schrödingers gibt es ja mehrere. Da wird der Nachname wohl nicht reichen.

5. Du bist auf dem richtigen Weg. Auf alle Fälle muss der Mandant Teil des Primärschlüssels sein, da wir ja unter anderem die Daten in einem speziellen Mandanten lesen wollen, meistens dem **Anmeldemandant** des Anwenders. Also ran an die Key-Checkbox und angeklickt.

6. So, eine Spalte ist noch übrig, die **Initialwert**-Spalte. Falls du diese setzt, wird im Falle eines leeren Feldes dieses mit dem **Initialwert** belegt. Nimm mal an, du möchtest den zweiten Vornamen deines Kunden ebenfalls in der Datenbank speichern. Nicht jeder ist in der glücklichen Lage, einen solchen zu besitzen. Zum Beispiel habe ich keinen, da wurde gespart. Was sollen wir tun mit dem **Roland <hier ist nix> Schwaiger**? Welcher Wert soll in der Datenbank abgelegt werden? Falls du die Checkbox **Initialwerte** setzt, wird der Initialwert des Typs dieses Feldes verwendet. Zum Beispiel 0 für Integer oder Blanks für Zeichenketten.

[Hintergrundinfo]

Schlüsselfelder werden immer automatisch mit Initialwert belegt.

7. Das erste Feld ist fertig, und nun einige Fragen zur Sicherheit:

- Das Feld **MANDT** wird eine Zeile in der Datenbanktabelle: Korrekt?
- Das Feld **MANDT** definiert eine Spalte für die Datenbanktabelle: Korrekt?
- Das Feld **MANDT** dient zur Definition des zweiten Vornamens: Korrekt?
- <Hier bitte noch eine Frage deiner Wahl ergänzen, die das Wort **MANDT** beinhalten sollte>: Korrekt?

[Einfache Aufgabe]

Definiere für deine Tabelle **ZSCH016ADDRESS** das Mandantenfeld.

Das Thema mit der **eindeutigen Auffindbarkeit** eines Eintrags in der DB-Tabelle haben wir schon andiskutiert. Vor- und Nachname reichen dazu nicht aus. Eine mögliche Lösung, die du sicher entdeckt hast, besteht darin, ein zusätzliches Feld zu definieren, für das wir garantieren, dass es eindeutig ist, wie zum Beispiel eine **Kunden-ID**.
Am einfachsten startest du damit, dass du den Namen des Feldes **CUSTOMERID** einträgst, die Checkboxen **Key** und **Initialwert** setzt und dann den **Namen** des Datenelements angibst.

Mach ich doch gerne. Welches Datenelement?

Gute Frage. Wir legen ein neues an. Das geht ganz einfach, und du kennst das ja schon aus Kapitel 5. Trage den Namen **ZSCH_016_TD_CUSTOMERID** im Datenelement-Feld ein, bestätige deine Eingabe mit der **Enter**-Taste. Dann steigst du in die Anlage des Datenelements mit einem Doppelklick ein. Same procedure as every year!

[Schwierige Aufgabe]

Definiere für die Tabelle **ZSCH016CUSTOMER** die Schlüsselspalte **CUSTOMID** vom Typ **ZSCH_016_TD_CUSTOMERID**. Definiere die Domäne **ZSCH_016_TD_CUSTOMERID** vom Typ **NUMC** mit Länge **8**, und in die Wertetabelle trägst du die Tabelle selbst ein, also **ZSCH016CUSTOMER**. Das wird dir später dabei helfen, den Fremdschlüssel für das Feld **CUSTOMID** in der **ZSCH016ADDRESS** zu definieren. Genauso wie du es beim **MANDT**-Feld erlebt hast.

Geschafft? Natürlich, das war zwar herausfordernd, aber machbar. Sonst hätte ich dir die Aufgabe ja nicht gestellt.

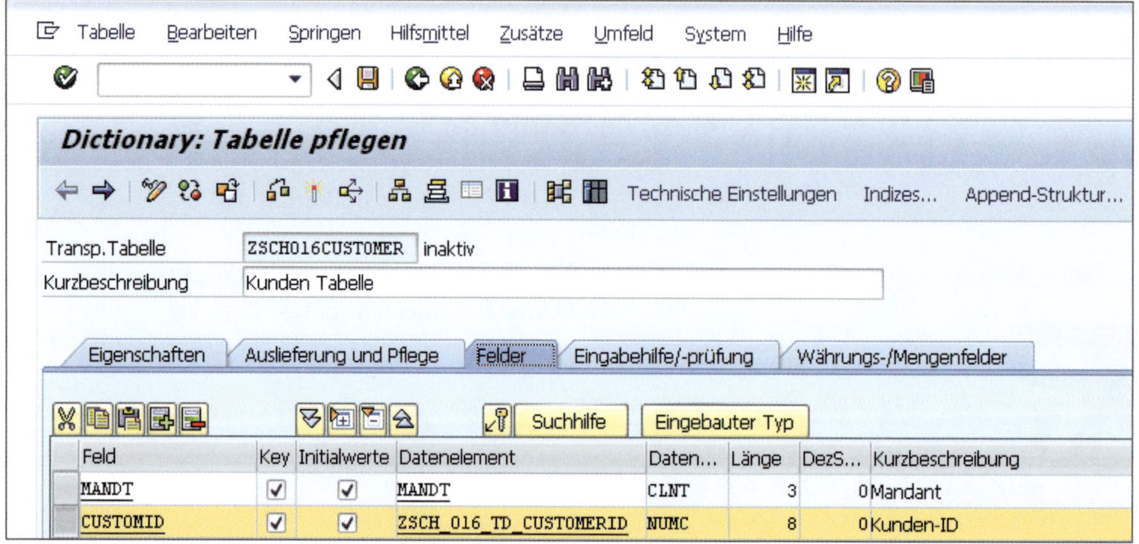

Feld	Key	Initialwerte	Datenelement	Daten...	Länge	DezS...	Kurzbeschreibung
MANDT	✓	✓	MANDT	CLNT	3	0	Mandant
CUSTOMID	✓	✓	ZSCH_016_TD_CUSTOMERID	NUMC	8	0	Kunden-ID

Und schon wieder eine Spalte. Dieses Mal für die Kunden-ID.

Und weil es so einfach war, kannst du auch gleich noch die Felder **`Vorname`** und **`Nachname`** definieren. Eine kleine Verschärfung hab ich für dich:

[Einfache Aufgabe]

Definiere zum Vornamen und Nachnamen jeweils ein **eigenes Datenelement** (**`ZSCH_016_TD_VORNAME`** und **`ZSCH_016_TD_NACHNAME`**) mit **eigener Domäne** vom Typ **`CHAR`**, Länge **`30`** und **`Kleinbuchstaben-relevant`**. (Doch noch mal zu Kapitel 5 zurück?)

[Zettel]

Nur ein kleiner Tipp: Trage den Namen des gewünschten Datenelements in der Spalte ein, und klicke ihn doppelt an. Damit startest du die Anlage über die Vorwärtsnavigation.

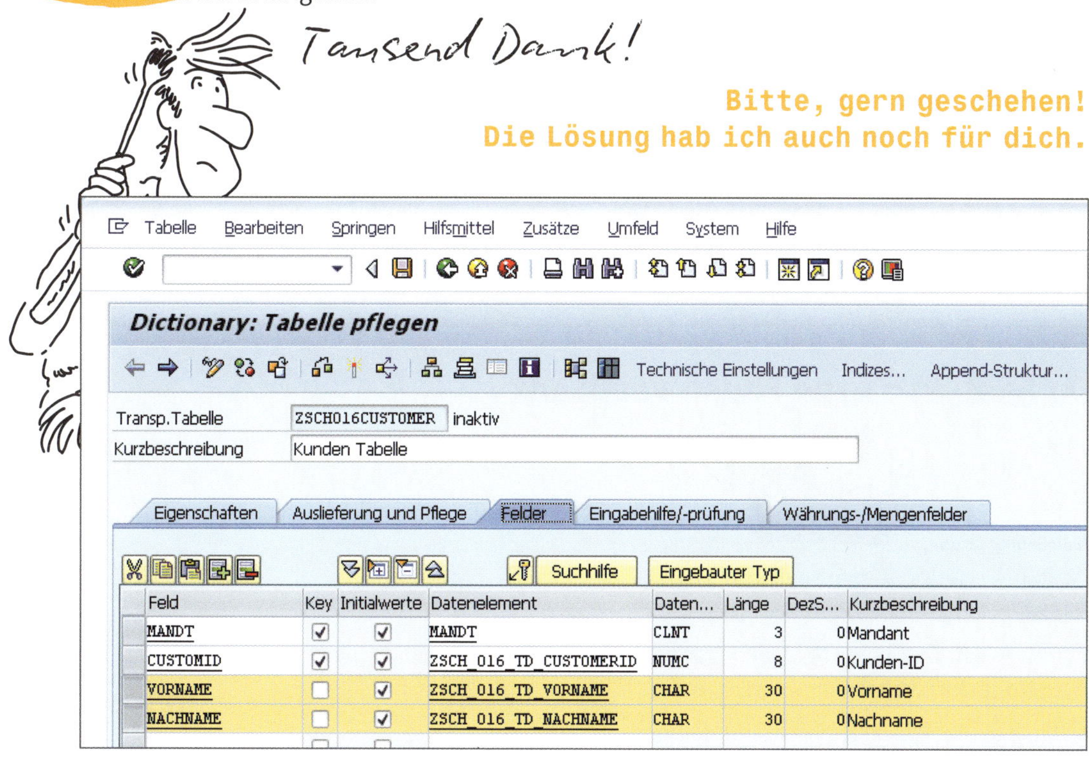

Das Ergebnis deiner Mühen.

[Schwierige Aufgabe]

Definiere in deiner Tabelle **`ZSCH016ADDRESS`** ein Schlüsselfeld für die **Adressnummer** (NUMC, 8), jeweils ein Nicht-Schlüsselfeld für **Ort** (Datenelement AD_CITY1), **PLZ** (Datenelement AD_PSTCD1) und **Strasse** (Datenelement AD_STREET). Als besonderes Highlight definierst du noch ein Nicht-Schlüsselfeld für die **CUSTOMID**, damit du dann den Fremdschlüsselbezug zum Kunden herstellen kannst. Weißt du noch warum?

[Zettel]

Kleiner Tipp: Am Ende sollte die Felddefinition dann so aussehen.

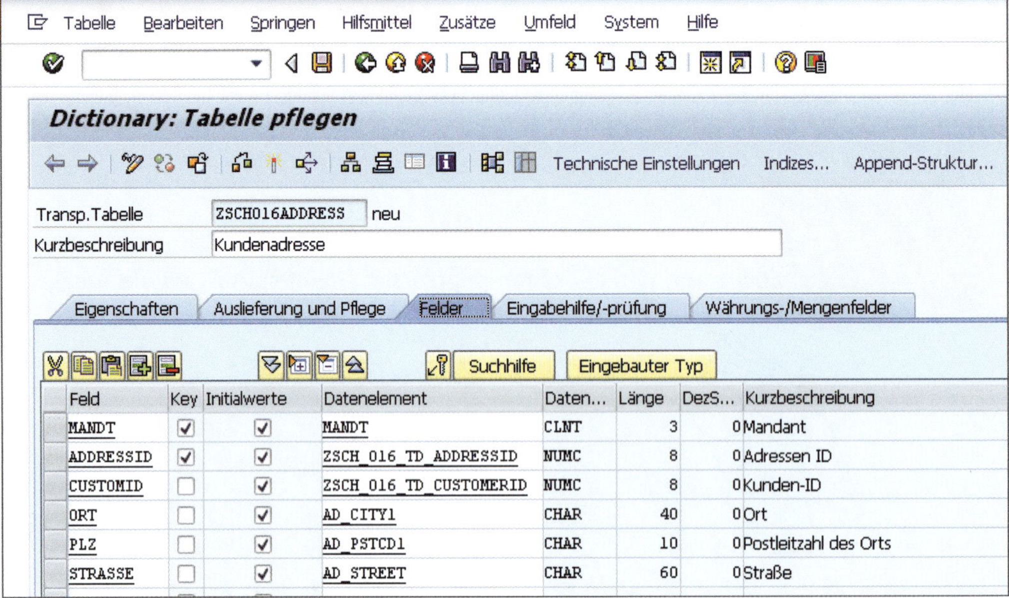

Die Felder der ZSCH016ADRESS-Tabelle.

Du hast dir eine Pause verdient.

[Belohnung/Lösung]

Ist heute wieder Singleton-Party? Damit das nicht wieder so wie letztes Mal endet, kannst du ja vorm Schlafengehen eine Kopfschmerztabelle nehmen und zwei Äpfel essen. Das hilft bestimmt.

Ohne Technik keine Tabelle – Technische Einstellungen

Laut Kochrezept sind jetzt die **technischen Einstellungen** dran. Diese sind dafür gedacht, den **Platzbedarf** und das **Zugriffsverhalten** der anzulegenden DB-Tabelle zu **optimieren**. Mit der Drucktaste **Technische Einstellungen** wechselst du in die Detailsicht zur Pflege.

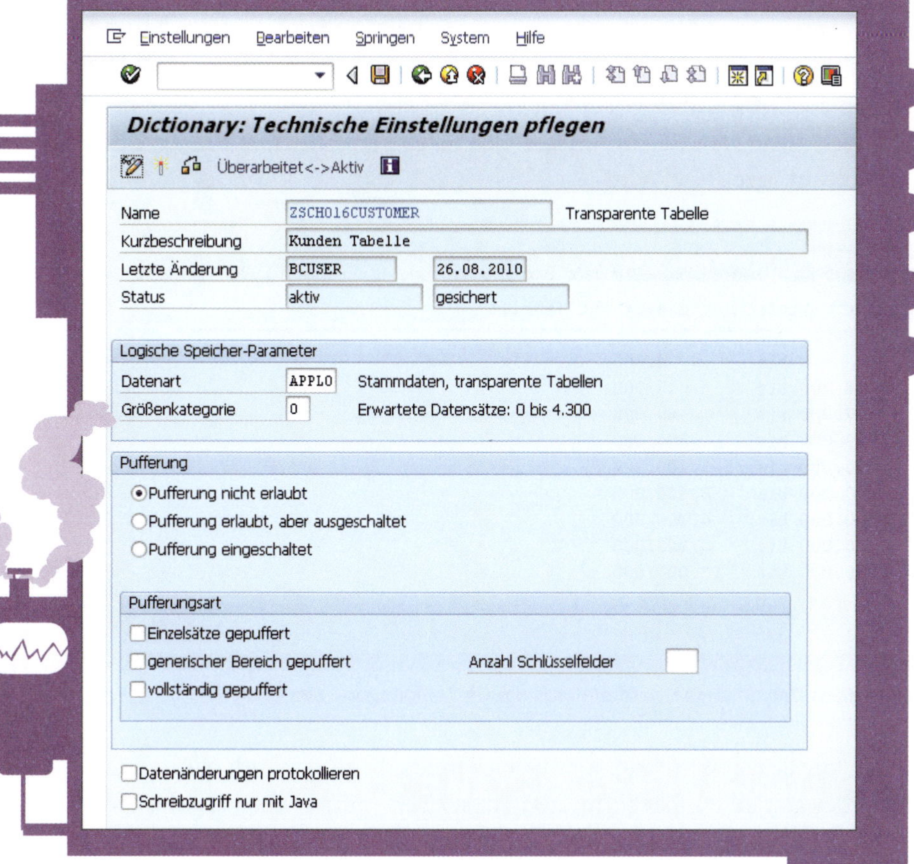

Die technischen Einstellungen der Tabelle.

Der erste zu pflegende Parameter, der ins Auge sticht, ist in der Gruppe **Logische Speicher-Parameter** das Feld **Datenart**. Damit kannst du auf **logischer** Ebene festlegen, in welchem **physischen** Bereich der Datenbank die Tabelle angelegt wird. Die Daten, die wir speichern werden, würde ich als **Stammdaten** bewerten (einmal angelegt und später selten geändert), daher verwende ich die **Datenart APPL0**.

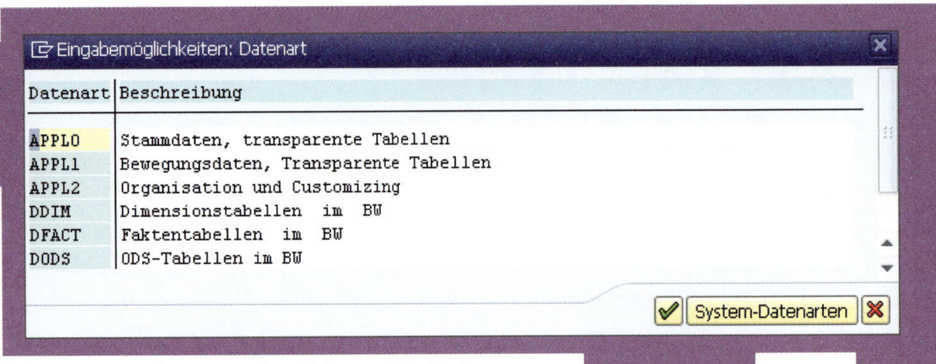

Eingabemöglichkeiten: Datenart

Datenart	Beschreibung
APPL0	Stammdaten, transparente Tabellen
APPL1	Bewegungsdaten, Transparente Tabellen
APPL2	Organisation und Customizing
DDIM	Dimensionstabellen im BW
DFACT	Faktentabellen im BW
DODS	ODS-Tabellen im BW

Die Datenart bestimmt den Ablageort der Daten.

Die Einstellung zur **Größenkategorie** betrifft die zu erwartenden Datensätze in der Tabelle. Das System wählt beim Anlegen der Tabelle eine **initiale Platzgröße**, die als **INITIAL-Extent** bezeichnet wird.

Eingabemöglichkeiten: Größenkategorie

Grkat	Anzahl erwarteter Datensätze der Tabelle
0	0 bis 4.300
1	4.300 bis 17.000
2	17.000 bis 69.000
3	69.000 bis 270.000
4	270.000 bis 1.100.000
5	1.100.000 bis 2.200.000
6	2.200.000 bis 4.400.000
7	4.400.000 bis 8.800.000
8	8.800.000 bis 17.000.000

Die zu allozierenden Datenmengen werden durch die Größenkategorie eingestellt.

Falls es in der Tabelle eng wird und mehr Speicherplatz benötigt wird, dann wird, entsprechend der gewählten Kategorie, zusätzlicher Platz hinzugefügt. Dieser neue Block wird als **NEXT-Extent** bezeichnet. Für uns reicht die Größenkategorie **0**.

Wir sind ja bescheiden und glauben nicht an unseren Geschäftserfolg. Was würden wir auch mit so vielen Kunden machen?

Die **Pufferung** legt fest, ob und wenn ja, was (**Pufferungsart**) im **Tabellenpuffer auf dem Applikationsserver** abgelegt werden darf. Durch die Pufferung erhoffen wir uns natürlich einen Zeitvorteil, der auf Kosten von Ressourcenverfügbarkeit geht. Darum muss die Pufferung immer wohlüberlegt sein. Es ist zwar praktisch, 1.000 Dosen **Baked Beans** einzukaufen, um sich den Weg ins Geschäft zu sparen, aber wer will schon das ganze Wohnzimmer voll mit Dosen haben?

Auf alle Fälle ist die **Pufferung** von Daten, die sich sehr oft ändern, nicht sinnvoll. Und auch Daten, die immer auf dem aktuellsten Stand sein müssen, sind keine Kandidaten für die Pufferung. Falls du also mit ruhigem Gewissen pufferst, musst du noch überlegen, ob alle Daten der Tabelle oder eine Untermenge gepuffert werden soll. Das legst du mit der **Pufferungsart** fest. Ausgepuffert!

Die Checkbox **Datenänderungen protokollieren** zeigt noch ein interessantes Feature. Damit legst du fest, dass jede Veränderung der Daten in einer **Protokolltabelle** protokolliert wird, die du mit der Transaktion **SCU3** auswerten kannst.

[Achtung]

Warnung: Das Einschalten der Protokollierung verlangsamt ändernde Zugriffe!

Das sind alle technischen Einstellungen. Sichern und zurück zur Tabelle.

[Einfache Aufgabe]

Leg für die Tabelle **ZSCH016ADDRESS** die technischen Einstellungen fest. Aktiviere die Pufferung, und puffere die Tabelle vollständig. Natürlich nur mal so zum Probieren.

Bei mir sehen die technischen Einstellungen wie folgt aus:

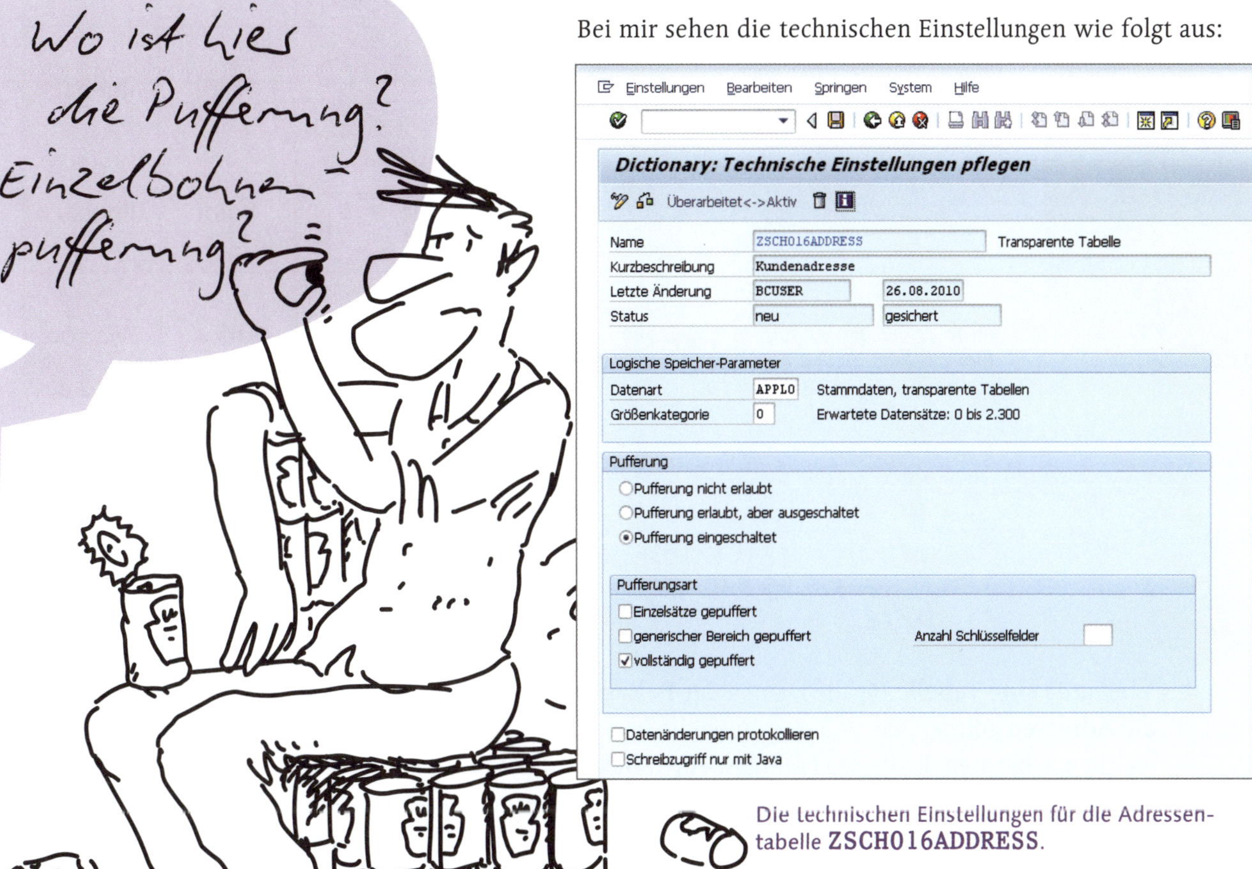

Die technischen Einstellungen für die Adressentabelle **ZSCH016ADDRESS**.

Mehr als eine Tabelle

Manchmal reicht **eine** Tabelle nicht, um die Daten abzulegen, warum auch immer. Auf alle Fälle nicht wegen des fehlenden Speicherplatzes, sondern eher wegen der Aufteilung der Daten in logische Einheiten. Denke zum Beispiel an **deine Bekannten** und deren **Adressen**. Ein Bekannter kann ja viele Adressen haben, darum ist es sinnvoll, logisch und nahe liegend, eine Tabelle für die Bekannten und eine für ihre Adressen zu haben.
Also: Wenn du an deine Bekannten denkst, dann könntest du natürlich in einer Datenbanktabelle pro Zeile den Namen und die Adresse eines Bekannten eintragen. Hat er zum Beispiel zwei Adressen, dann hast du zwei Einträge, die immer seinen Namen beinhalten.

Bekannte	Vorname	Nachname
	Max	Schrö
	Poldi	Illbeback
	Carlos	Marrón

Adresse	Vorname	Nachname
	Max	Schrö
	Poldi	Illbeback
	Poldi	Illbeback
	Carlos	Marrón

Für jeden Bekannten immer wieder alle Informationen in den Adressen zu wiederholen ist doof!

Das könnte man doch besser machen.

Wie?

Ich würde **eine Tabelle** für die Namen der **Bekannten** und **eine Tabelle** für die **Adressen** anlegen. Zur Adresse musst du dir natürlich merken (Merker), für welchen Bekannten die ist. Du benötigst einen **Bekannter-Fremdschlüssel**, um den Bezug zum Bekannten herzustellen. Sonst wird es mit den Besuchen zu Kaffee und Kuchen etwas schwer. Mit dieser Aufteilung habe ich nur mehr einen Eintrag in der Bekannten-Tabelle und zwei Einträge in der Adressen-Tabelle. Das spart Platz!

PRIMÄRSCHLÜSSEL

FREMDSCHLÜSSEL

Bekannte	Bekannter Schlüssel
	1
	2
	3

Adresse	Bekannter Schlüssel

Bekannte und Bekannter-Fremdschlüssel.

Fast so wie Fremdschämen, nur eben mit Schlüssel.

[Zettel]
Bei der **Normalisierung** einer Datenbank (eines relationalen Datenschemas, also der Tabellenstruktur) geht es um Eliminierung von Datenredundanzen. Um diese zu eliminieren, teilt man die Tabellenspalten so auf Tabellen auf, dass keine vermeidbaren Redundanzen übrig bleiben.

Okay, für Puristen eine feine Sache, aber für meine Anwendung eigentlich egal?

Du hast Recht, Schrödinger. Aus deiner Sicht ist es nur konsequent, das Spaghetti-Coding in die Datenbank zu verlängern. Das war jetzt natürlich ein Scherz. Aus meiner Sicht ergeben sich eindeutige Vorteile:

- Die Daten werden nicht redundant gehalten. Die Namen kommen nur mehr in der Bekannten-Tabelle vor.
- Inkonsistenzen werden vermieden.

Außerdem ist es in einer Anwendung nützlich: Du kannst damit **Werteprüfungen** für Eingabefelder festlegen. Stell dir vor, du legst eine Tabelle an, um deine LAN-Partys zu verwalten. Dann willst du deine Kumpels und Kumpelinnen nicht eintippen, sondern auswählen. Dabei sind zwei Rollen wichtig: die Rolle **Fremdschlüsseltabelle**, das wäre dann die Partytabelle, und die Rolle **Prüftabelle**, das wäre die Kumpels- und Kumpelinnen-Tabelle.
In der Prüftabelle (Kumpels und -linnen) stecken die Werte, gegen die geprüft werden soll und die natürlich über einen Primärschlüssel eindeutig auffindbar sind. In der Fremdschlüsseltabelle (Partytabelle) werden die Kumpelschlüssel aus der Prüftabelle übernommen. Ein Kumpel, der nicht in der Kumpeltabelle ist, darf leider nicht an der Party teilnehmen.

Wohl gesprochen, Roland.
Und jetzt nochmal anders für mich, bitte.

[Einfache Aufgabe]

Her mit Papier und Bleistift. Du malst dir jetzt mal das Kumpel-Beispiel auf, das hilft.

Und ich zeichne ein neues Beispiel für dich. Eine mandantenabhängige Kundentabelle und die Tabelle der Mandanten.

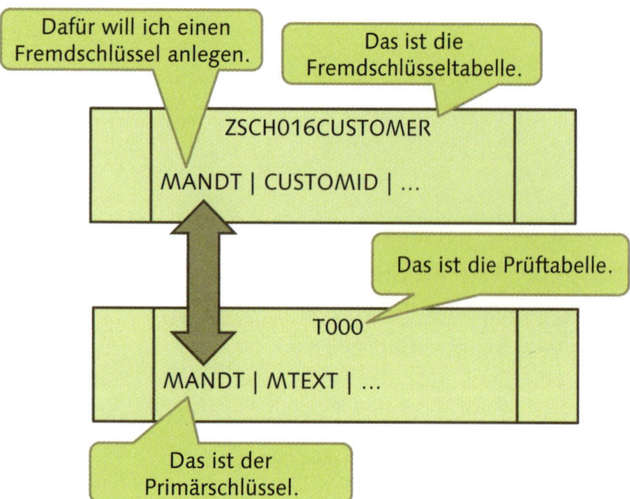

Von der Fremdschlüsseltabelle **ZSCH016CUSTOMER** ausgehend, definierst du den Fremdschlüssel. Dabei verwendest du die Prüftabelle **T000** mit den Prüfwerten. Jetzt können bei der Datenpflege der **ZSCH016CUSTOMER** nur noch Mandanten ausgewählt werden, die in **T000** tatsächlich angelegt sind.

Hey Roland, das mit den relationalen Datenbanken ist doch ein alter Hut. Da gibt es doch Objektdatenbanken und objektrelationale Datenbanken, ... was ist damit?

Stimmt, gibt es alles. Aber nicht für SAP. Unter dem SAP-System sitzt eine relationale Datenbank. Punkt.

[Zettel]

Ehrlichkeitsmodus. Da hat sich was getan in letzter Zeit. SAP HANA (High Performance Analytic Appliance), eine Kombination von Hardware und Software, ist eine DB-Technologie von SAP, die den Hauptspeicher nutzt, um schnellere Zugriffe auf Daten zu ermöglichen. Sie nutzt unter anderem zeilen- und spaltenorientierte Speicherung von Daten.
SAP stellt dir das SAP HANA Studio zur Verfügung, und mit HANA 1.5 ist die Integration in ABAP geplant. Schmökere doch einfach auf scn.sap.com, du wirst erstaunt sein, was da alles auf dich wartet.

Na gut, aber wir sehen uns die olle relationale Datenbank an und werden in die Datenwelt abtauchen.

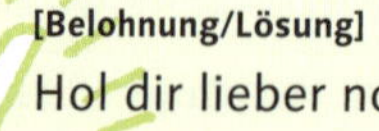

[Belohnung/Lösung]

Hol dir lieber noch einen Zitronensaft aus der Küche.

Welcher Wert ist möglich – Fremdschlüssel

Erinnere dich an die Kundentabelle! Fertig mit dem Erinnern? In unserer Kundentabelle sollte das **MANDT**-Feld per **Fremdschlüssel** mit der Prüftabelle **T000** verbunden werden. Die **T000** ist die **Tabelle der Mandanten**.

Woher kommt jetzt T000?

Verrate ich dir gleich. **Also, wie geht das?**

1. Du bist noch in der Kundentabelle, oder? Wenn nicht, bitte in die Definition wechseln, auf den Karteireiter **Felder**.
2. Mit einem Doppelklick auf das **MANDT**-Feld öffnest du den Pflegedialog für die Fremdschlüsseldefinition.

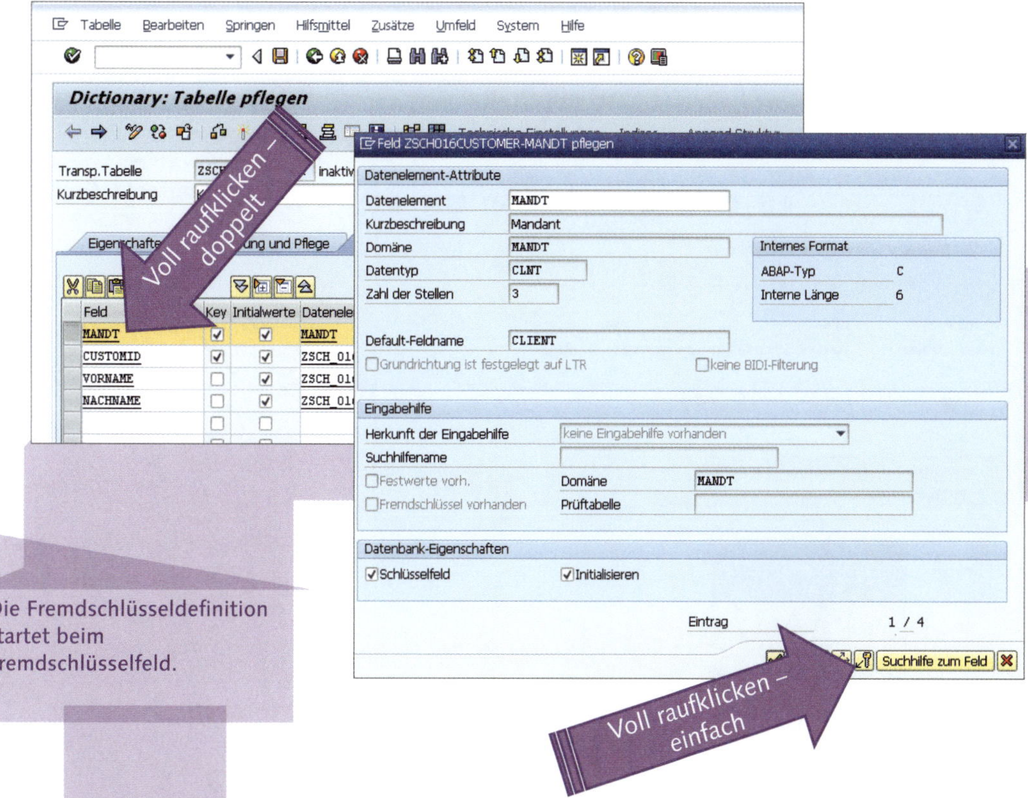

Die Fremdschlüsseldefinition startet beim Fremdschlüsselfeld.

3. Dann klickst du das (Fremd-)**Schlüsselsymbol** im Pop-up an und startest damit die Anlage der Fremdschlüsselverprobung.

[Notiz]
Die Fremdschlüsselverprobung ist die Festlegung einer Fremdschlüsselbeziehung.

Huch, was ist das? Das System kann zaubern!

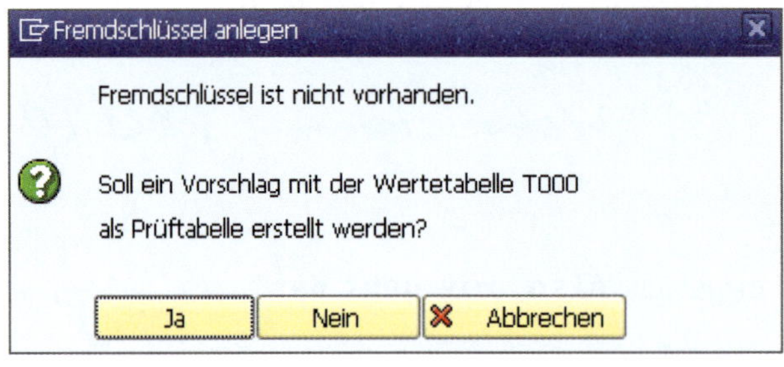

Das System erkennt, dass kein Fremdschlüssel vorhanden ist, und schlägt aufgrund der zugrunde liegenden **Wertetabelle in der Domäne** eine Prüftabelle vor.

Die erste Zeile im Dialog ist nicht so überraschend, aber die zweite sehr wohl. Woher kommt denn diese Info? Die kommt aus der **Domäne** des Datenelements, das zur Typisierung des Feldes verwendet wurde. Also Feld = **MANDT**, Datenelement = **MANDT**, Domäne = **MANDT**, und dort findest du auf dem Karteireiter **Wertebereich**, ganz weit unten, das Feld **Wertetabelle**, und dort ist **T000** eingetragen.

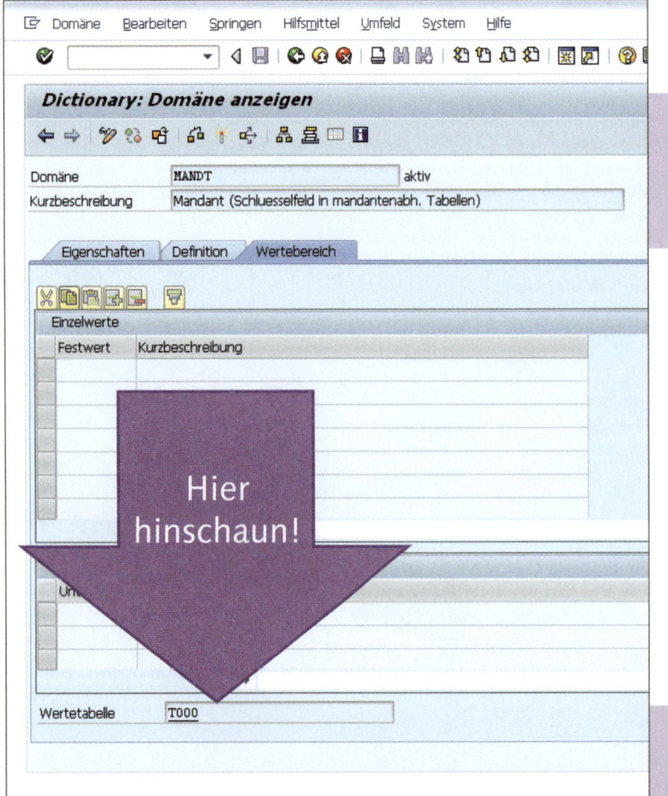

Hier versteckt sich die Wertetabelle für den Vorschlag zur **Fremdschlüsseldefinition**.

Also dieses SAP-System und diese SAP-Entwickler. Unglaublich, worauf die kommen.

Super, gell? Das kannst du natürlich auch nutzen. Falls du zum Beispiel zu unserer Kundentabelle ein eigenes Datenelement mit Domäne für die Kunden-ID anlegst, kannst du im Feld

Wertetabelle
- ❑ **T000**
- ❑ **SCARR**
- ❑ **ZSCH016CUSTOMER**

eintragen. Kreuze das Passende an.

Natürlich ZSCHO16CUSTOMER, weil da ja die Werte für den Kunden drinstecken.

Genau!

Also weiter im Programm. Das System schlägt dir vor, dass du für das Prüffeld **MANDT** die **T000** als Prüftabelle verwenden kannst. Wir sagen ehrfurchtsvoll Danke! mit der **Ja**-Drucktaste. Und da ist das nächste Pop-up, aber nun endgültig das letzte.

Fremdschlüssel ZSCH016CUSTOMER-MANDT ändern

Kurzbeschreibung

Prüftabelle T000 Vorschlag erzeugen

Fremdschlüsselfelder

Prüftabelle	Prüftabfeld	Fremdschl...	FremdschlFeld	generisch	Konstante
T000	MANDT	ZSCH016CU...	MANDT	☐	

Dynpro-Prüfung

☑ Prüfung erwünscht Fehlernachricht MsgNr AGeb

Semantische Eigenschaften

Art der Fremdschlüsselfelder
○ nicht spezifiziert
○ keine Schlüsselfelder/-kandidaten
◉ Schlüsselfelder/-kandidaten
○ Schlüsselfelder einer Texttabelle

Kardinalität 1 : CN

Übernehmen

Die Fremdschlüsseldefinition erfordert eine Prüftabelle mit Verknüpfung, sodass ein Eintrag in der Prüftabelle eindeutig ermittelt werden kann. In den semantischen Eigenschaften kannst du die Art der Fremdschlüsselfelder und die Kardinalität festlegen.

Im Feld **Prüftabelle** wird die verwendete Prüftabelle angezeigt, also die mit den Werten. Darunter in der Tabelle **Fremdschlüsselfelder** siehst du diejenigen Felder, die die Verknüpfungen von der Fremdschlüsseltabelle mit der Prüftabelle definieren. Da könnten natürlich mehr Felder stehen, je nachdem, **wie viele Felder nötig sind, um einen Eintrag in der Prüftabelle eindeutig zu identifizieren**.

Okay, die Eindeutigkeit ist wichtig. Verstanden!

Danach folgen Einstellungen für **Werteprüfungen** auf Dynpros, wo dieses Feld (**MANDT**) verwendet wird und der möglichen **Fehlernachricht**, die beim Fehlschlagen der Prüfung gesendet werden kann.

Da wird also automatisch geprüft, ob die Eingabe zu den Werten in der Prüftabelle passt. Sehr schön!

Wenn du willst. Da musst du aber im Dynpro noch etwas dafür tun. Im Abschnitt **Semantische Eigenschaften** kannst du noch die **Art der Fremdschlüsselfelder** klassifizieren (bei uns ist das Feld **MANDT** ein Teil des Primärschlüssels) und die **Kardinalität** beschreiben. Diese wird **aus Sicht der Prüftabelle** beschrieben. Es muss in unserem Fall ein Wert für den Mandanten vorliegen, daher der Wert **1**. Ein Eintrag in der Prüftabelle kann beliebig viele abhängige Einträge in der Fremdschlüsseltabelle haben, also der Wert **CN**. Damit bist DU fertig und die Pflege auch, somit seid ihr beide fertig.

Mir bleibt nur mehr eines zu sagen: **Übernehmen**! Und im daraufhin erscheinenden Pop-up die **Weiter**-Taste drücken.

Ähh, woher weiß ich jetzt, ob das funktioniert hat mit dem Fremdschlüssel?

Wechsle doch einfach auf den Karteireiter **Eingabehilfe/-prüfung**. Dort siehst du in der ersten Zeile (die mit dem Feld **MANDT**), in der Spalte **Prüftabelle**, den Eintrag **T000**. **Trärä!**

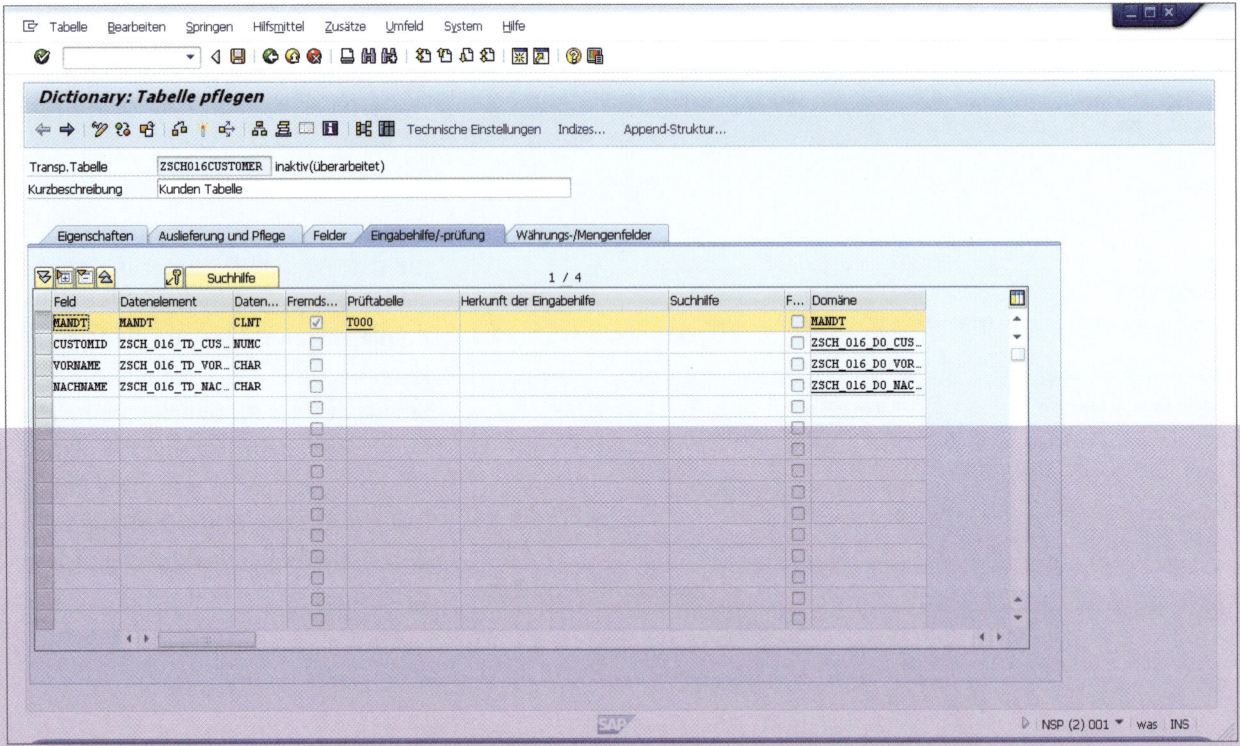

Das Ergebnis der Fremdschlüsseldefinition siehst du auf dem Karteireiter **Eingabehilfe-/Prüfung**. Dort ist die Prüftabelle **T000** für das Feld **MANDT** eingetragen.

Ich hab noch eine Möglichkeit für dich, wie du erkennen kannst, ob das funktioniert hat. Die kannst du aber erst testen, nachdem die Tabelle aktiviert wurde. Die Drucktaste **Tabelleninhalt anzeigen** (das **Tabellensymbol** in der Drucktastenleiste). Wenn du diese drückst, wird dir ein Selektionsbild angezeigt, und für das **Feld**, für das du eine **Fremdschlüsselverprobung** definiert hast, wird eine **Wertehilfe** angezeigt. Probiere das später für das Feld **CUSTOMID** mal aus.

[Schwierige Aufgabe]

Definiere in der Tabelle **ZSCH016ADDRESS** eine Fremdschlüsselverprobung für die Felder **MANDT** und **CUSTOMID**.

Wenn du diese Aufgabe bearbeitest, sollte ein besonderer Moment für dich und nur für dich eintreten. Dafür hast du hart gearbeitet.

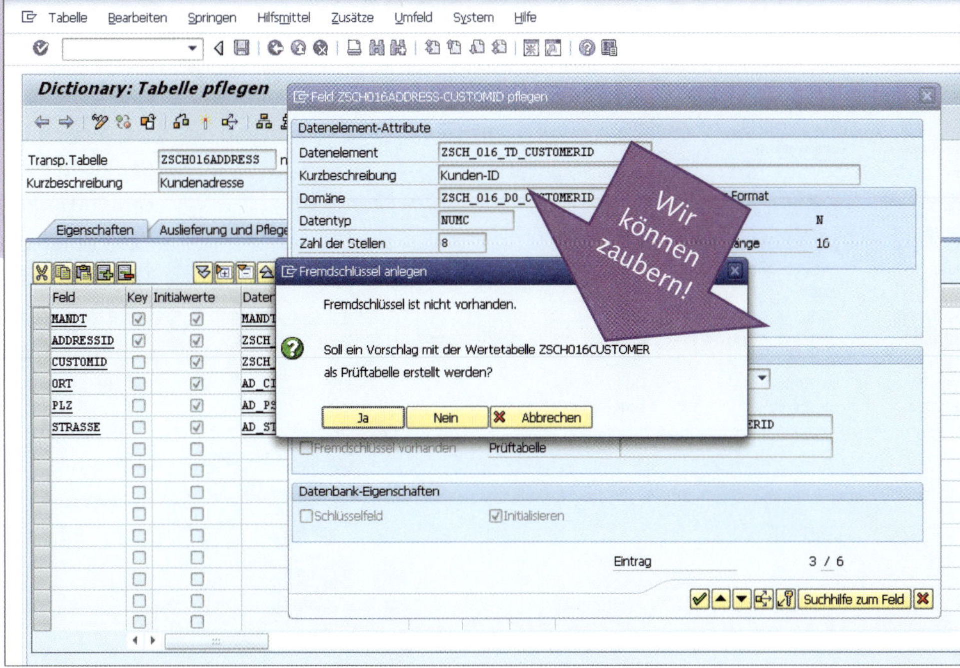

Woher kommt der Vorschlag?

Und die Einstellung, die ich für die **CUSTOMID** vorgenommen habe, unterscheidet sich auch etwas vom **MANDT**-Beispiel.

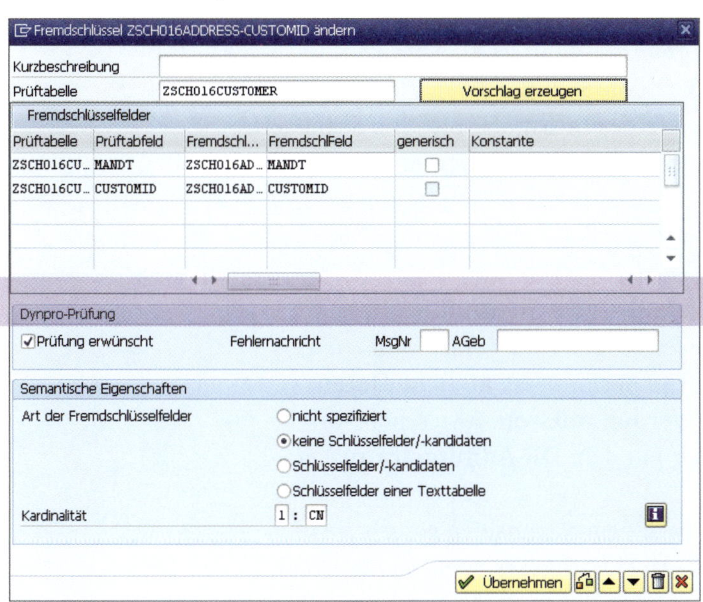

Die Fremdschlüsselverknüpfung wird für **MANDT** und **CUSTOMID** vorgeschlagen. Da diese Felder nicht identifizierend für die Fremdschlüsseltabelle sind, habe ich bei **Art der Fremdschlüsselfelder** den Wert **keine Schlüsselfelder/-kandidaten** gewählt. Die Kardinalität ist wie für **MANDT** zu wählen.

Das Gesamtergebnis der Definitionsschritte siehst du wieder auf dem Karteireiter **Eingabehilfe/-prüfung**.

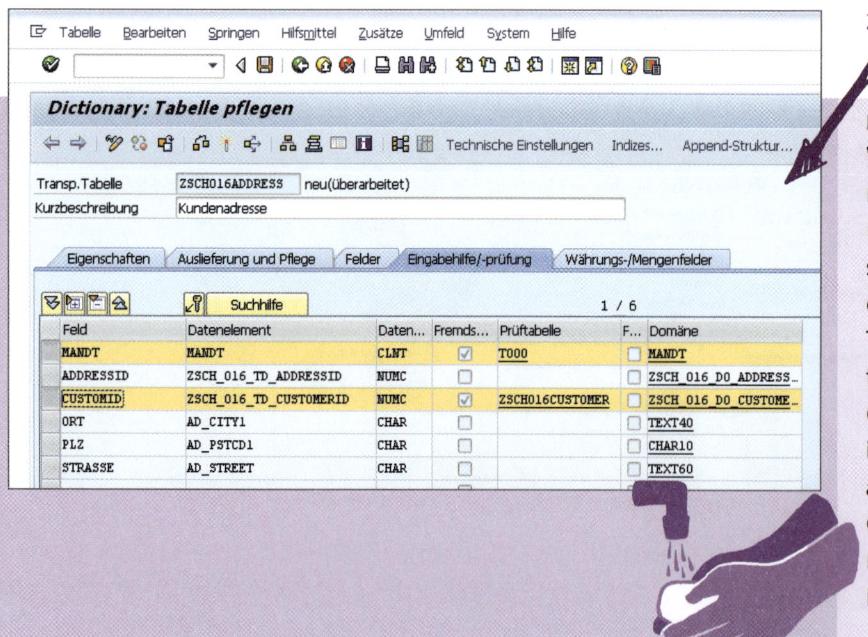

Feld	Datenelement	Daten...	Fremds...	Prüftabelle	F...	Domäne
MANDT	MANDT	CLNT	☑	T000	☐	MANDT
ADDRESSID	ZSCH_016_TD_ADDRESSID	NUMC	☐		☐	ZSCH_016_DO_ADDRESS...
CUSTOMID	ZSCH_016_TD_CUSTOMERID	NUMC	☑	ZSCH016CUSTOMER	☐	ZSCH_016_DO_CUSTOME...
ORT	AD_CITY1	CHAR	☐		☐	TEXT40
PLZ	AD_PSTCD1	CHAR	☐		☐	CHAR10
STRASSE	AD_STREET	CHAR	☐		☐	TEXT60

Zwei wunderschöne Prüfungen.

[Belohnung]

Was ist mit dir? Du schreist ja gar nicht nach einer Pause? Falte ein Papier in der Mitte, mach einen riesen Tintenklecks in den Knick, lege das Papier zusammen, sodass sich der Tintenklecks innen befindet, und verteile mit deinem Finger die Tinte (wenn auf deinem Finger keine Tinte ist, hast du die Anweisungen korrekt ausgeführt).
Öffne das Papier, und betrachte dein Kunstwerk. Was siehst du? Apropos: Dafür gibt es keine Lösung ;-)

Ich will auch anders suchen – Sekundärindex

Bei der Definition der Schlüsselfelder entsteht automatisch der **Primärschlüssel**, der zum Auffinden von Einträgen dient. Basierend auf diesem, wird der sogenannte **Primärindex** erzeugt. Das ist ein redundanter Datenbestand, der nur aus den **Schlüsselfelddaten** besteht und **sortiert abgelegt** wird. Damit ist die Suche natürlich dann viel effizienter – die Datenbasis ist sortiert, nicht die Suche, gell?
Was passiert aber, wenn du nach einem Wert eines Feldes suchst, das nicht im Schlüssel ist? Pech gehabt. Dann musst du warten. Das dauert natürlich, da die Daten ja nicht sortiert vorliegen.

Oh, grausames Schicksal!

Oder du bist der kundige **Datenbank-Superwuzi** und kennst **Sekundärindizes**. Damit kannst du nämlich sortierte Datenbestände für ausgewählte Felder definieren. Und damit kennst du auch schon den **Nachteil** dieser Technik: **zusätzliche Daten, die auf der Datenbank angelegt und sortiert werden müssen**. Also schön vorsichtig mit dieser Möglichkeit umgehen und immer mit dem **DB-Administrator** beratschlagen.
Ich denke, dass in unserer Kundentabelle sehr oft nach dem Nachnamen gesucht werden wird. Dieser ist aber nicht Teil des Schlüssels, also Ärmel hochgekrempelt! In der Drucktastenleiste findest du die Drucktaste **Indizes...** (Strg + F5). Wenn du diese drückst, öffnet sich ein Pop-up mit den bereits definierten Sekundärindizes. Bei uns: gähnende Leere.

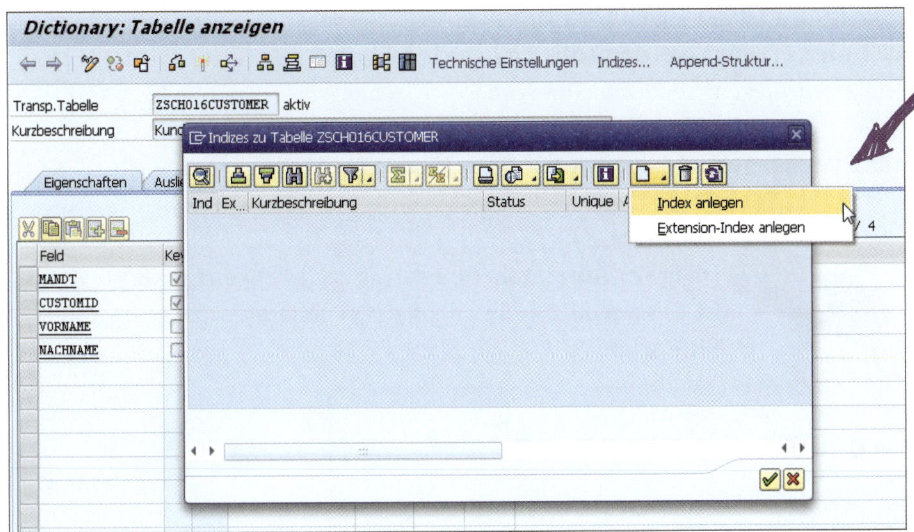

Sekundärindex anlegen.

Wenn du den Eintrag **Index anlegen** der **Anlegen**-Drucktaste auswählst, kannst du einen neuen Sekundärindex erstellen. Im kleinen Popi **Index anlegen** das denn erscheint, kannst du den Namen für den Sekundärindex angeben. Ich habe **ZNN** (Z für Kundennamensraum, NN für Nachname) als Bezeichnung gewählt.

Bestätigen mit dem **grünen Häkchen**, und die Quittierung aller Zwischenfragen führt dich zur Pflegemaske des Indexes.

Nomen est omen!

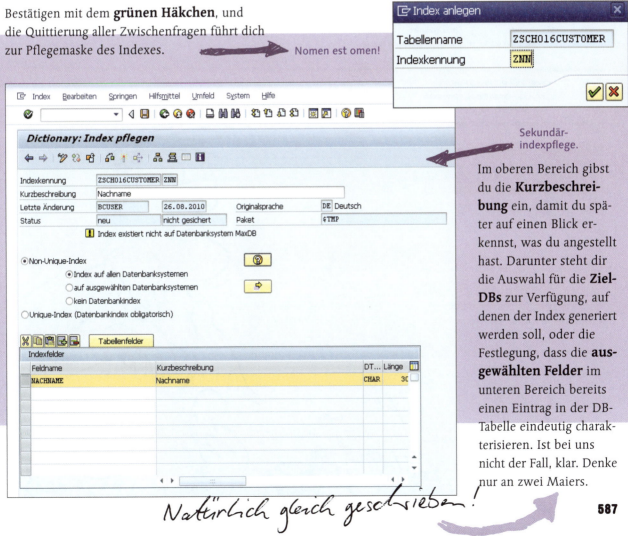

Sekundärindexpflege.

Im oberen Bereich gibst du die **Kurzbeschreibung** ein, damit du später auf einen Blick erkennst, was du angestellt hast. Darunter steht dir die Auswahl für die **Ziel-DBs** zur Verfügung, auf denen der Index generiert werden soll, oder die Festlegung, dass die **ausgewählten Felder** im unteren Bereich bereits einen Eintrag in der DB-Tabelle eindeutig charakterisieren. Ist bei uns nicht der Fall, klar. Denke nur an zwei Maiers.

Natürlich gleich geschrieben!

Ganz unten, in der Tabelle für die Felder, ist der eigentlich spannende Teil. Hier legst du fest, **für welche Felder der Index erzeugt werden soll**. Ich habe beschlossen, für das **Nachnamenfeld** den Index anzulegen. So, fertig! Die Suche nach den Nachnamen läuft nun auch optimal.

Sichern und aktivieren nicht vergessen und zurück zur Tabellendefiniton.

[Einfache Aufgabe]

Da in der **Adresstabelle** sehr oft nach dem **Ort** gesucht wird, ist es sinnvoll, für diesen einen Sekundärindex anzulegen.

Bitte schön!

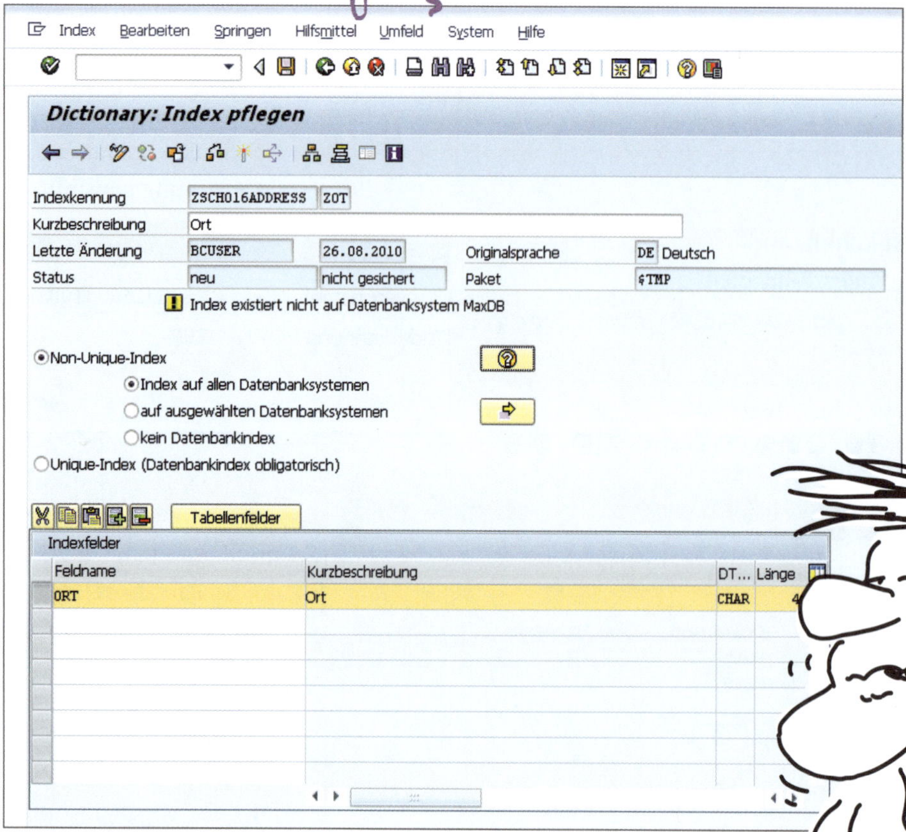

Der Sekundärindex für den Ort.

Du bist heute so ruhig? Keine Pause? Etwas Hunger? Turnübungen oder etwas zum Basteln?

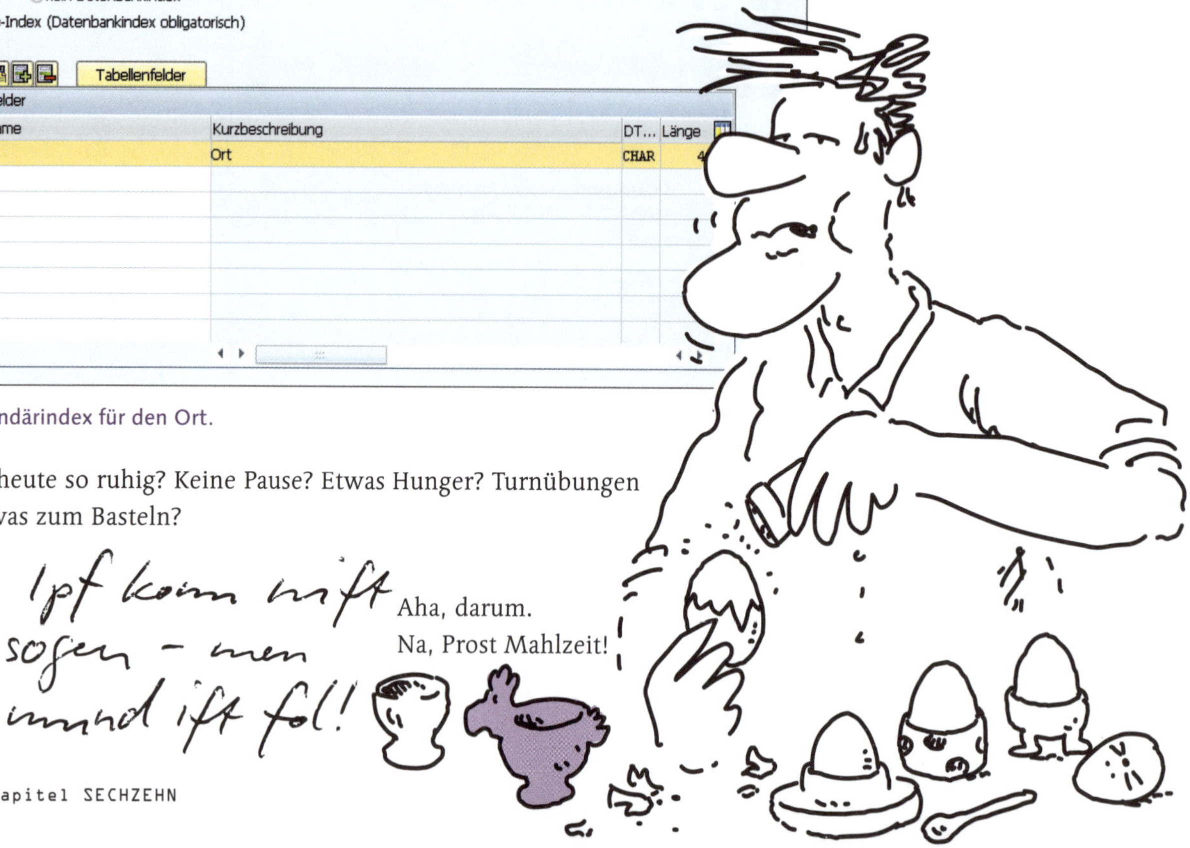

Ipf koim nift sogen – men mund ift fol!

Aha, darum.
Na, Prost Mahlzeit!

Ändern oder nicht, was geht – Erweiterungskategorie

Schluck. Sind wir bald fertig?

Sofort, noch ein/zwei Dinge, und dann haben wir es.
Der letzte Schritt, laut **Kochrezept**, ist die Einstellung der **Erweiterungskategorie**. Versuch doch einfach mal, die Tabelle zu **Prüfen** (Strg + F2). Irgendetwas fehlt noch, oder?

Ja, die Erweiterungskategorie. Das kommt mir so bekannt vor? Hab ich das in den Nachrichten gehört? Wird die EU schon wieder erweitert?

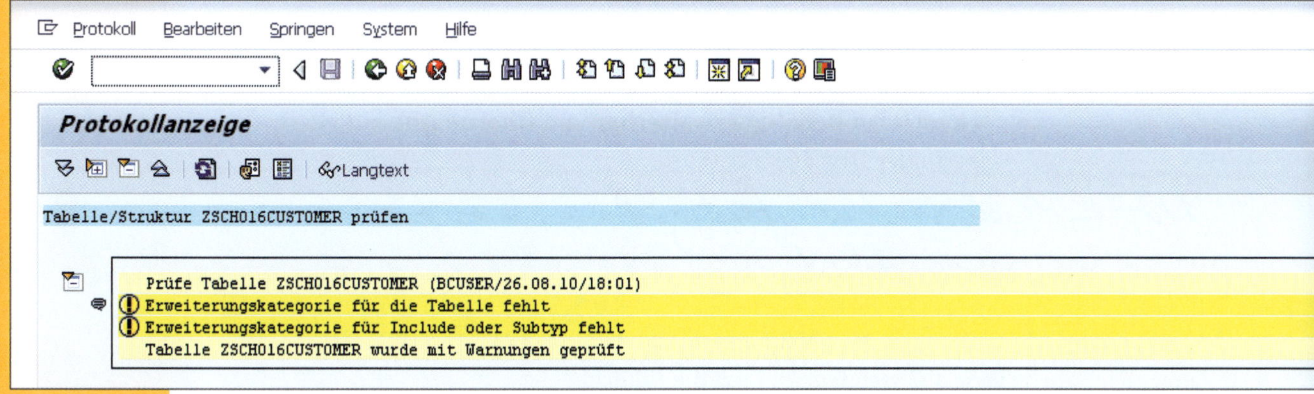

Da fehlt noch die Erweiterungskategorie.

Das hatten wir schon mal in Kapitel 5 bei den Strukturen – nix EU. Wähle doch mal den Menüeintrag **Zusätze • Erweiterungskategorie**. Dir wird mein **Lieblings-Pop-up** angezeigt:

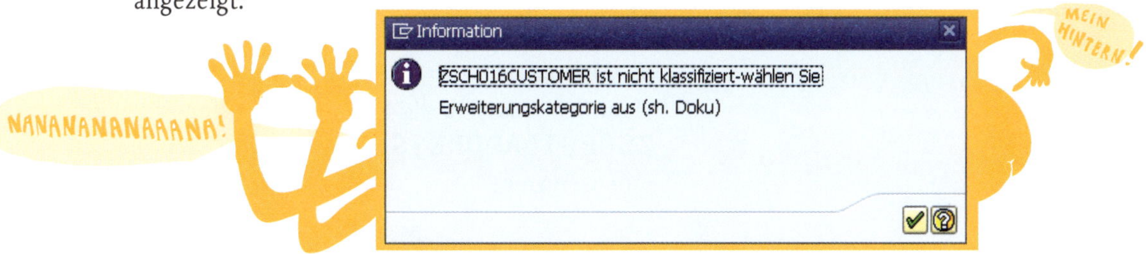

Hallo, ich bin das Pop-up, das dich ärgern will.

Nur zur Wiederholung. Du bist mit der Absicht gestartet, die Erweiterungskategorie zu pflegen, und was passiert? Das System erklärt dir, dass du das noch nicht gemacht hast.

Hallo, ist da jemand!!!

Okay, weiter. Danke, liebes System, mit dem grünen Häkchen bestätigen. Und dann erscheint das eigentliche Pflege-Pop-up zur Festlegung der Erweiterungskategorie.

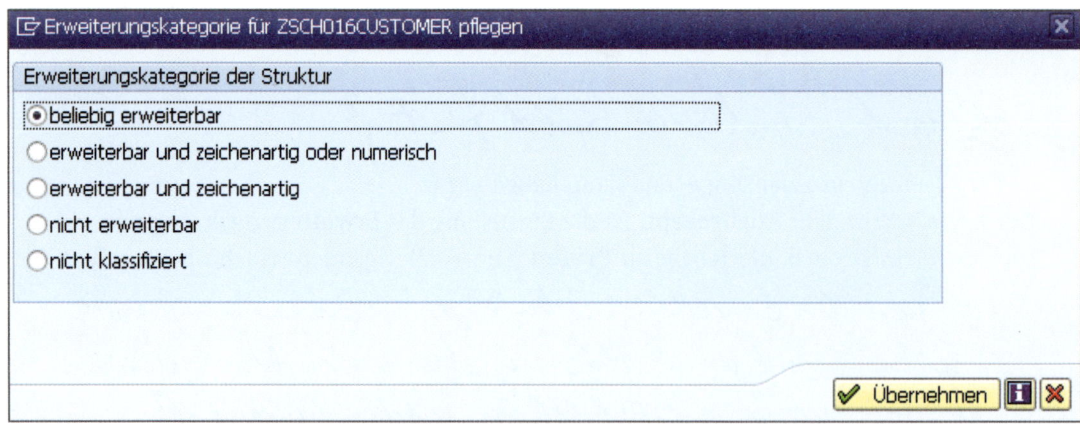

Es stellt sich der Mensch die Frage, wie und ob erweitert werden kann.

Na, Gott sei Dank hat uns das System mitgeteilt, dass wir etwas aussuchen sollen. Das hätten wir sonst nicht geschafft ;-)
Ich setze auf **beliebig erweiterbar** und **Übernehme** mit gleichgenannter Drucktaste.

Na, endlich sind wir fertig. Pahh, was für ein Stück Arbeit.

Aber eines kann ich dir verraten: Nur beim ersten Mal dauert es so lange. Die Tabelle legst du, nachdem du jetzt die Schliche kennst, in ungefähr fünf Minuten an.
Jetzt kommt der krönende Abschluss: die **Aktivierung (Strg + F3)** und damit Erzeugung der Datenbanktabelle. Hat es funktioniert? Hast du den Index mitgenommen bei der Aktivierung?

[Einfache Aufgabe]
Natürlich musst du die Erweiterungskategorie in der Tabelle **ZSCH016ADDRESS** noch festlegen. Achtung auf das Zwischen-Pop-up!

Definieren und Realisieren – Datenbankobjekt

Auf Basis der transparenten Tabelle ist eine **Datenbanktabelle** erzeugt worden. Um dieses **Datenbankobjekt** nun zu sichten – das wäre jetzt überhaupt nicht nötig, wir vertrauen dem SAP-System doch –, wählst du den Menüeintrag **Hilfsmittel • Datenbankobjekt • Anzeigen**. So sieht es auf der Datenbank aus.

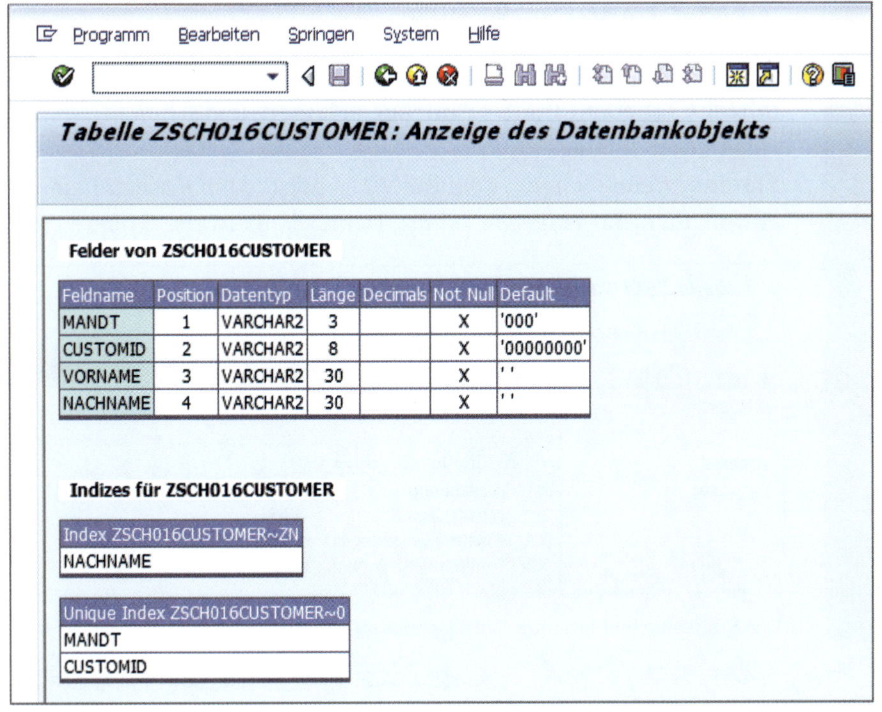

Felder von ZSCH016CUSTOMER

Feldname	Position	Datentyp	Länge	Decimals	Not Null	Default
MANDT	1	VARCHAR2	3		X	'000'
CUSTOMID	2	VARCHAR2	8		X	'00000000'
VORNAME	3	VARCHAR2	30		X	' '
NACHNAME	4	VARCHAR2	30		X	' '

Indizes für ZSCH016CUSTOMER

Index ZSCH016CUSTOMER~ZN
NACHNAME

Unique Index ZSCH016CUSTOMER~0
MANDT
CUSTOMID

Unterschiedliche Datenbankobjekte. Was ist was?

Ganz oben siehst du die Datenbanktabelle **ZSCH016CUSTOMER** mit den **Spalten** und umgesetzten **Typen** für die **Spalten**. Darunter der automatisch produzierte **Primärindex** und der von dir definierte **Sekundärindex**.
Sieh dir mal die Datenbankobjekte für die Tabelle **ZSCH016ADDRESS** an.

Ich kann keine großen Unterschiede bis auf die Namen und die Schlüsselfelder entdecken.

Dann ist alles in Ordnung, bravo!

Mein erster Eintrag – Datenbanktabellen-Einträge erzeugen

Und das möchte ich dir auch noch kurz zeigen. Wir haben doch für die Tabelle eingestellt, dass du **Einträge erfassen** kannst. Wo haben wir das nochmal gemacht?

Das finde ich auf dem Karteireiter Auslieferung und Pflege! Eh kloa.

Korrekt. Wähle ausgehend von der Tabellendefinition den Menüeintrag **Hilfsmittel • Tabelleninhalt • Einträge erfassen**, und schon bist du in der Pflege für einen neuen Eintrag.

Erstens: Wenn du in das Feld MANDT klickst, dann erscheint eine Eingabehilfe, obwohl du nichts eingeben kannst. Dennoch, da ist sie. Woher kommt sie?

Tabelle ZSCH016CUSTOMER einfügen

Zurücksetzen Prüftabelle...

MANDT 001
CUSTOMID
VORNAME
NACHNAME

Mandant (2) 3 Einträge gefunden

Einschränkungen

M...	Bezeichnung	Ort
000	SAP AG Konzern	Walldorf
001	Auslieferungsmandant R11	Kundstadt
066	Test EarlyWatch Profiles	Walldorf

Das Erfassungsbild für neue Einträge und die funktionierende Fremdschlüsselverprobung.

Ha, das weiß ich. Aus der Fremdschlüsseldefinition.

Super! Also pflegen wir mal einen Datensatz für den Kunden Nummer 1, Roland Schwaiger. Ich bin dein erster Kunde.

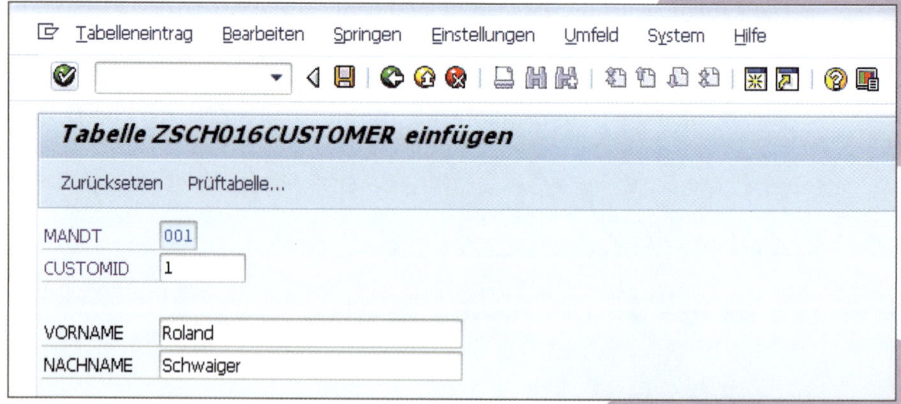

Dein erster Datensatz, und ich darf der erste Kunde sein. Danke!

Sichern, und schon ist er gespeichert. Das System meldet sich sogar mit: „**Datensatz erfolgreich weggeschrieben**“.
Wenn du jetzt wieder zurück in die Definition der Tabelle wechselst und dort die Drucktaste **Inhalt** (Strg + Umsch + F10) drückst – das ist die mit dem **blauen Tabellensymbol** –, erscheint im ersten Schritt ein Selektionsbild, und mit **Ausführen** (F8) siehst du

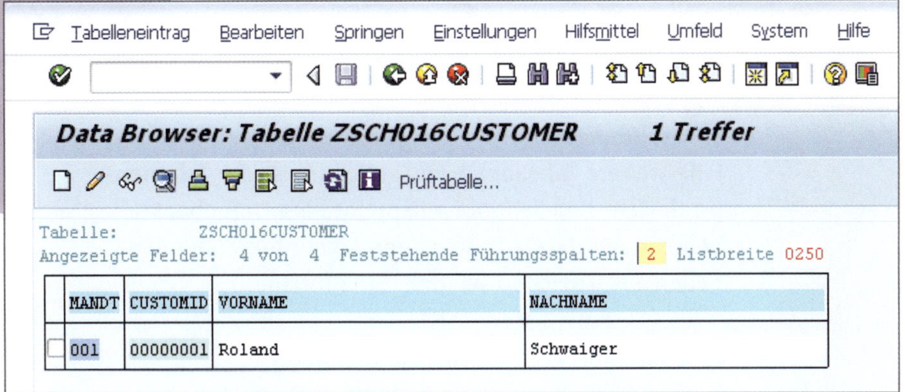

Bin ich schon drin?

deinen **ersten Datensatz** in deiner **ersten Tabelle**, und das zum **ersten Mal**. Das ist doch **erstmalig**, ist es nicht?
Damit ist es vollbracht. Du bist der **Tabellen-Champ**, und dir steht die Datenwelt offen.

Super, super, super. Moment. Und wie komme ich zu den Daten in meinem Programm?

Folge dem **didaktischen Lehrpfad** des Autors, und all deine Fragen werden beantwortet werden. Einmal umblättern, und das nächste Thema saugt dich auf.

[Einfache Aufgabe]
Bevor du das Buch zur Seite legst, könntest du bitte noch eine Adresse für mich pflegen? Oder besser zwei, eine fürs Büro und eine für das zweite Büro.

DIDAKTISCHER PFAD

Artenvielfalt im Dictionary – Weitere Tabellenarten

Unser Datenzoo ist bis jetzt ziemlich klein. Gibt es außer transparenten Tabellen noch andere Tabellen?

[Hintergrundinfo]

Eine weitere Tabellenart im Dictionary ist der **Tabellenpool**. Dem Tabellenpool entspricht eine Datenbanktabelle, in der die Datensätze der zugeordneten Pooltabellen abgespeichert werden. Eine für alle.

Eine hab ich noch: Der **Tabellen-Cluster**.
In einem Tabellen-Cluster können mehrere logische Datensätze aus mehreren verschiedenen Cluster-Tabellen in einem physischen Satz zusammengefasst abgespeichert werden. Eine für mehrere.

Aha, danke.
Pool und Cluster.

[Belohnung/Lösung]

Zeit für Igel-Kekse: Buttergebäck mit Schokostreuseln als Stacheln und Kuvertüre-Tropfen als Nase und Augen.

—SIEBZEHN—

DB-Tabellen auslesen

Vorratskammer plündern

Daten rein, Daten raus, und das möglichst einfach: So wünscht sich das der Schrödinger. Da kann ihm der Schwaiger Roland helfen. Und alleine die Begriffe „Open SQL“ und „ANSI SQL“ klingen wie Musik in seinen Ohren. Und er kann dann Daten aus einer oder sogar mehreren Datenbanktabellen lesen. Manchmal wünscht sich Schrödinger, er könnte den Schwaiger Roland in der Vorratskammer einsperren. Nur über Nacht.

Erster Takt – SQL

Vorspann: Bitte verzeih mir im Folgenden den flapsigen Umgang mit den Begriffen **Relationales Datenbank-Management-System (RDBMS)** und **Datenbank**.
Ich werde sehr oft statt RDBMS einfach Datenbank sagen. Danke!
Heute ist Leseabend. Mach es dir gemütlich auf deiner Couch, und hol dir noch eine heiße Schokolade und dazu einen Keks. Das Besondere an unserem Leseabend ist, dass unser Vokabular sehr eingeschränkt sein wird. Dennoch wird uns unser Publikum verstehen. Bist du schon gespannt?

Total (am-Kakao-schlürf).

Also unser Publikum ist die **Datenbank**, und die hat es im Sprachenunterricht leider nicht weit gebracht. Die versteht ganz wenig, aber das wenige dafür umso besser. **SQL**.

Wie SQL?

Structured Query Language, das ist die Sprache, die die Datenbank versteht.
Über die müssen wir uns etwas unterhalten, damit du mit der DB sprechen kannst.
Sonst wird es nichts mit dem Plündern der Vorratskammer.

Zweiter Takt – SQL

Die **SQL** ist eine **Datenbanksprache**, die dazu dient, Datenstrukturen in relationalen DB-Systemen zu definieren sowie darauf basierende Datenbestände zu bearbeiten (**einfügen**, **lesen**, **ändern**, **löschen**). Die Standardisierung der Sprache ist ein großes Plus, da dadurch die Kommunikation mit der Datenbank – um präzise zu sein, der **Programmierschnittstelle der Datenbank** – auf verlässliche Art und Weise erfolgen kann, ohne immer wieder eine neue DB-Sprache erlernen zu müssen. **Durch die Verwendung von SQL wirst du praktisch unabhängig vom konkreten DB-Anbieter**.

Die Anbieter von Datenbanksystemen bieten aber natürlich immer **zusätzliche Features** (Erweiterungen der Programmierschnittstelle), die sie von der Konkurrenz abheben.

Mit SQL macht man drei Dinge:

- **Daten definieren**, zum Beispiel Tabellen anlegen
- **Berechtigungen vergeben**, zum Beispiel um eine Tabelle lesen zu können
- **Daten manipulieren**, zum Beispiel um Einträge in eine Tabelle zu schreiben

Und wie sieht das jetzt in ABAP aus? Wie kann ich dort SQL nutzen?

Auf zwei Arten:

- Open SQL
- Native SQL

In ABAP verwendest du hauptsächlich Open SQL. Damit konzentrierst du dich auf **Datenmanipulationen**. Die Anweisungen von **Open SQL** sind eine vollständig in ABAP integrierte **Untermenge von Standard SQL**. Sie erlauben den ABAP-Programmen einen einheitlichen Zugriff auf Daten, unabhängig vom installierten Datenbanksystem. Open SQL ermöglicht dir, Daten zu lesen (**SELECT**) und zu verändern (**INSERT**, **UPDATE**, **DELETE**).
Die **Datendefinition** wird mit dem ABAP Dictionary (Kapitel 16) durchgeführt und die **Berechtigungsprüfung** mit den Berechtigungsobjekten (Kapitel 15).

Eingelagert und geplündert – Datenpufferung

Jetzt stelle ich mir gerade vor, dass Tausende Anwender am System angemeldet sind und alle das Gleiche in der Datenbank suchen. Da wird die Datenbank aber krachen und ächzen!

Meinst du! Open SQL bietet die Möglichkeit, bestimmte Tabellen auf dem Applikationsserver zu **puffern** und dadurch Datenbankzugriffe einzusparen.

Darf ich auch cachen sagen?

Das darfst du dir denken, aber sagen tust du puffern.
Dabei übernimmt die **Datenbankschnittstelle** (Kapitel 16) die Kontrolle über die Abgleichung der Puffer mit der Datenbank. Die Puffer sind teilweise im Arbeitsspeicher des aktuellen Workprozesses und teilweise im **gemeinsamen Speicher** (Shared Memory) aller Workprozesse eines **Anwendungsservers** abgelegt. Bei SAP-Systemen, die auf mehrere Anwendungsserver verteilt sind, werden die Daten in den verschiedenen Puffern durch das **Puffermanagement** in **festgelegten Zeitabschnitten synchronisiert**.

Die Pufferung kommt mir vor wie der Wasserbehälter von meiner Kaffeemaschine. Ich kann zwar das Wasser von gestern verwenden und muss nicht zum Wasserhahn laufen, um frisches zu holen, jedoch ist das Wasser etwas abgestanden.

Interessanter Vergleich! Bei der Datenbankpufferung muss man also in Kauf nehmen, dass die **Daten** in den Puffern **nicht immer aktuell** sind – oder laut deiner Metapher etwas abgestanden sind. Deshalb wendet man Datenbankpufferung eher bei wenig veränderlichen Daten an. Ob eine Tabelle gepuffert wird, wird im ABAP Dictionary bei ihrer Definition festgelegt. Aber das weißt du ja schon aus Kapitel 16.

Datenmanipulator nativ – DML mit Native SQL

Native SQL ist nur sehr **lose in ABAP eingebunden** und erlaubt Zugriff auf den gesamten Umfang der Funktionalität, der von der Programmierschnittstelle des Datenbanksystems zur Verfügung gestellt wird. Native-SQL-Anweisungen werden im Gegensatz zu Open SQL nicht geprüft und übersetzt, sondern direkt an das Datenbanksystem weitergereicht.
In einigen Basiskomponenten des SAP-Systems wird Native SQL verwendet, wie zum Beispiel im ABAP Dictionary zum Anlegen oder Ändern von Tabellen.

Einfach definieren – Datendefinition mit dem ABAP Dictionary

Dass das **ABAP Dictionary** (SE11) zum **Anlegen** und **Verwalten** von **Datenbanktabellen** dient, ist dir in der Zwischenzeit ins Blut übergegangen.

Ich sag's mal so, Roland: Das ABAP Dictionary enthält eine zentrale Metabeschreibung aller Datenbanktabellen des SAP-Systems.

Respekt, Herr Schrödinger, Respekt! Noch ein kleines Detail: Nur Datenbanktabellen, die mit dem ABAP Dictionary erzeugt werden, sind im ABAP Dictionary eingetragen, und **Open-SQL-Anweisungen können nur auf solche Datenbanktabellen zugreifen**.

Alles recht und schön – Berechtigungen und Konsistenzprüfungen

Das kennst du doch schon!

Sicher! Die Workprozesse sind als Anwender mit **allen Berechtigungen** am Datenbanksystem **angemeldet**. Die Berechtigungen von Programmen oder Programmanwendern, Datenbanktabellen zu lesen oder zu ändern, werden durch das SAP-Berechtigungskonzept vorgenommen.

Genau. Noch was: Transaktionen müssen mithilfe des **SAP-Sperrkonzepts** – da sind unter anderem die **Sperrbausteine** für dich wichtig – selbst für konsistente Daten auf der Datenbank sorgen.

[Belohnung/Lösung]
Nach so viel Theorie vielleicht ein kleines Worttraining: Bilde alle Paare von Wörtern in
FeldHase und
VogerlSalat.

Open SQL grundiert – Basisbefehlssatz aus Open SQL

Hallo, Herr Professor. Könntest du bitte wieder am Boden ankommen und etwas greifbarer werden? Wie ist das jetzt mit dem SQL in ABAP? Von mir aus Open SQL.

Danke für den Hinweis. Ich zeige dir ein paar Sachen und verwende die Tabellen **ZSCH016CUSTOMER** und **ZSCH016ADDRESS** aus Kapitel 16 dafür. Da haben wir ja schon Daten eingepflegt.
Mit Open SQL manipulieren wir also Daten, das heißt …

… wir CRUDen und wir grooven, wenn wir durch den ABAP dusen!

Schräg, aber cool, MC CRUD, wenn du das **CRUD** meinst, das ich auch meine. Also das mit **CREATE-READ-UPDATE-DELETE**. Das sind wohl die wichtigsten Operationen, die in einem **Enterprise-Resource-Planning**-System (ERP) vorhanden sein müssen, wenn es um die Daten geht.

Am Anfang wollen wir nicht zu ambitiös sein und sehen uns nur das **SELECT**-Statement an. Damit werden wir die Daten von der Datenbank lesen. Sehen wir uns mal den prinzipiellen Aufbau an:

```
SELECT result
       [INTO target]
       FROM source
       [WHERE cond]
       [GROUP BY fields]
       [HAVING cond]
       [ORDER BY order].
```

Das **SELECT**-Statement besteht aus einer Menge von Abschnitten, die auch als **Klauseln** bezeichnet werden. Was die Klauseln bedeuten und wofür sie verwendet werden, ist im Folgenden liebevoll aufgelistet und mit kleinen Beispielen garniert.

Verklausuliert – SELECT-Klausel

- Die **SELECT result**-Klausel bestimmt:
- Ob das Ergebnis der Selektion ein **Einzelsatz** oder eine **Tabelle** sein soll.
- **SELECT SINGLE** liefert dir einen Einzelsatz und ohne den **SINGLE**-Zusatz alle zu den weiteren Klauseln passenden Sätze.
- Welche Spalten das Ergebnis haben soll.
- Beispiel: **SELECT *** liefert dir alle Spalten der zugrunde liegenden Tabelle. Falls du zum Beispiel nur am Vornamen und Nachnamen des Kunden interessiert bist, würdest du das so schreiben: **SELECT VORNAME NACHNAME**.
- Ob im Ergebnis identische Zeilen vorkommen dürfen.
- Beispiel: **SELECT DISTINCT**

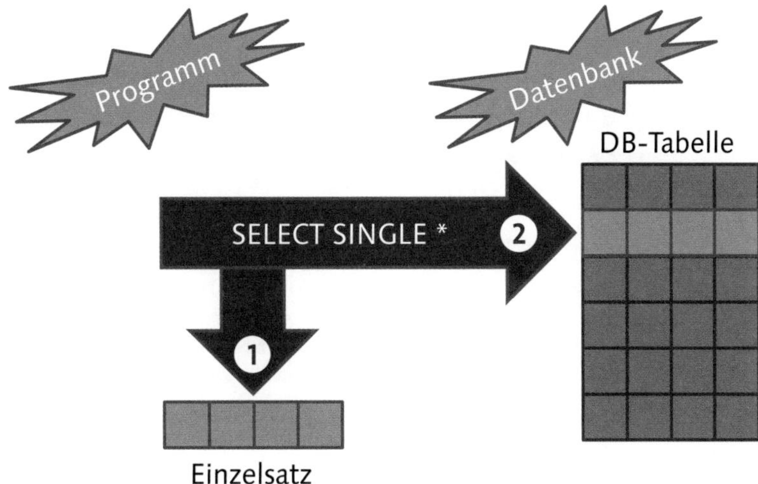

SELECT SINGLE * liest aus der Datenbanktabelle genau eine Zeile und alle Spalten.

[Einfache Aufgabe]
Wie könnte die **SELECT**-Anweisung aussehen, um unterschiedliche Orte aus der **ZSCHO16ADDRESS** auszulesen?

Schon fertig mit dem Überlegen?
Ich habe dir ein kleines Programm vorbereitet.

```
REPORT  zsch_017_select_varianten.
* Die INTO-Struktur
DATA: ls_customer TYPE zsch016customer,*1
      ls_address TYPE zsch016address.

START-OF-SELECTION.
* Einen Einzelsatz mit allen Spalten lesen
*  SELECT SINGLE * FROM zsch016customer INTO ls_customer. *2
* WRITE: / ls_customer.

* Nur unterschiedliche Orte lesen
  SELECT DISTINCT ort FROM zsch016address
         INTO ls_address-ort. *3
    WRITE: / ls_address-ort.
  ENDSELECT.
```

*1 Damit du die Daten aus der Datenbank in deinem Programm verwenden kannst, musst du eine Zielvariable in deinem ABAP-Programm definieren. Dort werden die Leseergebnisdaten gespeichert.

*2 Hups, da ist mir ein SELECT-Kommentar reingerutscht.

Lass mich erklären: Mit diesem **SELECT**-*Statement wird ein Datensatz von der Datenbanktabelle* **zsch016customer** *mit allen Spalten gelesen und in die Struktur* **ls_customer** *gespeichert.*

Siehst du, ganz einfach. Und mit dem **WRITE** kannst du natürlich die Daten ausgeben.

*3 Das **SELECT DISTINCT** liefert dir die Datensätze mit unterschiedlichen Inhalten zurück. Was wird dir die **SELECT**-Anweisung liefern?

Achtung, ich übersetze: Lies unterschiedliche Orte von der Datenbanktabelle **zsch016address**, *und speichere das Ergebnis in das Feld* **ls_address-ort**. *Was macht das* **ENDSELECT**?

Schöne Übersetzung. Das **SELECT – ENDSELECT** ist so wie eine Schleife. Zeile für Zeile wird das Ergebnis behandelt, und zwischen dem **SELECT** und **ENDSELECT** kannst du mit den gelesenen Daten arbeiten, zum Beispiel mit **WRITE** ausgeben.

[Einfache Aufgabe]

Ersetze mal im **SELECT DISTINCT** das **INTO ls_address-ort** durch **INTO ls_address.** Was passiert nun?

Ich vermute, es werden auf einmal keine Daten mehr ausgegeben? Richtig?

Die Auflösung erfährst du im nächsten Abschnitt. Damit dir aber nicht langweilig wird in der Zwischenzeit, hab ich noch was für dich.

1. Was macht eigentlich **SELECT DISTINCT ORT**, wenn zwei Datensätze sich im Feld **ORT** nicht unterscheiden, sonst aber schon?

Dann kommen zwei Datensätze?

Nö, dann kommt ein Datensatz, weil der Vergleich ja der **ORT** und nicht der Rest vom Datensatz ist.

2. Was macht eigentlich **SELECT DISTINCT ORT STRASSE**, wenn zwei Datensätze sich im Feld **ORT** nicht unterscheiden, in der **STRASSE** aber schon?

Das ist jetzt einfach. Dann kommen zwei Datensätze, weil der Vergleich ja für **ORT** *und* **STRASSE** *durchgeführt wird.*

Perfekt!

3. Was passiert beim folgenden Coding?

```
DATA: gd_int TYPE i.
SELECT DISTINCT ort FROM zsch016address INTO gd_int.
* <hier steht der Rest>
```

Ich könnte auch fragen: Kann es knallen, wenn mit INTO eine Variable angegeben wird, die gar nicht passt?

Ist schon Silvester? Dann hast du deinen Abgabetermin fürs Buch verpasst. Und was passiert?

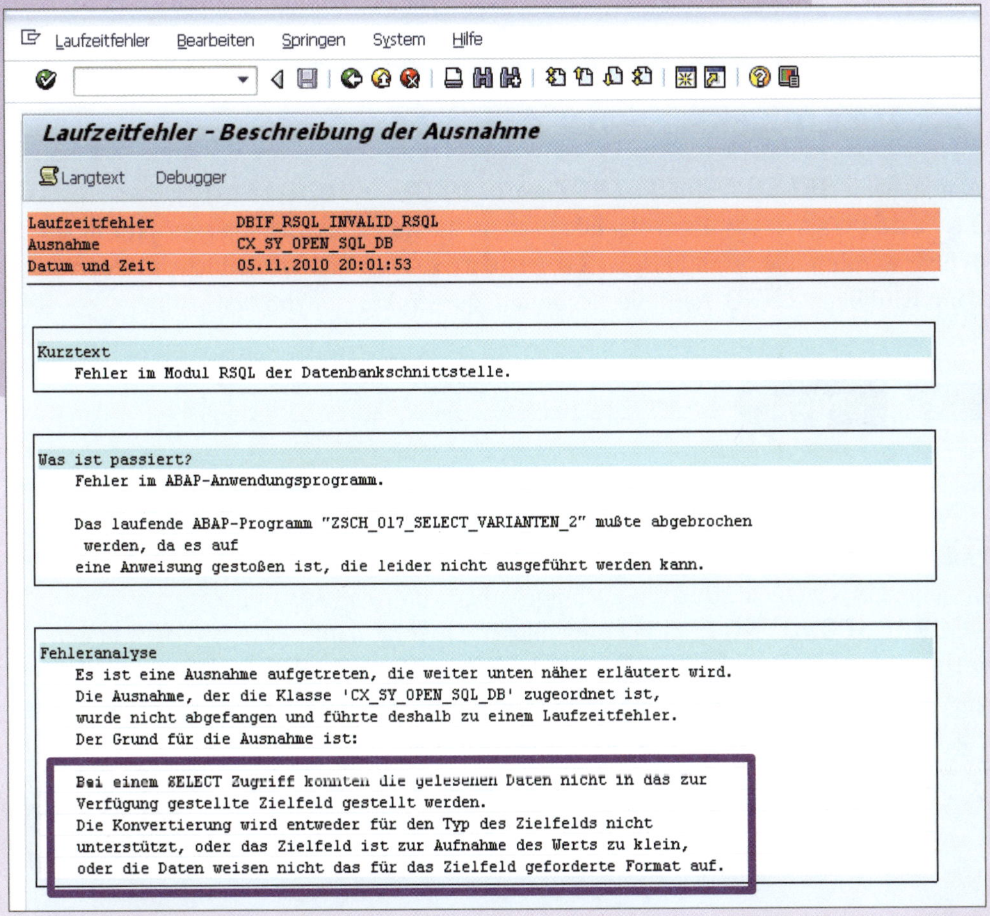

Laufzeitfehler Bearbeiten Springen System Hilfe

Laufzeitfehler - Beschreibung der Ausnahme

Langtext Debugger

Laufzeitfehler	DBIF_RSQL_INVALID_RSQL
Ausnahme	CX_SY_OPEN_SQL_DB
Datum und Zeit	05.11.2010 20:01:53

```
Kurztext
    Fehler im Modul RSQL der Datenbankschnittstelle.

Was ist passiert?
    Fehler im ABAP-Anwendungsprogramm.

    Das laufende ABAP-Programm "ZSCH_017_SELECT_VARIANTEN_2" mußte abgebrochen
     werden, da es auf
    eine Anweisung gestoßen ist, die leider nicht ausgeführt werden kann.

Fehleranalyse
    Es ist eine Ausnahme aufgetreten, die weiter unten näher erläutert wird.
    Die Ausnahme, der die Klasse 'CX_SY_OPEN_SQL_DB' zugeordnet ist,
    wurde nicht abgefangen und führte deshalb zu einem Laufzeitfehler.
    Der Grund für die Ausnahme ist:

    Bei einem SELECT Zugriff konnten die gelesenen Daten nicht in das zur
    Verfügung gestellte Zielfeld gestellt werden.
    Die Konvertierung wird entweder für den Typ des Zielfelds nicht
    unterstützt, oder das Zielfeld ist zur Aufnahme des Werts zu klein,
    oder die Daten weisen nicht das für das Zielfeld geforderte Format auf.
```

Ein Konvertierungsfehler passiert. Der Zieltyp passt nicht. Also immer schön aufpassen und korrekt typisieren!

Wohin damit – INTO target-Klausel

Die **INTO target**-Klausel bestimmt den Zielbereich im Programm, in den die Daten gestellt werden.

- Das können **Einzelfelder** sein,
- Beispiel: **SELECT SINGLE VORNAME NACHNAME INTO ld_vorname ld_nachname**
- **Strukturierte Felder** ,
- Beispiel: **SELECT SINGLE * INTO ls_customer**
- Beispiel: **SELECT SINGLE VORNAME NACHNAME INTO CORRESPONDING FIELDS OF ls_customer**
- oder sogar **interne Tabellen**.
- Beispiel: **SELECT * INTO TABLE lt_customer**
- Beispiel: **SELECT VORNAME NACHNAME INTO CORRESPONDING FIELDS OF TABLE ls_customer**

Du kannst, wenn es dir besser gefällt, die **INTO**-Klausel auch nach der **FROM**-Klausel positionieren. Ich mache das meistens so, aber das ist vom Gusto abhängig.

Was ist jetzt mit der Auflösung von vorhin. Ich hab eine Vermutung, möchte es aber genau wissen.

Ach ja, beim **SELECT DISTINCT ort FROM zsch016address INTO ls_address**. Da ist das Folgende passiert: Wenn du als Ziel einen strukturierten Typ verwendest, also zum Beispiel **ls_address** mit unterschiedlichen Feldern, dann wird beim **INTO** von links begonnen, die Struktur aufzufüllen.

ort(40)
Bonn
INTO
MANDT(3) ADDRESSID(8) CUSTOMID(8) ORT(40) …
Bon

Beim INTO werden die Daten von links beginnend in die Zielstruktur geschrieben.

Das kann natürlich zu Problemen führen. Wir wollten die Daten in die Struktur an die richtige Stelle schreiben. Leider landen sie im **MANDT**-Feld. Und das auch noch abgeschnitten. Was tun?
Die Anweisung **MOVE-CORRESPONDING** ist dein Problemlöser. Sie sorgt dafür, dass die Daten in den namensgleichen Feldern landen. Also falls du **SELECT ort INTO CORRESPONDING FIELDS OF ls_address** angegeben hast, sorgt das System dafür, dass die Werte des Ortes in der Struktur **ls_address-ort** gespeichert werden. **Danke, liebes System!**

Ja, danke!

Woher – FROM source-Klausel

Das **FROM** hab ich dir vorher schon untergejubelt. Das war sicher nicht schwer zu verstehen, da ja irgendwo die Daten herkommen müssen. Die **FROM source**-Klausel nutzt du, um festzulegen, von wo die Daten gelesen werden sollen. Das kann eine **Datenbanktabelle**, aber auch zum Beispiel ein **View** (das werden wir uns später ansehen) sein. Beispiel: **SELECT blablabla FROM zsch016customer**

Aha, zu faul zum Schreiben. Das blablabla steht wohl für Einzelsatz oder mehrere Sätze mit allen oder speziellen Spalten lesen. Die Daten holst du dir von der DB-Tabelle **zsch016customer.**

Genau, hab ich ja gesagt. Ist sehr einfach. Des Weiteren kannst du mit dem **FROM** festlegen:

- Von welchem **Mandanten** zu lesen ist. Das wirst du fast nie benötigen, aber du hast die Möglichkeit, Mandanten anzugeben.
- Beispiel: **SELECT blablabla INTO ls_customer FROM zsch016customer CLIENT SPECIFIED WHERE mandt = '001'.**
- Das **WHERE** dient dir nur zum Einschränken der Daten, kommt gleich im Detail.
- Ob du den **Puffer** verwenden möchtest oder nicht.
- Beispiel: **SELECT blablabla INTO ls_customer FROM zsch016customer BYPASSING BUFFER**
- Das geht total am Puffer vorbei. Kostet natürlich mehr Zeit zum Lesen, jedoch bekommst du auch garantiert die frischesten Daten.
- Wie viele Zeilen du **maximal lesen** möchtest.
- Beispiel: **SELECT blablabla FROM zsch016customer UP TO 2 ROWS**

[Einfache Aufgabe]
Hole dir zum ersten Kunden die ersten zwei Adressen, und gib sie in einer Liste aus.

Da gibt es einige Möglichkeiten, wie du das bauen kannst. Ich habe mal eine Variante für dich vorbereitet. Ich gebe zu, das ist nicht die eleganteste, aber die Didaktik steht im Vordergrund.

```
SELECT * FROM zsch016customer INTO ls_customer
    UP TO 1 ROWS.
    WRITE: / ls_customer-vorname,
             ls_customer-nachname.
    SELECT * FROM zsch016address INTO ls_address
      UP TO 2 ROWS
      WHERE customid = ls_customer-customid.
      WRITE: / ls_address-ort.
      WRITE:  ls_address-strasse.
    ENDSELECT.
  ENDSELECT.
```

Genauso hab ich es auch gemacht. Deine Lösung ist korrekt!

[Belohnung]

Zur Belohnung zwischendurch darfst du dir überlegen, was das wohl sein könnte?

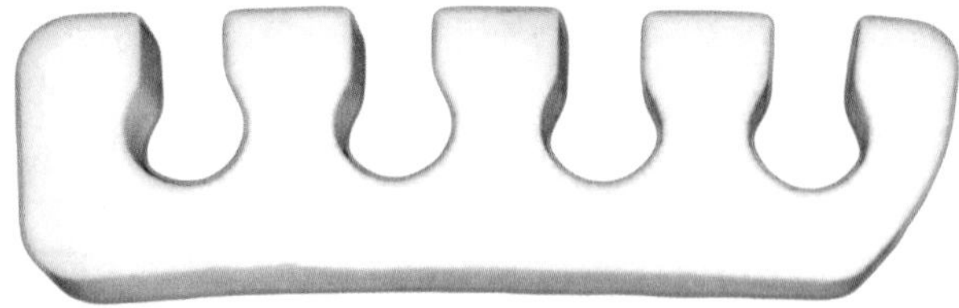

Was ist denn das? Antworten werden gerne von der Redaktion entgegengenommen.

Aber bitte nicht alles – WHERE-Klausel

Damit du nicht von der totalen Datenlawine verschüttet wirst, kannst du die **WHERE**-Klausel einsetzen. Damit gibst du Bedingungen an, die das Ergebnis der Selektion zu erfüllen hat. Also bestimmst du damit die **Anzahl der Datensätze** im Ergebnis. Eine Besonderheit kennst du schon im Umgang mit der **WHERE**-Klausel. Du musst den aktuellen Mandanten nicht angeben. Jedoch kannst du ihn angeben, wie?

CLIENT SPECIFIED. *Ja, ich bin immer noch munter. Was für ein Wunder!*

Der aktuelle Mandant wird in der Datenbankschnittstelle automatisch eingemischt.
Beispiel: **`SELECT blablabla FROM zsch016customer WHERE nachname = 'Maier'`.**
Beispiel: **`SELECT blablabla FROM zsch016customer WHERE nachname = 'Schwaiger' AND vorname LIKE 'Ro%'.`**
Beispiel: **`SELECT blablabla FROM zsch016customer WHERE customid > 3`**
Das Einzige, was dich möglicherweise überrascht hat, ist der **LIKE**-Operator.
Der hat jetzt nichts mit mögen zu tun, sondern prüft auf Ähnlichkeiten. Lass das **LIKE**-Beispiel auf dich wirken.

[Einfache Aufgabe]

Wie würdest du den Vergleich mit **LIKE** bezeichnen?

A	G	B	M	A	P
P	A	P	E	B	H
P	U	B	I	P	B
S	P	E	L	B	V
A	R	A	P	C	B
B	P	T	R	A	E

Die Lösung ist ganz einfach, du musst nur die Buchstaben A, B, P aus dem folgenden Raster streichen, und schon offenbart sich das gesuchte Wort.

A, B, P streichen und Wort für die übrigen Buchstaben suchen.

Da geht noch mehr – Weitere Klauseln

Nur noch zum Drüberstreuen einige weitere Klauseln, die dir in deinem ABAP-Leben begegnen werden.

- Die **GROUP BY**-Klausel **kombiniert Gruppen von Zeilen** zu einzelnen Zeilen der Ergebnistabelle. Eine Gruppe ist eine Menge von Zeilen, die denselben Wert für jedes in der GROUP BY-Klausel aufgezählte Datenbankfeld enthalten.
- Die **HAVING**-Klausel gibt **Bedingungen** für die kombinierten Zeilen der Ergebnistabelle an.
- Die **ORDER BY**-Klausel gibt eine Vorschrift an, wie die Zeilen der Ergebnistabelle geordnet werden sollen.

Das hatten wir doch schon mal, das SORT bei den internen Tabellen. Das macht die Sortierung aber auf dem Applikationsserver. Zwei Möglichkeiten, was für ein Luxus! Heute mal die Datenbank sortieren lassen und morgen wieder den Applikationsserver.

Halt! Ich empfehle dir, die Sortierung auf dem Applikationsserver durchzuführen. Datenbank entlasten lautet das Motto! Die hat schon genug zu tun.

Und natürlich gibt es noch viel, viel mehr. Ich muss mir aber etwas für das nächste Buch zurückhalten.

Und jetzt alles kombiniert – SELECT-Beispiel

Zeit für ein kleines Projekt, um einige wichtige **SELECT**-Aspekte miteinander zu kombinieren. Dazu legst du dir bitte das ausführbare Programm **zsch_016_select_wahnsinn** an.

[Einfache Aufgabe]
Die Aufgabenstellung lautet: Gib die ersten zwei Adressen zu einem Kunden aus, und sortiere die Adressen aufsteigend nach der Postleitzahl. Lass die Sortierung durch die Datenbank ausführen.

Kapitel 12 könnte für dich bei der Gestaltung des Selektionsbildes von Nutzen sein – nur ein kleiner Tipp.

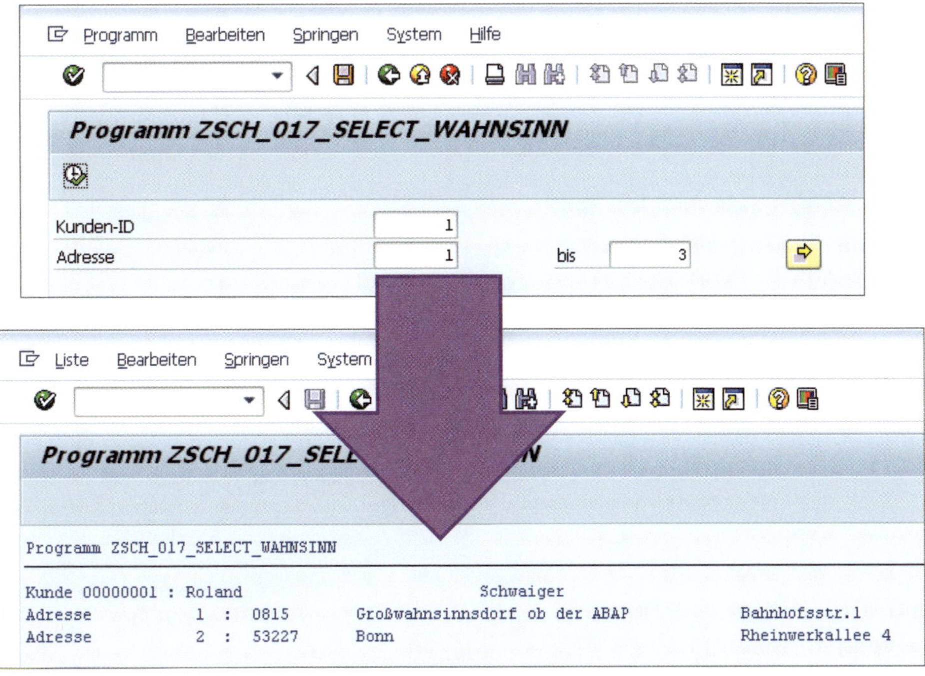

Selektionsbild und Ergebnisliste der SELECT-Kombiwertung.

VORSICHT: Jetzt kommt ein Riesen-Callout-Dschungel!

Es gibt Variante 1 und 2 – und jede hat eigene Code-Kommentare!

Sehen wir uns mal das folgende Programm an.

Ich hab für dich zwei SELECT-Varianten vorbereitet.

```
REPORT  zsch_017_select_wahnsinn.
* Ohne Fremdschlüsselverprobung
* PARAMETERS: pa_cust TYPE zsch_016_td_customerid.
* Mit Primärschlüsseleigenschaft
* PARAMETERS: pa_cust TYPE zsch016customer-customid.
* Mit Fremdschlüsselverprobung
PARAMETERS: pa_cust TYPE zsch016address-customid.*1
* Die Adressen des Kunden
DATA: lt_address TYPE TABLE OF zsch016address,*2
* Die Arbeitsstruktur
      ls_address LIKE LINE OF lt_address.
* Intervallpflege für die Adressen-ID
SELECT-OPTIONS: so_adr FOR ls_address-addressid.*3
* Zielstruktur
DATA: ls_customer TYPE zsch016customer.*4

* Hier geht es los mit der Datenselektion
START-OF-SELECTION.
* Einfaches Auslesen des Kunden
* Genau eine Zeile, alle Spalten
  SELECT SINGLE * FROM zsch016customer INTO ls_customer
    WHERE customid = pa_cust.*5
* Falls etwas gefunden wurde
  IF sy-subrc = 0. "sy-dbcnt > 0 *6
* Ausgabe des Namens
    WRITE: / ls_customer-vorname,
             ls_customer-nachname.
```

*2 Die interne Tabelle **lt_address** dient dazu, die Adressdaten aus der Tabelle **zsch016address** im Hauptspeicher zu puffern.

*3 Die **SELECT**-Option **so_adr** dient dem Anwender dazu, eine Menge von Adressen-IDs einzugeben, die dann für die Selektion auf der Datenbank verwendet werden.

Wie kann das denn angegeben werden beim **SELECT**? Das ist doch eine Menge von Werten?

Kommt gleich, etwas Geduld, bitte.

*6 Mit dem Systemfeld **sy-subrc** kannst du überprüfen, ob Daten gefunden wurden. Falls der Wert ungleich 0 ist, dann ist es nichts mit den Daten. Eine andere Variante wäre das Systemfeld **sy-dbcnt**. In diesem steckt die Anzahl der gefundenen Datensätze. Also falls der Wert größer als 0 ist, kann weitergearbeitet werden.

Variante 1:

```
* Variante 1: Mit Array-Fetch *7
* Die Adressen lesen
* Nur drei Spalten lesen
* In eine Tabelle speichern (Array-Fetch)
* Die ersten zwei Zeilen aus der Treffermenge
* und sortiert nach der Postleitzahl
    SELECT ort strasse plz
      FROM zsch016address
      INTO CORRESPONDING FIELDS OF TABLE lt_address
      UP TO 2 ROWS
```

*1 Wir bieten dem Anwender ein **Standardselektionsbild** mit einem **Parameter** für die Eingabe der **Kundennummer**. Dabei beziehe ich mich auf das Feld **zsch016address-customid**, da du für dieses Feld eine **Fremdschlüsselverprobung** in Kapitel 16 definiert hast, die dem Anwender eine **Eingabehilfe** für das Feld liefert. Das Definieren der **Selektionstexte** überlasse ich dir, das kennst du schon.

Da war der Menüeintrag Springen • Textelemente • Selektionstexte und dann die Checkbox Dictionary Referenz, ich weiß, da muss ich nicht zurückblättern.

*5 Und da ist schon das erste **SELECT**. Ich lese zur Kunden-ID-Eingabe des Anwenders genau einen Datensatz von der Datenbanktabelle **zsch016customer**.

Aha, den Vergleich machst du mit **customid = pa_cust**. Also links muss immer der Spaltenname aus der Tabelle stehen und rechts der Wert, mit dem verglichen wird.

Genau, wobei nicht immer der **=-Operator** (alternativ dazu würde auch **EQ** funktionieren) zum Vergleichen verwendet wird. Du kannst zum Beispiel auch **ungleich** (<>, **NE**) oder **größer gleich** (>=, **GE**), **größer** (>, **GT**), **kleiner** (<, **LT**), **kleiner gleich** (<=, **LE**), aber auch **LIKE** für einen **Mustervergleich** verwenden. Beim Mustervergleich kannst du **%** für eine beliebige Zeichenkette und **_** für ein beliebiges Zeichen einsetzen.

Ah, da ist das gesuchte Wort: Mustervergleich. Dann müsste ich den Eintrag mit deinem Namen auch mit **nachname LIKE 'Sch%'** finden können?

Mhm, stimmt.

*4 In der Struktur **ls_customer** legen wir die gefundenen Kundendaten von der Tabelle **zsch016customer** ab. Die Struktur ist ausreichend, da wir nur einen Datensatz von der Datenbank holen.

*7 In der Programm-**Variante 1** lese ich eine Auswahl der Adressdaten vom angegebenen Kunden. Es werden nur die Spalten **ort**, **strasse** und **plz** von der Datenbank transportiert. Als Ziel ist die Tabelle **lt_address** angegeben. Da aber nur einzelne Spalten gelesen werden, müssen wir mit **INTO CORRESPONDING FIELDS OF** dafür sorgen, dass das System die **Namensgleichheit** zu den Spalten für die Ablage der Daten heranzieht. Kurz gesagt: **Pro gefundenem Datensatz wird ein Eintrag in der internen Tabelle erzeugt**, und die Daten werden in die namensgleichen Felder gestellt. Ich bin mit zwei Adressen zufrieden, aber die sollten aufsteigend sortiert sein. Diese Variante des Lesens in die Tabelle **INTO TABLE** wird auch als **Array-Fetch** bezeichnet.

Da sind zwei neue Sachen dabei. Du verwendest in der Zeile **AND addressid IN so_adr** zwei Dinger, die ich noch nicht kenne.

Das hab ich fast vergessen. Das **AND** sorgt dafür, dass die **WHERE**-Bedingungen **logisch** miteinander **verknüpft** werden. **AND** bedeutet, dass diese Bedingung auch erfüllt sein muss. Du könntest auch das **OR** einsetzen für das **logische Oder**, dann muss zumindest eine Bedingung in der **WHERE**-Klausel erfüllt sein. Obendrein kannst du noch mit **NOT** den **logischen Ausdruck negieren**. Und weil logische Ausdrücke, die miteinander verknüpft werden, total kompliziert sind, ist es besser, du setzt zusätzlich noch die **Klammern** „(„ und „)" ein.
Der Operator **IN** wird verwendet, um dem **SELECT** das **Überprüfen von Bedingungen** in einer Select-Option zu überlassen. Egal, was der Anwender eingegeben hat, das **SELECT** kümmert sich um die Auswertung. Da bin ich sehr froh drum.
Du kannst ja gerne mal probieren, die Eingaben des Anwenders in einer Select-Option in eine **WHERE**-Bedingung umzuwandeln. Viel Spaß damit!
Das Lesen der Daten auf einen Sitz, also auf einmal in die interne Tabelle – hau ruck –, nennt sich **Array-Fetch**.

Déjà vu?

```
      WHERE customid = pa_cust
      AND   addressid IN so_adr
      ORDER BY plz ASCENDING.
* Ausgabe Adressen
    LOOP AT lt_address INTO ls_address. *8
      WRITE: / 'Adresse '(t01),
               sy-tabix, ': ',
               ls_address-plz,
               ls_address-ort,
               ls_address-strasse.
    ENDLOOP.
```

*8 Die Daten in der Tabelle gebe ich mit einem einfachen **LOOP** aus und verwende den **sy-tabix**, um pro Zeile einen Index auszugeben, der pro Eintrag um 1 inkrementiert wird.

Variante 2:

```
** Variante 2: Mit SELECT-Schleife *9
*    SELECT ort strasse plz
*      FROM zsch016address
*      INTO CORRESPONDING FIELDS OF ls_address
*      UP TO 2 ROWS
*      WHERE customid = pa_cust
*      AND   addressid IN so_adr
*      ORDER BY plz ASCENDING. *10
** Ausgabe Adressen *12
*      WRITE: / 'Adresse '(t01),
*               sy-dbcnt, ': ',
*               ls_address-plz,
*               ls_address-ort,
*               ls_address-strasse.
*    ENDSELECT.
  ELSE.
    WRITE: / 'Leider nichts gefunden'(t02).
  ENDIF.
```

*9 Die **Variante 2** ist eine etwas andere Lösung, aber mit dem gleichen Output. In dieser Fassung verwende ich eine **SELECT**-Schleife. Im Gegensatz zum Array-Fetch, der nur das einleitende **SELECT**-Statement benötigt, wird bei der **SELECT**-Schleife diese mit **ENDSELECT** beendet. Als Ziel für die Select-Anweisung wird eine Struktur verwendet, da die **SELECT**-Schleife die Daten aus der Treffermenge Zeile für Zeile abarbeitet. Zwischen **SELECT** und **ENDSELECT** können dann die Daten aus der Struktur abgearbeitet werden.
Das Systemfeld **sy-dbcnt** enthält pro Schleifendurchlauf den aktuellen, hochgezählten Index, der mit 1 startet.

[Einfache Aufgabe]

Suche in der Datenbanktabelle **ZSCHO16ADDRESS** nach allen Adressen von „Bonn", und gib dazu die Kunden aus.

Noch eine kleine Frage: Stimmt meine Liste von oben mit deiner Liste überein?

[Belohnung]

Und noch eine Frage: Wie müsste ich die Steine legen, sodass möglichst wenig Zwischenräume bleiben?

Zu viel Zwischenraum.

Da gibt es leider keine eindeutige Lösung.

Mehr als eine Tabelle ist auch okay – Views

Und jetzt alle:
„Ein View,
ein schöner View,
das ist das Beste,
was es gibt
auf der Welt."

„Ein View,
ein schöner View,
das ist das Beste,
was es gibt auf
der Welt."

Wenn du dich an Kapitel 16 erinnerst, waren wir sehr bemüht, die Daten vom Kunden und seinen Adressen in **separaten Tabellen** zu speichern, um **Redundanzen zu vermeiden**.
In der Entwicklung wäre es aber dennoch praktisch, die verknüpften Daten zur Verfügung zu haben, weil damit der Zugriff auf die Daten vereinfacht wird. Die gute Nachricht lautet: Ja, **du kannst** solche Datensichten, nennen wir sie mal **Views**, **definieren**. Schlechte Nachricht: Du **musst** sie **definieren**, und zwar im ABAP Dictionary.

[Hintergrundinfo]
Stimmt nicht ganz, man kann das auch direkt in ABAP machen, das sehen wir am Ende des Kapitels.

In einem View kannst du **Tabellen miteinander verknüpfen** und **selektiv Felder** aus den Tabellen in den View **übernehmen**.

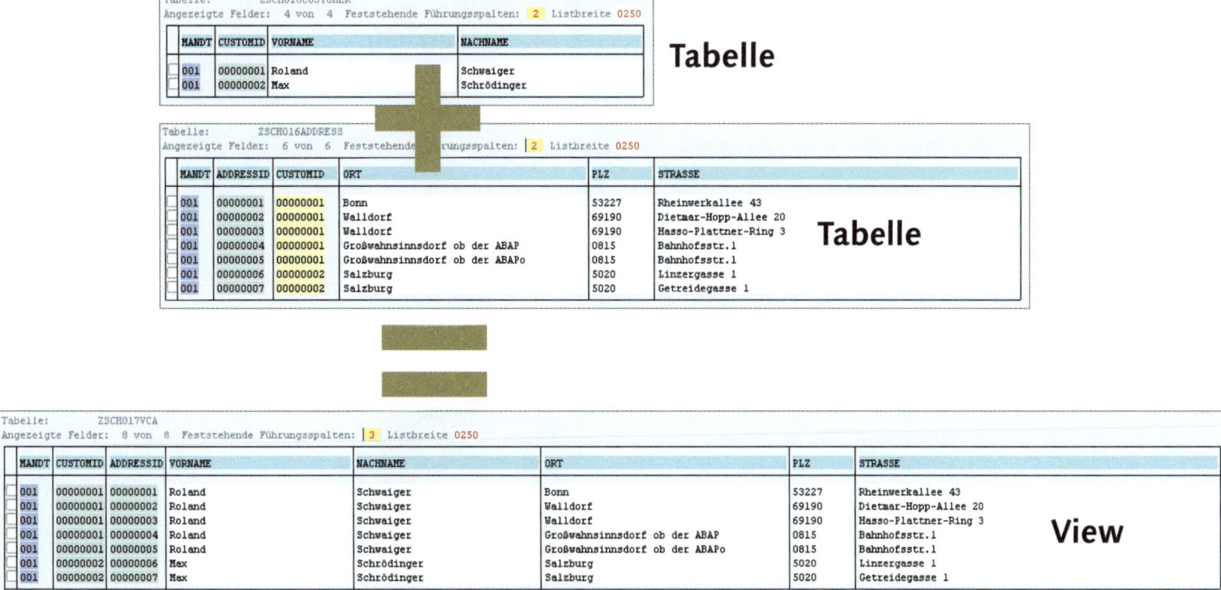
Tabelle: ZSCHO16CUSTOMER
Angezeigte Felder: 4 von 4 Feststehende Führungsspalten: 2 Listbreite 0250

MANDT	CUSTOMID	VORNAME	NACHNAME
001	00000001	Roland	Schwaiger
001	00000002	Max	Schrödinger

Tabelle: ZSCHO16ADDRESS
Angezeigte Felder: 6 von 6 Feststehende [illegible]rungsspalten: 2 Listbreite 0250

MANDT	ADDRESSID	CUSTOMID	ORT	PLZ	STRASSE
001	00000001	00000001	Bonn	53227	Rheinwerkallee 43
001	00000002	00000001	Walldorf	69190	Dietmar-Hopp-Allee 20
001	00000003	00000001	Walldorf	69190	Hasso-Plattner-Ring 3
001	00000004	00000001	Großwahnsinnsdorf ob der ABAP	0815	Bahnhofsstr.1
001	00000005	00000001	Großwahnsinnsdorf ob der ABAPo	0815	Bahnhofsstr.1
001	00000006	00000002	Salzburg	5020	Linzergasse 1
001	00000007	00000002	Salzburg	5020	Getreidegasse 1

Tabelle: ZSCHO17VCA
Angezeigte Felder: 8 von 8 Feststehende Führungsspalten: 3 Listbreite 0250

MANDT	CUSTOMID	ADDRESSID	VORNAME	NACHNAME	ORT	PLZ	STRASSE
001	00000001	00000001	Roland	Schwaiger	Bonn	53227	Rheinwerkallee 43
001	00000001	00000002	Roland	Schwaiger	Walldorf	69190	Dietmar-Hopp-Allee 20
001	00000001	00000003	Roland	Schwaiger	Walldorf	69190	Hasso-Plattner-Ring 3
001	00000001	00000004	Roland	Schwaiger	Großwahnsinnsdorf ob der ABAP	0815	Bahnhofsstr.1
001	00000001	00000005	Roland	Schwaiger	Großwahnsinnsdorf ob der ABAPo	0815	Bahnhofsstr.1
001	00000002	00000006	Max	Schrödinger	Salzburg	5020	Linzergasse 1
001	00000002	00000007	Max	Schrödinger	Salzburg	5020	Getreidegasse 1

Tabellen miteinander verknüpft, um einen View zu definieren.

Der konstruierte View kann in deinem Programm zum Lesen von Daten verwendet werden. Sogar mit einem **SELECT**-Statement.
Wegen der Daten musst du dir auch keine Gedanken machen. Die **Daten** zu einem View werden **nicht gespeichert**, sondern von den Tabellen geholt. Dabei können Felder ausgeblendet (**Projektion**) und nur bestimmte Einträge in den View übernommen werden (**Selektion**).

Um einen View zu definieren, benötigst du

1. zuerst die **Basistabellen**,
2. dann musst du diese **mit JOIN-Bedingungen in Verbindung setzen** (hier kann auch der Fremdschlüssel ins Spiel kommen).
3. Im dritten Schritt wählst du die **Felder**, die in den View übernommen werden, und im
4. vierten Schritt werden die **Selektionsbedingungen** definiert.
5. Optional kannst du noch die **technischen Einstellungen** genauso wie für Tabellen definieren.

Du kannst aus vier verschiedenen **View-Typen** auswählen.
Diese unterscheiden sich in der **Art der Realisierung** des Views und in den möglichen **Zugriffsarten** auf die View-Daten.
Datenbank-Views werden durch einen View auf der Datenbank realisiert.
Projektions-Views dienen zum Ausblenden von Feldern aus einer Tabelle.
Help-Views können als **Selektionsmethode** in **Suchhilfen** verwendet werden.
Pflege-Views erlauben es, die auf mehrere Tabellen verteilten Daten **gemeinsam zu pflegen**.

Wichtig dabei ist: **Datenbank-Views** realisieren einen **Inner Join**. Die anderen **View-Typen** realisieren einen **Outer Join**.

NICHT VERWECHSELN MIT

[Begriffsdefinition]

Ein **Inner Join** liefert die Sätze des Kreuzprodukts, zu denen in allen am View beteiligten Tabellen ein Eintrag existiert. Beim **Outer Join** werden dagegen auch solche Sätze selektiert, bei denen in einigen der am View beteiligten Tabellen kein Eintrag existiert. **Datenbank-Views** realisieren **einen Inner Join**. Man erhält über einen Datenbank-View also nur solche Sätze, zu denen in allen am View beteiligten Tabellen ein Eintrag vorhanden ist. **Help-Views** und **Pflege-Views** realisieren dagegen einen **Outer Join**.

[Zettel]

Der obige Satz („Wichtig dabei ...") kommt später nochmals vor. Auf welcher Seite?

Das kommt sicher noch plastischer, oder?

Ich zeige dir das mal kurz. Bei meinem Beispiel gehe ich immer von den beiden Tabellen für den Kunden und deren Adressen aus, nur verknüpfe ich die beiden Tabellen unterschiedlich.

Eingangstabellen:

Kunden

MANDT	CUSTOMID	VORNAME	NACHNAME
001	1	Roland	Schwaiger
001	2	Max	Schrödinger
001	3	Carlos	Moreno

Adressen

MANDT	ADDRESSID	CUSTOMID	ORT	PLZ	STRASSE
001	1	1	Bonn	53227	RWS 43
001	2	2	Walldorf	69190	DHA 20
001	3	2	Salzburg	5020	GG 1

Die beiden Eingangstabellen mit Daten. Für den Kunden 3 gibt es keine Adresse.

Inner Join:

MANDT	CUSTOMID	ADDRESSID	VORNAME	NACHNAME	ORT	PLZ	STRASSE
001	1	1	Roland	Schwaiger	Bonn	53227	RWS 43
001	2	2	Max	Schrödinger	Walldorf	69190	DHA 20
001	2	3	Max	Schrödinger	Salzburg	5020	GG 1

Nur die Kunden 1 und 2 kommen im Ergebnis des Inner Joins vor. Und so will es die Definition.
Im Ergebnis kommen nur die Daten vor, die in beiden Tabellen aufgrund der Join-Bedingungen gefunden werden.

Outer Join:

MANDT	CUSTOMID	ADDRESSID	VORNAME	NACHNAME	ORT	PLZ	STRASSE
001	1	1	Roland	Schwaiger	Bonn	53227	RWS 43
001	2	2	Max	Schrödinger	Walldorf	69190	DHA 20
001	2	3	Max	Schrödinger	Salzburg	5020	GG 1
001	3		Max	Schrödinger			

Beim Outer Join kommen alle Kunden aus der Kundentabelle vor, und falls Adressen für den Kunden vorhanden sind, werden sie zum Kunden angezeigt.

Die **Join-Bedingungen** können bei **Datenbank-Views** über **Gleichheitsbeziehungen** zwischen beliebigen **Basisfeldern** formuliert werden. Bei den anderen View-Typen müssen sie aus bestehenden **Fremdschlüsseln** übernommen werden.

[Achtung]

Tabellen können also nur dann in einem **Pflege-View** oder **Help-View** zusammengefasst werden, wenn sie über **Fremdschlüssel** miteinander verbunden sind.

So, und jetzt alles nochmal ganz, ganz langsam, bitte schön.

Schritt für Schritt zum View mit relationalen Operatoren

Ich verwende die beiden Tabellen `zsch016customer` und `zsch016address`, um dir die Definition eines **Datenbank-Views** im ABAP Dictionary zu zeigen. Ziel soll es sein, eine Sicht auf die Kunden- und Adressdaten zu definieren, damit wir mit diesem View einfach Kunden- und deren Adressdaten lesen können.

[Achtung]

Das wird jetzt sicher anstrengend für dich, da ich dich über jeden möglichen Fehler stolpern lasse. Nur aus Fehlern lernt man!

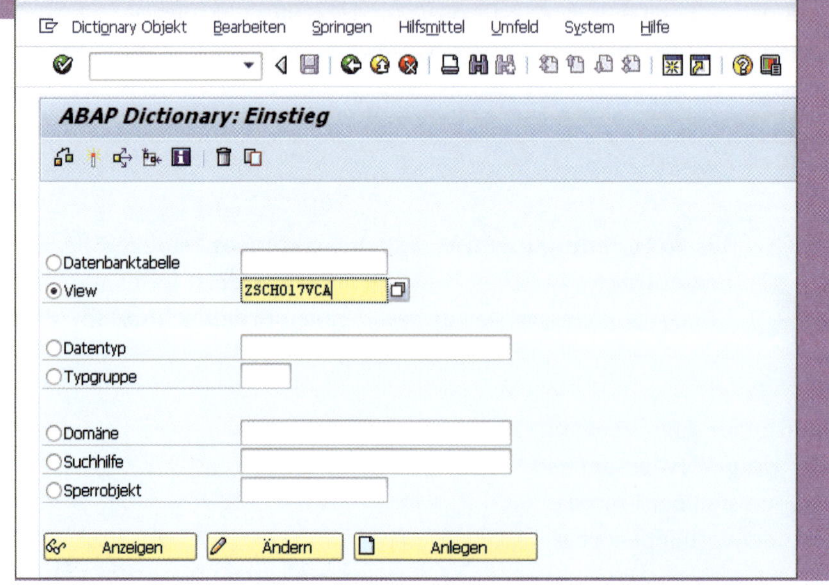

View anlegen.

Fangen wir mal locker an und starten das Dictionary mit der SE11. Im Eingabefeld **View** gibst du den Namen des Views ein, zum Beispiel `zsch017vca`, und legst diesen mit der **Anlegen**-Drucktaste an. Jetzt kommt die erste Zwischenfrage vom System, welche Art von View du anlegen möchtest.

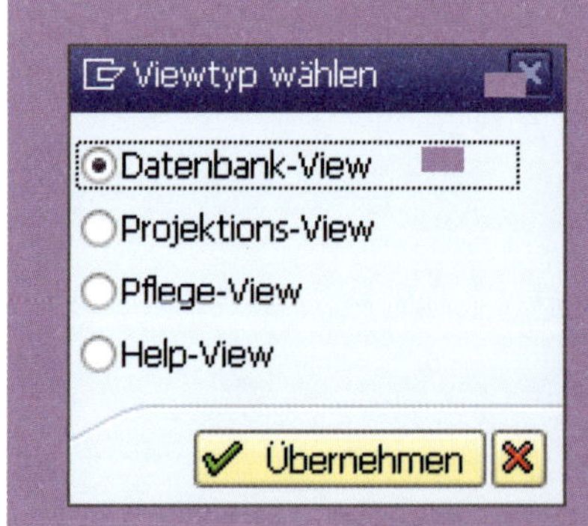

Datenbank-View und nichts anderes.

Wir legen einen **Datenbank-View** an, da wir über diesen nur Daten von der Datenbank lesen und nicht pflegen wollen. Nach deiner Auswahl der Option **Datenbank-View** und der Bestätigung mit der **Übernehmen**-Drucktaste zeigt dir das System sofort den Karteireiter **Tabellen/Joinbedingungen** an.
Trage eine **Kurzbeschreibung** ein und in der Tabelle für die **Tabellen** den Namen für die Kundentabelle **`zsch016customer`** und die Adressen in Tabelle **`zsch016address`**.

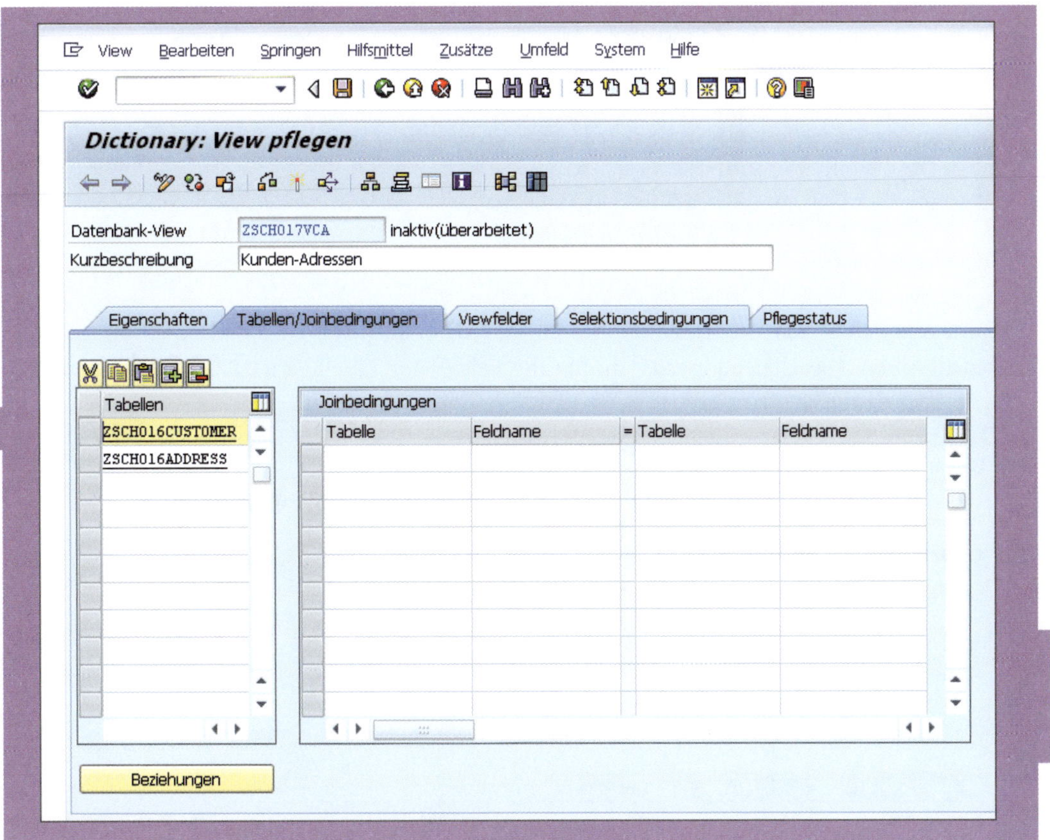

Die Tabellen `zsch016customer` und `zsch016address` sind die Basistabellen für den View.

Sichere mal zur Sicherheit. **Aktiviere** den View, und drücke die Drucktaste **Inhalt anzeigen** (Strg + Umsch + F10). Was passiert?

Tja, ich bekomme die Meldung, dass noch keine Felder definiert sind. Haben wir das schon gemacht?

Nein, noch nicht. Das System hat Recht. **`Das machen wir aber sofort.`**
Wechsle auf den Karteireiter **Viewfelder**. Und drücke dort die Drucktaste **Tabellenfelder**, um die für dich passenden Felder auszuwählen.

Im erscheinenden Pop-up **Basistabellen** klickst du doppelt auf die **zsch016customer**-Tabelle, um an die Details der Felder zu kommen.

Wählen, bitte.

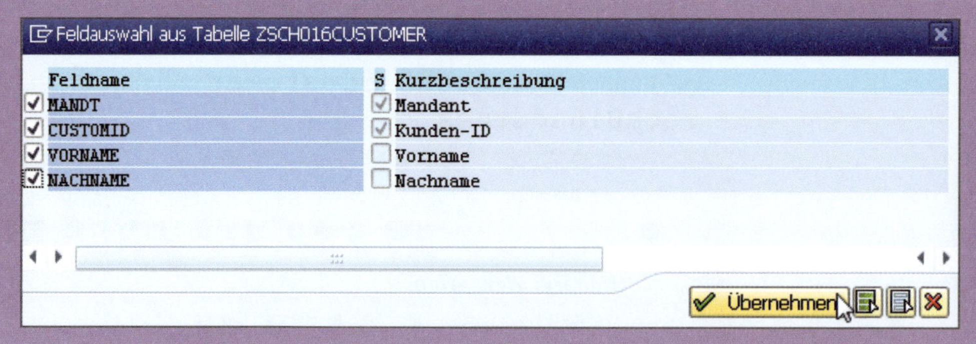

Alle Felder mitnehmen.

Wähle alle Felder aus, und bestätige das mit der **Übernehmen**-Drucktaste. Schon sind die Felder in den View übernommen. Das Gleiche machst du für alle Felder der Tabelle **zsch016address**.

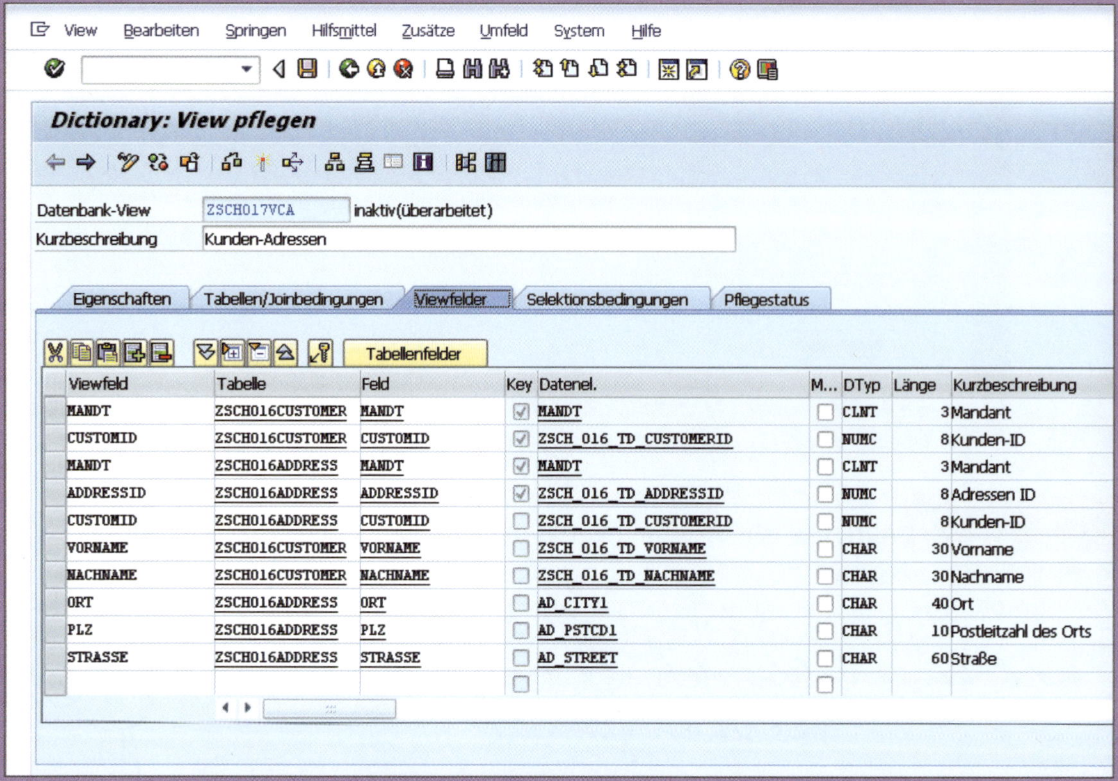

View Bearbeiten Springen Hilfsmittel Zusätze Umfeld System Hilfe

Dictionary: View pflegen

Datenbank-View ZSCH017VCA inaktiv(überarbeitet)

Kurzbeschreibung Kunden-Adressen

Eigenschaften | Tabellen/Joinbedingungen | Viewfelder | Selektionsbedingungen | Pflegestatus

Tabellenfelder

Viewfeld	Tabelle	Feld	Key	Datenel.	M...	DTyp	Länge	Kurzbeschreibung
MANDT	ZSCH016CUSTOMER	MANDT	☑	MANDT	☐	CLNT	3	Mandant
CUSTOMID	ZSCH016CUSTOMER	CUSTOMID	☑	ZSCH_016_TD_CUSTOMERID	☐	NUMC	8	Kunden-ID
MANDT	ZSCH016ADDRESS	MANDT	☑	MANDT	☐	CLNT	3	Mandant
ADDRESSID	ZSCH016ADDRESS	ADDRESSID	☑	ZSCH_016_TD_ADDRESSID	☐	NUMC	8	Adressen ID
CUSTOMID	ZSCH016ADDRESS	CUSTOMID	☐	ZSCH_016_TD_CUSTOMERID	☐	NUMC	8	Kunden-ID
VORNAME	ZSCH016CUSTOMER	VORNAME	☐	ZSCH_016_TD_VORNAME	☐	CHAR	30	Vorname
NACHNAME	ZSCH016CUSTOMER	NACHNAME	☐	ZSCH_016_TD_NACHNAME	☐	CHAR	30	Nachname
ORT	ZSCH016ADDRESS	ORT	☐	AD_CITY1	☐	CHAR	40	Ort
PLZ	ZSCH016ADDRESS	PLZ	☐	AD_PSTCD1	☐	CHAR	10	Postleitzahl des Orts
STRASSE	ZSCH016ADDRESS	STRASSE	☐	AD_STREET	☐	CHAR	60	Straße

Alle Felder der beiden Tabellen. Die Schlüsselfelder habe ich gebündelt an den Anfang gestellt (Ausschneiden-, Einfügen-Funktionen in der Toolbar der View-Felder-Tabelle).

[Hintergrundinfo]

Der Schritt der Auswahl der View-Felder nennt sich auch Projektion.

Sichere mal zur Sicherheit.

Aktiviere den View. Was passiert?

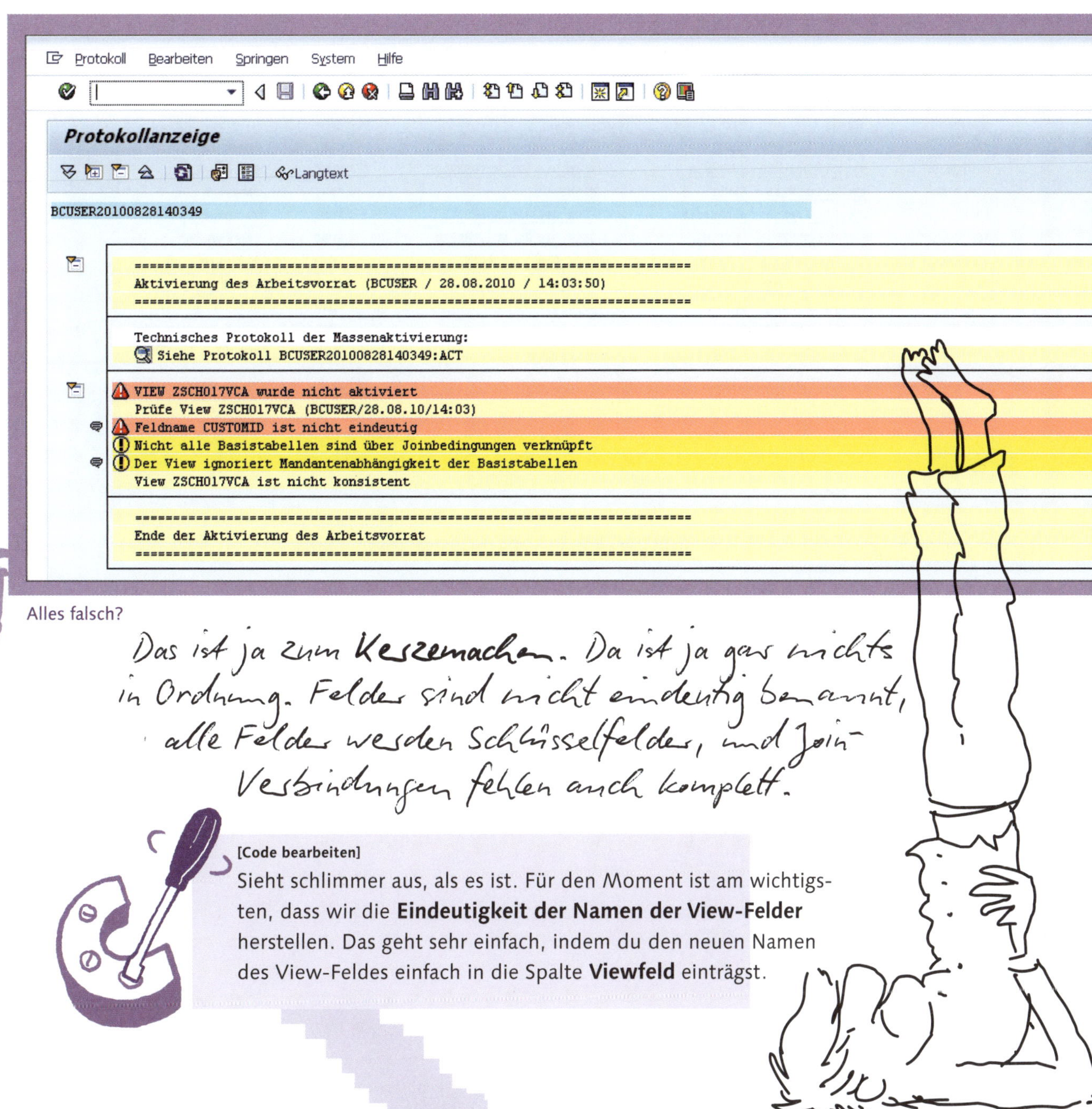

Alles falsch?

Das ist ja zum Kerzemachen. Da ist ja gar nichts in Ordnung. Felder sind nicht eindeutig benannt, alle Felder werden Schlüsselfelder, und Join-Verbindungen fehlen auch komplett.

[Code bearbeiten]

Sieht schlimmer aus, als es ist. Für den Moment ist am wichtigsten, dass wir die **Eindeutigkeit der Namen der View-Felder** herstellen. Das geht sehr einfach, indem du den neuen Namen des View-Feldes einfach in die Spalte **Viewfeld** einträgst.

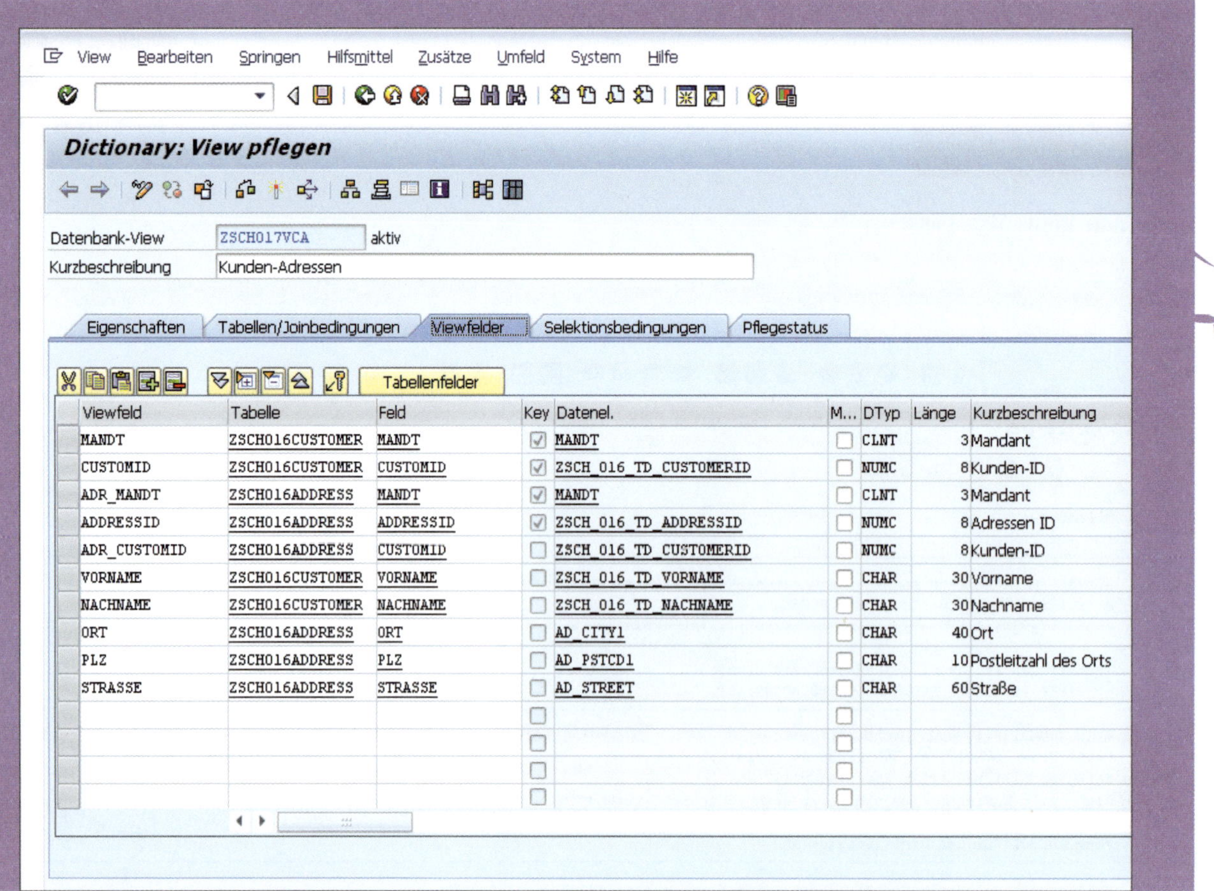

Viewfeld	Tabelle	Feld	Key	Datenel.	M...	DTyp	Länge	Kurzbeschreibung
MANDT	ZSCH016CUSTOMER	MANDT	☑	MANDT	☐	CLNT	3	Mandant
CUSTOMID	ZSCH016CUSTOMER	CUSTOMID	☑	ZSCH_016_TD_CUSTOMERID	☐	NUMC	8	Kunden-ID
ADR_MANDT	ZSCH016ADDRESS	MANDT	☑	MANDT	☐	CLNT	3	Mandant
ADDRESSID	ZSCH016ADDRESS	ADDRESSID	☑	ZSCH_016_TD_ADDRESSID	☐	NUMC	8	Adressen ID
ADR_CUSTOMID	ZSCH016ADDRESS	CUSTOMID	☐	ZSCH_016_TD_CUSTOMERID	☐	NUMC	8	Kunden-ID
VORNAME	ZSCH016CUSTOMER	VORNAME	☐	ZSCH_016_TD_VORNAME	☐	CHAR	30	Vorname
NACHNAME	ZSCH016CUSTOMER	NACHNAME	☐	ZSCH_016_TD_NACHNAME	☐	CHAR	30	Nachname
ORT	ZSCH016ADDRESS	ORT	☐	AD_CITY1	☐	CHAR	40	Ort
PLZ	ZSCH016ADDRESS	PLZ	☐	AD_PSTCD1	☐	CHAR	10	Postleitzahl des Orts
STRASSE	ZSCH016ADDRESS	STRASSE	☐	AD_STREET	☐	CHAR	60	Straße

Die umbenannten Felder. Ich habe als Präfix **ADR_** verwendet, um anzudeuten, dass die Felder aus der Adressentabelle kommen.

Sichere mal zur Sicherheit.

Aktiviere den View. Was passiert?

Wieder eine Warnung.

Aber nicht mehr so schlimm wie vorher. **Positiv denken!**
Keine rote Zeile mehr, sondern nur mehr Warnungen.

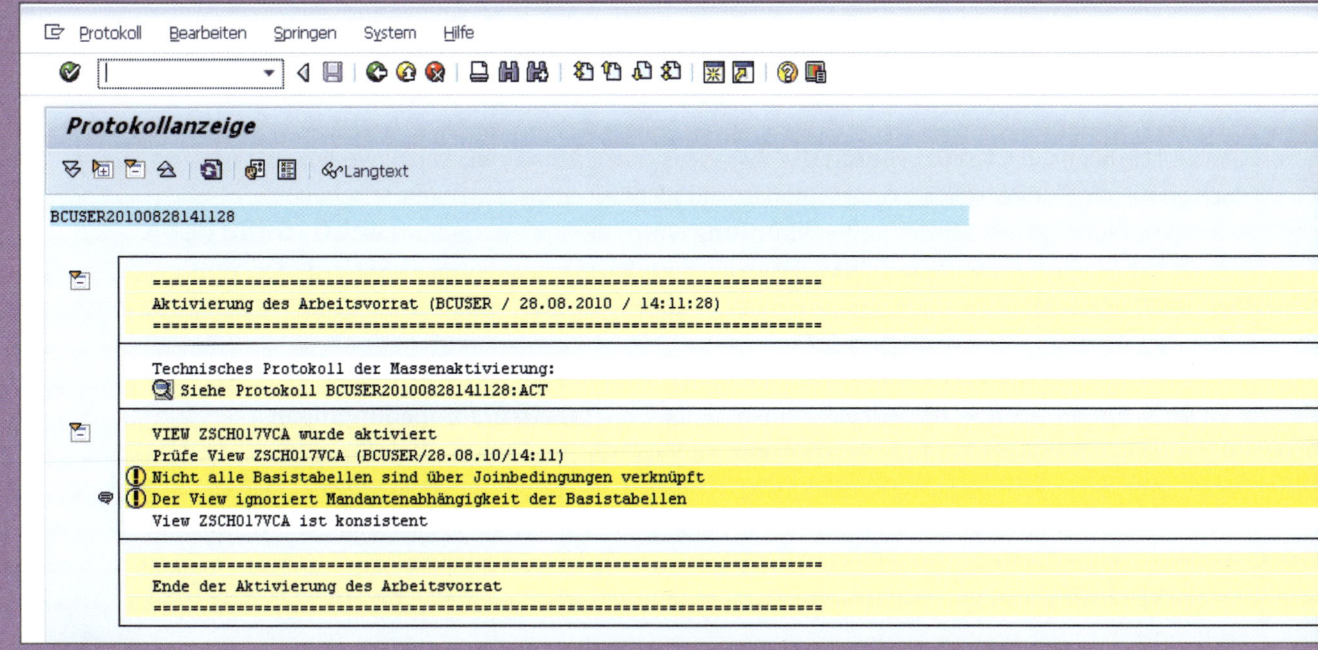

Nur mehr Warnungen und keine Fehler mehr, schon viel besser.

Die Warnung resultiert daraus, dass wir noch keine **Verknüpfungen** (Joins) für die Tabellen definiert haben. Das ist aber mit Absicht so, so wie eigentlich alle Fehler, die ich produziere. **Extrem ausgeklügeltes didaktisches Konzept!**
Nachdem sich der View hat aktivieren lassen, kannst du die Drucktaste **Inhalt** (Strg + Umsch + F10) drücken, um die Daten anzuzeigen. Was passiert?

Ich bekomme ein wunderschönes Selektionsbild, und nach dem Ausführen eine Tabelle mit acht Einträgen. Da hatten wir doch nur einen Eintrag erzeugt, oder?

Kreuzweise kombiniert.

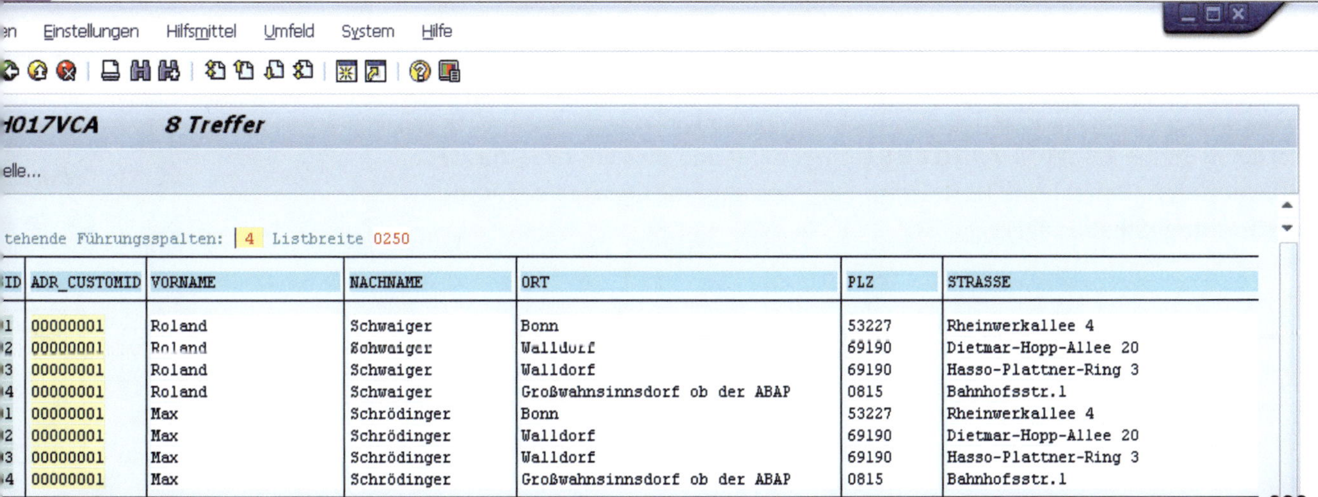

ID	ADR_CUSTOMID	VORNAME	NACHNAME	ORT	PLZ	STRASSE
1	00000001	Roland	Schwaiger	Bonn	53227	Rheinwerkallee 4
2	00000001	Roland	Schwaiger	Walldorf	69190	Dietmar-Hopp-Allee 20
3	00000001	Roland	Schwaiger	Walldorf	69190	Hasso-Plattner-Ring 3
4	00000001	Roland	Schwaiger	Großwahnsinnsdorf ob der ABAP	0815	Bahnhofsstr.1
1	00000001	Max	Schrödinger	Bonn	53227	Rheinwerkallee 4
2	00000001	Max	Schrödinger	Walldorf	69190	Dietmar-Hopp-Allee 20
3	00000001	Max	Schrödinger	Walldorf	69190	Hasso-Plattner-Ring 3
4	00000001	Max	Schrödinger	Großwahnsinnsdorf ob der ABAP	0815	Bahnhofsstr.1

Stimmt alles. Ich habe einen zweiten Kunden in die Kundentabelle eingefügt, und der View kombiniert jeden Eintrag aus der Kundentabelle mit jedem Eintrag in der Adressentabelle.

So ein Kreuz ...

Genau. Das nennt sich **Kreuzprodukt**. Ist aber nicht ganz das, was wir haben wollen. Wir hätten doch gerne alle Adressdaten zu einem Kunden und nicht einen riesengroßen Mischmasch. Also werden wir im nächsten Schritt die **Verknüpfung** (**Join**) definieren. In der **`zsch016address`**-Tabelle haben wir ja schon zwei Felder, die als Verknüpfungen herangezogen werden (denke an die Fremdschlüssel).

MANDT *und* **CUSTOMID**!

Und die verwenden wir jetzt. Wechsle auf den Karteireiter **Tabellen/Joinbedingungen**. Dort kannst du für Datenbank-Views entweder die **Verknüpfung manuell definieren**, falls keine Fremdschlüssel angelegt sind, oder das System für dich die Verknüpfungen produzieren lassen. Mit der Drucktaste **Beziehungen** kannst du die von dieser Tabelle abhängigen Tabellen auswählen. Wir haben ja eine Fremdschlüsseldefinition von der **`zsch017address`** auf die **`zsch016customer`** definiert (Kapitel 16). Darum wird dir die Tabelle **`zsch017address`** angeboten.

Beziehungen der Tabelle ZSCH016CUSTOMER

Referierte Tabellen
ZSCH016CUSTOMER T000

Abhängige Tabellen
ZSCH016ADDRESS ZSCH016CUSTOMER

Übernehmen

Die Arbeit macht sich schön langsam bezahlt.

Nachdem du die **`zsch017address`** ausgewählt und dies mit der Drucktaste **Übernehmen** (Enter) bestätigt hast, wird die Verknüpfung (Join) in der **Join-Verbindungstabelle** angezeigt.

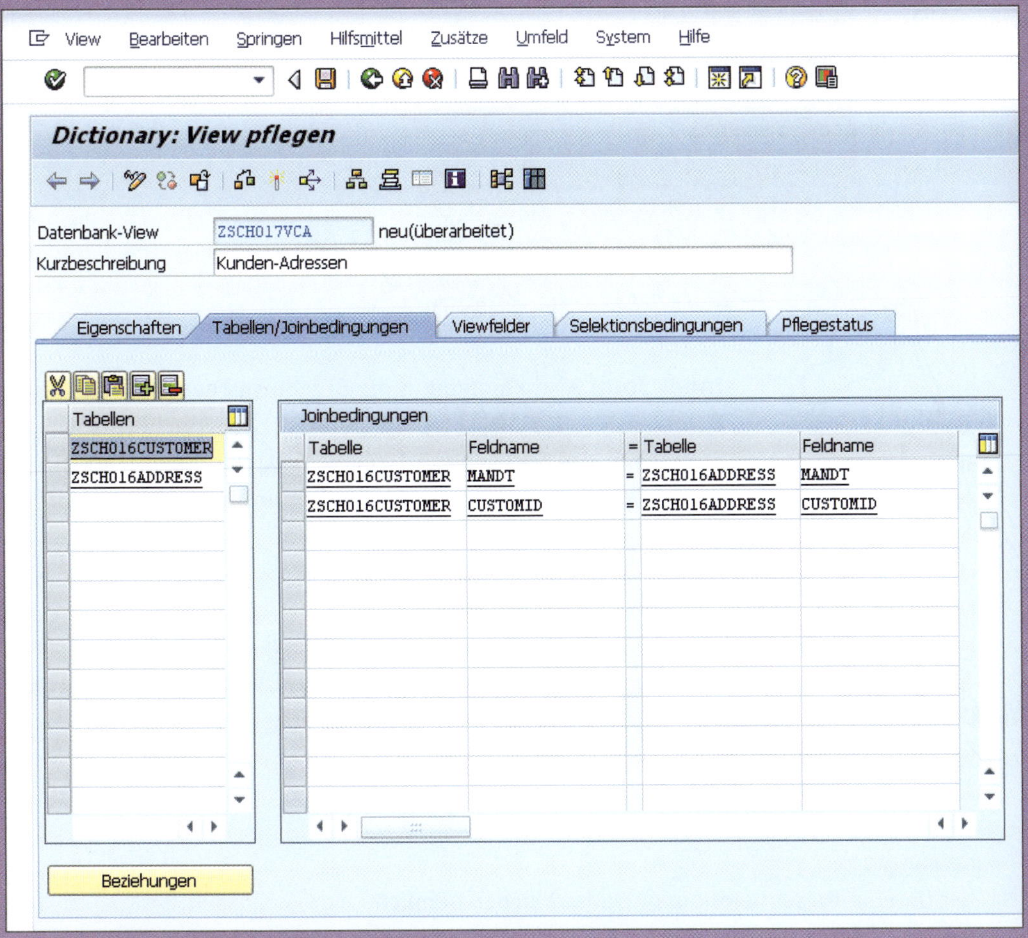

View Bearbeiten Springen Hilfsmittel Zusätze Umfeld System Hilfe

Dictionary: View pflegen

Datenbank-View ZSCH017VCA neu(überarbeitet)

Kurzbeschreibung Kunden-Adressen

Eigenschaften | Tabellen/Joinbedingungen | Viewfelder | Selektionsbedingungen | Pflegestatus

Tabellen
ZSCH016CUSTOMER
ZSCH016ADDRESS

Joinbedingungen

Tabelle	Feldname	=	Tabelle	Feldname
ZSCH016CUSTOMER	MANDT	=	ZSCH016ADDRESS	MANDT
ZSCH016CUSTOMER	CUSTOMID	=	ZSCH016ADDRESS	CUSTOMID

Beziehungen

Ein Klick, alles da.

Sichere mal zur Sicherheit.

Aktiviere den View, und drücke die Drucktaste **Inhalt anzeigen** (Strg + Umsch + F10). **Was passiert?**

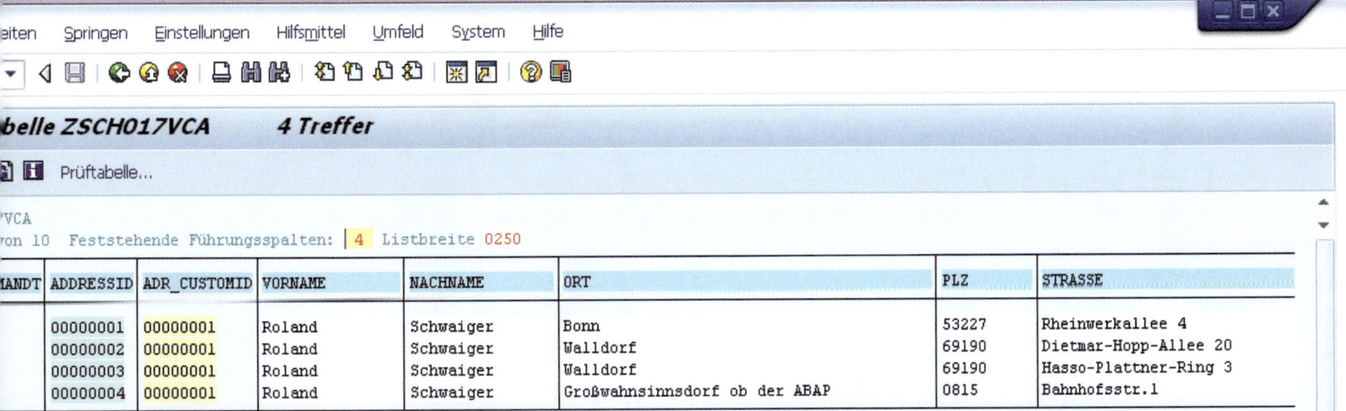

eiten Springen Einstellungen Hilfsmittel Umfeld System Hilfe

belle ZSCH017VCA 4 Treffer

Prüftabelle...

VCA

von 10 Feststehende Führungsspalten: 4 Listbreite 0250

MANDT	ADDRESSID	ADR_CUSTOMID	VORNAME	NACHNAME	ORT	PLZ	STRASSE
	00000001	00000001	Roland	Schwaiger	Bonn	53227	Rheinwerkallee 4
	00000002	00000001	Roland	Schwaiger	Walldorf	69190	Dietmar-Hopp-Allee 20
	00000003	00000001	Roland	Schwaiger	Walldorf	69190	Hasso-Plattner-Ring 3
	00000004	00000001	Roland	Schwaiger	Großwahnsinnsdorf ob der ABAP	0815	Bahnhofsstr.1

Jetzt passt es aber, oder?

Jetzt werden nur mehr die Daten angezeigt, die sich tatsächlich verknüpfen lassen. Also alle Daten aus der **zsch016customer**, die auch Einträge in der **zsch01address** haben, werden angezeigt.

Was ist mit meinem Cousin passiert, dem Max Schrödinger. Wo ist denn der hin?

Inner Join! Also kommen in die Ergebnismenge nur mehr jene Daten aus der **zsch016customer**, die tatsächlich auch Einträge in der Adressentabelle haben. Da wir einen **Datenbank-View** angelegt haben, ist per Definition ein **Inner Join** erzeugt worden.

[Notiz]

Datenbank-Views realisieren einen Inner Join. Die anderen **View-Typen** realisieren einen **Outer Join**.

Da ist es wieder, ich hab ihn gefunden!

[Belohnung]

Zeit für eine Riesenbelohnung. Du hast sicher ziemlich geschwitzt beim letzten Abschnitt. Damit das jetzt nicht olfaktorisch zum Problem wird, könntest du jetzt ein **Tomatensaftbad** nehmen. Zehn Minuten und ein Liter Tomatensaft – nicht trinken, ins Wasser schütten – sollten reichen. Sehr erfrischend!

Da will ich auch nicht alles – Selektionsbedingungen

Auf dem Karteireiter **Selektionsbedingungen** können für einen View **Bedingungen für die Selektion der Daten** angegeben werden, die als **Filter** für die aufzubauende Sicht verwendet werden.
In **Selektionsbedingungen** können Restriktionen für die Inhalte der View-Felder angegeben werden. Es können dann nur solche Datensätze über den View selektiert werden, die diesen Restriktionen genügen. In einer Selektionsbedingung wird der Inhalt eines View-Feldes durch einen **Vergleichsoperator** mit einer Konstanten verglichen.

[Hintergrundinfo]

Für Pflege- und Help-Views können auch Systemvariablen, das heißt Felder der Struktur **`SYST`**, angegeben werden. Anstelle des Präfixes **`SYST-`** kann auch das Präfix **`SY-`** verwendet werden, zum Beispiel in **`sy-datum`**.

Mehrere Selektionsbedingungen können über die **logischen Operatoren AND** und **OR verknüpft** werden. Zum Beispiel sollen nur solche Sätze über den View angezeigt werden, die im Feld **`Nachname`** den Wert „**`Schrödinger`**" haben. Die Selektionsbedingung lautet in diesem Fall also **`ZSCH016CUSTOMER-NACHNAME = 'Schrödinger'.`**
Eine Selektionsbedingung kann auch über ein nicht im View enthaltenes Feld formuliert werden.

Danke,
mehr wollte ich nicht wissen!

Zusammenfassung in Bildern – View-Definition

	MANDT	CUSTOMID	ADR_MANDT	ADDRESSID	ADR_CUSTOMID	VORNAME	NACHNAME	ORT	PLZ
	001	00000001	001	00000001	00000001	Roland	Schwaiger	Bonn	53227
	001	00000001	001	00000002	00000001	Roland	Schwaiger	Walldorf	69190
	001	00000001	001	00000003	00000001	Roland	Schwaiger	Walldorf	69190
	001	00000001	001	00000004	00000001	Roland	Schwaiger	Großwahnsinnsdorf ob der ABAP	0815
	001	00000002	001	00000001	00000001	Max	Schrödinger	Bonn	53227
	001	00000002	001	00000002	00000001	Max	Schrödinger	Walldorf	69190
	001	00000002	001	00000003	00000001	Max	Schrödinger	Walldorf	69190
	001	00000002	001	00000004	00000001	Max	Schrödinger	Großwahnsinnsdorf ob der ABAP	0815

Kreuzprodukt, tata!

	MANDT	CUSTOMID	ADR_MANDT	ADDRESSID	ADR_CUSTOMID	VORNAME	NACHNAME	ORT
	001	00000001	001	00000001	00000001	Roland	Schwaiger	Bonn
	001	00000001	001	00000002	00000001	Roland	Schwaiger	Walldorf
	001	00000001	001	00000003	00000001	Roland	Schwaiger	Walldorf
	001	00000001	001	00000004	00000001	Roland	Schwaiger	Großwahnsinnsdorf ob der
	~~001~~	~~00000002~~	~~001~~	~~00000001~~	~~00000001~~	~~Max~~	~~Schrödinger~~	~~Bonn~~
	~~001~~	~~00000002~~	~~001~~	~~00000002~~	~~00000001~~	~~Max~~	~~Schrödinger~~	~~Walldorf~~
	~~001~~	~~00000002~~	~~001~~	~~00000003~~	~~00000001~~	~~Max~~	~~Schrödinger~~	~~Walldorf~~
	~~001~~	~~00000002~~	~~001~~	~~00000004~~	~~00000001~~	~~Max~~	~~Schrödinger~~	~~Großwahnsinnsdorf ob der~~

Join, tatata!

	MANDT	CUSTOMID	ADR_MANDT	ADDRESSID	ADR_CUSTOMID	VORNAME	NACHNAME	ORT
	001	00000001	001	00000001	00000001	Roland	Schwaiger	Bonn
	001	00000001	001	00000002	00000001	Roland	Schwaiger	Walldorf
	001	00000001	001	00000003	00000001	Roland	Schwaiger	Walldorf
	001	00000001	001	00000004	00000001	Roland	Schwaiger	Großwahnsinnsdorf ob der
	~~001~~	~~00000002~~	~~001~~	~~00000001~~	~~00000001~~	~~Max~~	~~Schrödinger~~	~~Bonn~~
	~~001~~	~~00000002~~	~~001~~	~~00000002~~	~~00000001~~	~~Max~~	~~Schrödinger~~	~~Walldorf~~
	~~001~~	~~00000002~~	~~001~~	~~00000003~~	~~00000001~~	~~Max~~	~~Schrödinger~~	~~Walldorf~~
	~~001~~	~~00000002~~	~~001~~	~~00000004~~	~~00000001~~	~~Max~~	~~Schrödinger~~	~~Großwahnsinnsdorf ob der~~

Projektion, tatarattata!

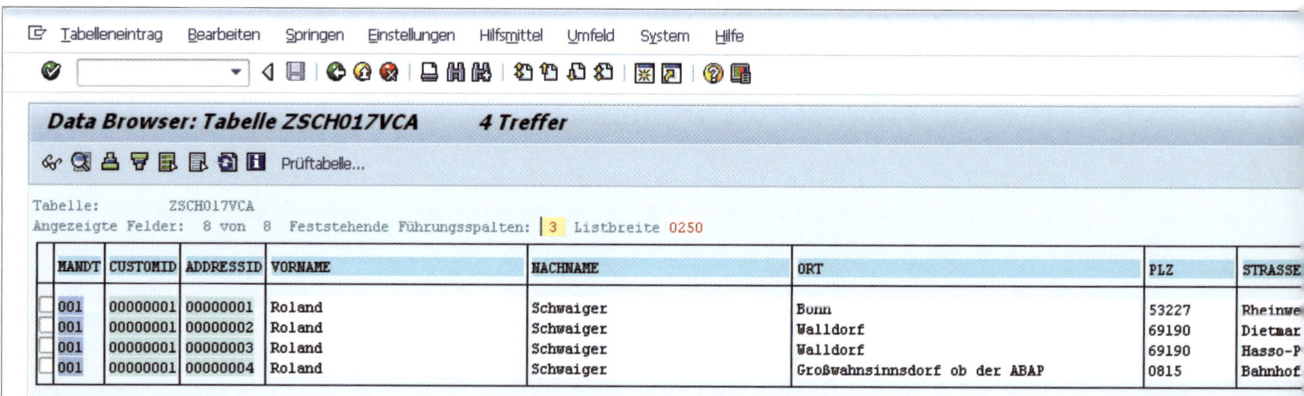

	MANDT	CUSTOMID	ADDRESSID	VORNAME	NACHNAME	ORT	PLZ	STRASSE
	001	00000001	00000001	Roland	Schwaiger	Bonn	53227	Rheinwe
	001	00000001	00000002	Roland	Schwaiger	Walldorf	69190	Dietmar
	001	00000001	00000003	Roland	Schwaiger	Walldorf	69190	Hasso-P
	001	00000001	00000004	Roland	Schwaiger	Großwahnsinnsdorf ob der ABAP	0815	Bahnhof

Ergebnis sind View-Felder und View-Daten, TRÄRÄÄÄÄÄÄ!

[Einfache Aufgabe]

Hey Schrödinger, ich hätte einen Auftrag für dich!

Erstelle ein Riesenplakat mit den schönsten Bildern zur View-Definition.

Das hab ich doch schon lange vorbereitet. Schau dir mal diese optischen Gustostückerl an. Ich bin total stolz darauf.

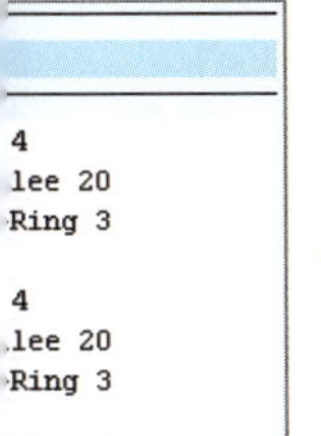

4
lee 20
Ring 3
4
lee 20
Ring 3

Zuerst haben wir ein **Kreuzprodukt** der Tabellen **zsch016customer** und **zsch016address** gebildet.

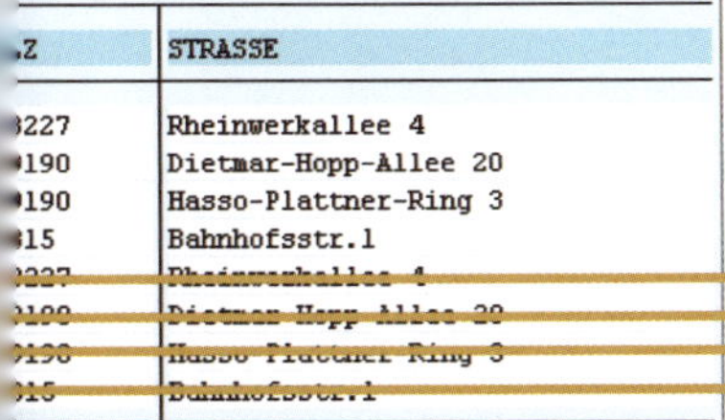

Z	STRASSE
3227	Rheinwerkallee 4
9190	Dietmar-Hopp-Allee 20
9190	Hasso-Plattner-Ring 3
15	Bahnhofsstr.1
~~3227~~	~~Rheinwerkallee 4~~
~~9190~~	~~Dietmar-Hopp-Allee 20~~
~~9190~~	~~Hasso-Plattner-Ring 3~~
~~15~~	~~Bahnhofsstr.1~~

Dann haben wir durch die Verknüpfung (**Join**) der beiden Tabellen mit dem **MANDT**- und **CUSTOMID**-Feld die korrekte Verknüpfung der Daten herbeigeführt.

Z	STRASSE
3227	Rheinwerkallee 4
9190	Dietmar-Hopp-Allee 20
9190	Hasso-Plattner-Ring 3
815	Bahnhofsstr.1
~~3227~~	~~Rheinwerkallee 4~~
~~9190~~	~~Dietmar-Hopp-Allee 20~~
~~9190~~	~~Hasso-Plattner-Ring 3~~
~~815~~	~~Bahnhofsstr.1~~

Dann habe ich noch die „überschüssigen" Felder **ADR_MANDT** und **ADR_CUSTOMID** entfernt.
Das nennt sich dann **Projektion**.

Und als letzten Schritt kann ich noch **Selektionskriterien** einstellen.
Das lasse ich mal weg. Das Ergebnis sieht dann so aus:

[Belohnung/Lösung]

Gönn dir eine kleine Unterbrechung, schließ die Augen, und versuche dir beim Einatmen den Weg des Atems vorzustellen. Sogar noch ein wenig weiter bis in den Magen. Du darfst noch nicht ausatmen! Dort dreht er sich dreimal im Uhrzeigersinn. Dann dreimal gegen den Uhrzeigersinn und nimmt den Weg wieder zurück. Jetzt darfst du wieder ausatmen! Falls du nicht kollabiert bist, kannst du das zumindest mal eine Minute lang wiederholen. Falls du kollabiert bist, hättest du vor der Übung eine Sauerstoffmaske besorgen sollen. Schöne Entspannung!

Mit Views programmieren

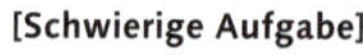

[Schwierige Aufgabe]

Programmiere das ausführbare Programm **zsch_017_view_wahnsinn**, wobei die Aufgabenstellung dieselbe ist wie beim **zsch_017_select_wahnsinn**, nur unter der Verwendung des Views **zsch017vca**.

*5 Ein Array-Fetch, basierend auf dem View **zsch017vca**. Im Gegensatz zum Beispiel **zsch_017_select_wahnsinn** reicht ein **SELECT**, da wir ja die Tabellen miteinander verknüpft haben. Der Aufbau und die Kriterien des **SELECT** dürften dir mittlerweile bekannt sein. Doch halt: Eine Klitzekleinigkeit ist zu beachten. Für die **Gruppenstufenverarbeitung müssen** die **Daten sortiert sein**, damit sich Gruppen ergeben. Darum habe ich nach der **Kundennummer** und der **PLZ** sortiert.

Äh, der Motivationsteil von diesem Abschnitt ist beim Buchdruck verloren gegangen. Ich kann ihn nicht finden. Wo ist er nur?

Motivation wird total überbewertet.

Manche sagen sogar, dass es so etwas wie **Motivieren** gar nicht gibt. Hast du das Programm schon fertig? Ich habe auch eines entwickelt, das sieht wahrscheinlich etwas anders aus, da ich die Chance genutzt habe und dir die **Gruppenstufenverarbeitungen** zeigen möchte.

[Hintergrundinfo]

Die Gruppenstufenverarbeitung dient dazu, Inhalte von internen Tabellen nach deren Sortierung abzuarbeiten.

*1 Ich verwende den Typ **abap_bool** aus der Typgruppe **abap**. Diese Anweisung musst du nur angeben, falls dein System auf einem Release kleiner als Release 7.0 EHP2 läuft.

*2 Das ist die erste Verwendung des Views **zsch017vca**. Ich definiere eine interne Tabelle, deren Zeilentyp durch den View angegeben wird. Der **View** ist, genauso wie eine transparente Tabelle oder eine Struktur, ein **Strukturtyp** und kann für die Definition einer internen Tabelle verwendet werden.

```
REPORT zsch_017_view_wahnsinn.
TYPE-POOLS: abap.*1
* Mit Fremdschlüsselverprobung
PARAMETERS: pa_cust TYPE zsch016address-customid.
* Kunden und Adressen
DATA: lt_vca TYPE TABLE OF zsch017vca,*2
      ls_vca LIKE LINE OF lt_vca.
* Intervallpflege für die Adressen-ID
SELECT-OPTIONS: so_adr FOR ls_vca-addressid.*3
* Flags für Gruppenwechsel
DATA: ld_new_customid TYPE abap_bool VALUE abap_false,*4
```

*3 Für die Select-Option **so_adr** muss ein Bezug auf ein bereits deklariertes Datenobjekt hergestellt werden, wie hier auf das Feld **addressid** der Arbeitsstruktur **ls_vca**.

*4 Die zwei Flags **ld_new_customid** und **ld_new_addressid** benötige ich, um festzustellen, ob Kunden oder Adressdaten auszugeben sind.

```
      ld_new_addressid TYPE abap_bool VALUE abap_false.
* Hier geht es los mit der Datenselektion
START-OF-SELECTION.
* Lesen vom View
  SELECT * FROM zsch017vca
         INTO TABLE lt_vca
         UP TO 2 ROWS
         WHERE customid = pa_cust
         AND   addressid IN so_adr
         ORDER BY customid plz ASCENDING.*5
  IF LINES( lt_vca ) > 0.*6
* In den LOOP kommt man nur, wenn Daten vorhanden sind
    LOOP AT lt_vca INTO ls_vca.*7
      AT NEW customid.*8
        ld_new_customid = abap_true.
      ENDAT.
      AT NEW addressid.
        ld_new_addressid = abap_true.
      ENDAT.
      IF ld_new_customid = abap_true.*9
        ld_new_customid = abap_false.
* Ausgabe des Namens
        WRITE: / 'Kunde'(t01),
                 ls_vca-customid,
                 ':', ls_vca-vorname,
                 ls_vca-nachname.
      ENDIF.
      IF ld_new_addressid = abap_true.*10
        ld_new_addressid = abap_false.
        WRITE: / 'Adresse '(t02), sy-tabix, ': ',
               ls_vca-plz, ls_vca-ort, ls_vca-strasse.
      ENDIF.
    ENDLOOP.
  ELSE.
    WRITE: / 'Leider nichts gefunden'(t03).
  ENDIF.
```

*6 Kennst du die **lines(<Tabelle>)**-Anweisung schon? Diese liefert dir die Anzahl der Einträge einer internen Tabelle. Falls du sie schon kennst, dann entschuldige ich mich für die Störung.

*7 Im Loop werden alle gefundenen Datensätze aus dem View abgearbeitet. Immer wenn ein neuer Kunde auftaucht, sollen die Informationen des Kunden in der Liste ausgegeben werden und darunter die Adressen zum Kunden. Wie würdest du diese Aufgabe alternativ lösen?

*8 Ich verwende für die Ausgabe die **Gruppenstufen**. Die LOOP-Anweisung kann Kontrollstrukturen für eine Gruppenstufenverarbeitung enthalten. Aus der Zeilenstruktur und der entsprechenden Sortierung ergibt sich eine Gruppenstruktur des Inhalts der internen Tabelle, deren Stufen mit **AT**-Anweisungen ausgewertet werden können. Die Anweisungen **AT** und **ENDAT** definieren Anweisungsblöcke, die bei Gruppenwechseln, das heißt bei Änderungen der Gruppenstruktur, ausgeführt werden. Die Zusätze der Anweisungen **AT** legen fest, bei welchem Gruppenwechsel ihre Anweisungsblöcke ausgeführt werden. Anweisungen der **LOOP-ENDLOOP**-Kontrollstruktur, die nicht innerhalb einer **AT-ENDAT**-Kontrollstruktur aufgeführt sind, werden bei jedem Schleifendurchgang ausgeführt.

*9 und *10 Da bei der Anweisung **LOOP AT lt_vca** der Zusatz **INTO ls_vca** verwendet wird, um den Inhalt der aktuellen Zeile dem Arbeitsbereich **ls_vca** zuzuweisen, wird dessen Inhalt bei Eintritt in die **AT-ENDAT**-Kontrollstruktur wie folgt geändert: Die Komponenten des aktuellen Gruppenschlüssels bleiben unverändert. Super, die ID können wir ausgeben. Alle Komponenten mit zeichenartigem flachen Datentyp rechts vom aktuellen Gruppenschlüssel werden an jeder Stelle auf das Zeichen "*" gesetzt.

Verdammt, da nützt uns die ID aber nichts.

Das bedeutet, dass wir uns ein Flag setzen müssen, dass wir eine neue Gruppenstufe erreicht haben. Darum die Flags **ld_new_customid** und **ld_new_addressid** auf **abap_true**. Beim Verlassen der **AT-ENDAT**-Kontrollstruktur wird dem gesamten Arbeitsbereich der Inhalt der aktuellen Tabellenzeile zugewiesen. Das ist wieder super. Das bedeutet für uns, dass wir die Flags auswerten, wieder auf **abap_false** setzen und die Daten zur aktuellen Gruppenstufe ausgeben.

Ich werde mir jetzt drei Kekse mit jeweils zwei Gummibären sortiert auflegen. Ein Keks, zwei Bären, noch ein Keks und nochmals die Bärchen. Und immer wenn ich einen Keks esse, dann auch gleich die Gummibärchen dazu. Eins nach dem anderen. Und dann kommt der nächste Keks und die Gummibärchen und und und ... Das ist meine Art der Gruppenstufenverarbeitung. Ich nenne sie **Keksi-Bärchen-Verarbeitung.**

Weil du so brav warst – Programmieren mit Views

Die Verwendung des Views hat ja wunderbar geklappt. Und du hast die Gruppenstufenverarbeitung ja gewinnbringend – oder sollte ich sagen gewichtbringend – in die Realität umgesetzt. Darum habe ich noch eine Zugabe für dich.

Dem Thema View könnte ich noch eine Nuance hinzufügen. Bis jetzt haben wir den View im ABAP Dictionary definiert. Du kannst ihn aber auch **direkt in ABAP implementieren**, ohne das ABAP Dictionary zu verwenden.

Der große Unterschied ist, dass bei einer View-Implementierung, die auch als Join bezeichnet wird, **am Puffer vorbeigelesen wird**, also direkt mit der Datenbank kommuniziert wird.

Sehen wir uns mal das folgende Coding an, das statt des **SELECT** im Programm **zsch_017_view_wahnsinn** verwendet werden kann.

```
SELECT cust~customid cust~vorname cust~nachname
       adr~addressid adr~ort adr~plz adr~strasse*1
  INTO CORRESPONDING FIELDS OF TABLE lt_vca*2
  UP TO 2 ROWS*3
  FROM ( zsch016customer AS cust
  INNER JOIN zsch016address AS adr
  ON cust~customid = adr~customid )*4
  WHERE cust~customid = pa_cust
       AND adr~addressid IN so_adr
       ORDER BY cust~customid adr~plz ASCENDING.
```

HIIIILFE!

Das hab ich mir beim ersten Mal auch gedacht und beim Programmieren sowieso. Also, was um Himmels willen ist das? Das ist die ABAP-Implementierung des Views **zsch017vca**. Nicht mehr und nicht weniger. Sehen wir uns die Teile mal genauer an, und du wirst sehen, dass das nicht so kompliziert ist, wie es anmutet.

*1 Hinter dem **SELECT** werden die Felder aufgelistet, für die Daten von den Datenbanktabellen gelesen werden sollen. Da diese Daten aus unterschiedlichen Datenbanktabellen stammen können, müssen wir dem System mitteilen, aus welchen Tabellen. Nehmen wir zum Beispiel **cust~customid**. Diese Bezeichnung bedeutet, dass aus der Tabelle **cust** die Spalte **customid** zu lesen ist. Die **Tilde** (~) ist der sogenannte **Spaltenselektor**. Der Bindestrich war ja schon belegt. Du kennst die Tilde aus einem anderen Kontext. Welchem?

Ja, ja, aus der Objektorientierung, um auf Elemente eines Interface zuzugreifen, oh Meister Yoda.

Woher kommt die Tabelle **cust**, *die ist mir neu, oder hab ich was übersehen?*

*2 Das mit der **cust** erklär ich gleich. Nach der Liste der Felder kommt die INTO-Klausel, die keinen Lerneffekt bringt. Alles wie gehabt.

*3 Auch das UP TO 2 ROWS ist für uns keine Aufgabe.

*4 Jetzt kommen wir zum Kernstück. Mit **FROM** wird der Join eingeleitet. So wie **FROM** wenn du von einer Datenbanktabelle liest. Nur dass du jetzt von einer Menge von DB-Tabellen liest. In der Klammer hinter dem **FROM** werden zuerst die am Join beteiligten Tabellen angegeben. In diesem Zuge kannst du einen **Alias** definieren, um nicht immer den ganzen Namen tippen zu müssen. Ich habe für **zsch016customer** den Alias **cust** festgelegt und für **zsch016address** den Alias **adr**. Dazu verwendest du das **AS**-Schlüsselwort. Mit der **INNER JOIN**-Anweisung legst du fest, dass eben ein Inner Join realisiert wird. Hier könntest du natürlich auch einen **LEFT OUTER JOIN** implementieren. Dann folgt das Verknüpfungskriterium, eingeleitet mit **ON cust~customid = adr~customid**. Im Gegensatz zur Definition des Views, bei der du ja auch den Mandanten angegeben hast, musst du das hier nicht tun. Der aktuelle Mandant wird automatisch verwendet. Aber natürlich musst du die Verknüpfung für die **customid** angeben. Am Ende sind wieder alte Bekannte mit dem Detailunterschied, dass du angeben musst, woher die Felder stammen. Das sollte mal zu der Implementierung eines Joins ausreichen. Genug zum Nachdenken. Möglicherweise fällt dir die Definition eines Views im Dictionary leichter? Das kannst nur du beantworten.

[Belohnung/Lösung]

Spannen – Entspannen – Spannen – Entspannen. Wenn du dich jetzt so fühlst, dann hab ich eine Übung für dich. Drücke beide Handflächen fest gegeneinander, fest, noch fester, bis die ersten kleinen Schweißperlen auftreten. Und nachlassen, lockern und wieder atmen, atmen. Und wieder pressen … und nachlassen. Das wiederholst du fünfmal, dann bist du wieder locker.

KEKSI-
BÄRCHEN

—ACHTZEHN—

DB-Daten pflegen

Vorratskammer in Schuss halten

Daten pflegen – den Ausdruck mag Schrödinger.
Und denkt an die Kräutersammlung auf seinem Fensterbrett.
Da müssen manchmal auch neue Kräuter
eingefügt werden, mal muss er das eine durch das
andere austauschen. Und für das Löschen hat er auch schon
eine leckere Soßenidee.
Datenpflegeservice Schrödinger!

Lesen ist Silber, Schreiben ist Gold – DELETE, UPDATE, MODIFY und INSERT

Lesen kann man nur, wenn man vorher geschrieben hat. Das ist eine goldene Autorenregel. Sonst hättest du ja jetzt nichts zu tun. Bei Daten in einer Tabelle ist es natürlich nichts anderes.
Ich hab dir in Kapitel 16 schon eine einfache Möglichkeit gezeigt, wie du **Daten in eine Datenbanktabelle einpflegen** kannst.

Genau, das war auf dem Karteireiter Auslieferung und Pflege einzustellen, im Eingabefeld Data Browser/Tabellensicht-Pflege.

Richtig! Aber hat sich in dir nicht auch dieser tiefe, absolute Wunsch eingestellt, aus deinem **Programm** heraus **Daten** in die **Datenbanktabelle** zu **schreiben** oder diese möglicherweise zu **ändern**. Gepaart mit dem fast schon frivolen Verlangen, auch wieder Daten zu **entfernen**?
Wenn ja, dann ist das dein Kapitel. Du wirst es lieben, da ich dir genau diese Möglichkeiten zeigen werde. Du musst mir jetzt nicht danken dafür, das mache ich doch gerne für dich. Du kannst dir jetzt schon mal merken: **DUMI**. Das ist jetzt keine Beleidigung, wirklich nicht, sondern eine Eselsbrücke – auch das ist keine Beleidigung – für **`DELETE UPDATE`**, **`MODIFY`** und **`INSERT`**. Die **Open-SQL-Operationen**, mit denen wir die Verwaltung der Inhalte der Datenbanktabellen umsetzen können.

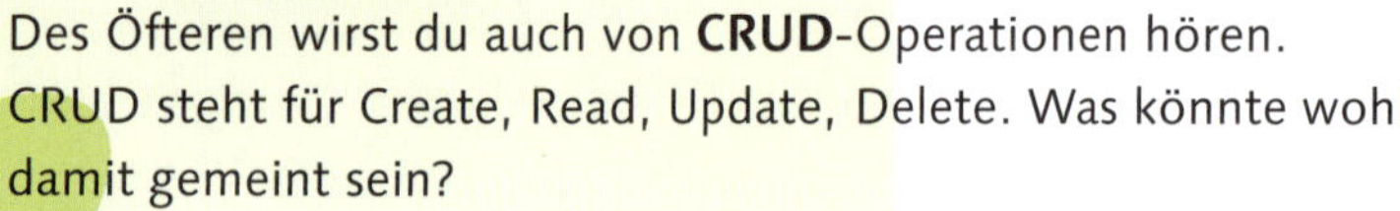

[Hintergrundinfo]

Des Öfteren wirst du auch von **CRUD**-Operationen hören. CRUD steht für Create, Read, Update, Delete. Was könnte wohl damit gemeint sein?

Sichere Daten – Transaktionskonzept

Schreiben ist Gold, aber wer schreibt, kann auch viel kaputt machen, Schrödinger. Und das nicht zuletzt dadurch, dass er mittendrin den Griffel fallen lässt. Weil um 17 Uhr Feierabend ist – nein, du weißt schon, Serververbindungen können abreißen, Programme können Ausnahmen auslösen (und Programmierer sie nicht abfangen), Stammdaten sich als unbrauchbar erweisen ... oder Daten, die zusammengehören, nicht auf die Datenbank geschrieben werden. Stell dir mal vor, du buchst von einem Konto auf ein anderes. Und leider, leider wird nur deine Abbuchung von dem einen Konto in die Datenbank gespeichert, aber leider nicht die Gutbuchung auf dem anderen Konto. Glück für die Bank, Pech für dich. Oder anders gesagt: **Inkonsistent**!

Damit das in deinen Programmen nicht passiert, bekommst du eine Einweisung in das **SAP-Transaktionskonzept**.

[Achtung]
Mit Transaktionen wie SE11 und SE80 hat das hier nichts zu tun.

[Hintergrundinfo]
Bei der Ausführung einer Transaktion muss das Transaktionssystem die ACID-Eigenschaften (Atomicity, Consistency, Isolation und Durability) garantieren. ACID beschreibt erwünschte Eigenschaften von Verarbeitungsschritten im DBMS.
Atomicity = Alles-oder-nichts-Eigenschaft
Consistency = konsistenter Datenzustand
Isolation = Gleichzeitige Ausführung darf nicht beeinflussen.
Durability = Auswirkungen am Datenbestand müssen dauerhaft sein.

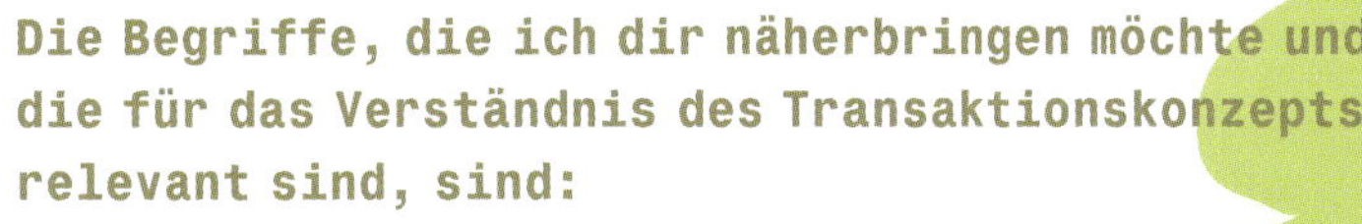
Die Begriffe, die ich dir näherbringen möchte und die für das Verständnis des Transaktionskonzepts relevant sind, sind:

- **Datenbank-LUW (Logical Unit of Work)**
- Eine DB-LUW ist ein Mechanismus, der von der DB verwendet wird, um die Konsistenz der Daten zu gewährleisten.
- **SAP-LUW**
- Eine SAP-LUW besteht aus seiner Menge von Dialogschritten, deren Änderungen in einer DB-LUW in die Datenbank geschrieben werden.
- **SAP-Transaktion**
- Eine SAP-Transaktion ist ein Anwendungsprogramm, das du mit einem Transaktionscode startest und eine oder mehrere SAP-LUWs beinhaltet.

[Zettel]
Du kannst dir ruhig etwas Popcorn holen, ich werde sicher etwas länger erzählen. Und das obige Bild wäre auch spitze, wenn du es parat hättest. Das macht die Sache dann etwas einfacher nachzuvollziehen.

Von einem Zustand zum nächsten – Datenbank-LUW

[Begriffsdefinition]
Eine **Datenbank-LUW oder auch DB-LUW** (Logical Unit of Work) ist der Mechanismus, der vom Datenbanksystem für die Erhaltung konsistenter Datenzustände zur Verfügung gestellt wird.

Die Datenbank tickt binär. Sie ist nur glücklich, wenn sie alle Datenbankoperationen in der LUW abschließen und in einen neuen konsistenten Zustand wechseln kann. Anderenfalls geht sie zurück auf den letzten konsistenten Zustand. Das endgültige Festschreiben der Änderungen nennt sich **Commit** (Rolle vorwärts) und das Zurück auf den letzten konsistenten Zustand **Rollback** (Rolle rückwärts).

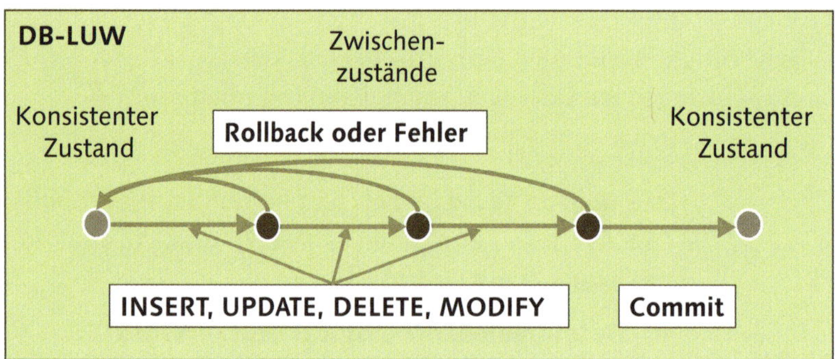

Das Datenbank-Commit führt zum Übergang in den nächsten konsistenten Zustand, und der Datenbank-Rollback setzt auf den letzten konsistenten Zustand.

Einige wichtige Eigenschaften der DB-LUW sind:

- Sie ist eine nicht teilbare Folge von Datenbankoperationen.
- Sie wird mit einem Datenbank-Commit abgeschlossen.
- Sie wird vollständig oder überhaupt nicht ausgeführt.
- Nach einem erfolgreichen Abschluss befindet sich die DB wieder in einem konsistenten Zustand.
- Die Datenbankänderungen innerhalb einer DB-LUW werden erst nach einem Datenbank-Commit endgültig auf die Datenbank geschrieben.

Bis jetzt alles verstanden. Wie mach ich denn solche Commits und Rollbacks, oder werden die gar automatisch gemacht?

Da gibt es zwei Varianten:

- **Implizit**
  Die macht das SAP-System automatisch für dich.
- **Explizit**
  Die musst du selbst machen.

Schauen wir uns mal die implizite VARIANTE an.

Das implizite **Commit** wird ausgeführt, wenn Situationen wie folgt auftreten:

- wenn ein **Dialogschritt abgeschlossen** ist, also wenn du ein Dynpro siehst, also wenn die Kontrolle vom Workprozess zum SAP GUI wechselt

Man könnte auch sagen am Ende von PBO, hihi. Also wenn das Dynpro angezeigt wird, wie wir in Kapitel 13 gesehen haben. Dann ist nichts mehr mit Rollback, weil ja das Commit gelaufen ist.

Wow, korrekt. Hast du **Gehirnbeschleuniger** eingeworfen?
Ein Beispiel hab ich noch, bei dem ein **implizites Commit** ausgelöst wird:

- bei **Fehlerdialogen** (Info, Warnung, Fehler) innerhalb von Dialogschritten

Das war mit der **MESSAGE**-Anweisung. Da geht ja die Kontrolle vom Workprozess an das SAP GUI, deshalb passiert das implizite Commit! Kann ich das Commit auch selbst machen?

Ja, da spricht man von einem expliziten COMMIT.

Das geht mit dem ABAP-Befehl **COMMIT WORK** oder mit dem Funktionsbaustein **DB_COMMIT** oder **BAPI_TRANSACTION_COMMIT**.

Zurück auf den letzten konsistenten Zustand geht es sicher auch?

Aber natürlich gibt es auch hier automatische Mechanismen, also **Automatismen**.
Der **Rollback** wird für dich automatisch in folgenden Situationen ausgeführt:

- Dein Programm produziert einen **Laufzeitfehler**. Das soll ja manchmal vorkommen.
- Du sendest eine **Abbruchnachricht** mit der **MESSAGE**-Anweisung.

Sind das die Nachrichtentypen **A** und **X**? Die führen ja zum Ende des Programms?

Yep! Natürlich kannst du den **Rollback** auch wieder selbst in die Hand nehmen und mit dem Befehl **ROLLBACK WORK** auf den letzten konsistenten Zustand wechseln.

Noch eine ernste Frage: Wie kann ich eigentlich erkennen, dass die DB-LUW beginnt? Klingelt da das System, oder wie merke ich das?

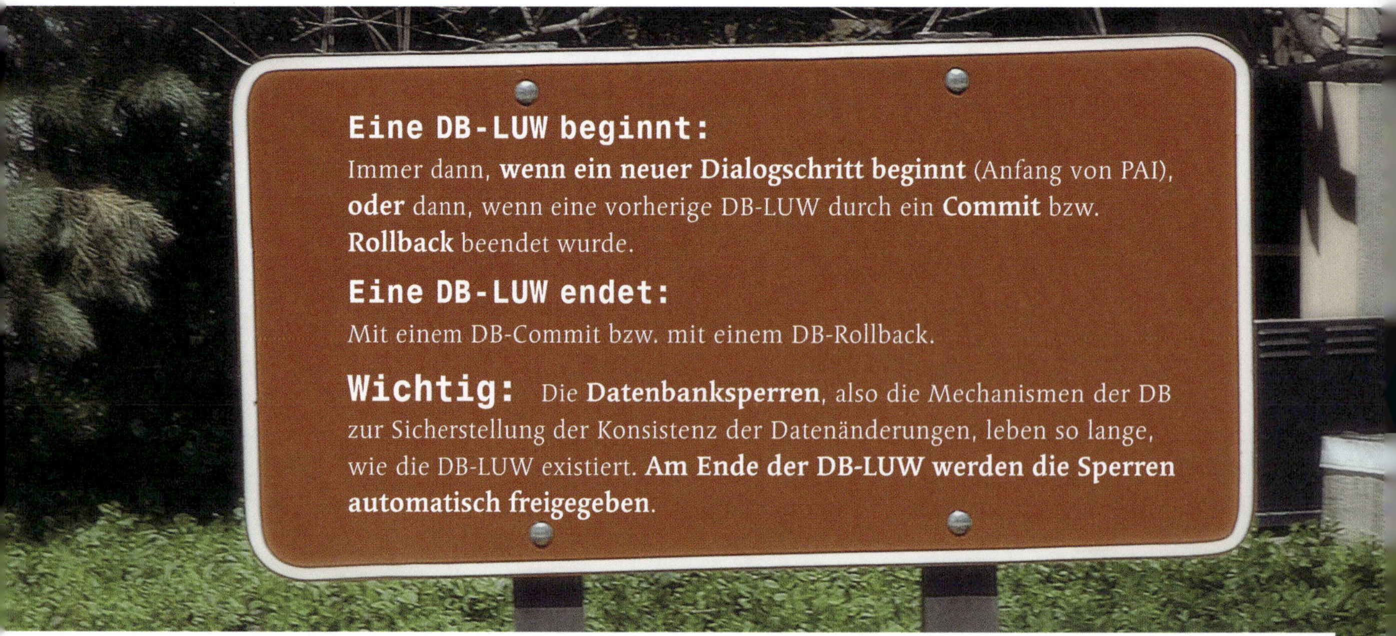

Eine DB-LUW beginnt:
Immer dann, **wenn ein neuer Dialogschritt beginnt** (Anfang von PAI), **oder** dann, wenn eine vorherige DB-LUW durch ein **Commit** bzw. **Rollback** beendet wurde.

Eine DB-LUW endet:
Mit einem DB-Commit bzw. mit einem DB-Rollback.

Wichtig: Die **Datenbanksperren**, also die Mechanismen der DB zur Sicherstellung der Konsistenz der Datenänderungen, leben so lange, wie die DB-LUW existiert. **Am Ende der DB-LUW werden die Sperren automatisch freigegeben.**

Das klingt ja total stressig. Was mach ich jetzt, wenn ich kurz mal Kaffee ernten gehen möchte?

Da kommt dann das **SAP-Sperrkonzept** ins Spiel. Aber dazu gibt es später mehr.

[Zettel]
Du hast jetzt ziemlich lange durchgehalten. Schüttle dich, und rüttle dich, wirf das Büchlein hinter dich.

Bist du konsistent?

Das war ja schon mal einiges an Information. Darum werde ich nun deine Konsistenz abfragen:

1. Welche Zustände gibt es in der Datenbank? [Konsistent/Inkonsistent]

2. Wie erreicht man den Übergang in den nächsten konsistenten Zustand? [Commit]

3. Wie macht man eine Rolle rückwärts in der Datenbank? [Rollback]

4. Was bedeutet LUW? [Logical Unit of Work]

5. Wann beginnt und wann endet eine DB-LUW? [siehe oben]

[Belohnung]
Hol dir ein Stück Marmorkuchen von Marie.

Marmorkuchen.

Aktionen bündeln – SAP-LUW

Nächster Begriff. Die DB-LUW haben wir im Griff.

Dann kommt jetzt die SAP-LUW dran.

Die Geschichte ist nun die folgende: Auf jedem Dynpro kann der Anwender ja Daten eingeben oder ändern, und du kannst diese mit **INSERT**, **UPDATE**, **MODIFY** und **DELETE** in die DB-Tabellen schreiben. Auch wenn du **kein explizites COMMIT** absetzt, werden die Daten aufgrund **impliziter COMMITs** trotzdem in die DB gestellt. **Da ist dann kein Rollback mehr möglich!** Das kann für nicht abhängige Daten funktionieren (zum Beispiel nur eine neue Adresse zu einem Kunden), was ist aber, wenn du abhängige Daten hast, wie zum Beispiel einen neuen Kunden und dazu eine neue Adresse? Falls da etwas schiefläuft, möchtest du doch alles wieder zurücksetzen können, oder? Sonst droht der totale Schiefstand.

Na, sicher!

Na, also! Die **Theatralik** der **DB-Änderungen** ist vergleichbar mit einem Film. **Alles steuert dem großen Finale entgegen**. Über die Dialogschritte hinweg sammelst du die Daten, um sie dann **gebündelt** in der **letzten DB-LUW der SAP-LUW** zu schreiben. Damit hast du die Chance, falls etwas schiefgeht, auch wieder zurückzusetzen.

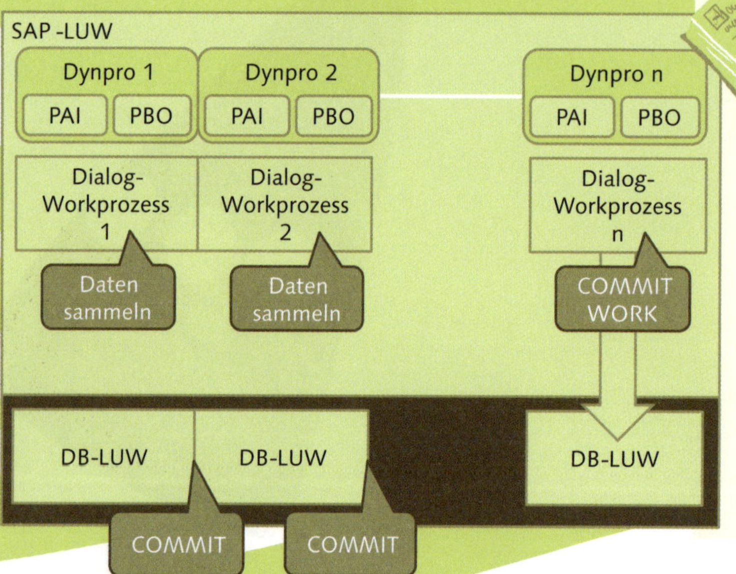

[Begriffsdefinition]
Eine **SAP-LUW** (Logical Unit of Work) ist eine **logisch zusammenhängende Einheit von Dialogschritten**, deren Änderungen innerhalb einer einzigen DB-LUW ausgeführt werden.

Daten sammeln und zu guter Letzt verbuchen im letzten Dialogschritt.

Für das Bündeln gibt es einige Techniken, wie zum Beispiel die **Verbuchung** oder **Unterprogramme**. Aber es hindert dich natürlich niemand daran, selbst die Daten im Programm zu sammeln und dann zu COMMITieren.

Unterprogramme haben wir ja schon besprochen. Sind die Bündelungsunterprogramme anders?

Im Prinzip sind sie wie „normale" Unterprogramme. Du rufst sie nur etwas anders auf, nämlich mit **PERFOM <unterprogramm> ON COMMIT.** Damit wird dem System mitgeteilt, dass das Unterprogramm erst dann aufzurufen ist, wenn ein **COMMIT** im Programm ausgeführt wird. Also zeitversetzter Aufruf.

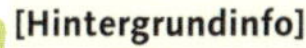

[Hintergrundinfo]
Die **Verbuchung** im SAP-System ist ein Ansatz zum Sammeln von Daten während der Abarbeitung einer **SAP-Transaktion** (kommt gleich im nächsten Abschnitt) und zum zeitversetzten Schreiben der Daten in die Datenbank. Das lernst du bei mir nicht, aber dazu kann ich dir die Online-Hilfe von SAP empfehlen.

[Einfache Aufgabe]
Du kannst schon mit dem Überlegen beginnen. Ich hätte gerne mit dir ein Programm geschrieben, das es uns ermöglicht, neue Datensätze für Kundenadressen anzulegen. Wie könnten wir das UI gestalten? Wie könnte das Programm aussehen? Lass es auf dich wirken, gehe in dich.

Und jetzt auch noch transaktional – SAP-Transaktion

Der letzte Begriff, den wir noch klären müssen, ist jener der **SAP-Transaktion**. Dann hast du den Begriffsmarathon hinter dich gebracht.

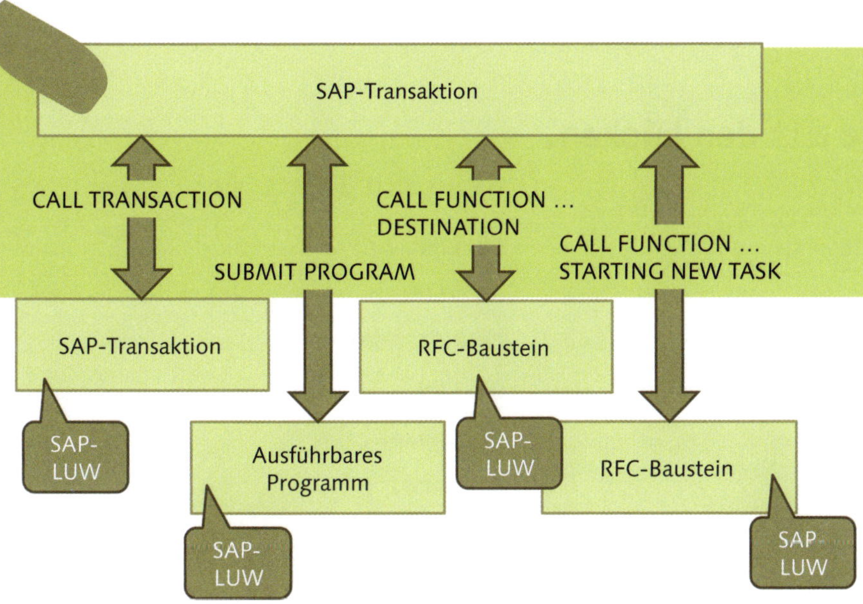

SAP-LUWs im Zusammenspiel, gesteuert durch die SAP-Transaktion.

[Begriffsdefinition]
Eine **SAP-Transaktion** ist die Ausführung eines SAP-Anwendungsprogramms über einen **Transaktionscode**. Im Lauf dieser Ausführung können eine oder mehrere SAP-LUWs verarbeitet werden.

Kurz nur für mich:
Eine SAP-LUW ist eine Folge von Dialogschritten, die logisch zusammenhängen.

Gut aufgepasst! Eine SAP-Transaktion startet ein Anwendungsprogramm, in dem wiederum eine oder mehrere SAP-LUWs gestartet werden. Um **komplexe Transaktionen** abzubilden, bietet es sich an, diese in **logisch abgeschlossene Einheiten** zu unterteilen und damit separate SAP-LUWs zu verwenden. SAP-Transaktionen kannst du folgendermaßen strukturieren:

- **Durch eine einzige SAP-LUW oder mehrere hintereinander folgende SAP-LUWs**. Da musst du aber sicherstellen, dass **COMMIT WORK** oder **ROLLBACK WORK** nicht ausgeführt werden.
- **Einschieben einer SAP-LUW** durch den Aufruf einer anderen **Transaktion** (`CALL TRANSACTION`), Aufruf eines **ausführbaren Programms** (`SUBMIT`) oder **RFC-Aufruf** eines Funktionsbausteins (`CALL FUNCTION ... DESTINATION`). Das Tolle dabei ist, dass die LUW des rufenden Programms nicht beendet und nach der Rückkehr aus dem gerufenen Programm fortgesetzt wird.
- **Paralleler Ablauf von SAP-LUWs**! Also der asynchrone Aufruf paralleler SAP-LUWs. Das geht mit der Anweisung `CALL FUNCTION ... STARTING NEW TASK.` Das ist auch gleichzeitig der einzige Weg, um im SAP-System zu parallelisieren.

[Zettel]
Damit hast du den Theorieteil geschafft, und ich konnte dir einige Begriffe ins Hirn pflanzen.

Ob du geschlafen hast oder nicht, zeigt dir der folgende kleine Fülltextcheck:

Verbinde die Begriffe mit den Lücken.

Hier die Fülltexte:

1. Eine … ist von der Dauer her kürzer als eine …

2. Mit dem ABAP-Befehl … kann ich eine … abschließen und einen neuen konsistenten Zustand in der … erzeugen.

3. … zu essen dauert länger als eine …

4. Nach einem … ist ein … wirkungslos.

Hier die Begriffe:

DB-LUW,
SAP-LUW,
COMMIT WORK,
DB-LUW,
Datenbank,
Popcorn,
DB-LUW,
COMMIT WORK,
ROLLBACK WORK

Lösung

1. (DB-LUW, SAP-LUW)
2. (COMMIT WORK, DB-LUW, Datenbank)
3. (Popcorn, DB-LUW)
4. (COMMIT WORK, ROLLBACK WORK)

Datenmanipulator-Entwicklungsrahmen – Das Programm für die Open-SQL-Anweisungen

Jetzt geht's los. Bist du bereit?

Du kannst gleich mal das ausführbare Programm **zsch_018_datenmanipulator** anlegen. In diesem werden wir die DUMI-Open-SQL-Kommandos ausprobieren. Natürlich dienen uns die Tabellen **zsch016customer** und **zsch016address** wieder als Datensumpf.

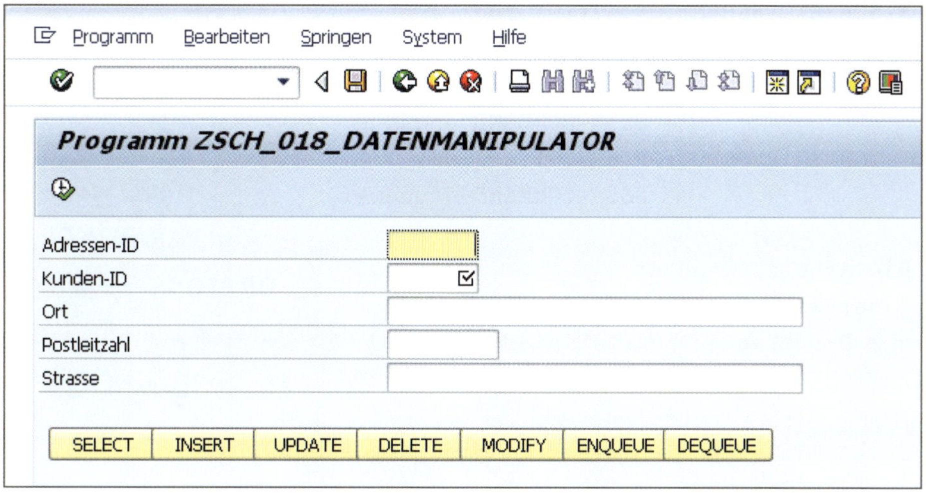

Programm Bearbeiten Springen System Hilfe

Programm ZSCH_018_DATENMANIPULATOR

Adressen-ID
Kunden-ID
Ort
Postleitzahl
Strasse

SELECT | INSERT | UPDATE | DELETE | MODIFY | ENQUEUE | DEQUEUE

Der Datenmanipulator, realisiert als ausführbares Programm mit aufgemotztem Selektionsbild.

Du wirst das Standardselektionsbild des Programms **zsch_018_datenmanipulator** mit **Drucktasten** pimpen, um die Datenmanipulationsoperationen elegant aufrufen zu können. Dazu zeige ich dir kurz, wie du den Programmrahmen für unsere Beispiele vorbereitest. Übrigens ist das eine nette Ergänzung zu deinem erworbenen Wissen aus Kapitel 12.

*1 Mit der Anweisung **TABLES sscrfields**. legst du eine Arbeitsstruktur an, in der das System den Funktionscode der Drucktasten im Selektionsbild speichert. Das Feld **sscrfields** können wir dann später auswerten, um die passende Reaktion zu implementieren.

*2 Die **PARAMETERS**-Definitionen zaubern die Ein-/Ausgabefelder in das Selektionsbild. Beim Parameter **pa_adrid** habe ich den Zusatz **OBLIGATORY** verwendet, um ihn als ***Mussfeld*** zu kennzeichnen. Das System übernimmt in diesem Fall die Prüfung, ob Werte eingegeben wurden oder nicht. Falls nicht, erscheint eine Fehlermeldung.

```
REPORT  zsch_018_datenmanipulator.
TABLES sscrfields.*1
* Selektionsbildgestaltung
PARAMETERS: pa_adrid TYPE n LENGTH 8 OBLIGATORY,*2
```

```
          pa_cusid TYPE zsch016address-customid
          OBLIGATORY VALUE CHECK,*3
          pa_ort TYPE text40,
          pa_plz TYPE char10,
          pa_stras TYPE text40.
* Die Drucktasten
SELECTION-SCREEN SKIP 2.*4
SELECTION-SCREEN PUSHBUTTON 2(10) select
                          USER-COMMAND select.*5
SELECTION-SCREEN PUSHBUTTON 12(10) insert
                          USER-COMMAND insert.
SELECTION-SCREEN PUSHBUTTON 22(10) update
                          USER-COMMAND update.
SELECTION-SCREEN PUSHBUTTON 32(10) delete
                          USER-COMMAND delete.
SELECTION-SCREEN PUSHBUTTON 42(10) modify
                          USER-COMMAND modify.
SELECTION-SCREEN PUSHBUTTON 52(10) enqueue
                          USER-COMMAND enqueue.
SELECTION-SCREEN PUSHBUTTON 62(10) dequeue
                          USER-COMMAND dequeue.

* <wa>: Die Arbeitsstruktur
DATA: ls_address TYPE zsch016address.*6
* Texte der Drucktasten initialisieren
INITIALIZATION.*7

* Texte initialisieren mithilfe der Namen der PUSHBUTTONS
  select = 'SELECT'(b00).
  insert = 'INSERT'(b01).
  update = 'UPDATE'(b02).
  delete = 'DELETE'(b03).
  modify = 'MODIFY'(b04).
  enqueue = 'ENQUEUE'(b05).
  dequeue = 'DEQUEUE'(b06).

* Hier kommen die Reaktionen auf die Drucktasten rein
AT SELECTION-SCREEN.*8
* Zuerst mal die Parameterdaten in die
* Arbeitsstruktur <wa> übernehmen
  ls_address-mandt = sy-mandt.*9
  ls_address-addressid = pa_adrid.
  ls_address-customid = pa_cusid.
```

*3 Beim Parameter **pa_cusid** ist mir noch eine Ergänzung eingefallen. **VALUE CHECK**. Diese sorgt dafür, dass wiederum das System für uns prüft, ob der Anwender einen **gültigen Wert** eingegeben hat. Die Gültigkeit ergibt sich aus der Verwendung der **Fremdschlüsselverprobung** des Feldes **zsch016address-customid** (Kapitel 16). Die restlichen Parameter sind keine Überraschung für dich.

*4 Dann wechsle ich zur Gestaltung der Drucktastenleiste. Damit diese einen Abstand zu den Parametern hat, füge ich zwei Leerzeilen mit der Anweisung **SELECTION-SCREEN SKIP** ein. Falls du **SELECTION-SCREEN** nicht mehr parat hast, blättere kurz zu Kapitel 12.

Mit dem Schlüsselwort **SELECTION-SCREEN** *hab ich die Gestaltung des Selektionsbildes gemacht, die über* **PARAMETERS** *und* **SELECT-OPTIONS** *hinausgegangen ist. Das ist noch in meinem Datenspeicher. Nix blättern!*

*6 Einen **Arbeitsbereich** hab ich auch noch auf Lager. Der dient uns dazu, die Daten zu speichern, die von und zur Datenbanktabelle transportiert werden. Natürlich hab ich **ls_address** mit Bezug zur Datenbanktabelle **zsch016address** angelegt. Damit ist garantiert, dass der Arbeitsbereich gleich strukturiert ist wie die DB-Tabelle. Das schreib ich deswegen, weil es für uns später in der Implementierung wichtig ist.

*8 Zum Ereignis AT SELECTION-SCREEN werden wir die Behandlung der Benutzerinteraktion mit den Drucktasten implementieren.

Natürlich werde ich noch Selektionstexte durch **Springen • Selektionstexte** anlegen. Sonst schreckt sich der Anwender bei all den technischen Namen. Alles für den User!

*5 Dann folgt die Definition der Drucktasten, alle in einer Reihe. Mit **SELECTION-SCREEN PUSHBUTTON** legst du mal prinzipiell eine **Drucktaste** an. Die Angabe 2(10) **positioniert** die Drucktaste, beginnend ab der Spalte 2 mit der Länge 10 im Selektionsbild. Die **Bezeichnung** der Drucktaste, die wir später für die Zuordnung der Drucktastentexte benötigen, folgt direkt nach der Positionsangabe. Ich habe die Drucktasten so wie die SQL-Operation benannt, also zum Beispiel **select**. Mit dem Zusatz **USER-COMMAND select** kannst du der Drucktaste den Funktionscode zuordnen, der dann für die Unterscheidung verwendet wird.

*7 Die Texte für die Drucktasten kannst du ganz einfach durch Zuweisung zu den Namen der Drucktasten erledigen. Du musst keine Variablen definieren, das ist durch die Definition der Drucktaste bereits erledigt worden.

Das Thema mit den Drucktasten ist zwar neu, aber die Textsymbole kenne ich schon. Daher weiß ich natürlich, dass das dreistellige Kürzel die Referenz auf die Textsymbole darstellt.

*9 Für die weitere Verarbeitung befülle ich die Arbeitsstruktur **ls_address** mit den Daten aus den Parametern. Möglicherweise hat der Anwender ja Daten eingegeben, zum Beispiel für das Anlegen eines neuen Datensatzes.

```
  ls_address-ort = pa_ort.
  ls_address-plz = pa_plz.
  ls_address-strasse  = pa_stras.
* Auswertung der Drucktasten
  CASE sscrfields.*10
    WHEN 'SELECT'. "Das USER-COMMAND vom PUSHBUTTON
* Hier baust du als Übung ein SELECT ein*11
      IF sy-subrc = 0.*12
        pa_adrid = ls_address-addressid.
        pa_cusid = ls_address-customid.
        pa_ort = ls_address-ort.
        pa_plz = ls_address-plz.
        pa_stras = ls_address-strasse.
      ELSE.
        CLEAR: pa_adrid, pa_cusid, pa_ort, pa_plz, pa_stras.
        MESSAGE 'Nix gefunden'(m00) TYPE 'E'.
      ENDIF.
    WHEN 'INSERT'.*13
    WHEN 'UPDATE'.
    WHEN 'DELETE'.
    WHEN 'MODIFY'.
    WHEN 'ENQUEUE'.
    WHEN 'DEQUEUE'.
  ENDCASE.
```

*10 Das ist das Kernstück unserer Implementierung. Mit **CASE sscrfields** kannst du die Drucktasten unterscheiden, die der Anwender gedrückt hat. Die Werte, nach denen du unterscheidest, also die Funktionscodes, ergeben sich aus der Definition der Drucktasten.

*11 Im Abschnitt **WHEN 'SELECT'** hab ich für dich eine kleine Übung eingebaut, damit du mit der Struktur des Programms „warm" wirst.

[Einfache Aufgabe]

Implementiere das Lesen der Adressdaten von der Datenbanktabelle **zsch016address**, basierend auf der Eingabe des Anwenders, und stelle das Ergebnis in den Arbeitsbereich **ls_address**.

*12 Die Reaktion auf das SELECT habe ich bereits für dich eingebaut. So kümmere ich mich um dich!

Das ist, als hättest du mir ein kühles, schlankes Pils gezapft. Noch schöner.

Die Daten aus der Arbeitsstruktur werden in die Parameter gestellt, damit sie dem Anwender angezeigt werden. Falls es nicht klappt mit dem Lesen, also falls **sy-subrc <> 0**, werden die Parameter initialisiert und eine Fehlernachricht an den Anwender gesendet.

*13 Und hier folgen die WHEN-Abschnitte für alle anderen Drucktasten = Operationen, die wir noch implementieren werden. Dein persönliches Schweizer Messer für Datenmanipulationen.

Hast du das **SELECT** implementiert? Wahrscheinlich sieht es genauso wie meine Lösung aus:

```
SELECT SINGLE * FROM zsch016address INTO ls_address
  WHERE addressid = pa_adrid.*1
```

*1 Ich lese genau einen Satz mit allen Spalten von der Datenbanktabelle **zsch016address** in den Arbeitsbereich **ls_address** mit der Einschränkung, dass die Adressen-ID **adressid** mit der Eingabe des Anwenders **pa_adrid** übereinstimmt.

Noch ein kleiner Test der Funktionalität:

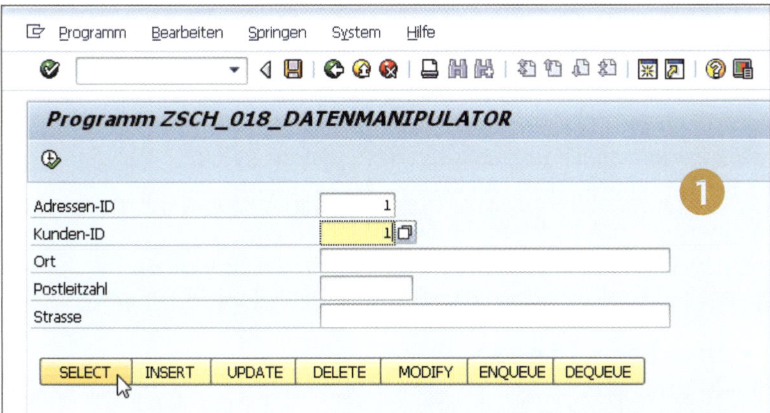

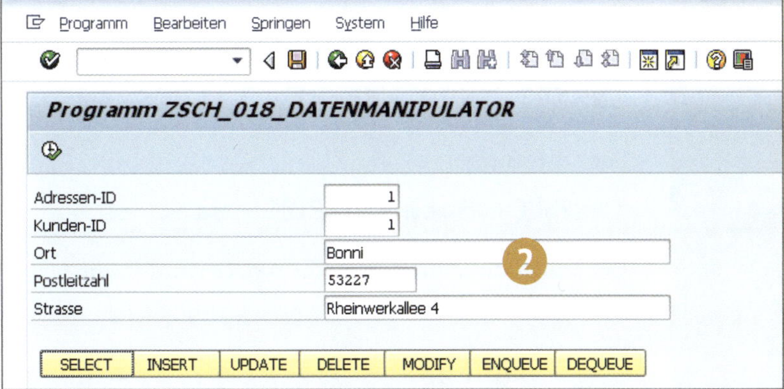

IDs eingeben, SELECT drücken, und da ist schon die Adresse. Perfekt!

[Belohnung/Lösung]

Große Crème brûlée!

Lecker!

Und noch eins und noch eins und ... – INSERT

Nachdem du den ersten Zuckerschock überstanden hast, bist du sicher immer noch mit 150 % Leistungsfähigkeit unterwegs. Den Schwung nutzen wir für das Einfügen einer neuen Adresse in die Datenbanktabelle. Dazu kannst du den Open-SQL-Befehl **INSERT** verwenden, der im Prinzip so aufgebaut ist:

```
INSERT INTO <dbtab> <lines>.
```

Das **<dbtab>** steht natürlich für eine Datenbanktabelle und das **<lines>** für die Daten, die einzufügen sind. Falls du einen **Einzelsatz** einfügen möchtest, schreibst du

```
INSERT INTO <dbtab> VALUES <wa>.
```

oder die Kurzform

```
INSERT <dbtab> FROM <wa>.
```

Der Inhalt des Arbeitsbereichs **<wa>** wird in die Datenbanktabelle **<dbtab>** geschrieben.

<dbtab> – ist klar: zsch0laddress. Und <wa> ist die Struktur ls_address, oder?

Ja, genau. Wir haben uns das Leben einfach gemacht und den Arbeitsbereich mit Bezug auf die Struktur der Datenbanktabelle deklariert: **DATA: ls_address TYPE zsch016address**.

Ah, gleich passend gemacht, schlau, schlau.

Falls die Datenbanktabelle noch keine Zeile mit dem gleichen **Primärschlüssel** wie im Arbeitsbereich angegeben enthält, wird die Operation durchgeführt und **sy-subrc** auf 0 gesetzt. Sonst wird keine Zeile eingefügt, und **sy-subrc** wird auf 4 gesetzt.

Eingebauter Doublettenverschmutzungsbenachrichtigungsapparat.

[Einfache Aufgabe]

Implementiere den Abschnitt für INSERT im Datenmanipulator.

Das hat sicher gut geklappt. Ich zeige dir mal meine Implementierung.

Und so...

```
WHEN 'INSERT'.*1
* Einfügen in die DB-Tabelle
* INSERT INTO <dbtab> VALUES <wa>. oder
* INSERT <target> FROM <wa>. oder
* INSERT <dbtab> FROM TABLE <itab>
*       [ACCEPTING DUPLICATE KEYS].
INSERT into zsch016address values ls_address. *2
IF sy-subrc = 0.*3
 MESSAGE 'Super! Der Eintrag wurde erzeugt'(m03) TYPE 'S'.
ELSE.*4
 MESSAGE 'Schade! Das hat nicht funktioniert'(m04) TYPE 'E'.
ENDIF.
```

*1 Die Implementierung ist als Reaktion auf die Drucktaste **INSERT** gedacht, daher im **WHEN 'INSERT'**-Abschnitt zu implementieren.

*2 Der zentrale Punkt: Der **INSERT**-Befehl übernimmt die Werte aus dem Arbeitsbereich **ls_address** und schreibt die Daten in die Datenbanktabelle **zsch016address**.

*3 Das kannst du mir erklären!

Ich will, ich will. Falls der sy-subrc nach dem INSERT den Wert 0 hat, hat das Einfügen geklappt, und du sendest eine Erfolgsnachricht (natürlich übersetzungsrelevant, darum das dreistellige Kürzel dahinter). Falls der Wert von sy-subrc <> 0 ist, wird eine Fehlernachricht gesendet. Genauso hätte ich das auch implementiert!

*4 In der Praxis überprüfst du, ob die Datenbankoperationen erfolgreich waren (**sy-subrc = 0**) oder eben nicht. Daher reicht das **ELSE** vollkommen aus.

Ein kleiner Test der Implementierung:

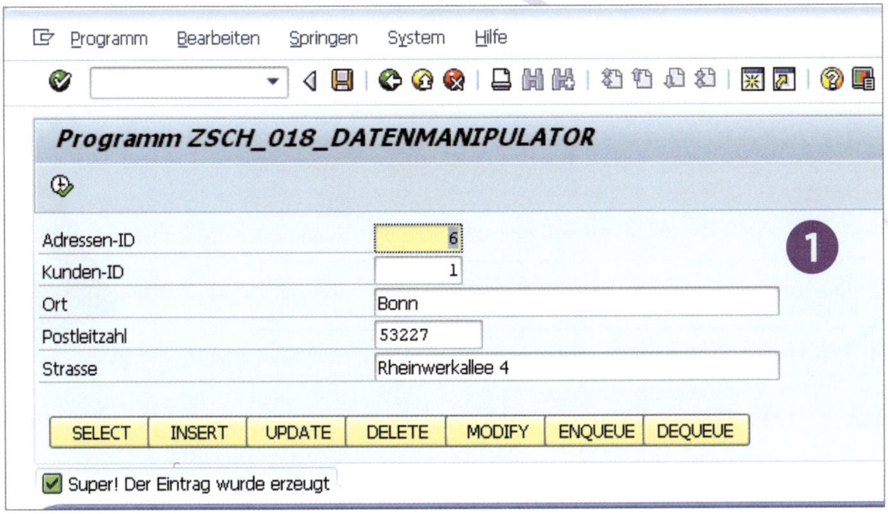

Programm Bearbeiten Springen System Hilfe

Programm ZSCH_018_DATENMANIPULATOR

Adressen-ID	6
Kunden-ID	1
Ort	Bonn
Postleitzahl	53227
Strasse	Rheinwerkallee 4

SELECT | INSERT | UPDATE | DELETE | MODIFY | ENQUEUE | DEQUEUE

Super! Der Eintrag wurde erzeugt

(1)

Daten eingeben, die **INSERT**-Taste drücken, und bummm, schon ist das Ergebnis in der Datenbanktabelle.

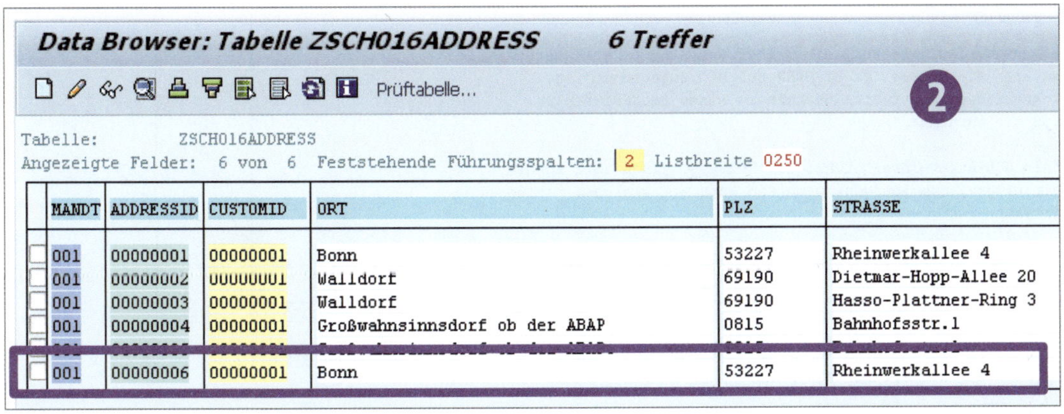

Data Browser: Tabelle ZSCH016ADDRESS   6 Treffer

Prüftabelle...

(2)

Tabelle: ZSCH016ADDRESS
Angezeigte Felder: 6 von 6 Feststehende Führungsspalten: 2 Listbreite 0250

MANDT	ADDRESSID	CUSTOMID	ORT	PLZ	STRASSE
001	00000001	00000001	Bonn	53227	Rheinwerkallee 4
001	00000002	00000001	Walldorf	69190	Dietmar-Hopp-Allee 20
001	00000003	00000001	Walldorf	69190	Hasso-Plattner-Ring 3
001	00000004	00000001	Großwahnsinnsdorf ob der ABAP	0815	Bahnhofsstr.1
001	00000005	00000001	Großwahnsinnsdorf ob der ABAP	0815	Bahnhofsstr.1
001	00000006	00000001	Bonn	53227	Rheinwerkallee 4

Massendaten einfügen

Roland!
Wenn ich mehrere Datensätze einfügen möchte, muss ich das auch einzeln machen, oder gibt es da eine andere Möglichkeit?

Falls du **mehrere Zeilen** einfügen möchtest, verwendest du folgende Anweisung:

INSERT <dbtab> FROM TABLE <itab> [ACCEPTING DUPLICATE KEYS].

Alle Zeilen der internen Tabelle **<itab>** werden auf einmal in die Datenbanktabelle eingefügt. Der Zeilentyp von **<itab>** muss natürlich zur Tabelle passen, so wie im Fall des Arbeitsbereiches **<wa>**.
Falls alle Zeilen eingefügt werden können, wird **sy-subrc** auf 0 gesetzt. Falls **nur eine der Zeilen nicht eingefügt werden kann**, da schon eine Zeile mit dem **gleichen Primärschlüssel** in der Datenbanktabelle existiert, kommt es zu einem **Laufzeitfehler**.

Laufzeitfehler   Bearbeiten   Springen   System   Hilfe

Laufzeitfehler - Beschreibung der Ausnahme

Langtext   Debugger

```
Laufzeitfehler          SAPSQL_ARRAY_INSERT_DUPREC
Ausnahme                CX_SY_OPEN_SQL_DB
Datum und Zeit          05.11.2010 08:55:22

Kurztext
    Open SQL-Array-Insert führt zu duplikativen Sätzen in der Datenbank.

Was ist passiert?
    Fehler im ABAP-Anwendungsprogramm.

    Das laufende ABAP-Programm "ZSCH_017_INSERT" mußte abgebrochen werden, da es
     auf
    eine Anweisung gestoßen ist, die leider nicht ausgeführt werden kann.

Fehleranalyse
    Es ist eine Ausnahme aufgetreten, die weiter unten näher erläutert wird.
    Die Ausnahme, der die Klasse 'CX_SY_OPEN_SQL_DB' zugeordnet ist,
    wurde nicht abgefangen und führte deshalb zu einem Laufzeitfehler.
    Der Grund für die Ausnahme ist:

    Bei einem Open SQL-Array-Insert führt der Versuch, einen Satz in die
    Datenbank einzufügen, zum Abbruch, wenn ein Satz mit gleichem Schlüssel
    bereits existiert.

    (Beim Open SQL-Einzelsatz-Insert wird in derselben Fehlersituation
    nicht abgebrochen, sondern SY-SUBRC auf 4 gesetzt.)
```

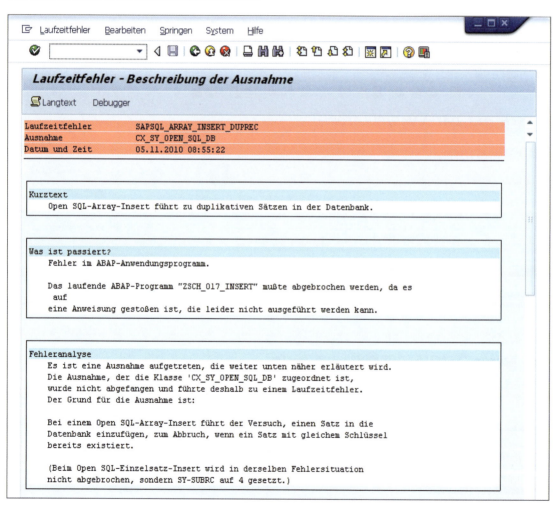

In der Tabelle der einzufügenden Datensätze gab es Einträge mit bereits existierenden Primärschlüsseln. Das System bläst die gesamte Einfügeoperation ab. Es werden keine Daten eingefügt!

Das ist aber streng das System. Werden dann gar keine Datensätze eingefügt? Also alles oder nichts?

Genauso ist es. Das System sendet dir eine nette Beschreibung des Laufzeitfehlers und verwirft alle Änderungen.

[Notiz]
Falls du nicht so auf den Abbruch deines Programms während der Laufzeit stehst, und die Anwender auch nicht, kannst du den Laufzeitfehler **cx_sy_open_sql_db** den die INSERT-Operation wirft, abfangen. Du weißt: **TRY.<hier kommt die INSERT Anweisung> CATCH cx_sy_open_sql_db. ENDTRY.**

Der **Laufzeitfehler** kann mit dem Zusatz **ACCEPTING DUPLICATE KEYS verhindert** werden. Dann werden die problematischen Zeilen verworfen und nicht eingefügt. Zusätzlich werden die unproblematischen Zeilen eingefügt, und **sy-subrc** wird auf 4 gesetzt.

Wie erfahre ich dann, welche nicht eingefügt wurde? Geht das überhaupt?

Nö, geht nicht. Das musst du dann für jeden Einzelsatz prüfen.

[Einfache Aufgabe]
Ich habe mal eine kleine Denkaufgabe für dich. Sieh dir das folgende Coding an. In der internen Tabelle **lt_scarr** stecken die einzufügenden Datensätze. Falls ein Fehler beim Einfügen auftritt, möchtest du wieder auf den letzten konsistenten Zustand der Datenbank zurückrollen. Wie geht das, und wo im Code würdest du das machen?

```
* Variante ohne Laufzeitfehler: Selektiv
  INSERT scarr FROM TABLE lt_scarr ACCEPTING DUPLICATE KEYS.

  IF sy-subrc = 0.
    WRITE: / 'Alles ist ok (sy-subrc = ', sy-subrc, ')'.
    WRITE: / 'Es wurden ', sy-dbcnt, ' Datensätze eingefügt'.
  ELSE.
    WRITE: / 'Einiges ist nicht ok (sy-subrc = ', sy-subrc, ')'.
    WRITE: / 'Es wurden ', sy-dbcnt, ' Datensätze eingefügt'.
  ENDIF.
```

Ich hab's gefunden. Natürlich mit einem Rollback. Ich würde das **ROLLBACK WORK** im **ELSE**-Zweig positionieren. Weil der **sy-subrc <> 0** ist, und dann sollte ich ja zurücksetzen.

Goldmedaille! Das Systemfeld **sy-dbcnt** wird unabhängig vom Wert in **sy-subrc** auf die **Anzahl der eingefügten Zeilen** gesetzt.

[Achtung]

Wenn mehrere Zeilen eingefügt werden sollen, ist das Arbeiten mit internen Tabellen **performanter** als das zeilenweise Einfügen einzelner Zeilen. Das gilt übrigens auch für UPDATE, DELETE und MODIFY.

Und noch eine kleine Frage zum Coding:

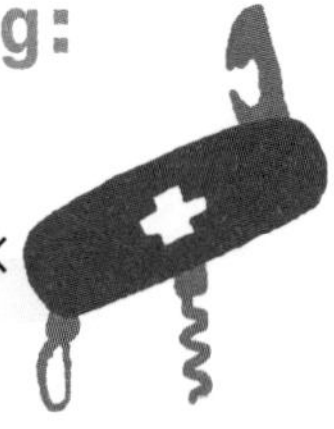

[Einfache Aufgabe]

Überlege dir, wo das COMMIT WORK abgesetzt wird. Ist das explizit oder implizit?

Das ist ein implizites COMMIT, und das wird abgesetzt, sobald die Kontrolle wieder an das Dynpro übergeht, also am Ende von PBO.

Ändern muss man auch ab und zu – UPDATE

Das mit dem Einfügen hat doch schon super geklappt. Aber – oh nein – da hat sich ein **Tippfehler** im Datensatz eingeschlichen. Statt Bonn steht da Bonny. Wo soll denn das sein?

Die Stadt Bonny befindet sich auf der Insel Bonny Island im Delta des Niger am Bonny River!

Wow, ich bin beeindruckt. Aber ich wollte eigentlich Bonn schreiben.
Verdammt, wie können wir den Fehler beheben. Mit **SELECT**? Nö, leider nur lesen.
Mit **INSERT**? Nö, leider nur einfügen. Also muss ein neuer Befehl her: **UPDATE**!
Die Open-SQL-Anweisung zum Ändern von Zeilen in Datenbanktabellen ist:

```
UPDATE <dbtab> <lines>.
```

Diese Anweisung ermöglicht es, einzelne oder mehrere Zeilen **<lines>** in einer Datenbanktabelle **<dbtab>** zu ändern. Um nur bestimmte Spalten in der Datenbanktabelle zu ändern, schreibst du:

```
UPDATE <dbtab> SET <s1> = <f1> <s2> = <f2> ... [WHERE
<cond>].
```

Die **WHERE-Klausel** bestimmt die zu ändernden Zeilen (Kurzer Blick in Kapitel 17 gefällig?). Ohne WHERE-Klausel werden **alle** Zeilen geändert. Die Ausdrücke **<s i> = <f i>** helfen dir, Werte von ausgewählten Spalten zu verändern. Der Wert in Spalte **<s i>** wird für alle selektierten Zeilen auf den Wert von **<f i>** gesetzt. Dabei kann **<f i>** ein **Datenobjekt** oder selbst eine **Spalte** der Datenbanktabelle sein. Die Spalten werden direkt über ihren Namen benannt.
Falls mindestens eine Zeile geändert wurde, wird **sy-subrc** auf 0, ansonsten auf 4 gesetzt. **sy-dbcnt** wird auf die Anzahl der geänderten Zeilen gesetzt.

Ich will aber den ganzen Datensatz auf einmal ändern. Wie geht denn das?

Um eine einzelne Zeile in einer Datenbanktabelle mit dem Inhalt eines Arbeitsbereichs zu überschreiben, schreibt man:

```
UPDATE <dbtab> FROM <wa>.
```

Der Inhalt des Arbeitsbereichs **<wa>** überschreibt in der Datenbanktabelle **<dbtab>** die Zeile **mit dem gleichen Primärschlüssel**.

<wa> für <wahnsinn>, <wahnsinn>, <weichei> oder nach einer durchzechten Nacht <wahahahahaistmirübel>?

Nein, nein. **<wa>** für **work area**. Also ein Arbeitsbereich oder eine Arbeitsstruktur oder einfach Struktur, in dem/in der Daten abgelegt oder ausgelesen werden. Kapitel 5 hat auch noch einige Details dazu.
Falls die Datenbanktabelle eine Zeile mit dem gleichen Primärschlüssel wie im Arbeitsbereich angegeben enthält, wird die Operation durchgeführt und **sy-subrc** auf 0 gesetzt. Ansonsten wird keine Zeile geändert, und **sy-subrc** wird auf 4 gesetzt.

[Einfache Aufgabe]

Implementiere den UPDATE-Abschnitt im Datenmanipulator!
Darf ich meine Lösung anbieten?

```
WHEN 'UPDATE'.
* Ändern in der DB-Tabelle
* UPDATE <dbtab> FROM <wa>. oder
* UPDATE <dbtab> SET <s1> = <f1> <s2> = <f2> ...
*        [WHERE <cond>]. oder
* UPDATE <target> FROM TABLE <itab>.
UPDATE zsch016address FROM ls_address.*1
 IF sy-subrc = 0.
  MESSAGE 'Super! Der Eintrag wurde geändert'(m05) TYPE 'S'.
ELSE.
 MESSAGE 'Schade! Das hat nicht funktioniert'(m06) TYPE 'E'.
ENDIF.
```

*1 Gibt es da etwas zu erklären, oder ist das eher beleidigend? Vielleicht eher herzeigen?

Massendaten

Um mehrere Zeilen einer Datenbanktabelle mit dem Inhalt einer internen Tabelle zu überschreiben, schreibt man:

```
UPDATE <target> FROM TABLE <itab>.
```

Der Inhalt der Zeilen der internen Tabelle **<itab>** überschreibt in der Datenbanktabelle **<dbtab>** die Zeilen mit dem gleichen Primärschlüssel. Für den Zeilentyp von **<itab>** gilt das Gleiche wie oben für den Arbeitsbereich **<wa>**.

Falls eine Zeile nicht geändert werden kann, da der entsprechende Primärschlüssel nicht in der Datenbanktabelle vorhanden ist, wird die gesamte Anweisung **nicht abgebrochen**, sondern die Bearbeitung wird mit der nächsten Zeile der internen Tabelle fortgesetzt.
Falls alle Zeilen der internen Tabelle verwendet werden, wird **sy-subrc** auf 0, sonst auf 4 gesetzt. Falls nicht alle Zeilen verwendet werden, kann die Anzahl der nicht verwendeten Zeilen aus der Differenz der verarbeiteten Zeilen in **sy-dbcnt** und der Zeilenanzahl der internen Tabelle berechnet werden. Falls die interne Tabelle leer ist, werden **sy-subrc** und **sy-dbcnt** auf 0 gesetzt.

MANDT	ADDRESSID	CUSTOMID	ORT	PLZ	STRASSE
001	00000001	00000001	Bonny	53227	Rheinwerkallee 4
001	00000002	00000001	Walldorf	69190	Dietmar-Hopp-Allee 20
001	00000003	00000001	Walldorf	69190	Hasso-Plattner-Ring 3
001	00000004	00000001	Großwahnsinnsdorf ob der ABAP	0815	Bahnhofsstr.1
001	00000005	00000001	Großwahnsinnsdorf ob der ABAPo	0815	Bahnhofsstr.1
001	00000006	00000001	Bonn	53227	Rheinwerkallee 4

1

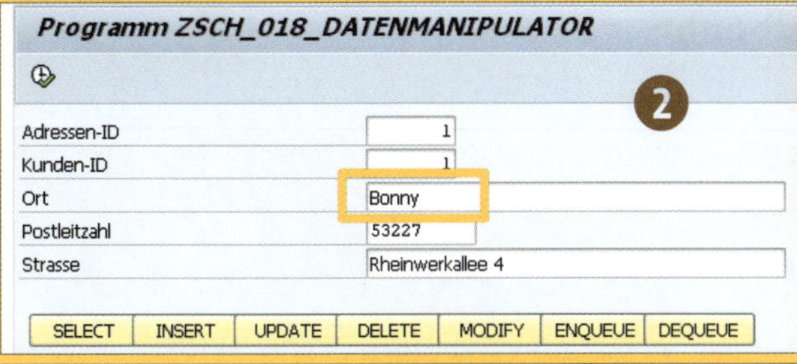

Programm ZSCH_018_DATENMANIPULATOR

3

Adressen-ID 1
Kunden-ID 1
Ort Bonn
Postleitzahl 53227
Strasse Rheinwerkallee 4

SELECT INSERT UPDATE DELETE MODIFY ENQUEUE DEQUEUE

Super! Der Eintrag wurde geändert

MANDT	ADDRESSID	CUSTOMID	ORT	PLZ	STRASSE
001	00000001	00000001	Bonn	53227	Rheinwerkallee 4
001	00000002	00000001	Walldorf	69190	Dietmar-Hopp-Allee 20
001	00000003	00000001	Walldorf	69190	Hasso-Plattner-Ring 3
001	00000004	00000001	Großwahnsinnsdorf ob der ABAP	0815	Bahnhofsstr.1
001	00000005	00000001	Großwahnsinnsdorf ob der ABAPo	0815	Bahnhofsstr.1
001	00000006	00000001	Bonn	53227	Rheinwerkallee 4

(1) Oje, der Fehlerteufel hat sich eingeschlichen.

(2) Macht nichts, zuerst die Daten selektieren mit dem SELECT-Button.

(3) Dann korrigieren und mit dem UPDATE-Button zurückschreiben in die Tabelle.

Her mit mehr Daten! Massendaten, Massendaten.

Weg damit – DELETE

Und ab und zu willst du auch einen Eintrag wieder loswerden. Ausradieren, eliminieren, löschen! Die Open-SQL-Anweisung zum Löschen von Zeilen in Datenbanktabellen ist:

DELETE [FROM] <dbtab> <lines>.

Diese Anweisung ermöglicht es dir, einzelne oder mehrere Zeilen **<lines>** aus einer Datenbanktabelle **<dbtab>** zu löschen. Um die zu löschenden Zeilen über eine Bedingung auszuwählen, schreibst du:

DELETE FROM <dbtab> WHERE <cond>.

Alle Zeilen der Datenbanktabelle, die den Bedingungen der **WHERE**-Klausel genügen, werden gelöscht.

[Achtung]
Das DELETE mit der **WHERE**-Klausel sollte sehr sorgfältig programmiert werden, damit nicht versehentlich die falschen Zeilen gelöscht werden.

Ups, da muss ich aber aufpassen. Hoffentlich mach ich keinen Fehler beim Programmieren. Alle futsch, und ich bin meinen Job los …

Falls mindestens eine Zeile gelöscht wurde, wird **sy-subrc** auf 0, sonst auf 4 gesetzt. **sy-dbcnt** wird auf die Anzahl der gelöschten Zeilen gesetzt.
Anstatt über eine **WHERE**-Klausel lassen sich zu löschende Zeilen auch über den Inhalt von Arbeitsbereichen angeben. Dann schreibst du für **<lines>**:

DELETE <dbtab> FROM <wa>.

Es wird die Zeile gelöscht, die den gleichen Primärschlüssel hat wie der Arbeitsbereich **<wa>**.

[Achtung]
Hier darf der Ausdruck **FROM** nicht zwischen Schlüsselwort und Datenbanktabelle stehen.

Na, wie jetzt? Das merke ich mir nie!

Ich merke mir das auch nie. Darum bin ich so froh, dass ich das Buch geschrieben habe. Endlich steht es hier schwarz auf weiß!
Für **DELETE <dbtab> FROM <wa>** gilt, dass, falls die Datenbanktabelle

<dbtab> eine Zeile mit dem gleichen Primärschlüssel wie im Arbeitsbereich <wa> angegeben enthält, die Operation durchgeführt und **sy-subrc** auf 0 gesetzt wird. Anderenfalls wird keine Zeile gelöscht, und **sy-subrc** wird auf 4 gesetzt.

[Einfache Aufgabe]
Implementiere den DELETE-Abschnitt.

Damit es nicht langweilig wird, hab ich etwas Neues eingebaut. Eine Sicherheitsabfrage.

```
WHEN 'DELETE'.
* Löschen in der DB-Tabelle
* DELETE FROM <dbtab> WHERE <cond>. "oder
* DELETE <dbtab> FROM <wa>. "oder
* Zur Sicherheit nochmal nachfragen
CALL FUNCTION 'POPUP_TO_CONFIRM'
  EXPORTING
    text_question = 'Wirklich löschen?'(p01)
  IMPORTING
    answer        = ld_answer. *1
IF ld_answer = '1'. "Ja
  DELETE FROM zsch016address WHERE addressid = pa_adrid.*2
  IF sy-subrc = 0.
   CLEAR: pa_adrid, pa_cusid, pa_ort, pa_plz, pa_stras.*3
   MESSAGE 'Super! Der Eintrag wurde gelöscht' TYPE 'S'.
  ELSE.
   MESSAGE 'Schade! Das hat nicht funktioniert' TYPE 'E'.
  ENDIF.
ENDIF.
```

*1 Mit dem Funktionsbaustein **POPUP_TO_CONFIRM** kannst du den Anwender sicherheitshalber nochmal fragen, ob er sich ganz, ganz sicher ist mit dem Löschen. Dazu wird ihm ein Pop-up angezeigt und die entscheidende Frage gestellt: „Wirklich löschen?" Falls der Wert 1 zurückgeliefert wird vom FuBa, dann ist sich der Anwender tatsächlich sicher, und er will löschen.

*2 Ich verwende die Variante mit der **WHERE**-Bedingung, da ich den Primärschlüssel vollständig angeben kann.

*3 Noch erwähnenswert ist möglicherweise das CLEAR, das ich auf die Parameter anwende. Falls erfolgreich gelöscht wurde, gibt es die Daten nicht mehr in der DB, und somit gibt es auch nichts mehr anzuzeigen.

Und noch eine Anmerkung zu Massenoperationen.

Mehrere Zeilen lassen sich auch unter Verwendung einer internen Tabelle **löschen**:

```
DELETE <dbtab> FROM TABLE <itab>.
```

Also **FROM** *nach der Datenbanktabelle, okay!*

Ja, genau. Es werden alle Zeilen aus der Datenbanktabelle gelöscht, die den **gleichen Primärschlüssel** haben wie eine der Zeilen der internen Tabelle **<itab>**. Für den Zeilentyp von **<itab>** gilt das Gleiche wie oben für den Arbeitsbereich **<wa>**.

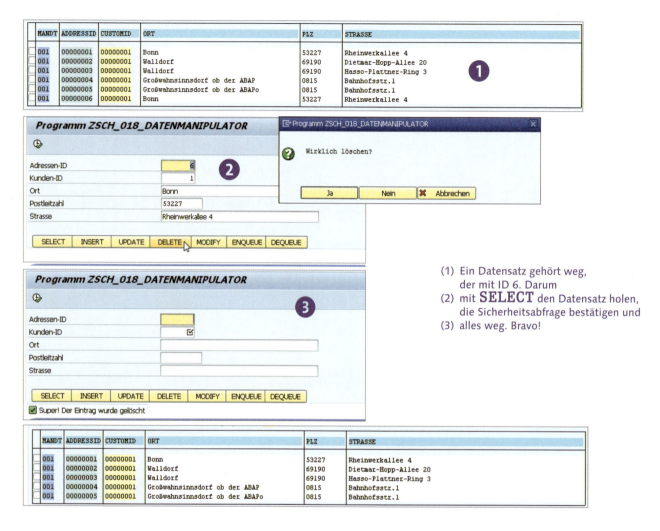

❶

MANDT	ADDRESSID	CUSTOMID	ORT	PLZ	STRASSE
001	00000001	00000001	Bonn	53227	Rheinwerkallee 4
001	00000002	00000001	Walldorf	69190	Dietmar-Hopp-Allee 20
001	00000003	00000001	Walldorf	69190	Hasso-Plattner-Ring 3
001	00000004	00000001	Großwahnsinnsdorf ob der ABAP	0815	Bahnhofsstr.1
001	00000005	00000001	Großwahnsinnsdorf ob der ABAPo	0815	Bahnhofsstr.1
001	00000006	00000001	Bonn	53227	Rheinwerkallee 4

❷

Programm ZSCH_018_DATENMANIPULATOR

Adressen-ID: 6
Kunden-ID: 1
Ort: Bonn
Postleitzahl: 53227
Strasse: Rheinwerkallee 4

SELECT | INSERT | UPDATE | DELETE | MODIFY | ENQUEUE | DEQUEUE

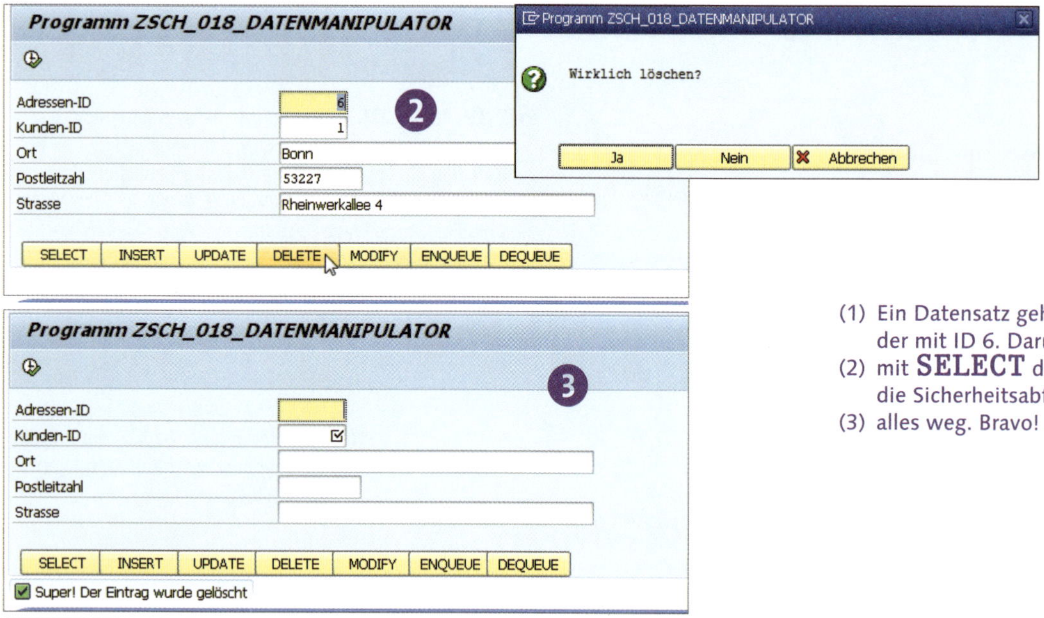

Programm ZSCH_018_DATENMANIPULATOR

Wirklich löschen?

Ja | Nein | Abbrechen

❸

Programm ZSCH_018_DATENMANIPULATOR

Adressen-ID
Kunden-ID
Ort
Postleitzahl
Strasse

SELECT | INSERT | UPDATE | DELETE | MODIFY | ENQUEUE | DEQUEUE

Super! Der Eintrag wurde gelöscht

MANDT	ADDRESSID	CUSTOMID	ORT	PLZ	STRASSE
001	00000001	00000001	Bonn	53227	Rheinwerkallee 4
001	00000002	00000001	Walldorf	69190	Dietmar-Hopp-Allee 20
001	00000003	00000001	Walldorf	69190	Hasso-Plattner-Ring 3
001	00000004	00000001	Großwahnsinnsdorf ob der ABAP	0815	Bahnhofsstr.1
001	00000005	00000001	Großwahnsinnsdorf ob der ABAPo	0815	Bahnhofsstr.1

(1) Ein Datensatz gehört weg, der mit ID 6. Darum
(2) mit **SELECT** den Datensatz holen, die Sicherheitsabfrage bestätigen und
(3) alles weg. Bravo!

Falls eine Zeile **nicht gelöscht werden kann**, da der entsprechende Primärschlüssel nicht in der Datenbanktabelle vorhanden ist, wird nicht die gesamte Anweisung abgebrochen, sondern die Bearbeitung wird **mit** der **nächsten Zeile** der internen Tabelle **fortgesetzt**.

Falls alle Zeilen der internen Tabelle verwendet werden, wird **sy-subrc** auf 0, sonst auf 4 gesetzt. Falls nicht alle Zeilen verwendet werden, kann die Anzahl der nicht verwendeten Zeilen aus der Differenz der **gelöschten Zeilen** in **sy-dbcnt** und der Zeilenanzahl der internen Tabelle berechnet werden. Falls die interne Tabelle leer ist, werden **sy-subrc** und **sy-dbcnt** auf 0 gesetzt.

Kombianweisung – MODIFY

Luxusartikel **MODIFY**. Damit kannst du entweder **einfügen** oder **ändern**, und du musst dich nicht darum kümmern. Um Zeilen in eine Datenbanktabelle einzufügen, unabhängig davon, ob ihr Primärschlüssel schon darin vorhanden ist oder nicht, verwendest du die Open-SQL-Anweisung:

```
MODIFY <dbtab> <lines>.
```

Falls noch keine Zeile mit dem gleichen Primärschlüssel wie die einzufügende Zeile in der Datenbanktabelle vorkommt, arbeitet **MODIFY** wie **INSERT**, das heißt, die Zeile wird **eingefügt**.
Falls schon eine Zeile mit dem gleichen Primärschlüssel wie die einzufügende Zeile in der Datenbanktabelle vorkommt, arbeitet **MODIFY** wie **UPDATE**, das heißt, die Zeile wird **geändert**.

[Achtung/Vorsicht]
Aus Gründen der Performance sollte **MODIFY** nur dann verwendet werden, wenn im Programm wirklich nicht zwischen diesen beiden Fällen unterschieden werden kann.

Es können **einzelne** oder **mehrere** Zeilen **<lines>** in eine Datenbanktabelle **<dbtab>** eingefügt bzw. geändert werden. Um eine einzelne Zeile in eine Datenbanktabelle einzufügen bzw. zu ändern, schreibt man:

```
MODIFY <dbtab> FROM <wa>.
```

Der Inhalt des Arbeitsbereichs **<wa>** wird in die Datenbanktabelle **<dbtab>** geschrieben.

Falls die Datenbanktabelle noch keine Zeile mit dem gleichen Primärschlüssel wie im Arbeitsbereich angegeben enthält, wird eine neue **Zeile eingefügt**. Falls die Datenbanktabelle schon eine Zeile mit dem gleichen Primärschlüssel wie im Arbeitsbereich angegeben enthält, wird diese **Zeile überschrieben**. **sy-subrc** wird immer auf 0 gesetzt.

[Einfache Aufgabe]
Implementiere die MODIFY-Funktion.

Das war jetzt nur eine Fingerübung, mehr nicht. Schau mal!

```
* Ändern/Einfügen
* MODIFY <dbtab> FROM <wa>. oder
* MODIFY <target> FROM TABLE <itab>.
MODIFY ls_address FROM zsch016address.*1
```

*1 Ich verwende den Arbeitsbereich **ls_address**, um die Daten in der Tabelle zu modifizieren. Langweilig, puahhh, oder?

```
IF sy-subrc = 0.
 MESSAGE 'Super! Der Eintrag wurde modifiziert' TYPE 'S'.
ELSE.
 MESSAGE 'Schade! Das hat nicht funktioniert' TYPE 'E'.
ENDIF.
```

Moment, was ist da los? Irgendwas stimmt da nicht.

[EFehler/Müll]

Hast du den Fehler gefunden? Natürlich ist das **MODIFY** syntaktisch falsch. Es sollte lauten:

```
MODIFY zsch016address FROM ls_address.
```

Voll gemein, jetzt bin ich wieder total munter ...

Dann kann ich ja weitermachen. Um mehrere Zeilen in eine Datenbanktabelle einzufügen bzw. zu ändern, schreibt man:

```
MODIFY <dbtab> FROM TABLE <itab>.
```

Die Zeilen der internen Tabelle **<itab>**, deren Primärschlüssel noch nicht in der Datenbanktabelle vorhanden ist, werden eingefügt. Die Zeilen der internen Tabelle **<itab>**, deren Primärschlüssel schon in der Datenbanktabelle vorhanden ist, überschreiben die entsprechenden Zeilen.
sy-subrc wird immer auf 0 und **sy-dbcnt** auf die Anzahl der Zeilen der internen Tabelle gesetzt.

Wieso gibt's eigentlich kein MODIFY .. WHERE..?

Das WHERE macht einen logischen Vergleich. Der Vergleich mit dem Primärschlüssel wird beim MODIFY automatisch durchgeführt.

[Belohnung/Lösung]

Kreativität erfordert, dass du ausgeruht bist. Gönn dir noch eine Pause, und sing ein kleines Lied.

Erkennst du das Lied? Einige Tipps: Es wurde 1818 in Oberndorf das erste Mal öffentlich aufgeführt, wird von 2,5 Milliarden Menschen auf fünf Kontinenten gesungen und ist in 250 Sprachen und Dialekte übersetzt.

Halt, Sperre! – Sperrkonzept

Halt, Sperre! Sie sind nicht berechtigt, den Datenschutzbereich zu betreten!

Straßensperre, Genusssperre oder gar Lokalsperre?

Gott behüte, nein. Sperre im Sinn von Schutz. Stell dir vor: Ein Kunde bestellt von deinem selbst gebrauten Bier eine Kiste (Kasten). Damit wir und damit unser durstiger Kunde keine bösen Überraschungen erleben, sollte der **Zugriff auf die Kisten** durch andere Durstige-Transaktionen geschützt (**gesperrt**) werden. Das nennt sich dann **Datenbanksperre**. Wie wir bereits besprochen haben, werden Datenbanksperren bei **DUMI**-Anweisungen automatisch gesetzt. Wir könnten auch sagen, dass **physische Sperren** für die Datensätze, die durch **DUMI** …

Ich denke an CRUD, und zum Roland sag ich DUMI.

… angesprochen werden, gesetzt werden, die auch wieder **automatisch entfernt werden. Die Zeitspanne einer Datenbanksperre ist aber zu kurz, um für ein SAP-Programm anwendbar zu sein für.**

Mithilfe von sogenannten **SAP-Sperren** kannst du Sperren über **mehrere Dialogschritte hinweg** halten. **Das passt viel besser zum SAP-LUW-Konzept**.

Die **technische Grundlage** für die Sperren sind die berühmten **Sperrobjekte**. Mit diesen kannst du Sperren über ganze Menge von Daten errichten. Die prinzipiellen Schritte zum Anlegen eines Sperrobjektes sind die folgenden:

1. **Sperrobjekt** im ABAP Dictionary anlegen.
2. Dort gibst du die **Datenbanktabellen** und ihre **Schlüsselfelder** an, für die gemeinsam eine Sperre verhängt werden soll.
3. Beim Anlegen eines Sperrobjekts werden automatisch zwei **Funktionsbausteine**, die sogenannten **Sperrbausteine**, mit den Namen **`ENQUEUE_<Name des Sperrobjekts>`** und **`DEQUEUE_<Name des Sperrobjekts>`** erzeugt.

Mit diesen Funktionsbausteinen kannst du **SAP-Sperren** in einem ABAP-Programm **explizit setzen bzw. freigeben**, indem du diese Bausteine mit **`CALL FUNCTION`** aufrufst.

Die fünf Gebote der performanten DB-Programmierung

Nutze die **WHERE**- und **HAVING**-Klausel.

Zeilenzahl eingrenzen, Spaltenzahl eingrenzen, Aggregatsfunktionen verwenden.

Mengenoperationen statt Einzeloperationen, keine Mehrfachzugriffe, keine geschachtelten **SELECT**-Schleifen.

Aggregatsfunktionen sind zum Beispiel MAX, MIN, SUM, oder?

Gut recherchiert, Schrödinger!

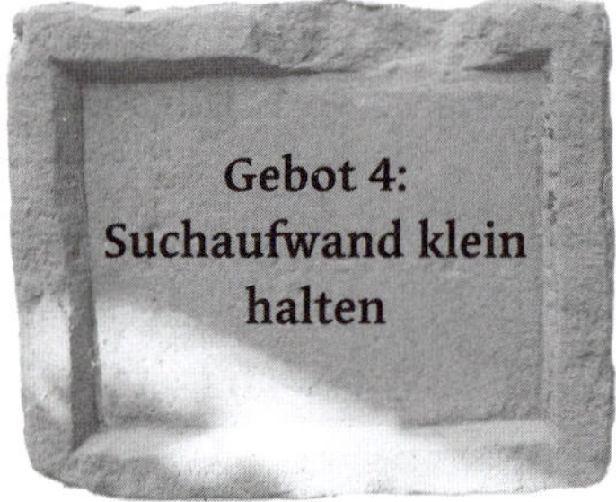

Formulieren der **WHERE-** und **HAVING**-Klausel nach Indizes, Gleichheitsbedingung mit **AND** verwenden, positive Bedingungen verwenden, Verwendung von **OR** vermeiden, besser den **IN**-Operator einsetzen, Spalten laut Reihenfolge der Indexdefinition angeben und ohne Lücken, keine zu komplexen Bedingungen.

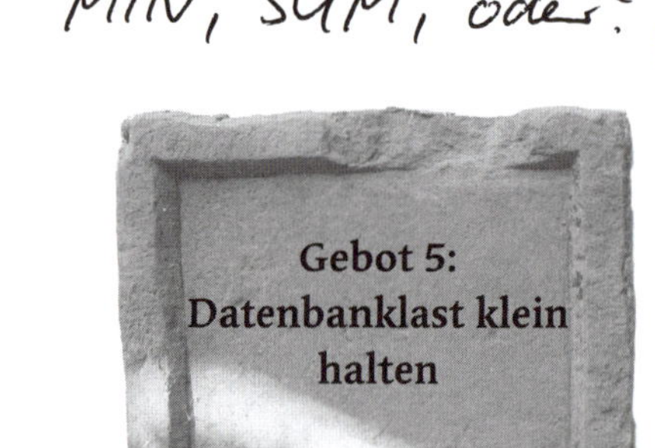

Tabellen auf Applikationsserver puffern, wiederholtes Lesen der Daten vermeiden, Daten im ABAP-Programm sortieren.

[Schwierige Aufgabe]

Megaaufgabe: Bau den Datenmanipulator um in eine Dynpro-Lösung. Viel Spaß und bis nächste Woche.

— NEUNZEHN —

Daten in Dateien, Datenablage ohne DB

Mit Schirm, Charme – und vielleicht noch einem Melonensorbet

„Warst du schon einmal bei einem richtig guten Italiener?" Schrödinger ahnt nichts Gutes. „Also so einem, wo du bereits am Eingang dem Kellner deine Garderobe abgeben kannst." – „Ja, das Prinzip der Garderobe ist mir bekannt, wieso?" – „Na ja, wäre es nicht klasse, wenn die Anwender in ABAP auch Dateien einlesen oder herunterladen könnten – also an der Garderobe abgeben könnten?" Au backe, das ist ja mal eine miese Metapher. Aber es ist vielleicht trotzdem wichtig zu wissen, wie man mit Daten umgeht, wenn man kein Datenbanksystem hat.

Daten ohne Datenbank

Garten ohne Gartenbank

Roland, Roland, ich war gerade in der Kaffeeecke und hab schon richtig mit meinem ABAP-Wissen punkten können. Da hab ich einen Wunsch aufgeschnappt, dass Daten auch in Dateien abgespeichert werden sollen. Wie geht denn das?

Gratuliere, wenn das keine Motivation für mehr ist! Natürlich kannst du **Daten** auch in Dateien ablegen. Da gibt es einige Möglichkeiten, zum Beispiel auf dem **Applikationsserver** oder **Client** des Anwenders.

Präsentationsschicht

Hier liegen Daten in Files, am Client.

Applikationsschicht

Hier liegen Daten auch in Files, aber am Applikationsserver.

Datenbankschicht

Na und hier liegen die Daten in Tabellen, am Datenbankserver.

Die Daten liegen an verschiedenen Orten. Um es dir zu zeigen, hab ich das olle Drei-Schichten-Modell herausgekramt und abgestaubt. Mancher Anwender hätte am liebsten alles auf „seinem" Rechner. Darum bieten wir ihm auch die Up- und Download-Funktionen an. Damit die Daten auch zentral im Dateisystem abgelegt werden können, werden uns Funktionen für Dateioperationen auf dem Applikationsserver angeboten. Daten in der Datenbank, das ist eigentlich das Natürlichste auf der Welt, oder?

Du kannst die Daten auch in bestimmte **Formate** transformieren und Client-Programme aufrufen, die die Daten visualisieren. Ich zeige dir ein paar Möglichkeiten.

GUI-Loads – Upload und Download

Diese User wollen die Daten, und ihnen reicht nicht die Datenbank. Naaaaaein, die Daten muss man angreifen können. Am besten **downloaden** in ein Format, das die üblichen (Programm-)Verdächtigen darstellen können, und dann ausdrucken. Tausende Seiten, fein säuberlich am Drucker gestapelt und dann niemals abgeholt.

Datenfriedhof Ausdruck.

Sooooooo enden Daten!

Das Bedürfnis können wir gerne befriedigen. Da hilft uns die SAP natürlich damit und stellt uns die Klasse **cl_gui_frontend_services** zur Verfügung, mit der wir sehr einfach aus unserem Programm heraus die Daten zum Anwender bringen.

Ja, wie, aus der Datenbank raus, in „eigene Dokumente" rein? In welcher Struktur denn? [Feld-Komma-Feld-Komma-Feld-Neue Zeile-Feld-Komma], oder was ...?]

Es wäre nicht die SAP, hätte sie sich da nicht einiges dazu überlegt.

Ich werde dir Beispiele zu folgenden Themenbereichen zeigen:

- **Verzeichnisfunktionen**, zum Beispiel die Methode **get_temp_directory**. Damit stehen dir Operationen für Verzeichnisse zur Verfügung.
- **Clipboard schreiben/lesen**, zum Beispiel die Methode **clipboard_export**. Damit kannst du Daten ins Clipboard kopieren und in anderen Anwendungen wieder einfügen, wie zum Beispiel dem Notepad.
- **Datei-Up/Download**, die Methoden **gui_download** und **gui_upload**. Damit kannst du Daten in Client-Dateien schreiben und von ihnen lesen.

Das war noch nicht alles. Die Klasse bietet auch noch Methoden zu folgenden Themen:

- Environment
- Dateifunktionen
- Abfragefunktionen, zum Beispiel Windows-Directory, Windows-Version etc.
- Standarddialoge (Öffnen, Speichern, Verzeichnisauswahl)

Fokus, Fokus. Wir wollen uns auf Daten konzentrieren, die auf dem Client abzulegen sind.

Ich bin ja schon fokussiert wie ein Laserstrahl. Vorab könntest du dich schon mal mit der Klasse **cl_gui_frontend_services** vertraut machen, aber natürlich nur, wenn du gerade vor einem SAP-System sitzt, so wie ich jetzt gerade. In der Tat habe ich gerade die **SE24** aufgerufen und schmökere durch die Methoden der **cl_gui_frontend_services**.

Frontend Services

Ich fange für mich mal ganz einfach an, um noch eine kleine Schaffenspause einlegen zu können, und verpasse dir, 1-2-3, eine Aufgabe, dideldei. Wir werden uns mit dem **Download** und dem **Upload** von **Daten auf dem Client** beschäftigen.

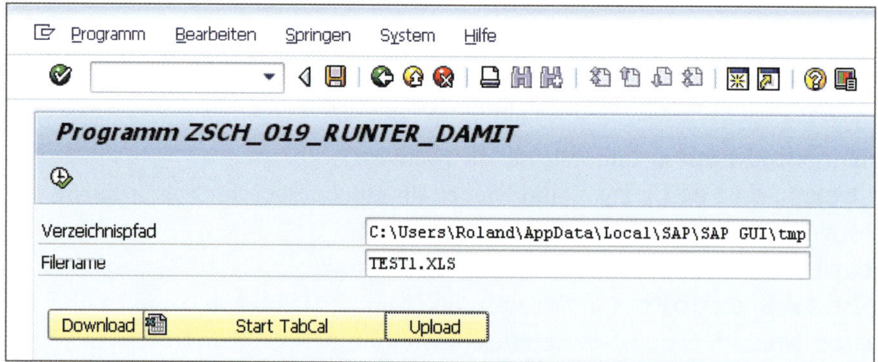

So sollte das Selektionsbild aussehen.

Motivation = ausreichend.

Das ist ja kein Ponyhof hier.

[Schwierige Aufgabe]

Du sollst in der folgenden Aufgabe den Programmrahmen für die Implementierung der Up- und Download-Funktionalität implementieren. Lege das Programm **`zsch_019_runter_damit`** an, das vom Aufbau her dem Programm **`zsch_018_datenmanipulator`** entspricht. Im Selektionsbild gibt es zwei Parameter: **`pa_dir`** und **`pa_file`**, beide vom Typ **`string`**. Des Weiteren benötigen wir drei **Buttons**: einen Button für den Download (**`down`**), einen Button für den Aufruf einer Tabellenkalkulation (**`spdsh`**) und einen Button für den Upload (**`up`**). Orientiere dich bei der Implementierung nahezu 100 % am Manipulator.

Gleich vorweg: Ich werde dich für den Anfang mal nur geringfügig mit Informationen anfüttern.

[Hintergrundinfo]

Korruptionsstrafrechtsänderungsgesetz 2012 Österreich.
Unter „Anfüttern neu" steht [...] Wer lediglich einen geringfügigen Vorteil annimmt oder sich versprechen lässt, ist nicht zu bestrafen, außer die Tat wird gewerbsmäßig begangen. [...]
Eine schöne österreichische Lösung: Ein bisserl was geht immer.
Also darfst du dich nicht zu viel von mir mit Informationen anfüttern lassen.

Hast du schon den **Programmrahmen**? Hier ist meiner, und ich werde dir nur die Teile erklären, die nicht im Manipulator bereits erklärt wurden:

```
REPORT  zsch_019_runter_damit.
TYPE-POOLS: abap, icon.*1
* OK-Code
TABLES sscrfields.
* Die Kunden
TYPES: gtt_customers TYPE TABLE OF zsch016customer.*2
* Verzeichnis und Dateiname
PARAMETERS: pa_dir TYPE string,*3
            pa_file TYPE string.
* Die Drucktasten
SELECTION-SCREEN SKIP 2.
SELECTION-SCREEN PUSHBUTTON 2(10) down *4
                          USER-COMMAND down.
SELECTION-SCREEN PUSHBUTTON 12(25) spdsh
                          USER-COMMAND spdsh.
SELECTION-SCREEN PUSHBUTTON 37(10) up
                          USER-COMMAND up.
* Die Kundendaten
DATA: gt_customers TYPE gtt_customers.*5
* Vorschlagswert für das Verzeichnis
DATA: gd_temp_dir TYPE string.
* Kombi aus Pfad und Datei
DATA: gd_file_path TYPE string.

INITIALIZATION.
* Text für den Button
  down = 'Download'(b01).
  up = 'Upload'(b02).
* Icon auf Button ergänzen
  CALL FUNCTION 'ICON_CREATE'*6
    EXPORTING
      name        = icon_xls
      text        = 'Start TabCalc'
      info        = 'Start!'
      add_stdinf  = space
    IMPORTING
      RESULT      = spdsh
    EXCEPTIONS
      OTHERS      = 0.
* Directory ermitteln, in das geschrieben wird*7
* Parameter vorbelegen
* Parameterwerte vorschlagen
  pa_dir = gd_temp_dir.*8
```

*1 Die Typgruppe **icon** werde ich verwenden, um einen **Button** nicht nur mit einem Text, sondern auch mit einem **Bildchen** zu schmücken. In dieser sind Konstanten für **Icons** definiert.

Oh, wie schön, das habe ich schon lange gesucht.

Start TabCal

Button mit Text und Bild.

*2 Da ich in diesem Programm mehr auf **lokale Modularisierung** achten möchte, wird ein **Typ** für die Schnittstellen der Unterprogramme benötigt, um die Daten der **Kunden** zu übergeben – **gtt_customers**. Wie nennt sich der Typ nochmal schnell?

Tabellentyp, yeah.

THUMB UP!

*3 Die zwei Parameter **pa_dir** und **pa_file**, beide vom Typ **string**, übernehmen die Eingabe des Anwenders zum **Dateipfad** und **Dateinamen**. Beim Starten des Programms werden wir diese auch vorbelegen.

*4 Drei Buttons im Selektionsbild: **down**, **spdsh** und **up** zum **Runterladen**, **Tabellenkalkulation starten** und zum **Hochladen**.

*5 Die Variable **gt_customers** wird die **Daten zu den Kunden** halten, **gd_temp_dir** das **Verzeichnis**, das wir vorschlagen werden, und **gd_file_path** die Verknüpfung aus **Pfad und Dateiname**, also den **absoluten Pfad** zu den Daten.

*6 Und das ist schon **die erste Neuerung**. Mithilfe des Funktionsbausteins **ICON_CREATE** kannst du ein **Icon mit Text** produzieren lassen, das wir für die **Drucktaste** verwenden. Zuerst suchst du dir den **Namen des Icons** (Transaktion **ICON** ist möglicherweise hilfreich), legst die Texte fest und bekommst den Wert zurückgeliefert, den du direkt dem Button **spdsh** zuweist. Fertig ist der **Button-Aufkleber**.

*7 Hier steht nur ein kurzer Satz, der dann aber zu einem Unterprogramm umgebaut werden soll. Das sind unsere (deine) **Arbeitsaufträge**, um das Programm zu vervollständigen. Ich werde mit dir natürlich Schritt für Schritt jeden Kommentar abarbeiten. Fast wie ein Buchhalter mit Schirmkappe und Ärmelschoner, den gespitzten Bleistift nicht vergessend.

*8 An dieser Stelle belege ich die Parameter mit Werten vor. Der Dank des Anwenders ist uns gewiss.

```
* Dateinamen vorschlagen
  pa_file = 'TEST1.XLS'.
AT SELECTION-SCREEN.
* Pfad zusammenstellen
  CONCATENATE
  pa_dir
  '\'
  pa_file
  INTO gd_file_path.*9
* Drucktastenbehandlung
  CASE sscrfields.*10
    WHEN 'SPDSH'.
* Tabellenkalkulation aufrufen
    WHEN 'DOWN'.
* Die Kundendaten ermitteln
* Daten ins Clipboard schreiben
* Zum Testen Notepad öffnen und Tastenkombi Strg + V
* Datei schreiben - Download
    WHEN 'UP'.
* Datei holen
  ENDCASE.
```

*9 Mithilfe von **pa_dir** und **pa_file** stelle ich den **absoluten Pfad** zusammen und lege das Ganze in der Variablen **gd_file_path** ab.

*10 Last but not least die **Drucktastenbehandlung**, so wie du sie schon vom Manipulator kennst. Da sind aber einige Punkte zu erledigen, jeder Kommentar ist ein Arbeitsauftrag.

So, das war mal der nahezu vollständig bekannte Rahmen. Jetzt kommen die neuen Aspekte. Ich werde mich im Programmrahmen von oben nach unten bewegen. Auf alle Fälle legen wir immer ein Unterprogramm pro Anforderung an. Im Manipulator waren wir da etwas schlampig. Kapitel 7 wird benötigt.

[Belohnung]

Du hast dir eine kleine Trinkpause verdient. Es ist wichtig, dass dein Hirn immer etwas im Saft steht. Da funktioniert das Denken besser. Optimal wäre etwas mit Omega-3-Fettsäure. Vielleicht einen Lachs- oder Leinölcocktail? Nimm dir 30 Sekunden Zeit, in Ruhe.

Iiiiihhhh. Einfach weiter im Text, bitte.

Pfad ermitteln

Bevor wir die **Daten runterladen** können, müssen wir wissen **WOHIN**! Dazu sollten wir den **Pfad** zur Datendatei **ermitteln**. Die Klasse **`cl_gui_frontend_services`** hilft dir dabei tatkräftig, zum Beispiel mit der Methode **`get_temp_directory`**, wie du im Folgenden erkennen kannst. Diese Methode liefert dir das SAP-Temp-Verzeichnis auf deinem Client zurück, und das, denke ich, ist ein guter Vorschlag für den Ablageort der Datei.

Wohin soll ich das Unterprogramm stellen? Ach, jetzt sehe ich es erst. Das ist ja die Definition. Also ans Ende des Programms!

```
FORM get_temp_dir CHANGING cd_temp_dir TYPE string.*1
  CALL METHOD l_gui_frontend_services=>get_temp_directory*2
    CHANGING
      temp_dir     = cd_temp_dir
    EXCEPTIONS
      cntl_error   = 1
      error_no_gui = 2.
  IF sy-subrc <> 0.*3
* Fehlerbehandlung
  ENDIF.
* Flush der Methoden
  CALL METHOD cl_gui_cfw=>flush*4
    EXCEPTIONS
      cntl_system_error = 1
      cntl_error        = 2
      OTHERS            = 3.
  IF sy-subrc <> 0.
* Fehlerbehandlung
  ENDIF.
ENDFORM.
```

*1 Wie bereits angekündigt, verpacke ich **das Lesen des Pfades** in ein **Unterprogramm**. Über den **CHANGING**-Formalparameter **`cd_temp_dir`** liefere ich den Pfad an die aufrufende Stelle zurück.

*2 Die Methode **`get_temp_directory`** retourniert den **Pfad zum Temp-Verzeichnis auf dem Client**. **Achtung, Einschaltung des Autors**: Die Anweisung hab ich mir natürlich durch die Drucktaste **Muster** erzeugen lassen. **Ende der Einschaltung**.

*3 Falls es zu **Ausnahmen** kommt, soll die Fehlerbehandlung noch implementiert werden. Das überlasse ich dir, zum Beispiel mit einer Fehlernachricht zu reagieren.

*4 Die Methode **`cl_gui_cfw=>flush`** wird benötigt, weil sie nicht in der Methode **`get_temp_directory`** aufgerufen wird, dies aber nötig ist, damit der Aufruf **`get_temp_directory`** **tatsächlich abgearbeitet** wird. Das klingt jetzt vielleicht **mystisch,** lässt sich aber sehr einfach erklären. Die Klasse **`cl_gui_frontend_services`** ist Teil des **Control Frameworks** (Kapitel 13). Die Ausführung von Methoden von solchen **Control-Framework-Klassen** wird immer erst am **Ende von Dynpro-PBO** angestoßen. Das wäre aber zu spät. Wir brauchen das Ergebnis genau zu diesem Zeitpunkt, und nicht erst am Ende von PBO. Daher provozieren wir den frühzeitigen Aufruf der Methode mit **`cl_gui_cfw=>flush`**.

[Einfache Aufgabe]

Implementiere den Aufruf des Unterprogramms zum passenden Zeitpunkt. Vorschlag: im **INITIALIZATION**-Abschnitt. Verwende die Variable **gd_temp_dir** als Aktualparameter.

Ich will den Aufruf ja gar nicht aufschreiben, den hast du sicher schon 1.000 Mal fertig, aber ich kann einfach nicht anders, ich muss schreiben.

```
* Directory ermitteln, in das geschrieben wird
  PERFORM get_temp_dir
           CHANGING
             gd_temp_dir.
```

Diesen Aufruf hab ich mir zum Beispiel mit **Drag & Drop** aus der **Objektliste produzieren lassen**. Nur zur Erinnerung: **Faul sein!**

Wenn du das Programm nun testest, könnte es so aussehen.

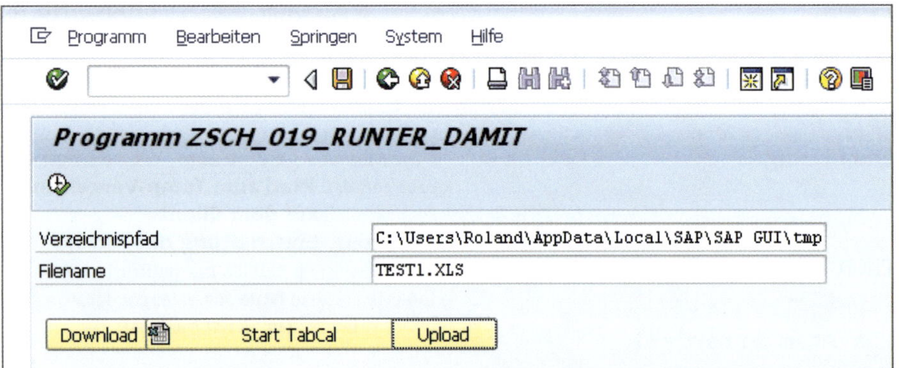

Selektionsbild mit Druckknöpfen und Vorschlagswerten in den Parametern.

[Belohnung/Lösung]

Hast du heute schon deinen Nacken gedehnt? Noch nicht? Also entweder aufrecht sitzen oder stehen. Kopf nach vorne neigen, so weit wie es geht, und nach hinten, so weit wie es geht. Da sollte es krachen. Kopf gerade und einmal nach links schauen, so weit wie es geht, und einmal nach rechts schauen, so weit wie es geht.

Download now, zumindest vorbereitet – Download vorbereiten

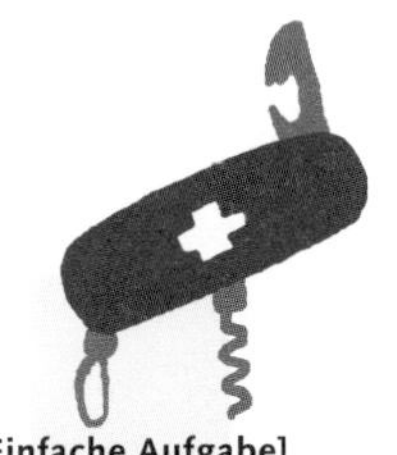

Nächster Teil: **Download**. Wenn du dir den Abschnitt **DOWN** der Drucktastenbehandlung im Programmrahmen nochmals ansiehst, dann erkennst du bereits unser Arbeitsprogramm:

- die **Kundendaten ermitteln**
- Daten ins **Clipboard schreiben** (nicht nötig für den Download, passt aber gut in das Beispiel)
- Datei schreiben – **Download**

[Einfache Aufgabe]

Entwickle das Unterprogramm **`get_customer_data`** zum Lesen der Kundendaten, und verwende den Typ **`gtt_customers`** zur Typisierung der Schnittstelle. Rufe das Unterprogramm an der passenden Stelle auf, und übergib den Aktualparameter **`gt_customers`**.

Ich bin sehr stolz auf dich. Wenn ich mir so meine Aufgabenstellungen durchlese, bin ich doch sehr beeindruckt, wie ich mit dir kommunizieren kann. Das klingt schon ziemlich **Sappisch**.

Erstens DEFINITION:

```
FORM get_customer_data  CHANGING
                           ct_customers TYPE gtt_customers.
  SELECT * FROM zsch016customer INTO TABLE ct_customers.
ENDFORM.
```

Zweitens AUFRUF:

```
    WHEN 'DOWN'.
* Die Kundendaten ermitteln
      PERFORM get_customer_data
                CHANGING
                  gt_customers.
```

Das hast du auch so gemacht, oder? Wenn nicht, schicke bitte eine Postkarte an den Verlag mit deiner Implementierung.

Auch nett für Datenwiederverwendung – Clipboard

Es wird besser. Nun kommt der erste spannende Teil, den ich als **Extrazuckerl** für dich eingebaut habe: die Daten ins **Clipboard** schreiben.

[Zettel]

Die **Zwischenablage** (**engl.** Clipboard) oder Ablagemappe ist ein **Zwischenspeicherbereich**, der den einfachen Austausch von Daten (Text, Bilder und andere Objekte) zwischen Programmen ermöglicht.

Das ist deswegen so nett, weil du mit der Tastenkombination **Strg + V** die Texte an einer beliebigen Stelle, in einem beliebigen Programm, einfügen kannst. Die Methode **`cl_gui_frontend_services=>clipboard_export`** erledigt das Schreiben in die Zwischenablage für uns. Sie benötigt nur die Daten. Ich bin mir ziemlich sicher, dass du das ohne meine Hilfe implementieren kannst.

[Schwierige Aufgabe]

Lege das Unterprogramm **`write_to_clipboard`** an, und implementiere darin den Aufruf der Methode **`cl_gui_frontend_services=>clipboard_export`**. Den Aufruf packst du gleich noch mit dazu.

So sieht es bei mir aus.

Erstens DEFINITION:

```
FORM write_to_clipboard USING
                  value(it_customers) TYPE gtt_customers.*1
  DATA: ld_rc TYPE i.
  CALL METHOD cl_gui_frontend_services=>clipboard_export*2
    IMPORTING
      data                = it_customers
    CHANGING
      rc                  = ld_rc
    EXCEPTIONS
      cntl_error          = 1
      error_no_gui        = 2
      not_supported_by_gui = 3
      OTHERS              = 4.
```

*1 Die Daten für die Kunden müssen natürlich über die Schnittstelle an das Unterprogramm übergeben werden.

*2 Der Methodenaufruf ist recht unspektakulär und erfordert nur zwei Parameterversorgungen: **`data`** und **`rc`**, wobei **`rc`** der **Rückgabecode** über Erfolg oder Misserfolg ist.

```
  IF sy-subrc <> 0.*3
    MESSAGE ID sy-msgid TYPE sy-msgty NUMBER sy-msgno
            WITH sy-msgv1 sy-msgv2 sy-msgv3 sy-msgv4.
  ENDIF.
ENDFORM.
```

*3 Im Fall einer Ausnahme setzt die Methode **cl_gui_frontend_services=>clipboard_export** die **Systemvariablen** für die Nachricht. Fehlt dir etwas? So auf Höhe Kommentar 2,5? Stimmt, das **flush** fehlt. Aus einem einfachen Grund: Es wird in der Methode **clipboard_export** waufgerufen. Das kannst du gerne kontrollieren, falls du es nicht glaubst!

Zweitens AUFRUF, der DOWN-Abschnitt wächst:

```
WHEN 'DOWN'.
* Die Kundendaten ermitteln
      PERFORM get_customer_data
              CHANGING
                gt_customers.
* Daten ins Clipboard schreiben
* Testen mit Strg + V im Notepad
      PERFORM write_to_clipboard
              USING
                gt_customers.
```

Den Aufruf hab ich direkt hinter das Ermitteln der Kundendaten gestellt. Und nun wird getestet. Als Vorbereitung öffne einen einfachen Texteditor. **Programm aktivieren, starten** und die Taste **Download** drücken. In den Editor wechseln und **Strg + V**.

Und was passiert?

Die Daten mit Strg + V im Texteditor eingefügt. Sehr praktisches Feature!

Download now!

Jetzt kommt das **Dateischreiben**. Auch nicht viel komplizierter als das, was wir bisher gemacht haben. Du musst nur wissen, dass die Methode **cl_gui_frontend_services=>gui_download** für den Download zuständig ist, der Rest wird dann weiter unten erläutert.

[Schwierige Aufgabe]

Lege das Unterprogramm **customers_download** an, und implementiere darin den Aufruf der Methode **cl_gui_frontend_services=>gui_download**. Natürlich mit Aufruf des Unterprogramms im Abschnitt **DOWN**.

Definition DIE ERSTE:

*2 Der Aufruf von **gui_download** beeindruckt durch die Vielzahl an Formalparametern. **Unglaublich**! Ich werde nur ein paar wichtige herauspicken. Die anderen habe ich bereits gelöscht. Die sind meinen Platzeinsparungsmaßnahmen zum Opfer gefallen. Der Parameter **filename** wird mit **id_file_path** versorgt, da in diesem der **absolute Pfad für die Datei** steckt. Der **filetype** legt fest, in welchem Format die Daten geschrieben werden. Die Daten können zum Beispiel im **ASCII-Format** (Typ **'ASC'**), im **ASCII-Format mit IBM-Codepage** (Typ **'IBM'**), im **Spaltenformat** (Typ **'DAT'**) oder auch **binär** (Typ **'BIN'**) übertragen werden. Ich habe das Spaltenformat **'DAT'** gewählt, damit wir uns das dann im **Tabellenkalkulationsprogramm** ansehen können. **write_field_separator** fügt einen **Tabulator** zwischen den Spalten ein. Wird der Parameter **dat_mode** gesetzt, wird die Datei im **'DAT'**-Format gespeichert. Dabei werden **keine Konvertierungen** ausgeführt. Zahlen- und Datumsfelder werden in einem Standardformat abgelegt, das den späteren Import durch **gui_upload** erlaubt. **confirm_overwrite** sorgt dafür, dass eine **Bestätigung** von dir angefordert wird, sofern die Datei **bereits existiert**. **show_transfer_status** regelt, ob die **Message** vom Status zum Transfer angezeigt wird oder nicht. Da kannst du dann mit experimentieren, wenn du möchtest.

*1 Für den Download benötigen wir die Info **WOHIN** (**id_file_path**) und **WAS** (**it_customers**).

```
FORM customers_download  USING id_file_path TYPE string
                                it_customers TYPE gtt_customers.*1
  CALL METHOD cl_gui_frontend_services=>gui_download*2
    EXPORTING
      filename                  = id_file_path
      filetype                  = 'DAT'
      write_field_separator     = abap_true
      dat_mode                  = abap_true
      confirm_overwrite         = abap_true
*      show_transfer_status      = 'X'
    CHANGING
      data_tab                  = it_customers
    EXCEPTIONS*3
      file_write_error          = 1
      no_batch                  = 2
```

*3 Die Behandlung der Ausnahmen wird auch etwas Zeit in Anspruch nehmen. Wie du siehst, wird dir sehr feingranular die mögliche Ausnahmesituation geliefert.

```
      gui_refuse_filetransfer    = 3
      invalid_type               = 4
      no_authority               = 5
      unknown_error              = 6
      header_not_allowed         = 7
      separator_not_allowed      = 8
      filesize_not_allowed       = 9
      header_too_long            = 10
      dp_error_create            = 11
      dp_error_send              = 12
      dp_error_write             = 13
      unknown_dp_error           = 14
      access_denied              = 15
      dp_out_of_memory           = 16
      disk_full                  = 17
      dp_timeout                 = 18
      file_not_found             = 19
      dataprovider_exception     = 20
      control_flush_error        = 21
      not_supported_by_gui       = 22
      error_no_gui               = 23
      OTHERS                     = 24
          .
  IF sy-subrc <> 0.
    MESSAGE ID sy-msgid TYPE sy-msgty NUMBER sy-msgno
            WITH sy-msgv1 sy-msgv2 sy-msgv3 sy-msgv4.
  ELSE.
    MESSAGE 'Alle Kunden sind unten'(m01) TYPE 'I'.*4
  ENDIF.
ENDFORM.
```

*4 Die **Erfolgsnachricht**

Die Implementierung des Aufrufs ist klar, oder? Hier der vollständige DOWNLOAD-Bereich:

```
    WHEN 'DOWN'.
* Die Kundendaten ermitteln
      PERFORM get_customer_data
              CHANGING
                gt_customers.
* Daten ins Clipboard schreiben
* Zum Testen das Notepad oder irgendein anderes Programm
```

```
* öffnen, in das du mit Strg + V einfügen kannst
      PERFORM write_to_clipboard
               USING
                 gt_customers.
* Datei schreiben
      PERFORM customers_download USING
                                   gd_file_path
                                   gt_customers.
```

Ein kleiner Test zeigt uns das Folgende.

Apropos: Erwähnte ich, dass du vor dem Testen aktivieren musst?

Nein, ich hab's aber schon erledigt. Bin schon länger fertig.

Autonome Zelle! Also dann: Testen des Programms und die Drucktaste **Download** drücken. **Und? Erfolgsnachricht?**

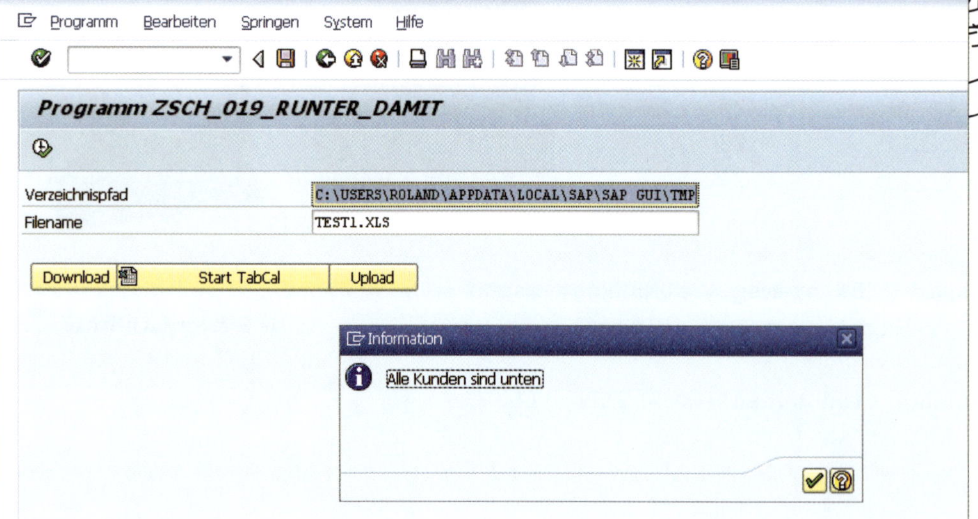

Alles wunderbar, die Daten sind unten.

Als skeptischer Mensch könnte man jetzt natürlich sagen: Super Erfolgsmeldung, aber sind die Daten wirklich geschrieben worden? Auf diese Frage war ich natürlich vorbereitet und kann auch sofort das nächste Bild präsentieren:

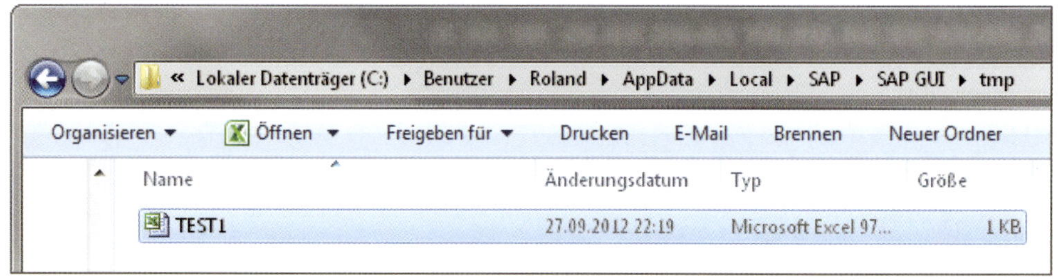

Das Ergebnis liegt im lokalen Dateiverzeichnis. Jetzt können wir ein wenig stolz sein.

Wenn du mutig bist, dann drückst du den **Download** nochmal. Was passiert? **Kommt die Sicherheitsabfrage?**

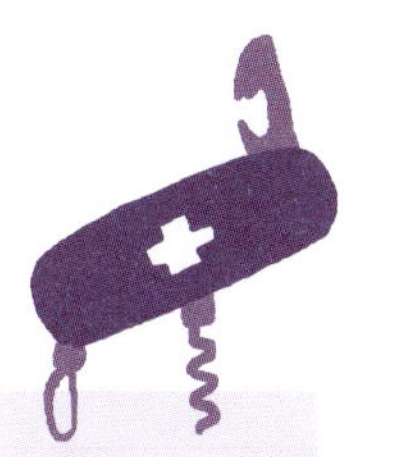

Die Datei gibt es schon, darum nachfragen!

[Einfache Aufgabe]

Woher kommt die Sicherheitsabfrage?

Natürlich vom Aufruf der Methode **gui_download**, *Parameter* **confirm_overwrite**.

Einen hamma noch – Upload

So, am Ende noch den **Upload**. Der hat aber wenig Neues für dich parat, da will ich dich jetzt nicht mit Fragen und Aufgaben plagen. **Frei-Haus-Lieferung** der Implementierung des Unterprogramms **customers_upload**:

```
FORM customers_upload  USING value(id_file_path) TYPE string
                   CHANGING ct_customers TYPE gtt_customers.

  CALL METHOD cl_gui_frontend_services=>gui_upload*1
    EXPORTING
      filename                = id_file_path
      filetype                = 'DAT'
      has_field_separator     = abap_true
      dat_mode                = abap_true
    CHANGING
      data_tab                = ct_customers
    EXCEPTIONS
      file_open_error         = 1
      file_read_error         = 2
      no_batch                = 3
      gui_refuse_filetransfer = 4
      invalid_type            = 5
      no_authority            = 6
      unknown_error           = 7
      bad_data_format         = 8
```

*1 Die **Parameter**, die wiederum nur ein Teil der vorhandenen sind, decken sich bezüglich der Ausprägungen mit denen des **Downloads**.

```
        header_not_allowed        = 9
        separator_not_allowed     = 10
        header_too_long           = 11
        unknown_dp_error          = 12
        access_denied             = 13
        dp_out_of_memory          = 14
        disk_full                 = 15
        dp_timeout                = 16
        not_supported_by_gui      = 17
        error_no_gui              = 18
        OTHERS                    = 19
          .
  IF sy-subrc <> 0.
    MESSAGE ID sy-msgid TYPE sy-msgty NUMBER sy-msgno
               WITH sy-msgv1 sy-msgv2 sy-msgv3 sy-msgv4.
  ELSE.
    MESSAGE 'Alle Kunden sind oben' TYPE 'I'.*2
  ENDIF.
ENDFORM.
```

*2 Sogar die Erfolgsmeldung sieht ähnlich aus.

Der Aufruf steckt im Abschnitt **'UP'**

```
    WHEN 'UP'.
* Datei holen
      PERFORM customers_upload USING
                                       gd_file_path
                                   CHANGING
                                       gt_customers.
```

*1 Ich lade nur die Daten in die interne Tabelle **gt_customers**. Von hier weg könntest du übernehmen und zum Beispiel die Daten in einer Liste ausgeben.

So viel zum Thema Client-Up- und -Download.

[Belohnung]

Pause mit Beschäftigung!

Aber da fehlt doch noch der Start des Tabellenkalkulationsprogramms. Machen wir das nicht mehr?

[Einfache Aufgabe]

Du schon, ich nicht. Das sollte dir als weiteres Beispiel zum Üben dienen. Einfach die Methoden aus den Frontend Services verwenden.

Daten auf dem Applikationsserver

Auf dem Client bist du schon fit im Datenladen. Jeder Anwender kann sich jetzt die Daten runter- und raufladen, wie es ihm gefällt. Ab und zu benötigen wir aber einen einheitlichen Speicherort für Dateien, wie zum Beispiel **Protokolle** oder **Austauschdaten**. Dazu bietet sich natürlich der **Applikationsserver** an. Wie sieht es aber auf dem Server aus? Wie kannst du da Daten runter- und raufschieben?

Zu diesem Behufe hat die SAP die **DATASET**-Operationen vorbereitet:

- **OPEN DATASET <file>** dient zum **Öffnen einer Datei** auf dem Applikationsserver.
- **CLOSE DATASET <file>** dient zum **Schließen der Datei**.
- **READ DATASET <file>** dient zum **Schreiben der Datei**.
- **TRANSFER <data> TO <file>** dient zum Schreiben der Daten in die **Datei**.

Komisch: Nennt sich **READ** *und bedeutet schreiben? Du hast schon wieder ein Kuckucksei gelegt, oder?* :-)

Erwischt. Nochmal, und jetzt aber richtig:

- **READ DATASET <file>** dient zum **Auslesen der Datei**.

So, jetzt passt es!

Mit der **OPEN DATASET**-Anweisung und dem Zusatz **FOR OUTPUT** kannst du schon mal eine **Datei öffnen**, um Inhalte **hineinzuschreiben**. Falls du von der **Datei lesen** möchtest, dann verwendest du den Zusatz **FOR INPUT**. Und falls du **etwas anhängen** möchtest, dann steht dir der Zusatz **FOR APPENDING** zur Verfügung.
Die Art der **Codierung**, in der die Daten übertragen werden, lässt sich mit **IN BINARY MODE** oder **IN TEXT MODE** festlegen.

Ganz kurz und knackig könnte man das **OPEN DATASET** so schreiben:

```
OPEN DATASET file FOR access IN mode
[position]
[os_addition]
[error_handling].
```

[Zettel]
Erstelle mit dem bisherigen Wissen den Befehl zum Öffnen der Datei **TEST.DAT** für **Schreiben** im **Textmodus**. Lege dir dazu das ausführbare Programm **zsch_019_runter_damit_auf_as** an.

Eines ist klar: Die Datei muss vom aktuellen Applikationsserver aus erreichbar sein. Es ist mit **OPEN DATASET** nicht möglich, Dateien auf deinem Client zu bearbeiten.

Kein Problem, dafür hab ich eh die **cl_gui_frontend_services!**

Na eh, ich wollte es nur gesagt haben.

OPEN House – OPEN DATASET

Hast du das Beispiel schon fertig? Meine Lösung sieht so aus:

```
DATA: gd_file TYPE authb-filename VALUE `test.dat`,*1
      gd_result TYPE string.
DATA: gt_customers TYPE TABLE OF zsch016customer,*2
      gs_customer LIKE LINE OF gt_customers.
START-OF-SELECTION.
* Daten zu den Kunden lesen, ganz ungekapselt
  SELECT * FROM zsch016customer INTO TABLE gt_customers.*3

* Schreiben
  OPEN DATASET gd_file FOR OUTPUT IN TEXT MODE
                              ENCODING DEFAULT
                              WITH SMART LINEFEED.*4
```

*1 Zuerst benötige ich mal einen **Dateinamen**. Als Typ habe ich **auth-filename** verwendet, da dieser Typ zur Schnittstelle des Funktionsbausteins **AUTHORITY_CHECK_DATASET** passt, mit dem du prüfen kannst, ob jemand die Berechtigung hat, zu lesen, schreiben etc.

*2 Die Daten, die in die Datei zu schreiben sind, müssen auch irgendwo her kommen. Also lese ich sie von der DB in die interne Tabelle **gt_customer**.

*3 Igitt, voll hässlich. Ein **SELECT**, das nicht verkapselt ist. Das könntest du bitte mithilfe eines Unterprogramms verbessern.

[Einfache Aufgabe]

Definiere das **read_customers**-Unterprogramm, in dem du die Daten liest.

*4 Jetzt wird es spannend. Ich öffne die Datei **gd_file** für die Ausgabe (**OUTPUT**) im Textmodus und lege fest, dass die Codierung der Daten mit **ENCODING DEFAULT** durchzuführen ist, und das bedeutet: In einem **Unicode-System** entspricht die Angabe einer Codierung in **UTF-8** und in einem **Nicht-Unicode-System** der Angabe **NON-UNICODE**. Mit dem Zusatz **WITH SMART LINEFEED** wird die **Zeilenende-Markierung** gemäß dem **Betriebssystem** des Applikationsservers festgelegt.

[Notiz]

Die Form von **Dateinamen** ist stark **betriebssystemabhängig**. Portable Programme kann man durch Verwendung des Funktionsbausteins **FILE_GET_NAME** erreichen. Dieser Funktionsbaustein liefert zu einem gegebenen **logischen Dateinamen** den zugehörigen **physischen Namen**.

Die für die plattformunabhängige Vergabe von Dateinamen benötigten Definitionen werden mit der Transaktion **FILE** mandantenübergreifend gepflegt. Mit der Transaktion SF07 kann eine Übersicht dieser Daten als Liste ausgegeben werden. Die Transaktion SF01 ermöglicht es, logische Dateinamen zusätzlich auch spezifisch für den aktuellen Mandanten zu definieren.

Nachdem die Datei nun geöffnet ist und die Daten vorhanden sind, kannst du die Daten hineinschreiben.

DatenTRANSFER – Daten schreiben

Wo liegt eigentlich die Datei, wenn sie geschrieben ist?

Ach ja, wo liegt sie denn? Das zeige ich dir, nachdem wir die Daten aus der Tabelle runtergeschrieben haben:

```
LOOP AT gt_customers INTO gs_customer.*1
  TRANSFER gs_customer TO gd_file.*2
ENDLOOP.
CLOSE DATASET gd_file.*3
```

*1 Zeile für Zeile werden die Daten aus der internen Tabelle **gt_customers** der Kunden geholt.

*2 Mit der Anweisung **TRANSFER** wird der Inhalt des **Datenobjektes in die Datei** übertragen.

*3 **CLOSE DATASET** schließt die Datei.

Fertisch! Jetzt kann ich dir die Ablage auf dem Applikationsserver zeigen. Mit der Transaktion **AL11** kannst du in das **Dateiverzeichnis** des **Applikationsservers** wechseln.

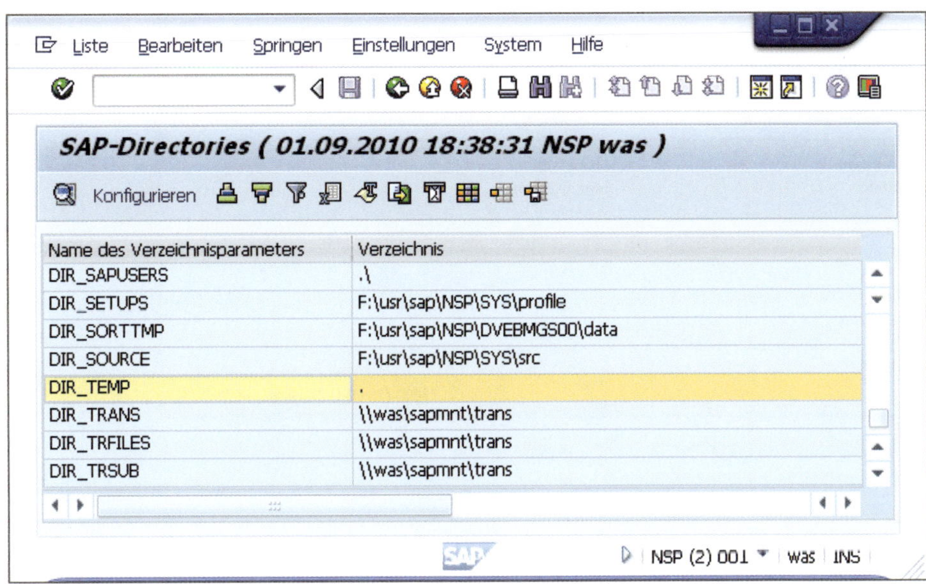

Das SAP-Directory mit den Verzeichnissen. Du findest die Datei im Verzeichnis **.** (Punkt), das mit **DIR_TEMP** bezeichnet ist.

Per Doppelklick auf das Verzeichnis **DIR_TEMP** gelangst du in dieses Verzeichnis, und dort findest du ganz unten die Datei **test.dat**.

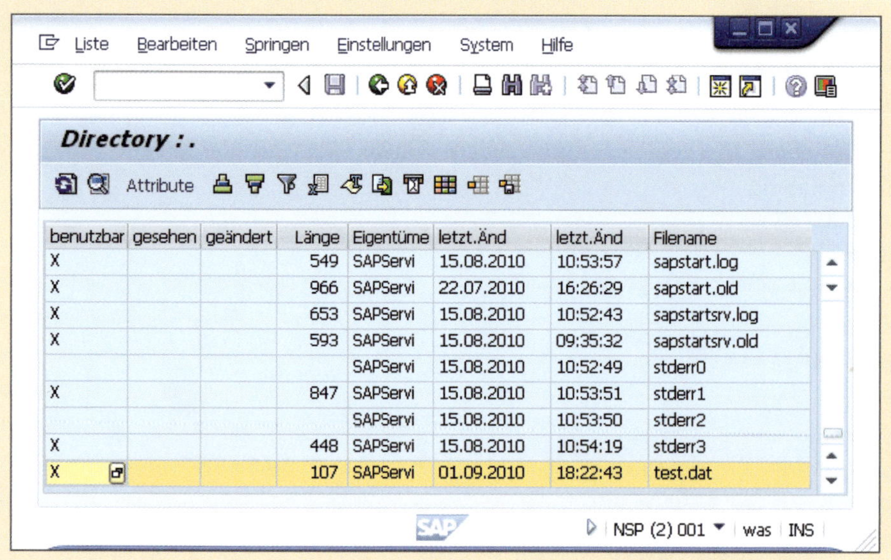

Directory : .

benutzbar	gesehen	geändert	Länge	Eigentüme	letzt.Änd	letzt.Änd	Filename
X			549	SAPServi	15.08.2010	10:53:57	sapstart.log
X			966	SAPServi	22.07.2010	16:26:29	sapstart.old
X			653	SAPServi	15.08.2010	10:52:43	sapstartsrv.log
X			593	SAPServi	15.08.2010	09:35:32	sapstartsrv.old
				SAPServi	15.08.2010	10:52:49	stderr0
X			847	SAPServi	15.08.2010	10:53:51	stderr1
				SAPServi	15.08.2010	10:53:50	stderr2
X			448	SAPServi	15.08.2010	10:54:19	stderr3
X			107	SAPServi	01.09.2010	18:22:43	test.dat

Da sind ja einige Dateien drinnen! Unter anderem auch unsere Datei **test.dat**.

Die ersten drei Spalten zeigen dir den **Status der Datei**, danach kommen **technische Informationen** und der **Name**. Lass dich nicht vom Datum irritieren: Da hab ich nicht mit dem Buch begonnen. Mein Server meint, dass er eine **Zeitmaschine** ist.

Back to the Past!

SAP-Directories

```
Directory:  .
Name:       test.dat

00100000001Roland                        Schwaiger
00100000002Max                           Schrödinger
```

Wow, alles drinnen, was vorher in der Datenbanktabelle war.

Weiter geht's auf unserer Reise zu den unentdeckten Details der Dateien. Noch ein Doppelklick auf die Datei **test.dat** zeigt dir dann die Inhalte.

READ DATASET – Daten lesen

Genau. Natürlich geht es auch in die andere Richtung. Von der Datei ins Programm, und das nennt sich dann **READ DATASET**. Bevor du das Lesen beginnen kannst, musst du natürlich die Datei so öffnen, dass man daraus lesen kann.

```
OPEN DATASET gd_file FOR INPUT IN TEXT MODE
                     ENCODING DEFAULT
                     WITH SMART LINEFEED.*1
DO.*2
   READ DATASET gd_file INTO gd_result.*3
   IF sy-subrc <> 0.*4
     EXIT.
   ENDIF.
   WRITE / gd_result.*5
ENDDO.
CLOSE DATASET gd_file.*6
```

*1 Mit der **OPEN DATASET**-Anweisung öffne ich die Datei zum Lesen (**FOR INPUT**), und zwar im **Textmodus**. Also genauso wie ich vorher die Daten geschrieben habe. Die anderen Einstellungen sind dir noch von vorher bekannt.

*2 Mit einer **DO ... ENDDO**-Schleife kannst du so lange lesen gehen, bis keine Daten mehr vorhanden sind. Da musst du natürlich darauf achten, dass du die **Endlosschleife** auch wieder verlässt.

*3 Lesen! Von der Datei, und das Ergebnis wird in die Zielstruktur **gd_result** gestellt. Wenn du dir den Typ von **gd_result** nochmals ansiehst, wirst du feststellen ...

*4 Falls beim Lesen der **sy-subrc <> 0** ist, bedeutet das, dass das **Dateiende** erreicht wurde. Zeit zum Aufhören, also **EXIT**.

Das ist ja ein **string**! Runtergeschrieben haben wir aber strukturierte Daten vom Typ **zsch016address**.

Und den könnten wir uns natürlich wieder genauso holen. Einfach den Typ von **gd_result** verändern.

*5 Und natürlich werden die Daten auch ausgegeben. In meinem Beispiel als Ganzes, da **gd_result** unstrukturiert ist.

Wie als Ganzes? Im Ganzen wie ein Braten oder aufgeteilt in Schnitzel?

gd_result ist vom Typ **string** und besitzt daher keine Komponenten.

[Einfache Aufgabe]

Ändere den Typ von **gd_result** in den passenden Typ für eine strukturierte Datenübernahme.

*6 CLOSE DATASET schließt die Datei.

Damit bist du der Meister der Daten

außerhalb von Datenbanktabellen. Du könntest dir eine kleine Krone basteln und aufsetzen.

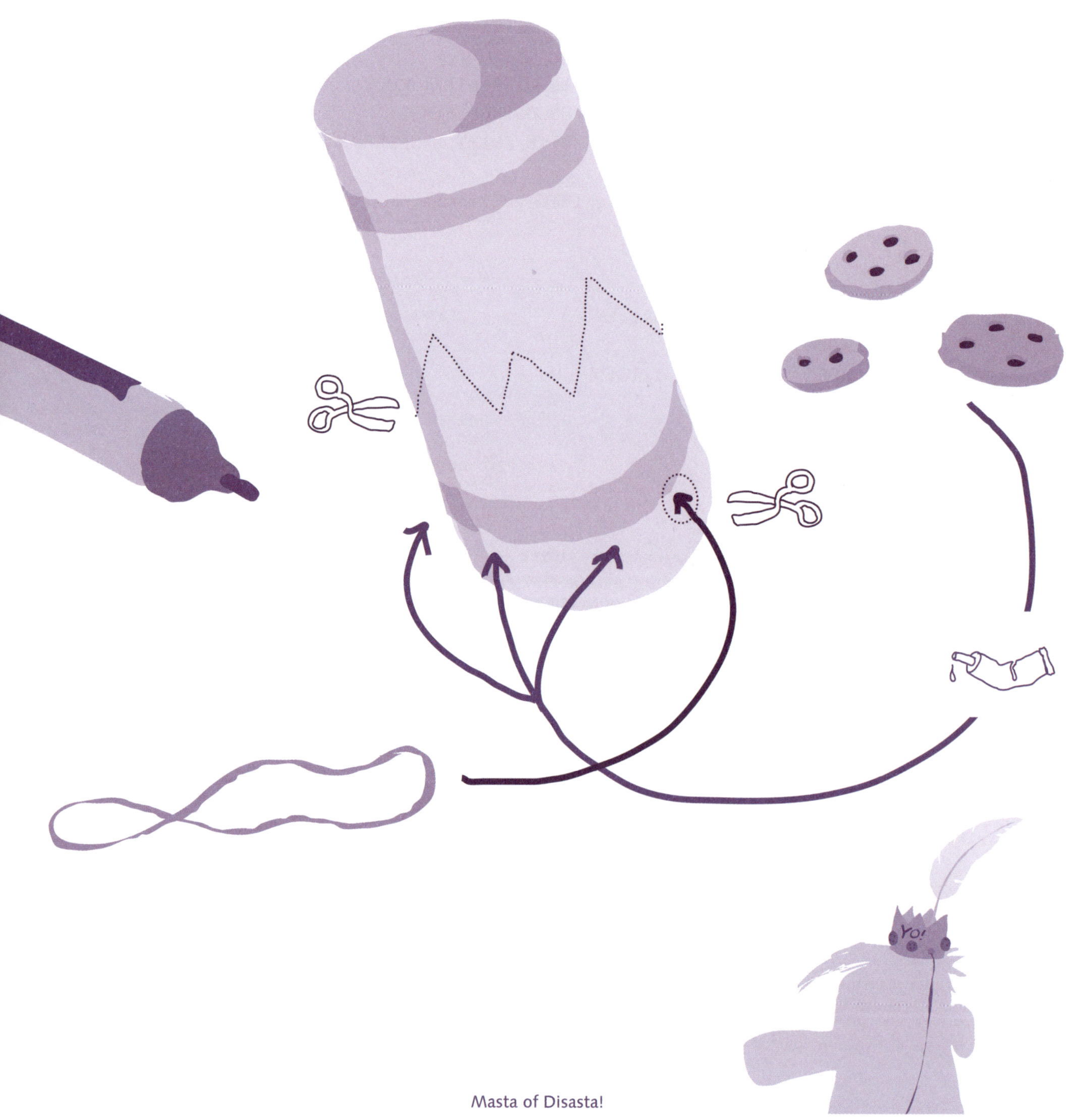

Masta of Disasta!

—ZWANZIG—

Dynamische Programmierung

Täglich wechselnde Speisekarten

Morgens frische Lebensmittel auf dem Markt einkaufen, mittags daraus eine Speisekarte zaubern. Jeden Tag neu. Schrödinger bekommt Hunger, aber darum kann es dem Schwaiger Roland jetzt ja nicht gehen. „Was genau ...“ – „Wenn du erst während der Laufzeit eines Programms die Informationen erhältst, die für die Ausführung des Programms nötig sind, zum Beispiel den Namen einer Datenbanktabelle, dann ...“ – „Okay, okay, ein neues Konzept. Sag mir, wie es heißt, aber dann geht es in die Kantine.“

Dynamische Programmierung hat nichts mit Beweglichkeit zu tun

Nach dem Kapitel werden dir die Augen wässrig, wenn du „dynamische Programmierung" hörst. Jetzt nicht aus Trauer, sondern eher aus Begeisterung.

Dynamisch klingt so flexibel. Muss ich mich da vorher dehnen?

Schöner Vergleich: Dynamisch = flexibel, und dehnen solltest du sowieso. Sonst läufst du mal herum wie ein Stock.

Mit der dynamischen Programmierung kannst du auf Veränderungen während der Laufzeit deines Programms reagieren. Stell dir mal vor, der Anwender möchte nach dem einen oder mal nach dem anderen oder ganz anderen Kriterien in einer Datenbanktabelle suchen. Mit dem jetzigen Wissen müsstest du für jede Suchvariante eine Implementierung anlegen. Wie langweilig. Das lässt sich dynamisieren.

Oder stell dir vor, dass du die Zugriffe auf die Datenbanktabelle beschleunigen möchtest. Keine Notwendigkeit mehr, die Daten aus der Tabelle in die Arbeitsstruktur zu kopieren, zu ändern und wieder zurück zu kopieren. Nein, direkter Zugriff!

Einen hab ich noch. Erzeuge doch dein Programm während der Laufzeit. Was, das geht nicht? Du wirst staunen!

[Einfache Aufgabe]

Überlege, wo du bis jetzt an die Grenzen von ABAP gestoßen bist. Wo waren bis jetzt Einschränkungen, wo wolltest du während der Laufzeit etwas verändern und es hat nicht geklappt?

Feldsymbole

Beschleunigung statt Entschleunigung. Möglicherweise fragst du dich jetzt, ob ich etwas am Zeitgeist vorbeilebe, aber manchmal ist es besser, wenn du zu schnell als zu langsam unterwegs bist. Zum Beispiel beim Überholen, da willst du nicht wie eine Schnecke vorbeikriechen und künstlich dein Adrenalin nach oben schießen lassen. Schaff ich es noch rechtzeitig oder nicht – schwitz.

Die **Feldsymbole** sind schon mal super, um beschleunigte und auch elegante Zugriffe auf Tabelleninhalte zu realisieren.

Fesch, und was sind Feldsymbole?

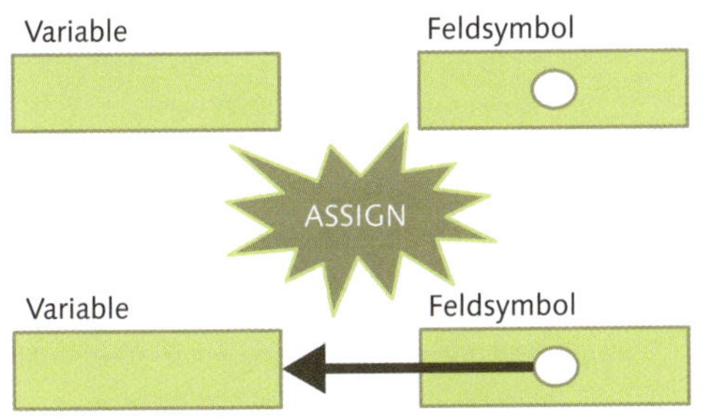

Ein Feldsymbol ist ein symbolischer Name für eine Variable. Mit dem ASSIGN wird die Zuordnung definiert.

Feldsymbole sind **symbolische Namen** für Variablen. Mit Feldsymbolen kannst du auf Inhalte von Variablen zugreifen. Das heißt, wenn du mit einem Feldsymbol arbeitest, geht es nicht um die Inhalte des Feldsymbols, sondern um die Inhalte der zugeordneten Variablen. Ich zeig dir mal ein einfaches Beispiel:

```
DATA: gs_recipe TYPE zsch06recipe.
FIELD-SYMBOLS: <gs_zeig_mal> TYPE zsch06recipe.*1
ASSIGN gs_recipe TO <gs_zeig_mal>.*2
WRITE: / <gs_zeig_mal>-zutaten.*3
```

*1 Ein Feldsymbol kannst du wie eine Variable deklarieren. Die Unterschiede sind, dass du nicht mit **DATA**, sondern mit **FIELD-SYMBOLS** die Deklaration beginnst und danach den Namen des Feldsymbols angibst. Wobei der Name durch die Zeichen < und > eingeschlossen wird. Dahinter kommt mit **TYPE** der Typ.

*2 Das Feldsymbol sollte auf einen Speicherbereich zeigen. Das bringst du dem Feldsymbol mit **ASSIGN** bei. Dadurch weiß das Feldsymbol, wohin es zeigen soll.

*3 Nach dem **ASSIGN** kannst du mit dem Feldsymbol genauso arbeiten wie mit einer gewöhnlichen Variablen.

Sehr cool! Wo kann ich das noch verwenden?

Ja, sicher, sehr cool, speziell für interne Tabellen sind die Feldsymbole extrem gut einsetzbar. Allein die Zugriffszeit auf die Tabellenzeilen kann gewaltig gesteigert, ich meine reduziert werden.

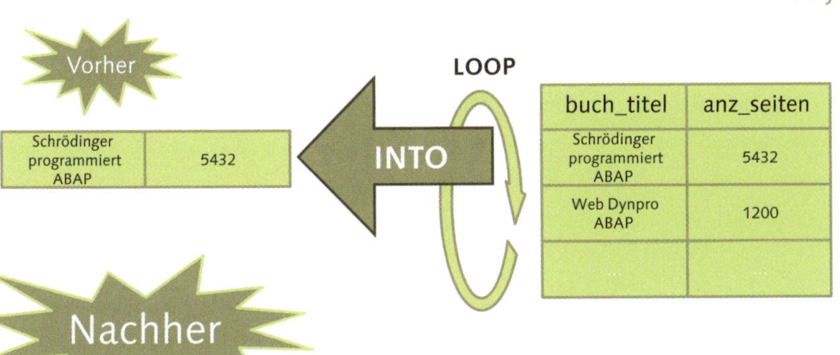

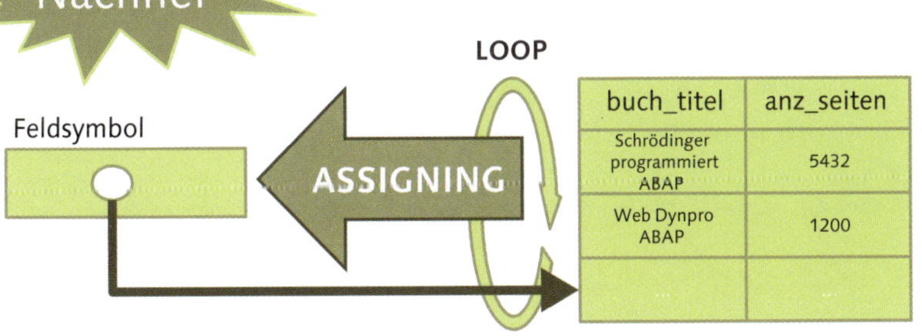

Ersetze das Kopieren der Daten in die Arbeitsstruktur durch eine Referenz auf den Eintrag in der internen Tabelle.

Der Trick ist sehr einfach: Anstatt Zeilen zu kopieren, so wie wir es bis jetzt getan haben, besorgen wir uns einfach einen Zeiger auf die Zeile. Kein Kopieren mehr nötig.

```
DATA: gt_recipe TYPE TABLE OF zsch06recipe.
FIELD-SYMBOLS: <gs_recipe> LIKE LINE OF gt_recipe.*1
LOOP AT gt_recipe ASSIGNING <gs_recipe>.*2
<gs_recipe>-region = 'Berlin'.*3
ENDLOOP.
```

*1 Die Feldsymboldeklaration kennst du ja schon

*2 Beim LOOP haben wir bis jetzt die Kopiervariante mit INTO verwendet. Alter Hut und zu langsam. Da müssen ja alle Daten aus der Tabelle in die Zielstruktur kopiert werden. Bei einer breiten Tabelle, mit vielen Spalten, kann das schon ein ziemlicher Aufwand sein. Verglichen mit der Zuordnung einer Adresse ist das natürlich unglaublich aufwendig.

*3 Den Zugriff auf Komponenten hab ich dir ja schon oben gezeigt. Ich wollte nur eine Warnung aussprechen. Falls du Schlüsselfelder änderst für interne Tabellen vom Typ SORTED, musst du unbedingt darauf achten, dass die Sortierreihenfolge nicht verändert wird. Sonst gibt es einen Laufzeitfehler. Und HASHED, da lässt du am besten die Finger vom Schlüssel, weil sonst der Hash-Wert nicht mehr stimmt.

Ich hatte noch nie das Bedürfnis, am Schlüssel zu schrauben. Das Lesen von einem Einzelsatz mit einem Feldsymbol sollte dann auch möglich sein, oder?

Ja, total.

```
READ TABLE gt_recipe ASSIGNING <gs_recipe>
                     WITH KEY rid = '002'.
```

Und nach der Anweisung würdest du ja mit **IF sy-subrc = 0.** überprüfen, ob du tatsächlich etwas gefunden hast. Ich hab noch eine Alternative für dich.

```
IF <gs_recipe> IS ASSIGNED.
```

Damit kannst du prüfen, ob das Feldsymbol bereits zugeordnet ist. Das kann nur der Fall sein, wenn etwas gefunden wurde.

Datenrefs

Feldsymbole sind ja super, wenn man weiß, wo man hinzeigen muss. Dazu ist es nötig, dass bereits eine Variable definiert ist. Und jetzt stell dir mal das Folgende vor: Der Speicherplatz ist im Hauptspeicher noch nicht reserviert, sondern wird erst während der Laufzeit, bei Bedarf, reserviert.

Klingt schräg. Genau das Richtige für mich. Her mit der Schräge.

Ich weiß, dass dieses Thema für dich gemacht ist, für dich als Spezialist für exotische Programmierung.

```
* Variante: untypisiert
DATA: gr_recipe TYPE REF TO DATA. *1
* Variante: typisiert
* DATA: gr_recipe TYPE REF TO zsch06recipe.*1
* Speicherplatz reservieren im Fall untypisiert
CREATE DATA gr_recipe TYPE zsch06recipe.*2
* Speicherplatz reservieren im Fall typisiert
* CREATE DATA gr_recipe.*2
* Zugriff auf untypisierte Datenreferenzinhalte mit Feldsymbol
ASSIGN gr_recipe->* TO <gs_recipe>.*3
<gs_recipe>-region = 'Hallein'.
* Zugriff auf typisierte Datenreferenz: Direkt
* gr_recipe->region = 'Hallein'.*3
```

*1 Das ist eine sogenannte **Datenreferenz**. Sie zeigt im Gegensatz zu einer Objekt- oder Interface-Referenz nicht auf ein Objekt, sondern auf einen typisierten Datenspeicher. Auch hier kannst du jeden Typ angeben, den du dir wünschst. Ich habe für dich die typisierte und untypisierte Variante getippt.

*2 Mit dem **CREATE DATA**-Befehl reservierst du Hauptspeicher passend zum Typ der Datenreferenz. Die Angabe des Typs mit **TYPE** ist nur dann nötig, falls die Deklaration der Datenreferenz mit **TYPE REF TO DATA** erfolgte.

*3 Jetzt stellt sich nur mehr die Frage, wie du auf den neuen Speicherbereich zugreifen kannst. Und damit kommt wieder das Feldsymbol ins Spiel. Mit **gr_recipe->*** wird dem Feldsymbol mitgeteilt, wohin die Datenreferenz zeigt, und diese Adresse kann dem Feldsymbol mit ASSIGN zugewiesen werden. Dies ist für den untypisierten Fall.

Das ist jetzt schon ziemlich dynamisch. Puh, hast du noch mehr auf Lager? Hoffentlich nicht!

Doch! Da hab ich schon noch was zu den Datenreferenzen. Wenn du während der Erzeugung des Datenobjektes, also nicht bei der Deklaration der Datenreferenz, den Typ angeben möchtest, dann sind das deine Möglichkeiten:

```
CREATE DATA gr_data TYPE type.*1
CREATE DATA gr_data TYPE (type_name). "Voll dynamisches Token*2
CREATE DATA gr_data TYPE TABLE OF (type_name).*3
```

*1 Beim Erzeugen der Referenz gibst du den Typ direkt an, so wie ich es dir vorher gezeigt habe.

*2 Du kannst aber auch sogenannte dynamische Tokens verwenden. Im Feld **type_name** steckt der Name des Typs. Der Typ von **type_name** ist eine Zeichenkette.

*3 Ja, genau, so kannst du zum Beispiel eine interne Tabelle mit dynamischem Zeilentyp instanziieren.

Schön langsam fühle ich mich leicht abgehoben. Zeig mir doch mal ein Beispiel, damit ich wieder auf der Erde ankomme.

Jetzt wird es dich gleich aus den Socken heben!

Ich zeige dir, wie du von einer Datenbanktabelle lesen kannst, deren Namen du erst während der Laufzeit erfährst.

```
  DATA: gd_table_name TYPE string,*1
        gr_table_line TYPE REF TO data.*2
  FIELD-SYMBOLS: <gs_table_line> TYPE ANY.*3
  gd_table_name = 'ZSCH06RECIPE'.*4
  CREATE DATA gr_table_line TYPE (gd_table_name).*5
ASSIGN gr_table_line->* TO <gs_table_line>
      CASTING type (gd_table_name).*6
  SELECT SINGLE * FROM (gd_table_name) INTO <gs_table_line>.*7
```

*1 In der Variablen **gd_table_name** wird der Name der zu lesenden Tabelle abgelegt. Der könnte zum Beispiel von einer Benutzereingabe kommen.

*2 Mithilfe der Datenreferenz **gr_table_line** legen wir den Speicherbereich für die Datenzeile aus der Tabelle an. Wir kennen den Typ natürlich noch nicht, daher **TYPE REF TO data**, also generisch.

*3 Das Feldsymbol **<gs_table_line>** wird uns den Zugriff auf die Datenzeile ermöglichen. Auch wieder generisch mit **TYPE ANY**.

*4 Ich gebe den Namen der Tabelle mal vor, aber der kann, wie gesagt, auch von einer Benutzereingabe kommen oder aus einer Datenbanktabelle gelesen worden sein.

*5 Schön langsam wird es spannend. Zuerst reserviere ich mal den Datenbereich, und durch den Zusatz **TYPE** kann ich mit dem dynamischen Token arbeiten. Damit ist der Datenbereich typisiert.

*6 **ASSIGN** ist klar, aber warum der **CASTING**-Zusatz? Das Feldsymbol haben wir ja auch generisch typisiert. Daher muss ich auch den Typ für das Feldsymbol festlegen. Auch mit dem dynamischen Token.

*7 Und das ist die coolste Zeile überhaupt. Ich lese eine Zeile von der Datenbanktabelle, deren Name im dynamischen Token steht, und stelle das Ergebnis in den Datenbereich, zu dem das Feldsymbol zeigt.

Uaaahhhh. Ich hab nur mehr Dynamik im Hirn. Irgendwie verbiegt sich momentan alles … Total phänomenal!

[Hintergrundinfo]

Es wird Zeit zum Lüften. Öffne doch die Fenster ein wenig, recke dich und strecke dich. Leer ein Fläschchen, iss ein Brot, vorbei ist alle Not.

RTTS = RTTI + RTTC

Bin schon wieder auf dem Damm. Das mit den dynamischen Tokens ist schon ein Heuler. Aber kann ich auch Typen während der Laufzeit erzeugen?

Gute Frage, passt genau ins Konzept. Welch Überraschung!
Da gibt s was Interessantes für dich. Die **Runtime Type Services** bieten dir die Services, um **Typen** von Variablen während der Laufzeit zu **beschreiben** (**Runtime Type Identification** = **RTTI**) oder sogar zu **erzeugen** (**Runtime Type Creation** = **RTTC**).
Die Einstiegsklasse **cl_abap_typedescr** hab ich eh schon mehrfach erwähnt, und jetzt mach ich es nochmal. Die Klasse hat zu jeder Typkategorie, zum Beispiel zum Typ **Struktur**, eine passende Unterklasse, zum Beispiel für die Struktur die Klasse **cl_abap_structdescr**. Jede dieser Klassen bietet dir die statische Methode **create( )** zum **Anlegen** eines neuen Typs.

Überschrift finden

Mein geschätzter Kollege Stefan Ehret hat ein sehr schönes Beispiel für die **RTTS**-Verwendung entwickelt, das ich dir unbedingt zeigen möchte.

[Schwierige Aufgabe]

Zur Motivation: Hast du die Transaktion SE16 schon mal ausprobiert? Dort kannst du den **Namen** einer **Tabelle eingeben** und bekommst dann die **Daten der Tabelle** geliefert. Wie würdest du das implementieren? Verwende einige Minuten, um darüber nachzudenken.

Keine Ahnung, das ist ja jedes Mal anders. Da kann ich kein Programm dafür vorbereiten, ich weiß ja nicht, welche Tabelle der Anwender eingibt.

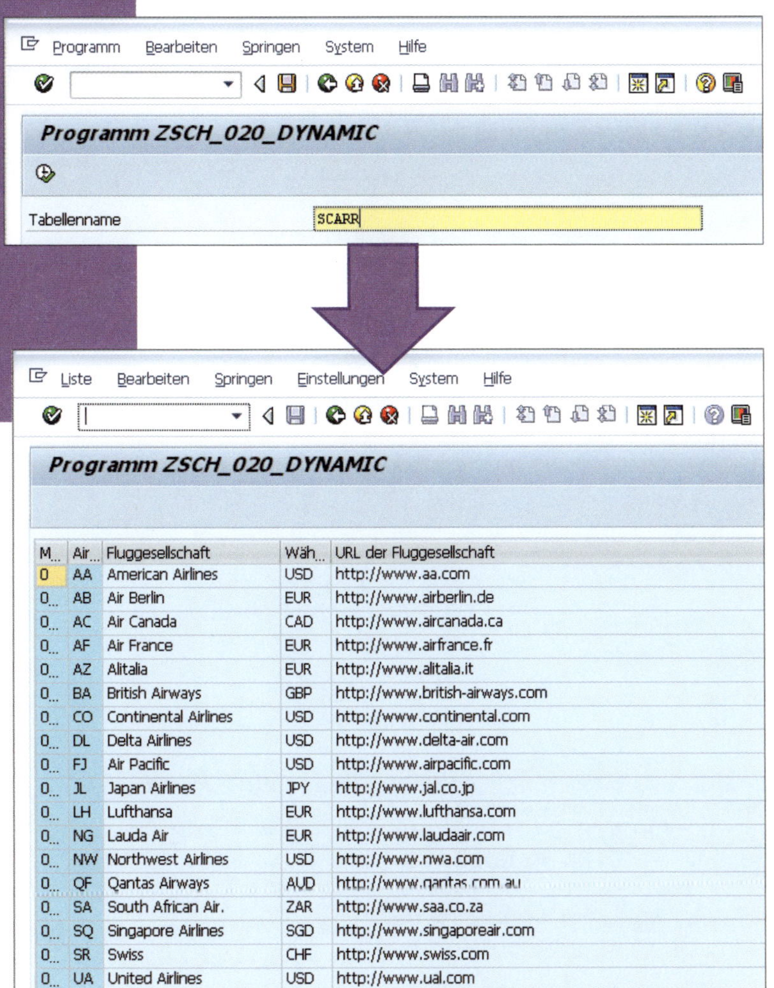

M...	Air...	Fluggesellschaft	Wäh...	URL der Fluggesellschaft
0	AA	American Airlines	USD	http://www.aa.com
0...	AB	Air Berlin	EUR	http://www.airberlin.de
0...	AC	Air Canada	CAD	http://www.aircanada.ca
0...	AF	Air France	EUR	http://www.airfrance.fr
0...	AZ	Alitalia	EUR	http://www.alitalia.it
0...	BA	British Airways	GBP	http://www.british-airways.com
0...	CO	Continental Airlines	USD	http://www.continental.com
0...	DL	Delta Airlines	USD	http://www.delta-air.com
0...	FJ	Air Pacific	USD	http://www.airpacific.com
0...	JL	Japan Airlines	JPY	http://www.jal.co.jp
0...	LH	Lufthansa	EUR	http://www.lufthansa.com
0...	NG	Lauda Air	EUR	http://www.laudaair.com
0...	NW	Northwest Airlines	USD	http://www.nwa.com
0...	QF	Qantas Airways	AUD	http://www.qantas.com.au
0...	SA	South African Air.	ZAR	http://www.saa.co.za
0...	SQ	Singapore Airlines	SGD	http://www.singaporeair.com
0...	SR	Swiss	CHF	http://www.swiss.com
0...	UA	United Airlines	USD	http://www.ual.com

Da liegst du total richtig oder auch nicht. Statisch gedacht hast du Recht, **dynamisch gesehen aber nicht.**

Das sollte es werden. Der Anwender gibt den Namen der Tabelle ein und, wie durch Zauberhand, werden ihm die Daten angezeigt.

Und jetzt die Implementierung. Du wirst überrascht sein, wie kurz das geht.

```
PARAMETERS: pa_tab TYPE string.*1
DATA: go_struct TYPE REF TO cl_abap_structdescr,*2
      go_table TYPE REF TO cl_abap_tabledescr,*3
      gr_table TYPE REF TO data.*4
FIELD-SYMBOLS: <gt_table> TYPE TABLE.*5
go_struct = cl_abap_structdescr=>describe_by_name( pa_tab ).*6
go_table = cl_abap_tabledescr=>create( go_struct ).*7
CREATE DATA gr_table TYPE HANDLE go_table.*8
ASSIGN gr_table->* TO <gt_table>.*9
SELECT * FROM (pa_tab) INTO TABLE <gt_table>.*10
* Ausgabe der Daten
  DATA: gr_alv TYPE REF TO cl_salv_table.*11
  cl_salv_table=>factory(
    IMPORTING
      r_salv_table = gr_alv
    CHANGING
      t_table = <gt_table> ).*12
  gr_alv->display( ).*13
```

*1 Damit es für dich etwas lustiger ist, hab ich einen Parameter für die Benutzereingabe eingefügt. Der Anwender sollte uns ja den Namen der Datenbanktabelle verraten.

Kenne ich schon von der Selektionsbildprogrammierung.

*2 Die Objektreferenz wird die Beschreibung des Zeilentyps beheimaten, aber über ein Beschreibungsobjekt vom Typ Struktur.

Kenne ich schon, haben wir oben besprochen.

*3 Das ist die Tabellenbeschreibung, die wir dann erzeugen müssen.

Das ist neu, ist aber wahrscheinlich so ähnlich wie die Strukturerzeugung zu implementieren, oder?

Kommt gleich.

*4 Die Datenreferenz auf eine Tabelle, für die zu diesem Zeitpunkt noch kein Speicherplatz reserviert ist.

Kenne ich schon von oben.

*5 Damit wir mit der Tabelle arbeiten können, benötigen wir wieder ein Feldsymbol.

Kenne ich schon. Kommt da mal was Neues?

Geduld, lieber Schrödinger.

*6 Erzeugung des Zeilentypobjektes basierend auf der Eingabe des Anwenders.

Pffff, gähn.

*7 Erzeugung des Tabellentypobjektes basierend auf dem Zeilentypobjekt.

Halt, das ist neu. Aha, basierend auf dem Beschreibungsobjekt der Struktur wird ein Tabellentyp angelegt. Passt.

*8 Nun geht es um die Reservierung des Speicherplatzes mit **CREATE DATA**. Der Zusatz **TYPE HANDLE** ist der essenzielle Teil dieser Anweisung, da du damit die Datenreferenz mit einem dynamisch erzeugten Typ typisieren kannst.

Aha, das hast du mir bis jetzt nicht verraten!

Ja, ja, ich hab immer noch ein kleines Detail für dich auf Lager. Du verdienst nur das Beste und von dem am meisten.

*9 Nach dem **ASSIGN** können wir sogar mit dem Speicherplatz arbeiten.

Tja, das kenne ich jetzt wieder.

*10 Höchst dynamisch: Hier geht es wieder um die Verwendung des **dynamischen Tokens**.

Ist schon in meine Programmierwerkzeugkiste übernommen.

*11 Noch eine schnelle Ausgabe. Die Listenausgabe haben wir ja schon so oft verwendet. Eine Alternative dazu ist die Ausgabe mit dem **ABAP List Viewer (ALV)**. Auch das ist nicht neu, aber die Variante, die ich dir hier anbiete. Die Klasse **cl_salv_table** kann sehr einfach eingesetzt werden, um die Ausgabe zu implementieren. Zuerst die **factory( )**-Methode aufrufen und dann mit der **display( )**-Methode ausgeben.

*12 Die **factory( )**-Methode übernimmt die **Datentabelle** und liefert dir dafür die **Referenz auf den ALV** zurück.

*13 Mithilfe der Referenz auf den ALV rufst du die **display( )**-Methode auf, und schon wird die Liste angezeigt.

Das lässt sich ja schon ziemlich flexibel an ...

Apropos **dynamische Tokens**. Da gibt es ja noch viel mehr Einsatzgebiete.

Dynamische Tokens

Ein **Token** ist ein Teil, das während der Laufzeit ausgewertet wird. Ich muss dich ja motivieren. Sieh dir mal das folgende Beispiel zum Vergleich der statischen und dynamischen Variante an. Wenn du es gesehen hast, dann implementiere es bitte! Ganz wichtig: Implementiere es jetzt! Nicht weiterlesen, programmieren! Welche ist die dynamische Variante, A oder B?

```
DATA: gt_scarr TYPE TABLE OF scarr.
* Variante A
SORT gt_scarr BY carrid.
* Variante B
DATA: gd_token TYPE string value 'carr_name'.
SORT gt_scarr BY (gd_token).
```

B. Das war keine Frage, sondern eine Beleidigung. Du musst dich schon etwas mehr anstrengen mit deinen Fragen. Apropos ist dein geniales Programm natürlich abgeschmiert.

Ah, du hast es also doch implementiert, super. Da musst du aufpassen! Die **Werte der Tokens** müssen immer gültig sein. **`carr_name`** gibt es nicht als Spalte in der Tabelle. Der Fehler tritt aber erst während der Laufzeit auf! Also Achtung.

[Achtung]

Weiterer Tipp: Schreibe die Werte der Tokens in **Großbuchstaben**. Technische Literale, und ein dynamisches Token ist so ein Literal, können manchmal Probleme machen, wenn sie in Kleinbuchstaben geschrieben sind.

[Fehler/Müll]

Ist dann das Beispiel von oben astrein fehlerfrei? Natürlich nicht, da der Wert des Tokens falsch und in Kleinbuchstaben geschrieben ist.

[Achtung]

Natürlich kann dich der Syntaxchecker nicht bei der Überprüfung der Tokens unterstützen wie generell bei der dynamischen Programmierung.

Es gibt fünf Arten von dynamischen Tokens:

- **Dynamische Feldspezifikation**: Im Token steckt der Name eines Feldes.
- **Dynamische Typspezifikation**: Im Token steckt der Name des Typs.
- **Dynamische Komponentenspezifikation**: Im Token steckt der Name einer Komponente einer Struktur.
- **Dynamische Bedingungsspezifikation**: Im Token, das als interne Tabelle typisiert ist, stecken weitere Tokens, die zur Laufzeit ausgewertet werden.
- **Dynamische Unterprogramme**: Im Token steckt der Name des Unterprogramms, das zu rufen ist.

Für den nächsten Abschnitt möchte ich mit dir Folgendes vereinbaren. Ich zeige dir die Möglichkeiten, und du überlegst dir dazu ein Beispiel. Ohne mein Zutun. Du wirst das sicher exzellent lösen.

Dynamisches Feld

Im Token steckt der Name eines Feldes.

Ausdruck	Eindruck
ASSIGN (feld) TO ...	Damit legst du fest, welchem Feld ein Feldsymbol zugewiesen ist.
SELECT ... FROM (dbtab) ...	Übung
DELETE ... FROM (dbtab) ...	
MODIFY (dbtab) ...	
UPDATE (dbtab) ...	
WRITE ... TO (feld)	die formatierte Ausgabe in ein Feld, das du mit einem dynamischen Token angibst
WRITE (feld) TO ...	aus einem dynamischen Token-Feld die formatierte Ausgabe für ein Zielfeld erzeugen

[Zettel]

Verbinde die Wortgruppen so miteinander, dass sie die Erklärung für die Datenbankoperationen ergeben.

[von Datenbanktabelle, in Datenbanktabelle]
[lesen, löschen, einfügen, ändern]

[Belohnung/Lösung]

Bestimme während der Laufzeit, von welcher Datenbanktabelle du lesen oder löschen möchtest bzw. in welcher Datenbanktabelle du Daten einfügen oder ändern möchtest.

Welches Beispiel hast du für dich gefunden?

Dynamischer Typ

Die Angabe des Typs für Datenreferenzen bzw. Feldsymbole.

Was	Warum
ASSIGN ... CASTING TYPE (typ)	Bei der Zuweisung einer Variablen zu einem Feldsymbol kannst du den Typ mit einem Token angeben.
CREATE DATA ... TYPE (typ) ...	der Typ der Datenreferenz, auch dynamisch

Dynamische Komponente

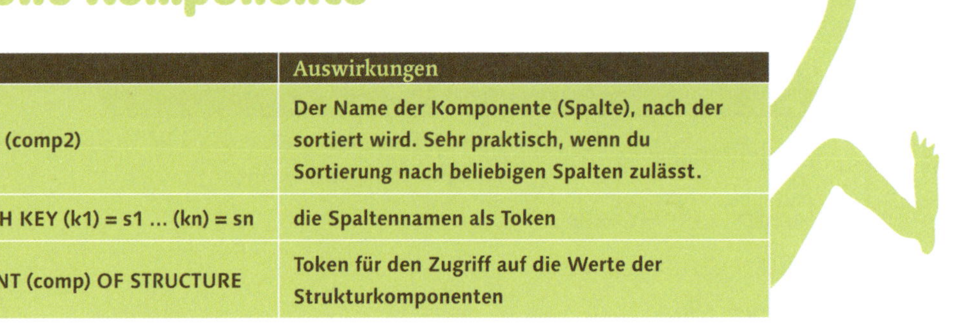

Token-Einsatz	Auswirkungen
SORT ... BY (comp1) (comp2)	Der Name der Komponente (Spalte), nach der sortiert wird. Sehr praktisch, wenn du Sortierung nach beliebigen Spalten zulässt.
READ TABLE ... WITH KEY (k1) = s1 ... (kn) = sn	die Spaltennamen als Token
ASSIGN COMPONENT (comp) OF STRUCTURE	Token für den Zugriff auf die Werte der Strukturkomponenten

Dazu hab ich ein Beispiel für dich. Das **Auslesen einer Komponente einer Struktur**. Den Namen der Strukturkomponente erhältst du erst zur Laufzeit.

```
DATA: gt_sflight TYPE TABLE OF sflight,
      gs_sflight LIKE LINE OF gt_sflight,
      gd_stru_comp TYPE string VALUE 'FLDATE'.
FIELD-SYMBOLS: <gs_stru_comp> TYPE ANY.
LOOP AT gt_sflight INTO gs_sflight.
  ASSIGN COMPONENT gd_stru_comp
    OF STRUCTURE gs_sflight TO <gs_stru_comp>.*1
  WRITE: <gs_stru_comp>.
ENDLOOP.
```

*1 Aus der Struktur **gs_sflight** wird die Referenz auf die Komponente **gd_stru_comp** ermittelt und dem Feldsymbol **<gs_stru_comp>** zugewiesen.

Dynamische Bedingung

Token	Erläuterung
SELECT (feldliste) ...	Welche Spalten sind von der Datenbanktabelle zu holen?
SELECT ... GROUP BY (feldliste) ...	Wonach werden die Daten gruppiert?
SELECT ... WHERE (condliste) ...	Dynamische WHERE-Bedingung. Sehr mächtig!

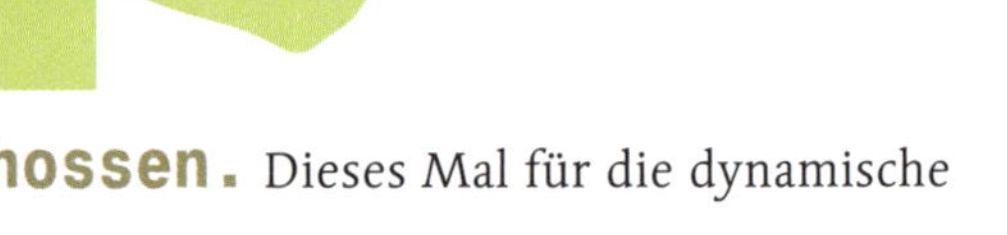

Und wieder kommt ein Beispiel daher geschossen. Dieses Mal für die dynamische Angabe von Spalten, die aus der Datenbanktabelle zu lesen sind.

```
* Benutzereingabe: Einzelfeld oder
*                  Felder mit Leerzeichen getrennt
  PARAMETERS: pa_token TYPE c LENGTH 70.*1
* Altbekannte Variablen
  DATA: gr_cx      TYPE REF TO cx_root,
```

*1 Benutzereingabe: Einzelfeld oder Felder mit Leerzeichen getrennt.

```
       gt_felder  TYPE stringtab,
       gt_sbook   TYPE TABLE OF sbook,
       gd_message TYPE string.
* Aufbau der dynamischen Token-Tabelle
  APPEND pa_token TO gt_felder.*2
* Lesen mit dynamischen Tokens
  TRY.
      SELECT (gt_felder)
        FROM sbook
        INTO CORRESPONDING FIELDS OF TABLE gt_sbook.*3
      WRITE: / 'Insgesamt ', sy-dbcnt, ' Einträge gefunden'.
* Ausnahme behandlen
    CATCH cx_sy_dynamic_osql_semantics cx_sy_open_sql_db
          INTO gr_cx.*4
      gd_message = gr_cx->get_text( ).
      MESSAGE gd_message TYPE 'E'.
  ENDTRY.
```

*2 Aufbau der Liste der Spaltennamen, die von der Datenbanktabelle zu lesen sind.

*3 Hinter dem **SELECT** wird das dynamische Token ausgewertet.

*4 Da ich nicht so gerne Laufzeitfehler produziere, hab ich mich gegen das Auftreten von Laufzeitfehlern gewappnet.

Jetzt will ich es aber wissen! Kann man auch die **WHERE**-*Bedingung dynamisieren?*

Sie wünschen, wir spielen.

```
  TYPES gs_cond TYPE c LENGTH 72.
  DATA: gs_recipe TYPE zsch06recipe,
        gt_cond TYPE TABLE OF gs_cond.*1
  APPEND 'rid = ''002''' TO gt_cond.*2
  SELECT * FROM zsch06recipe INTO gs_recipe WHERE (gt_cond).*3
    WRITE: / gs_recipe-region.
  ENDSELECT.
```

*1 Damit du die dynamischen WHERE-Bedingungen definieren kannst, benötigst du eine interne Tabelle, in die du pro Zeile eine Bedingung einfügst.

*2 Und hier kommt schon eine Bedingung. Ich vergleiche die Spalte **rid** mit dem Wert **002**. Wenn du das implementieren würdest, dann würde die Bedingung so aussehen: **rid = '002'**. Die einfachen Hochkommata musst du „escapen" mit einem einfachen Hochkomma.

Aha, dann bedeuten die drei ''' nach dem 002 das Folgende. Zuerst das Escape-Symbol, dann das Ende des Textliterals 002 und dann das Ende des Textliterals für die dynamische Bedingung.

Stimmt!

*3 Beim WHERE gibst du dann das dynamische Token an.

Das kannst du an Flexibilität und Eleganz kaum mehr toppen. Außer durch die nächsten Themen.

Dynamisches Unterprogramm

Unterprogramme und Methoden sind ebenfalls dynamisch aufrufbar. Du kannst den Namen mithilfe eines dynamischen Tokens festlegen.

Anweisung	Ausweisung
SUBMIT (prog) ...	Mit dem SUBMIT kannst du ein anderes Programm aufrufen und den Namen mittels Token dynamisieren.
CALL FUNCTION (func) ... PERFORMING (form) ...	Jaja, der Aufruf eines Funktionsbausteins ist auch dynamisierbar ...
CALL METHOD oref->(method)	.... und erst der Aufruf einer Methode.

Das war's jetzt aber mit der Dynamisierung, oder?

Da geht noch mehr. **Du kannst ganze Programme erzeugen.**

Programmerzeugung im Hauptspeicher

Aus meiner Sicht ist das jetzt die Königsdisziplin. Bis jetzt waren wir ja auf Anweisungen beschränkt. Mithilfe der Programmerzeugung während der Laufzeit kannst du komplette Programme erzeugen.

```
REPORT  zsch_020_dynamic_program.
* Datengedöns
  DATA: gt_program TYPE stringtab, "Das Programm
        gd_prog    TYPE c LENGTH 8, "Erzeugter Name des Progrs
        gd_msg     TYPE c LENGTH 120, "Fehlernachricht
        gd_lin     TYPE c LENGTH 10, "Fehlerzeile im Programm
        gd_wrd     TYPE c length 10, "Erstes fehlerhaftes Token
        gd_off     TYPE c length 3. "Offset im Token

START-OF-SELECTION.
* Programm schreiben*1
  APPEND 'program subpool.' TO gt_program.
  APPEND 'form hallo_schroe.' TO gt_program.
  APPEND 'write / ''Hallo, dynamischer Schrö''.' TO gt_program.
  APPEND 'endform.' TO gt_program.
* Programm erzeugen*2
  GENERATE SUBROUTINE POOL gt_program "Programm
                    NAME gd_prog "Names des Progs
                    MESSAGE gd_msg "Ab hier Fehlerbehandlung
                    LINE gd_lin
```

*1 Zuerst baust du dir dein Programm auf, indem du die interne Tabelle mit den Programmzeilen befüllst.

*2 Mit **GENERATE SUBROUTINE POOL** kannst du das Programm erzeugen. Du bekommst die möglichen Fehler und Fehlerpositionen im Programm und in den dynamischen Tokens geliefert.

```
                        WORD gd_wrd
                        OFFSET gd_off.
  IF sy-subrc <> 0.
    WRITE: / 'Fehler während der Erzeugung in Zeile',
           gd_lin,
           / gd_msg,
           / 'Wort:',
           gd_wrd,
           'in Zeile ',
           gd_lin.
  ELSE.
    PERFORM hallo_schroe IN PROGRAM (gd_prog).*3
  ENDIF.
```

*3 Mit der Anweisung PERFORM <Name des Programms> und dem Zusatz IN PROGRAM kannst du angeben, dass das Unterprogramm im erzeugten Programm aufzurufen ist.

Kurz nachdenken und erkennen, dass damit die Grenze der Flexibilität überschritten wird.
MEGAFLEXIBILITÄT!

Wo finde ich denn das Unterprogramm dann, wenn das Programm fertig ist?

Das ist leider weg. Es wird nicht gespeichert.

Aber sogar dafür hab ich noch eine Variante für dich.

Programmerzeugung im Repository

Nur ein kleines Goodie für dich. Ganz kurz und bündig. Du kannst dir sogar ganze Programme, also nicht nur Unterprogramme, während der Laufzeit erzeugen. Das ist wie Zaubern. Vorher war noch nichts da, und jetzt – Trommelwirbel – ist was da. Sogar gespeichert!

```
REPORT  zsch_020_dynamic_program.

CONSTANTS: gc_rep TYPE c LENGTH 40 VALUE 'ZSCH_020_DYN'.
DATA: gt_code TYPE TABLE OF rssource-line. "Programm

START-OF-SELECTION.
* Programm aufbauen*1
  APPEND 'REPORT ZSCH_020_DYN.' TO gt_code.
  APPEND 'WRITE / ''Hallo Schrödinger''.' TO gt_code.
* Programm speichern
  INSERT REPORT gc_rep FROM gt_code.*2
* Programm ausführen
  SUBMIT (gc_rep) AND RETURN.*3
```

*1 Zuerst baust du natürlich das Programm wieder in deine interne Tabelle ein.

*2 Mit **INSERT REPORT** fügst du das neue Programm ein,

*3 und mit **SUBMIT** kannst du mit einem dynamischen Token das Programm starten.

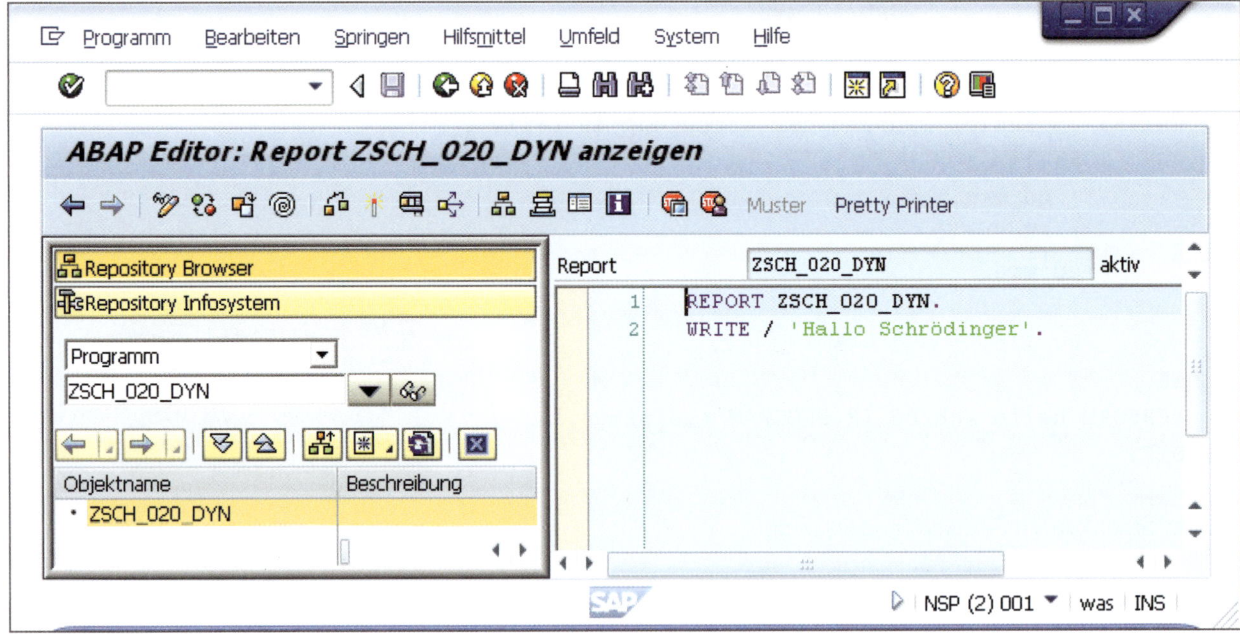

Das Programm findest du dann auch in der SE80.

Probiere vorher aber besser, das Programm zu lesen, damit du es nicht versehentlich überschreibst.

```
DATA gd_prog TYPE c LENGTH 30.
DATA gt_prog TYPE stringtab.
* Name des Programms
  gd_prog = '<Programmname>'.
* Programm schon da?
  READ REPORT gd_prog INTO gt_prog.
```

Falls der **`sy-subrc = 0`**, dann existiert das Programm, und es wurde in die Tabelle **`gt_prog`** eingelesen. Falls **`sy-subrc = 4`**, dann existiert das Programm nicht im Repository.

Gratuliere! Du bist durch. Hiermit verleihe ich dir die **ABAP-Masta-**Krone mit goldenem Band. Du bist großartig, und großartig ist deine zusätzliche ABAP-Gehirnwindung.

So, und jetzt mag ich nicht mehr.
Ich hab in den zwei Jahren Schrödinger genug geschrieben.
Es hat mir mit dir sehr viel Spaß gemacht,
und ich wünsche dir viel Erfolg mit dem neu gewonnenen Wissen.

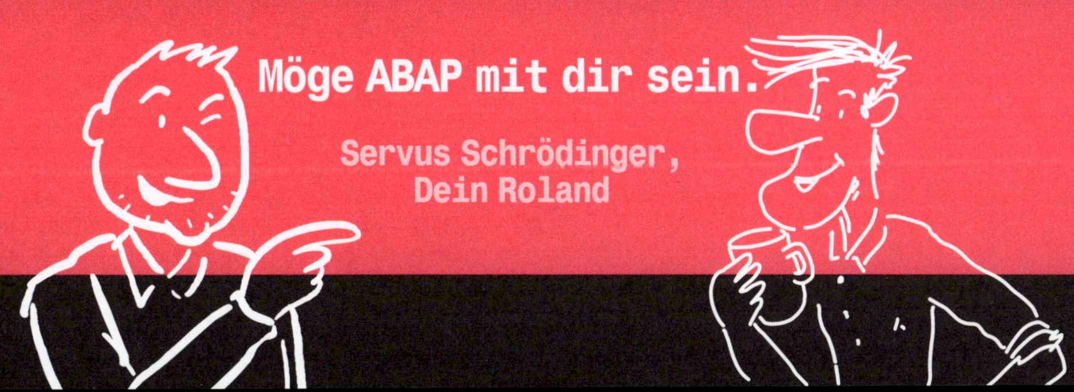
Möge ABAP mit dir sein.
Servus Schrödinger,
Dein Roland

Bildnachweis

Seite 38 unten, Lochkarte:
© 2011 Denis Apel, Lizenz: Creative Commons Attribution-Share Alike 3.0 Unported
Quelle: Wikimedia Commons

Seite 44 oben, Entwicklung der Programmiersprachen:
© oose.de Dienstleistungen für Innovative Informatik, Adaption © Roland Schwaiger, Lizenz: GNU Free Documentation License. Der vollständigen Lizenztext ist der zum Buch gehörigen Bonus-Seite unter http://www.sap-press.de/3024 beigefügt.
Quelle: Wikimedia Commons

Seite 67 Mitte, Kartoffeln:
© Ars Ulrikusch / Fotolia.com

Seite 180 unten, Wurst:
© 2005 David Monniaux, Ausschnitt, Lizenzen: GNU Free Documentation License, Creative Commons Attribution-Share Alike 3.0 Unported
Quelle: Wikimedia Commons

Seite 202 unten, Buch:
© vanvuurenphotography / Fotolia.com

Seite 662 unten, Weihnachtslied:
Erlaubnis zum Abdruck freundlicherweise erteilt von www.keltenmuseum.at.
© Stille-Nacht-Archiv Hallein

Index

Symbole

A

B

C

D

E

F

G

J

K

L

M

N

O

P

Q

R

S

T

U

V

W

X

Z

- Finde heraus, wie Du objektorientiert programmieren kannst
- Bewege Dich sicher in Deiner C++-Bibliothek
- Und alles auf dem neuesten C++11-Standard
- Willkommen in der wilden C++-Welt

Dieter Bär

Schrödinger programmiert C++

Das etwas andere Fachbuch

Schrödinger ist unser Mann fürs Programmieren. Er kann schon was, aber noch nicht C++. Schlau ist er, auch neugierig, aber zuweilen ungeduldig und etwas chaotisch. Er hasst Katzen und liebt WoW. Eigentlich der perfekte Partner, um endlich mal gründlich C++ zu lernen.
Zum Buch: Ein Traum! Die volle Packung C++. Die nötige Theorie, viele Hinweise und Tipps [im Büro], Unmengen von gutem, aber auch schlechtem Code, der verbessert und repariert werden will [in der Werkstatt] mit viel Kaffee und Übungen und den verdienten Pausen [zuhause im Wohnzimmer]. Und mittendrin ist Schrödinger, und natürlich du!

688 S., 2012, komplett in Farbe, 49,90 Euro
ISBN 978-3-8362-1756-9
www.galileocomputing.de/2853

Das gesamte Buchprogramm: www.galileocomputing.de